Köbler
Rechtspolnisch

Rechtspolnisch

Deutsch – Polnisch
Polnisch – Deutsch

Rechtswörterbuch für jedermann

von

Gerhard Köbler

o. Universitätsprofessor

2., überarbeitete Auflage

Verlag Franz Vahlen 2022

www.vahlen.de
ISBN 978 3 8006 7014 7

2022 Verlag C.H.Beck oHG
Wilhelmstraße 9, 80801 München
Satz: DTP-Vorlagen des Autors
Druck: Druckerei C.H.Beck, Nördlingen
(Adresse wie Verlag)

Gedruckt auf säurefreiem, alterungsbeständigem Papier,
hergestellt aus chlorfrei gebleichtem Zellstoff

VORWORT ZUR 1. AUFLAGE

Die geschichtliche Entwicklung hat es mit sich gebracht, dass die Sprache, mit deren Hilfe sich die Menschen verständigen können, in der Gegenwart nicht eine einzige große Einheit bildet. Vielmehr sprechen die auf etwa 200 Staaten aufgeteilten sechs Milliarden Erdenbürger des beginnenden 21. Jahrhunderts fast zehntausend unterschiedliche Sprachen. Deshalb kann weder ein einziger Mensch mit allen anderen Menschen noch wenigstens eine Mehrheit der Menschen mit einer anderen Mehrheit unmittelbar sprachlich Wissen austauschen, sondern zahlreiche Minderheiten verstehen sich problemlos nur unter sich selbst.

In auffälligem Gegensatz hierzu verdichtet sich das gesamte irdische Zusammenleben immer rascher. Mit Hilfe der modernen Verkehrsmittel kann jeder Mensch jeden beliebigen Ort der Erde in wenigen Tagen oder Stunden erreichen. Durch die elektronische Datenverarbeitung ist es sogar möglich geworden, in Sekundenschnelle jede Nachricht überall verfügbar zu machen.

Damit müssen auch die unterschiedlichen Sprachgemeinschaften und Rechtsordnungen notwendigerweise in immer engere Verbindung zueinander treten. Geschäfte werden immer häufiger mit ausländischen Partnern abgeschlossen. Leistungen werden immer öfter in fremden Ländern erbracht.

Die dadurch wachsende Internationalisierung zeigt sich für uns Europäer am klarsten in der Europäischen Union. Zwar wird dort noch für lange Zeit das jeweilige partikulare Recht vorherrschen. Aber schon seit vielen Jahren werden an vielen Stellen gesamteuropäische Gemeinsamkeiten immer deutlicher sichtbar und ist die gesamteuropäische Zusammenarbeit längst Wirklichkeit geworden.

Umso wichtiger wird es von Tag zu Tag, fremde Sprachen zu kennen und die in ihnen ablaufenden Wirklichkeitsausschnitte zu begreifen. Nicht umsonst verwenden die europäischen Staaten umfangreiche Mittel für Kommunikationsprogramme wie Erasmus, Sokrates oder Leonardo. Nicht ohne Grund gewinnt auch für den Juristen das außerdeutsche Recht immer mehr an Gewicht.

Über die Kenntnis der eigenen Rechtsordnung hinaus wird von ihm heute immer öfter auch Wissen über fremde Rechtsordnungen erwartet. Dieses steht dem Einzelnen aber aufgrund seines eigenen Studiums jeweils nur in beschränktem Umfang zur Verfügung. Darüber hinaus ist es selbst hier in seinem Bestand von ständiger Veränderung bedroht.

In dieser schwierigen Lage ist es zwar theoretisch an sich in jedem internationalen Rechtsfall erforderlich, umfangreiche Vergleiche der unterschiedlich artikulierten betroffenen Rechtsordnungen anzustellen. Umfassende, erhebliche Anstrengungen und beträchtliche Mittel erfordernde Terminolo-

giebanken können dem Einzelnen aber kaum jemals wirklich für die Alltagsarbeit zu Gebote stehen. Vielmehr muss und kann er sich in der Praxis zumindest vorläufig mit dem schlichten mehrsprachigen Wörterbuch bescheiden.
Um ihm dieses in einfacher und preiswerter Form für die gegenwärtig aktuellen Fragen zur Verfügung zu stellen, habe ich vor einigen Jahren im jedermann zugänglichen Zentrum integrativer europäischer Legistik (ZIEL) begonnen, mit Hilfe idealistischer mehrsprachiger Mitarbeiter zweisprachige Übersichten über den gegenwärtigen Grundrechtswortschatz aller Rechtsgebiete wichtiger Fremdsprachen im Sinne einfacher internationaler Lexika (interlex) herzustellen. Sie sollen jedermann in den Stand versetzen, fremde Rechtswörter in der eigenen Sprache zu verstehen. Darüber hinaus sollen sie gestatten, eigene Rechtswörter in der fremden Sprache zum Ausdruck zu bringen.
Konzeption und Ausführung der einfachen, als zuverlässig, nützlich, durchdacht, gelungen, wertvoll, gut, ausgezeichnet oder hervorragend gerühmten Hilfsmittel internationaler Lexikographie sind auf so großes Interesse der Leser gestoßen, dass nach Rechtsenglisch (4. A. 1999), Rechtsfranzösisch (3. A. 2001), Rechtsitalienisch (1996), Rechtsspanisch (1997), Rechtsrussisch (2001) und Rechtschinesisch (2001) die Erschließung des von rund 40 Millionen Menschen gesprochenen Polnischen durch Rechtspolnisch bzw. Prawoniemiecki mit fast 10000 deutschen Stichwörtern, 11000 polnischen Stichwörtern und etwa 14000 Übersetzungsgleichungen erfolgt. Ein kurzer Überblick über Entwicklung und Stand des polnischen Rechtssystems soll über den bloßen Wortschatz hinaus dem am polnischen Recht interessierten Benutzer des Kernrechtswortschatztaschenwörterbuchs eine erste systematische Orientierungsgrundlage bieten, welche er mit Hilfe der beigefügten Literaturhinweise jederzeit selbst erweitern kann. Wer im übrigen die sachlichen Inhalte der deutschen Rechtswörter näher kennen lernen will, kann dazu mein 2001 in 10. Auflage erscheinendes Juristisches Wörterbuch mit seinen umfangreichen Literaturhinweisen oder den Fernkernlernkurs im Internet verwenden. Wer sich entstehungsanalytisch für die geschichtliche Herkunft der deutschen Rechtswörter interessiert, kann mein 1995 im Mohr-Verlag (Tübingen) veröffentlichtes Etymologisches Rechtswörterbuch zu Rate ziehen. Wer die sachgeschichtlichen Hintergründe erfahren will, kann mein 1997 vorgelegtes Lexikon der europäischen Rechtsgeschichte befragen.
Zu danken habe ich für die freundliche ausführende Unterstützung Kasia Sobiecka und für freundschaftliche Hilfe Wieslaw Litewski in Krakau, ohne die das Vorhaben für mich nicht zu verwirklichen gewesen wäre. Die moderne technische Programmgestaltung verdanke ich Josef Schönegger, den Satz Veronika Schönegger, weitere Hilfen, Anregungen und Überlegungen Irina Mechtcheriakova, Eva Tiefenbrunner, Gabriele Janott, Violetta Neuber, Leander Loacker und Klaus Weber. Möge die gemeinsame, für fördernde Anregungen stets offene und dankbare Anstrengung dazu beitragen, dass auch dieses Rechtswörterbuch nach dem erfolgreichen Vorbild seiner Geschwister durch optimale Orientierung in Raum und Zeit den Einstieg in die globale

moderne Welt der internationalen Jurisprudenz für jedermann erleichtert, obwohl die Gleichsetzung geschichtlich gewachsener, unterschiedlicher Rechtskulturen nicht in jedem Fall problemlos vollzogen werden kann.
Hinweisen lässt sich bei dieser Gelegenheit vielleicht noch darauf, dass Anregungen mich derzeit am schnellsten erreichen über die e-mail-Adresse Gerhard.Koebler@uibk.ac.at. Viele meiner Arbeiten sind ganz oder teilweise im Internet unter der Adresse http://www.gerhardkoebler.de einsehbar. Dort haben auch jusnews, juslinks, eine Bibliographie internationalen europäischen Rechts sowie die Anfänge eines Fernkernlernkurses einen ersten einfachen Platz. Eine Übersicht über die Entwicklungen des europäischen Rechts ist seit 5.2.2000 in dem Alfred Söllner gewidmeten Sammelband Europas universale rechtsordnungspolitische Aufgabe im Recht des dritten Jahrtausends greifbar.
Wer darüber hinaus zum Wohle aller an der Erarbeitung eines knappen und klaren Europäischen Universalgesetzbuchs mitwirken will, ist herzlich eingeladen, mir seine Vorstellungen, Vorschläge oder Entwürfe oder auch allgemeineren Nachrichten unmittelbar zuzuleiten.
Das Ziel ist die Wahrheit. Die Wahrheit sichert die Freiheit. Die Freiheit ist das vornehmste Recht. Das Recht schützt gegen Korruption.

In veritate libertas! Ceterum censeo corruptionem esse delendam! Faustus felixque veridicus!

Krakau/Stuttgart, den 31.12.2000 *Gerhard Köbler*

Ergänzendes Vorwort zur 2. Auflage

Da die erste Auflage von dem Markt insgesamt freundlich aufgenommen wurde und der dies ermöglichende Verlag sich für eine Neuauflage ausgesprochen hat, stelle ich diese mit der freundlichen Hilfe Katarzyna Trenkwalders und Veronika Schöneggers auf der Grundlage meiner seitdem erschienenen Arbeiten der Allgemeinheit mit vielen aktualisierenden Ergänzungen zu gefälliger Verfügung

Innsbruck, im September 2022 *Gerhard Köbler*

EINFÜHRUNG

A. Geschichte

Literatur: Beer, A., Die erste Teilung Polens, 1873; Lord, H., The Second Partition of Poland, 1916; Geilke, Das polnische Justizwesen 1944-1957, 1958 (Manuskript); Hoensch, J., Geschichte Polens, 1983; Rhode, G., Geschichte Polens, 3. A. 1980; Michnik, A., Der lange Abschied vom Kommunismus, 1992; Boockmann, H., Deutsche Geschichte im Osten Europas. Ostpreußen und Westpreußen, 1992; Jasinski, K., Rodowód pierwszych Piastów, 1992; Labuda, G., Mieszko II król polski 1025-34, 1992; Atlas historyczny miast Polskich, hg. v. Czacharowski, A., 1993; Gieysztor, A., Polen, LexMA 7 1994, 52; Zernack, K., Polen und Russland, 1994; Urban, T., Deutsche in Polen, 4. A. 2000; Bömelburg, H., Zwischen polnischer Ständegesellschaft und preußischem Obrigkeitsstaat, 1995; Juristen, hg. v. Stolleis, M., 1995; Rösler, A., Polen, 1996; Kempen, B., Die deutsch-polnische Grenze, 1997; Donnert, E., Die Adelsrepublik Polen, in: Republikbegriff und Republiken, 2000, 47; Urban, T., Von Krakau bis Danzig, 2000; Davies, N., Im Herzen Europas, 2000; Deutsch-polnische Beziehungen in Geschichte und Gegenwart, hg. v. Lawaty, A. u.a., Bd. 1f. 2000; Madajczyk, P., Niemcy polscy 1944-1989, 2001; Jahrbuch 2002/2001 Mittel- und Osteuropa Perspektiven, hg. v. F.A.Z.-Institut, 10. Jg. 2002; Redecker, N. v., Die polnischen Vertreibungsdekrete und die offenen Vermögensfragen zwischen Deutschland und Polen, 2. A. 2003; Hogrefe, J., Die rechtliche Stellung der deutschen Volksgruppe in Polen, 2003; Urban, T., Polen, 2. A. 2003; Polens Rechtsstaat am Vorabend des EU-Beitritts, 2004; Großwörterbuch der Wirtschafts- und Rechtssprache, Teil 1 Deutsch-Polnisch, 2006

I. Anfänge

Aus den vermutlich an der Grenze zwischen Asien und Europa lebenden Indogermanen gehen zu nicht näher bekannter geschichtlicher Zeit die Slawen hervor. Sie zerfallen in mehrere Völker (Ostslawen wie z. B. die Russen, Südslawen wie z.B. die Serben, Westslawen wie z.B. die Tschechen). Eines von ihnen sind die im zehnten nachchristlichen Jahrhundert sichtbaren westslawischen „Leute von den offenen Feldern“ (im Wald) an den Ufern der Warthe nahe dem späteren Posen.

II. Mittelalter

Um 960 (963) erscheint im von diesen namengebenden Polanen (zu pole, Feld, Acker) besiedelten Gebiet Fürst Mieszko aus dem Hause der Piasten, das sich von einem sagenhaften westslawischen Stammeshäuptling Piast wohl des mittleren neunten Jahrhunderts herleitet. Mieszko wird 966 Christ. Sein bei seinem Tod (992) folgender Sohn Boleslaw I. Chrobry (992–1025) dehnt die Herrschaft über Großpolen hinaus erheblich aus (Kleinpolen um Krakau, Schlesien um Breslau, Pommern um Stettin, Mähren um Olmütz und Brünn, Lausitz um Cottbus) und wird 1025 vom Papst zum König gekrönt. Im Jahre 1000 erhält dieses Land Polen mit Gnesen ein eigenes Erzbistum mit den Suffraganbistümern Breslau, Kolberg, Krakau und Posen. Nach Gebietsverlusten von 1032/1034 bilden die Landschaften Großpolen, Masowien (um Warschau), Schlesien, Kleinpolen und Pommern den verbliebenen Herrschaftsbereich. Krakau wird Hauptort.
1138 zerfällt nach Boleslaw III. Polen in gewillkürter Erbfolge in Teilfürstentümer (Herzogtümer). Deutsche strömen in großer Zahl in das Land. 1163 wird Schlesien von Polen abgetrennt, 1181 Pommern dem Deutschen Reich eingegliedert. 1225/1226 kommt auf Bitten des Teilfürsten Herzog Konrads von Masowien der Deutsche Orden und gewinnt das Kulmer Land. Zahlreiche Städte übernehmen deutsches Recht (vor allem Magdeburgs und Lübecks). 1241 wird Polen vorübergehend von den Mongolen bedroht. 1249 fällt Lebus an Brandenburg. 1295 und 1320 lässt sich der Herzog nach der Vereinigung der Länder (Großpolen, Kleinpolen und einige mittelpolnische Gebiete) wieder zum König krönen.
König Kasimir III. (1333-70) verzichtet zugunsten des Deutschen Ordens auf Pommerellen und auf Schlesien (1348). Unter seiner Herrschaft werden 1347 die Gewohnheiten, Bräuche und Gepflogenheiten nach dem Vorbild des deutschen Sachsenspiegels in einem Landrecht zusammengefasst. 1364 gründet er in Krakau eine hohe Schule (Akademie, Universität), von der aus allmählich das römische Recht Eingang findet. 1365 erscheint als erstes geschlossenes polnisches Sprachdenkmal ein polnisches Kirchenlied.
Nach dem söhnelosen Tod Kasimirs III. gelangt 1370 sein in Ungarn seit 1342 regierender Neffe Ludwig von Anjou auf den Thron. Ludwig folgt 1384 seine Tochter Hedwig (Jadwiga) von Anjou. 1386 heiratet Hedwig Jagiello von Litauen, wodurch Polen, Litauen, Weißrussland und die Ukraine in Personalunion in eine Hand fallen. 1434 werden in Neminem captivabimus die Freiheitsrechte Polens verbrieft. 1466 muss der Deutsche Orden die Oberlehnshoheit Polens über Ostpreußen anerkennen und verliert Pommerellen, das Kulmer Land und Ermland. 1506 veröffentlicht Jan Laski eine Sammlung der Gesetze des Königreichs Polen. 1561 kommt Livland an Polen. Kurland wird ein Lehen Polens. 1572 sterben die Jagiellonen aus.

III. Neuzeit

Infolge der Erstarkung des polnischen Adels wird Polen Adelsrepublik. Der Adel wählt den König aus. 1596 wird Warschau Hauptstadt. Das Polnische verdängt das bis dahin vorherrschende Lateinische als Schriftsprache. 1601 veröffentlicht Tomasz Drezner seinen Processus iudiciarius regni Poloniae und 1613 nach Studien in Paris, Padua und Orléans und dem Nachweis der Übereinstimmungen zwischen polnischem und römischem Recht die Institutiones iuris regni Poloniae.
1629 verliert Polen Livland an Schweden, erreicht aber 1634 seine größte Ausdehnung. 1657/1670 gibt es die Lehnshoheit über Ostpreußen an Brandenburg auf. 1654 fällt die Ukraine an Russland. 1697 wird der dafür zum Katholizismus übertretende protestantische Kurfürst von Sachsen durch Wahl König von Polen. 1699 legt Zalaszowski in seinem Ius regni Poloniae ein Kompendium alter polnischer Partikularrechte vor. 1717 wird Polen Protektorat Russlands. Ab 1732 erscheint durch Konarski und Zaluski eine Ausgabe der gesamten polnischen Gesetzgebung. 1763 endet die Verbindung Polens mit Sachsen. 1772, 1793 und 1795 wird Polen, dessen Adel gegen den von Katharina II. von Russland protegierten neuen König Stanislaus Poniatowski seit 1768 rebelliert, zwischen Russland, Preußen und Österreich aufgeteilt. In der ersten Teilung erhält Österreich Ostgalizien und Lodomerien und behält die 1769 besetzte Zips (85000 Quadratkilometer mit mehr als 2000000 Einwohnern). Preußen erlangt Westpreußen (ohne Danzig und Thorn) sowie Ermland und den Netzedistrikt (35000 Quadratkilometer mit etwa 350000 Einwohnern). Russland gewinnt das polnische Livland und Teile von Weißrussland, Polozk, Minsk, Witebsk und Mstislaw (84000 Quadratkilometer mit 1300000 Einwohnern). Dadurch verringern sich Gebiet und Einwohnerzahl Polens um etwa ein Drittel. In der zweiten Teilung erhält Russland die restlichen Teile Litauens, die Ukraine, die Hälfte von Wolhynien, Podolien, Nowgrodek und Brzesk sowie die noch polnischen Gebiete von Polozk und Minsk (228000 Quadratkilometer). Preußen erlangt Danzig, Thorn, Posen, Kalisch, Gnesen, Lodz, Dobrzyn, Czenstochau, einen Teil von Rawa und die Hälfte von Brzesk (58000 Quadratkilometer, 1130000 Einwohner, „Südpreußen“). Dadurch wird Polen auf 240000 Quadratkilometer mit 3400000 Einwohnern beschränkt. Bei der dritten Teilung kommen das restliche polnische Litauen, der Großteil von Samogitien, das übrige Schwarzrussland, Podlesien und Wolhynien, ein Stück von Cholm, Kurland und Semgallen an Russland (146000 Quadratkilometer), Sandomir, Lublin, Radom, Teile von Brzesk, Podlachien und Masowien an Österreich (51000 Quadratkilometer mit 1000000 Einwohnern) sowie Teile Masowiens mit Warschau, das Gebiet zwischen Weichsel, Bug und Njemen (Neuostpreußen) sowie ein Teil von Krakau (Neuschlesien) an Preußen (43000 Quadratkilometer mit 1000000 Einwohnern).
Nach dieser vollständigen, auch durch die erste in Europa gegebene, von Hugo Kollataj vorentworfene Verfassung vom 3. Mai 1791 nicht verhinderte Auflö-

sung Polens schafft Napoleon 1807 ein neues Herzogtum Warschau, in dem der Code Napoleon in Kraft gesetzt wird. Das Herzogtum wird auf dem Wiener Kongress 1815 in veränderter Gestalt als Königreich Polen (Kongresspolen) mit Russland in Personalunion vereinigt. Wie das von 1815 bis 1848 bestehende Großherzogtum Posen ist es nur ein Schutzgebiet mit beschränkter Autonomie. Das Königreich Galizien Österreichs ist nur wenig polnisch. Die Polen sind dementsprechend auf Russland, Österreich und Preußen bzw. seit 1871 Deutschland verteilt und deren Recht (neben dem Code civil beispielsweise dem Allgemeinen Bürgerlichen Gesetzbuch Österreichs, dem Allgemeinen Landrecht Preußens oder dem Bürgerlichen Gesetzbuch Deutschlands usw.) unterstellt.

Mit dem Ausbruch des ersten Weltkriegs beginnt ein allgemeines Ringen um die Unterstützung durch die Polen. Schon im August 1914 bietet Russland die Wiederbegründung Polens zu Lasten Österreichs und Deutschlands an. 1916 wollen Deutschland und Österreich in Gebieten Russlands ein Königreich Polen errichten. 1917 sprechen sich die Vereinigten Staaten von Amerika für Polen aus, erklärt Russland Polen für unabhängig und erkennen die Alliierten zu Lasten ihrer Gegner Polen an.

Am 7.10.1918/11.11.1918 wird die Republik Polen gegründet, welche 1919 den größten Teil Westpreußens erhält. Sie richtet sich hauptsächlich nach Frankreich aus. Sie gibt sich am 17.3.1921 eine Verfassung, die aber schon 1926 durch einen Staatsstreich ihre Bedeutung verliert, und ersetzt schrittweise das noch geltende russische, österreichische und deutsche Recht durch neue eigene Gesetze (z.B. 1932 Strafgesetzbuch, 1934 Handelsgesetzbuch, 1936 wie andere Staaten Wechselgesetz, Scheckgesetz). Bereits am 23.8.1939 wird Polen durch eine Geheimklausel wieder zwischen dem Deutschen Reich und der Sowjetunion aufgeteilt. Nach der Niederlage Deutschlands im zweiten Weltkrieg gegen die Alliierten muss Polen 1945 Gebiete im Osten zwischen Wilna und Lemberg an die Sowjetunion abtreten und erhält Gebiete zwischen Stettin und Oppeln.

Im Gefolge dieser Geschehnisse gerät Polen unter den bestimmenden Einfluss der Sowjetunion (28.6.1945 Regierung der nationalen Einheit). Es wird Einparteienstaat unter Führung der Kommunisten. Als Wirtschaftsform wird die zentrale Planwirtschaft durchgesetzt. Fast sieben Millionen Deutsche werden vertrieben (1,1 Millionen bleiben).

Dem durch die Verfassung vom 22. Juli 1952 abgesicherten Stalinismus der Volksrepublik Polen folgt bereits 1956 nach nationalen Unruhen eine Zeit des polnischen Nationalkommunismus, in der privatwirtschaftliche Verhältnisse zugelassen werden. 1980 erzwingen Gewerkschaften durch Streiks ihre Anerkennung, werden 1982 aber wieder verboten. Ein 1984 eingeleitetes Reformprogramm scheitert. Als politische Folge wird 1989 die Gewerkschaft Solidarnosc wieder zugelassen. Bei freien Wahlen siegt die Opposition. Polen wird Republik westlicher Prägung.

Infolge Michael Gorbatschows Politik von Glasnost und Perestroika löst sich seit 1989 der Ostblock überhaupt auf. Polen schließt 1990 mit Deutschland einen Vertrag über die endgültige Grenze an Oder und Neiße. 1991 wird Polen Mitglied des Europarats. Danach strebt es die Aufnahme in die Europäische Union an, für die 2000 in Nizza wichtige Voraussetzungen festgelegt werden. 1999 wird es Mitglied der Nordatlantischen Verteidigungsorganisation. Allgemein richtet es sich entschieden nach dem Westen aus.

Literatur: Słownik prawniczy polsko-niemiecki, 1987; Słownik prawniczy niemiecko-polski. Rechtswörterbuch deutsch-polnisch, bearb. v. Chybinski, O. u.a., 1995; Kilian, A., Wörterbuch der Rechts- und Wirtschaftssprache. Słownik języka prawniczego i ekonomicznego, Teil 2 Deutsch-polnisch, 1996, Teil 1 Polnisch-deutsch, 2000; A Synthesis of Polish Law, hg. v. Guz, T. u.a., 2009

B. Öffentliches Recht

Literatur: Normdurchsetzung in osteuropäischen Nachkriegsgesellschaften, Bd. 3 1997; Exportieren nach Polen, 2001; Liebscher, M./Zoll, F., Einführung in das polnische Recht, 2005

I. Verfassungsrecht

Literatur: Brzezinski, Mark, The struggle for constitutionalism in Poland, Neudruck 2000; Linhart, H., Sadownictwo administracyjne i konstytucyjne, 2000

Das von Ostsee, Russland, Litauen, Weißrussland, Ukraine, Slowakei, Tschechien und Deutschland begrenzte Polen umfasst 312683 Quadratkilometer und 38 Millionen Einwohner. Seine Verfassung stammt vom 2. April 1997 (Zustimmungsreferendum 25. Mai 1997). Nach ihr ist Polen eine parlamentarische Republik.

Staatsoberhaupt ist der Präsident der Republik. Er wird vom Volk unmittelbar gewählt. Seine Amtszeit beträgt fünf Jahre.

Die Gesetzgebung steht dem Parlament zu. Es setzt sich aus zwei Kammern zusammen. Diese sind Abgeordnetenhaus (Sejm) und Senat.

Das Abgeordnetenhaus umfasst 460 Abgeordnete. Sie werden vom Volk gewählt. Ihre Amtszeit beträgt vier Jahre.

Der Senat setzt sich aus 100 Senatoren zusammen. Sie werden in den früher 49, jetzt nur noch 16 Woiwodschaften gewählt. Ihre Amtszeit beträgt vier Jahre.

Die Ausführung der vom Parlament geschaffenen Gesetze steht der Regierung (Ministerrat) zu. Dem Ministerrat sitzt der Ministerpräsident vor. Der Ministerrat ist vom Vertrauen des Abgeordnetenhauses abhängig. Er wird vom Staatspräsidenten ernannt.

II. Verwaltung

Literatur: Administrative law in Central and Eastern Europe 1996-1998, ed. by Galligan, Denis J. u.a., 1999; Bartoszewska, J./Niemeyer, M., Kleines Verwaltungswörterbuch, 2000; Linhart, H., Sadownictwo administracyjne i konstytucyjne, 2000; Redecker, N. v., Das polnische Beamtenrecht, 2003; Balawejder, A., Das polnische Telekommunikationsrecht, 2004

Polen ist seit 1. Januar 1999 in 16 Woiwodschaften gegliedert (Dolnośląskie, Kujawsko-Pomorskie, Lubelskie, Lubuskie, Mazowieckie, Małopolskie, Opolskie, podkarpackie, Podlaskie, Pomorskie, Warmińsko-Mazurskie, Wielkopolskie, Zachodniopomorskie, Łódzkie, Śląskie, Świetokrzyskie). Die Verwaltung ist an Recht und Gesetz gebunden. Die Gemeinden haben umfangreiche Autonomie.

III. Verfahren

Literatur: Lammich, Das Justizrecht der Volksrepublik Polen, 1976; Paintner, T., Die Insolvenz des Unternehmers in Polen, 2003; Schlichte, J., Die Grundlage der Zwangsvollstreckung im polnischen Recht, 2005

1. Gerichtsverfassung

Die Verfassung der ordentlichen Gerichtsbarkeit legt das Gesetz vom 20. Juni 1985 fest. Die Staatsanwaltschaft ordnet das Gesetz vom 20. Juni 1985. Das Recht der Rechtsanwälte regelt das Gesetz vom 26. Mai 1982.
Die unterste Stufe der ordentlichen Gerichtsbarkeit ist das meist für eine oder mehrere Gemeinden zuständige Rejonsgericht. Über mindestens zwei Rejonsgerichten steht das Kreisgericht oder Bezirksgericht. In gleicher Weise steht das Appellationsgericht über mindestens zwei Kreisgerichten. Die Spitze der Gerichtsbarkeit bildet das Oberste Gericht in Warschau. Besondere Gerichte bestehen für Arbeitsstreitigkeiten, Versicherungsangelegenheiten und Jugendsachen. Für Verfassungsfragen ist der Verfassungsgerichtshof, für Verwaltungsstreitigkeiten die Verwaltungsgerichtsbarkeit zuständig.

2. Zivilprozess

Der Zivilprozess ist in der Zivilprozessordnung vom 17. November 1964 geregelt. Sie umfasst 1153 Artikel. Sie gliedert sich in einige allgemeine Vorschriften und drei Teile.
Der erste Teil betrifft das Erkenntnisverfahren (Art. 1–729). Er behandelt im ersten Buch den Prozess. Dabei befasst er sich zunächst mit dem Gericht, dem Staatsanwalt, den gesellschaftlichen Organisationen und den Parteien und dann mit den Kosten. In Titel 6 wird das Verfahren ausführlich geordnet, das regelmäßig bei dem Gericht erster Instanz durchgeführt wird. Im Mittelpunkt

stehen die Beweise und Entscheidungen. Rechtsmittel sind Appellation, Kassation und Beschwerde. Sonderregeln gelten für Ehesachen, Kindschaftssachen, Arbeitssachen, Versicherungssachen, Besitzstörungssachen, Wirtschaftssachen sowie Mahnsachen.
Das zweite Buch behandelt das nichtstreitige Verfahren z.B. in Vormundschaftsangelegenheiten oder Erbschaftsangelegenheiten. Das dritte Buch betrifft die Schiedsgerichtsbarkeit.
Im zweiten Teil wird das Sicherungsverfahren und sehr ausführlich das Vollstreckungsverfahren geordnet, im dritten Teil das internationale Zivilprozessrecht.

3. Strafprozess

Für den Strafprozess gilt die Strafprozessordnung vom 6. Juni 1997. Sie umfasst 682 Artikel. Sie gliedert sich in 15 Abschnitte. Nach allgemeinen Vorschriften wendet sie sich zunächst dem Gericht und dann den Parteien, Verteidigern, Bevollmächtigten und Vertretern zu. Es folgen die Prozesshandlungen und die Beweise. Nach den Zwangsmaßnahmen und dem Vorverfahren mit der abschließenden Anklage wird das Verfahren vor dem Gericht erster Instanz geordnet. Gegen Entscheidungen sind Appellation und Beschwerde möglich. Besondere Regeln gelten für besondere Verfahren und für internationale strafprozessuale Fragen. Den Beschluss bilden Kosten und Militärstrafsachen.
Der Strafvollzug wird in einem eigenen, 259 Artikel umfassenden Strafvollzugsgesetzbuch vom 6. Juni 1997 geregelt, das Verfahren bei Ordnungswidrigkeiten in einem Gesetzbuch vom 20. Mai 1971, das Verfahren bei jugendlichen Tätern in einem Gesetz vom 26. Oktober 1982.

4. Gerichtskosten

Die Gerichtskosten bestimmen sich nach dem Gesetz vom 13. Juni 1967. Für Strafsachen gilt die Gebührenordnung vom 23. Juni 1973.

IV. Strafrecht

Literatur: Das polnische Strafgesetzbuch vom 6.6.1997, übers. v. Weigend, E., 1998

Für das Strafrecht wurde am 6. Juni 1997 ein neues Strafgesetzbuch geschaffen. Es umfasst 367 Artikel. Sie gliedern sich in einen allgemeinen Teil, einen besonderen Teil und in einen Militärstrafrechtsteil.
Die Straftat erfordert allgemein ein rechtswidriges schuldhaftes Verhalten. Strafen sind vor allem Geldstrafe, Freiheitsbeschränkung, gemeinnützige Arbeit, Freiheitsentzug.
Wichtige einzelne Gruppen von Straftaten sind Verbrechen gegen die Menschlichkeit, gegen den Staat, gegen Leben und Gesundheit, gegen die Umwelt,

gegen die Freiheit, gegen die sexuelle Selbstbestimmung, gegen die Familie, gegen das Vermögen, gegen die Wirtschaft und gegen die Währung.
Dem Strafgesetzbuch steht ein Gesetzbuch über Ordnungswidrigkeiten vom 20. Mai 1971 zur Seite.

C. Privatrecht

Literatur: Glatz, W., Die Entwicklung des polnischen Zivilrechts, 2000; Die Neugestaltung des Privatrechts in Mitteleuropa und Osteuropa, hg. v. Horn, N., 2002; Liebscher, M./Zoll, F., Einführung in das polnische Recht, 2005

Die Grundlage für das Privatrecht bildet das Zivilgesetzbuch vom 23. April 1964. Es ist mit 1088 Artikeln verhältnismäßig kurz. Sie sind in vier Bücher gegliedert.

I. Allgemeiner Teil

Literatur: Lohs, M., Grenzen der Vertragsfreiheit im polnischen Zivilrecht, 2000

Der allgemeine Teil besteht aus 125 Artikeln. Nach wenigen einleitenden Vorschriften werden die Personen behandelt, wobei zwischen natürlichen Personen und juristischen Personen unterschieden wird. Jeder Mensch erlangt mit der Geburt die Rechtsfähigkeit. Mit der Vollendung des dreizehnten Lebensjahrs wird er beschränkt geschäftsfähig. Die Volljährigkeit tritt bei Vollendung des achtzehnten Lebensjahrs ein. Mit dem Tod endet die Rechtsfähigkeit.
Es folgen einige Regeln über das Vermögen (Eigentum und sonstige Vermögensrechte). Sachen sind materielle Gegenstände. Es wird zwischen beweglichen und unbeweglichen Sachen unterschieden.
Dem schließen sich mehr als 50 Artikel über die Rechtshandlungen an. Ein Vertrag erfordert ein Angebot und eine Annahme. Grundsatz ist die Formfreiheit. Im Zusammenhang mit dem Vertrag ist auch die Stellvertretung geregelt. Den Beschluss bilden Vorschriften über Fristen.

II. Sachenrecht

Literatur: Mindach, C., Polen, Grundstücksrecht, 3. A. 1999; Ernst, U., Mobiliarsicherheiten in Deutschland und Polen, 2005; Cierpiał, R., Polnisches Immobilienrecht, 2006

Das zweite Buch betrifft das Eigentum und die beschränkten Sachenrechte. Beschränkte Sachenrechte sind Nießbrauch, Dienstbarkeit und Pfand. Grundstücksgeschäfte bedürfen der notariellen Form.
Angeschlossen wird der Besitz.
Für Grundbuch und Hypothek besteht ein eigenes Gesetz vom 6. Juli 1982.

III. Schuldrecht

Literatur: Brockhuis, J., Polen, 2000 (Recht der Kreditsicherheiten in europäischen Ländern 9); Mol, K., Haftung für Pressepublikationen, 2000; Siegel, K., Produkthaftung im polnischen, tschechischen und slowenischen Recht, 2002

Am umfassendsten werden die Schuldverhältnisse geregelt. Sie werden in fast 600 Artikeln behandelt. Dabei wird zwar formal nicht zwischen einem allgemeinen Teil und einem besonderen Teil unterschieden, doch werden die allgemeinen Bestimmungen den einzelnen besonderen Schuldverhältnissen (wie Kauf, Tausch, Werkvertrag, Miete, Leihe, Bankvertrag, Auftrag, Kommission, Versicherung, Verwahrung, Gesellschaft, Bürgschaft, Schenkung, Vergleich, Wertpapier und anderen) vorangestellt.

IV. Erbrecht

Den Beschluss bildet das Erbrecht. Gesetzliche Erben sind in erster Linie die Abkömmlinge und der Ehegatte. Im Mittelpunkt des gewillkürten Erbrechts steht das Testament, das eigenhändig oder in notarieller Form errichtet werden kann. Möglich ist auch der Erbvertrag.

V. Familienrecht

Das Familienrecht ist durch ein besonderes Gesetzbuch über Familienrecht und Vormundschaftsrecht vom 25. Februar 1964 geordnet. Es umfasst 184 Artikel. Sie sind in Eherecht, Kindschaftsrecht sowie Vormundschaft und Pflegschaft gegliedert.
Die Ehe kann kirchlich oder standesamtlich geschlossen werden. Zwischen den Eheleuten bestehen besondere Rechte und Pflichten. Geschieden werden muss die Ehe vor Gericht.

VI. Handelsrecht

Literatur: Wirtschaftshandbuch Polen, hg. v. d. Deutsch-polnischen Wirtschaftsförderungsgesellschaft AG u.a., 4. A. 2003; Mindach, C., Niederlassungsrecht Polen, 2000; Polnische Wirtschaftsgesetze, hg. v. Gralla, E./Lane, A. u a., 7. A. 2005

Das Handelsrecht ordneten das – zeitweise außer Kraft gesetzte, danach aber wieder mit Geltung ausgestattete und an der Entwicklung Deutschlands ausgerichtete – Handelsgesetzbuch vom 27. Juni 1934 und mehrere Sondergesetze. Dabei befasste sich das Handelsgesetzbuch zunächst mit dem Kaufmann und seiner Firma, danach mit den Gesellschaften (offene Handelsgesellschaft, Kommanditgesellschaft, Gesellschaft mit beschränkter Haftung, Aktiengesellschaft). Im zweiten Buch regelte es Handelsgeschäfte wie beispielweise Kauf. Ergänzt wurde es durch Gesetze über das Rechnungswesen, über Genossenschaften, über Banken, über die Privatisierung staatlicher Unternehmen, über Wettbewerb, Devisen, Wechsel, Scheck, Wertpapiere und Versicherungen. Zum 1.1.2001 wurde es durch das Gesetzbuch über die Handelsgesellschaften vom 15. September 2000 aufgehoben.

VII. Arbeitsrecht

Literatur: Nacewicz, M., Die Begründung und die Beendigung des Arbeitsverhältnisses im deutschen und im polnischen Arbeitsrecht, 2004
Das Arbeitsrecht ist in einem besonderen Arbeitsgesetzbuch geordnet. Es stammt im Kern vom 26. Juni 1974. Seine 305 Artikel sind in 15 Abschnitte unterteilt, die sich etwa mit dem Arbeitsverhältnis, dem Arbeitslohn, den Pflichten der Beteiligten, der Arbeitszeit, dem Urlaub oder dem Arbeitsschutz befassen.

D. Juristen

Literatur: Stoll, T., Die juristische Ausbildung in Polen, JuS 1965, 39; Lammich, S., Die Juristenausbildung in Polen, JuS 1977, 207; Kowol, A., Praktikum in einer Warschauer Anwaltskanzlei, JuS 1996, Heft 9, XVII, XVI (!); Waibel, S., Zivilstation in einer Warschauer Anwaltskanzlei, JuS 1999, Heft 4, XXI; Verzeichnis der Rechtsanwälte, Rechtsberater, Patentanwälte und Notariate, red. v. Jóźwik, 2002; Giebel, M., Die Schule des deutschen Rechts an der Jagiellonen-Universität Krakau, JuS 2004, 742

Die Schule dauert in Polen vom 7. bis zum 18. Lebensjahr. Neben 6 Jahren Grundschule stehen 3 Jahre Gymnasium und 3 Jahre Lyzeum. Nach erfolgrei-

chem Abschluss (Matura) ist der Besuch einer der fünfzehn Universitäten möglich, unter denen sich eine katholische Universität in Lublin befindet.
Juristische Fakultäten sind an den Universitäten Warschau (1815 und Bialystok 1968), Kattowitz, Krakau (1364), Lublin (1945), Lodz, Stettin (1985), Posen, Thorn (1945), Breslau (1702) und Danzig (1970) sowie an privaten Hochschulen (z. B. Handels- und Rechtshochschule Warschau)eingerichtet. Die Zahl der Studenten der Rechtswissenschaft wurde 1995 auf 10000 berechnet. Davon studierte etwa ein Viertel in Warschau (im Jahre 2000 wurden dort von mehr als 2000 Studienbewerbern rund 500 aufgenommen).
Das Studium gliedert sich in jährlich zwei Semester und dauert insgesamt 10 Semester. Im ersten Studienjahr sind Einführung in die Rechtswissenschaft, Einführung in die Logik, polnische Rechtsgeschichte und römisches Recht die wichtigsten Fächer. In den späteren Studienjahren erhöhen sich die Wahlmöglichkeiten. Es wird in Vorlesungen, Übungen und Seminaren vornehmlich theoretisches Wissen vermittelt und in Prüfungen abgefragt. In den Semesterferien sind Praktika (drei Monate, in Danzig 1 Monat) abzuleisten. Der erfolgreiche Absolvent erhält den Titel Magister. Darüber hinaus sind der Erwerb des Doktorgrads und die Habilitation möglich.
Wer Richter werden will, muss zweieinhalb Jahre Gerichtspraktikum ableisten und nach einer erfolgreichen Prüfung weitere Jahre als Assessor tätig sein. Vergleichbares gilt für die Laufbahn als Staatsanwalt oder (staatlicher) Notar. Die Tätigkeit als Rechtsanwalt und als Rechtsberater setzt dreieinhalb Jahre praktischer Tätigkeit bei einem Rechtsanwalt und das Bestehen einer Prüfung. Die Gesamtzahl der Juristen ist noch verhältnismäßig gering, aber deutlich steigend.
Deutsches Recht wird besonders an den Universitäten Warschau, Krakau, Danzig, Lodz und Breslau (Schule des deutschen Rechts, viersemestriger Aufbaustudiengang) gepflegt. Einen gemischt deutsch-polnischen Studiengang bietet die Universität Frankfurt an der Oder, einen Studiengang für polnisches Recht die Humboldt-Universität Berlin.
Hinzuweisen ist auch auf die *Deutsch-polnische Juristenvereinigung (Dr. Peter Diedrich, Obentrautstraße 27, D 10963 Berlin, RA Christoph C. Paul, Obentrautstraße 27, D 10963 Berlin, fax 030/2141757).*

ABKÜRZUNGSVERZEICHNIS

Adj. .... Adjektiv
Adv. .... Adverb
engl. .... englisch
F. .... Femininum
franz. .... französisch
jur. .... juristisch
lat. .... lateinisch
M. .... Maskulinum
N. .... Neutrum
Pl. .... Plural
V. .... Verb

Ausspracheinweise zu einzelnen Buchstaben des Polnischen für Deutsche

ą nasaliertes o (wie z. B. in französisch bon)
c wie ts (wie z. B. deutsch zornig), vor i wie ć (z. B. ciąża)
ć wie tj
ch hart (wie z. B. in deutsch Buch)
cz wie tsch (wie z. B. deutsch klatschen)
dz wie dsj (z. B. dzban)
dź wie z. B. englisch j in Jack oder wie deutsch dsch in Dschungel
ę nasaliertes e (wie z. B. in französisch cousin, teint)
h hart (wie z. B. in deutsch Buch)
ł wie w (wie z. B. in englisch weak, water)
ń wie gn (z. B. in Champagner) bzw. wie nj (z. B. in Anja)
ó wie kurzes geschlossenes u (z. B. Buch)
rz wie französisch j (z. B. in französisch journal)
s scharf (wie z. B. in deutsch Bus), vor i wie ś (się)
sz wie sch (wie z. B. deutsch schade)
szcz wie schtsch (z. B. szczęka)
ś weiches sch als flüchtiger sch-Laut (z. B. środek)
y dumpfes i (wie z. B. in deutsch Bitte)
z stimmhaftes s (wie z. B. in deutsch Rose), vor i wie ź (ziemia)
ź wie stimmhaftes ch als flüchtiger sch-Laut
ż wie stimmhaftes sch (z. B. in Genie, Journal)

Deutsch – Polnisch

A

abändern zmienić, poprawić
Abänderung (F.) poprawka (F.), dokonanie (N.) zmiany
Abänderungsklage (F.) powództwo (N.) o zmianę wyroku dotyczące świadczeń powtarzalnych
Abandon (M.) abandon (M.)
abandonnieren zgłosić abandon
abberufen odwołać
Abberufung (F.) odwołanie (N.)
abbrechen przerwać, zerwać, rozebrać
Abbruch (M.) rozbiórka (F.), zerwanie (N.), przerwanie (N.)
Abbruch (M.) der Schwangerschaft przerwanie (N.) ciąży
abbuchen odpisać, odpisać z konta, obciążyć kosztami
Abbuchung (F.) odpis (M.), odpis (M.) z konta
ABC-Waffe (F.) broń (F.) atomowa bakteriologiczna chemiczna
ABC-Waffen (F.Pl.) broń (F.) atomowa bakteriologiczna chemiczna
abdanken ustąpić
Abdankung (F.) abdykacja (F.)
abdingbar dyspozytywny (Adj.)
abdingen wyłączyć, uchylić
aberkennen odebrać, pozbawić
Aberkennung (F.) odebranie (N.), pozbawienie (N.)
aberratio (F.) ictus (lat.) zboczenie (N.) działania
Abfall (M.) odpad (M.)
Abfallbeseitigung (F.) usunięcie (N.) odpadów
Abfallentsorgung (F.) usuwanie (N.) odpadów
abfassen sporządzić, zredagować, spisać
Abfassung (F.) sporządzenie (N.)
abfertigen odprawić, wyekspediować
Abfertigung (F.) odprawa (F.)
abfinden zaspokoić, zrekompensować
Abfindung (F.) odprawa (F.), odszkodowanie (N.)
Abfindungsguthaben (N.) roszczenie (N.) o odprawę
Abgabe (F.) danina (F.), podatek (M.), opłata (F.)
Abgabenordnung (F.) podstawowa ustawa (F.) podatkowa
Abgabenüberhebung (F.) świadome nadmierne pobieranie (N.) podatków albo opłat dla osiągnięcia korzyści majątkowej
Abgas (N.) gaz (M.) odlotowy, gaz (M.) spalinowy
Abgasuntersuchung (F.) kontrola (F.) gazów spalinowych
abgeben składać, oświadczać
abgeleitet pochodny (Adj.)
abgeleiteter Eigentumserwerb (M.) pochodne nabycie (N.) własności
Abgeltung (F.) rekompensata (F.), spłata (F.)
Abgeltungssteuer (F.) podatek (M.) ryczałtowy od majątku kapitałowego
Abgeordnete (F.) posłanka (F.)
Abgeordnetenbestechung (F.) przekupstwo (N.) posła
Abgeordnetenhaus (N.) parlament (M.)
Abgeordneter (M.) poseł (M.) do parlamentu
abgeschlossen zamknięty (Adj.), zakończony (Adj.)
Abhandenkommen (N.) utrata (F.) wbrew woli
abhandenkommen zaginać
abhängen zależeć
abhängig zależny (Adj.)
Abhängigkeit (F.) zależność (F.), uzależnienie (N.)
Abhängigkeitsverhältnis (N.) stosunek (M.) zależności
abheben podjąć
Abhebung (F.) podjęcie (N.)
abhelfen zaradzić, uwzględnić, pomóc
Abhilfe (F.) uwzględnienie (N.)
abholen odebrać
Abholung (F.) odbiór (M.)
Abhören (N.) podsłuchiwanie (N.)
abhören podsłuchiwać
Abhörgerät (N.) aparat (M.) podsłuchowy
Abhörverbot (N.) zakaz (M.) podsłuchiwania
Abitur (N.) matura (F.)
Abkommen (N.) umowa (F.), układ (M.), porozumienie (N.)
Abkömmling (M.) zstępny (M.), potomek (M.)
Abkunft (F.) pochodzenie (N.)

abkürzen skrócić
Abkürzung (F.) skrót (M.), skrócenie (N.)
Ablass (M.) odpust (M.), rabat (M.), zniżka (F.)
Ablauf (M.) upływ (M.)
ablaufen upłynąć
ablehnen odrzucić, odmówić
Ablehnung (F.) odrzucenie (N.), odmowa (F.), wyłączenie (N.)
Ablehnungsantrag (M.) wniosek (M.) o wyłączenie sędziego
Ablehnungsgrund (M.) powód (M.) odrzucenia
ableiten odprowadzić, wyprowadzać
Ableitung odprowadzenie (N.), wyprowadzenie (N.), wywiedzenie (N.)
abliefern dostarczać, dostarczyć, wydawać
Ablieferung (F.) dostarczenie (N.), dostawa (F.)
ablösbar spłacalny (Adj.), nadający się do spłaty
ablösen (tilgen) wykupić, spłacić
Ablösung (F.) (Tilgung) spłacenie (N.), spłacanie (N.)
Ablösungsrecht (N.) prawo (N.) osoby trzeciej do zaspokojenia dłużnika
abmachen załatwić, uzgodnić
Abmachung (F.) załatwienie (N.), porozumienie (N.)
abmahnen upominać, ostrzec
Abmahnung (F.) upomnienie (N.), ostrzeżenie (N.)
Abmahnungsschreiben (N.) pismo (N.) upominające, pismo (N.) ostrzegające
Abmahnverein (M.) związek (M.) upominający
Abmarkung (F.) odgraniczenie (N.), oznaczenie (N.) granicy
abmelden wymeldować
Abmeldung (F.), wymeldowanie (N.)
Abnahme (F.) odbiór (M.), odebranie (N.), spadek (M.), odjęcie (N.)
abnehmen odbierać
Abnehmer (M.) odbiorca (M.)
Abnehmerin (F.) odbiorczyni (F.)
abnorm anormalny (Adj.), nieprawidłowy (Adj.)
abnutzen zużyć
Abnutzung (F.) zużycie (N.)
Abolition (F.) abolicja (F.)
Abonnement (N.) abonament (M.)
abonnieren zamawiać
abordnen delegować, oddelegować
Abordnung (F.) delegacja (F.), oddelegowanie (N.)
abrechnen rozliczyć
Abrechnung (F.) rozliczenie (N.), clearing (M.)
Abrechnungssaldo (M.) saldo (N.) rozliczeniowe
Abrechungsstelle (F.) izba (F.) clearingowa
Abrede (F.) umówienie (N.), układ (M.), zaprzeczenie (N.)
abreden umówić się z kimś
Abriss (M.) rozbiórka (F.), wyburzenie (N.)
Abrogation (F.) uchylenie (N.), zniesienie (N.)
abrogieren uchylić, znieść
Abruf (M.) warunek (M.) kupującego
abrufen żądać dostarczenia, odwołać
Absage (F.) odwołanie (N.)
absagen odmówić
Absatz (M.) (Teil eines Gesetzes bzw. eines Paragraphen) ustęp (M.), przerwa (F.)
Absatz (M.) (Verkauf) zbyt (M.), sprzedaż (F.)
abschaffen znieść, skasować
Abschaffung (F.) zniesienie (N.)
abschieben wydalić
Abschiebung (F.) wydalenie (N.)
Abschiebungshaft (F.), areszt (M.) deportacyjny
Abschiebungsverbot (N.) zakaz (M.) wydalenia
Abschlag (M.) potrącenie (N.), rabat (M.)
Abschlagszahlung (F.) zaliczka (F.)
abschließen zamknąć, zawrzeć
abschließend końcowy (Adj.), ostateczny (Adj.)
Abschluss (M.) zamknięcie (N.), zakończenie (N.), dokonanie (N.)
Abschlussfreiheit (F.) wolność (F.) zawarcia umowy
Abschlussprüfung (F.) kontrola (F.) rocznego zamknięcia rachunkowego
Abschlussvertreter (M.) agent (M.) upoważniony do zawierania umowy
Abschlussvertreterin (F.) agentka (F.) upoważniona do zawierania umowy
Abschlussvollmacht (F.) pełnomocnictwo (N.) do zawarcia umowy

Abschlusszwang (M.) przymus (M.) zawarcia umowy
abschneiden odciąć, pozbawić
Abschnitt (M.) kupon (M.), odcinek (M.), rozdział (M.), fragment (M.)
abschöpfen obciążyć
Abschöpfung (F.) dodatkowe obciążenie (N.) finansowe
abschrecken odstraszyć
Abschreckung (F.) odstraszenie (N.)
abschreiben odpisywać, odpisać, odliczyć, przepisać, amortyzować
Abschreibung (F.) odpis (M.), przepis (M.), amortyzacja (F.)
Abschreibungsgesellschaft (F.) związek (M.) upoważniony do odpisu
Abschrift (F.) odpis (M.), kopia (F.)
Absehen (N.) odstąpienie (N.), rezygnacja (F.)
absehen przewidywać, odstępować, pominąć
absenden wysłać, nadać
Absender (M.) wysyłający (M.), nadawca (M.)
Absenderin (F.) wysyłająca (F.), nadawczyni (F.)
absetzbar odwoływalny (Adj.), nadający się do odliczenia
Absetzbarkeit (F.) odpisywalność (F.)
absetzen odliczyć, zbyć
Absetzung (F.) odliczenie (N.)
absichern zabezpieczyć
Absicherung zabezpieczenie (N.)
Absicht (F.) zamiar (M.), intencja (F.)
absichtlich rozmyślny (Adj.), umyślny (Adj.)
Absichtserklärung (F.) wspólna deklaracja (F.) intencji
Absichtsprovokation (F.) zamierzona prowokacja (F.) w celu spowodowania ataku na siebie
absolut absolutny, bezwzględny (Adj.)
absolute Fahruntüchtigkeit (F.) bezwzględna niezdolność (F.) do prowadzenia pojazdu
absolute Mehrheit (F.) większość (F.) bezwzględna
absoluter Revisionsgrund (M.) bezwzględna podstawa (F.) rewizji nadzwyczajnej
absolutes Fixgeschäft (N.) fiks (M.) absolutny
absolutes Recht (N.) prawo (N.) podmiotowe bezwzględne
Absolution (F.) odpuszczenie (N.)
Absolutismus (M.) absolutyzm (M.)
Absolvent (M.) absolwent (M.)
Absolventin (F.) absolwentka (F.)
absolvieren ukończyć
absondern oddzielić, izolować
Absonderung (F.) izolowanie (N.), wyodrębnienie (N.)
Absonderungsrecht (N.) prawo (N.) do uprzywilejowanej spłaty wierzytelności
absorbieren absorbować
Absorption (F.) absorpcja (F.)
Absorptionsprinzip (N.) zasada (F.) absorpcji
absperren zamknąć
Absperrung zamknięcie (N.), wstrzymanie (N.), blokada (F.)
Absprache (F.) umówienie (N.), uzgodnienie (N.), ustalenie (N.)
absprechen umawiać, uzgadniać, odmawiać, negować
abstammen pochodzić, wywodzić się
Abstammung (F.) pochodzenie (N.)
Abstand (M.) odstęp (M.), odległość (F.), dystans (M.)
abstellen usunąć, przesłać
abstimmen głosować, dopasować
Abstimmung (F.) głosowanie (N.), dopasowanie (N.), uzgodnienie (N.)
abstrahieren abstrahować
abstrakt abstrakcyjny (Adj.)
abstrakte Normenkontrolle (F.) abstrakcyjna kontrola (F.) norm
abstraktes Gefährdungsdelikt (N.) abstrakcyjne przestępstwo (N.) z zagrożenia
Abstraktion (F.) abstrakcja (F.)
Abstraktionsprinzip (N.) zasada (F.) abstrakcji
abstreiten zaprzeczyć, zakwestionować
Abt (M.) opat (M.)
Abtei (F.) opactwo (N.)
Abteilung (F.) dział (M.), sekcja (F.)
Abteilungsgliederung (F.) als Unternehmensneugründung struktura (F.) działu dla otworzenie przedsiębiorstwa
Äbtissin (F.) przełożona klasztoru (F.)
abtreiben przerwać ciążę
Abtreibung (F.) przerwanie (N.) ciąży
Abtreibungsmittel (N.) środek (M.) powodujący poronienie
Abtrennung (F.) oddzielenie (N.), odseparowanie (N.)

abtretbar mogący być odstąpionym
abtreten cedować, scedować, odstąpić, ustąpić
Abtretung (F.) cesja (F.), przelew (M.)
Abtretungsanzeige (F.) zgłoszenie (N.) cesji, powiadomienie (N.) o cesji
Abtretungsempfänger (M.) cesjonariusz (M.)
Abtretungserklärung (F.) oświadczenie (N.) cesji
Abtretungsformular (N.) formularz (M.) cesji
Abtretungsurkunde (F.) dokument (M.) cesji
Abtretungsverbot (N.) zakaz (M.) cesji
Abtretungsvertrag (M.) umowa (F.) o cesję
Abwasser (N.) ściek (M.), odpływ (M.), ścieki (M.Pl.), odpływy (M.Pl.)
abwegig mylny (Adj.)
Abwehr (F.) obrona (F.), odparcie (N.), ochrona (F.)
abwehren obronić się, odeprzeć
abweichen odbiegać, różnić się
abweichend odmienny (Adj.), różny (Adj.)
abweichende Meinung (F.) odmienne zdanie (N.)
abweichendes Verhalten (N.) odmienne zachowanie (N.)
abweisen oddalić
Abweisung (F.) oddalenie (N.)
abwerben zwerbować
Abwerbung (F.) zwerbowanie (N.) dla siebie
abwerten zdewaluować
Abwertung (F.) dewaluacja (F.)
abwesend nieobecny (Adj.)
Abwesende (F.) nieobecna (F.)
Abwesender (M.) nieobecny (M.)
Abwesenheit (F.) nieobecność (F.)
Abwesenheitspfleger (M.) kurator (M.) dla osoby nieznanej z miejsca pobytu
Abwesenheitspflegschaft (F.) kuratela (F.) dla ochrony praw osoby nieobecnej
Abwesenheitsverfahren (N.) postępowanie (N.) przygotowawcze przeciwko osobie nieznanej z miejsca pobytu
abwickeln uregulować, załatwić, zrealizować
Abwicklung (F.) uregulowanie (N.), załatwienie (N.)
Abwicklungsgesellschaft (F.) firma (F.) likwidacyjna
abzahlen spłacić, spłacać
Abzahlung (F.) spłata (F.), rata (F.)
Abzahlungskauf (M.) kupno (N.) na raty
Abzahlungskredit (M.) kredyt (M.) na raty
abzeichnen podpisać, parafować
abziehen potrącić, odliczyć, wycofać
Abzug (M.) potrącenie (N.), odliczenie (N.), wycofanie (N.)
Acht (F.) (Vorsicht) uwaga (F.)
Acht (F.) zesłanie (N.), banicja (F.)
acht osiem
achtlos nieuważny (Adj.), niedbały (Adj.)
Achtung (F.) szacunek (M.), uwaga (F.)
ad hoc (lat.) natychmiast
Adäquanztheorie (F.) teoria (F.) adekwatności
adäquat adekwatny, zgodny (Adj.)
Adel (M.) szlachta (F.)
adeln nobilitować
Adelsstand (M.) stan (M.) szlachecki
Adhäsion (F.) adhezja (F.)
Adhäsionsverfahren (N.) proces (M.) adhezyjny
Administration (F.) administracja (F.)
administrativ administracyjny (Adj.)
Administrativenteignung (F.) wywłaszczenie (N.) administracyjne
Admiral (M.) admirał (M.)
adoptieren adoptować, przysposobić
Adoptierte (F.) adoptowana (F.)
Adoptierter (M.) adoptowany (M.)
Adoption (F.) adopcja (F.), przysposobienie (N.)
Adoptivelter (M. bzw. F.) rodzic (M. bzw. F.) przysposabiający
Adoptiveltern (Pl.) rodzice (M.Pl.) przysposabiający
Adoptivkind (N.) dziecko (N.) przysposobione
Adressat (M.) (Angebotsempfänger) adresat (M.), odbiorca (M.), trasat (M.)
Adresse (F.) adres (M.)
adressieren adresować
Advokat (M.) adwokat (M.)
Advokatin (F.) adwokatka (F.)
Affekt (M.) afekt (M.)
Affektion (F.) afekcja (F.)
Affektionsinteresse (N.) zainteresowanie (N.) ze względu na hobby

Affektionswert (M.) wartość (F.) dla zbieracza
Affidavit (N.) zapewnienie (N.) złożone w miejsce przysięgi
affirmativ potwierdzający (Adj.)
Affront (M.) afront (M.), ubliżenie (N.)
Afrika (N.) Afryka (F.)
Agende (F.) agenda (F.)
Agent (M.) agent (M.), szpieg (M.)
agent (M.) provocateur (franz.) prowokator (M.)
Agentin (F.) agentka (F.)
Agentur (F.) agencja (F.), agentura (F.)
Agentur (F.) für Arbeit urząd (M.) pracy
Aggression (F.) agresja (F.)
aggressiv agresywny (Adj.)
aggressiver Notstand (M.) agresywny stan (M.) wyższej konieczności
agieren działać
Agio (N.) ażio (N.)
Agnat (M.) agnat (M.)
agrarisch rolny (Adj.), agrarny (Adj.)
Agrarrecht (N.) prawo (N.) rolne
Agrément (N.) zgoda (F.) państwa
Ahn (M.) przodek (M.)
ahnden karać
Ahndung (F.) ukaranie (N.)
ähnlich podobny (Adj.)
Aids (N.) (Acquired Immune Deficiency Syndrome (N.) Aids (M.)
Akademie (F.) akademia (F.)
akademisch akademicki (Adj.)
akademischer Grad (M.) tytuł (M.) akademicki
Akklamation (F.) aklamacja (F.), uznanie (N.) jednogłośne
Akkord (M.) akord (M.), ugodowe porozumienie (N.) przy sprzecznych interesach
Akkordlohn (M.) płaca (F.) akordowa
akkreditieren akredytować, uwierzytelnić, upełnomocnić
Akkreditierung (F.) akredytacja (F.)
Akkreditiv (N.) list (M.) uwierzytelniający, akredytywa (F.)
Akt (M.) akt (M.)
Akte (F.) akta (F.)
Akteneinsicht (F.) wgląd (M.) do akt
aktenkundig znajdujący się w aktach
Aktenlage (F.) stan (M.) sprawy wynikający z akt
Aktenvermerk (M.) adnotacja (F.), zapisek (M.) w aktach
Aktenversendung (F.) przesłanie (N.) akt
Aktenzeichen (N.) sygnatura (F.) akt
Aktie (F.) akcja (F.)
Aktienbuch (N.) rejestracja (F.) akcji imiennych
Aktiengesellschaft (F.) spółka (F.) akcyjna
Aktiengesetz (N.) ustawa (F.) o akcjach
Aktieninhaber (M.) akcjonariusz (M.)
Aktieninhaberin (F.) akcjonariuszka (F.)
Aktienrecht (N.) prawo (N.) o akcjach
Aktion (F.) akcja (F.), działanie (N.)
Aktionär (M.) akcjonariusz (M.)
Aktionärin (F.) akcjonariuszka (F.)
aktiv aktywny (Adj.), czynny (Adj.)
Aktiva (N.Pl.) aktywa (M.Pl.)
aktives Wahlrecht (N.) czynne prawo (N.) wyborcze
Aktivlegitimation (F.) legitymacja (F.) procesowa czynna
Aktivschuld (F.) wina (F.) czynna
Aktivum (N.) aktyw (M.), strona (F.) czynna
Aktivvertretung (F.) przedstawicielstwo (N.) czynne
aktuell aktualny (Adj.)
aktuelles Unrechtsbewusstsein (N.) aktualna świadomość (F.) bezprawności
Akzept (N.) akcept (M.)
akzeptabel nadający się do akceptacji
Akzeptant (M.) akceptant (M.)
Akzeptanz (F.) akceptacja (F.)
akzeptieren akceptować, zaakceptować
Akzessorietät (F.) akcesoryjność (F.)
akzessorisch akcesoryjny (Adj.)
akzidentiell akcydentalny, przypadkowy
Akzise (F.) akcyza (F.)
Alarm (M.) alarm (M.)
Alarmanlage (F.) urządzenie (N.) alarmowe
aleatorisch aleatoryjny
alias alias
Alibi (N.) alibi (N.)
Aliment (N.) aliment (M.)
Alimentation (F.) alimentacja (F.)
Alimentationstheorie (F.) teoria (F.) alimentacji
Alimente (N.Pl.) alimenty (Pl.)
aliud (N.) (lat.) świadczenie (N.) spełnione błędnie zamiast świadczenia dłużnego
Alkohol (M.) alkohol (M.)

Alkoholdelikt (N.) delikt (M.) dokonany pod wpływem alkoholu
Alleinerbe (M.) wyłączny spadkobiorca (M.)
Alleinerbin (F.) wyłączna spadkobiorczyni (F.)
Alleinerziehende (F.) samotnie wychowująca (F.)
Alleinerziehender (M.) samotnie wychowujący (M.)
allgemein powszechny (Adj.), ogólny (Adj.)
allgemeine Geschäftsbedingung (F.) ogólny warunek (M.) handlowy
allgemeine Geschäftsbedingungen (F.Pl.) ogólne warunki (M.Pl.) handlowe
allgemeine Gütergemeinschaft (F.) ogólna wspólność (F.) majątkowa, ogólna wspólność majątkowa małżonków
allgemeine Handlungsfreiheit (F.) ogólna wolność (F.) działania
allgemeine Staatslehre (F.) ogólna nauka (F.) o państwie
allgemeine Wahl (F.) wybór (M.) powszechny
allgemeiner Rechtsgrundsatz (M.) ogólna zasada (F.) prawna
allgemeiner Studentenausschuss (M.) ogólne wyłączenie (N.) studentów
allgemeiner Teil (M.) część (F.) ogólna
allgemeines Gesetz (N.) ustawa (F.) ogólna
allgemeines Gewaltverhältnis (N.) ogólny stosunek (M.) władczy
allgemeines Persönlichkeitsrecht (N.) ogólne prawo (N.) osobiste
Allgemeines Übereinkommen (N.) über den Handel mit Dienstleistungen (GATS) Układ (M.) Ogólny o Handlu usługami świadczonymi
Allgemeinverbindlichkeit (F.) powszechne obowiązywanie (N.)
Allgemeinverfügung (F.) akt (M.) administracyjny skierowany do określonej grupy osób
Allgemeinwohl (N.) dobro (N.) ogólne, dobro (N.) powszechne
Allianz (F.) sojusz (M.)
Alliierte (M.Pl.bzw. F.Pl.) alianci (M.Pl.)
Alliierter (M.) aliant (M.)
Allmende (F.) mienie (N.) gminne
Allod (N.) dobro (N.) rodowe
Allonge (F.) alonż (M.), przedłużek (M.)
Allzuständigkeit (F.) właściwość (F.) ogólna związana z domniemaniem kompetencij
Alm (F.) pastwisko (N.) alpejskie, hala (F.)
alma mater (lat.) (F.) alma mater (F.) (lat.)
Almosen (N.) jałmużna (F.)
Alpe (F.) pastwisko (N.) alpejskie, hala (F.)
Altenteil (M.) dożywocie (N.) w zamian za przekazanie następcy gospodarstwa rolnego
Altenteilsrecht (N.) prawo (N.) do dożywocia
Alter (N.) wiek (M.)
alternativ alternatywny (Adj.)
Alternative (F.) alternatywa (F.)
Alternativobligation (F.) zobowiązanie (N.) przemienne
Altersgrenze (F.) granica (F.) wiekowa
Altershilfe (F.) pomoc (F.) ze względu na wiek
Alterspräsident (M.) marszałek senior (M.)
Altersrente (F.) renta (F.) starcza, emerytura (F.)
Altersruhegeld (N.) renta (F.) ze względu na wiek, emerytura (F.)
Altersversorgung (F.) zaopatrzenie (N.), zabezpieczenie (N.) na wypadek starości
Ältestenrat (M.) rada (F.) starszych
ambulant ruchomy (Adj.), ambulatoryjny (Adj.)
Amendement (N.) artykuł (M.) dodatkowy
Amerika (N.) Ameryka (F.)
Amnestie (F.) amnestia (F.)
amnestieren udzielić amnestii
Amok (M.) amok (M.)
Amoklauf (M.) szał (M.) mordowania i niszczenia
Amortisation (F.) umorzenie (N.), spłata (F.), amortyzacja (F.)
amortisieren umorzyć, spłacać, amortyzować
Amsterdam (N.) Amsterdam (M.)
Amt (N.) urząd (M.), funkcja (F.)
amtieren urzędować
amtlich urzędowy (Adj.)
amtliches Wertzeichen (N.) urzędowy znak (M.) wartościowy
Amtmann (M.) urzędnik (M.)
Amtsanmaßung (F.) przywłaszczenie (N.) funkcji publicznej
Amtsanwalt (M.) prokurator (M.) przy sądzie powszechnym najniższego szczebla
Amtsarzt (M.) lekarz (M.) urzędowy

Amtsärztin (F.) lekarka (F.) urzędowa
Amtsbetrieb (M.) oficjalność (F.) w procesie, postępowanie (N.) z urzędu
Amtsblatt (N.) dziennik (M.) urzędowy
Amtsdelikt (N.) przestępstwo (N.) urzędnicze
Amtsermittlungsgrundsatz (M.) zasada (F.) dochodzenia z urzędu
Amtsgericht (N.) sąd (M.) rejonowy
Amtshaftung (F.) odpowiedzialność (F.) cywilna państwa
Amtshilfe (F.) pomoc (F.) prawna świadczona przez organy administracyjne
Amtshilfeersuchen (N.) zwrócenie (N.) się o pomoc prawną do organu administracji
Amtsmissbrauch (N.) nadużycie (N.) urzędu
Amtspflicht (F.) obowiązek (M.) urzędowy
Amtspflichtverletzung (F.) naruszenie (N.) obowiązku urzędowego
Amtsträger (M.) funkcjonariusz (M.) pełniący funkcję publiczną
Amtsvergehen (N.) występek (M.) urzędniczy
Amtsverschwiegenheit (F.) naruszenie (N.) obowiązku zachowania dyskrecji urzędowej
Amtsvormundschaft (F.) opieka (F.) nad małoletnim z urzędu
Amtswalter (M.) zarządca (M.)
Amtszeit (F.) czas (M.), okres (M.) sprawowania urzędu
an Zahlungs Statt zamiast zapłaty
analog analogiczny (Adj.)
Analogie (F.) analogia (F.)
Analogieschluss (M.) wniosek (M.) przez analogię
Analogieverbot (N.) zakaz (M.) analogii
Anarchie (F.) anarchia (F.)
anarchisch anarchiczny (Adj.), bezrządny (Adj.)
Anarchist (M.) anarchista (M.)
Anathema (N.) klątwa (F.), ekskomunika (F.)
Anatozismus (M.) odsetki (Pl.) od odsetek
anberaumen wyznaczyć
anbieten oferować, zaoferować
Anderkonto (N.) konto (N.) bankowe powiernicze
ändern zmienić, wprowadzić poprawki
Änderung (F.) des rechtlichen Gesichtspunktes zmiana (F.) prawnego punktu widzenia
Änderung (F.) zmiana (F.), poprawka (F.)
Änderungskündigung (F.) wypowiedzenie (N.) zmieniające
androhen zagrozić komuś czymś
Androhung (F.) zagrożenie (N.), groźba (F.)
aneignen zawłaszczyć
Aneignung (F.) zawłaszczenie (N.)
Anerbe (M.) główny spadkobierca (M.) gospodarstwa rolnego
anerkennen uznać, uznawać
Anerkenntnis (N.) uznanie (N.), uznanie (N.) powództwa
Anerkenntnisurteil (N.) wyrok (M.) oparty na uznaniu powództwa
Anerkennung (F.) (Anerkennung im Völkerrecht) uznanie (N.) państwa
Anfall (M.) nabycie (N.), przypadnięcie (N.)
anfallen powstać, wyniknąć
Anfang (M.) der Ausführung faza (F.) początkowa karalności
anfänglich początkowy (Adj.), pierwotny (Adj.), od początku
anfängliche Unmöglichkeit (F.) niemożliwość (F.) od początku
anfechtbar podważalny (Adj.), wzruszalny (Adj.), zaskarżalny (Adj.)
Anfechtbarkeit (F.) podważalność (F.), wzruszalność (F.), zaskarżalność (F.)
anfechten podważyć, wzruszyć, zaskarżyć
Anfechtung (F.) podważenie (N.), zaskarżenie (N.)
Anfechtungsgesetz (N.) ustawa (F.) o zaskarżaniu
Anfechtungsklage (F.) powództwo (N.) zaskarżające
anfordern zażądać, wymagać
Anforderung (F.) żądanie (N.), wymaganie (N.)
Anfrage (F.) zapytanie (N.), pytanie (N.), interpelacja (F.), prośba (F.)
anfragen zapytać, zapytywać
Angabe (F.) podanie (N.)
angeben podać, zadeklarować
angeblich domniemany (Adj.), rzekomy (Adj.)
Angebot (N.) oferta (F.), podaż (M.)
angehören należeć
angehörig należący (Adj.)
Angehöriger (M.) członek (M.), członek (M.) rodziny
Angehörigkeit (F.) przynależność (F.)

Angeklagte (F.) oskarżona (F.)
Angeklagter (M.) oskarżony (M.)
Angelegenheit (F.) sprawa (F.)
angemessen stosowny, odpowiedni (Adj.), umiarkowany
Angeschuldigter (M.) oskarżony (M.)
angestellt zatrudniony
Angestellte (F.) pracowniczka (F.), pracownica (F.)
Angestelltenversicherung (F.) ubezpieczenie (N.) społeczne pracowników
Angestellter (M.) pracownik (M.), pracownik (M.) umysłowy
angreifen napaść, zaczepić, zaatakować, podważyć
Angreifer (M.) agresor (M.), napastnik (M.)
angrenzen graniczyć
Angriff (M.) zamach (M.), atak (M.), napaść (F.)
Angriffskrieg (M.) wojna (F.) zaczepna
Angriffsnotstand (M.) agresywny stan (M.) wyższej konieczności
Anhalt (M.) podstawa (F.), oparcie (N.)
Anhalt (N.) (Land Anhalt) Anhalt (M.)
Anhaltspunkt (N.) punkt (M.) zaczepienia, wskazówka (F.)
Anhang (M.) dodatek (M.), uzupełnienie (N.)
anhängen doczepić
anhängig zawisły (Adj.)
Anhängigkeit (F.) zawisłość (F.) sporu
anheben podnieść
Anhebung (F.) podnoszenie (N.)
anheften przypinać
anhören wysłuchać
Anhörung (F.) wysłuchanie (N.)
Anklage (F.) oskarżenie (N.), akt (M.) oskarżenia
Anklagebank (F.) ława (F.) oskarżonych
Anklageerhebung (F.) wniesienie (N.) oskarżenia
Anklageerzwingung (F.) postępowanie (N.) sądowe w celu zmuszenia prokuratory
Anklagemonopol (N.) monopol (M.) oskarżenia
anklagen oskarżyć
Ankläger (M.) oskarżyciel (M.)
Anklagesatz (M.) sentencja (F.) aktu oskarżenia
Anklageschrift (F.) akt (M.) oskarżenia
Anklagevertreter (M.) przedstawiciel (M.) oskarżenia
ankündigen ogłosić, zapowiedzieć
Ankündigung (F.) ogłoszenie (N.), zapowiedź (F.)
Anlage (F.) (Einrichtung) urządzenie (N.), objekt (M.), objekt (M.) przemysłowy
Anlage (F.) (Vermögenseinsatz) lokata (F.)
Anlagevermögen (N.) majątek (M.) trwały
Anlandung (F.) namulenie (N.), przymulisko (N.)
Anlass (M.) powód (M.), okazja (F.), sposobność (F.)
anlegen (einsetzen) umieścić, ulokować, sporządzić, przybić
anlegen zakładać, inwestować, przybijać do brzegu
Anleger (M.) inwestor (M.)
Anlegerin (F.) inwestorka (F.)
Anlegerschutz (M.) ochrona (F.) inwestorów
Anleihe (F.) pożyczka (F.)
Anlieger (M.) właściciel (M.)
anmelden zgłosić, zameldować
Anmeldung (F.) zgłoszenie (N.), zameldowanie (N.), meldunek (M.)
Anmerkung (F.) adnotacja (F.), notatka (F.), przypis (M.)
Annahme (F.) przyjęcie (N.), akcept (M.), odbiór (M.)
Annahme als Kind (F.) przysposobienie (N.)
Annahmeverzug (M.) zwłoka (F.) w odbiorze
annehmen przyjąć, przypuszczać, usnąć
annektieren anektować, wcielać
Annex (M.) załącznik (M.), dodatek (M.), aneks (M.)
Annexion (F.) aneksja (F.), wcielenie (N.)
Annexkompetenz (F.) kompetencja (F.) załącznika
annullieren unieważnić, anulować
Annullierung (F.) unieważnienie (N.), anulowanie (N.)
anonym anonimowy (Adj.)
anordnen zarządzić, nakazać, uporządkować
Anordnung (F.) zarządzenie (N.), nadanie (N.), uporządkowanie (N.)
anormal anormalny (Adj.), nieprawidłowy (Adj.)
anpassen dostosować, dopasować, przystosować
Anpassung (F.) dostosowanie (N.), dopasowanie (N.), przystosowanie (N.)

Anrecht (N.) prawo (N.), uprawnienie (N.)
anregen pobudzić, zachęcić
Anregung (F.) zachęta (F.), inicjatywa (F.), impuls (M.)
Anrufung (F.) wezwanie (N.), odwołanie się (N.)
ansässig osiadły (Adj.)
Anschein (M.) pozór (M.), wrażenie (N.)
anscheinend prawdopodobnie
Anscheinsbeweis (M.) dowód (M.) na pierwszy rzut oka
Anscheinsgefahr (F.) niebezpieczeństwo (N.) prawdopodobne
Anscheinsvollmacht (F.) pełnomocnictwo (N.) prawdopodobne
Anschlag (M.) zamach (M.), kalkulacja (F.), kosztorys (M.), obwieszczenie (N.), plakat (M.)
anschlagen uderzać
anschließen przyłączyć, dołączyć, podłączyć
Anschluss (M.) dołączenie (N.), przyłączenie (N.)
Anschlussberufung (F.) rewizja (F.) przyłączona
Anschlusspfändung (F.) zbieg (F.) zajęć
Anschlussrevision (F.) rewizja (F.) nadzwyczajna przyłączona
Anschlusszwang (M.) obowiązek (M.) przyłączenia
anschuldigen obwinić, obwiniać
Anschuldigung obwinienie (N.), obwinianie (N.)
Anschwemmung (F.) namulenie (N.)
Ansehen (N.) poważanie (N.), znaczenie (N.)
Ansetzen (N.) zur Tatbestandsverwirklichung szykowanie się (N.) do realizacji stanu faktycznego
ansetzen naznaczyć, wyznaczyć
Ansicht (F.) pogląd (M.), zapatrywanie (N.), zdanie (N.), wgląd (M.)
Ansichtssendung (F.) przesyłka (F.) do wglądu
Anspruch (M.) roszczenie (N.)
Anspruchsgrundlage (F.) podstawa (F.) prawna roszczenia
Anspruchskonkurrenz (F.) zbieg (F.) roszczeń
Anstalt (F.) des öffentlichen Rechts zakład (M.) prawa publicznego
Anstalt (F.) zakład (M.)
Anstand (M.) przyzwoitość (F.)
ansteigen podnosić
anstellen zatrudnić, zaangażować
Anstellung (F.) zatrudnienie (N.), zaangażowanie (N.)
Anstellungsbetrug (M.) oszustwo (N.) przy ubieganiu się o zatrudnienie
Anstieg (M.) wzrost (M.)
anstiften podżegać
Anstifter (M.) podżegacz (M.)
Anstifterin (F.) podżegaczka (F.)
Anstiftung (F.) podżeganie (N.)
Anteil (M.) udział (M.)
anteilig procentowy (Adj.)
Anteilseigner (M.) udziałowiec (M.)
Anteilsschein (M.) świadectwo (N.) udziałowe
Antichrese (F.) zastaw (M.) antychretyczny, antychreza (F.)
Antidiskriminierung (F.) antydyskryminacja (F.)
Antinomie (F.) antynomia (F.)
Antisemitismus (M.) antysemityzm (M.)
antizipieren antycypować, uprzedzać z góry
Antrag (M.) wniosek (M.)
Antragsdelikt (N.) przestępstwo (N.) ścigane na wniosek
Antragsgegner (M.) podmiot (M.) przeciw któremu skierowany jest wniosek
Antragsteller (M.) wnioskodawca (M.)
Antragstellerin (F.) wnioskodawczyni (F.)
Antwort (F.) odpowiedź (F.)
antworten odpowiadać
anvertrauen powierzać
anwachsen zwiększyć, powiększyć, wzrastać
Anwachsung (F.) przyrost (M.)
Anwalt (M.) adwokat (M.)
Anwältin (F.) adwokatka (F.)
Anwaltschaft (F.) adwokatura (F.), palestra (F.)
Anwaltschinesisch (N.) zawiłość (F.) języka prawniczego
Anwaltsgebühr (F.) opłata (F.) adwokacka
Anwaltsgehilfe (M.) pomocnik (M.) adwokacki, asystent (M.) adwokacki
Anwaltskammer (F.) izba (F.) adwokacka
Anwaltsnotar (M.) notariusz (M.) adwokacki
Anwaltsprozess (M.) proces (M.) cywilny z obowiązkowym zastępstwem stron przez adwokatów

Anwaltszwang (M.) przymus (M.) adwokacki
Anwärter (M.) kandydat (M.), stażysta (M.), oczekujący (M.)
Anwärterin (F.) kandydatka (F.)
Anwartschaft (F.) ekspektatywa (F.)
Anwartschaftsrecht (N.) prawo (N.) do ekspektatywy
anweisen (Geld anweisen) przekazać, przekazywać
anweisen nakazać, polecić
Anweisende (F.) obecna osoba (F.)
Anweisender (M.) przekazujący (M.)
Anweisung (F.) przekaz (M.), wskazówka (F.), instrukcja (F.), polecenie (N.)
Anweisungsempfänger (M.) odbiorca (M.) przekazu
Anweisungsempfängerin (F.) odbiorczyni (F.) przekazu
anwendbar dający się zastosować
anwenden zastosować
Anwender (M.) użytkownik (M.)
Anwendung (F.) zastosowanie (N.), stosowanie (N.), użycie (N.)
anwerben werbować, rekrutować
Anwerbung (F.) werbowanie (N.)
Anwesen (N.) posiadłość (F.)
anwesend obecny (Adj.)
Anwesender (M.) obecny (M.)
Anwesenheit (F.) obecność (F.)
anzahlen zadatkować, dać zaliczkę
Anzahlung (F.) zaliczka (F.), zadatek (M.)
Anzeichen (N.) objaw (M.), symptom (M.), znak (M.), oznak (M.)
Anzeige (F.) zawiadomienie (N.), doniesienie (N.), ogłoszenie (N.)
anzeigen zawiadomić, złożyć doniesienie, ogłosić
Anzeigepflicht (F.) obowiązek (M.) zgłoszenia, obowiązek (M.) zawiadomienia
anzeigepflichtig obowiązujący do zawiadomienia
Apanage (F.) uposażenie (N.)
apostolisch apostolski (Adj.)
Apotheke (F.) apteka (F.)
Apotheker (M.) aptekarz (M.)
Apothekerin (F.) aptekarka (F.)
Appellation (F.) apelacja (F.)
Appellationsgericht (N.) sąd (M.) apelacyjny
appellieren apelować, odwoływać się
Approbation (F.) dopuszczenie (N.) do wykonywania zawodu
approbieren dopuścić do wykonywania zawodu
äquivalent ekwiwalenty, równoważny
Äquivalenz (F.) równoważność (F.), równoznaczność (F.)
Äquivalenzprinzip (N.) zasada (F.) równoważnośći
Äquivalenztheorie (F.) teoria (F.) ekwiwalencji
Arbeit (F.) praca (F.), zatrudnienie (N.)
arbeiten pracować
Arbeiter (M.) pracownik (M.), robotnik (M.)
Arbeitgeber (M.) pracodawca (M.)
Arbeitgeberanteil (M.) udział (M.) pracodawcy w składkach na ubezpieczenie społeczne
Arbeitgeberin (F.) pracodawczyni (F.)
Arbeitgeberverband (M.) związek (M.) pracodawców
Arbeitnehmer (M.) pracobiorca (M.), pracownik (M.)
arbeitnehmerähnlich podobny do pracownika
arbeitnehmerähnliche Person (F.) osoba (F.) wykonująca czynność podobną do pracownika
Arbeitnehmererfindung (F.) wynalazek (M.) pracowniczy
Arbeitnehmerfreibetrag (M.) część (F.) dochodu pracobiorcy niepodlegająca opodatkowaniu
Arbeitnehmerfreizügigkeit (F.) swoboda (F.) przepływu pracowników
Arbeitnehmerhaftung (F.) odpowiedzialność (F.) cywilna pracobiorcy
Arbeitnehmerin (F.) pracowniczka (F.), pracownica (F.)
Arbeitnehmerüberlassung (F.) odstąpienie (N.) pracobiorcy
Arbeitsagentur (F.) agencja (F.) pracy
Arbeitsamt (N.) urząd (M.) pośrednictwa pracy, urząd (M.) pracy, urząd (M.) zatrudnienia
Arbeitsbereitschaft (F.) gotowość (F.) do pracy
Arbeitsbeschaffung (F.) tworzenie (N.) miejsc pracy
Arbeitsbeschaffungsmaßnahmen (Pl.), środki (Pl.) służące tworzeniu miejsc pracy

Arbeitsbewilligung (F.) zezwolenie (N.) na pracę
Arbeitsdirektor (M.) członek (M.) zarządu
Arbeitseinkommen (N.) dochód (M.) z pracy
Arbeitsentgelt (N.) wynagrodzenie (N.) za pracę
Arbeitsförderung (F.) popieranie (N.) pracy
Arbeitsgericht (N.) sąd (M.) pracy
Arbeitskampf (M.) walka (F.) pomiędzy pracownikami i pracodawcami
Arbeitskraft (F.) siła (F.) robocza, pracownik (M.)
Arbeitslohn (M.) wynagrodzenie (N.) za pracę
arbeitslos bezrobotny (Adj.)
Arbeitslose (F.) bezrobotna (F.)
Arbeitslosengeld (N.) zasiłek (M.) dla bezrobotnych
Arbeitslosenhilfe (F.) zapomoga (F.) dla bezrobotnych
Arbeitslosenversicherung (F.) ubezpieczenie (N.) na wypadek bezrobocia
Arbeitsloser (M.) bezrobotny (M.)
Arbeitslosigkeit (F.) bezrobocie (N.)
Arbeitsmündigkeit (F.) wiek (M.) zdolności do pracy
Arbeitsprozess (M.) proces (M.) pracy
Arbeitsrecht (N.) prawo (N.) pracy
Arbeitsschutz (M.) ochrona (F.) pracy
Arbeitssicherheit (F.) bezpieczeństwo (N.) pracy
Arbeitssicherheitsgesetz (N.) ustawa (F.) o bezpieczeństwie (N.) pracy
Arbeitsstätte (F.) miejsce (N.) pracy, zakład (M.) pracy
arbeitsunfähig niezdolny do pracy
Arbeitsunfähigkeit (F.) niezdolność (F.) do pracy
Arbeitsunfall (M.) wypadek (M.) przy pracy
Arbeitsverhältnis (N.) stosunek (M.) pracy
Arbeitsvermittlung (F.) pośrednictwo (N.) pracy
Arbeitsvertrag (M.) umowa (F.) o pracę
Arbeitsverwaltung (F.) administracja (F.) pracy, urząd (M.) pracy
Arbeitszeit (F.) czas (M.) pracy
Arbeitszeitrechtsgesetz (N.) ustawa (F.) o czasie pracy
Arbeitszeugnis (N.) świadectwo (N.) pracy
Arbitrage (F.) arbitraż (M.), sądownictwo (N.) polubowne
arbiträr arbitrarny (Adj.)
archaisch archaiczny (Adj.)
Architekt (M.) architekt (M.)
Architektenrecht (N.) prawo (N.) architektów
Archiv (N.) archiwum (N.)
Arglist (F.) podstęp (M.)
arglistig podstępny (Adj.)
arglistige Täuschung (F.) podstępne wprowadzenie (N.) w błąd
arglistiges Verschweigen (N.) podstępne przemilczenie (N.)
arglos prostoduszny (Adj.), ufny (Adj.), szczery (Adj.)
Argument (N.) argument (M.)
argumentieren argumentować
Argwohn (M.) podejrzenie (N.), nieufność (F.)
Aristokrat (M.) arystokrat (M.)
Aristokratie (F.) arystokracja (F.)
arm biedny (Adj.), ubogi (Adj.)
Armee (F.) armia (F.)
Armenrecht (N.) prawo (N.) biednych do zwolnienia od kosztów procesowych
Arrest (M.) sądowe zabezpieczenie (N.) mienia, areszt (M.)
arrestieren aresztować
arrha (F.) (lat.) arrha (F.) (lat.)
arrondieren zaokrąglać
Art (F.) (Gattung) rodzaj (M.), gatunek (M.), sposób (M.), usposobienie (N.)
Artenschutz (M.) ochrona (F.) gatunków
Artikel (M.) artykuł (M.)
Arznei (F.) lekarstwo (N.)
Arzneimittel (N.) środek (M.) leczniczy, lek (M.)
Arzneimittelgesetz (N.) ustawa (F.) o lekach
Arzt (M.) lekarz (M.)
Ärztin (F.) lekarka (F.)
ärztlich lekarski (Adj.)
Arztrecht (N.) prawo (N.) lekarskie
Asien (N.) Azja (F.)
asozial aspołeczny (Adj.)
Asperation (F.) asperacja (F.)
Asperationsprinzip (N.) zasada (F.) asperacji
Aspirant (M.) aspirant (M.)
Assekuranz (F.) ubezpieczenie (N.)
Assessor (M.) asesor (M.)
Assistent (M.) asystent (M.)
Assistentin (F.) asystentka (F.)

Assoziation (F.) asocjacja (F.), skojarzenie (N.)
assoziieren łączyć, połączyć, kojarzyć
Asyl (N.) azyl (M.)
Asylant (M.) azylant (M.)
Asylantin (F.) azylantka (F.)
Asylrecht (N.) prawo (N.) do azylu
Aszendent (M. bzw. F.) przodek (M.), krewny (M.) w lini wstępnej
Aszendenz (F.) pokrewieństwo (N.) w lini wstępnej
Atom (N.) atom (M.)
atomar atomowy (Adj.)
Atomgesetz (N.) ustawa (F.) o pokojowym wykorzystaniu energi jądrowej
Attaché (M.) attache (M.)
Attentat (N.) zamach (M.)
Attentäter (M.) zamachowiec (M.)
Attest (N.) atest (M.), certyfikat (M.), zaświadczenie (N.), świadectwo (N.)
attestieren atestować, zaświadczać, wydawać opinię
atypisch atypowy (Adj.)
Audienz (F.) audiencja (F.)
aufbewahren przechowywać
Aufbewahrung (F.) przechowanie (N.), schowanie (N.), zachowywanie (N.)
aufdecken wykryć, odkryć
Aufdeckung (F.) odkrycie (N.), wyjawnienie (N.), wykrycie (N.)
aufdrängen narzucać, wymuszać
Aufenthalt (M.) pobyt (M.)
Aufenthaltserlaubnis (F.) zezwolenie (N.) na pobyt bez określonego celu
Aufenthaltsgenehmigung (F.) zezwolenie (N.) na pobyt
Aufenthaltsort (M.) miejsce (N.) pobytu
Aufenthaltsrecht (N.) prawo (N.) pobytu
auferlegen nałożyć, nakładać
Auferlegung (F.) nałożenie (N.)
Auffahrunfall (M.) kolizja (F.) w tył
auffordern wezwać, zawezwać
Aufforderung (F.) wezwanie (N.)
Aufgabe (F.) zadanie (N.), funkcja (F.), obowiązek (M.), nadanie (N.), likwidacja (F.)
aufgeben zaniechać, nadać
Aufgebot (N.) wywołanie (N.), zapowiedź (F.), oddział (M.)
Aufgebotsverfahren (N.) postępowanie (N.) wywoławcze
Aufgeld (N.) ażio (N.)
aufheben unieważnić, uchylić, rozwiązać, zamknąć, znieść, znosić
Aufhebung (F.) unieważnienie (N.), uchylenie (N.), rozwiązanie (N.), zniesienie (N.)
Aufhebungsvertrag (M.) umowa (F.) rozwiązująca
aufhetzen podburzać
Aufhetzung (F.) podburzanie (N.)
aufklären wyjaśnić, wyświetlić, sprostować, uświadomić
Aufklärung (F.) wyjaśnienie (N.), uświadomienie (N.), oświecenie (N.), racjonalizm (M.)
Aufklärungspflicht (F.) obowiązek (M.) wyjaśnienia
Aufklärungsquote (F.) procent (M.) wykrywalności przestępstw
Auflage (F.) nałożenie (N.), polecenie (N.), wydanie (N.), nakład (M.)
auflassen (eine Anlage schließen) zamknąć
auflassen (über den Eigentumsübergang an einem Grundstück einig werden) wyrazić zgodę
Auflassung (F.) zgoda (F.) między zbywcą a nabywcą
Auflassungsvormerkung (F.) zastrzeżenie (N.) o zgodzie na przejście prawa własności na nieruchomości
Auflauf (M.) zbiegowisko (N.)
auflaufen narosnąć, narastać, osiąść
auflegen nałożyć
auflösen rozwiązać, zerwać
auflösende Bedingung (F.) warunek (M.) rozwiązujący
Auflösung (F.) rozwiązanie (N.)
aufopfern poświęcić, zrezygnować
Aufopferung (F.) oddanie (N.), poświęcenie (N.), zrezygnowanie (N.), rezygnacja (F.)
Aufopferungsanspruch (M.) roszczenie (N.) o odszkodowanie
Aufopferungstheorie (F.) teoria (F.) o odszkodowaniu
aufrechenbar możliwy do potrącenia
aufrechnen potrącić, zaliczyć
Aufrechnung (F.) potrącenie (N.)
Aufrechnungslage (F.) możliwość (F.) potrącenia
Aufruf (M.) wezwanie (N.), odezwa (F.), proklamacja (F.), wywołanie (N.)
aufrufen wezwać, wyzwać, wywołać, nawoływać
Aufruhr (M.) rozruch (M.), bunt (M.)

aufrühren podżegać
Aufrührer (M.) buntowniczy (M.), buntownik (M.)
aufschieben odroczyć
aufschiebende Bedingung (F.) warunek (M.) zawieszający
aufschiebende Wirkung (F.) skutek (M.) zawieszający
Aufschub (M.) odroczenie (N.)
Aufseher (M.) nadzorca (M.)
Aufsicht (F.) nadzór (M.), dozór (M.)
Aufsichtsbehörde (F.) organ (M.) nadzorcy
Aufsichtspflicht (F.) obowiązek (M.) nadzoru
Aufsichtsrat (M.) członek (M.) rady nadzorczej, rada (F.) nadzorcza
aufspalten rozbić
aufspüren wytropić
Aufstand (M.) powstanie (N.)
aufstellen postawić, wysunąć, zestawić, ustawić
Aufstellung (F.) postawienie (N.), wysunięcie (N.), zestawienie (N.), ustawienie (N.)
aufteilen podzielić, rozdzielić
Aufteilung (F.) podział (M.)
Auftrag (M.) zlecenie (N.), zamówienie (N.), polecenie (N.)
auftragen zlecić
Auftraggeber (M.) zleceniodawca (M.)
Auftragnehmer (M.) zleceniobiorca (M.)
Auftragsangelegenheit (F.) sprawa (F.) zlecona
Auftragsbestätigung (F.) potwierdzenie (N.) zlecenia
Auftragsgeschäft (N.) sprawa (F.) zlecona
Auftragsverwaltung (F.) administracja (F.) zlecona
Aufwand (M.) nakład (M.), wydatek (M.), koszt (M.), koszty (M.Pl.)
Aufwandsentschädigung (F.) zwrot (M.) wydatków
aufwenden użyć, dołożyć, wydatkować
Aufwendung (F.) nakład (M.), wydatek (M.)
Aufwendungserstattung (F.) zwrot (M.) nakładów, rekompensata (F.) wydatków
aufwerten podnieść, rewaloryzować wartość
Aufwertung (F.) podniesienie (N.), rewaloryzacja (F.)
aufwiegeln podpuszczać
aufzeichnen (mitschreiben) zapisać, spisać
Aufzeichnung (F.) zapisanie (N.), zapis (M.)
Augenschein (M.) oględziny (F.Pl.), oglądanie (N.), wizja (F.)
Augenzeuge (M.) świadek (M.) naoczny
Auktion (F.) aukcja (F.), licytacja (F.)
Auktionator (M.) aukcjonator (M.), aukcjonariusz (M.)
ausbilden wyszkolić, wykształcić, kształcić
Ausbildender (M.) instruktor (M.), osoba (F.) prowadząca szkolenie
Ausbildung (F.) wykształcenie (N.), kształcenie (N.)
Ausbildungsförderung (F.) pomoc (F.) stypendialna dla kształcących się
Ausbleiben (N.) niestawiennictwo (N.), nieobecność (F.)
ausbleiben nadchodzić
ausbrechen uciec, wybuchnąć
Ausbruch (M.) ucieczka (F.), wybuch (M.)
ausbürgern pozbawić obywatelstwa
Ausbürgerung (F.) pozbawienie (N.) obywatelstwa
Ausdruck (M.) wyrażenie (N.), druk (M.), wydruk (M.)
ausdrücken wyrażać się, wydrukować
ausdrücklich wyraźny, jasny (Adj.)
Ausdrücklichkeitsgebot (N.) nakaz (M.) stanowczości
auseinandersetzen (teilen) podzielić
Auseinandersetzung (F.) podział (M.)
Ausfall (M.) brak (M.), przestój (M.), awaria (F.)
ausfallen wypadać, brakować
Ausfallzeit (F.) okres (M.) przestoju
ausfertigen sporządzić
Ausfertigung (F.) sporządzenie (N.), wystawienie (N.), podpisanie (N.), egzemplarz (M.)
ausforschen wybadać, wyśledzić
Ausforschung (F.) wybadanie (N.), wyśledzenie (N.)
Ausforschungsbeweisantrag (M.) wniosek (M.) dowodowy o przesłuchanie
Ausfuhr (F.) wywóz (M.), eksport (M.)
ausführen wywozić, eksportować, wykonać, zrealizować, popełnić, rozwinąć, wywodzić
Ausfuhrerlaubnis (F.) zezwolenie (N.) na wywóz
Ausführung (F.) (Ausführung eines Gesetzes) wykonanie (N.)
Ausführungsgesetz (N.) ustawa (F.) wykonawcza

Ausführungsverordnung (F.) rozporządzenie (N.) wykonawcze
ausfüllen wypełnić, zapełnić
Ausfüllungsbefugnis (F.) uprawnienie (N.) do wypełnienia
Ausgabe (F.) wydawanie (N.), emisja (F.), edycja (F.), wydanie (N.), wydatek (M.)
ausgeben wydawać, wypuścić
ausgeübt wykonywalny (Adj.)
ausgeübter Gewerbebetrieb (M.) miejsce (N.) wykonywania zawodu
Ausgleich (M.) wyrównanie (N.), zrównanie (N.), porozumienie (N.), kompromis (M.)
ausgleichen wyrównać, zrównoważyć, uregulować, załagodzić, zażegnać
Ausgleichsabgabe (F.) opłata (F.) wyrównawcza, opłata (F.) wwozowa
Ausgleichsanspruch (M.) roszczenie (N.) o wyrównanie
Ausgleichsaufgabe (F.) zadanie (N.) wyrównawcze
auskommen utrzymać się
Auskunft (F.) informacja (F.)
Auskunftsklage (F.) pozew (M.) do informacji
Auskunftspflicht (F.) obowiązek (M.) udzielenia informacji
Auskunftsverweigerung (F.) odmowa (F.) udzielenia informacji
Auskunftsverweigerungsrecht (N.) prawo (N.) odmowy udzielenia informacji
ausladen wyładować, rozładować
Ausladung (F.) wyładowanie (N.), rozładowanie (N.), wyładunek (M.)
Auslage (F.) wystawa (F.), wydatek (M.)
Ausland (N.) zagranica (F.)
Ausländer (M.) cudzoziemiec (M.)
Ausländerbehörde (F.) urząd (M.) do spraw cudzoziemców
Ausländerrecht (N.) prawo (N.) o cudzoziemcach
ausländisch zagraniczny (Adj.)
Auslandsdelikt (N.) delikt (M.) dokonany poza granicami kraju
auslegen rozłożyć, wyłożyć, wykładać, interpretować
Auslegung (F.) wykładnia (F.), interpretacja (F.)
Auslegungsregel (F.) reguła (F.) interpretacji
Ausleihe (F.) wypożyczenie (N.)
ausleihen pożyczyć, wypożyczyć
ausliefern wydać, wydawać
Auslieferung (F.) wydanie (N.), ekstradycja (F.)
Auslieferungshaft (F.) areszt (M.) dla podlegających ekstradycji
Auslieferungsverbot (N.) zakaz (M.) ekstradycji
Auslieferungsvertrag (M.) umowa (F.) ekstradycji
ausloben przyrzec, przyrzec publicznie
Auslobung (F.) przyrzeczenie (N.), przyrzeczenie (N.) publiczne
auslosen wylosować, losować
Auslosung (F.) wylosowanie (N.), losowanie (N.)
Ausnahme (F.) wyjątek (M.)
Ausnahmegericht (N.) sąd (M.) wyjątkowy
Ausnahmezustand (M.) stan (M.) wyjątkowy
ausnehmen wyjmować, robić wyjątek, wykluczać
ausreichen wystarczać
ausreichend wystarczający (Adj.)
Aussage (F.) zeznanie (N.), wypowiedź (F.)
Aussageerpressung (F.) wymuszenie (N.) zeznań
Aussagegenehmigung (F.) zezwolenie (N.) na złożenie zeznań
aussagen zeznać
Aussagenotstand (M.) złożenie (N.) fałszywego zeznania w celu uchronienia siebie lub osoby bliskiej
Aussagepflicht (F.) obowiązek (M.) złożenia zeznań
Aussageverweigerung (F.) odmowa (F.) złożenia zeznań
Aussageverweigerungsrecht (N.) prawo (N.) odmowy zeznań
ausschießen wyłączać, wykluczać, usunąć
ausschlagen odrzucić, odmówić, nie przyjąć
Ausschlagung (F.) odrzucenie (N.), odmowa (F.)
ausschließen wykluczyć, wyłączyć, usunąć
ausschließlich wyłączny (Adj.)
ausschließliche Gesetzgebung (F.) ustawodawstwo (N.) wyłączne
ausschließliche Zuständigkeit (F.) właściwość (F.) wyłączna
Ausschließung (F.) wyłączenie (N.), wykluczenie (N.), eliminacja (F.)

Ausschluss (M.) wyłączenie (N.), prekluzja (F.)
Ausschlussfrist (F.) termin (M.) prekluzyjny, termin (M.) zawity
ausschreiben rozpisać
Ausschuss (M.) komisja (F.), brak (M.), produkt (M.) wybrakowany
außen zewnątrz
Außenbereich (M.) obszar (M.) podmiejski, obszar (M.) zewętrzny
Außengesellschaft (F.) spółka (F.) zewnętrzna
Außenminister (M.) minister (M.) spraw zagranicznych
Außenministerium (N.) ministerstwo (N.) spraw zagranicznych
Außenprüfung (F.) kontrola (F.) podatkowa
Außensteuerrecht (N.) prawo (N.) o opodatkowaniu przedsiębiorstw z kontaktami zagranicznymi
Außenverhältnis (N.) stosunek (M.) zewnętrzny
Außenvollmacht (F.) pełnomocnictwo (N.) zewnętrzne
Außenwirtschaft (F.) stosunki (M.Pl.) gospodarcze z zagranicą
Außenwirtschaftsrecht (N.) prawo (N.) o stosunkach gospodarczych z zagranicą
außer Kraft setzen uchylić
außer poza
außerehelich pozamałżeński
außergerichtlich pozasądowy
außergewöhnlich nadzwyczajny (Adj.)
äußern wypowiedzieć, wyrazić
außerordentlich nadzwyczajny (Adj.)
außerordentliche Kündigung (F.) wypowiedzenie (N.) nadzwyczajne
Äußerung (F.) wypowiedź (F.), wyrażenie (N.)
aussetzen wyznaczyć, porzucić, odroczyć
Aussetzung (F.) wyznaczenie (N.), porzucenie (N.), odroczenie (N.), zawieszenie (N.)
Aussiedler (M.) wysiedleniec (M.)
aussondern wyłączyć, wydzielić, oddzielić
Aussonderung (F.) wyłączenie (N.), wydzielenie (N.), oddzielenie (N.)
aussperren rozpuścić, zastosować lokaut
Aussperrung (F.) lokaut (M.)
ausspielen rozlosować
Ausspielvertrag (M.) umowa (F.) o losowaniu
Aussprache (F.) wymowa (F.)
Ausstand (M.) strajk (M.)
ausstatten wyposażyć
Ausstattung (F.) wyposażenie (N.)
ausstehen być zaległym
ausstehend brakujący (Adj.)
ausstellen wystawić
Aussteller (M.) wystawca (M.)
Ausstellung (F.) wystawienie (N.), wystawa (F.), ekspozycja (F.)
Aussteuer (F.) wyprawa (F.), posag (M.)
Austausch (M.) wymiana (F.)
austauschen wymienić
Austauschpfändung (F.) zajęcie (N.) zamienne
austreten występować
Austritt (M.) wystąpienie (N.)
ausüben wykonywać, wywierać, korzystać
Ausübung (F.) wykonywanie (N.), korzystanie (N.), sprawowanie (N.)
Ausübungsermächtigung (F.) upoważnienie (N.) do wykonywania
Ausverkauf (M.) wyprzedaż (F.)
Auswahl (F.) wybór (M.), asortyment (M.)
auswählen wybrać
auswandern wyemigrować, wywędrować
Auswanderung (F.) wychodźstwo (N.), emigracja (F.)
Auswanderungsbetrug (M.) oszustwo (N.) dotyczące nakłaniania do emigracji
auswärtig zagraniczny (Adj.)
auswärtige Angelegenheit (F.) sprawa (F.) zagraniczna
auswärtige Angelegenheiten (F.Pl.) sprawy (F.Pl.) zagraniczne
auswärtiger Dienst (M.) służba (F.) zagraniczna
ausweichen wyminąć, uniknąć, odpowiedzieć wymijająco
Ausweis (M.) dowód (M.) tożsamości, legitymacja (F.)
ausweisen wydalić, wylegitymować, wykazywać
Ausweismissbrauch (M.) wykorzystanie (N.) cudzego dowodu osobistego dla własnych celów
Ausweispflicht (F.) obowiązek (M.) wylegitymowania się
Ausweisung (F.) wydalenie (N.)
auswirken odbijać
Auswirkung (F.) skutek (M.), następstwo (N.)

auszahlen wypłacić, spłacić, zapłacić
Auszahlung (F.) wypłata (F.), spłata (F.)
Auszubildender (M.) osoba (F.) ucząca się zawodu
Auszug (M.) wyprowadzenie (N.), wyciąg (M.)
authentisch autentyczny (Adj.)
authentische Interpretation (F.) interpretacja (F.) autentyczna
Auto (N.) auto (N.), samochód (M.)
Autobahn (F.) autostrada (F.)
Automat (M.) automat (M.)
Automatenmissbrauch (M.) wyłudzenie (N.) działania automatu
automatisch automatyczny (Adj.)
autonom autonomiczny (Adj.)
Autonomie (F.) autonomia (F.)
Autopsie (F.) autopsja (F.), oględziny (F.Pl.) zwłok, sekcja (F.) zwłok, doświadczenie (N.)
Autor (M.) autor (M.)
autorisieren autoryzować, upoważnić
Aval (M.) awal (M.)
Avis (M.) awiz (M.), zawiadomienie (N.) pisemne
Axiom (N.) aksjomat (M.)

B

baccalaureus (M.) (lat.) baccalaureus (M.) (lat.)
Baden (N.) Badenia (F.)
Baden-Württemberg (N.) Badenia Wirtembergia (F.)
Bagatelldelikt (N.) sprawa (F.) karna o znikonym niebezpieczeństwie społecznym
Bagatelle (F.) bagatela (F.)
Bagatellsache (F.) bagatelna sprawa (F.), drobnostka (F.)
Bagatellschaden (M.) niewielka szkoda (F.)
Bahn (F.) kolej (F.), droga (F.), tor (M.)
Bahnpolizei (F.) policja (F.) kolejowa
Baisse (F.) bessa (F.), zniżka (F.)
Bande (F.) (1) banda (F.), gang (M.)
Bandendiebstahl (M.) kradzież (F.) dokonana przez bandę przestępczą
Bandit (M.) bandyta (M.), zbój (M.)
Bank (F.) bank (M.)
Bankakzept (N.) akcept (M.) bankowy
Bankauskunft (F.) informacja (F.) bankowa
Bankbürgschaft (F.) poręczenie (N.) bankowe, gwarancja (F.) bankowa
Bankeinlage (F.) wkład (M.) bankowy
Bankenpfandrecht (N.) prawo (N.) banku do zastawu
Bankgeheimnis (N.) tajemnica (F.) bankowa
Bankgeschäft (N.) operacja (F.) bankowa, czynność (F.) bankowa
Bankguthaben (N.) zasoby (Pl.) na rachunku bankowym
Bankier (M.) Bankier (M.)
Bankkonto (N.) konto (N.) bankowe
Bankkredit (N.) kredyt (M.) bankowy
Banknote (F.) banknot (M.)
Bankomat (M.) bankomat (M.)
Bankraub (M.) napad (M.) na bank
Bankrecht (N.) prawo (N.) bankowe
Bankrott (M.) bankructwo (N.)
bankrott zbankrutowany (Adj.)
Bankrotteur (M.) bankrut (M.)
Bann (M.) (Kirchenbann) wyklęcie (N.)
Bannkreis (M.) okolica (F.) siedzib
Bannmeile (F.) okolica (F.) siedzib
bar gotówkowy, gotówką
Bareinlage (N.) wkład (M.) gotówkowy
Bargebot (N.) oferta (F.) gotówkowa
Bargeld (N.) gotówka (F.)
Barkauf (M.) kupno (N.) za gotówkę
Barscheck (M.) czek (M.) gotówkowy
Barzahlung (F.) zapłata (F.) gotówką
Basis (F.) baza (F.), podstawa (F.)
Basiszins (M.) bazowa stawka (F.) procentowa
Bau (M.) budynek (M.), budowa (F.)
Bauaufsicht (F.) nadzór (M.) budowlany
Baubehörde (F.) organ (M.) budowlany
bauen budować
Bauer (M.) (1) chłop (M.), rolnik (M.)
Bauernbefreiung (F.) uwłaszczenie (N.) chłopów
Bauernkrieg (M.) wojna (F.) chłopska
baufällig grożący zawaleniem
Baufreiheit (F.) wolność (F.) budowlana
Baugenehmigung (F.) zezwolenie (N.) na budowę
Baugesetz (N.) prawo (N.) budowlane
Baugesetzbuch (N.) kodeks (M.) budowlany
Baugestaltungsrecht (N.) kształtowanie (N.) budowli w celu zharmonizowania jej z otoczeniem
Bauherr (M.) inwestor (M.)

Baukosten (F.Pl.) koszty (M.Pl.) budowe
Baukostenzuschuss (M.) dopłata (F.) do kosztów budowy
Bauland (N.) teren (M.) pod zabudowę
Baulandsache (F.) spór (M.) prawny wynikający z postępowania wywłaszczającego
Baulandsachen (F.Pl.) spory (M.Pl.) prawne wynikające z postępowania wywłaszczającego
Baulast (F.) służebność (F.) budowa
Baulastenverzeichnis (N.) wykaz (M.) służebności budowy
Bauleiter (M.) kierownik (M.) budowy
Bauleitplan (M.) miejscowy plan (M.) zagospodarowania przestrzeni
Bauleitplanung (F.) miejscowy plan (M.) realizacyjny budowy
Baulinie (F.) linia (F.) regulacyjna budowy, linia (F.) zabudowy
Baumangel (M.) wada (F.) budowlana
Baumeister (M.) budowniczy (M.)
Baunutzungsverordung (F.) rozporządzenie (N.) o zabudowie terenów pod zabudowę zgodnie z ich przeznaczeniem
Bauordnung (F.) ustawa (F.) budowlana
Bauordnungsamt (N.) urząd (M.) do spraw budownictwa
Bauordnungsrecht (N.) prawo (N.) o ustawie budowlanej
Bauplan (M.) plan (M.) budowy
Bauplanung (F.) planowanie (N.) budowlane
Bauplanungsrecht (N.) prawo (N.) zagospodarowania przestrzennego
Bauplatz (M.) teren (M.) pod budowę
Baupolizei (F.) policja (F.) budowlana, nadzór (M.) budowlany
Bauprozess (N.) proces (M.) dotyczący budowy
Baurecht (N.) prawo (N.) budowlane
baureif gotowy pod natychmiastową zabudowę
Bauschein (M.) pozwolenie (N.) budowlane
Bausparkasse (F.) kasa (F.) budowlano-oszczędnościowa
Bausparvertrag (M.) umowa (F.) oszczędnościowo-budowlana
Bauträger (M.) deweloper (M.)
Bauüberwachung (F.) nadzór (M.) budowlany
Bauunternehmer (M.) przedsiębiorca (M.) budowlany
Bauwerk (N.) budowla (F.)
Bauwich (M.) przepisowa odległość (F.) między budynkami
Bayer (M.) Bawarczyk (M.)
bayerisch bawarski (Adj.)
Bayerisches Oberstes Landesgericht (N.) Bawarski Najwyższy Sąd (M.) Krajowy
Bayern (M. Pl.) Bawarczycy (M.Pl.)
Bayern (N.) Bawaria (F.)
beabsichtigen zamierzać
beachten zwrócić uwagę, uwzględnić, przestrzegać
Beachtung (F.) uwaga (F.), wzgląd (M.), uwzględnienie (N.)
Beamtenbestechung (F.) przekupstwo (N.) urzędnika
Beamtengesetz (N.) ustawa (F.) o urzędnikach
Beamtenhaftung (F.) odpowiedzialność (F.) cywilna urzędnika
Beamtenrecht (N.) prawo (N.) urzędnicze, prawo (N.) o urzędnikach
Beamtenrechtsrahmengesetz (N.) ustawa (F.) ramowa o urzędnikach
Beamtenverhältnis (N.) stosunek (M.) służbowy urzędnika
Beamter (M.) urzędnik (M.)
Beamtin (F.) urzędniczka (F.)
beanspruchen domagać się, żądać, wymagać
Beanspruchung (F.) żądanie (N.), roszczenie (N.)
beanstanden zakwestionować
beantragen złożyć wniosek
Beantragung (F.) wnioskowanie (N.)
bearbeiten opracować, adaptować, przerobić
Bearbeitung (F.) opracowanie (N.), obróbka (F.)
beaufsichtigen nadzorować, doglądać, pilnować
Beaufsichtigung (F.) nadzorowanie (N.)
beauftragen zlecić, polecić
beauftragt zlecony, delegowany (Adj.)
Beauftragter (M.) zleceniobiorca (M.), pełnomocnik (M.), przyjmujący (M.) zlecenie
beauftragter Richter (M.) sędzia (M.) delegowany
Beauftragung (F.) zlecenie (N.)
bebauen zabudować
Bebauung (F.) zabudowa (F.), zabudowanie (N.)
Bebauungsplan (M.) plan (M.) zabudowy

Bedarf (M.) popyt (M.), potrzeba (F.), zapotrzebowanie (N.)
Bedenken (N.) zastrzeżenie (N.), wątpliwość (F.)
bedenken rozważać, zastanawiać się
bedeuten znaczyć, oznaczać, mieć znaczenie
Bedeutung (F.) znaczenie (N.)
bedienen usługiwać, posługiwać
Bedienstete (F.) pracownica (F.), pracowniczka (F.)
Bediensteter (M.) pracownik (M.)
Bedienung (F.) obsługa (F.)
Bedienungsanleitung (F.) instrukcja (F.) obsługi
bedingen warunkować, wymagać
bedingt warunkowy (Adj.), względny (Adj.), ewentualny (Adj.)
bedingte Schuldfähigkeit (F.) poczytalność (F.) warunkowa
bedingter Vorsatz (M.) zamiar (M.) ewentualny
Bedingung (F.) warunek (M.)
bedingungsfeindlich niedopuszczający warunku
Bedingungsfeindlichkeit (F.) niedopuszczanie (N.) warunku
bedrohen grozić, zagrozić
Bedrohung (F.) groźba (F.), zagrożenie (N.)
Bedürfnis (N.) potrzeba (F.)
Bedürfnisprüfung (F.) badanie (N.) istnienia potrzeby
bedürftig biedny (Adj.), potrzebujący (Adj.)
Bedürftigkeit (F.) niedostatek (M.), potrzeba (F.) pomocy materialnej
beeiden zaprzysiąc, potwierdzić przysięgą
beeidigen zaprzysiąc
Beeidigung (F.) zaprzysiężenie (N.)
Beeidung (F.) zaprzysiężenie (N.)
beeinflussen wpływać, wywrzeć wpływ
beeinträchtigen naruszyć, skrzywdzić, szkodzić
Beeinträchtigung (F.) naruszenie (N.), pokrzywdzenie (N.)
beenden zakończyć
beendet zakończony (Adj.)
beendeter Versuch (M.) usiłowanie (N.) zakończone
beendigen zakończyć
Beendigung (F.) ukończenie (N.), zakończenie (N.)
Beendung (F.) zakończenie (N.)
beerben dziedziczyć
beerdigen pochować
Beerdigung (F.) pogrzeb (M.)
Beerdigungskosten (F.Pl.) koszt (M.) pogrzebu, koszty (M.Pl.) pogrzebu
befähigen uprawnić
Befähigung (F.) uzdolnienie (N.), kwalifikacja (F.)
Befähigungsnachweis (M.) dokument (M.) kwalifikacyjny
befangen uprzedzony (Adj.), stronniczy
Befangenheit (F.) stronniczość (F.)
befassen zatrudnić, powierzyć, zajmować
Befassung (F.) zajmowanie się (N.)
Befehl (M.) rozkaz (M.), nakaz (M.)
befehlen rozkazać
befolgen usłuchać, przestrzegać
Befolgung (F.) przestrzeganie (N.)
befördern przewieźć, transportować, awansować, przenieść
Beförderung (F.) przewóz (M.), transport (M.), awansowanie (N.), przeniesienie (N.)
Beförderungsvertrag (M.) umowa (F.) transportu
befragen pytać, konsultować, wypytywać
Befragung (N.) zapytanie (N.), konsultacja (F.), przesłuchanie (N.)
befreien uwolnić, zwolnić
Befreiung (F.) uwolnienie (N.), zwolnienie (N.)
Befreiungsanspruch (M.) roszczenie (N.) o zwolnienie
Befreiungsvorbehalt (F.) zastrzeżenie (N.) o zwolnienie
befriedet objęty pokojem
befriedigen zaspokoić
Befriedigung (F.) zaspokojenie (N.)
befristen wyznaczyć termin
Befristung (F.) wyznaczenie (N.) terminu
Befugnis (F.) uprawnienie (N.), kompetencja (F.), upoważnienie (N.)
befugt uprawniony (Adj.), upoważniony
befürworten poprzeć, popierać
Befürwortung (F.) poparcie (N.), wstawiennictwo (N.)
begabt uzdolniony (Adj.)
Begabtenförderung (F.) opieka (F.) nad uzdolnionymi
begebbar mogący być przeniesionym
begebbares Wertpapier (N.) papier (M.) wartościowy mogący być przeniesionym

Begebbarkeit (F.) nadawanie (N.) się do dyskonta, zbywalność (F.)
begehen popełnić, dopuścić się, obejść, obchodzić
Begehren (N.) żądanie (N.)
begehren żądać
Begehung (F.) popełnienie (N.), dopuszczenie (N.)
Begehungsdelikt (N.) przestępstwo (N.) czynne
Beginn (M.) początek (M.)
beglaubigen poświadczyć, uwierzytelnić
Beglaubigung (F.) uwierzytelnienie (N.), poświadczenie (N.)
Beglaubigungsschreiben (N.) list (M.) uwierzytelniający
Beglaubigungsvermerk (M.) notatka (F.) uwierzytelniająca
begleichen wyrównać, uregulować
Begleichung (F.) wyrównanie (N.), uregulowanie (N.), zapłacenie (N.)
Begleittat (F.) czyn (M.) towarzyszący
begnadigen ułaskawić
Begnadigung (F.) ułaskawienie (N.)
begrenzen ograniczyć, odgraniczyć
begrenzt ograniczony (Adj.)
Begriff (M.) pojęcie (N.)
Begriffsjurisprudenz (F.) jurysprudencja (F.) pojęcia
begründen uzasadniać, umotywować
begründet uzasadniony (Adj.)
Begründetheit (F.) zasadność (F.)
Begründung (F.) uzasadnienie (N.)
begünstigen popierać, pomagać, uprawiać poplecznictwo
begünstigend uprzywilejowujący (Adj.)
begünstigender Verwaltungsakt (M.) akt (M.) administracyjny uprzywilejowujący
Begünstigter (M.) uprzywilejowany (M.), beneficjent (M.)
Begünstigung (F.) uprzywilejowanie (N.), ulga (F.), preferencja (F.), poplecznictwo (N.)
behandeln obejść, poddać, potraktować, opracować
Behandlung (F.) postępowanie (N.), traktowanie (N.), potraktowanie (N.), opracowanie (N.), obchodzenie (N.), terapia (F.)
Behandlungsvertrag (M.) umowa (F.) o leczeniu
behaupten utrzymywać, utrzymać, twierdzić
Behauptung (F.) twierdzenie (N.), zapewnienie (N.)
Behelf (M.) środek (M.) pomocniczy, środek (M.) tymczasowy
beherbergen przenocować
Beherbergung (F.) zakwaterowanie (N.)
beherrschen panować, opanować
Beherrschung (F.) zdominowanie (N.)
Beherrschungsvertrag (M.) umowa (F.) zdominowania
behindern przeszkadzać, utrudniać, hamować
behindert upośledzony (Adj.)
Behindertentestament (N.) testament (M.) dla osoby upośledzonej
Behinderter (M.) upośledzony (M.)
Behinderung (F.) utrudnianie (N.), przeszkoda (F.), upośledzenie (N.)
Behinderungswettbewerb (M.) nieuczciwa konkurencja (F.)
Behörde (F.) organ (M.), urząd (M.)
behördlich urzędowy (Adj.)
beibringen dostarczyć, przedłożyć, przedstawić, podać
Beibringung (F.) dostarczenie (N.), przedłożenie (N.), przedstawienie (N.)
Beibringungsgrundsatz (M.) zasada (F.) rozporządzalności przez strony materiałem dowodowym
beifügen dodać, dołączyć, załączyć
Beigeladener (M.) przypozwany (M.)
Beigeordneter (M.) urzędnik (M.) komunalny z wyboru, zastępca (M.) burmistrza
Beihilfe (F.) (Gehilfenschaft) pomocnictwo (N.)
Beihilfe (F.) (Unterstützungsleistung) pomoc (F.), zapomoga (F.)
beiladen przypozwać
Beiladung (F.) przypozwanie (N.)
beilegen dołączyć, załączyć, zakończyć
Beilegung (F.) dołączenie (N.), załączenie (N.), zakończenie (N.), załatwienie (N.)
beiordnen przydzielać, wyznaczać
Beiordnung (F.) przydzielenie (N.), wyznaczenie (N.)
Beirat (M.) rada (F.)
Beischlaf (M.) stosunek (M.) płciowy
beischlafen odbyć stosunek płciowy
beisitzen zasiąść
Beisitzer (M.) sędzia (M.) członek, sędzia (M.) wotant, ławnik (M.)

Beispiel (N.) przykład (M.)
Beistand (M.) pomoc (F.), pomocnik (M.), doradca (M.)
Beitrag (M.) wkład (M.), artykuł (M.), przyczynek (M.), składka (F.)
beitragen przyczyniać się, składać się
Beitragsbemessung (F.) wymiar (M.) składki
Beitragsbemessungsgrenze (F.) granica (F.) wymiaru składki
beitreiben ściągać
Beitreibung (F.) ściąganie (N.)
beitreten wstąpić, przystąpić
Beitritt (M.) wstąpienie (N.), przystąpienie (N.)
Beiurteil (N.) wyrok (M.) rozstrzygający
beiwohnen odbyć stosunek płciowy
Beiwohnung (F.) stosunek (M.) płciowy
bejahen przytakiwać, potwierdzać
bekannt (Adj.) znany (Adj.)
Bekanntgabe (F.) ogłoszenie (N.), obwieszczenie (N.)
bekanntgeben ogłosić, obwieścić
bekanntmachen ogłosić, obwieścić
Bekanntmachung (F.) ogłoszenie (N.), obwieszczenie (N.)
bekennen wyznać, przyznać, uznać
Bekenntnis (N.) wyznanie (N.), przekonanie (N.)
Bekenntnisfreiheit (F.) wolność (F.) wyznania
Bekenntnisschule (F.) szkoła (F.) wyznaniowa
beklagt pozwany (Adj.)
Beklagte (F.) pozwana (F.)
Beklagter (M.) pozwany (M.)
bekräftigen potwierdzać, poprzedzać
Bekräftigung (F.) potwierdzenie (N.)
Belang (M.) ważność (F.), znaczenie (N.), interes (M.)
belangen skarżyć, pociągać do odpowiedzialności
belasten obciążyć
belastend obciążający (Adj.)
belästigen naprzykrzać się, nagabywać, napastować
Belästigung (F.) naprzykrzanie (N.), nagabywanie (N.), napastowanie (N.), zakłócanie (N.)
Belastung (F.) obciążenie (N.), ładunek (M.)
Belastungszeuge (M.) świadek (M.) oskarżenia
belaufen wynosić, stanowić sumę
Beleg (M.) pokwitowanie (N.), kwit (M.), dokument (M.)
belegen (Adj.) leżący (Adj.), położony (Adj.)
belegen (V.) udowodnić, wykazać, zarezerwować
Belegenheit (F.) położenie (N.)
Belegenheitsgrundsatz (M.) zasada (F.) o położeniu
beleglos bez pokwitowania
Belegschaft (F.) załoga (F.), personel (M.)
belehren pouczyć, poinformować
Belehrung (F.) pouczenie (N.)
Belehrungspflicht (F.) obowiązek (M.) pouczenia
beleidigen obrazić, znieważyć
Beleidigung (F.) zniewaga (F.)
beleihen pożyczyć pod zastaw
Beleihung (F.) obciążenie (N.) zastawem z powodu pożyczki
Beliehener (M.) osoba (F.) sprawująca funkcje administracji państwowej
belohnen nagrodzić
Belohnung (F.) nagroda (F.)
bemerken zauważać, spostrzegać
Bemerkung (F.) spostrzeżenie (N.), uwaga (F.), wzmianka (F.)
Bemessung (F.) wymiar (M.)
Bemessungsgrundlage (F.) podstawa (F.) wymiaru
beneficium (N.) (lat.) beneficjum (N.)
Benehmen (N.) (Benehmen im Verwaltungsrecht) porozumienie (N.)
Benelux-Staat (M.) państwo (N.) Beneluksu
Benelux-Staaten (M.Pl.) państwa (N.Pl.) Beneluksu
benutzen używać, korzystać z czegoś
Benutzer (M.) użytkownik (M.), korzystający (M.) z czegoś
Benutzung (F.) korzystanie (N.) z czegoś, używanie (N.), użycie (N.)
Benutzungsgebühr (F.) opłata (F.) za korzystanie
Benutzungsordnung (F.) regulamin (M.) korzystania
Benutzungsverhältnis (N.) stosunek (M.) do użytkowania
Benutzungszwang (M.) obowiązek (M.) korzystania, obowiązek (M.) użytkowania
Benzin (N.) benzyna (F.)
beobachten obserwować, przestrzegać

Beobachtung (F.) obserwowanie (N.)
beraten (V.) doradzać, udzielić rady, poradzić, naradzać
Berater (M.) doradca (M.), konsultant (M.)
Beratung (F.) porada (F.), konsultacja (F.), narada (F.)
Beratungshilfe (F.) pomoc (F.) konsultacyjna
Beratungszimmer (N.) pokój (M.) narad
berauben obrabować, ograbić
berechnen obliczyć, policzyć
berechtigen uprawnić (Adj.), upoważnić
berechtigt uprawniony, upoważniony
Berechtigter (M.) uprawniony (M.), upoważniony (M.)
Berechtigung (F.) uprawnienie (N.), upoważnienie (N.)
Bereich (M.) zakres (M.), zasięg (M.), obszar (M.)
bereichern wzbogacić
Bereicherung (F.) wzbogacenie (N.)
Bereicherungsabsicht (F.) zamiar (M.) wzbogacenia
Bereicherungsanspruch (M.) roszczenie (N.) z tytułu bezpodstawnego wzbogacenia
bereinigen usunąć, wyjaśnić
Bereinigung (F.) usuwanie (N.)
bereit gotów, gotowy (Adj.), przygotowany (Adj.)
Bereitschaft (F.) gotowość (F.), pogotowie (N.)
Bereitschaftspolizei (F.) rezerwa specjalna policji (F.)
Berg (M.) góra (F.)
Bergarbeiter (M.) górnik (M.)
Bergbau (M.) górnictwo (N.)
Bergelohn (M.) wynagrodzenie (N.) akcji ratowniczej
bergen uratować, ocalić
Bergrecht (N.) prawo (N.) górnicze
Bergregal (N.) prawo (N.) esploatacji górniczej, regal (M.) górniczy
Bergung (F.) ratowanie (N.), ratunek (M.)
Bergwerk (N.) kopalnia (F.)
Bergwerkseigentum (N.) własność (F.) kopalni
Bericht (M.) sprawozdanie (N.), doniesienie (N.), relacja (F.), raport (M.)
berichten donosić, zawiadamiać, powiadomić
Berichterstatter (M.) sprawozdawca (M.), sędzia (M.) sprawozdawca
berichtigen sprostować, poprawić
Berichtigung (F.) sprostowanie (N.), poprawka (F.)
Berlin (N.) Berlin (M.)
Berliner Testament (N.) testament (M.) berliński
Bern (N.) Berno (N.)
Berner Übereinkunft (F.) uzgodnienie (N.) bernskie
berücksichtigen uwzględniać
Beruf (M.) zawód (M.)
berufen (Adj.) powołany (Adj.), kompetentny
berufen (V.) powołać
beruflich zawodowy (Adj.)
Berufsausübung (F.) wykonywanie (N.) zawodu
Berufsbeamter (M.) urzędnik (M.)
Berufsberatung (F.) poradnictwo (N.) zawodowe
Berufsbildung (F.) wyuczenie (N.) zawodu, wykształcenie (N.) zawodu
Berufsfreiheit (F.) wolność (F.) wyboru zawodu
Berufsgeheimnis (N.) tajemnica (F.) zawodowa
Berufsgenossenschaft (F.) branżowa organizacja (F.) przedsiębiorstw działająca jako zakład ubezpieczeń, branżowy zakład (M.) ubezpieczeniowy od wypadków przy pracy
Berufskrankheit (F.) choroba (F.) zawodowa
Berufsrichter (M.) sędzia (M.) zawodowy
Berufsschule (F.) szkoła (F.) zawodowa
berufsunfähig niezdolny do wykonywania zawodu
Berufsunfähigkeit (F.) niezdolność (F.) do wykonywania zawodu
Berufsverband (M.) związek (M.) zawodowy
Berufsverbot (N.) zakaz (M.) wykonywania zawodu
Berufswahl (F.) wybór (M.) zawodu
Berufung (F.) odwołanie (N.), rewizja (F.), apelacja (F.), powołanie (N.), nominacja (F.)
Berufungsgericht (N.) sąd (M.) rewizyjny
Berufungsverfahren (N.) postępowanie (N.) apelacyjne
berühmen twierdzić
Besatzung (F.) załoga (F.), obsada (F.)
Besatzungsgebiet (N.) terytorium (N.) okupowane

Besatzungsgewalt (F.) władza (F.) okupacyjna
Besatzungsmacht (F.) państwo (N.) okupacyjne
Besatzungsrecht (N.) prawo (N.) okupacyjne
Besatzungsstatut (N.) statut (M.) okupacyjny
Besatzungszone (F.) strefa (F.) okupacyjna
beschädigen uszkodzić, szkodzić
Beschädigung (F.) uszkodzenie (N.)
beschaffen (Adj.) tego rodzaju, taki
beschaffen (V.) wystarać, dostarczyć
Beschaffenheit (F.) jakość (F.), cecha (F.), stan (M.), wygląd (M.)
Beschaffung (F.) wystaranie (N.), dostarczenie (N.), zdobycie (N.), uzyskanie (N.)
Beschaffungsschuld (F.) zobowiązanie (N.) do postarania się o coś
Beschaffungsverwaltung (F.) administracja (F.) zobowiązana do wystarania się o coś
beschäftigen zatrudniać, zajmować
beschäftigt zatrudniony, zajęty (Adj.)
Beschäftigung (F.) zatrudnienie (N.)
Beschäftigungspflicht (F.) obowiązek (M.) o zatrudnieniu
Bescheid (M.) odpowiedź (F.), decyzja (F.), informacja (F.), orzeczenie (N.)
Bescheidungsurteil (N.) wyrok (M.) sądu administracyjnego nakazujący organowi rozstrzygnięcie sprawy
bescheinigen poświadczyć, pokwitować
Bescheinigung (F.) poświadczenie (N.), pokwitowanie (N.), świadectwo (N.)
beschimpfen zwymyślać, znieważyć
Beschimpfung (F.) zwymyślanie (N.), znieważenie (N.)
Beschlag (M.) zajęcie (N.), areszt (M.)
Beschlagnahme (F.) zajęcie (N.)
beschlagnahmen zająć, nałożyć areszt
beschleunigen przyspieszyć
beschleunigt przyspieszony (Adj.)
beschleunigtes Verfahren (N.) postępowanie (N.) przyspieszone
Beschleunigung (F.) przyśpieszenie (N.)
beschließen postanowić, uchwalić, zadecydować, zakończyć
Beschluss (M.) postanowienie (N.), uchwała (F.), decyzja (F.)
beschlussfähig zdolny do podjęcia uchwały
Beschlussfähigkeit (F.) zdolność (F.) do podjęcia uchwały
Beschlussfassung (F.) uchwalenie (N.), podejmowanie (N.) uchwał, postanawianie (N.)
beschlussunfähig niezdolny do podjęcia uchwały
Beschlussverfahren (N.) postępowanie (N.) przez postanowienie
beschränken ograniczyć, zmniejszyć
beschränkt ograniczony (Adj.)
beschränkte Geschäftsfähigkeit (F.) ograniczona zdolność (F.) do czynności prawnych
beschränkte Haftung (F.) ograniczona odpowiedzialność (F.)
beschränkte persönliche Dienstbarkeit (F.) ograniczona służebność (F.) osobista
beschränktes dingliches Recht (N.) ograniczone prawo (N.) rzeczowe
Beschränkung (F.) ograniczenie (N.), zmniejszenie (N.)
beschuldigen obwiniać
Beschuldigte (F.) obwiniona (F.)
Beschuldigter (M.) obwiniony (M.)
Beschuldigung (F.) obwinienie (N.), postawienie (N.) zarzutu
Beschwer (F.) przesłanka (F.) pokrzywdzenia
Beschwerde (F.) zażalenie (N.), skarga (F.)
Beschwerdeführer (M.) składający (M.) zażalenie
Beschwerdeverfahren (N.) postępowanie (N.) zażaleniowe
beschweren (beklagen) obciążyć, żalić, skarżyć
beseitigen usunąć, rozproszyć, załatwić
Beseitigung (F.) usunięcie (N.), rozproszenie (N.), załatwienie (N.)
Beseitigungsanspruch (M.) roszczenie (N.) o usunięcie
besetzen obsadzić, zająć, okupować
Besetzung (F.) obsadzenie (N.), obsada (F.), zajęcie (N.), okupacja (F.)
Besitz (M.) posiadanie (N.)
Besitzdiener (M.) dzierżyciel (M.)
Besitzeinweisung (F.) wprowadzenie (N.) w posiadanie
besitzen posiadać
Besitzentziehung (F.) pozbawienie (N.) posiadania
Besitzer (M.) posiadacz (M.)
Besitzergreifung (F.) objęcie (N.) w posiadanie, zawładnięcie (N.)

Besitzerin (F.) posiadaczka (F.)
Besitzkehr (F.) prawo (N.) do przywrócenia siłą posiadania siłą
Besitzkonstitut (N.) constitutum (N.) possessorium (lat.)
Besitzmittelungsverhältnis (N.) stosunek (M.) między właścicielem a posiadaczem bezpośrednim
Besitznahme (F.) wzięcie (N.) w posiadanie
Besitzrecht (N.) prawo (N.) posiadania
besitzrechtlich objęte prawem posiadania
Besitzschutz (M.) ochrona (F.) posiadania, ochrona (F.) posesoryjna
Besitzstand (M.) całość (F.) posiadanych uprawnień
Besitzsteuer (F.) podatek (M.) majątkowy
Besitzstörung (F.) naruszenie (N.) posiadania
Besitztitel (M.) tytuł (M.) posiadania
Besitztum (N.) majątek (M.)
Besitzwehr (F.) prawo (N.) do obrony posiadania
besolden płacić pensję
Besoldung (F.) pensja (F.), uposażenie (N.), żołd (M.)
Besoldungsdienstalter (N.) wysługa (F.) lat liczona do uposażenia
Besoldungsordnung (F.) system (M.) uposażeń
besondere szczególny (Adj.), odrębny (Adj.)
besonderer Teil (M.) część (F.) szczególna
besonderes Gewaltverhältnis (N.) szczególny stosunek (M.) władczy
Besonderheit (F.) osobliwość (F.), odrębność (F.), właściwość (F.)
besorgen wykonać, załatwić, postarać, wystarać
Besorgnis (F.) obawa (F.)
Besorgung (F.) wykonanie (N.), załatwienie (N.)
bessere lepszy (Adj.)
bessern polepszać
Besserung (F.) polepszenie (N.), poprawa (F.)
bestallen nominować
Bestallung (F.) nominacja (F.), powierzenie (N.) stanowiska
Bestand (M.) stan (M.), zapas (M.), zasób (M.), stałość (F.), trwałość (F.)
Bestandskraft (F.) trwałość (F.)
bestandskräftig ostateczny (Adj.), trwały (Adj.)
Bestandsschutz (M.) ochrona (F.) zasobów
Bestandteil (M.) część (F.) składowa
bestätigen potwierdzić, stwierdzić
Bestätigung (F.) potwierdzenie (N.), stwierdzenie (N.), zatwierdzenie (N.)
Bestätigungsschreiben (N.) pismo (N.) potwierdzające
bestechen przekupić, przekupywać
bestechlich przekupny (Adj.), sprzedajny (Adj.)
Bestechlichkeit (F.) sprzedajność (F.)
Bestechung (F.) przekupstwo (N.), łapownictwo (N.)
Bestehen (N.) zdanie (N.), zaliczenie (N.), istnienie (N.), trwanie (N.)
bestehen istnieć, nalegać, składać się, zdać
bestellen ustanowić, wyznaczyć, zamówić, przekazać
Bestellschein (N.) pokwitowanie (N.) zamówienia
Bestellung (F.) ustanowienie (N.), zamówienie (N.), rezerwacja (F.)
besteuern opodatkować, nałożyć podatek
Besteuerung (F.) opodatkowanie (N.), nałożenie (N.) podatku
Besteuerungsverfahren (N.) postępowanie (N.) podatkowe
bestimmen wyznaczyć, ustalić, przeznaczyć, nakłonić, rozporządzać, postanawiać, zadecydować
bestimmt konkretny (Adj.), dokładny (Adj.)
Bestimmtheit (F.) dokładność (F.), konkretność (F.), określoność (F.), pewność (F.), zdecydowanie (N.)
Bestimmtheitserfordernis (F.) wymóg (M.) konkretyzacji upoważnienia ustawowego
Bestimmtheitsgebot (N.) nakaz (M.) konkretyzacji upoważnienia ustawowego
Bestimmtheitsgrundsatz (M.) postulat (M.) jasności, postulat (M.) jasności ustawy
Bestimmung (F.) wyznaczenie (N.), ustalenie (N.), postanowienie (N.), zarządzenie (N.)
Bestimmungsort (M.) miejsce (N.) przeznaczenia
bestrafen ukarać
Bestrafung (F.) ukaranie (N.)
bestreiten kwestionować, zaprzeczać, pokrywać
Besuch (M.) odwiedziny (Pl.)
besuchen odwiedzić, odwiedzać, zwiedzać, uczęszczać

Besucher (M.) odwiedzający (M.)
Besuchsrecht (N.) prawo (N.) do odwiedzin
betäuben odurzyć, znieczulić
Betäubung (F.) odurzenie (N.), znieczulenie (N.)
Betäubungsmittel (N.) środek (M.) odurzający, środek (M.) znieczulający, narkotyk (M.)
Betäubungsmittelgesetz (N.) ustawa (F.) o środkach odurzających
beteiligen dopuszczać, uczestniczyć, partycypować
Beteiligter (M.) uczestnik (M.)
Beteiligung (F.) udział (M.), uczestnictwo (N.)
Beteiligungsdarlehen (N.) pożyczka (F.) udziału
Beteiligungsgesellschaft (F.) spółka (F.) holdingowa
betrachten rozważyć, rozpatrzyć, obserwować, uważać
Betrachtung (F.) rozważanie (N.), rozważenie (N.)
Betrachtungsweise (F.) sposób (M.) rozpatrywania, rozważenie (N.), rozważanie (N.)
Betrag (M.) kwota (F.), suma (F.), należność (F.)
Betreiben (N.) prowadzenie (N.), zajmowanie się (N.)
betreiben prowadzić, zajmować się
Betreten (N.) wchodzenie (N.), wkraczanie (N.)
betreten (V.) wejść
betreuen opiekować się, zajmować się
Betreuer (M.) opiekun (M.)
Betreuerin (F.) opiekunka (F.)
Betreute (F.) podlegająca opiece
Betreuter (M.) podlegający opiece
Betreuung (F.) opieka (F.), zajmowanie (N.), patronat (M.)
Betrieb (M.) przedsiębiorstwo (N.), zakład (M.), warsztat (M.), fabryka (F.), prowadzenie (N.), eksploatacja (F.)
Betriebsanlage (F.) urządzenie (N.) fabryczne
Betriebsausgabe (F.) wydatek (M.) związany z prowadzeniem działalności zawodowej i gospodarczej
Betriebseinnahme (F.) wpływ (M.) z prowadzenia działalności
Betriebsgefahr (F.) niebezpieczeństwo (N.) wynikające z działalności przedsiębiorstwa
Betriebsprüfung (F.) kontrola (F.) podatkowa urzędu finansowego
Betriebsrat (M.) rada (F.) zakładowa, członek (M.) rady zakładowej
Betriebsrente (F.) renta (F.) zakładowa
Betriebsrentengesetz (N.) ustawa (F.) o rencie zakładowej
Betriebsrisiko (N.) ryzyko (N.) wynikające z prowadzenia działalności
Betriebsschutz (M.) ochrona (F.) zakładowa
Betriebsstörung (F.) przerwa (F.) w ruchu zakładu
Betriebsübergang (M.) przejście (N.) zakładu
Betriebsvereinbarung (F.) porozumienie (N.) między pracodawcą a radą zakładową
Betriebsverfassung (F.) ustrój (M.) przedsiębiorstwa
Betriebsverfassungsgesetz (N.) ustawa (F.) o ustroju przedsiębiorstw
Betriebsverhältnis (N.) stosunek (M.) prawny wynikający z regulaminu zakładowego
Betriebsversammlung (F.) zebranie (N.) załogi przedsiębiorstwa
Betriebswirtschaft (F.) ekonomika (F.) przemysłu, ekonomika (F.) przedsiębiorstwa
betrinken upijać
betroffen dotknięty (Adj.)
Betrug (M.) oszustwo (N.)
betrügen oszukać, oszukiwać
Betrüger (M.) oszust (M.)
betrügerisch oszukańczy (Adj.)
betrunken pijany (Adj.), nietrzeźwy (Adj.)
Bettelei (F.) żebractwo (N.)
betteln żebrać
Bettler (M.) żebrak (M.)
Beugehaft (F.) areszt (M.) w celu przymuszenia do wykonania określonej czynności
Beugemittel (N.) środek (M.) przymusu, środek (M.) porządkowy
Beugemittel (N.Pl.) środki (M.Pl.) przymusu, środki (M.Pl.) porządkowe
beugen zgiąć, zginać, ugiąć, uginać
Beugestrafe (F.) kara (F.) porządkowa
beurkunden sporządzić urzędowo
Beurkundung (F.) sporządzenie (N.) dokumentu
beurlauben dać urlop, udzielić urlopu, zawiesić w czynnościach
Beurlaubung (F.) udzielenie (N.) urlopu, zawieszenie (N.) w czynnościach

beurteilen ocenić, osądzić
Beurteilung (F.) ocena (F.)
Beurteilungsspielraum (M.) zakres (M.) swobodnej oceny
Beute (F.) łup (M.), zdobycz (F.)
bevollmächtigen upełnomocnić, upoważnić, udzielić pełnomocnictwa
bevollmächtigt pełnomocny (Adj.)
Bevollmächtigter (M.) pełnomocnik (M.)
Bevollmächtigung (F.) umocowanie (N.), udzielenie (N.) pełnomocnictwa
bevorrechtigen uprzywilejować
bevorrechtigt uprzywilejowany (Adj.)
Bevorrechtigung (F.) uprzywilejowanie (N.)
bewähren sprawdzić, potwierdzić
Bewährung (F.) okres (M.) próby
Bewährungsauflage (F.) obowiązek (M.) nałożony
Bewährungshelfer (M.) kurator (M.) sądowy
bewegen poruszać, wprawiać w ruch
Beweggrund (M.) powód (M.), pobudka (F.), motyw (M.)
beweglich ruchomy (Adj.)
bewegliche Sache (F.) rzecz (F.) ruchoma
Beweis (M.) dowód (M.)
Beweisantrag (M.) wniosek (M.) dowodowy
Beweisantritt (M.) wniosek (M.) dowodowy
Beweisaufnahme (F.) postępowanie (N.) dowodowe
beweisen dowodzić, dowieść, udowodnić
Beweiserhebung (F.) przeprowadzenie (N.) dowodu
Beweiserhebungsverbot (N.) zakaz (M.) przeprowadzenia dowodu
Beweiserleichterung (F.) ułatwienie (N.) dowodu
Beweisführung (F.) przeprowadzenie (N.) dowodu
Beweisgegenstand (M.) przedmiot (M.) dowodu
Beweisgrund (M.) powód (M.) dowodu
Beweisinterlokut (N.) postanowienie (N.) dowodowe, interlokut (M.) dotyczący dowodu
Beweislast (F.) ciężar (M.) dowodu
Beweislastumkehr (F.) przerzucenie (N.) ciężaru dowodu
Beweismittel (N.) środek (M.) dowodowy
Beweisregel (F.) zasada (F.) dowodowa
Beweissicherung (F.) postępowanie (N.) dowodowe samodzielne
Beweisstück (N.) dowód (M.) rzeczowy
Beweisthema (N.) teza (F.) dowodowa
Beweisverfahren (N.) postępowanie (N.) dowodowe
Beweisverwertung (F.) wykorzystanie (N.) dowodu
Beweisverwertungsverbot (N.) zakaz (M.) wykorzystania dowodów niedopuszuczalnych
Beweiswürdigung (F.) ocena (F.) dowodów
bewerben ubiegać, starać
Bewerber (M.) starający (M.), ubiegający (M.), kandydat (M.)
Bewerbung (F.) ubieganie (N.) się, podanie (N.) się
bewerten ocenić, wycenić, oszacować
Bewertung (F.) ocena (F.), wycena (F.), oszacowanie (N.)
bewilligen przyznać, załatwić, przyznawać
Bewilligung (F.) przyznanie (N.), zezwolenie (N.)
bewirken sprawiać, dokonywać
bewusst świadomy (Adj.)
bewusste Fahrlässigkeit (F.) niedbalstwo (N.) świadome
bewusstlos nieprzytomny (Adj.)
Bewusstlosigkeit (F.) nieprzytomność (F.)
Bewusstsein (N.) przytomność (F.), świadomość (F.)
Bewusstseinsstörung (F.) zaburzenie (N.) świadomości
bezahlen zapłacić, opłacić
Bezahlung (F.) zapłata (F.)
bezeugen poświadczyć, zaświadczyć
bezichtigen obwinić, obwiniać
Bezichtigung (F.) obwinianie (N.), zarzut (M.)
beziehen pobierać, sprowadzać, wprowadzić, powoływać
Beziehung (F.) wzgląd (M.), związek (M.), stosunek (M.)
Bezirk (M.) obwód (M.), rejon (M.), okręg (M.)
Bezirksanwalt (M.) adwokat (M.) danego rejonu
Bezirksgericht (N.) sąd (M.) okręgowy
Bezirkshauptmann (M.) (Bezirkshauptmann in Österreich) starosta (M.) okręgowy
Bezirksnotar (M.) notariusz (M.) okręgowy
Bezirksregierung (F.) zarząd (M.) rejonu

Bezirksrichter (M.) sędzia (M.) okręgowy
Bezogener (M.) trasat (M.), akceptant (M.)
Bezug (M.) sprowadzenie (N.), pobieranie (N.), odniesienie (N.), powołanie (N.), wprowadzenie (N.)
Bezugnahme (F.) odniesienie (N.), powołanie (N.)
Bezugsrecht (N.) prawo (N.) do poboru
Bibliographie bibliografia (F.)
Bibliothek (F.) biblioteka (F.)
Biene (F.) pszczoła (F.)
Bienenrecht (N.) prawo (N.) dotyczące hodowli pszczół
Bierlieferung (F.) dostawa (F.) piwa
bieten oferować, zaoferować
Bigamie bigamia (F.)
Bilanz (F.) bilans (M.)
Bilanzrecht (N.) prawo (N.) bilansowe
Bilanzrichtlinie (F.) dyrektywa (F.) Wspólnoty Europejskiej o bilansach
bilateral dwustronny, obustronny (Adj.)
Bildschirmtext tekst (M.) ekranowy
Bildung (F.) tworzenie (N.), utworzenie (N.), wykształcenie (N.), kształcenie (N.)
Bildungsverwaltung (F.) administracja (F.) oświaty
Bildungsverwaltungsrecht (N.) prawo (N.) administracyjne dotyczące wykształcenia
billig tani (Adj.)
billigen aprobować, uznać za słuszne, zezwolić
Billigkeit (F.) słuszność (F.)
Billigkeitshaftung (F.) odpowiedzialność (F.) cywilna ze względu na słuszność
Billigung (F.) aprobata (F.), uznanie (N.), zezwolenie (N.)
binden wiązać, angażować
bindend wiążący (Adj.), obowiązujący (Adj.)
Bindung (F.) związanie (N.), więź (F.)
Bindungswirkung efekt (M.) wiążący
binnen w ciągu, w terminie
Binnenhandel (M.) handel (M.) wewnętrzny
Binnenmarkt (M.) rynek (M.) wewnętrzny
Binnenschifffahrt (F.) żegluga (F.) śródlądowa
Binnenzoll (M.) cło (N.) wewnętrzne
Bischof (M.) biskup (M.)
Bistum (N.) diecezja (F.), biskupstwo (N.)
Bitte (F.) prośba (F.)
bitten prosić
Blankett (N.) blankiet (M.)
Blankettmissbrauch (M.) nadużycie (N.) blankietu
Blankettvorschrift (F.) przepis (M.) blankietowy
blanko in blanco, niewypełniony (Adj.)
Blankogeschäft (N.) transakcja (F.) in blanco, transakcja (F.) całkowita
Blankoindossament (N.) indos (M.) in blanco
Blankoscheck (M.) czek (M.) in blanco
Blankounterschrift (F.) podpis (M.) in blanco
Blankovollmacht (F.) pełnomocnictwo (N.) in blanco
Blankowechsel (M.) weksel (M.) in blanco
Blankozession (F.) cesja (F.) in blanco
Blasphemie (F.) bluźnierstwo (N.)
Bleiberecht (N.) prawo (N.) do pozostania
Blinklicht (N.) kierunkowskaz (M.)
Blockade (F.) blokada (F.)
blockieren blokować, zablokować
Blockwahl (F.) wybór (M.) blokowy
Blutalkohol (M.) zawartość (F.) alkoholu we krwi
Blutprobe (F.) próba (F.) krwi
Blutrache (F.) krwawa zemsta (F.), wendeta (F.)
Blutschande (F.) kazirodztwo (N.)
blutsverwandt spokrewniony (Adj.)
Blutsverwandtschaft (F.) bliskie pokrewieństwo (N.)
Bluttat (F.) krwawe przestępstwo (N.)
Boden (M.) ziemia (F.), gleba (F.), grunt (M.), dno (N.), podstawa (F.)
Bodenaltertum (N.) podziemny zabytek (M.) starożytności
Bodenkredit (M.) kredyt (M.) zabezpieczony rzeczowo, kredyt (M.) ziemski
Bodenordnung (F.) całość (F.) stosunków związanych z własnością i użytkowaniem gruntów, porządek (M.) gruntów
Bodenrecht (N.) prawo (N.) ziemi
Bodenreform (F.) reforma (F.) rolna
Bodenschatz (M.) bogactwo (N.) naturalne
Bodenverkehr (M.) obrót (M.) nieruchomościami gruntowymi
Bodenverkehrsgenehmigung (F.) zezwolenie (N.) na obrót nieruchomościami gruntowymi
Bodmerei (F.) bodmeria (F.)
Bombe (F.) bomba (F.)
Bon (M.) bon (M.), talon (M.), paragon (M.)

bona fides (F.) (lat.) bona fides (F.) (lat.)
Bonität (F.) solidność (F.), wypłacalność (F.)
Bonus (M.) premia (F.), rabat (M.), dodatkowa dywidenda (F.)
Bord (M.) burta (F.)
Bordell (N.) burdel (M.), dom (M.) publiczny
borgen pożyczać
Börse (F.) giełda (F.)
Börsengesetz (N.) ustawa (F.) o giełdach
Börsenrecht (N.) prawo (N.) giełdowe
böser Glaube (M.) zła wiara (F.)
bösgläubig w złej wierze
Bösgläubigkeit (F.) zła wiara (F.)
böswillig ze złą wolą
Bote (M.) posłaniec (M.), goniec (M.)
Botin (F.) posłanka (F.)
Botschaft (F.) (Mitteilung) wiadomość (F.)
Botschaft (F.) (Vertretung) ambasada (F.)
Botschafter (M.) ambasador (M.)
Boykott (M.) bojkot (M.)
boykottieren bojkotować
Branche (F.) branża (F.)
Brand (M.) ogień (M.), pożar (M.)
Brandenburg (N.) Brandenburgia (F.)
Brandmauer (F.) mur (M.) przeciwpożarowy
Brandschutz (M.) ochrona (F.) przeciwpożarowa
Brandstifter (M.) podpalacz (M.)
Brandstiftung (F.) podpalenie (N.)
Brauch (M.) zwyczaj (M.), obyczaj (M.)
brauchen potrzebować
Braut (F.) panna (F.) młoda
Bräutigam (M.) pan (M.) młody
brechen złamać, zerwać, popełnić
Bremen (N.) Brema (F.)
brevi manu traditio (F.) (lat.) brevi manu traditio (F.) (lat.)
Brief (M.) list (M.)
Briefgeheimnis (N.) tajemnica (F.) korespondencji
Briefgrundschuld (F.) dług (M.) gruntowy na który został wystawiony dokument
Briefhypothek (F.) hipoteka (F.) z wystawieniem listu hipotecznego
Briefmarke (F.) znaczek (M.) pocztowy
Briefporto (N.) porto (N.)
Briefrecht (N.) prawo (N.) listowne
Briefwahl (F.) głosowanie (N.) listowne
Brigade (F.) brygada (F.)
Bringschuld (F.) dług (M.) oddawczy
britisch brytyjski (Adj.)
Bruch (M.) złamanie (N.), zerwanie (N.), naruszenie (N.), pęknięcie (N.), rozłam (M.)
Bruchteil (M.) część (F.) ułamkowa
Bruchteilseigentum (N.) współwłasność (F.) w częściach ułamkowych
Bruchteilsgemeinschaft (F.) wspólność (F.) majątkowa w częściach ułamkowych
Bruder (M.) brat (M.)
Brüssel Bruksela (F.)
Brüsseler Vertrag (M.) umowa (F.) brukselska
brutto brutto
Buch (N.) książka (F.), księga (F.)
Bucheintragung (F.) wpis (M.) w księgę, zapis (M.) księgowy
buchen zaksięgować, zarezerwować, zamówić
Buchersitzung (F.) zasiedzenie (N.) w wyniku wpisania jako właściciela do księgi wieczystej mimo braku faktycznego prawa
Buchführung (F.) księgowość (F.)
Buchgeld (N.) pieniądz (M.) bankowy
Buchgrundschuld (F.) dług (M.) gruntowy wpisany do księgi wieczystej
Buchhalter (M.) księgowy (M.)
Buchhaltung (F.) księgowość (F.)
Buchhypothek (F.) hipoteka (F.) wpisana do księgi wieczystej
Buchung (F.) (Buchhaltung) księgowanie (N.)
Buchung (F.) (Vertragsabschluss einer Reise) rezerwacja (F.)
Buchwert (M.) wartość (F.) księgowa
Budget (N.) budżet (M.)
budgetieren budżetować
Budgetrecht (N.) prawo (N.) budżetowe
Bulle (F.) (kirchlich-päpstliches Gesetz) bulla (F.)
Bulletin (N.) biuletyn (M.)
Bund (M.) federacja (F.), sojusz (M.), przymierze (N.), związek (M.)
Bundesagentur (F.) agencja (F.) federalna
Bundesamt (N.) urząd (M.) federalny
Bundesangelegenheit (F.) sprawa (F.) federalna
Bundesangestellte (F.) pracownik (M.) federalny
Bundesangestelltentarif (M.) stawka (F.) dla pracowników federalnych
Bundesangestelltentarifvertrag (M.) (BAT)

układ zbiorowy pracy pracowników federalnych
Bundesangestellter (M.) pracownik (M.) federalny
Bundesanstalt (F.) für Arbeit zakład (M.) federalny pracy
Bundesanstalt (F.) zakład (M.) federalny
Bundesanwalt (M.) prokurator (M.) federalny
Bundesanwaltschaft (F.) prokuratura (F.) federalna
Bundesanzeiger (M.) Monitor (M.) Federalny
Bundesarbeitsgericht (N.) Federalny Sąd (M.) Pracy
Bundesaufsicht (F.) nadzór (M.) federalny
Bundesaufsichtsamt (N.) federalny urząd (M.) nadzorczy
Bundesauftragsverwaltung (F.) administracja (F.) zlecona przez federację krajom
Bundesausbildungsförderungsgesetz (N.) federalna ustawa (F.) stypendialna
Bundesautobahn (F.) autostrada (F.) federalna
Bundesbahn (F.) kolej (F.) federalna
Bundesbank (F.) Bank (M.) Federalny
Bundesbaugesetz (N.) federalna ustawa (F.) budowlana
Bundesbeamter (M.) urzędnik (M.) federalny
Bundesbeauftragter (M.) pełnomocnik (M.) rządu federalnego
Bundesbehörde (F.) urząd (M.) federalny, organ (M.) federalny
Bundesdatenschutzgesetz (N.) ustawa (F.) federalna o ochronie danych osobowych
Bundesdisziplinargesetz (N.) federalna ustawa (F.) o odpowiedzialności dyscyplinarnej urzędników federalnych
Bundesfernstraße (F.) droga (F.) federalna
Bundesfinanzhof (M.) Federalny Trybunał (M.) Finansowy
Bundesflagge (F.) federalna flaga (F.)
Bundesfreiwilligendienst (M.) federalny wolontariat (M.)
Bundesgebiet (N.) obszar (M.) federacji
Bundesgericht (N.) sąd (M.) federalny
Bundesgerichtshof (M.) Trybunał (M.) Federalny
Bundesgesetz (N.) ustawa (F.) federalna
Bundesgesetzblatt (N.) Federalny Dziennik (M.) Ustaw
Bundesgesetzgebung (F.) ustawodawstwo (N.) federalne
Bundesgesundheitsamt (F.) urząd (M.) federalny służby zdrowia
Bundesgrenzschutz (M.) federalna straż (F.) graniczna, federalna straż (F.) ochrony pogranicza
Bundeshaushalt (M.) budżet (M.) federalny
Bundesheer (N.) armia (F.) federalna
Bundesjustizminister (M.) federalny minister (M.) sprawiedliowości
Bundesjustizministerium (N.) Federalne Ministerswo (N.) Sprawiedliwości
Bundeskabinett (N.) rząd (M.) federalny
Bundeskanzler (M.) kanclerz (M.) federalny
Bundeskanzleramt (N.) Federalny Urząd (M.) Kanclerski
Bundeskartellamt (N.) Federalny Urząd (M.) Kartelu
Bundesknappschaft (F.) federalne bractwo (N.) górnicze
Bundeskriminalamt (N.) Federalny Urząd (M.) Kryminalny
Bundesland (N.) kraj (M.) Federacji
Bundesminister (M.) minister (M.) federalny
Bundesnachrichtendienst (M.) Wywiadowcza Służba (F.) Federalna
Bundesnotarkammer (F.) Federalna Izba (F.) Notariuszy
Bundesoberbehörde (F.) wyższy urząd (M.) federalny
Bundesobligation (F.) obligacja (F.) federalna
Bundespatentamt (N.) federalny urząd (M.) patentowy
Bundespatentgericht (N.) Federalny Sąd (M.) Patentowy
Bundespolizei (F.) policja (F.) federalna
Bundespost (F.) poczta (F.) federalna
Bundespräsident (M.) prezydent (M.) federalny, premier (M.) rządu
Bundespräsidialamt (N.) Federalny Urząd (M.) Prezydencki
Bundespresseamt (N.) federalny urząd (M.) prasowy
Bundespressekonferenz (F.) federalna konferencja (F.) prasowa
Bundesrat (M.) Rada (F.) Federalna, rząd (M.)
Bundesrechnungshof (M.) Federalna Izba (F.) Obrachunkowa
Bundesrecht (N.) prawo (N.) federalne

bundesrechtlich federalno-prawny (Adj.)
Bundesrechtsanwaltsgebührenordnung (F.) federalny przepis (M.) dotyczący opłat adwokatów, federalny regulamin (M.) opłat za czynności adwokackie
Bundesrechtsanwaltsordnung (F.) federalny przepis (M.) adwokatów
Bundesregierung (F.) rząd (M.) federalny
Bundesrepublik (F.) republika (F.) federalna
Bundesrichter (M.) sędzia (M.) federalny
Bundesseuchengesetz (N.) federalna ustawa (F.) epidemiologiczna, federalna ustawa (F.) dotycząca zaraz
Bundessozialgericht (N.) Federalny Sąd (M.) Socjalny
Bundessozialhilfegesetz (N.) federalna ustawa (F.) o pomocy socjalnej
Bundesstaat (M.) państwo (N.) federalne, stan (M.) federalny
bundesstaatlich państwowo-federalny (Adj.)
Bundesstaatlichkeit (F.) państwowość (F.) federalna
Bundessteuer (F.) podatek (M.) federalny
Bundesstraße (F.) droga (F.) federalna, droga (F.) krajowa
Bundestag (M.) Parlament (M.) Federalny
Bundestreue (F.) wierność (F.) federalna
Bundesverband (M.) związek (M.) federalny
Bundesverfassung (F.) konstytucja (F.) federalna
Bundesverfassungsgericht (N.) Federalny Trybunał (M.) Konstytucyjny
Bundesverfassungsrichter (M.) sędzia (M.) Federalnego Sądu Konstytucyjnego
Bundesverfassungsrichterin (F.) sędzina (F.) Federalnego Sądu Konstytucyjnego
Bundesversammlung (F.) zgromadzenie (N.) federalne
Bundesversicherungsamt (N.) federalny urząd (M.) ubezpieczeń społecznych
Bundesversicherungsanstalt (F.) federalny zakład (M.) ubezpieczeń, federalny zakład (M.) ubezpieczeń pracowniczych
Bundesverwaltung (F.) administracja (F.) federalna
Bundesverwaltungsgericht (N.) Federalny Sąd (M.) Administracyjny
Bundeswahlgesetz (N.) ustawa (F.) o wyborach federalnych
Bundeswaldgesetz (N.) ustawa (F.) federalna dotycząca lasów
Bundeswappen (N.) federalne godło (N.)
Bundeswehr (F.) armia (F.) federalna
Bundeswehrverwaltung (F.) administracja (F.) armii federalnej
Bundeszentralregister (N.) Federalny Centralny Rejestr (M.), Federalny Centralny Rejestr (M.) Karny
Bundeszwang (M.) przymus (M.) federalny
Bündnis (N.) sojusz (M.), przymierze (N.)
Bürge (M.) poręczyciel (M.), żyrant (M.)
bürgen poręczyć, ręczyć
Bürger (M.) obywatel (M.), mieszkaniec (M.) gminy
Bürgerbegehren (N.) inicjatywa (F.) obywatelska
Bürgerinitiative (F.) inicjatywa (F.) obywatelska
bürgerlich obywatelski (Adj.)
bürgerlicher Tod (M.) śmierć (M.) cywilna
Bürgerliches Gesetzbuch (N.) kodeks (M.) cywilny
bürgerliches Recht (N.) prawo (N.) cywilne
Bürgermeister (M.) burmistrz (M.)
Bürgerrecht (N.) prawo (N.) obywatelskie
Bürgerschaft (F.) mieszczaństwo (N.), obywatelstwo (N.)
Bürgerversammlung (F.) zgromadzenie (N.) obywateli
Bürgschaft (F.) poręczenie (N.)
Büro (N.) biuro (N.)
Bürokratie (F.) biurokracja (F.)
Buße (F.) nawiązka (F.), grzywna (F.)
büßen pokutować
Bußgeld (N.) grzywna (F.)
Bußgeldbescheid (M.) orzeczenie (N.) kary grzywny, mandat (M.)
Bußgeldkatalog (M.) urzędowy katalog (M.) grzywien
Bußgeldverfahren (N.) postępowanie (N.) w sprawach zagrożonych karą grzywny
Büttel (M.) siepacz (M.), oprawca (M.)

C

case-law (N.) (engl.) case-law (M.) (engl.)
Cassis-de-Dijon-Formel (F.) Cassis-de-Dijon formuła (F.)
causa (F.) (lat.) causa (F.) (lat.)
cessio (F.) (lat.) cesja (F.)
Chance (F.) szansa (F.)

Chancengleichheit (F.) równość (F.) szans
Charta (F.) karta (F.), konstytucja (F.)
Charter (F.) czarter (M.)
chartern czarterować
Chartervertrag (M.) umowa (F.) czarterowa
Chemie (F.) chemia (F.)
Chemiewaffe (F.) broń (F.) chemiczna
Chemikalie (F.) chemikalia (F.)
Chemikaliengesetz (N.) ustawa (F.) o chemikaliach
Chipkarte (F.) plastikowa karta (F.) magnetyczna
Christ (M.) chrześcijanin (M.)
christlich chrześcijański (Adj.)
cif koszty (M.Pl.) ubezpieczenie (N.) fracht (M.)
clausula (F.) rebus sic stantibus (lat.) clausula (F.) rebus sic stantibus (lat.), klauzula (F.) iż umowa obowiązuje o ile się nie zmienią warunki leżące u podstaw jej zawarcia i wykonania
Clearing (N.) clearing (M.), umowa (F.) clearingowa
Code (M.) civil (franz.) kod (M.) cywilny, Kodeks (M.) Napoleona
Code (M.) de commerce (franz.) kod (M.) handlowy
Code (M.) pénal (franz.) kod (M.) karny
codex (M.) (lat.) kodeks (M.), kod (M.)
commodum (N.) (lat.) commodum (N.) (lat.)
compensatio (F.) lucri cum damno (lat.) compensatio (F.) lucri cum damno (lat.)
Computer (M.) komputer (M.)
Computerbetrug (M.) oszustwo (N.) komputerowe
Computerkriminalität (F.) przestępczość (F.) komupterowa
Computerpiraterie (F.) piractwo (N.) informatyczne
Computersabotage (F.) sabotaż (M.) komputerowy
condicio (F.) sine qua non (lat.) condicio (F.) sine qua non (lat.)
contra legem (lat.) contra legem (lat.)
Copyright (N.) prawo (N.) wydania, prawo (N.) autorskie
corpus (N.) delicti (lat.) corpus (N.) delicti (lat.)
Coupon (M.) kupon (M.)
Cousin (M.) kuzyn (M.)
culpa (F.) (lat.) culpa (F.) (lat.)
culpa (F.) in abstracto (lat.) culpa (F.) in abstracto (lat.)
culpa (F.) in concreto (lat.) culpa (F.) in concreto (lat.)
culpa (F.) in contrahendo (lat.) culpa (F.) in contrahendo (lat.), wina (F.) przy zawarciu umowy
culpa (F.) in eligendo (lat.) culpa (F.) in eligendo (lat.), wina (F.) w wyborze

D

Dachgesellschaft (F.) spółka (F.) holdingowa
Dachverband (M.) związek (M.) główny
Damnationslegat (N.) legat (M.) damnacyjny
damnum (N.) (lat.) damnum (N.) (lat.), potrącenie (N.) od sumy pożyczki za udzielenie pożyczki
darlegen przedstawić, przedkładać, wyłuszczać, wykazać
Darlegung (F.) przedstawienie (N.), przedłożenie (N.), wyłuszczenie (N.) wykazanie (N.)
Darlegungslast (F.) ciężar (M.) wykazania, ciężar (M.) udowodnienia, ciężar (M.) kompleksowego przedstawienia sprawy
Darlehen (N.) pożyczka (F.)
Darlehensgeber (M.) dający (M.) pożyczkę, pożyczkodawca (M.)
Darlehensgeberin (F.) dająca (F.) pożyczkę, pożyczkodawczyni (F.)
Darlehensgeschäft (N.) transakcja (F.) pożyczki
Darlehensnehmer (M.) biorący (M.) pożyczkę, pożyczkobiorca (M.)
Darlehensnehmerin (F.) biorąca (F.) pożyczkę, pożyczkobiorczyni (F.)
Darlehensvertrag (M.) umowa (F.) pożyczki
darleihen pożyczyć, pożyczyć komuś pieniądze
darstellen przedstawiać, opisywać
Darstellung (F.) przedstawienie (N.), opisanie (N.)
Dasein (N.) byt (M.), egzystencja (F.), istnienie (N.)
Daseinsvorsorge (F.) zabezpieczenie (N.) warunków bytowych
Dassonville-Formel (F.) formuła (F.) Dassonville

Datei (F.) plik (M.), zbiór (M.) danych
Daten (N.Pl.) dane (F.Pl.), informacje (F.Pl.)
Datenbank (F.) bank (M.) informacji
Datenschutz (M.) ochrona (F.) danych
Datenschutzbeauftragter (M.) pełnomocnik (M.) do spraw ochrony danych osobowych
Datenveränderung (F.) zmiana (F.) danych
Datenverarbeitung (F.) przetwarzanie (N.) danych
datieren datować
Datum (N.) data (F.), informacja (F.)
Dauer (F.) okres (M.), trwanie (N.)
Dauerarrest (M.) areszt (M.) dla nieletnich
Dauerauftrag (M.) zlecenie (N.) ciągłe
Dauerdelikt (N.) przestępstwo (N.) ciągłe
dauern przeciągnąć
dauernd peremptoryjny
Dauerschuldverhältnis (N.) zobowiązanie (N.) ciągłe
de facto (lat.) de facto (lat.), faktycznie, w praktyce
de iure (lat.) de iure (lat.), prawnie, formalnie
de lege ferenda (lat.) de lege ferenda (lat.)
de lege lata (lat.) de lege lata (lat.)
Debatte (F.) debata (F.)
debattieren (V.) debatować
Debet (N.) debet (M.), strona (F.) debetowa
Debitor (M.) dłużnik (M.)
decken pokryć
Deckung (F.) pokrycie (N.), zabezpieczenie (N.)
Deckungsverhältnis (N.) stosunek (M.) pokrycia
Deckungszusage (F.) wiążące przyrzeczenie (N.) pokrycia szkody
defensiv obronny (Adj.), ochronny (Adj.), defensywny (Adj.)
defensiver Notstand (M.) defensywny stan (M.) wyjątkowy
definieren definiować, określić
Definition (F.) definicja (F.), określenie (N.)
Defizit (N.) deficyt (M.)
degradieren zdegradować, zdjąć z urzędu, pozbawić stopnia
Degradierung (F.) degradacja (F.), pozbawienie (N.) stopnia
degressiv zmniejszający się (Adj.), degresyjny (Adj.)
Deich (M.) tama (F.), grobla (F.), wał (M.)
Deichrecht (N.) prawo (N.) dotyczące tam
Dekan (M.) dziekan (M.)
Dekanat (N.) dziekanat (M.)
Deklaration (F.) deklaracja (F.), oświadczenie (N.), zadeklarowanie (N.)
deklaratorisch deklaratywny (Adj.)
deklarieren zadeklarować, podać wartość
Dekonzentration (F.) dekoncentracja (F.)
Dekret (N.) dekret (M.)
Delegation (F.) delegacja (F.), delegowanie (N.), przeniesienie (N.)
delegieren delegować, przenieść
Delegierter (M.) delegat (M.)
Delikt (N.) delikt (M.), czyn (M.) karalny, przestępstwo (N.)
Deliktsbesitzer (M.) posiadacz (M.) z tytułu czynu niedozwolonego
deliktsfähig zdolny do odpowiedzialności cywilnoprawnej
Deliktsfähigkeit (F.) zdolność (F.) do odpowiedzialności cywilnoprawnej
Deliktsrecht (N.) prawo (N.) czynu niedozwolonego
Delinquent (M.) winowajca (M.), delinkwent (M.), przestępca (M.)
Delirium (N.) delirium (N.)
Delkredere (N.) delkredere (N.), poręczenie (N.) za cudzy dług, sprostowanie (N.)
Delkredereprovision (F.) prowizja (F.) z tytułu transakcji delkredere
Demagoge (M.) demagogia (F.)
Demarche (F.) wystąpienie (N.) dyplomatyczne, sprzeciw (M.) dyplomatyczny
Dementi (N.) dementi (N.), zaprzeczenie (N.)
dementieren dementować, zaprzeczyć
Demission (F.) dymisja (F.)
demissionieren dymisjować
Demokrat (M.) demokrat (M.)
Demokratie (F.) demokracja (F.)
Demokratieprinzip (N.) zasada (F.) demokracji
demokratisch demokratyczny (Adj.)
Demonstrant (M.) demonstrant (M.)
Demonstration (F.) demonstracja (F.), demonstrowanie (N.), zademonstrowanie (N.), pokaz (M.)
demonstrativ demonstracyjny (Adj.)
demonstrieren demonstrować
Demoskopie (F.) demoskopia (F.), badanie (N.) opinii publicznej
Denkmal (N.) pomnik (M.), zabytek (M.)
Denkmalschutz (M.) ochrona (F.) zabytków

Denunziant (M.) denuncjator (M.)
Denunziation (F.) denuncjacja (F.)
denunzieren denuncjować
Departement (N.) departament (M.), sekcja (F.)
Deponie (F.) wysypisko (N.) śmieci
deponieren deponować, powierzyć
Deportation (F.) deportacja (F.)
deportieren deportować
Depositen (N.Pl.) depozyty (Pl.) lokat
Depositenkonto (N.) konto (N.) depozytowe
Depositenzertifikat (N.) certyfikat (M.) depozytowy
Depositum (N.) depozyt (M.)
depositum (N.) irregulare (lat.) depositum (N.) irregulare (lat.)
Depot (N.) depozyt (M.)
Depotgeschäft (N.) transakcja (F.) depozytowa
Depotgesetz (N.) ustawa (F.) o depozytach
Deputat (N.) deputat (M.), wynagrodzenie (N.) w naturze
Deputation (F.) deputacja (F.), delegacja (F.), poselstwo (N.)
deputieren deputować
Deputierter (M.) deputowany (M.), wysłannik (M.), przedstawiciel (M.)
deregulieren odstąpić od regulowania
Deregulierung (F.) odstąpienie (N.) od regulowania
Dereliktion (F.) wyzbycie (N.) się włansności przez porzucenie
Derivat (N.) derywat (M.)
derivativ pochodny (Adj.)
derivativer Eigentumserwerb (M.) pochodne nabycie (N.) własności
Derogation (F.) derogacja (F.)
derogieren derogować
Deserteur (M.) dezerter (M.)
desertieren dezerterować
Designation (F.) desygnacja (F.), mianowanie (N.)
designieren desygnować, mianować
designiert desygnować
Deskription (F.) opis (M.)
deskriptiv opisowy (Adj.)
deskriptives Tatbestandsmerkmal (N.) opisowe znamię (N.) czynu przestępczego
Despot (M.) despota (M.)
Despotie (F.) tyrania (F.)
despotisch despotyczny (Adj.)
Destinatär (M.) odbiorca (M.) towarów, adresat (M.) towarów
Deszendent (M.) zstępny (M.), potomek (M.)
Deszendenz (F.) descendencja (F.), pochodzenie (N.)
Deszendenz (F.) potomkowie (M.Pl.), pokrewieństwo (N.) w lini zstępnej
detachiert wydzielony (Adj.), odłączony (Adj.)
detachierte Kammer (F.) wydzielona izba (F.) sądu
Detektiv (M.) detektyw (M.)
Detektor (M.) detektor (M.)
deutsch niemiecki (Adj.)
Deutsche (F.) Niemka (F.)
Deutsche Demokratische Republik (F.) (DDR) Niemiecka Republika (F.) Demokratyczna
Deutscher (M.) Niemiec
Deutscher Gewerkschaftsbund (M.) (DGB) Niemiecki Związek (M.) Zawodowy
Deutsches Reich (N.) Rzesza (F.) Niemiecka
Deutschland (N.) Niemcy (Pl.)
Deutschlandvertrag (M.) Umowa (F.) Niemiecka, Umowa (F.) dotycząca Niemcy
Devise (F.) dewiza (F.)
Devisen (F.Pl.) dewizy (F.Pl.)
Devisenkurs (M.) kurs (M.) dewiz, kurs (M.) walut
Devisenmarkt (M.) rynek (M.) dewizowy
Devisenreserve (F.) rezerwa (F.) walutowa, rezerwa (F.) dewizowa
Devisenreserven (F.Pl.) rezerwa (F.) walutowa
Devolution (F.) dewolucja (F.)
Devolutionsrecht (N.) prawo (N.) dewolucji
Devolutiveffekt (M.) skutek (M.) dewolutywny
Dezentralisation (F.) decentralizacja (F.)
dezentralisieren decentralizować
Dezernat (N.) wydział (M.), dział (M.), sekcja (F.), referat (M.)
Dezernent (M.) kierownik (M.) działu
DGB (M.) (Deutscher Gewerkschaftsbund) Niemiecki Związek (M.) Zawodowy
Diakon (M.) diakon (M.)
Diät (F.) dieta (F.)
Diäten (F.Pl.) diety (F.Pl.) poselskie
Dichotomie (F.) dychotomia (F.)
Dieb (M.) złodziej (M.)

Diebstahl (M.) kradzież (F.)
dienen służyć
dienendes Grundstück (N.) grunt (F.) służebny
Diener (M.) sługa (M.)
Dienst (M.) służba (F.), praca (F.)
Dienstalter (N.) lata (Pl.) służby, wysługa (F.) lat
Dienstaufsicht (F.) nadzór (M.) służbowy
Dienstaufsichtsbeschwerde (F.) zażalenie (N.) do przełożonego na czynności urzędnika
Dienstbarkeit (F.) służebność (F.)
Dienstbezug (M.) uposażenie (N.) służbowe
Dienstbote (M.) sługa (M.)
Diensteid (M.) przysięga (F.) służbowa
Diensterfindung (F.) wynalazek (M.) służbowy
Dienstflucht (F.) ucieczka (F.) ze służby zastępczej
Dienstgeheimnis (N.) tajemnica (F.) służbowa
Dienstgrad (M.) stopień (M.) służbowy
Dienstherr (M.) pan (M.), osoba (F.) zatrudniuająca pracowników
Dienstleistung (F.) świadczenie (N.) usług
Dienstleistungsfreiheit (F.) wolność (F.) świadczenia usług
Dienstleistungsmarke (F.) znak (M.) świadczenia usług
dienstlich służbowy (Adj.)
Dienstrecht (N.) prawo (N.) urzędnicze i prawo (N.) pracy dla pracowników w służbie publicznej, prawo (N.) pracy i umowa cywilnoprawna o określoną pracę, prawo (N.) pracy
Dienstsiegel (N.) pieczęć (F.) służbowa
Dienststelle (F.) urząd (M.), biuro (N.)
Dienstvereinbarung (F.) umowa (F.) między urzędem a przedstawicielem pracowników urzędu
Dienstvergehen (N.) uchybienie (N.) obowiązkom służbowym
Dienstverhältnis (N.) stosunek (M.) służbowy, stosunek (M.) pracy
Dienstverschaffung (F.) wykonanie (N.) określonej pracy przez osobę trzecią spoza służby
Dienstverschaffungsvertrag (M.) umowa (F.) o dostarczenie pracownika
Dienstvertrag (M.) umowa (F.) cywilnoprawna o określoną pracę, umowa (F.) o pracę
Dienstvorgesetzter (M.) zwierzchnik (M.), przełożony (M.) służbowy
Dienstweg (M.) droga (F.) służbowa
Dienstzeit (F.) staż (M.) pracy, staż (M.) służbowy
dies interpellat pro homine (lat.) dies interpellat pro homine (lat.)
Dietrich (M.) wytrych (M.)
diffamieren spotwarzać, zniesławiać
diffamierend dyfamujący (Adj.), zniesławiający (Adj.)
Diffamierung (F.) dyfamacja (F.)
Differenz (F.) różnica (F.)
Differenzgeschäft (N.) transakcja (F.) na różnicę kursu
differenzieren różnicować
Differenzierung (F.) zróżnicowanie (N.)
Differenzierungsklausel (F.) klauzula (F.) zróżnicowania
Diktator (M.) dyktator (M.)
Diktatur (F.) dyktatura (F.)
diktieren dyktować
dilatorisch dylatoryjny (Adj.)
dilatorische Einrede (F.) zarzut (M.) dylatoryjny
Ding (N.) (Sache) rzecz (F.)
dinglich rzeczowy (Adj.)
dingliche Belastung (F.) obciążenie (N.) rzeczowe
dinglicher Anspruch (M.) roszczenia (Pl.) z prawa rzeczowego
dingliches Recht (N.) prawo (N.) na rzeczy, prawo (N.) rzeczowe
Diözese (F.) diecezja (F.)
Diplom (N.) dyplom (M.)
Diplomat (M.) dyplomata (M.)
Diplomatie (F.) dyplomacja (F.)
Diplomatik (F.) dyplomatyka (F.)
diplomatisch dyplomatyczny
diplomatische Beziehung (F.) stosunek (M.) dyplomatyczny
Diplomjurist (M.) prawnik (M.) dyplomowany
direkt bezpośredni (Adj.), wprost
direkte Stellvertretung (F.) przedstawicielstwo (N.) bezpośrednie
direkte Steuer (F.) podatek (M.) bezpośredni
direkter Verbotsirrtum (M.) błąd (M.) bezpośredni co do zakazu
direkter Vorsatz (M.) zamiar (M.) bezpośredni

Direkterwerb (M.) nabycie (N.) bezpośrednie
Direktion (F.) dyrekcja (F.)
Direktionsrecht (N.) prawo (N.) pracodawcy do udzielania poleceń pracownikom
Direktive (F.) dyrektywa (F.)
Direktmandat (N.) mandat (M.) bezpośredni
Direktor (M.) dyrektor (M.)
Direktversicherung (F.) ubezpieczenie (N.) bezpośrednie
Direktwahl (F.) wybór (M.) bezpośredni
Dirne (F.) prostytutka (F.)
Disagio (N.) disagio (N.)
Diskont (M.) dyskonto (N.)
diskontieren dyskontować
Diskontsatz (M.) stopa (F.) dyskontowa
diskriminieren dyskryminować
diskriminierend dyskryminujący (Adj.)
Diskriminierung (F.) dyskryminacja (F.)
Diskriminierungsverbot (N.) zakaz (M.) dyskryminowania
Dispens (M.) zezwolenie (N.) administracyjne o charakterze wyjątkowym
dispensieren zwolnić
disponieren dysponować, rozporządzać
Disposition (F.) dyspozycja (F.), rozporządzenie (N.)
Dispositionskredit (M.) kredyt (M.) dyspozycyjny
Dispositionsmaxime (F.) zasada (F.) dyspozycyjności, zasada (F.) rozporządzalności
dispositiv dyspozytywny (Adj.)
dispositives Recht (N.) norma (F.) prawna względnie obowiązująca, norma (F.) wzlędnie obowiązująca
Disput (M.) dyskusja (F.), dysputa (F.)
Disputation (F.) dysputacja (F.)
Dissens (M.) rozbieżność (F.) oświadczeń woli
Dissertation (F.) dysertacja (F.)
Dissident (M.) dysydent (M.)
distinguieren (im Verfahrensrecht bezüglich einer älteren Entscheidung unterscheiden) dystyngować
Distinktion (F.) wyróżnienie (N.)
Distrikt (M.) dystrykt (M.), okręg (M.), obwód (M.)
Disziplin (F.) dyscyplina (F.), rygor (M.), dziedzina (F.)
Disziplinargericht (N.) sąd (M.) dyscyplinarny
disziplinarisch dyscyplinarny (Adj.)
Disziplinarmaßnahme (F.) środek (M.) dyscyplinarny
Disziplinarrecht (N.) prawo (N.) dyscyplinarne
Disziplinarstrafe (F.) kara (F.) dyscyplinarna
Disziplinarverfahren (N.) postępowanie (N.) dyscyplinarne
Diversion (F.) dywersja (F.)
Dividende (F.) dywidenda (F.)
Division (F.) dywizja (F.), dzielenie (N.)
Dogma (N.) dogmat (M.), pewnik (M.), aksjomat (M.)
Dogmatik (F.) dogmatyka (F.)
Doktor (M.) doktor (M.)
Doktorand (M.) doktorant (M.)
Doktorgrad (M.) stopień (M.) doktora, stopień (M.) doktorski
Doktorprüfung (F.) egzamin (M.) doktorski
Doktrin (F.) doktryna (F.)
Dokument (N.) dokument (M.)
Dokumentation (F.) dokumentacja (F.)
Dokumentationspflicht (F.) obowiązek (M.) dokumentacji
Dokumentenakkreditiv (N.) akredytywa (F.) dokumentowa
dokumentieren dokumentować
dolmetschen tłumaczyć
Dolmetscher (M.) tłumacz (M.)
dolos podstępny (Adj.)
dolus (M.) (lat.) dolus (M.) (lat.), zamiar (M.)
dolus (M.) directus (lat.) dolus (M.) directus (lat.), zamiar (M.) bezpośredni
dolus (M.) eventualis (lat.) dolus (M.) eventualis (lat.), zamiar (M.) ewentualny
dolus (M.) generalis (lat.) dolus (M.) generalis (lat.), zamiar (M.) ogólny
dolus (M.) indirectus (lat.) dolus (M.) indirectus (lat.)
dolus (M.) malus (lat.) dolus (M.) malus (lat.)
dolus (M.) subsequens (lat.) dolus (M.) subsequens (lat.)
Dom (M.) tum (M.), katedra (F.)
domain (F.) domain (M.) (engl.)
Domäne (F.) domena (F.)
Domizil (N.) domicyl (M.), stałe miejsce (N.) zamieszkania
Domkapitel (N.) kapituła (F.) katedralna
dopen dopingować

Doppelbesteuerung (F.) opodatkowanie (N.) podwójne
Doppelehe (F.) bigamia (F.)
Doppelname (M.) nazwa (F.) podwójna
Doppelstaatsangehörigkeit (F.) podwójne obywatelstwo (N.)
doppelt podwójny (Adj.), dubeltowy (Adj.)
Doppelversicherung (F.) podwójne ubezpieczenie (N.)
Dossier (N.) dossier (M.)
Dotation (F.) dotacja (F.)
dotieren (vergüten) dotować
Doyen (M.) (franz.) dziekan (M.), dziekan (M.) korpusu dyplomatycznego
Dozent (M.) docent (M.)
drakonisch drakoński (Adj.)
Drang (M.) pęd (M.), popęd (M.)
drängen nalegać, napierać, naglić, spychać
Draufgabe (F.) zadatek (M.)
drei trzy
Dreieck (N.) trójkąt (M.)
Dreiecksverhältnis (N.) trójstronny stosunek (M.)
Drei-Elemente-Lehre (F.) teoria (F.) trójpodziału elementów
Dreifelderwirtschaft (F.) trójpodziałowa uprawa (F.) pól
Dreiklassenwahlrecht (N.) prawo (N.) wyborcze dotyczące trzech klas
dreißig trzydzieści
Dreißigster (M.) obowiązek (M.) spadkobiercy utrzymania w ciągu 30 dni po śmierci spadkodawcy członków rodziny
dringend pilny (Adj.), naglący (Adj.), nagły (Adj.)
dringlich pilny (Adj.), naglący (Adj.), nagły (Adj.)
Dringlichkeit (F.) nagłość (F.)
dritte trzeci
Dritter (M.) osoba (F.) trzecia
Drittland (N.) kraj (M.) trzeci
Drittorganschaft (F.) organ (M.) w którego charakterze działa osoba fizyczna nie będąca członkiem danej organizacji czy wspólnikiem danej spółki, związek (M.) organizacyjny spółek osoby trzeciej, integracja (F.) finansowa organizacyjna i gospodarcza spółki kapitałowej dalej formalnie niezależnej osoby trzeciej
Drittschaden (M.) szkoda (F.) powstała u osoby trzeciej na skutek szkody u bezpośredniego poszkodowanego
Drittschadensliquidation (F.) roszczenie (N.) o naprawienie szkody osoby trzeciej
Drittschuldner (M.) dłużnik (M.) dłużnika
Drittschutz (M.) ochrona (F.) trzeciego
Drittwiderspruch (M.) sprzeciw (M.) osoby trzeciej
Drittwiderspruchsklage (F.) powództwo (N.) przeciwegzekucyjne osoby trzeciej
Drittwirkung (F.) skuteczność (F.) wobec osób trzecich
Droge (F.) narkotyk (M.)
Drohbrief (M.) list (M.) zwierający groźbę
drohen grozić
drohend grożący (Adj.), groźny (Adj.)
Drohung (F.) groźba (F.)
Druck (M.) nacisk (M.), presja (F.), druk (M.)
drucken drukować, wydrukować
drücken przyciskać
Drucksache (F.) druk (M.)
Druckschrift (F.) pismo (N.) drukowane, druk (M.), tekst (M.) drukowany, broszura (F.)
Druckwerk (N.) dzieło (N.) drukowane
Dualismus (M.) dualizm (M.)
dualistisch dualiczny (Adj.)
Duell (N.) pojedynek (M.)
dulden znosić, tolerować
Duldung (F.) znoszenie (N.), tolerowanie (N.)
Duldungsvollmacht (F.) pełnomocnictwo (N.) rzekome tolerowane
Dumping (N.) dumping (M.)
Dumping betreiben stosować dumping
dunkel ciemny (Adj.)
Dunkelfeld (N.) ciemne pole (N.), ciemna liczba (F.)
Duplik (F.) duplika (F.)
Duplikat (N.) duplikat (M.)
durchführen przeprowadzać, zrealizować, wykonywać
Durchführung (F.) przeprowadzenie (N.), zrealizowanie (N.), wykonanie (N.)
Durchführungsverordnung (F.) rozporządzenie (N.) wykonawcze
Durchgang (M.) przejście (N.), tranzyt (M.)
Durchgangserwerb (M.) nabycie (N.) tranzytowe, nabycie (N.) przejściowe
Durchgangsrecht (N.) prawo (N.) przechodu
Durchgriff (M.) bezpośrednie przejście (N.) roszczenia

Durchgriffshaftung (F.) bezpośrednia odpowiedzialność (F.) cywilna członka osoby prawnej
Durchschnitt (M.) przecięcie (N.)
durchschnittlich przeciętny (Adj.), średni
Durchschnittsmensch (M.) szary człowiek (M.)
durchsuchen przeszukać, zrewidować
Durchsuchung (F.) przeszukanie (N.), rewizja (F.)
Durchsuchungsbefehl (M.) nakaz (M.) przeszukania
dürftig marny (Adj.), lichy (Adj.)
Dürftigkeit (F.) marność (F.)
Dürftigkeitseinrede (F.) ekscepcja (F.) marności
dynamisch dynamiczny (Adj.)
dynamische Rente (F.) renta (F.) dynamiczna
Dynastie (F.) dynastia (F.)

E

e. V. (M.) (eingetragener Verein) stowarzyszenie (N.) zarejestrowane
ebenbürtig równy urodzeniem
Ebenbürtigkeit (F.) stan (M.) równości urodzeniem
echt czysty (Adj.), szczery (Adj.), prawdziwy (Adj.), autentyczny (Adj.)
echte Urkunde (F.) dokument (M.) autentyczny
echtes Unterlassungsdelikt (N.) przestępstwo (N.) prawdziwe z zaniechania
Echtheit (F.) prawdziwość (F.), autentyczność (F.)
Ecklohn (M.) płaca (F.) godzinowa ustalona w układzie zbiorowym dla normalnej grupy robotników
e-commerce (N.) (engl.) e-commerce (engl.)
ECU (M.) (European Currency Unit) waluta (F.) europejska ECU
edel szlachetny (Adj.), prawy (Adj.)
Edikt (N.) edykt (M.)
Ediktalzitation (F.) wezwanie (N.) edyktalne
Edition (F.) edycja (F.), wydanie (N.), przedłożenie (N.)
Editionspflicht (F.) obowiązek (M.) edycji
EDV (F.) (elektronische Datenverarbeitung) elektroniczne przetwarzanie (N.) danych
Effekt (M.) efekt (M.)
Effekten (M.Pl.) papiery (M.Pl.) wartościowe, walory (M.Pl.)
effektiv efektywny, skuteczny (Adj.)
Effektivklausel (F.) klauzula (F.) dotycząca efektywności
Effizienz (F.) skuteczność (F.), wydolność (F.)
EG (F.) (Europäische Gemeinschaft) Wspólnota (F.) Europejska
Ehe (F.) małżeństwo (N.), związek (M.) małżeński
Eheaufhebung (F.) unieważnienie (N.) małżeństwa
ehebrechen popełnić zdradę małżeńską
Ehebrecher (M.) łamiący (M.) wiarę małżeńską
Ehebrecherin (F.) łamiąca (F.) wiarę małżeńską
ehebrecherisch łamiący wiarę małżeńską
Ehebruch (M.) zdrada (F.) małżeńska, niewierność (F.) małżeńska
ehefähig zdolny do zawarcia małżeństwa
Ehefähigkeit (F.) zdolność (F.) do zawarcia małżeństwa
Ehefrau (F.) żona (F.)
Ehegatte (M.) małżonek (M.)
Ehegattenerbrecht (N.) prawo (M.) spadkowe małżonków
Ehegattenunterhalt (M.) alimentacja (F.) małżonka
Ehegesetz (N.) ustawa (F.) o małżeństwie
Ehegüterrecht (N.) prawo (N.) małżeńskie majątkowe
Ehehindernis (N.) zakaz (M.) zawarcia małżeństwa
ehelich małżeński (Adj.), ślubny (Adj.)
eheliche Lebensgemeinschaft (F.) wspólnota (F.) małżeńska
ehelichen poślubić, poślubiać
Ehelicherklärung (F.) uznanie (N.) dziecka za pochodzące z małżeństwa
Ehelichkeit (F.) pochodzenie (N.) z małżeństwa
Ehelichkeitsanfechtung (F.) podważenie (N.) pochodzenia dziecka z małżeństwa
Ehelichkeitserklärung (F.) uznanie (N.) dziecka za pochodzące z małżenstwa
Ehemann (M.) mąż (M.)
Ehemündigkeit (F.) wiek (M.) zdolności do zawarcia małżeństwa

Ehename (M.) nazwisko (N.) małżeńskie
Ehenichtigkeit (F.) nieważność (F.) małżeństwa
Ehepartner (M.) małżonek (M.)
Eheprozess (M.) proces (M.) w sprawie małżeńskiej
Eherecht (N.) prawo (N.) małżeńskie
Ehesache (F.) sprawa (F.) małżeńska
Ehescheidung (F.) rozwód (M.)
Eheschließung (F.) zawarcie (N.) małżeństwa
Ehestörung (F.) zakłócenie (N.) małżeństwa
Eheverbot (N.) zakaz (M.) zawarcia małżeństwa
Eheverfehlung (F.) uchybienie (N.) instytucji małżeństwa
Ehevermittler (M.) pośrednik (M.) matrymonialny
Ehevermittlung (F.) pośrednictwo (N.) matrymonialne
Eheversprechen (N.) obietnica (F.) małżeństwa
Ehevertrag (M.) umowa (F.) majątkowa między małżonkami
Ehewirkung (F.) skutek (M.) zawarcia małżeństwa
Ehewohnung (F.) mieszkanie (N.) małżonków
Ehre (F.) cześć (F.), godność (F.), honor (M.)
Ehrenamt (N.) urząd (M.) honorowy
ehrenamtlich honorowy (Adj.)
Ehrenbeamter (M.) urzędnik (M.) honorowy
Ehrendoktor (M.) doktor (M.) honoris causa
Ehrendoktorat (N.) doctor (M.) honoris causa
Ehrengericht (N.) sąd (M.) honorowy
Ehrenrecht (N.) prawo (N.) honorowe
Ehrenstrafe (F.) kara (F.) honorowa
Ehrenwort (N.) słowo (N.) honoru
eichen (V.) wzorcować
Eid (M.) przysięga (F.), przyrzeczenie (N.)
Eidesmündigkeit (F.) wiek (M.) zdolności do złożenia przyrzeczenia
eidesstattlich miejsce przyrzeczenia
eidesstattliche Versicherung (F.) zapewnienie (N.) z mocą przyrzeczenia
Eifersucht (F.) zazdrość (F.)
eifersüchtig zazdrosny (Adj.)
eigen własny, swój
Eigenbedarf (M.) własna potrzeba (F.)
Eigenbesitz (M.) posiadanie (N.) samoistne
Eigenbesitzer (M.) posiadacz (M.) samoistny
Eigenbetrieb (M.) zakład (M.) samoistny
eigener Wirkungskreis (M.) zakres (M.) działania, sfera (F.) działania
eigenes Kapital własny kapitał (M.)
Eigengeschäftsführung (F.) własne kierownictwo (N.) spółki
Eigengesellschaft (F.) spółka (F.) własnościowa
eigenhändig własnoręczny (Adj.), własny
Eigenheim (N.) własny dom (M.) jednorodzinny
Eigenjagdbezirk (M.) obwód (M.) łowiecki własny
Eigenkapital (N.) kapitał (M.) własny
Eigenmacht (F.) samowola (F.)
eigenmächtig samowolny (Adj.)
Eigenname (M.) imię (N.) własne
Eigenschaft (F.) właściwość (F.), cecha (F.), przymiot (M.)
Eigentum (N.) własność (F.)
Eigentümer (M.) właściciel (M.)
Eigentümergrundschuld (F.) dług (M.) gruntowy właściciela
Eigentümerhypothek (F.) hipoteka (F.) własna
Eigentümerin (F.) właścicielka (F.)
Eigentumsaufgabe (F.) wyzbycie (N.) się własności
Eigentumsbindung (F.) związanie (N.) prawami własności
Eigentumserwerb (M.) nabycie (N.) własności
Eigentumsherausgabe (F.) wydanie (N.) rzeczy wynikające z prawa własności, roszczenie (N.) windykacyjne
Eigentumsherausgabeanspruch (M.) roszczenie (N.) windykacyjne
Eigentumsstörung (F.) naruszenie (N.) własności
Eigentumstitel (M.) (Eigentumstitel im angloamerikanischen Recht) tytuł (M.) własności
Eigentumsübergang (M.) przejście (N.) własności
Eigentumsübertragung (F.) przeniesienie (N.) własności
Eigentumsverlust (M.) utrata (F.) własności
Eigentumsvermutung (F.) domniemanie (N.) własności
Eigentumsvorbehalt (M.) zastrzeżenie (N.) własności rzeczy sprzedanej

Eigentumswohnung (F.) mieszkanie (N.) własnościowe
eignen nadawać, być odpowiednim
Eignung (F.) przydatność (F.), zdatność (F.), kwalifikacja (F.)
Einbahnstraße (F.) droga (F.) jednokierunkowa
Einbehaltung (N.) zatrzymanie (N.)
einbenennen nadać nazwisko
Einbenennung (F.) nadanie (N.) nazwiska
einberufen zwołać, zwoływać, powołać, powoływać
einbrechen włamać się, włamywać się
Einbrecher (M.) włamywacz (M.)
einbringen przedłożyć, wnieść, przynosić
Einbringung (F.) przedłożenie (N.), wniesienie (N.)
Einbruch (M.) włamanie (N.), załamanie (N.), spadek (M.)
Einbruchsdiebstahl (M.) kradzież (F.) z włamaniem
einbürgern nadać obywatelstwo, naturalizować
Einbürgerung (F.) nadanie (N.) obywatelstwa, naturalizacja (F.)
Einbuße (F.) strata (F.), utrata (F.) uszczerbek (M.)
Eindringen (N.) wnikanie (N.), wtargnięcie (N.)
eindringen wtargnąć
einfach prosty (Adj.), łatwy (Adj.)
Einfuhr (F.) import (M.), przywóz (M.)
einführen importować, wwozić, wprowadzać
Einführung (F.) wprowadzenie (N.)
Einführungsgesetz (N.) ustawa (F.) wprowadzająca
Eingabe (F.) podanie (N.), petycja (F.)
eingeben dać, dawać, wprowadzać
eingehen nadejść, wpłynąć, zgodzić się
Eingehung (F.) zawarcie (N.), podjęcie (N.), zaciągnięcie (N.)
eingemeinden włączyć do gminy
Eingemeindung (F.) włączenie (N.) do gimny
eingerichtet założony (Adj.), wyposażony (Adj.)
eingerichteter Gewerbebetrieb (M.) zakład (M.) przemysłowy wyposażony
eingeschrieben polecony (Adj.), zarejstrowany (Adj.)
eingetragen wpisany (Adj.), zarejstrowany (Adj.)
eingetragene Genossenschaft (F.) spółdzielnia (F.) zarejestrowana
eingetragener Verein (M.) (e. V.) stowarzyszenie (N.) zarejestrowane
eingreifen wtrącić się, interweniować, naruszyć
Eingriff (M.) naruszenie (N.), wkraczanie (N.), ingerencja (F.)
Eingriffskondiktion (F.) roszczenie (N.) z tytułu bezpodstawnego wzbogacenia osiągniętego
Eingriffsverwaltung (F.) administracja (F.) władcza
einhalten zachować, dotrzymać, przestrzegać
Einhaltung (F.) zachowanie (N.), dotrzymanie (N.), przestrzeganie (N.)
einheimisch krajowy (Adj.), miejscowy (Adj.)
Einheit (F.) jedność (F.), jednostka (F.)
einheitlich jednolity (Adj.), jednolicie
Einheitliche Europäische Akte (F.) Jednolity Akt (M.) Europejski
einheitliches Gesetz (N.) über den internationalen Warenkauf jednolita ustawa (F.) międzynarodowa o zakupie towaru
einheitliches Kaufrecht (N.) jednolite prawo (N.) kupna
Einheitlichkeitswille (M.) wola (F.) jednolitości
Einheitsstaat (M.) państwo (N.) jednolite
Einheitsstrafe (F.) kara (F.) łączna
Einheitstäter (M.) sprawca (M.)
Einheitswert (M.) wartość (F.) podatkowa dobra gospodarczego jako podstawa wymiaru różnych podatków, wartość (F.) podatkowa jednostki podatkowej jako podstawa wymiaru różnych podatków
einig zgodny (Adj.)
einigen pogodzić, zgodzić, ułożyć, uzgodnić
Einigung (F.) zgoda (F.), pojednanie (N.), jedność (F.), zjednoczenie (N.)
Einigungsmangel (M.) rozbieżność (F.) oświadczeń woli
Einigungsstelle (F.) zakładowa komisja (F.) rozjemcza
Einigungsvertrag (M.) umowa (F.) zjednoczeniowa

Einkammersystem (N.) system (M.) jednoizbowy
Einkauf (M.) zakup (M.), sprawunek (M.)
einkaufen zakupić, zakupywać
Einkaufskommission (F.) komis (M.) zajmujący się zakupami
Einkaufspreis (M.) cena (F.) zakupu
einklagen zaskarżyć, dochodzić sądownie
Einkommen (N.) zarobek (M.), dochód (M.)
Einkommensteuer (F.) podatek (M.) dochodowy
Einkommensteuergesetz (N.) ustawa (F.) o podatku dochodowym
Einkunft (F.) dochód (M.), przychód (M.)
einladen załadować, zapraszać
Einladung (F.) załadowanie (N.), zaproszenie (N.)
Einlage (F.) wkład (M.), lokata (F.), udział (M.), załącznik (M.)
einlassen wpuścić, wdać, przyjąć
Einlassung (F.) wdanie (N.) się, wyjaśnienie (N.)
Einlassungsfrist (F.) termin (M.) do wdania się w spór
einlegen wnieść, włożyć, wpłacić, złożyć
Einleger (M.) depozytor (M.), deponent (M.)
einleiten wprowadzać
Einleitung (F.) wprowadzenie (N.), rozpoczęcie (N.), wszczęcie (N.), wdrożenie (N.)
einliefern dostarczyć, odstawić
Einlieferung (F.) dostarczenie (N.), dostawienie (N.)
Einmanngesellschaft (F.) spółka (F.) kapitałowa jednoosobowa
einmischen mieszać, wtrącać
Einmischung (F.) wtrącanie (N.), ingerencja (F.)
Einnahme (F.) przychód (M.), wpływ (M.)
Einnahmen (F.Pl.) przychody (M.Pl.), wpływy (M.Pl.)
einnehmen inkasować, utargować, pobierać
einräumen przyznawać
Einräumung (N.) umieszczenie (N.), przyznanie (N.)
Einrede (F.) ekscepcja (F.), zarzut (M.)
einreden wmówić
einreichen wnieść, złożyć
Einreichung (F.) wniesienie (N.), przedstawienie (N.)
Einreise (F.) wjazd (M.)
einreisen wjechać
einrichten urządzić, założyć, zakładać, utworzyć
Einrichtung (F.) wyposażenie (N.), instytucja (F.)
einschlagen zapoczątkować
einschlägig właściwy (Adj.), odpowiedni (Adj.), odnośny (Adj.)
einschließen zamknąć, zamykać, włączyć, wliczyć
einschließlich włącznie
Einschließung (F.) zamknięcie (N.)
einschränken ograniczyć, ograniczać
Einschränkung (F.) ograniczenie (N.)
Einschreiben (N.) list (M.) polecony, polecenie (N.) listu, polecenie (N.) pisma
Einschreibung (F.) rejestracja (F.), immatrykulacja (F.), polecenie (N.), przetarg (M.) pisemny
Einschreiten (N.) wkroczenie (N.), interwencja (F.)
einschreiten wkroczyć, interweniować
einsehen (Einsicht nehmen) przejrzeć, wglądnąć, zapoznać się
einseitig jednostronny (Adj.)
einseitig verpflichtend jednostronnie zobowiązujący
einseitiges Rechtsgeschäft (N.) jednostronna czynność (F.) prawna
einsetzen osadzić, ustanowić, wyznaczyć, wstawić, występować
Einsetzung (F.) ustanowienie (N.), wprowadzenie (N.), użycie (N.)
Einsicht (F.) zapoznanie (N.), wgląd (M.), przejrzenie (N.), zbadanie (N.), zrozumienie (N.), wyrozumiałość (F.)
einsichtsfähig zdolny do zrozumienia
Einsichtsfähigkeit (F.) zdolność (F.) zrozumienia
Einsperren (N.) zamknięcie (N.)
einsperren zamykać
Einspruch (M.) sprzeciw (M.), zażalenie (N.)
Einspruchsgesetz (N.) ustawa (F.) dopuszczająca sprzeciw
einstehen ręczyć, odpowiadać
einstellen zatrudnić, wstawić, nastawić, wstrzymać, zamknąć
Einstellung (F.) zatrudnienie (N.), zaksięgowanie (N.), nastawienie (N.), postawa (F.), wstrzymanie (N.)

Einstellungsbeschluss (M.) postanowienie (N.) o umorzeniu postępowania
einstimmig jednogłośnie
Einstimmigkeit (F.) jednogłośność (F.)
einstufen uporządkować, sklasyfikować
Einstufung (F.) uporządkowanie (N.), sklasyfikowanie (N.)
einstweilig tymczasowy (Adj.), chwilowy (Adj.)
einstweilige Anordnung (F.) tymczasowe zarządzenie (N.)
einstweilige Verfügung (F.) tymczasowe rozporządzenie (N.)
einstweiliger Ruhestand (M.) tymczasowy stan (M.) spoczynku
Eintrag (M.) wpis (M.), rejestracja (F.)
eintragen zapisać, zarejestrować, zaksięgować
Eintragung (F.) rejestracja (F.), wpis (M.)
Eintragungsbewilligung (F.) pozwolenie (N.) na wpis, pozwolenie (N.) na rejestrację
eintragungsfähig spełniający przesłanki wpisu
Eintragungsfähigkeit (F.) możliwość (F.) spełnienia przesłanki wpisu
Eintragungshindernis (N.) przeszkoda (F.) w dokonaniu wpisu
eintreiben ściągnąć, inkasować, egzekwować
Eintreibung (F.) ściągnięcie (N.)
eintreten wejść, rozpocząć, wstąpić, nastąpić, wstawić, przejąć
Eintritt (M.) wejście (N.), wstąpienie (N.), przystąpienie (N.), nastąpienie (N.), ziszczenie (N.)
Eintrittsrecht (N.) prawo (N.) wstąpienia
einverleiben wcielać, anektować
Einverleibung (F.) wcielenie (N.), aneksja (F.)
Einvernahme (F.) przesłuchanie (N.)
Einvernehmen (N.) porozumienie (N.)
einvernehmen przesłuchać
einvernehmlich zgodnie
einverstanden wyrażający zgodę
Einverständnis (N.) zgoda (F.), porozumienie (N.)
Einwand (M.) zarzut (M.), sprzeciw (M.)
Einwanderer (M.) imigrant (M.)
einwandern imigrować
Einwanderung (F.) imigracja (F.)
einweisen wprowadzić, skierować
Einweisung (F.) instruktaż (M.), przeszkolenie (N.), skierowanie (N.)
einwenden sprzeciwiać, oponować, zarzucać
Einwendung (F.) zarzut (M.)
einwilligen zgodzić się, zezwolić, wyrazić zgodę
Einwilligung (F.) zgoda (F.), zezwolenie (N.), pozwolenie (N.)
einwirken oddziaływać, wpływać
Einwirkung (F.) oddziaływanie (N.), wpływ (M.)
Einwohner (M.) mieszkaniec (M.)
einzahlen wpłacić
Einzahlung (F.) wpłata (F.)
Einzelfall (M.) przypadek (M.) jednostkowy, odosobniony
Einzelhaft (F.) cela (F.) pojedyńcza
Einzelhandel (M.) handel (M.) detaliczny
Einzelkaufmann (M.) właściciel (M.) jednoosobowej firmy handlowej
einzeln pojedyńczy (Adj.), osobny (Adj.), poszczególny (Adj.), singularny (Adj.), indywidualny (Adj.)
Einzelner (M.) pojedyńcza osoba (F.)
Einzelrechtsnachfolge (F.) sukcesja (F.) singularna
Einzelrichter (M.) sędzia (M.) orzekający jednoosobowo
Einzelrichterin (F.) sędzina (F.) orzekająca jednoosobowo, sędzina (F.) samodzielna
Einzelvollmacht (F.) pełnomocnictwo (N.) pojedyńcze, pełnomocnictwo (N.) indywidualne
einziehen ściągnąć, zasięgnąć, skonfiskować, orzec przepadek, wprowadzić się
Einziehung (F.) ściągnięcie (N.), inkaso (N.), konfiskata (F.), przepadek (M.)
Einziehungsermächtigung (M.) upoważnienie (N.) do ściągania
Einziehungsverfahren (N.) postępowanie (N.) w celu ściągnięcia, postępowanie (N.) w celu konfiskaty
Einzug (M.) ściąganie (N.)
Eisen (N.) żelazo (N.)
Eisenbahn (F.) kolej (F.) żelazna
elektrisch elektryczny (Adj.)
Elektrizität (F.) elektryczność (F.)
elektronisch elektroniczny (Adj.)
elektronische Datenverarbeitung (F.) (EDV) elektroniczne przetwarzanie (N.) danych
elektronische Fußfessel (F.), dozór (M.) elektroniczny

Elter (M. bzw. F.) rodzic (M.)
elterlich rodzicielski
elterliche Gewalt (F.) władztwo (N.) rodzicielskie
elterliche Sorge (F.) troska (F.) rodzicielska, opieka (F.) rodzicielska
Eltern (Pl.) rodzice (Pl.)
Eltern-Kind-Verhältnis (N.) stosunek (M.) między rodzicami a dziećmi
Elternzeit (F.) czas (M.) macieżyństwa
Emanzipation (F.) emancypacja (F.)
emanzipieren emancypować
Embargo (N.) embargo (N.)
Embryo (M.) embrion (M.), zarodek (M.)
Embryonenschutz (M.) ochrona (F.) embrionu
emeritieren emerytować
Emeritierung (F.) emerytura (F.)
Emigrant (M.) emigrant (M.), wychodźca (M.)
Emigration (F.) emigracja (F.)
emigrieren emigrować
Emission (F.) emisja (F.), promieniowanie (N.), wypuszczenie (N.) w obieg
emittieren emitować, puszczać, wypuszczać
Empfang (M.) odbiór (M.), otrzymanie (N.), przyjęcie (N.), bankiet (M.)
empfangen (V.) odebrać, przyjąć, odbierać, zajść w ciążę
Empfänger (M.) odbiorca (M.)
Empfängerhorizont (M.) horyzont (M.) odbiorcy
Empfängnis (F.) poczęcie (N.), zapłodnienie (N.)
Empfängnisverhütung (F.) zapobieganie (N.) ciąży
Empfängniszeit (F.) okres (M.) koncepcyjny
empfangsbedürftig wymagający dojścia do adresata
Empfangsbedürftigkeit (F.) wymóg (M.) dojścia do adresata, zdolność (F.) do przyjęcia oświadczenia woli
Empfangsbestätigung (F.) potwierdzenie (N.) odbioru
empfehlen polecić, rekomendować
Empfehlung (F.) polecenie (N.), rekomendacja (F.)
Empfehlungsschreiben (N.) pismo (N.) rekomendujące
Ende (N.) koniec (M.)
enden kończyć
Endurteil (N.) wyrok (M.) końcowy
Energie (F.) energia (F.)
Energieentziehung (F.) kradzież (F.) energii elektrycznej
Energierecht (N.) prawo (N.) energii
Energiesteuer (F.) podatek (M.) energetyczny
Energieversorgung (F.) zaopatrzenie (N.) w energię
Energieversorgungsunternehmen (N.) zakład (M.) energetyczny, przedsiębiorstwo (N.) zaopatrujące w energię
England (N.) Anglia (F.)
englisch angielski (Adj.)
Enkel (M.) (1) wnuk (M.)
Enkelin (F.) wnuczka (F.)
Enklave (F.) enklawa (F.)
Enquête (F.) ankieta (F.)
Enquêtekommission (F.) komisja (F.) śledcza
Enquêterecht (N.) prawo (N.) śledcze
enteignen wywłaszczyć
Enteignung (F.) wywłaszczenie (N.)
enteignungsgleicher Eingriff (M.) ingerencja (F.) równa wywłaszczeniu
enterben wydziedziczyć
Enterbung (F.) wydziedziczenie (N.)
entfalten rozwijać, rozwinąć
Entfaltung (F.) rozwinięcie (N.), rozwój (M.)
entfernen usunąć, usuwać, oddalić, opuścić
Entfernung (F.) odległość (F.), oddalenie (N.), usunięcie (N.), wydalenie (N.)
entfremden wyobcować
Entfremdung (F.) wyobcowanie (N.)
entführen uprowadzić
Entführer (M.) porywacz (M.)
Entführung (F.) uprowadzenie (N.)
entgangen utracony (Adj.)
entgangener Gewinn (M.) utracony zysk (M.)
Entgelt (N.) wynagrodzenie (N.), zapłata (F.), rekompensata (F.)
entgelten wynagrodzić, zapłacić
Entgeltfortzahlung (F.) dalsza wypłata (F.) wynagrodzenia
Entgeltfortzahlungsgesetz (N.) ustawa (F.) o dalszym wypłacaniu wynagrodzenia
entgeltlich płatny (Adj.), odpłatny (Adj.), za wynagrodzeniem

Entgeltlichkeit (F.) płatność (F.)
enthalten (V.) wstrzymać, powstrzymać
Enthaltung (F.) wstrzymanie (N.)
enthaupten ścinać
Enthauptung (F.) ścięcie (N.)
Entkolonialisierung (F.) dekolonizacja (F.)
entlassen (V.) zwalniać, uwalniać
Entlassung (F.) zwolnienie (N.)
entlasten odciążyć, ulżyć
Entlastung (F.) odciążenie (N.), ulżenie (N.), zwolnienie (N.), absolutorium (N.)
Entlastungsbeweis (M.) dowód (M.) odciążający
entleihen pożyczyć
Entleiher (M.) biorący (M.) w użyczenie, komodatariusz (M.)
Entleiherin (F.) biorąca (F.) w użyczenie, komodatariuszka (F.)
entmündigen ubezwłasnowolnić
Entmündigung (F.) ubezwłasnowolenie (N.)
Entnahme (F.) wzięcie (N.), pobranie (N.)
entnazifizieren denacyfikować
Entnazifizierung (F.) denacyfikacja (F.)
entnehmen wziąć, pobrać, wywnioskować
entschädigen wynagrodzić, zrekompensować, wypłacić odszkodowanie
Entschädigung (F.) odszkodowanie (N.), rekompensata (F.), zwrot (M.)
Entscheid (M.) decyzja (F.), rozstrzygnięcie (N.)
entscheiden rozstrzygnąć, zadecydować
Entscheidung (F.) decyzja (F.), rozstrzygnięcie (N.), orzeczenie (N.)
Entscheidungsgrund (M.) uzasadnienie (N.) orzeczenia
Entscheidungssammlung (F.) zbiór (M.) orzeczeń sądów
entschließen (sich entschließen) zadecydować
Entschließung (F.) uchwała (F.), rezolucja (F.)
Entschluss (M.) postanowienie (N.), decyzja (F.)
entschuldigen usprawiedliwić, wybaczyć
entschuldigend usprawiedliwiający (Adj.)
entschuldigender Notstand (M.) stan (M.) wyższej konieczności usprawiedliwiający popełnienie czynu
Entschuldigung (F.) wybaczenie (N.), usprawiedliwienie (N.)
Entschuldigungsgrund (M.) przyczyna (F.) usprawiedliwiająca
entsorgen usuwać
Entsorgung (F.) usuwanie (N.)
entwenden ukraść
Entwendung (F.) kradzież (F.)
entweren wydać
entwerfen zaprojektować, sporządzić projekt
Entwerung (F.) ewikcja (F.)
entwickeln rozwinąć, rozwijać, przedstawić
Entwicklung (F.) rozwój (M.)
Entwicklungskriminalität (F.) przestępczość (F.) popełniana w określonym stadium rozwoju
entwidmen pozbawić właściwości rzeczy publicznej
Entwidmung (F.) pozbawienie (N.) właściwości rzeczy publicznej
Entwurf (M.) projekt (M.), koncept (M.), zarys (M.)
entziehen odebrać, pozbawić, uchylać
Entziehung (F.) odebranie (N.), pozbawienie (N.), kradzież (F.)
Entziehungsanstalt (F.) zakład (M.) odwykowy
Entzug (M.) odebranie (N.), pozbawienie (N.), kradzież (F.)
Enumeration (F.) enumeracja (F.)
enumerativ enumeratywny
Enzyklika (F.) encyklika (F.)
Enzyklopädie (F.) encyklopedia (F.)
Erbanfall (M.) nabycie (N.) spadku
Erbausgleich (M.) wyrównanie (N.) za życia spadkobiercy
Erbbaurecht (N.) dziedziczne prawo (N.) zabudowy
Erbbauzins (M.) opłata (F.) za dziedziczne prawo zabudowy
erbbiologisch genetyczny
erbbiologisches Gutachten (N.) ekspertyza (F.) genetyczna
Erbe (M.) spadkobierca (M.)
Erbe (N.) spadek (M.)
Erbeinsetzung (F.) ustanowienie (N.) spadkobiercy
erben odziedziczyć, przejąć w spadku
Erbengemeinschaft (F.) wspólność (F.) spadkowa
Erbenhaftung (F.) odpowiedzialność (F.) spadkobierców
Erbersatzanspruch (M.) zastępcze roszczenie (N.) do spadku

erbfähig zdolny do dziedziczenia
Erbfähigkeit (F.) zdolność (F.) do dziedziczenia
Erbfall (M.) śmierć (F.) spadkodawcy
Erbfolge (F.) kolejność (F.) dziedziczenia, kolejność (F.) powołania do spadku
Erbin (F.) spadkobierczyni (F.)
Erblasser (M.) spadkodawca (M.)
Erblasserin (F.) spadkodawczyni (F.)
erblich dziedziczny (Adj.)
Erbpacht (F.) dzierżawa (F.) wieczysta
Erbrecht (N.) prawo (N.) do spadku, prawo (N.) spadkowe
Erbschaft (F.) spadek (M.)
Erbschaftsanspruch (M.) roszczenie (N.) o spadek
Erbschaftsbesitzer (M.) nieuprawniony posiadacz (M.) spadku
Erbschaftserwerber (M.) nabywca (M.) spadku
Erbschaftskauf (M.) kupno (N.) spadku
Erbschaftsklage (F.) oskarżenie (N.) o spadek
Erbschaftsteuer (F.) podatek (M.) od spadku
Erbschaftsverwalter (M.) zarządzający (M.) spadkiem
Erbschein (M.) stwierdzenie (N.) nabycia spadku
Erbteil (M.) udział (M.) spadkowy
Erbunfähigkeit (F.) niezdolność (F.) dziedziczenia
Erbunwürdigkeit (F.) niegodność (F.) dziedziczenia
Erbvertrag (M.) umowa (F.) o spadek
Erbverzicht (M.) zrzeczenie (F.) się spadku
ereignen (sich ereignen) zdarzyć, mieć miejsce
Ereignis (N.) zdarzenie (N.), wydarzenie (N.)
erfahren (V.) dowiedzieć się, doznać, doświadczyć
Erfahrung (F.) dowiedzenie (N.) się
erfassen uchwycić, objąć, ująć, pojąć, zrozumieć
Erfassung (F.) uchwycenie (N.), objęcie (N.), ujęcie (N.)
erfinden wynaleźć
Erfinder (M.) wynalazca (M.)
Erfinderschutz (M.) ochrona (F.) wynalazcy
Erfindung (F.) wynalazek (M.)
Erfolg (M.) skutek (M.), rezultat (M.), wynik (M.), powodzenie (N.), sukces (M.)
Erfolgsabwendung (F.) zapobieżenie (N.) skutkom, odwrócenie (N.) skutków
Erfolgsabwendungspflicht (F.) obowiązek (M.) zapobieżenia skutkom
Erfolgsdelikt (N.) przestępstwo (N.) skutkowe
Erfolgshaftung (F.) odpowiedzialność (F.) cywilna za skutek
Erfolgshonorar (N.) honorarium (N.) uzależnione od wyniku
Erfolgsort (M.) miejsce (N.) skutku
erfolgsqualifiziert skutkowy (Adj.)
erfolgsqualifiziertes Delikt (N.) czyn (M.) przestępczy skutkowy
Erfolgsunrecht (N.) niesprawiedliwość (F.) skutkowa, niesłuszność (F.) skutkowa
erforderlich potrzebny (Adj.), wymagany (Adj.)
Erforderlichkeit (F.) potrzeba (F.), wymaganie (N.)
erfordern potrzebować, wymagać
Erfordernis (N.) potrzeba (F.), wymóg (M.)
erfüllbar mogący być spełnienionym
Erfüllbarkeit (F.) możliwość (F.) spełnienia
erfüllen spełnić, wykonać
Erfüllung (F.) spełnienie (N.), wykonanie (N.)
Erfüllungsanspruch (M.) roszczenie (N.) o wykonanie
Erfüllungsbetrug (M.) oszustwo (N.) dokonane przy wykonaniu umowy
Erfüllungsgehilfe (M.) osoba (F.) której dłużnik powierzył wykonanie zobowiązania
Erfüllungsgeschäft (N.) wykonanie (N.) umowy
Erfüllungsinteresse (N.) uzasadniony interes (M.) w wykonaniu umowy
Erfüllungsort (M.) miejsce (N.) wykonania zobowiązania, miejsce (N.) spełnienia świadczenia
Erfüllungsübernahme (F.) przejęcie (N.) wykonania zobowiązania, przejęcie (N.) spełnienia świadczenia
Erfüllungsverweigerung (F.) odmowa (F.) spełnienia
ergänzen uzupełnić
ergänzend uzupełniający (Adj.)
ergänzende Vertragsauslegung (F.) uzupełniająca wykładnia (F.) umowy
Ergänzung (F.) uzupełnienie (N.), dopełnienie (N.), dodatek (M.)

Ergänzungspflegschaft (F.) opieka (F.) uzupełniająca
Ergänzungsurteil (N.) wyrok (M.) uzupełniający
Ergebnis (N.) wynik (M.), skutek (M.)
Erhalt (M.) otrzymanie (N.), odebranie (N.)
erhalten (V.) otrzymać, odebrać, utrzymać, zachować, konserwować
erheben pobierać, wnieść, wnosić, podnieść
erheblich znaczny (Adj.), poważny (Adj.)
Erhebung (F.) ściąganie (N.), pobór (M.), wniesienie (N.), zebranie (N.), powstanie (N.)
erhöhen podwyższyć
Erhöhung (F.) podwyższenie (N.), zwiększenie (N.)
erinnern przypomnieć
Erinnerung (F.) przypomnienie (N.), upomnienie (N.), monit (M.), skarga (F.), wspomnienie (N.)
erkennen wyrokować, orzec, wydać wyrok, zapisać, uznać
Erkenntnis (F.) wyrok (M.), orzeczenie (N.), rozpoznanie (N.), wiedza (F.)
Erkenntnisverfahren (N.) postępowanie (N.) rozpoznawcze
erklären (darlegen) wyjaśnić, objaśnić, wytłumaczyć, oświadczyć, uznać, ogłosić, złożyć
Erklärung (F.) wyjaśnienie (N.), deklaracja (F.), oświadczenie (N.)
Erklärungsirrtum (M.) błąd (M.) w złożeniu oświadczenia woli
Erklärungstheorie (F.) teoria (F.) oświadczenia
Erklärungswille (M.) wola (F.) złożenia oświadczenia
erkundigen dowiadywać
Erkundigung (F.) dowiadywanie (N.)
erlangen (V.) uzyskać, osiągnąć
Erlass (M.) zarządzenie (N.), uwolnienie (N.), zwolnienie (N.), darowanie (N.), odpuszczenie (N.)
erlassen wydać, ogłosić, uwolnić, zwolnić, darować
erlauben pozwolić, zezwolić
Erlaubnis (F.) pozwolenie (N.), zezwolenie (N.)
Erlaubnisirrtum (M.) błąd (M.) dotyczący pozwolenia
Erlaubnistatbestandsirrtum (M.) błąd (M.) co do okoliczności stanowiącej znamię czynu przestępczego dotyczący pozwolenia
Erlaubnisvorbehalt (M.) zakaz (M.) z zastrzeżeniem możliwości zezwolenia
erläutern wyjaśnić, objaśnić
Erläuterung (F.) wyjaśnienie (N.), objaśnienie (N.), interpretacja (F.), komentarz (M.)
erledigen załatwić, zakończyć, wykonać
Erledigung (F.) załatwienie (N.)
erleichtern ułatwiać
Erleichterung (F.) ułatwienie (N.)
Erlös (M.) utarg (M.), dochód (M.), uzysk (M.), zarobek (M.)
Erlöschen (N.) wygaśnięcie (N.), ustanie (N.)
erlöschen wygasnąć, ustać
erlösen uwolnić, uzyskać, utargować
ermächtigen upoważnić, upełnomocnić
Ermächtigung (F.) upoważnienie (N.)
Ermächtigungsgesetz (N.) ustawa (F.) upoważniająca
Ermächtigungsgrundlage (F.) podstawa (F.) upoważniająca
ermahnen napominać, upominać
Ermahnung (F.) upomnienie (N.)
ermäßigen zniżyć, obniżyć
Ermäßigung (F.) zniżka (F.), obniżka (F.)
Ermessen (N.) uznanie (N.), ocena (F.), osąd (M.)
ermessen ocenić, rozważyć
Ermessensfehler (M.) błąd (M.) w zastosowaniu uznania
Ermessensmangel (M.) brak (M.) w zastosowaniu uznania
Ermessensmissbrauch (M.) nadużycie (N.) prawa swobodnego uznania
Ermessensnichtgebrauch (M.) brak (M.) w zastosowaniu uznania
Ermessensreduzierung (F.) redukcja (F.) w zastosowaniu uznania
Ermessensüberschreitung (F.) przekroczenie (N.) granic uznania
Ermessensunterschreitung (F.) nieosięgnięcie (N.) poziomu przekroczenia granic uznania
ermitteln ustalić, stwierdzić, prowadzić dochodzenie, wykrywać
Ermittler (M.) śledczy (M.), urzędnik (M.) dochodzeniowy
Ermittlung (F.) ustalenie (N.), stwierdzenie (N.), dochodzenie (N.), śledztwo (N.)

Ermittlungsrichter (M.) sędzia (M.) śledczy
Ermittlungsverfahren (N.) postępowanie (N.) przygotowawcze
Ernährung (F.) odżywianie (N.)
ernennen mianować, ustanowić, nominować
Ernennung (F.) mianowanie (N.), nominacja (F.)
Ernennungsurkunde (F.) dokument (M.) nominacyjny
eröffnen otworzyć, wszcząć
Eröffnung (F.) otwarcie (N.), wszczęcie (N.)
Eröffnungsbeschluss (M.) postanowienie (N.) o otwarciu rozprawy głównej
Eröffnungsbilanz (F.) bilans (M.) otwarcia
Eröffnungsverfahren (N.) postępowanie (N.) wstępne
erörtern omówić, przedyskutować
Erörterung (F.) omówienie (N.), przedyskutowanie (N.)
erpressen szantażować, wymuszać
Erpresser (M.) szantażysta (M.)
erpresserisch szantażujący (Adj.), wymuszający (Adj.)
erpresserischer Menschenraub (M.) uprowadzenie (N.) człowieka w celu wymuszenia
Erpressung (F.) wymuszenie (N.), zmuszanie (N.)
erregen podniecać, wzbudzać
Erregung (F.) öffentlichen Ärgernisses wywołanie (N.) publicznego zgorszenia
Erregung (F.) podniecenie (N.), wywołanie (N.)
erringen zdobywać
Errungenschaft (F.) zdobycz (F.)
Errungenschaftsgemeinschaft (F.) wspólność (F.) dorobku
Ersatz (M.) wymiana (F.), zmiana (F.), zastępstwo (N.), namiastka (F.), surogat (M.), odszkodowanie (N.), rekompensata (F.)
Ersatzdienst (M.) służba (F.) zastępcza
Ersatzerbe (M.) spadkobierca (M.) podstawiony
Ersatzfreiheitsstrafe (F.) zastępcza kara (F.) pozbawienia wolności
Ersatzgeschäft (N.) transakcja (F.) zastępcza
Ersatzkasse (F.) kasa (F.) chorych prawa publicznego
Ersatzvermächtnis (N.) zapis (M.) testamentowy na rzecz zapisobiorcy podstawionego
Ersatzvornahme (F.) wykonanie (N.) zastępcze
Ersatzzeit (F.) okres (M.) zaliczony do renty
Ersatzzustellung (F.) doręczenie (N.) zastępcze
Ersatzzwangshaft (F.) zastępczy areszt (M.) w celu przymuszenia
Erscheinen (N.) stawienie (N.) się, stawiennictwo (N.), ukazanie (N.) się
erscheinen stawić się, ukazać się, wyjść, wydawać się
Erschleichen (N.) wyłudzenie (N.)
erschleichen wkradać
erschließen uzbroić, przygotować, otworzyć, odkryć
Erschließung (F.) uzbrojenie (N.), przygotowanie (N.), otworzenie (N.), udostępnienie (N.), odkrycie (N.)
erschöpfen wyczerpać
Erschöpfung (F.) wyczerpanie (N.), wycieńczenie (N.)
ersetzen zastąpić, wymienić, zwrócić, wynagrodzić, zrekompensować
Ersetzung (F.) zastąpienie (N.)
Ersetzungsbefugnis (F.) facultas (F.) alternativa (lat.), uprawnienie (N.) przemienne
ersitzen zasiedzieć
Ersitzung (F.) zasiedzenie (N.)
erstatten zwrócić, wynagrodzić, złożyć
Erstattung (F.) zwrot (M.), wynagrodzenie (N.), złożenie (N.), zrobienie (N.), zawiadomienie (N.), przedłożenie (N.), rekompensata (F.)
Erstattungsanspruch (M.) roszczenie (N.) o zwrot
erstinstanzlich pierwszoinstancyjny (Adj.)
Ersuchen (N.) zwrócenie (N.) się, prośba (F.)
ersuchen zwracać się, prosić
ersuchter Richter (M.) sędzia (M.) wezwany
erteilen udzielić, dać, nadać
Erteilung (F.) udzielenie (N.), nadanie (N.), wydanie (N.)
Ertrag (M.) dochód (M.), zysk (M.)
ertragen znieść, wytrzymać
Ertragshoheit (F.) suwerenność (F.) dochodów
Ertragsteuer (F.) podatek (M.) dochodowy
erwachsen (V.) wyłaniać się
Erwachsener (M.) dorosły (M.)
erwägen rozważyć
Erwägung (F.) rozważenie (N.), rozważanie (N.), wzięcie (N.) pod rozwagę

Erwerb (M.) nabycie (N.), dorobek (M.)
erwerben nabyć, dorobić się
Erwerber (M.) nabywca (M.)
erwerbslos bezrobotny (Adj.)
erwerbstätig czynny zawodowo (Adj.)
Erwerbstätigkeit (F.) działalność (F.)
erwerbsunfähig niezdolny do pracy
Erwerbsunfähigkeit (F.) niezdolność (F.) do pracy
Erwerbsverbot (N.) zakaz (M.) nabycia
erwidern odpowiedzieć
Erwiderung (F.) odpowiedź (F.), replika (F.)
Erzbischof (M.) arcybiskup (M.)
erzeugen produkować, wytwarzać
Erzeugnis (N.) wyrób (M.), produkt (M.)
erziehen wychowywać
Erziehung (F.) wychowanie (N.)
Erziehungsbeistand (M.) pomoc (F.) w wychowaniu
erziehungsberechtigt uprawniony do wychowywania
Erziehungsgeld (N.) zasiłek (M.) wychowawczy
Erziehungshilfe (F.) pomoc (F.) w wychowaniu
Erziehungsmaßregel (F.) środek (M.) wychowawczy
Erziehungsurlaub (N.) urlop (M.) wychowawczy
erzwingbar wymuszony (Adj.)
Erzwingbarkeit (F.) wymuszalność (F.)
erzwingen wymusić
Erzwingung (F.) wymuszenie (N.), przymuszenie (N.)
Erzwingungshaft (F.) areszt (M.) w celu wymuszenia
Estoppel (N.) estoppel (M.)
Etat (M.) budżet (M.)
Ethik (F.) etyka (F.)
ethnisch etniczny
Ethos (M.) etos (M.)
EU (F.) (Europäische Union) UE (F.) (Unia Europejska)
Eugenik (F.) eugenika (F.)
Euro (M.) euro (N.)
Eurocheque (M.) euroczek (M.)
Eurokorps (N.) eurokorpus (M.)
Europa (N.) Europa (F.)
europäisch Europejski
Europäische Akte (F.) Akt (M.) Europejski
Europäische Aktiengesellschaft (F.) Europejska Spółka (F.) Askcyjna
Europäische Atomgemeinschaft (F.) Europejska Wspólnota (F.) Atomowa
Europäische Gemeinschaft (F.) (EG) Wspólnota (F.) Europejska
Europäische Gemeinschaft (F.) für Kohle und Stahl Europejska Wspólnota (F.) Węgla i Stali
Europäische Gemeinschaften (F.Pl.) Wspólnoty (F.Pl.) Europejskie
Europäische Investititonsbank (F.) Europejski Bank (M.) Inwestycyjny
Europäische Kommission (F.) Komisja (F.) Europejska
Europäische Konvention (F.) zum Schutz der Menschenrechte und Grundfreiheiten Europejska Konwencja (F.) o ochronie praw człowieka i podstawowych wolności
Europäische politische Zusammenarbeit (F.) Europejska Współpraca (F.) Polityczna
Europäische Sozialcharta (F.) Europejska Karta (F.) Socjalna
Europäische Umweltagentur (F.) Europejska Agencja (F.) Ochrony Środowiska
Europäische Union (F.) (EU) Unia (F.) Europejska (UE)
Europäische Universität (F.) Europejski Uniwersytet (M.)
Europäische Wirtschaftliche Interessenvereinigung (F.) (EWIV) Europejska Wspólnota (F.) Interesów Gospodarczych
Europäische Wirtschaftsgemeinschaft (F.) Europejska Wspólnota (F.) Ekonomiczna
Europäischer Gerichtshof (M.) für Menschenrechte Europejski Trybunał (M.) Praw Człowieka
Europäischer Gerichtshof (M.) Trybunał (M.) Europejski
Europäischer Rat (M.) Rada (F.) Europejska
Europäischer Verband (M.) Europejskie Stowarzyszenie (N.)
Europäischer Wirtschaftsraum (M.) Europejska Przestrzeń (F.) Gospodarcza
Europäisches Gemeinschaftsrecht (N.) prawo (N.) Wspólnoty Europejskiej
Europäisches Parlament (N.) Parlament (M.) Europejski
Europäisches Patent (N.) Europejski patent (M.)
Europäisches Polizeiamt (N.) Agencja (F.)

Unii Europejskiej do spraw Współpracy Organów Ścigania, Europol (M.)
Europäisches Recht (N.) prawo (N.) europejskie
Europäisches Unionsrecht (N.) prawo (N.) Unii Europejskiej
Europäisches Währungssystem (N.) Europejski System (M.) Walutowy
Europarat (M.) Rada (F.) Europy
Europarecht (N.) prawo (N.) europejskie
europarechtsgemäß zgodny z prawem europejskim
europarechtswidrig sprzeczne (Adj.) z prawem europejskim
Europarechtswidrigkeit (F.) sprzeczność (F.) z prawem europejskim
Europawahl (F.) wybór (M.) europejski
European Currency Unit (N.) (ECU) waluta (F.) europejska ECU
Euthanasie (F.) eutanazja (F.)
evakuieren ewakuawać
Evakuierung (F.) ewakuacja (F.)
Evaluation (F.) ewaluacja (F.)
evaluieren ewaluawać
evangelisch ewangeliczny (Adj.), ewangelicki (Adj.)
eventual ewentualny (Adj.)
Eventualaufrechnung (F.) potrącenie (N.) ewentualne
Eventualmaxime (F.) zasada (F.) ewentualna
Eventualvorsatz (M.) zamiar (M.) ewentualny
evident ewidentny (Adj.), oczywisty (Adj.)
Evidenz (F.) ewidencja (F.)
Eviktion (F.) ewicja (F.)
Evokation (F.) ewokacja (F.)
Evokationsrecht (N.) prawo (N.) ewokacji
EWIV (F.) (Europäische Wirtschaftliche Interessenvereinigung) Europejska Wspólnota (F.) Interesów Gospodarczych
ex lege (lat.) ex lege (lat.), z mocy ustawy, z mocy prawa
ex nunc (lat.) ex nunc (lat.), od teraz
ex officio (lat.) ex officio (lat.)
ex tunc (lat.) ex tunc (lat.), z mocą wsteczną
Examen (N.) egzamin (M.)
examinieren egzaminować
exceptio (F.) (lat.) ekscepcja (F.), zarzut (M.)
exceptio (F.) doli (lat.) exceptio (F.) doli (lat.), zarzut (M.) zastosowania podstępu
exekutieren egzekutować
Exekution (F.) egzekucja (F.)
exekutiv egzekutywny (Adj.)
Exekutive (F.) egzekutywa (F.), władza (F.) wykonawcza
Exequatur (N.) zgoda (F.) udzielona przez państwo na przedstawiciela obcego państwa
Exhibitionist (M.) ekshibicjonista (M.)
exhibitionistisch ekshibicjonistyczny
exhibitionistische Handlung (F.) czyn (M.) ekshibicjonistyczny
exhumieren ekshumować
Exhumierung (F.) ekshumacja (F.)
Exil (N.) emigracja (F.), wygnanie (N.)
exilieren emigrować
Existenz (F.) egzystencja (F.), istnienie (N.)
Existenzminimum (N.) minimum (M.) egzystencji
existieren egzystować, istnieć
Exklave (F.) eksklawa (F.)
exklusiv ekskluzywny (Adj.), wyłączny (Adj.)
Exklusivität (F.) ekskluzywność (F.)
Exkommunikation (F.) ekskomunika (F.)
exkommunizieren ekskomunikować
Exkulpation (F.) ekskulpacja (F.)
exkulpieren ekskulpować
Exmatrikulation (F.) eksmatrykulacja (F.)
exmatrikulieren eksmatrykulować
Experte (M.) ekspert (M.)
Expertensystem (N.) system (M.) opracowany przez grupę ekspertów
Expertise (F.) ekspertyza (F.)
explodieren eksplodować, wybuchać
Explosion (F.) eksplozja (F.), wybuch (M.)
Export (M.) eksport (M.)
exportieren eksportować
expressis verbis (lat.) espressis verbis (lat.)
extensiv ekstensywny, obszerny (Adj.)
exterritorial eksterytorialny
Exterritorialität (F.) eksterytorialność (F.)
extrem skrajny (Adj.), krańcowy
Extremismus (M.) ekstremizm (M.)
Extremist (M.) ekstremista (M.)
Exzess (M.) eksces (M.), nadużycie (N.), wybryk (M.)

F

Fabrik (F.) fabryka (F.)
Fabrikant (M.) fabrykant (M.)
Fabrikation (F.) produkcja (F.) fabryczna

Fabrikationsfehler (M.) wada (F.) produkcyjna
Fach (N.) półka (F.), przedziałka (F.), fach (M.), specjalność (F.)
Fachanwalt (M.) adwokat (M.) specjalista
Facharbeit (F.) praca (F.) fachowa
Facharbeiter (M.) robotnik (M.) wykwalifikowany
Fachaufsicht (F.) nadzór (M.) fachowy
Fachbereich (M.) zakres (M.) specjalności
Fachhochschule (F.) wyższa szkoła (F.) zawodowa
Fachmann (M.) fachowiec (M.), znawca (M.)
Fachschaft (F.) organizacja (F.), ugrupowanie (N.)
Factoring (N.) factoring (M.)
facultas (F.) alternativa (lat.) facultas (F.) alternativa (lat.), uprawnienie (N.) przemienne
fähig zdolny (Adj.), zdatny (Adj.)
Fähigkeit (F.) zdolność (F.), umiejętność (F.)
fahnden ścigać, szukać
Fahndung (F.) ściganie (N.), poszukiwanie (N.)
Fahndungsschreiben (N.) list (M.) gończy
Fahne (F.) sztandar (M.), chorągiew (F.)
Fahnenflucht (F.) dezercja (F.)
fahnenflüchtig zbiegły (Adj.)
Fähnrich (M.) podchorąży (M.)
Fahrbahn (F.) jezdnia (F.), pas (M.) jazdy
Fähre (F.) prom (M.)
Fahren (N.) jazda (F.)
fahren jeździć, prowadzić, kursować
Fahrer (M.) kierowca (M.)
Fahrerflucht (F.) ucieczka (F.) kierowcy
Fahrerlaubnis (F.) prawo (N.) jazdy
Fahrhabe (F.) mienie (N.) ruchome
Fahrkarte (F.) bilet (M.), bilet (M.) pasażerski, bilet (M.) jazdy
fahrlässig niedbały (Adj.), nieumyślny (Adj.)
Fahrlässigkeit (F.) niedbalstwo (N.), nieumyślność (F.)
Fahrlässigkeitsdelikt (N.) przestępstwo (N.) nieumyślne
Fahrlehrer (M.) instruktor (M.) jazdy
Fahrnis (F.) mienie (N.) ruchome
Fahrnisgemeinschaft (F.) wspólnota (F.) ruchomości
Fahrschein (M.) bilet (M.)
Fahrt (F.) jazda (F.), dojazd (M.)
Fahrtenbuch (N.) książka (F.) odbytych jazd
fahrtüchtig zdolny do prowadzenia pojazdu, sprawny (Adj.) technicznie
fahruntüchtig niezdolny do prowadzenia pojazdu, niesprawny (Adj.) do jazdy
Fahruntüchtigkeit (F.) niezdolność (F.) do prowadzenia pojazdu mechanicznego, niesprawność (F.) do jazdy
Fahrverbot (N.) zakaz (M.) prowadzenia pojazdów mechanicznych
Fahrzeug (N.) pojazd (M.) mechaniczny
Fahrzeughalter (M.) posiadacz (M.) pojazdu samochodowego
fair uczciwy (Adj.), rzetelny (Adj.), lojalny
Fairness (F.) uczciwość (F.), rzetelność (F.), lojalność (F.)
Faksimile (N.) faksymile (N.)
faktisch faktyczny (Adj.), realny (Adj.), rzeczywisty (Adj.)
faktische Gesellschaft (F.) spółka (F.) osobowa istniejąca bez umomy, spółka (F.) osobowa istniejąca w oparciu o nieważną umowę
faktischer Vertrag (M.) umowa (F.) faktyczna
Faktor (M.) czynnik (M.), element (M.)
Faktum (N.) faktum (M.), fakt (M.)
Faktura (F.) faktura (F.), rachunek (M.)
Fakultät (F.) wydział (M.)
fakultativ fakultatywny (Adj.)
Fall (M.) przypadek (M.), wypadek (M.), raz (M.)
fallen spadać, rezygnować, przypadać, zapadać
Fallgerechtigkeit (F.) sprawiedliwość (F.) przypadku
fällig płatny (Adj.), wymagalny (Adj.), należny (Adj.)
Fälligkeit (F.) płatność (F.), wymagalność (F.), należność (F.)
Fälligkeitsklausel (F.) klauzula (F.) natychmiastowej wymagalności
Fallrecht (N.) prawo (N.) precedensowe
Fallsammlung (F.) zbiór (M.) przypadków
falsa demonstratio non nocet (lat.) (die falsche Bezeichnung schadet nicht) falsa demonstratio non nocet (lat.)
falsch fałszywy (Adj.)
Falschaussage fałszywe zeznanie (N.)
Falschbeurkundung (F.) sporządzenie (N.) fałszywego dokumentu
Falscheid (M.) krzywoprzysięstwo (N.)

fälschen fałszować
Fälscher (M.) fałszerz (M.)
Falschgeld (N.) pieniądz (M.) fałszywy
Falschlieferung (F.) dostawa (F.) towaru innego niż zamówiony
Falschmünzer (M.) fałszerz (M.) pieniędzy
Fälschung (F.) fałszowanie (N.)
falsus procurator (M.) (lat.) falsus procurator (M.) (lat.), pełnomocnik (M.) rzekomy
Familie (F.) rodzina (F.)
Familienbuch (N.) księga (F.) rodziny
Familienfideikommiss (F.) fideikomis (M.) rodzinny
Familiengericht (N.) sąd (M.) rodzinny
Familiengesellschaft (F.) spółka (F.) rodzinna
Familienhilfe (F.) pomoc (F.) rodzinna
Familienname (N.) nazwisko (N.), nazwisko (N.) rodowe
Familienrecht (N.) prawo (N.) rodzinne
Familiensache (F.) sprawa (F.) rodzinna
Familienstand (M.) stan (M.) cywilny
Familienunternehmen (N.) przedsiębiorstwo (N.) rodzinne
Fang (M.) połów (M.)
fangen łapać
Fangprämie (F.) premia (F.) za schwytanie, premia (F.) za chwytanie
Faschismus (M.) faszyzm (M.)
faschistisch faszystowski (Adj.)
fassen pomieścić, ująć, sformułować, podjąć
Fassung (F.) ujęcie (N.), sformułowanie (N.), wersja (F.)
Faust (F.) pięść (F.)
Faustpfand (N.) zastaw (M.) ręczny
Faustrecht (N.) prawo (N.) pięści
Fax (N.) faks (M.)
Fehde (F.) wróżba (F.)
Fehlen (N.) der Geschäftsgrundlage brak (M.) podstawy czynności prawnej
Fehlen (N.) der Vollendung brak (M.) dokończenia, brak (M.) dokonania
fehlen brakować, niedostawać, zabraknąć
Fehler (M.) błąd (M.), wada (F.)
fehlerhaft wadliwy (Adj.)
Fehlerhaftigkeit (F.) wadliwość (F.)
Fehlgeburt (F.) poronienie (N.)
Fehlurteil (N.) błędny wyrok (M.)
feiern świętować
Feiertag (M.) dzień (M.) świąteczny
feilbieten wystawiać na sprzedaż, zaoferować, oferować
feilschen targować się
Feind (M.) wróg (M.)
feindlich wrogi (Adj.)
Feldwebel (M.) feldfebel (M.)
Ferien (F.Pl.) ferie (F.Pl.), wakacje (F.Pl.)
Feriensache (F.) sprawa (F.) wakacji
fern daleki (Adj.), odległy (Adj.)
Fernabsatzvertrag (M.) umowa (F.) zbytu na odległość
Fernkommunikationsmittel (N.) środek (M.) komunikacji na odległość
Fernmeldegeheimnis (N.) tajemnica (F.) rozmów telefonicznych
Fernmelden (N.) telekomunikacja (F.)
Fernmelderecht (N.) prawo (N.) telekomunikacyjne
Fernmeldewesen (N.) telekomunikacja (F.)
Fernsehen (N.) telewizja (F.)
Fernsehrecht (N.) prawo (N.) telewizyjne
Fernsprecher (M.) telefon (M.)
Fernstraße (F.) magistrala (F.) samochodowa
Fernunterricht (M.) nauczanie (N.) zaoczne
fertig gotowy (Adj.), gotów
fertigstellen wykonać, ukończyć
Fertigstellung (F.) wykonanie (N.)
fesseln związać, skrępować
fest stały (Adj.)
Festgeld (N.) wkład (M.) bankowy złożony na przynajmniej jeden miesiąc
Festhalten (N.) trzymanie (N.)
Festnahme (F.) zatrzymanie (N.), aresztowanie (N.)
festnehmen zatrzymać, aresztować
Festpreis (M.) cena (F.) sztywna
festsetzen ustalać, ustalić, aresztować, ustanowić, oznaczyć, naznaczyć, wymierzyć
Festsetzung (F.) ustanowienie (N.), ustalenie (N.), wyznaczenie (N.)
feststellen stwierdzić, ustalić
Feststellung (F.) stwierdzenie (N.), ustalenie (N.)
Feststellungsinteresse (N.) interes (M.) prawny w ustaleniu istnienia albo nieistnienia stosunku prawnego
Feststellungsklage (N.) powództwo (N.) o ustalenie istnienia albo nieistnienia stosunku prawnego
Feststellungsurteil (N.) wyrok (M.) ustalający istnienie albo nieistnienie stosunku prawnego

Festung (F.) twierdza (F.), forteca (F.)
festverzinslich oprocentowany (Adj.) w stałej wysokości
feudal feudalny (Adj.)
Feudalismus (M.) feudalizm (M.)
Feuer (N.) ogień (M.), pożar (M.)
Feuerversicherung (F.) ubezpieczenie (N.) od ognia
Fideikommiss (M.) fideikomis (M.)
Fideikommissbesitz (M.) posiadanie (N.) fideikomisa
fiduziarisch fiducjarny (Adj.)
Fiktion (F.) fikcja (F.)
Filiale (F.) filia (F.)
Film (M.) film (M.)
Filmrecht (N.) prawo (N.) filmowe
final finalny (Adj.)
finale Handlungslehre (F.) nauka karna (F.) o finalnym zachowaniu
Finanz (F.) finans (M.)
Finanzamt (N.) urząd (M.) finansowy
Finanzausgleich (M.) wyrównanie (N.) finansowe
Finanzdienstleistung (F.) usługi (Pl.) fiansowe
Finanzen (F.Pl.) finanse (M.Pl.)
Finanzgericht (N.) sąd (M.) finansowy
Finanzgerichtsbarkeit (F.) sądownictwo (N.) finansowe
finanziell finansowy (Adj.)
finanzieren finansować
Finanzierung (F.) finansowanie (N.)
Finanzminister (M.) minister (M.) finansów
Finanzministerium (N.) Ministerstwo (N.) Finansów
Finanzmonopol (N.) monopol (M.) finansowy, wyłączne prawo (N.) państwa do uzyskiwania dochodów ze sprzedaży określonych towarów
Finanzplanung (F.) planowanie (N.) finansowe
Finanzrecht (N.) prawo (N.) finansowe
Finanzverfassung (F.) całość (F.) przepisów konstytutcyjnych dotyczące finansów
Finanzvermögen (N.) majątek (M.) finansowy
Finanzverwaltung (F.) administracja (F.) finansowa
Findelkind (N.) podrzutek (M.)
finden znajdować, odszukać, znaleźć
Finder (M.) znalazca (M.)
Finderlohn (M.) znaleźne (N.)
Finger (M.) palec (M.)
Fingerabdruck (M.) odcisk (M.) palca
fingieren fingować
Firma (F.) firma (F.)
Firmenwert (M.) wartość (F.) firmy
Fisch (M.) ryba (F.)
fischen łowić ryby
Fischerei (F.) rybołówstwo (N.), rybactwo (N.)
Fischereirecht (N.) prawo (N.) dotyczące rybołówstwa
Fischwilderei (F.) kłusownictwo (N.) rybne
fiskalisch fiskalny (Adj.)
Fiskus (F.) fiskus (M.), skarb (M.) państwa
fix stały (Adj.)
Fixgeschäft (N.) fiks (M.), transakcja (F.) o bezwzględnie wiążącym terminie
Fläche (F.) płaszczyzna (F.), areał (M.), powierzchnia (F.)
Flächennutzung (F.) zagospodarowanie (N.) terenu
Flächennutzungsplan (M.) plan (M.) użytkowania powierzchni terenów
Flagge (F.) flaga (F.), bandera (F.)
flexibel giętki (Adj.), elastyczny
Flexibilität (F.) elastyczność (F.), zmienność (F.)
fliehen uciekać
Flotte (F.) flota (F.)
Flucht (F.) ucieczka (F.)
Fluchtgefahr (F.) niebezpieczeństwo (N.) ucieczki
flüchtig pobieżny (Adj.), zbiegły (Adj.), lotny (Adj.), w trakcie ucieczki
Flüchtling (M.) zbieg (M.), uciekinier (M.)
Fluchtlinie (F.) linia (F.) zabudowy, linia (F.) regulacyjna budowy
Flug (M.) lot (M.)
Flugblatt (N.) ulotka (F.)
Flugschrift (F.) ulotka (F.)
Flugzeug (N.) samolot (M.)
Flur (F.) pole (N.)
Flurbereinigung (F.) scalanie (N.) gruntów, komasacja (F.) gruntów
Flurstück (N.) działka (F.) gruntowa
fob (free on board) fob (free on board) (engl.), na warunkach franco statek
föderal federalny (Adj.)
Föderalismus (M.) federalizm (M.)
föderalistisch federalistyczny (Adj.)

Föderation (F.) federacja (F.)
Folge (F.) skutek (M.)
folgen następować, słuchać, usłuchać, wynikać
Folgenbeseitungungsanspruch (M.) roszczenie (N.) o usunięcie skutku wadliwego aktu administracyjnego
Folgerecht (N.) prawo (N.) towarzyszące
Folgeschaden (M.) szkoda (F.) pośrednia
Folter (F.) tortura (F.)
foltern torturować, katować
Fond (M.) fundusz (M.)
Fonds (M.) fundusz (M.)
fördern popierać, wspierać, przyczyniać się, wydobywać
fordern żądać
Förderung (F.) poparcie (N.), popieranie (N.), przyczynianie (N.) się, wydobycie (N.)
Forderung (F.) wierzytelność (F.), żądanie (N.)
Forderungspfändung (F.) zajęcie (N.) wierzytelności
Forderungsrecht (N.) prawo (N.) wierzytelności
Forderungsübergang (M.) przejście (N.) wierzytelności
Forderungsverletzung (F.) naruszenie (N.) wierzytelności
Förderungsverwaltung (F.) administracja (F.) wspierająca
forensisch sądowy (Adj.)
Form (F.) forma (F.)
formal formalny (Adj.)
Formalbeleidigung (F.) obraza (F.) formalna, znieważenie (N.) formalne
Formalie (F.) formalność (F.)
Formalismus (M.) formalizm (M.)
Formalität (F.) formalność (F.)
formbedürftig wymagająyc (Adj.) zachowania odpowiedniej formy
Formbedürftigkeit (F.) wymaganie (N.) zachowania odpowiedniej formy
Formel (F.) formuła (F.)
formell formalny (Adj.)
formelle Rechtskraft (F.) formalna moc (F.) obowiązująca
formelle Verfassung (F.) konstytucja (F.) formalna
formelles Recht (N.) prawo (N.) formalne
formfrei niewymagający (Adj.) zachowania określonej formy
Formfreiheit (F.) brak (M.) wymogu formy
Formkaufmann (M.) kupiec (M.) z mocy formy prawnej
Formlosigkeit (F.) bezkształtność (F.)
Formmangel (M.) brak (M.) formy
Formular (N.) formularz (M.)
Formularvertrag (N.) umowa (F.) zawarta na formularzu, w sposób formułkowy
formulieren formułować, sformułować
Formulierung (F.) formułowanie (N.), sformułowanie (N.)
Formvorschrift (F.) przepis (M.) odnoszący się do formy czynności
forschen badać, dociekać
Forschung (F.) badania (Pl.)
Forst (M.) las (M.)
Förster (M.) leśnik (M.)
fortbilden kształcić, dokształcić
Fortbildung (F.) dalsze kształcenie (N.), dokształcenie (N.)
fortführen prowadzić dalej, kontynuować
Fortführung (F.) dalsze prowadzenie (N.), kontynuacja (F.)
fortgesetzt ciągły (Adj.), trwający (Adj.)
fortgesetzte Gütergemeinschaft (F.) trwająca wspólnota (F.) majątkowa
fortgesetzte Handlung (F.) czyn (M.) ciągły
fortsetzen prowadzić dalej
Fortsetzung (F.) dalsze prowadzenie (N.)
Fortsetzungsfeststellungsklage (N.) powództwo (N.) o ustalenie sprzeczności z prawem już uchylonego nieistniejącego aktu administracyjnego
Fortsetzungszusammenhang (M.) związek (M.) ciągłości
forum (N.) (lat.) forum (N.)
Foto (M.) zdjęcie (N.), fotka (F.)
Fotokopie (F.) fotokopia (F.), ksero (N.)
Fotorecht (N.) prawo (N.) dotyczące zdjęć
Fötus (M.) płód (M.)
Fracht (F.) przewoźne (N.), fracht (M.)
Frachtbrief (M.) list (M.) przewozowy
frachtfrei wolny od opłat za przewóz, franko fracht, opłacony (Adj.) przez nadawcę
Frachtführer (M.) przewoźnik (M.)
Frachtgut (N.) ładunek (M.) na środku transportu
Frachtvertrag (M.) umowa (F.) przewozu
Frage (F.) pytanie (N.), zapytanie (N.), kwestia (F.)

Fragebogen (M.) kwestionariusz (M.), ankieta (F.)
fragen pytać
Fragepflicht (F.) obowiązek (M.) zadawania pytań
Fragerecht (N.) prawo (N.) zadawania pytań
Fragestunde (F.) godzina (F.) pytań poselskich
Fraktion (F.) frakcja (F.)
Fraktionszwang (M.) przymus (M.) frakcyjny
Franchise (F.) franczyza (F.)
Franchisegeber (M.) dawca (M.) franszyzy
Franchisenehmer (M.) biorca (M.) franszyzy, biorący (M.) franszyzę
Franchisevertrag (M.) umowa (F.) franszyzy
Franchising (N.) franszyza (F.), franchising (M.)
Franken (M.) frank (M.)
frankieren frankować
franko franco
Frankreich (N.) Francja (F.)
französisch francuski (Adj.)
Frau (F.) kobieta (F.)
Frauenhandel (M.) handel (M.) kobietami
Frauenhaus (N.) przytułek (M.) dla kobiet
Frauenquote (F.) parytet (M.), stosunek (M.) procentowy kobiet, które muszą być zatrudnione
Frauenraub (M.) uprawadzenie (N.) kobiety
free on board (fob) free on board (fob) (engl.), na warunkach franco statek
frei Haus na warunkach franco dom, loco dom
frei wolny (Adj.), bezpłatny (Adj.), niezależny (Adj.), nieograniczony (Adj.)
Freibank (F.) tania jatka (F.)
Freiberufler (M.) osoba (F.) wykonująca wolny zawód
freiberuflich wykonujący wolny zawód
Freibetrag (M.) niepodlegająca opodatkowaniu suma (F.)
Freibeuter (M.) korsarz (M.)
Freibeweis (M.) dowód (M.) swobodny, dowód (M.) nieformalny
freibleibend bez zobowiązania
Freibrief (M.) list (M.) żelazny
freie richterliche Überzeugung (F.) swobodne przekonanie (N.) sędziowskie
freier Beruf (M.) wolny zawód (M.)
Freiexemplar (N.) egzemplarz (M.) bezpłatny
Freigabe (F.) uwolnienie (N.), wydanie (N.)
Freigang (M.) wyjście (N.)
Freihafen (M.) port (M.) wolnocłowy
Freihandel (M.) wolny handel (M.)
freihändig ręczny (Adj.), odręczny
freihändiger Verkauf (M.) sprzedaż (F.) z wolnej ręki
Freiheit (F.) wolność (F.)
freiheitlich wolnościowy (Adj.)
freiheitlich-demokratische Grundordnung (F.) wolny demokratyczny podstawowy porządek (M.)
Freiheitsberaubung (F.) bezprawne pozbawienie (N.) wolności
Freiheitsentziehung (F.) pozbawienie (N.) wolności na mocy postanowienia sędziowskiego
Freiheitsrecht (N.) prawo (N.) do wolności
Freiheitsstrafe (F.) kara (F.) pozbawienia wolności
Freiherr (M.) baron (M.)
Freikirche (F.) wspólnota (F.) wyznaniowa
freilassen wypuszczać na wolność
Freilassung (F.) zwolnienie (N.), uwolnienie (N.)
Freimaurer (M.) mason (M.)
freisprechen uniewinnić
Freisprechung (F.) uniewinnienie (N.), wyzwolenie (N.)
Freispruch (M.) uniewinnienie (N.), wyrok (M.) uniewinniający
Freistaat (M.) republika (F.)
freistehen (V.) być wolnostojącym
freistellen (befreien) zostawić komuć swobodę, pozwolić, zwolnić
Freistellung (F.) zwolnienie (N.)
Freistellungsanspruch (M.) roszczenie (N.) o zwolnienie
Freitod (M.) samobójstwo (N.)
Freiverkehr (M.) wolny rynek (M.)
freiwillig dobrowolny (Adj.)
freiwillige Gerichtsbarkeit (F.) sądownictwo (N.) nieprocesowe, sądownictwo (N.) niesporne
freiwillige Versicherung (F.) ubezpieczenie (N.) dobrowolne
Freizeichen (N.) wolny znak (M.)
freizeichnen ograniczać odpowiedzialność
Freizeichnung (F.) ograniczanie (N.) odpowiedzialności
Freizeichnungsklausel (F.) klauzula (F.) ograniczająca odpowiedzialność cywilną

Freizeit (F.) czas (M.) wolny
Freizeitarrest (M.) areszt (M.) czasu wolnego
freizügig wolny (Adj.), nieskrępowany (Adj.)
Freizügigkeit (F.) wolność (F.) przenoszenia się, wolność (F.) swobodnego przesiedlania się
fremd cudzy, obcy (Adj.)
Fremdbesitz (M.) posiadanie (N.) zależne
Fremdbesitzer (M.) posiadacz (M.) zależny
Fremdbesitzerexzess (M.) przekroczenie (N.) uprawnień przez posiadacza zależnego
Fremdenrecht (N.) prawo (N.) cudzoziemców
Fremder (M.) cudzoziemiec (M.), obcokrajowiec (M.)
Fremdgeschäftsführung (F.) prowadzenie (N.) spraw dla innej osoby
Fremdkapital (N.) kapitał (M.) cudzy
Freude (F.) radość (F.)
Freudenhaus (N.) dom (M.) publiczny
Freudenmädchen (F.) dziewczyna (F.) lekkich obyczajów
freuen (Sich) cieszyć się
Freund (M.) przyjaciel (M.)
Freundin (F.) przyjaciółka (F.)
Freundschaftsvertrag (M.) umowa (F.) towarzyska
Frevel (M.) czyn (M.) karygodny
freveln dokonać czynu karygodnego
Frevler (M.) karygodny (M.)
Friede (M.) pokój (M.)
Friedensbruch (M.) naruszenie (N.) pokoju
Friedenspflicht (F.) obowiązek (M.) pokoju
Friedensrichter (M.) sędzia (M.) pokoju
Friedensvertrag (M.) traktat (M.) pokojowy
Friedhof (M.) cmentarz (M.)
friedlich bez użycia przemocy
Frist (F.) termin (M.)
fristlos bezterminowy (Adj.)
Fristsetzung (F.) wyznaczenie (N.) terminu
Fristverlängerung (F.) przedłużenie (N.) terminu
Fronde (F.) fronda (F.)
Frucht (F.) owoc (M.), płód (M.), pożytek (M.)
Fruchtgenuss (M.) prawo (N.) do korzystania
fruchtlos bezowocny (Adj.), bezskuteczny (Adj.)
führen prowadzić, zarządzać, kierować
Führer (M.) wódz (M.), przywódca (M.)
Führerschein (M.) prawo (N.) jazdy
Führung (F.) kierowanie (N.), zarządzanie (N.), prowadzenie (N.), zachowanie (N.) się, używanie (N.)
Führungsaufsicht (F.) nadzór (M.) nad zwolnionym więźniem
Führungszeugnis (N.) poświadczenie (N.) o karalności lub niekaralności, świadectwo (N.) niekaralności, poświadczenie (N.) o karalności lub niekaralności na podstawie rejestru skazanych
Fund (M.) znalezisko (N.), znalezienie (N.)
fünf pięć
Fünfprozentklausel (F.) klauzula (F.) 5%
fungibel zamienny (Adj.)
fungieren sprawować funkcję, funkcjonować
Funk (M.) radio (N.)
funken nadać przez radio
Funktion (F.) funkcja (F.)
Funktionär (M.) działacz (M.)
funktionell funkcjonalny (Adj.)
funktionelles Synallagma (N.) synalagma (F.) funkcjonalna
Funktionsnachfolge (F.) następstwo (N.) funkcyjne
Furcht (F.) strach (M.), lęk (M.)
fürchten obawiać się
Fürsorge (F.) piecza (F.), opieka (F.)
Fürsorgeerziehung (F.) opieka (F.) społeczna
Fürsorgepflicht (F.) obowiązek (M.) opieki
Fürsorger (M.) opiekun (M.) społeczny
Fürsprache (F.) wstawiennictwo (N.)
Fürsprecher (M.) orędownik (M.)
Fürst (M.) książę (M.)
Fürstentum (N.) księstwo (N.)
Fürstin (F.) księżna (F.)
furtum (N.) usus (lat.) furtum (N.) usus (lat.)
Fusion (F.) fuzja (F.), złączenie (N.) się, połączenie (N.)
fusionieren łączyć się
Fusionskontrolle (F.) kontrola (F.) nad fuzjami przedsiębiorstw
Fuß (M.) stopa (F.)
Fußgänger (M.) pieszy (M.)
Fußgängerzone (F.) ulica (F.) handlowa zamknięta dla ruchu drogowego
Futter (N.) pasza (F.)
Futtermittel (N.) pasza (F.)
füttern karmić

G

Gabe (F.) dar (M.), dawka (F.)
Gage (F.) gaża (F.)
Galgen (M.) szubienica (F.)
Gallone (F.) galona (F.)
Gang (M.) grupa (F.) przestępcza
Garage (F.) garaż (M.)
Garagenersatzvertrag (M.) umowa (F.) dotycząca surogatu garażu
Garant (M.) gwarant (M.)
Garantenpflicht (F.) obowiązek (M.) gwarancji
Garantenstellung (F.) pozycja (F.) gwarancji
Garantie (F.) gwarancja (F.), poręczenie (N.)
Garantiefrist (F.) termin (M.) gwarancji
Garantiegeschäft (N.) transakcja (F.) gwarancyjna
garantieren gwarantować, ręczyć
Garantievertrag (M.) umowa (F.) gwarancyjna
Garde (F.) gwardia (F.)
Gas (N.) gaz (M.)
Gaskammer (F.) komora (F.) gazowa
Gast (M.) gość (M.)
Gasthaus (N.) oberża (F.), zajazd (M.)
Gasthof (M.) oberża (F.), zajazd (M.)
Gastrecht (N.) prawo (N.) gościnności
Gastronomie (F.) gastronomia (F.)
Gaststätte (F.) restauracja (F.), gospoda (F.)
Gastwirt (M.) właściciel (M.) restauracji, restaurator (M.)
Gatte (M.) małżonek (M.)
Gattin (F.) małżonka (F.)
Gattung (F.) rodzaj (M.), gatunek (M.)
Gattungskauf (M.) kupno (N.) rzeczy określonej co do rodzaju
Gattungsschuld (F.) zobowiązanie (N.) rodzajowe
Gattungsvermächtnis (N.) zapis (M.) testamentowy rzeczy określonej co do rodzaju
Gau (M.) okręg (M.), kraina (F.), region (M.)
Gebärde (F.) ruch (M.), gest (M.)
Gebaren (N.) zachowanie (N.)
gebären rodzić
Gebäude (N.) budynek (M.), budowla (F.), gmach (M.)
geben dać
Gebiet (N.) terytorium (N.), obszar (M.), okręg (M.)
gebieten nakazać
Gebietshoheit (F.) suwerenność (F.) terytorialna
Gebietskörperschaft (F.) terenowa osoba (F.) prawna prawa publicznego
Gebot (N.) nakaz (M.), oferta (F.), dyspozycja (F.)
Gebotsirrtum (M.) błąd (M.) dotyczący nakazu
Gebrauch (M.) używanie (N.), użycie (N.), użytek (M.)
gebrauchen używać, użyć
Gebrauchsanmaßung (F.) nieuprawnione używanie (N.) rzeczy cudzej
Gebrauchsanweisung (F.) instrukcja (F.) obsługi, instrukcja (F.) użytkowania
Gebrauchsentwendung (F.) nieupoważnione użycie (N.)
Gebrauchsgegenstand (M.) przedmiot (M.) użytkowy
Gebrauchsmuster (N.) wzór (M.) użytkowy
Gebrauchsvorteil (M.) pożytek (M.) użytkowy
gebrechlich niedołężny (Adj.)
Gebrechlichkeit (F.) niedołęstwo (N.), ułomność (F.)
Gebrechlichkeitspflegschaft (F.) opieka (F.) nad niedołężnymi
Gebühr (F.) opłata (F.)
gebührenfrei wolny od opłat
Gebührenordnung (F.) przepis (M.) dotyczący opłat
gebührenpflichtig podlegający opłacie
Gebührenüberhebung (F.) pobieranie (N.) nadmiernych opłat
gebunden związany (Adj.)
gebundene Verwaltung (F.) administracja (F.) związana
Gebundenheit (F.) związanie (N.)
Geburt (F.) poród (M.), urodzenie (N.)
Geburtenbuch (N.) księga (F.) urodzeń
gebürtig rodowity
Geburtsname (M.) nazwisko (N.) rodzinne
Geburtsurkunde (F.) świadectwo (N.) urodzenia, metryka (F.) urodzenia
Gedanke (M.) myśl (F.)
Gedankenfreiheit (F.) wolność (F.) myśli, wolność (F.) przekonań

Gefahr (F.) im Verzug ryzyko (N.) z powodu zwłoki
Gefahr (F.) niebezpieczeństwo (N.), ryzyko (N.)
gefährden zagrażać, narażać
gefährdet zagrożony (Adj.), narażony (Adj.)
Gefährdung (F.) narażenie (N.), zagrożenie (N.)
Gefährdungsdelikt (N.) przestępstwo (N.) z zagrożenia
Gefährdungshaftung (F.) odpowiedzialność (F.) cywilna z tytułu zagrożenia
Gefahrenabwehr (F.) odparcie (N.) niebezpieczeństwa
gefahrengeneigte Tätigkeit (F.) praca (F.) narażająca na niebezpieczeństwo
Gefahrenzulage (F.) dodatek (M.) do płacy za niebezpieczeństwo
gefährlich niebezpieczny (Adj.)
gefährliche Körperverletzung (F.) niebezpieczne uszkodzenie (N.) ciała
Gefahrstoffverordnung (F.) rozporządzenie (N.) o materiałach niebezpiecznych
Gefahrtragung (F.) ponoszenie (N.) ryzyka
Gefälle (N.) (Geländeneigung) spadek (M.), różnica (F.)
gefällig usłużny (Adj.)
Gefälligkeit (F.) grzeczność (F.), uprzejmość (F.), przysługa (F.)
Gefälligkeitsverhältnis (N.) stosunek (M.) grzecznościowy
gefangen schwytany (Adj.), uwięziony (Adj.)
Gefangenenbefreiung (F.) uwolnienie (N.) więźniów
Gefangenenmeuterei (F.) bunt (M.) więźniów
Gefangener (M.) więzień (M.), jeniec (M.)
Gefangennahme (F.) wzięcie (N.) do niewoli
Gefangenschaft (F.) niewola (F.)
Gefängnis (N.) więzienie (N.), zakład (M.) karny
Gefängnisstrafe (F.) kara (F.) więzienia
Gefüge (N.) struktura (F.), konstrukcja (F.)
gefügig posłuszny (Adj.), uległy (Adj.)
gegen przeciw, za
Gegenanspruch (M.) roszczenie (N.) wzajemne
Gegenantrag (M.) wniosek (M.) przeciwny
Gegenbeweis (M.) dowód (M.) przeciwny
Gegendarstellung (F.) odmienne przedstawienie (N.) stanu rzeczy
Gegenforderung (F.) wierzytelność (F.) wzajemna
Gegenleistung (F.) świadczenie (N.) wzajemne
Gegensatz (M.) przeciwstawienie (N.), sprzeczność (F.)
Gegenschluss (M.) konkluzja (F.) wzajemna
Gegenseite (F.) strona (F.) przeciwna
gegenseitig wzajemny (Adj.), obopólny (Adj.)
gegenseitiger Vertrag (M.) umowa (F.) wzajemna
gegenseitiges Testament (N.) testament (M.) wzajemny
Gegenseitigkeit (F.) wzajemność (F.), obopólność (F.)
Gegenstand (M.) przedmiot (M.), obiekt (M.)
gegenstandslos bezprzedmiotowy (Adj.)
Gegenstandslosigkeit (F.) bezprzedmiotowość (F.)
Gegenstandswert (M.) wartość (F.) przedmiotu działalności adwokackiej
Gegenstimme (F.) głos (M.) przeciwny
gegenüberstellen przeciwstawiać, konfrontować
Gegenüberstellung (F.) konfrontacja (F.)
Gegenvormund (M.) opiekun (M.) nadzorujący
Gegenvorstellung (F.) obiekcja (F.), przeciwstawienie (N.), zarzut (M.)
Gegenwart (F.) obecność (F.)
gegenwärtig aktualny (Adj.)
gegenwärtige Gefahr (F.) niebezpieczeństwo (N.) teraźniejsze
Gegenzeichnung (F.) kontrasygnata (F.)
Gegner (M.) przeciwnik (M.)
Gehalt (M.) zarobek (M.), uposażenie (N.), treść (F.), zawartość (F.)
Gehaltsexekution (F.) egzekucja (F.) poborów
Gehaltspfändung (F.) zajęcie (N.) pensji
geheim tajny (Adj.), ściśle poufny (Adj.)
Geheimbund (M.) tajny związek (M.)
Geheimdienst (M.) służba (F.) tajna, wywiad (M.)
geheime Wahl (F.) wybór (M.) tajny
geheimer Vorbehalt (M.) zastrzeżenie (N.) tajne
geheimhalten trzymać w tajemnicy

Geheimhaltung (F.) dochowanie (N.) tajemnicy
Geheimnis (N.) tajemnica (F.)
Geheimnisverrat (M.) zdrada (F.) tajemnicy
Geheimpolizei (F.) tajna policja (F.)
gehen iść, chodzić
Gehilfe (M.) pomocnik (M.) handlowy, pomocnik (M.)
Gehirn (N.) mózg (M.)
Gehör (N.) posłuchanie (N.), wysłuchanie (N.), słuch (M.)
gehorchen słuchać, usłuchać, być posłusznym
gehören należeć
Gehorsam (M.) posłuszeństwo (N.)
gehorsam posłuszny (Adj.)
Gehorsamspflicht (F.) obowiązek (M.) posłuszeństwa
Gehsteig (M.) chodnik (M.)
Gehweg (M.) droga (F.) dla pieszych
Geisel (F.) zakładnik (M.)
Geiselnahme (F.) wzięcie (N.) zakładników
Geiselnehmer (M.) porywacz (M.)
Geiselnehmerin porywaczka (F.)
Geist (M.) duch (M.)
Geisterfahrer (M.) kierowca (M.) jadący pod prąd na autostradzie
geisteskrank chory (M.) umysłowo
Geisteskrankheit (F.) choroba (F.) umysłowa
Geistesschwäche (F.) niedorozwój (M.) umysłowy
geistig umysłowy (Adj.), intelektualy (Adj.)
geistiges Eigentum (N.) własność (F.) intelektualna
geistlich duchowny (Adj.)
Geistlicher (M.) duchowny (M.)
Geld (N.) pieniądz (M.)
Geldbetrag (M.) suma (F.) pieniędzy
Geldbuße (F.) grzywna (F.)
Geldentschädigung (F.) zadośćuczynienie (N.) w pieniądzu, w gotowiźnie
Geldersatz (M.) odszkodowanie (N.) pieniężne
Geldfälschung (F.) fałszowanie (N.) pieniędzy
Geldforderung (F.) wierzytelność (F.) pieniężna
Geldgeschäft (N.) interes (M.) gotówkowy
Geldmittel (N.) środki (Pl.) pieniężne
Geldrente (F.) renta (F.) pieniężna
Geldschein (M.) banknot (M.)
Geldschuld (F.) dług (M.) pieniężny
Geldstrafe (F.) kara (F.) pieniężna, grzywna (F.)
Geldstück (N.) moneta (F.)
Geldwäsche (F.) pranie (N.) pieniędzy
Geldwäschegesetz (N.) ustawa (F.) o zapobieganiu prania pieniędzy
Geldwert (M.) wartość (F.) pieniądza
Geldwertsicherung (F.) zabezpieczenie (N.) wartości pieniądza
Geldwertsicherungsklausel (F.) klauzula (F.) o zabezpieczeniu wartości pieniądza
gelegen położony (Adj.), dogodny (Adj.), stosowny
Gelegenheit (F.) sposobność (F.), okazja (F.)
Gelegenheitsgesellschaft (F.) spółka (F.) okolicznościowa
Gelegenheitstäter (M.) sprawca (M.) okolicznościowy
gelegentlich okolicznościowy (Adj.)
Geleit (N.) konwój (M.)
geloben przyrzec uroczyście
Gelöbnis (N.) ślubowanie (N.), uroczyste przyrzeczenie (N.)
gelten mieć ważność, być ważnym, obowiązywać
Gelten(d)machung (F.) podnoszenie (N.), dochodzenie (N.), egzekwowanie (N.)
geltend obowiązujący (Adj.), ważny (Adj.)
Geltung (F.) ważność (F.), obowiązywanie (N.)
Geltungsbereich (M.) zakres (M.) obowiązywania
Gelübde (N.) ślub (M.), ślubowanie (N.)
GEMA (F.) (Gesellschaft für musikalische Aufführungsrechte und mechanische Vervielfältigungsrechte) towarzystwo (N.) do spraw muzycznych przedstawień i mechanicznego rozpowszechniania
Gemahl (M.) małżonek (M.)
Gemahlin (F.) małżonka (F.)
Gemarkung (F.) granica (F.), obręb (M.)
gemein (allgemein) ogólny (Adj.), powszechny (Adj.), niski (Adj.)
gemein (niederträchtig) podły (Adj.), nikczemny (Adj.)
Gemeinde (F.) gmina (F.)
Gemeindebeamter (M.) urzędnik (M.) gminny
Gemeindebehörde (F.) urząd (M.) gimnny

Gemeindebetrieb (M.) zakład (M.) gminny
Gemeindedirektor (M.) dyrektor (M.) gminny
gemeindefrei pozagminny (Adj.)
gemeindefreies Gebiet (N.) obszar (M.) poza gminny
Gemeindegebiet (N.) obszar (M.) gminny
Gemeindegericht (N.) sąd (M.) gminny
Gemeindeordnung (F.) ustawa (F.) o gminach
Gemeinderat (M.) rada (F.) gminna
Gemeinderecht (N.) prawo (N.) o gminach
Gemeindesatzung (F.) statut (M.) gminny
Gemeindesteuer (F.) podatek (M.) gminny
Gemeindeverband (M.) związek (M.) gmin
Gemeindeverfassung (F.) ustrój (M.) gmin
Gemeindeverwaltung (F.) administracja (F.) gminna
gemeine Gefahr (F.) niebezpieczeństwo (N.) powszechne
Gemeineigentum (N.) własność (F.) ogólnospołeczna
gemeines Recht (N.) prawo (N.) powszechne
Gemeingebrauch (M.) powszechne użytkowanie (N.)
gemeingefährlich niebezpieczny (Adj.) dla ogółu
gemeingefährliches Mittel (N.) środek (M.) niebezpieczny dla ogółu
Gemeingefährlichkeit (F.) niebezpieczeństwo (N.) powszechne
Gemeingut (N.) dobro (N.) powszechne
Gemeinkosten (F.Pl.) koszt (M.) pośredni, koszty (M.Pl.) pośredni
gemeinnützig służący dobru powszechnemu, użyteczny publicznie
Gemeinnützigkeit (F.) użyteczność (F.) publiczna
gemeinsam wspólny (Adj.)
gemeinsamer Markt (M.) wspólny rynek (M.)
gemeinsamer Senat (M.) senat (M.) wspólny
gemeinschädlich szkodzący (Adj.) ogółowi
Gemeinschaft (F.) wspólność (F.), wspólnota (F.), współwłasność (F.)
gemeinschaftlich wspólny (Adj.)
gemeinschaftliches Testament (N.) testament (M.) wspólny
Gemeinschaftsaufgabe (F.) zadanie (N.) wspólne
Gemeinschaftsgeschmacksmuster (N.) wspólnotowy wzór (M.) zdobniczy
Gemeinschaftsgut (N.) dobro (N.) wspólne
Gemeinschaftspatent (N.) patent (M.) zespołowy, patent (M.) wspólnotowy
Gemeinschaftsrecht (N.) prawo (N.) Wspólnoty
Gemeinschaftsschule (F.) szkoła (F.) wspólna
Gemeinschaftsunternehmen (N.) przedsięwzięcie (N.) wspólne
Gemeinschaftswert (M.) wartość (F.) wspólna
Gemeinschuldner (M.) dłużnik (M.) upadły
Gemeinwesen (N.) wspólnota (F.), społeczność (F.)
Gemeinwohl (N.) dobro (N.) ogólne
gemischt mieszany (Adj.)
gemischte Schenkung (F.) darowizna (F.) mieszana
gemischter Vertrag (M.) umowa (F.) mieszana
Gen (N.) gen (M.)
genehm przyjemny (Adj.)
genehmigen zezwolić, potwierdzić
genehmigt dozwolony (Adj.)
genehmigtes Kapital (N.) kapitał (M.) zezwolony, suma (F.) do której zarząd spółki akcyjnej może podwyższyć kapitał podstawowy
Genehmigung (F.) zatwierdzenie (N.), zezwolenie (N.), pozwolenie (N.)
General (M.) generał (M.)
Generalamnestie (F.) amnestia (F.) generalna
Generalanwalt (M.) rzecznik (M.) generalny
Generalbundesanwalt (M.) federalny prokurator (M.) generalny
Generaleinwilligung (F.) zezwolenie (N.) generalne
generalisieren generalizować
Generalklausel (F.) klauzula (F.) generalna
Generalkonsens (M.) konsens (M.) generalny
Generalkonsul (M.) konsul (M.) generalny
Generalprävention (F.) prewencja (F.) generalna
Generalsekretär (M.) sekretarz (M.) generalny
Generalstaatsanwalt (M.) prokurator (M.) generalny
Generalstreik (M.) strajk (M.) generalny, strajk (M.) powszechny

Generalversammlung (F.) walne zgromadzenie (N.)
Generalvollmacht (F.) pełnomocnictwo (N.) generalne
generell ogólny (Adj.), powszechny (Adj.)
genetisch genetyczny
genetischer Fingerabdruck (M.) genetyczny odcisk (M.) palca
genetisches Synallagma (N.) genetyczna synalagma (F.)
Genfer Konvention (F.) konwencja (F.) genewska
Genom (N.) genom (M.)
Genosse (M.) towarzysz (M.)
Genossenschaft (F.) spółdzielnia (F.)
genossenschaftlich spółdzielczy
Genossenschaftsregister (N.) rejestr (M.) spółdzielni
Genossin (F.) towarzyszka (F.)
Genozid (M.) genocyd (M.)
Genrecht (N.) prawo (N.) o genetyce
Gentechnik (F.) inżynieria (F.) genetyczna
genügen wystarczać
Genugtuung (F.) satysfakcja (F.), zadowolenie (N.)
Genus (N.) rodzaj (M.), gatunek (M.)
Genuskauf (M.) kupno (N.) rzeczy określonej co do rodzaju
Genuss (M.) spożycie (N.), spożywanie (N.), korzystanie (N.), przywilej (M.)
Genusschuld (F.) zobowiązanie (N.) rodzajowe
Genussmittel (N.) używka (F.)
Genussschein (M.) papier (M.) wartościowy potwierdzający czysto finansowe prawa bez prawa głosu
gepfändet zajęty (Adj.)
Gepflogenheit (F.) zwyczaj (M.)
gerade Linie (F.) linia (F.) prosta
Gerät (N.) narzędzie (N.), sprzęt (M.), urządzenie (N.)
Gerätesicherheit (F.) bezpieczeństwo (N.) urządzeń i produktów
Gerätesicherheitsgesetz (N.) ustawa (F.) o bezpieczeństwie narzędzi
gerecht sprawiedliwy (Adj.)
gerechter Krieg (M.) wojna (F.) słuszna
gerechter Preis (M.) cena (F.) słuszna, cena (F.) uzasadniona
gerechtfertigt uzasadniony (Adj.)
Gerechtigkeit (F.) sprawiedliwość (F.)
Gericht (N.) erster Instanz der Europäischen Gemeinschaften sąd (M.) pierwszej instancji Wspólnot Europejskich
Gericht (N.) sąd (M.)
gerichtlich sądowy (Adj.)
gerichtliche Verfügung (F.) zarządzenie (N.) sądowe
Gerichts- und Notarkostengesetz koszty (Pl.) sądowe i notarialne
Gerichtsassessor (M.) asesor (M.) sądowy
Gerichtsbarkeit (F.) wymiar (M.) sprawiedliwości, sądownictwo (N.)
Gerichtsdiener (M.) urzędnik (M.) sądowy
Gerichtsferien (Pl.) wakacje (F.Pl.) sądowe
Gerichtsgebrauch (M.) zwyczaj (M.) sądowy
Gerichtshilfe (F.) pomoc (F.) sądowa
Gerichtshof (M.) der Europäischen Union Trybunał (M.) Sprawiedliwości Unii Europejskiej
Gerichtshof (M.) trybunał (M.)
Gerichtskasse (F.) kasa (F.) sądowa
Gerichtskosten (F.Pl.) koszty (M.Pl.) sądowe
Gerichtskostenvorschuss (M.) zaliczka (F.) na koszty sądowe
Gerichtsordnung (F.) regulamin (M.) sądowy
Gerichtsorganisation (N.) organizacja (F.) sądów
Gerichtsreferendar (M.) aplikant (M.) sądowy
Gerichtsschreiber (M.) pisarz (M.) sądowy
Gerichtssitzung (F.) posiedzenie (N.) sądu
Gerichtssprache (F.) język (M.) urzędowy przed sądem
Gerichtssprengel (M.) okręg (M.) sądowy
Gerichtsstand (M.) właściwość (F.) miejscowa sądu
Gerichtsstandsvereinbarung (F.) umowa (F.) o właściwości sądu
Gerichtstag (M.) dzień (M.) sądowy
Gerichtstermin (M.) termin (M.) posiedzenia sądowego
Gerichtsurteil (N.) orzeczenie (N.) sądu
Gerichtsverfahren (N.) postępowanie (N.) sądowe, przewód (M.) sądowe
Gerichtsverfassung (F.) ustrój (M.) sądów
Gerichtsverfassungsgesetz (N.) ustawa (F.) o ustroju sądów
Gerichtsverhandlung (F.) rozprawa (F.) sądowa

Gerichtsverwaltung (F.) administracja (F.) sądowa
Gerichtsvollzieher (M.) komornik (M.) sądowy
gering mały (Adj.), drobny (Adj.), niewielki (Adj.)
geringfügig nieznaczny (Adj.), błahy (Adj.)
geringstes Gebot (N.) cena (F.) wywoławcza, najniższa oferta (F.)
gesamt cały (Adj.), całkowity (Adj.), wszystek, uniwersalny (Adj.), solidarny (Adj.)
Gesamtakt (M.) czynność (F.) prawna zbiorowa
Gesamtgläubiger (M.) wierzyciel (M.) solidarny, współwierzyciel (M.)
Gesamtgläubigerschaft (F.) solidarność (F.) wierzycieli, współwierzytelność (F.)
Gesamtgut (N.) majątek (M.) wspólny
Gesamthand (F.) wspólnota (F.) łączna
gesamthänderisch jako współwłasność łączna
Gesamthandseigentum (N.) współwłasność (F.) łączna
Gesamthandsgemeinschaft (F.) wspólnota (F.) łączna
Gesamtheit (F.) całość (F.), ogół (M.)
Gesamthochschule (F.) zbiorowa szkoła (F.) wyższa
Gesamthypothek (F.) hipoteka (F.) łączna
Gesamtprokura (F.) prokura (F.) łączna
Gesamtrechtsnachfolge (F.) sukcesja (F.) uniwersalna
Gesamtschuld (F.) dług (M.) solidarny
Gesamtschuldner (M.) dłużnik (M.) łączny
gesamtschuldnerisch dłużniczo-łączny (Adj.), solidarny (Adj.)
gesamtschuldnerische Haftung (F.) odpowiedzialność (F.) cywilna solidarna
Gesamtschule (F.) szkoła (F.) łączna
Gesamtsteuerung (F.) sterowanie (N.) ogólne
Gesamtstrafe (F.) kara (F.) łączna
Gesamtvereinbarung (N.) porozumnienie (N.) ogólne
Gesamtvertretung (F.) przedstawicielstwo (N.) łączne
Gesamtvollstreckung (F.) wykonanie (N.) łączne
Gesamtvorsatz (M.) zamiar (M.) jednolity
Gesandter (M.) poseł (M.)
Geschädigter (M.) poszkodowany (M.)
Geschäft (N.) transakcja (F.), czynność (F.), zadanie (N.), interes (M.), sprawa (F.)
geschäftlich handlowy (Adj.), służbowy (Adj.), zawodowy (Adj.)
geschäftsähnlich podobny do czynności prawnej
geschäftsähnliche Handlung (F.) czynność (F.) podobna do czynności prawnej
Geschäftsanteil (M.) udział (M.) w przedsiębiorstwie
Geschäftsaufsicht (F.) nadzór (M.) handlowy
Geschäftsbedingung (F.) warunek (M.) handlowy
Geschäftsbericht (M.) sprawozdanie (N.) z działalności
Geschäftsbesorgung (F.) załatwienie (N.) spraw
Geschäftsbesorgungsvertrag (M.) umowa (F.) o załatwienie sprawy
Geschäftsbetrieb (M.) przedsiębiorstwo (N.), działalność (F.) gospodarcza, działalność (F.) handlowa
Geschäftsbrief (M.) list (M.) w sprawach handlowych, list (M.) handlowy
geschäftsfähig zdolny do czynności prawnych
Geschäftsfähigkeit (F.) zdolność (F.) do czynności prawnych
Geschäftsführer (M.) kierownik (M.), ustawowy przedstawiciel (M.) zarządzający spółką
Geschäftsführung (F.) kierownictwo (N.), zarząd (M.), prowadzenie (N.)
Geschäftsführung (F.) ohne Auftrag prowadzenie (N.) cudzych spraw bez zlecenia
Geschäftsgeheimnis (N.) tajemnica (F.) przedsiębiorstwa, tajemnica (F.) handlowa
Geschäftsgrundlage (F.) podstawa (F.) czynności prawnej
Geschäftsguthaben (N.) należność (F.) na rachunku bankowym firmy
Geschäftsherr (M.) osoba (F.) której sprawa jest prowadzona
Geschäftsherrnpflichtverletzung (F.) naruszenie (N.) obowiązku przez władającego sprawą
Geschäftsjahr (N.) rok (M.) gospodarczy
geschäftsmäßig służbowy (Adj.), zgodny z tradycją kupiecką, urzędowy (Adj.)
Geschäftsmäßigkeit (F.) działalność (F.) kupiecka, działalność (F.) urzędowa

Geschäftsordnung (F.) regulamin (M.) przedsiębiorstwa
Geschäftsraum (M.) pomieszczenie (N.) biurowe, pomieszczenie (N.) sklepowe
Geschäftsraummiete (F.) czynsz (M.) za pomieszczenia biurowe, czynsz (M.) za pomieszczenia sklepowe
Geschäftsstelle (F.) biuro (N.), kancelaria (F.), sekretariat (M.)
Geschäftsträger (M.) członek (M.) personelu misji dyplomatycznej zastępujący szefa, charge (M.) d'affaires
geschäftsunfähig niezdolny do czynności prawnych
Geschäftsunfähigkeit (F.) niezdolność (F.) do czynności prawnych
Geschäftsverteilung (F.) podział (M.) czynności, podział (M.) zadań
Geschäftswert (M.) wartość (F.) niematerialna firmy
Geschäftswille (M.) wola (F.) dokonania czynności prawnej
Geschäftszeit (F.) czas (M.) urzędowania
Geschehen (N.) akcja (F.), stopniowy rozwój (M.) wypadków
geschehen zdarzyć się, dziać się
Geschenk (N.) dar (M.)
Geschichte (F.) historia (F.)
geschichtlich historyczny (Adj.), dziejowy (Adj.)
Geschlecht (N.) (Familie) płeć (F.), ród (M.)
geschlechtlich płciowy (Adj.), seksualny (Adj.)
Geschlechtstrieb (M.) popęd (M.) seksualny, popęd (M.) płciowy
Geschlechtsverkehr (M.) obcowanie (N.) płciowe, spółkowanie (N.)
Geschmack (M.) smak (M.)
Geschmacksmuster (N.) wzór (M.) zdobniczy
Geschoß (N.) pocisk (M.), piętro (N.)
Geschwader (N.) eskadra (F.), pułk (M.) lotniczy
Geschwindigkeit (F.) prędkość (F.), szybkość (F.)
Geschwister (M. bzw. F.) rodzeństwo (N.)
Geschworenenbank (F.) ława (F.) przysięgłych
Geschworenenprozess (M.) proces (M.) przysięgłych
Geschworener (M.) sędzia (M.) przysięgły
Geselle (M.) czeladnik (M.)
Gesellschaft (F.) des bürgerlichen Rechts spółka (F.) prawa cywilnego
Gesellschaft (F.) mit beschränkter Haftung spółka (F.) z ograniczoną odpowiedzialnością
Gesellschaft (F.) społeczeństwo (N.), społeczność (F.), spółka (F.), towarzystwo (N.)
Gesellschafter (M.) wspólnik (M.)
Gesellschafterbeschluss uchwała (F.) wspólników
Gesellschafterversammlung (F.) zgromadzenie (N.) wspólników
gesellschaftlich towarzyski (Adj.), społeczny (Adj.)
Gesellschaftskapital (N.) kapitał (M.) spółki
Gesellschaftsrecht (N.) prawo (N.) o spółkach handlowych
Gesellschaftsschuld (F.) dług (M.) spółki
Gesellschaftsvermögen (N.) majątek (M.) spółki
Gesellschaftsvertrag (M.) umowa (F.) spółki
Gesellschaftszweck (M.) cel (M.) spółki
Gesetz (N.) ustawa (F.)
Gesetzblatt (N.) dziennik (M.) ustaw
Gesetzbuch (N.) kodeks (M.)
Gesetzentwurf (M.) projekt (M.) ustawy
Gesetzesanalogie (F.) analogia (F.) ustawowa
Gesetzesänderung (F.) zmiana (F.) ustawy
Gesetzeseinheit (F.) zgodność (F.) ustawy
gesetzesfrei wolny od ustawy
gesetzesfreie Verwaltung (F.) administracja (F.) wolna od ustawy
Gesetzesinitiative (F.) inicjatywa (F.) ustawodawcza
Gesetzeskonkurrenz (F.) zbieg (F.) przepisów ustawy
Gesetzeskraft (F.) moc (F.) ustawy
Gesetzeslücke (F.) luka (F.) ustawowa
Gesetzesrecht (N.) prawo (N.) pozytywne
Gesetzessammlung (F.) zbiór (M.) ustaw
Gesetzesumgehung (F.) obejście (N.) ustawy
Gesetzesvorbehalt (M.) zastrzeżenie (N.) możliwości ograniczenia podstawowych praw obywateli wyłącznie w drodze ustawy
Gesetzesvorlage (F.) projekt (M.) ustawy
gesetzgebend ustawodawczy (Adj.)

gesetzgebende Gewalt (F.) władza (F.) ustawodawcza
Gesetzgeber (M.) ustawodawca (M.)
Gesetzgebung (F.) ustawodawstwo (N.)
Gesetzgebungsnotstand (M.) stan (M.) wyższej konieczności legislacyjnej
Gesetzgebungsverfahren (N.) procedura (F.) ustawodawcza
Gesetzgebungszuständigkeit (F.) kompetencja (F.) ustawodawcza
gesetzlich ustawowy
gesetzliche Erbfolge (F.) ustawowa kolejność (F.) powołania do spadku
gesetzliche Vermutung (F.) ustawowe domniemanie (N.)
gesetzlicher Güterstand (M.) ustawowy system (M.) małżeńskiego prawa majątkowego
gesetzlicher Richter (M.) sędzia (M.) ustawowy
gesetzlicher Vertreter (M.) przedstawiciel (M.) ustawowy
gesetzliches Erbrecht (N.) ustawowe prawo (N.) do spadku
gesetzliches Grundpfandrecht (N.) ustawowe prawo (N.) zastawu
gesetzliches Pfandrecht (N.) ustawowe prawo (N.) zastawu
gesetzliches Schuldverhältnis (N.) ustawowy stosunek (M.) zobowiązaniowy
gesetzliches Verbot (N.) zakaz (M.) ustawowy
gesetzliches Zahlungsmittel (N.) ustawowy środek (M.) płatniczy
gesetzmäßig zgodny z ustawą, legalny (Adj.)
Gesetzmäßigkeit (F.) zgodność (F.) z ustawą, legalność (F.)
gesetzwidrig sprzeczny z ustawą, nielegalny (Adj.)
Gesetzwidrigkeit (F.) sprzeczność (F.) z ustawą, nielegalność (F.)
Gesicht (N.) twarz (F.)
Gesichtspunkt (M.) punkt (M.) widzenia
Gestalt postać (F.), kształt (M.), forma (F.)
Gestaltung (F.) kształtowanie (N.), tworzenie (N.), kształt (M.), układ (M.)
Gestaltungsakt (M.) akt (M.) konstytutywny
Gestaltungsklage (F.) powództwo (N.) konstytutywne
Gestaltungsrecht (N.) prawo (N.) podmiotowe konstytutywne
Gestaltungsurteil (N.) wyrok (M.) konstytutywny
geständig sein przyznać się
Geständnis (N.) przyznanie (N.) się
gestatten pozwolić, zezwolić
Gestattung (F.) pozwolenie (N.), zezwolenie (N.)
gestehen przyznać się
Gestehung (F.) przyznanie się (N.)
Gestehungskosten (F.Pl.) koszty (M.Pl.) własne
Gesuch (N.) prośba (F.), podanie (N.)
gesund zdrowy (Adj.)
Gesundheit (F.) zdrowie (N.)
Gesundheitsamt (N.) urząd (M.) zdrowia, wydział (M.) zdrowia
Gesundheitsgefährdung (F.) zagrożenie (N.) zdrowia
Gesundheitskarte (F.) karta (F.) zdrowotna
Gesundheitsschädigung (F.) szkodzenie (N.) zdrowiu
Gesundheitsverletzung (F.) uraz (M.) na zdrowiu
Gesundheitszerstörung (F.) zniszczenie (N.) zdrowia
getrennt oddzielny (Adj.), separowany (Adj.)
Getrenntleben (N.) separacja (F.)
Getto (N.) getto (N.)
Gewähr (F.) rękojmia (F.), poręka (F.), gwarancja (F.)
gewähren udzielić, przyznać
gewährleisten ręczyć, gwarantować
Gewährleistung (F.) gwarancja (F.), rękojmia (F.)
Gewährleistungsanspruch (M.) prawo (N.) do rękojmi
Gewahrsam (M.) dzierżenie (N.), przechowanie (N.)
Gewahrsamsbruch (M.) naruszenie (N.) przechowania
Gewalt (F.) władza (F.), władztwo (N.), gwałt (M.)
Gewaltenteilung (F.) podział (M.) władz
Gewalthaber (M.) władca (M.), mocarz (M.)
gewaltsam gwałtowny, z użyciem przemocy
gewaltsame Körperverletzung (F.) uszkodzenie (N.) ciała z użyciem przemocy
Gewalttat (F.) czyn (M.) z użyciem przemocy
gewalttätig brutalny (Adj.)
Gewalttätigkeit (F.) rękoczy (M.), agresywne zachowanie (N.)

Gewaltverhältnis (N.) stosunek (M.) między obywatelem a państwem, stosunek (M.) władczy
Gewässer (N.) wody (F.Pl.)
Gewässerschutz (M.) ochrona (F.) wód
Gewehr (N.) karabin (M.)
Gewerbe (N.) działalność (F.) gospodarcza
Gewerbeaufsicht (F.) nadzór (M.) nad prowadzeniem działalności gospodarczej
Gewerbeaufsichtsamt (N.) urząd (M.) sprawujący nadzór nad prowadzeniem działalności gospodarczej
Gewerbebetrieb (M.) małe przedsiębiorstwo (N.), zakład (M.) przemysłowy
Gewerbefreiheit (F.) wolność (F.) prowadzenia działalności gospodarczej
Gewerbegebiet (N.) obszar (M.) przeznaczony na prowadzenie działalności gospodarczej
Gewerbegericht (N.) sąd (M.) dotyczący działalności gospodarczych
Gewerbeordnung (F.) ustawa (F.) o prowadzeniu działalności gospodarczej
Gewerbepolizei (F.) policja (F.) nadzorująca działalność gospodarczą
Gewerberaum (M.) pomieszczenie (N.) przeznaczone na działalność gospodarczą, pomieszczenie (N.) użytkowe, lokal (M.) użytkowy
Gewerberaummietrecht (N.) prawo (N.) najmu o pomieszczeniach użytkowych
Gewerberecht (N.) prawo (N.) do prowadzenia działalności przemysłowej, prawo (N.) do prowadzenia działalności zarobkowej
Gewerbesteuer (F.) podatek (M.) od prowadzenia działalności gospodarczej
gewerbetreibend prowadzący działalność gospodarczą
Gewerbetreibender (M.) prowadzący (M.) działalność gospodarczą
Gewerbeuntersagung (F.) zakaz (M.) dalszego prowadzenia działalności gospodarczej
Gewerbezentralregister (N.) rejestr (M.) główny działalności gospodarczych
gewerblich w ramach działalności gospodarczej
gewerblicher Rechtsschutz (M.) ochrona (F.) prawna intelektualnej działalności gospodarczej
gewerbsmäßig w ramach działalności gospodarczej, zawodowo
Gewerbsmäßigkeit (F.) zakres (M.) działalności gospodarczej
Gewerke (M.) gwarek (M.)
Gewerkschaft (F.) związek (M.) zawodowy
Gewerkschaftler (M.) związkowiec (M.), członek (M.) związku
gewerkschaftlich w ramach związku zawodowego
Gewicht (N.) waga (F.) ciężar (M.), znaczenie (N.)
gewillkürt dobrowolny (Adj.)
gewillkürte Erbfolge (F.) testamentowa kolejność (F.) dziedziczenia
Gewinn (M.) zysk (M.), wygrana (F.)
Gewinnabschöpfung odprowadzenie (N.) zysku
Gewinnanteil (M.) udział (M.) w zysku
gewinnen pozyskać, zjednać, osiągnąć zysk, mieć korzyść
Gewinnermittlung (F.) ustalenie (N.) zysku
Gewinnrechnung und Verlustrechnung (F.) rachunek (M.) zysku i straty
Gewinnzusage (F.) przyrzeczenie (N.) zysku
gewiss (Adj.) pewny
Gewissen (N.) sumienie (N.)
Gewissensfreiheit (F.) wolność (F.) sumienia
Gewissheit (F.) pewność (F.)
Gewohnheit (F.) przyzwyczajenie (N.), nawyk (M.), zwyczaj (M.)
gewohnheitsmäßig niepoprawny (Adj.), notoryczny (Adj.)
Gewohnheitsmäßigkeit (F.) niepoprawność (F.)
Gewohnheitsrecht (N.) prawo (N.) zwyczajowe
Gewohnheitsverbrecher (M.) notoryczny przestępca (M.)
gewöhnlich zwyczajny (Adj.), zwykły (Adj.), zazwyczaj
Gier (F.) żądza (F.), pożądliwość (F.)
Gift (N.) trucizna (F.)
giftig trujący (Adj.)
Gilde (F.) gildia (F.)
Giralgeld (N.) pieniądz (M.) bankowy
Giro (N.) indos (M.), żyro (N.)
Girokonto (N.) konto (N.) żyrowe
Girovertrag (M.) umowa (F.) żyrantalna
Glaube (M.) wiara (F.), wyznanie (N.), religia (F.)
glauben wierzyć

Glaubensfreiheit (F.) wolność (F.) wyznania
glaubhaft wiarygodny (Adj.)
Glaubhaftmachung (F.) uwiarygodnienie (N.), uprawdopobnienie (N.)
Gläubiger (M.) wierzyciel (M.)
Gläubigeranfechtung (F.) zaskarżenie (N.) czynności dłużnika dokonanych na niekorzyść wierzycieli
Gläubigerversammlung (F.) zgromadzenie (N.) wierzycieli
Gläubigerverzug (M.) zwłoka (F.) wierzyciela
glaubwürdig wiarygodny (Adj.)
Glaubwürdigkeit (F.) wiarygodność (F.)
gleich jednaki (Adj.), jednakowy (Adj.), równy (Adj.)
gleichartig jednakowy (Adj.), podobny (Adj.)
gleichartige Tateinheit (F.) jednakowy idealny zbieg (M.) przestępstw
Gleichartigkeit (F.) jednakowość (F.), jednorodność (F.)
Gleichbehandlung (F.) równe traktowanie (N.)
Gleichbehandlungsgrundsatz (M.) zasada (F.) równego traktowania
gleichberechtigt równouprawniony
Gleichberechtigung (F.) równouprawnienie (N.)
gleiche Wahl (F.) wybór (M.) równy
Gleichheit (F.) równość (F.)
Gleichheitsgrundsatz (M.) zasada (F.) równości, zasada (F.) równości wobec prawa
gleichwertig równowartościowy, równoważny
gleichzeitig równoczesny
gleiten ślizgać się
Gleitklausel (F.) klauzula (F.) ustalająca możliwość późniejszych zmian w umowie
Gliedstaat (M.) państwo (N.) federacyjne
global ogólny (Adj.), globalny (Adj.), ryczałtowy (Adj.)
globaliseren zglobalizować
Globalisierung (F.) globalizacja (F.)
Globalzession (F.) cesja (F.) całkowita
Glück (N.) szczęście (N.)
Glücksspiel (N.) gra (F.) hazardowa
Glücksvertrag (M.) umowa (F.) hazardowa
GmbH & Co. KG (F.) sp. z o. o. i wspólnicy – spółka (F.) komandytowa
GmbH (F.) (Gesellschaft mit beschränkter Haftung) spółka (F.) z ograniczoną odpowiedzialnością
Gnade (F.) łaska (F.)
Gnadenakt (M.) akt (M.) łaski
Gnadenerweis (M.) akt (M.) łaski
Gnadenfrist (F.) termin (M.) udzielony z łaski, ostatnie odroczenie (N.) terminu
Gnadenstoß (M.) cios (M.) dobijający
Gold (N.) złoto (N.)
golden złoty (Adj.)
goodwill (M.) (engl.) goodwill (M.) (engl.)
Gott (M.) bóg (M.)
Gottes Gnade łaska (F.) Boża
Gotteslästerung (F.) bluźnierstwo (N.)
Gouverneur (M.) gubernator (M.)
Grad (M.) stopień (M.), rozmiar (M.)
gradual gradualny (Adj.), stopniowy (Adj.)
Gradualsystem (N.) system (M.) gradualny
graduieren graduować, skalować
Graduierter (M.) posiadający (M.) stopień akademicki
Graf (M.) hrabia (M.)
Grammatik (F.) gramatyka (F.)
grammatikalisch (Adj.) gramatycznie (Adj.)
Granate (F.) granat (M.)
Gratifikation (F.) gratyfikacja (F.), subwencja (F.) specjalna
gratis bezpłatnie, darmo
grausam okrutny (Adj.)
Grausamkeit (F.) okrucieństwo (N.)
greifen chwytać, ujmować
Gremium (N.) gremium (N.), grono (N.)
Grenze (F.) granica (F.), kres (M.)
Grenzstein (M.) znak (M.) graniczny
grob ciężki (Adj.), rażący (Adj.)
grobe Fahrlässigkeit (F.) rażące niedbalstwo (N.)
grober Unfug (M.) gorszący wybryk (M.)
grober Unverstand (M.) głupota (F.) rażąca
Gros (N.) gros (M.)
groß wielki (Adj.)
Großbritannien (N.) Wielka Brytania (F.)
großdeutsch wielkoniemiecki
Größe (F.) wielkość (F.)
Großeltern (M. bzw. F.) dziadkowie (Pl.)
großer Senat (M.) wielki senat (M.)
Großhandel (M.) handel (M.) hurtowy, hurt (M.)
Großhändler kupiec hurtownik (M.), hurtownik (M.)

Großmutter (F.) babcia (F.)
Großstadt (F.) duże miasto (N.)
Großvater (M.) dziadek (M.)
Grube (F.) dół (M.), jama (F.), kopalnia (F.)
Grund (M.) grunt (M.), ziemia (F.), powód (M.), przyczyna (F.), podstawa (F.), istota (F.) rzeczy
Grundbesitz (M.) posiadłość (F.)
Grundbesitzer (M.) posiadacz (M.) gruntu
Grundbuch (N.) księga (F.) wieczysta
Grundbuchamt (N.) urząd (M.) ksiąg wieczystych
Grundbuchauszug (M.) wyciąg (M.) z ksiąg wieczystych
Grundbuchberichtigung (F.) sprostowanie (N.) wpisu w księdze wieczystej
Grundbucheintragung (F.) wpis (M.) do księgi wieczystej
Grundbuchordnung (F.) ustawa (F.) o księgach wieczystych
Grundbuchverfügung (F.) zarządzenie (N.) o księgach wieczystych
Grunddienstbarkeit (F.) służebność (F.) gruntowa
Grundeigentum (N.) nieruchomość (F.)
Grundeigentümer (M.) właściciel (M.) nieruchomości
gründen zakładać, założyć, oprzeć, opierać, fundować
Gründer (M.) założyciel (M.), fundator (M.)
Grunderwerb (M.) nabycie (N.) nieruchomości
Grunderwerbsteuer (F.) podatek (M.) od nabycia nieruchomości
Grunderwerbsteuergesetz (N.) ustawa (F.) dotycząca podatków od nabycia nieruchomości
Grundgehalt (N.) uposażenie (N.) podstawowe
Grundgesetz (N.) ustawa (F.) zasadnicza
Grundherr (M.) pan (M.) gruntowy
Grundherrschaft (F.) panowanie (N.) gruntowe
Grundkapital (N.) kapitał (M.) akcyjny podstawowy
Grundlage (F.) podstawa (F.)
grundlegend fundamentalny (Adj.), podstawowy (Adj.)
Grundlohn (M.) płaca (F.) podstawowa
Grundordnung (F.) podstawowy porządek (M.)
Grundpfand (N.) zastaw (M.) gruntowy
Grundpfandrecht (N.) prawo (N.) zastawu na nieruchomości
Grundpflicht (F.) podstawowy obowiązek (M.)
Grundrecht (N.) podstawowe prawo (N.) obywatelskie
Grundrechtsfähigkeit (F.) zdolność (F.) prawna podstawowa
Grundrechtsmündigkeit (F.) wiek (M.) zdolności prawnej podstawowej
Grundrechtsschranke (F.) zapora (F.) prawna podstawowa
Grundrente (F.) renta (F.) podstawowa, renta (F.) gruntowa
Grundsatz (M.) zasada (F.)
Grundschuld (F.) dług (M.) gruntowy
Grundschuldbrief (M.) dłużny list (M.) gruntowy
Grundsteuer (F.) podatek (M.) gruntowy
Grundstück (N.) nieruchomość (F.) gruntowa, grunt (M.), parcela (F.)
Grundstückskauf (M.) kupno (N.) gruntu
Grundstücksrecht (N.) prawo (N.) o nieruchomościach gruntowych
Grundstücksverkehr (M.) obrót (M.) nieruchomościami gruntowymi
Grundstückszubehör (N.) rzeczy (F.Pl.) ruchome przynależne do nieruchomości gruntowej
Gründung (F.) założenie (N.), zakładanie (N.)
Gründungsfreiheit (F.) wolność (F.) założenia
Gründungsgesellschaft (F.) spółka (F.) założycielska
Gründungsvertrag (M.) umowa (F.) założycielska
Grundurteil (N.) wyrok (M.) co do zasady roszczenia
Grundvertrag (M.) umowa (F.) podstawowa
Grundwehrdienst (M.) podstawowa służba (F.) wojskowa
Gruppe (F.) grupa (F.)
Gruppenfreistellung (F.) zwolnienie (N.) grupowe
Gruppenwahl (F.) wybór (M.) grupowy
Guerillakämpfer (M.) geryla (M.), partyzant (M.)
Guerillero (M.) geryla (M.), partyzant (M.)
Guillotine (F.) gilotyna (F.)

gültig ważny (Adj.), obowiązujący (Adj.)
Gültigkeit (F.) ważność (F.), obowiązywanie (N.)
Gunst (F.) łaska (F.), wzgląd (M.), życzliwość (F.), korzyść (F.)
günstig przychylny (Adj.), sprzyjający, korzystny (Adj.)
Günstigkeitsprinzip (N.) zasada (F.) największego uprzywilejowania
Gut (N.) odlewanie (N.), odlew (M.)
gut dobry (Adj.)
Gutachten (N.) opinia (F.), ekspertyza (F.)
Gutachter (M.) biegły (M.), ekspert (M.), rzeczoznawca (M.)
Güte (F.) dobroć (F.), jakość (F.)
gute Sitte (F.) dobry obyczaj (M.)
gute Sitten (F.Pl.) dobre obyczaje (M.Pl.)
guter Glaube (M.) dobra wiara (F.)
Güterabwägung (F.) wzięcie (N.) pod rozwagę dóbr, wzięcie (N.) pod wyważenie dóbr
Güterfernverkehr (M.) transport (M.) daleki towarów
Gütergemeinschaft (F.) wspólność (F.) majątkowa
Güterkraftverkehr (M.) samochodowy transport (M.) towarów
Güterrecht (N.) małżeńskie prawo (N.) majątkowe
Güterrechtsregister (N.) rejestr (M.) prawnych stosunków majątkowych
Güterstand (M.) system (M.) małżeńskiego prawa majątkowego
Gütertrennung (F.) rozdzielność (F.) majątkowa małżonków
Gütestelle (F.) punkt (M.) mediacyjny
Güteverfahren (N.) postępowanie (N.) pojednawcze
Güteverhandlung (F.) rozprawa (F.) pojednawcza
Gutglaubensschutz (M.) ochrona (F.) działania w dobrej wierze
gutgläubig w dobrej wierze
gutgläubiger Erwerb (M.) nabycie (N.) w dobrej wierze
gutgläubiger Erwerber (M.) nabywca (M.) w dobrej wierze
Guthaben (N.) należność (F.), dobro (N.) rachunku
gütlich polubowny (Adj.), ugodowy (Adj.), pojednawczy (Adj.)
Gutschein (M.) bon (M.), bon (M.) zobowiązujący
Gutschrift (F.) zakredytowanie (N.), zapisanie (N.) na rachunek
Gutsherr (M.) właściciel (M.) majątku
Gutsherrschaft (F.) władztwo (N.) majątkowe
Gymnasium (N.) gimnazjum (N.)

H

Haager Kaufrechtübereinkommen (N.) haskie uzgodnienie (N.) dotyczące prawa kupna
Haager Landkriegsordnung (F.) regulamin haski dotyczący praw i zwyczajów wojny lądowej
Habe (F.) mienie (N.)
Haben (N.) ma (F.), kredyt (M.)
Habgier (F.) chęć (F.) zysku, chciwość (F.)
habgierig chciwy (Adj.), żądny (Adj.) zysku
Habilitation (F.) habilitacja (F.)
habilitieren habilitować
Hafen (M.) (1) (Anlegeort) port (M.)
Haft (F.) areszt (M.)
haftbar odpowiedzialny (Adj.)
Haftbefehl (M.) nakaz (M.) aresztowania
Haftbeschwerde (N.) zażalenie (N.) na aresztowanie
haften odpowiadać
Haftgrund (M.) podstawa (F.) aresztowania
Haftpflicht (F.) obowiązek (M.) ponoszenia odpowiezialności cywilnej
Haftpflichtgesetz (N.) ustawa (F.) o obowiązku ponoszenia odpowiedzialności cywilnej
Haftpflichtprozess (M.) proces (M.) o obowiązku ponoszenia odpowiedzialności cywilnej
Haftpflichtversicherung (F.) ubezpieczenie (N.) od obowiązku ponoszenia odpowiedzialności cywilnej
Haftprüfung (F.) badanie (N.) podstaw aresztowania
Haftstrafe (F.) kara (F.) więzienia
haftunfähig niezdolny do bycia aresztowanym
Haftunfähigkeit (F.) niezdolność (F.) do aresztowania

Haftung (F.) odpowiedzialność (F.) cywilna
haftungsausfüllend wypełniający odpowiedzialność
Haftungsausschluss (M.) wyłączenie (N.) odpowiedzialności cywilnej
haftungsbegründend uzasadniający odpowiedzialność
Haftungsbeschränkung (F.) ograniczenie (N.) odpowiedzialności cywilnej
Haftungsrecht (N.) prawo (N.) o odpowiedzialności cywilnej
Hafturlaub (M.) urlop (M.)
Hagel (M.) grad (M.)
Hagelschaden (M.) szkoda (F.) spowodana gradobiciem
Hagelversicherung (F.) ubezpieczenie (N.) od gradobicia
Halbwaise (M.) półsierota (F.)
Halde (F.) hałda (F.)
Hälfte (F.) połowa (F.)
Halten (N.) zatrzymanie (N.), posiadanie (N.) samoistne
halten trzymać, uważać
Halter (M.) dzierżyciel (M.), posiadacz (M.) samoistny, posiadacz (M.) pojazdu samochodowego
Hamburg (N.) Hamburg (M.)
Hammelsprung (M.) barani skok (M.), rodzaj (M.) głosowania w parlamencie w przypadku niepewności co do wyniku głosowania poprzez podniesienie ręki lub powstanie
hamstern gromadzić zapasy
Hand (F.) ręka (F.)
Handbuch (N.) podręcznik (M.), przewodnik (M.)
Handel (M.) handel (M.), transakcja (F.) handlowa
Händel (M.Pl.) zwada (F.), kłótnia (F.)
Handeln (N.) działanie (N.), handlowanie (N.), zajmowanie (N.) się handlem
handeln działać, chodzić, handlować, zajmować się handlem
Handelnder (M.) działacz (M.)
Handelsabkommen (N.) umowa (F.) handlowa
Handelsbilanz (F.) bilans (M.) handlowy
Handelsbrauch (M.) zwyczaj (M.) handlowy
Handelsbuch (N.) księga (F.) handlowa
Handelsembargo (N.) embargo (N.) handlowe, embargo (N.)
Handelsgericht (N.) sąd (M.) handlowy, izba (F.) sądu do spraw handlowych
Handelsgeschäft (N.) transakcja (F.) handlowa, przedsiębiorstwo (N.) handlowe
Handelsgesellschaft (F.) spółka (F.) handlowa
Handelsgesetz (N.) ustawa (F.) handlowa
Handelsgesetzbuch (N.) kodeks (M.) handlowy
Handelsgewerbe (N.) działalność (F.) handlowa
Handelskammer (F.) izba (F.) handlowa
Handelskauf (M.) kupno (N.) będące operacją handlową
Handelsklasse (F.) klasa (F.) jakości
Handelsmakler (M.) makler (M.) handlowy
Handelsmündigkeit (F.) wiek (M.) zdolności do działalności handlowej
Handelsrecht (N.) prawo (N.) handlowe
Handelsregister (N.) rejestr (M.) handlowy
Handelsrichter (M.) sędzia (M.) handlowy, kupiec-członek (M.) składu orzekającego sądu w izbie do spraw handlowych
Handelssache (F.) spór (M.) prawny w sprawach handlowych
Handelsverkehr (M.) stosunki (M.Pl.) handlowe
Handelsvertrag (M.) umowa (F.) handlowa
Handelsvertreter (M.) przedstawiciel (M.) handlowy, agent (M.) handlowy
Handgeschäft (N.) transakcja (F.) odręczna
handhaft na gorącym uczynku
Handkauf (M.) kupno (N.) odręczne
Händler (M.) handlarz (M.), kupiec (M.)
Handlung (F.) działanie (N.), czyn (M.), czynność (F.), sklep (M.)
Handlungsbevollmächtigter (M.) pełnomocnik (M.) handlowy
Handlungseinheit (F.) jednostka (F.) działania, jedność (F.) czynu
handlungsfähig zdolny do działań wywołujących skutki prawne
Handlungsfähigkeit (F.) zdolność (F.) do działań wywołujących skutki prawne
Handlungsfreiheit (F.) wolność (F.) działania
Handlungsgehilfe (M.) pomocnik (M.) kupca
Handlungsgehilfin (F.) pomocnica (F.) kupca

Handlungshaftung (F.) odpowiedzialność (F.) za zagrożenie albo zakłócenie porządku publicznego poprzez działanie
Handlungslehre (F.) nauka (F.) karna o zachowaniu się
Handlungsobjekt (N.) obiekt (M.) dokonania czynności
Handlungsort (M.) miejsce (N.) dokonania czynności, miejsce (N.) dokonania działania
Handlungspflicht (F.) obowiązek (M.) działania
Handlungsrecht (N.) prawo (N.) działania
Handlungsstörer (M.) zakłócający porządek (M.), sprowadzający (M.) niebezpieczeństwo poprzez działanie
handlungsunfähig niezdolny do działania
Handlungsunfähigkeit (F.) niezdolność (F.) do działania
Handlungsvollmacht (F.) pełnomocnictwo (N.) handlowe, pełnomocnictwo (N.) handlowe bez wpisu do rejestru handlowego
Handlungswille (M.) wola (F.) dokonania czynności prawnej
Handschelle (F.) kajdanka (F.)
Handschellen (F.Pl.) kajdanki (F.Pl.)
Handschenkung (F.) darowizna (F.) rękodajna
Handschrift pismo (N.) odręczne
handschriftlich odręczny
Handwerk (N.) rzemiosło (N.)
Handwerker (M.) rzemieślnik (M.)
Handwerksinnung (F.) cech (M.) rzemieślniczy
Handwerkskammer (F.) izba (F.) rzemieślnicza
Handwerksordnung (F.) ustawa (F.) o rzemiośle
Handwerksrolle (F.) rejestr (M.) rzemieślniczy
hängen wisieć
Hansestadt (F.) miasto (N.) hanzeatyckie
Hardware (F.) (engl.) hardware (N.) (engl.)
Häresie (F.) herezja (F.)
hart twardy
Härte (F.) bezwzględność (F.), rażąca dolegliwość (F.), surowość (F.)
Härtefall (M.) bezwzględna sytuacja (F.) z rażącymi dolegliwościami
Haschisch (N.) haszysz (M.)
Hass (M.) nienawiść (F.)
hassen nienawidzić
Hassverbrechen (N.) przestępstwo (N.) z nienawiści, zbrodnia (N.) nienawiści
häufen mnożyć się
häufig częsty (Adj.)
Häufigkeit (F.) częstotliwość (F.)
Häufung (F.) kumulacja (F.)
Haupt- główny
Hauptaktionär (M.) główny akcjonariusz (M.)
Hauptantrag (M.) wniosek (M.) główny
Hauptforderung (F.) wierzytelność (F.) główna
Hauptintervention (F.) interwencja (F.) główna
Hauptmangel (M.) wada (F.) główna
Hauptmann (M.) kapitan (M.)
Hauptpflicht (F.) obowiązek (M.) główny
Hauptsache (F.) główny przedmiot (M.) sporu, istota (F.) sprawy
Hauptsacheklage (F.) powództwo (N.) dotyczące głównego przdmiotu sporu
hauptsächlich główny
Hauptsatzung (F.) statut (M.) główny
Hauptstadt (F.) stolica (F.)
Hauptstrafe (F.) kara (F.) główna
Haupttäter (M.) sprawca (M.) główny
Haupttermin (M.) termin (M.) główny
Hauptursache (F.) przyczyna (F.) główna
Hauptverfahren (N.) postępowanie (N.) główne
Hauptverhandlung (F.) rozprawa (F.) główna
Hauptverhandlungshaft (F.) areszt (M.) na potrzeby przeprowadzenia rozprawy głównej
Hauptversammlung (F.) walne zgromadzenie (N.)
Hauptversammlungsbeschluss (M.) uchwała (F.) walnego zgromadzenia
Hauptverwaltung (F.) administracja (F.) centralna
Hauptzeuge (M.) świadek (M.) główny
Haus (N.) dom (M.)
Hausarbeit (F.) praca (F.) chałupnicza, praca (F.) domowa, zadanie (N.) domowe
Hausarrest (M.) areszt (M.) domowy
Hausdurchsuchung (F.) przeszukanie (N.) domu
Hausfriede (M.) pokój (M.) domowy
Hausfriedensbruch (M.) naruszenie (N.) pokoju domowego

Hausgehilfe (M.) pomocnik (M.) domowy
Hausgehilfin (F.) pomoc (F.) domowa
Hausgemeinschaft (F.) wspólnota (F.) domowa
Hausgesetz (N.) ustawa (F.) regulująca porządkiem domu
Haushalt (M.) gospodarstwo (N.) domowe, budżet (M.)
Haushaltsgesetz (N.) ustawa (F.) budżetowa
Haushaltsgrundsatz (M.) zasada (F.) budżetowania
Haushaltsplan (M.) plan (M.) budżetowy
Haushaltsrecht (N.) prawo (N.) budżetowe
Haushaltsvorlage (F.) projekt (M.) budżetu
hausieren prowadzić handel domokrążny
Hausierer (M.) domokrążca (M.)
häuslich domowy (Adj.)
Hausmeister (M.) dozorca (M.) domu, woźny (M.)
Hausordnung (F.) regulamin (M.) domowy
Hausrat (M.) sprzęt (M.) domowy, przedmiot (M.) gospodarstwa domowego
Hausratsteilung (F.) podział (M.) sprzętu gospodarstwa domowego
Hausratsverordnung (F.) rozporządzanie (N.) sprzętem gospodarstwa domowego
Hausratversicherung (F.) ubezpieczenie (N.) przedmiotów gospodarstwa domowego
Hausrecht (N.) prawo (N.) gospodarza domu
Hausse (F.) hossa (F.), zwyżka (F.) kursów na giełdzie
Haussuchung (F.) przeszukanie (N.) domu
Haustier (N.) zwierzę (N.) domowe
Haustüre (F.) drzwi (Pl.) wejściowe, brama (F.)
Haustürgeschäft (N.) transakcja (F.) w drzwiach wejściowych
Haustürgeschäftwiderrufsgesetz (N.) ustawa (F.) o odstąpieniu od umowy kupna dokonanej w drzwiach wejściowych
Hausverbot (N.) zakaz (M.) wstępu, przestąpienie (N.) progu domu
Haverei (F.) awaria (F.) uszkodzenie (N.), awaria (F.) wspólna, likwidacja (F.) awarii morskiej
Hebamme (F.) położna (F.)
heben podnosić, unosić, wznosić
Hebesatz (M.) stawka (F.) podatku gruntowego i podatku od działalności gospodarczej
Heer (N.) wojsko (N.) lądowe, armia (F.)
Hegemonie (F.) hegemonia (F.)
hegen ochraniać, otaczać
hehlen ukrywać
Hehler (M.) paser (M.)
Hehlerei (F.) paserstwo (N.)
heil cały (Adj.)
Heilanstalt (F.) zakład (M.) leczniczy
heilen wyleczyć, leczyć, konwalidować
heilig święty (Adj.)
Heiliger Stuhl (M.) Stolica (F.) Apostolska
Heilkunde (F.) nauka (F.) lekarska, medycyna (F.)
Heilmittel (N.) lekarstwo (N.)
Heilung (F.) wyleczenie (N.), leczenie (N.), konwalidacja (F.), uzdrowienie (N.)
Heim (N.) dom (M.) opieki
Heimarbeit (F.) praca (F.) chałupnicza
Heimarbeiter (M.) chałupnik (M.)
Heimat (F.) ojczyzna (F.)
heimatlos bezdomny (Adj.), tułaczy (Adj.)
heimatloser Ausländer (M.) cudzoziemiec (M.) bezdomny
Heimatvertriebener (M.) wysiedleniec (M.), wygnaniec (M.)
Heimfall (M.) przejście (N.) własności budynku na nieruchomości gruntowej obciążonej dziedzicznym prawem zabudowy
Heimfallsrecht (N.) roszczenie (N.) właściciela gruntu obciążonego dziedzicznym prawem zabudowy
Heimgesetz (N.) ustawa (F.) dotycząca domu opieki
heimisch miejscowy (Adj.)
heimlich potajemnie (Adj.), skrycie
Heimstätte (F.) miejsce (N.) domowe
Heimtücke (F.) podstępność (F.), zdradzieckość (F.)
heimtückisch podstępny (Adj.), zdradziecki (Adj.)
Heirat (F.) zawarcie (N.) małżeństwa
heiraten żenić się, wychodzić za mąż
Heiratsbuch (N.) księga (F.) ślubów
Heiratserlaubnis (F.) pozwolenie (N.) na zawarcie małżeństwa
Heiratsurkunde (F.) akt (M.) zawarcia małżeństwa
Heiratsvermittlerin (F.) pośredniczka (F.) matrymonialna
Heiratsvermittlung (F.) pośrednictwo (N.) matrymonialne
Heiratsversprechen (N.) obietnica (F.) zawarcia małżeństwa

heißen nazywać się, kazać
Heizkosten (F.Pl.) koszty (Pl.) grzewcze
Heizkostenverordnung (F.) ustawa (F.) o kosztach opałowych
Hektar (M.) hektar (M.)
helfen pomagać
Heller (M.) halerz (M.)
hemmen hamować, wstrzymać
Hemmung (F.) wstrzymanie (N.), zawieszenie (N.)
Henker (M.) kat (M.)
Henkersmahlzeit (F.) ostatni posiłek (M.) przed straceniem
herabsetzen zniżyć, obniżyć, zniesławić, zdyskredytować
Herabsetzung (F.) zniżenie (N.), obniżenie (N.), uwłaczanie (N.), zdyskredytowanie (N.)
heranwachsen dorastać
Heranwachsender (M.) młodociany (M.), dorastający (M.)
Herausgabe (F.) wydanie (N.), zwrot (M.), publikacja (F.)
Herausgabeanspruch (M.) roszczenie (N.) o wydanie
Herausgabeklage (F.) skarga (F.) o zwrot
herausgeben wydać, podać
Herausgeber (M.) wydawca (M.), edytor (M.)
Herausgeberin (F.) wydawczyni (F.), edytorka (F.)
herausverlangen domagać się zwrotu
Herberge (F.) zajazd (M.), oberża (F.), schronisko (N.)
Herde (F.) stado (N.), trzoda (F.)
hergebracht utarty (Adj.), tradycyjny (Adj.), zwyczajowy
hergebrachter Grundsatz (M.) utarta zasada (F.)
Herkommen (N.) tradycja (F.), pochodzenie (N.), zwyczaj (M.)
herkommen pochodzić
herkömmlich przyjęty (Adj.), utarty (Adj.)
Herkunft (F.) pochodzenie (N.)
herleiten odprowadzić, wywieść, wyprowadzić
Hermeneutik (F.) hermeneutyka (F.)
Heroin (N.) heroina (F.)
Herold (M.) herold (M.)
Herr (M.) pan (M.), władca (M.)
herrenlos bezpański (Adj.), niczyj (Adj.)
Herrschaft (F.) panowanie (N.), władza (F.), władztwo (N.), władanie (N.)
Herrschaftsrecht (N.) prawo (N.) władania, prawo (N.) władcze
Herrschaftsvertrag (M.) umowa (F.) władcza, umowa (F.) o władaniu
herrschen panować, władać, rządzić
herrschende Lehre (F.) panująca teoria (F.), panująca doktryna (F.)
herrschende Meinung (F.) panujący pogląd (M.)
herrschendes Grundstück (N.) panujący grunt (M.)
Herrscher (M.) władca (M.)
herstellen wytwarzać, produkować, przywrócić
Hersteller (M.) wytwórca (M.), producent (M.)
Herstellung (F.) wytwarzanie (N.), produkcja (F.), przywrócenie (N.)
Herstellungsklage (F.) powództwo (N.) o wytwarzanie
Herz (N.) serce (N.)
Herzog (M.) książę (M.)
Herzogin (F.) księżna (F.)
Herzogtum (N.) księstwo (N.)
Hessen (N.) Hesja (F.)
Hetze podburzanie (N.)
hetzen szczuć
heucheln udawać
Heuer (F.) płaca (F.) marynarza, zatrudnienie (N.) marynarza
Heuervertrag (M.) umowa (M.) o pracę na staku
Hexe (F.) wiedźma (F.), czarownica (F.)
Hexenprozess (M.) proces (M.) czarownic
Hierarchie (F.) hierarchia (F.)
Hilfe (F.) pomoc (F.)
Hilfeleisten (N.) udzielenie (N.) pomocy
Hilfeleistung (F.) udzielenie (N.) pomocy
hilflos bezradny, nieudolny (Adj.)
Hilflosigkeit (F.) bezradność (F.), nieudolność (F.)
Hilfsantrag (M.) wniosek (M.) posiłkowy, wniosek (M.) pomocniczy
Hilfsbeamter (M.) urzędnik (M.) pomocniczy
Hilfsbegründung (F.) uzasadnienie (N.) pomocnicze
Hilfsmittel (N.) środek (M.) pomocniczy
Hilfsrichter (M.) sędzia (M.) dodatkowy, sędzia (M.) rezerwowy
Hilfsrichterin (F.) sędzina (F.) dodatkowa, sędzina (F.) rezerwowa

hindern przeszkadzać
Hindernis (N.) przeszkoda (F.)
Hingabe (F.) oddanie (N.)
hinken kuleć, chromać
hinkend kulawy (Adj.), chromy (Adj.)
hinkendes Inhaberpapier (N.) kwalifikowany dokument (M.) na okaziciela
hinreichen starczać
hinreichend wystarczający (Adj.)
hinrichten stracić, stracać
Hinrichtung (F.) stracenie (N.)
hinterblieben pogrążony w żałobie
Hinterbliebener (M.) pozostały (M.) przy życiu najbliższy, krewny (M.) zmarłego
hinterlegen złożyć na przechowanie, oddać do depozytu
Hinterleger (M.) składający (M.) na przechowanie
Hinterlegung (F.) złożenie (N.) na przechowanie, zdeponowanie (N.)
Hinterlist (F.) podstęp (M.), podstępność (F.)
hinterlistig podstępny (Adj.)
hinterziehen uchylać się od zapłacenia podatków
Hinweis (M.) wskazanie (N.), wskazówka (F.)
Hirn (M.) mózg (M.)
Hirntod (M.) śmierć (F.) mózgu
Hirte (M.) pastuch (M.), pasterz (M.)
Hirtenbrief (M.) list (M.) pasterski
historisch historyczny (Adj.)
hoch wysoki (Adj.), wielki (Adj.)
Hochachtung (F.) głęboki szacunek (M.), głębokie poważanie (N.)
hochdeutsch wysokoniemiecki, ogólnoniemiecki (Adj.)
Hochschulassistent (M.) asystent (M.) akademicki
Hochschuldozent (M.) docent (M.) akademicki
Hochschule (F.) szkoła (F.) wyższa
Hochschulgrad (M.) stopień (M.) akademicki
Hochschulreife (F.) spełnienie (N.) wymagań koniecznych do przyjęcia na studia wyższe
hochstapeln hochsztaplować
Hochstapler (M.) hochsztapler (M.), aferzysta (M.)
Höchstbetrag (M.) maksymalna suma (F.) pieniężna
Höchstbetragshypothek (F.) hipoteka (F.) dotycząca długu przyszłego do wysokości maksymalnej, hipoteka (F.) z najwyższą sumą
höchste maksymalny (Adj.), najwyższy (Adj.)
Höchstgebot (N.) oferta (F.) z najwyższą ceną
Höchstgericht (N.) sąd (M.) najwyższy
höchstpersönlich ściśle osobisty
Höchstpreis (M.) cena (F.) najwyższa, cena (F.) maksymalna
Hochverrat (M.) zdrada (F.) stanu
Hochverräter (M.) zdrajca (M.) stanu
Hochzeit (F.) wesele (N.)
Hof (M.) podwórze (N.), dziedziniec (M.), zagroda (F.), dwór (M.)
Hofamt (N.) urząd (M.) dworski
Höfegesetz (N.) ustawa (F.) o gospodarstwach rolnych
Höfeordnung (F.) prawo (N.) gospodarstw rolnych
Höferecht (N.) prawo (N.) gospodarstw rolnych
Hofrat (M.) radca (M.) dworu, rada (F.) dworu
Höhe (F.) wysokość (F.)
Hoheit (F.) majestat (M.), zwierzchnictwo (N.), suwerenność (F.)
hoheitlich zwierzchni (Adj.), suwerenny (Adj.), władczy
Hoheitsakt (M.) akt (M.) władczy
Hoheitsbefugnis (F.) uprawnienie (N.) zwierzchnie, uprawnienie (N.) o charakterze zwierzchnym
Hoheitsgebiet (N.) terytorium (N.) suwerenne, terytorium (N.) pozostające pod określonym zwierzchnictwem
Hoheitsgewalt (F.) władza (F.) suwerenna
Hoheitsgewässer (N.) woda (F.) terytorialna
Hoheitsrecht (N.) prawo (N.) suwerenne
Hoheitsträger (M.) podmiot (M.) kompetencji władczych
Hoheitszeichen (N.) znak (M.) suwerenny, znak (M.) władczy
höhere Gewalt (F.) siła (F.) wyższa
höhere wyższe (Adj.)
hohl pusty (Adj.), próżny (Adj.)
Hohlmaß (N.) miara (F.) objętości
Hohn (M.) szyderstwo (N.)
Holding (F.) holding (M.)
Holdinggesellschaft (F.) spółka (F.) holdingowa
Hölle (F.) piekło (N.)

holographisch holograficzny (Adj.), własnoręczny (Adj.)
holographisches Testament (N.) testament (M.) holografniczy, testament (M.) własnoręczny
Holschuld (F.) dług (M.) odbiorczy
Homosexualität (F.) homoseksualizm (M.)
homosexuell homoseksualny (Adj.)
Honorar (N.) honorarium (N.)
Honorarprofessor (M.) profesor (M.) honoris causa, profesor (M.) honorowy
Honorarvereinbarung (F.) uzgodnienie (N.) o honorarium
honorieren honorować
honoris causa (lat.) honoris causa (lat.)
hören słyszeć, słuchać
Hörensagen (N.) słyszenie (N.)
hörig niewolniczy uległy
Hörigkeit (F.) niewolnicza uległość (F.), zależność (F.)
Horizont (M.) horyzont (M.)
horizontal poziomy (Adj.)
horizontaler Finanzausgleich (M.) poziome wyrównanie (N.) finansowe
Hospital (N.) szpital (M.)
Hospitant (M.) wolny słuchacz (M.), hospitant (M.)
huldigen hołdować, oddać hołd
Huldigung (F.) hołd (M.), hołdowanie (N.)
Hund (M.) pies (M.)
hundert sto
Hundertschaft (F.) kompania (F.), szwadron (M.)
Hundesteuer (F.) podatek (M.) od psów, podatek (M.) od psa
Hündin (F.) suka (F.)
Hure (F.) ulicznica (F.), kurwa (F.), prostytutka (F.)
hüten pilnować, strzec, paść
Hüter (M.) stróż (M.), opiekun (M.)
Hymne (F.) hymn (M.)
Hypothek (F.) hipoteka (F.)
Hypothekar (M.) hipotekariusz (M.) wierzyciel (M.) hipoteczny
hypothekarisch hipoteczny (Adj.)
Hypothekenbank (F.) bank (M.) hipoteczny
Hypothekenbrief (M.) list (M.) hipoteczny
Hypothekendarlehen (N.) kredyt (M.) hipoteczny
Hypothekenpfandbrief (M.) zastawny list (M.) hipoteczny
Hypothekenregister (N.) (Hypothekenregister im angloamerikanischen Recht) rejestr (M.) hipotek
Hypothekenschuld (F.) dług (M.) hipoteczny
Hypothekenschuldner (M.) dłużnik (M.) hipoteczny
Hypothekenübernahme (F.) przejęcie (N.) długu hipotecznego
Hypothese (F.) hipoteza (F.)
hypothetisch hipoteczny (Adj.), przypuszczalny (Adj.)

I

IAO (F.) (Internationale Arbeitsorganisation) Międzynarodowa Organizacja (F.) Pracy
ICAO (N.) (International Civil Aviation Organization) Międzynarodowa Organizacja (F.) Lotnictwa Cywilnego
Ideal (N.) ideał (M.)
ideal idealny (Adj.)
Idealkonkurrenz (F.) idealny zbieg (M.) przestępstw
Idealverein (M.) stowarzyszenie (N.) nie prowadzące działalności gospodarczej
Idee (F.) idea (F.)
ideell idealny (Adj.)
Identifikation (F.) identyfikacja (F.)
identifizieren identyfikować
identisch identyczny (Adj.)
Identität (F.) identyczność (F.), tożsamość (F.)
Ideologie (F.) ideologia (F.)
ideologisch ideologiczny (Adj.)
Idiot (M.) idiota (M.)
Idiotie (F.) idiotyzm (M.)
illegal nielegalny (Adj.)
Illegalität (F.) nielegalność (F.)
illegitim nielegalny (Adj.), nieuprawniony (Adj.), pozamałżeński
im Zweifel (M.) w razie wątpliwości
immanent immanentny (Adj.)
immanente Grundrechtsschranke (F.) immanentna zapora (F.) prawna podstawowa
Immaterialgut (N.) dobro (N.) niematerialne
Immaterialgüterrecht (N.) prawo (N.) dóbr niematerialnych
immateriell niematerialny (Adj.)

immaterieller Schaden (M.) szkoda (F.) niematerialna
Immatrikulation (F.) immatrykulacja (F.)
immatrikulieren immatrykulować
Immission (F.) imisja (F.)
Immissionsschutz (M.) ochrona (F.) przed imisjami
immobil nieruchomy (Adj.)
Immobiliarzwangsvollstreckung (F.) egzekucja (F.) z nieruchomości
Immobilie (F.) nieruchomość (F.), majątek (M.) nieruchomy
immun odporny (Adj.)
Immunität (F.) immunitet (M.)
imperativ związany (Adj.)
imperatives Mandat (N.) mandat (M.) poselski związany
Imperialismus (M.) imperializm (M.)
imperialistisch imperialistyczny (Adj.)
Imperium (N.) imperium (N.)
impfen szczepić
Impfschaden (M.) szkoda (F.) powstała w związku ze szczepieniem obowiązkowym
Impfschein (M.) świadectwo (N.) szczepienia
Impfung (F.) szczepienie (N.)
Impfzwang (M.) przymus (M.) szczepienia
Import (M.) import (M.)
Importeur (M.) importer (M.)
importieren importować
Impressum (N.) metryka (F.) książki, metryka (F.) wydawnictwa, impressum (N.)
in dubio pro reo (lat.) in dubio pro reo (lat.), wątpliwość (F.) na rzecz oskarżonego
in flagranti (lat.) in flagranti (lat.), na gorącym uczynku
in verkehrbringen wprowadzić do obiegu
Inauguration (F.) inauguracja (F.)
Inbegriff (M.) istota (F.), szczyt (M.), kwintesencja (F.)
inbegriffen włączony (Adj.), łącznie
Inbesitznahme (F.) objęcie (N.) w posiadanie
Indemnität (F.) zwolenie (N.) posłów od odpowiedzialności karnej za głosowanie i wypowiedzi w parlamencie
Index (M.) indeks (M.), wskaźnik (M.)
Indexklausel (F.) klauzula (F.) związana indeksem
Indigenat (N.) indigenat (M.)
Indikation (F.) wskazanie (N.), wskazówka (F.)
indirekt pośredni
indirekte Stellvertretung (F.) przedstawicielstwo (N.) pośrednie
indirekte Steuer (F.) podatek (M.) pośredni
indirekter Verbotsirrtum (M.) błąd (M.) co do zakazu pośredniego
indirekter Vorsatz (M.) zamiar (M.) ewentualny
Individualarbeitsrecht (N.) prawo (N.) o pracy indywidualnej
Individualrechtsgut (N.) dobro (N.) indywidualne prawne
individuell indywidualny (Adj.)
Individuum (N.) indywiduum (N.)
Indiz (N.) poszlaka (F.)
Indizienbeweis (M.) dowód (M.) poszlakowy
indizieren wskazywać
Indossament (N.) indosament (M.), indos (M.), żyro (N.)
Indossant (M.) indosant (M.), żyrant (M.)
Indossat (M.) indosatariusz (M.)
indossieren indosować
Indossierung (F.) indosowanie (N.)
Induktion (F.) indukcja (F.), wzniecanie (N.)
Industrie (F.) przemysł (M.)
Industrie- und Handelskammer (F.) izba (F.) przemysłowo-handlowa
Industriegebiet (N.) obszar (M.) przemysłowy
industriell przemysłowy (Adj.)
Infallibilität (F.) nieomylność (F.)
infam nikczemny (Adj.), podły (Adj.)
Infamie (F.) infamia (F.)
Infanterie (F.) piechota (F.)
Infektionsschutzgesetz (N.) ustawa (F.) o ochronie przed zakażeniami
Inflation (F.) inflacja (F.)
Informant (M.) informator (M.)
Informatik (F.) informatyka (F.)
Information (F.) informacja (F.)
informationell informacjonalny (Adj.)
Informationsfreiheit (F.) wolność (F.) informacji
Informationspflicht (F.) obowiązek (M.) informowania, obowiązek (M.) uzyskania informacji
Informationssystem (N.) system (M.) informacji
informell nieformalny (Adj.)

informieren informować
Ingerenz (F.) ingerencja (F.), karalne sprowadzenie (N.) niebezpiecznej sytuacji przez sprawcę który potem zaniechuje usunięcia jej
Inhaber (M.) właściciel (M.), okaziciel (M.), posiadacz (M.)
Inhaberaktie (F.) akcja (F.) na okaziciela
Inhaberanteilsschein (M.) świadectwo (N.) udziałowe na okaziciela
Inhaberklausel (F.) klauzula (F.) na okaziciela
Inhaberpapier (N.) papier (M.) wartościowy na okaziciela
Inhaberscheck (M.) czek (M.) na okaziciela
Inhaberschuldverschreibung (F.) obligacja (F.) na okaziciela
Inhaberzeichen (N.) bilet (M.) na okaziciela
inhaftieren aresztować, uwięzić
Inhaftierter (M.) aresztowany (M.)
Inhaftierung (F.) aresztowanie (N.), uwięzienie (N.)
Inhalt (M.) treść (F.), zawartość (F.)
Inhaltsfreiheit (F.) wolność (F.) treści
Inhaltsirrtum (M.) błąd (M.) co do treści
Inhaltskontrolle (F.) kontrola (F.) treści, kontrola (F.) zawartości
Initiale (F.) inicjał (M.)
Initiative (F.) inicjatywa (F.)
Initiativrecht (N.) prawo (N.) inicjatywy
initiieren inicjować, rozpoczynać
Injurie (F.) zniewaga (F.), obelga (F.)
Inkasso (N.) inkasso (N.), ściąganie (N.) gotówki
Inkassobüro (N.) biuro (N.) inkassowe
Inkassomandat (N.) mandat (M.) inkasowy
Inkassozession (F.) cesja (F.) inkasa
inklusiv włącznie
inkognito incognito
inkompatibel sprzeczny (Adj.), niedający się pogodzić z czymś
Inkompatibilität (F.) sprzeczność (F.)
inkompetent niekompetentny (Adj.)
Inkorporation (F.) inkorporacja (F.)
inkorporieren inkorporować
Inkraftsetzen (N.) wprowadzenie (N.) w życie, nadanie (N.) mocy obowiązującej
Inkrafttreten (N.) wejście (N.) w życie
Inland (N.) wewnątrz kraju, kraj (M.)
Inländer (M.) krajowiec (M.), obywatel (M.)
Inländerin (F.) obywatelka (F.)
inländisch krajowy (Adj.), wewnątrzkrajowy
innehaben zajmować, posiadać
Innehaber (M.) posiadacz (M.)
Innehabung (F.) zajmowanie (N.), posiadanie (N.), władanie (N.)
innen wewnętrzny (Adj.)
Innenbereich (M.) obszar (M.) wewnętrzny
Innengesellschaft (F.) spółka (F.) wewnętrzna
Innenminister (M.) minister (M.) spraw wewnętrznych
Innentendenz (F.) tendencja (F.) wewnętrzna
Innenverhältnis (N.) stosunek (M.) wewnętrzny
Innenvollmacht (F.) pełnomocnictwo (N.) wewnętrzne
innere Verwaltung (F.) administracja (F.) wewnętrzna
innere wewnętrzny (Adj.)
innergemeinschaftlich wewnątrzwspólnotowy (Adj.), wewnątrz Wspólnoty Europejskiej
innerstaatlich wewnątrzpaństwowy (Adj.), w granicach państwa
Innung (F.) cech (M.)
Innungskrankenkasse (F.) branżowa kasa (F.) chorych dla rzemieślników
inoffiziell nieoficjalny (Adj.), nieurzędowy (Adj.)
inquirieren przesłuchiwać, badać
Inquisition (F.) inkwizycja (F.)
Inquisitionsmaxime (F.) zasada (F.) inkwizycyjności
Inquisitionsprozess (M.) proces (M.) inkwizycyjny
Insasse (M.) pasażer (M.), mieszkaniec (M.), więzień (M.), wychowanek (M.)
Insemination (F.) inseminacja (F.)
Inserat (N.) ogłoszenie (N.), anons (M.), inserat (M.)
inserieren dawać ogłoszenie
Insichgeschäft (N.) podejmowanie (N.) czynności prawnych z samym sobą będąc przedstawicielem strony przeciwnej
Insichprozess (M.) proces (M.) w którym ta sama strona jest pozwaną i powodem
Insider (M.) pracownik (M.) znający zamierzenia firmy, insider (M.)
Insiderhandel (M.) transakcja (F.) pracownika znającego zamierzenia firmy
Insignie (F.) odznaka (F.) godności

Insinuation (F.) zgłoszenie (N.) do urzędowego protokołu, insynuacja (F.)
insinuieren insynuować
insolvent niewypłacalny (Adj.)
Insolvenz (F.) niewypłacalność (F.)
Insolvenzantrag (M.) wniosek (M.) o niewypłacalność
Insolvenzeröffnung (F.) zaskarżenie (N.) niewypłacalności dłużnika po otwarciu postępowania
Insolvenzforderung (F.) wierzytelność (F.) wobec niewypłacalnego dłużnika
Insolvenzgericht (N.) sąd (M.) niewypłacalności
Insolvenzgläubiger (M.) wierzyciel (M.) niewypłacalnego
Insolvenzgrund (M.) powód (M.) do niewypłacalności
Insolvenzmasse (F.) masa (F.) niewypłacalności
Insolvenzordnung (F.) ustawa (F.) niewypłacalności
Insolvenzplan (M.) plan (M.) niewypłacalności
Insolvenzrecht (N.) prawo (N.) o niewypłacalności
Insolvenzschuldner (M.) dłużnik (M.) upadłości
Insolvenzstraftat (F.) przestępstwo (N.) związane z niewypłacalnością
Insolvenzverfahren (N.) postępowanie (N.) dotyczące niewypłacalności
Insolvenzverwalter (M.) syndyk (M.) niewypłacalnego
Inspekteur (M.) inspektor (M.)
Inspektion (F.) inspekcja (F.), kontrola (F.)
inspizieren dokonywać przeglądu
Installateur (M.) instalator (M.)
Installation (F.) instalacja (F.)
installieren instalować
instandhalten utrzymywać w dobrym stanie, konserwować
Instandhaltung (F.) utrzymywanie (N.) w stanie sprawności
instandsetzen naprawić, doprowadzić do porządku
Instandsetzung (F.) naprawa (F.) doprowadzenie (N.) do stanu sprawności
Instanz (F.) instancja (F.)
Instanzenweg (M.) tok (M.) instancji
Instanzenzug (M.) tok (M.) instancji
Institut (N.) instytut (M.), instytucja (F.)
Institution (F.) instytucja (F.)
institutionell instytucjonalny
institutionelle Garantie (F.) gwarancja (F.) instytucjonalna
instruieren instruować
Instruktion (F.) instrukcja (F.)
Instruktionsfehler (M.) błąd (M.) w instrukcji
Instrument (N.) instrument (M.)
Insubordination (F.) insubordynacja (F.), niepodporządkowanie (N.) się
Integrated Services Digital Network (N.) (ISDN) Integrated Services Digital Network (N.) (engl.)
Integration (F.) integracja (F.)
integrieren integrować
Integrität (F.) integracja (F.), nietykalność (F.)
Interaktion (F.) interakcja (F.)
Interesse (N.) interes (M.)
Interessenabwägung (F.) wyważenie (N.) interesów
Interessenjurisprudenz (F.) jurysprudencja (F.) interesów
Interessenkollision (F.) kolizja (F.) interesów
Interim (N.) okres (M.) tymczasowy
Interimsschein (M.) świadectwo (N.) tymczasowe
Interlokut postanowienie (N.), postanowienie (N.) sądowe
interlokutorisch dotyczący postanowienia, interlokutywny (Adj.)
international międzynarodowy (Adj.)
International Civil Aviation Organization (N.) (ICAO) Międzynarodowa Organizacja (F.) Lotnictwa Cywilnego
Internationale Arbeitsorganisation (F.) (IAO) Międzynarodowa Organizacja (F.) Pracy
internationale Handelskammer (F.) Międzynarodowa izba (F.) handlowa
internationale Organisation (F.) organizacja (F.) międzynarodowa
internationale Schiedsgerichtsbarkeit (F.) międzynarodowe sądownictwo (N.) arbitrażowe
Internationale Standard-Buchnummer (F.) (ISBN) ISBN (M.)
internationale Zuständigkeit (F.) właściwość (F.) międzynarodowa

Internationaler Gerichtshof (M.) Międzynarodowy trybunał (M.) sprawiedliwości
internationaler Seegerichtshof (M.) Międzynarodowy trybunał (M.) morski
internationaler Währungsfonds (M.) (IWF) Międzynarodowy Fundusz (M.) Walutowy
internationales Einheitskaufsrecht (N.) Międzynarodowe jednolite prawo (N.) kupna
internationales Privatrecht (N.) międzynarodowe prawo (N.) prywatne
internationales Recht (N.) międzynarodowe prawo (N.)
Internet (N.) internet (M.)
internieren internować
Internierung (F.) internowanie (N.)
Interpellation (F.) interpelacja (F.)
Interpellationsrecht (N.) prawo (N.) interpelacji
Interpol (F.) Interpol (M.)
Interpolation (F.) interpolacja (F.)
Interpretation (F.) interpretacja (F.)
interpretieren interpretować
Interregnum (N.) bezkrólewie (N.)
Intervenient (M.) interwenient (M.)
intervenieren interweniować, wyjaśnić
Intervention (F.) interwencja (F.)
Interventionsklage (F.) powództwo (N.) przeciwegzekucyjne osoby trzeciej
Interzession (F.) intercesja (F.)
Intestaterbe (M.) spadkobierca (M.) prawny, spadkobierca (M.) ustawowy
Intestaterbfolge (F.) kolejność (F.) spadkobrania beztestamentowego
intim intymny (Adj.)
Intimität (F.) intymność (F.)
Intimsphäre (F.) sfera (F.) intymna
Invalide (M.) inwalida (M.)
Invalidenversicherung (F.) inwalidzkie ubezpieczenie (N.) rentowe robotników
Invalidität (F.) inwalidztwo (N.)
Inventar (N.) inwentarz (M.)
Inventur (F.) inwentaryzacja (F.)
Inverkehrbringen (N.) wprowadzenie (N.) do obrotu
investieren inwestować
Investition (F.) inwestycja (F.)
Investitur (F.) inwestytura (F.)
Investment (N.) zainwestowanie (N.) kapitału
Investmentfonds (M.) fundusz (M.) inwestycyjny
Investmentgesellschaft (F.) spółka (F.) inwestująca
invitatio (F.) ad offerendum (lat.) invitatio (F.) ad offerendum (lat.)
Inzest (F.) kazirodztwo (N.)
ipso iure (lat.) ipso iure (lat.), z mocy prawa, na mocy prawa
irreführen wprowadzać w błąd
Irrenanstalt (F.) zakład (M.) dla obłąkanych
Irrer (M.) obłąkany (M.), wariat (M.)
irreversibel nieodwracalny (Adj.)
Irrtum (M.) błąd (M.), pomyłka (F.)
irrtümlich błędny (Adj.), mylny (Adj.)
ISBN (F.) (Internationale Standardbuchnummer) międzynarodowy książkowy numer (M.) ISBN, ISBN (M.)
ISDN (N.) (Dienste integrierendes digitales Netz) sieć (F.) cyfrowa zintegrowanych usług ISDN, ISDN (M.)
Italien (N.) Włochy (Pl.)
italienisch włoski (Adj.)
ius (N.) (lat.) ius (N.) (lat.), prawo (N.)
ius (N.) commune (lat.) prawo (N.)
IWF (M.) (Internationaler Währungsfonds) Międzynarodowy Fundusz (M.) Walutowy

J

Jagd (F.) polowanie (N.)
Jagdausübung (F.) polowanie (N.)
Jagdausübungsrecht (N.) prawo (N.) polowania
jagdbar łowny (Adj.)
Jagdbezirk (M.) obwód (M.) łowiecki
Jagdgenossenschaft (F.) spółdzielnia (F.) łowiecka
Jagdpacht (F.) dzierżawa (F.) terenu łowieckiego
Jagdrecht (N.) prawo (N.) łowieckie
Jagdschein (M.) karta (F.) łowiecka
Jagdwilderei (F.) kłusownictwo (N.)
jagen polować
Jäger (M.) łowca (M.), myśliwy (M.)
Jahr (N.) rok (M.)
Jahr und Tag rok (M.) i dzień (M.)
Jahresabschluss (M.) roczne zamknięcie (N.) rachunkowe, bilans (M.) roczny
Jahresbericht (M.) sprawozdanie (N.) roczne
Jahresbilanz (F.) bilans (M.) roczny

Jahreseinkommen (N.) dochód (M.) roczny
Jahresfrist (F.) termin (M.) roczny
Jahresmiete (F.) czynsz (M.) roczny
jährlich roczny (Adj.)
Joint venture (N.) (engl.) joint venture (N.) (engl.)
Jude (M.) żyd (M.)
Judikat (N.) decyzja (F.)
Judikation (F.) judykacja (F.)
Judikative (F.) judykatywa (F.), władza (F.) sądownicza
Judikatur (F.) orzecznictwo (N.)
judizieren orzekać, rozstrzygnąć
Jugend (F.) młodzież (F.)
Jugendamt (N.) urząd (M.) do spraw młodzieży
Jugendarbeit (F.) praca (F.) młodzieży
Jugendarbeitsschutz (M.) ochrona (F.) pracy młodzieży
Jugendarrest (M.) areszt (M.) dla nieletnich
jugendgefährdend zagrażający młodzieży
jugendgefährdende Schrift (F.) pismo (N.) demoralizujące młodzież
Jugendgericht (N.) sąd (M.) dla nieletnich
Jugendgerichtsgesetz (N.) ustawa (F.) o sądzie dla nieletnich
Jugendgerichtshilfe (F.) pomoc (F.) urzędów do spraw młodzieży świadczona sądowi w czasie procesu
Jugendhilfe (F.) pomoc (F.) dla młodzieży
Jugendkriminalität (F.) przestępczość (F.) wśród młodzieży
jugendlich młodzieńczy (Adj.)
Jugendlicher (M.) nieletni (M.), nastolatek (M.), młodociany (M.)
jugendlicher Straftäter (M.) nieletni sprawca (M.) czynu karalnego
Jugendrecht (N.) prawo (N.) o nieletnich
Jugendrichter (M.) sędzia (M.) dla nieletnich
Jugendschutz (M.) ochrona (F.) młodzieży
Jugendschutzrecht (N.) prawo (N.) o ochronie młodzieży
Jugendstrafanstalt (F.) zakład (M.) karny dla nieletnich
Jugendstrafe (F.) kara (F.) dla nieletnich
Jugendstrafrecht (N.) prawo (N.) karne dla nieletnich
Jugendstraftat (F.) przestępstwo (N.) popełnione przez nieletniego
Jugendvertretung (F.) przedstawicielstwo (N.) młodzieży
Jugendwohlfahrt (F.) opieka (F.) społeczna nad młodzieżą
jung młody (Adj.)
Jungfernrede (F.) pierwsze przemówienie (N.)
Jungfrau (F.) dziewica (F.)
Junggeselle (M.) kawaler (M.), samotny (M.)
Junker (M.) junker (M.)
Junkertum (N.) junkierstwo (N.)
Junktim (N.) łącznik (M.), zależność (F.)
Junktimklausel (F.) klauzula (F.) zależności
Junta (F.) junta (F.)
Jura (N.) prawo (N.)
juridisch jurydyczny (Adj.)
Jurisdiktion (F.) jurysdykcja (F.)
Jurisprudenz (F.) jurysprudencja (F.), prawoznawstwo (N.)
Jurist (M.) prawnik (M.)
Juristentag (M.) kongres (M.) prawników
Juristerei (F.) zawód (M.) prawniczy
juristisch prawny (Adj.), prawniczy (Adj.)
juristische Ausbildung (F.) kształcenie (N.) prawnicze
juristische Person (F.) osoba (F.) prawna
Jury (F.) jury (N.), zespół (M.) sędziowski
Jus (N.) prawo (N.)
Justitiar (M.) radca (M.) prawny
Justiz (F.) wymiar (M.) sprawiedliwości
Justizausbildung (F.) kształcenie (N.) dla wymiaru sprawiedliwości
Justizbehörde (F.) organ (M.) wymiaru sprawiedliwości, urząd (M.) administracyjny w strukturze wymiaru sprawiedliwości
Justizbeitreibung (F.) egzekucja (F.) należności wymiaru sprawiedliwości
Justizbeitreibungsordnung (F.) ustawa (F.) o ściąganiu kosztów wymiaru sprawiedliwości
Justizgebäude (N.) budynek (M.) organu wymiaru sprawiedliwości
Justizgewährung (F.) wymiar (M.) sprawiedliwości
Justizgewährungsanspruch (M.) prawo (N.) obywatelskie odwołania się do sądu w sprawach spornych z władzą wykonawczą
justiziabel zdecydowany przez prawo
Justizirrtum (M.) omyłka (F.) sądowa
Justizminister (M.) minister (M.) sprawiedliwości
Justizmord (M.) sądowy wyrok (M.) śmierci oparty na błędzie, morderstwo (N.) sądowe

Justizverwaltung (F.) administracja (F.) wymiaru sprawiedliwości
Justizverwaltungsakt (M.) akt (M.) administracyjny wydany przez administrację wymiaru sprawiedliwości
Justizverwaltungsgesetz (N.) ustawa (F.) o administracji wymiaru sprawiedliwości
Justizvollzugsanstalt (F.) zakład (M.) karny
Justizwachtmeister (M.) strażnik (M.) sądowy

K

Kabel (N.) lina (F.), kabel (M.)
Kabinett (N.) rząd (M.), gabinet (M.)
Kabinettsbeschluss (M.) uchwała (F.) rządu
Kabinettssitzung (F.) posiedzenie (N.) gabinetu rządu
Kabinettsvorlage (F.) projekt (M.) rządu
Kabotage (F.) kabotaż (M.)
Kadett (M.) kadet (M.)
kaduzieren uznać za przepadłe
Kaduzierung (F.) uznanie (N.) za przepadłe
Kaiser (M.) cesarz (M.)
Kaiserin (F.) cesarzowa (F.)
kaiserlich cesarski (Adj.)
Kaiserreich (N.) cesarstwo (N.)
kalendarisch kalendarzowy (Adj.)
Kalender (M.) kalendarz (M.)
Kalkulation (F.) kalkulacja (F.), obliczenie (N.)
Kalkulationsirrtum (M.) błąd (M.) dotyczący kalkulacji
kalkulieren kalkulować, obliczać
Kammer (F.) izba (F.)
Kämmerer (M.) podskarbi (M.) miejski
Kammergericht (N.) (in Berlin) Wyższy Sąd (M.) Krajowy dla miasta Berlin
Kampagne (F.) kampania (F.)
Kampf (M.) walka (F.)
kämpfen walczyć
Kanal (M.) kanał (M.)
Kandidat (M.) kandydat (M.)
Kandidatur (F.) kandydatura (F.)
kandidieren kandydować
Kannbestimmung (F.) postanowienie (N.) despozytywne
Kannkaufmann (M.) kupiec (M.) z możliwości
Kannvorschrift (F.) przepis (M.) względnie obowiązujący, przepis (M.) dyspozytywny
Kanon (M.) kanon (M.)
Kanone (F.) armata (F.), działo (N.)
kanonisch kanoniczny
kanonisches Recht (N.) prawo (N.) kanoniczne
Kanton (M.) kanton (M.)
Kanzlei (F.) kancelaria (F.)
Kanzler (M.) kanclerz (M.), dyrektor (M.)
Kanzleramt (N.) urząd (M.) kanclerski
Kapazität (F.) pojętność (F.), zdolność (F.), pojemność (F.)
Kapelle (F.) kaplica (F.)
Kaperei (F.) korsarstwo (N.)
kapern kaperować, skaperować
Kapital (N.) kapitał (M.)
Kapitalanlage (F.) lokata (F.) kapitału
Kapitalanlagebetrug (M.) oszustwo (N.) lokat kapitałowych
Kapitalanlagegesellschaft (F.) spółka (F.) inwestująca
Kapitalanleger (M.) osoba (F.) lokująca kapitał
Kapitalanteil (M.) udział (M.) w kapitale
Kapitalerhöhung (F.) podwyższenie (N.) kapitału
Kapitalertrag (M.) zysk (M.) z kapitału
Kapitalertragsteuer (F.) podatek (M.) od zysku z kapitału
Kapitalgesellschaft (F.) spółka (F.) kapitałowa
Kapitalherabsetzung (F.) obniżenie (N.) kapitału zakładowego
kapitalisieren kapitalizować
Kapitalismus (M.) kapitalizm (M.)
Kapitalist (M.) kapitalista (M.)
kapitalistisch kapitalistyczny (Adj.)
Kapitalmarkt (M.) rynek (M.) kapitałowy
Kapitalverbrechen (N.) zbrodnia (F.) ciężka
Kapitalverkehr (M.) obrót (M.) kapitałowy
Kapitalverkehrsfreiheit (F.) wolność (F.) obrotu kapitałowego
Kapitalverkehrsteuer (F.) podatek (M.) od obrotu kapitałowego
Kapitän (M.) kapitan (M.)
Kapitel (N.) rozdział (M.)
Kapitulation (F.) kapitulacja (F.)
kapitulieren kapitulować
Karat (N.) karat (M.)
Kardinal (M.) kardynał (M.)

Karenz (F.) karencja (F.)
Karenzentschädigung (F.) odszkodowanie (N.) za okres karencji
Karenzzeit (F.) okres (M.) karencji
Karte (F.) bilet (M.), dokument (M.), karta (F.)
Kartei (F.) kartoteka (F.)
Kartell (N.) kartel (M.)
Kartellamt (N.) urząd (M.) kartelowy
Kartellbehörde (F.) urząd (M.) kartelowy
Kartellrecht (N.) prawo (N.) kartelowe
Karzer (M.) karcer (M.)
Kaserne (F.) koszara (F.)
Kasko (F.) kasko (N.)
Kaskoversicherung (F.) ubezpieczenie (N.) kasko, kasko (N.)
Kassation (F.) kasacja (F.)
kassatorisch kasatoryjny
Kasse (F.) gegen Faktura gotówka (F.) za fakturę
Kasse (F.) gegen Verladedokumente gotówka (F.) za dokumenty
Kasse (F.) kasa (F.), gotówka (F.)
Kassenarzt (M.) lekarz (M.) kasy chorych
Kassiber (M.) gryps (M.) więzienny
Kassier (M.) kasjer (M.)
kassieren inkasować, odebrać
Kaste (F.) kasta (F.)
Kastration (F.) kastracja (F.)
kastrieren kastrować, trzebić
Kasuistik (F.) kazuistyka (F.)
Katalog (M.) katalog (M.)
Kataster (M. bzw. N.) kataster (M.)
Katasteramt (N.) urząd (M.) katastralny
Katastrophe (F.) katastrofa (F.), klęska (F.)
katholisch katolicki (Adj.)
Kauf (M.) auf Probe kupno (N.) na próbę
Kauf (M.) kupno (N.)
Kauf (M.) nach Probe kupno (N.) po okresie próbnym
kaufen kupować
Käufer (M.) kupujący (M.), nabywca (M.)
Kaufgesetz (N.) prawo (N.) o sprzedaży
Kaufmann (M.) kupiec (M.)
kaufmännisch kupiecki (Adj.), handlowy (Adj.)
kaufmännisches Bestätigungsschreiben (N.) pismo (N.) kupieckie potwierdzające
kaufmännisches Zurückbehaltungsrecht (N.) kupieckie prawo (N.) zatrzymania rzeczy
Kaufmannsgericht (N.) sąd (M.) kupiecki
Kaufpreis (M.) cena (F.) kupna
Kaufrecht (N.) prawo (N.) kupna
Kaufschein (M.) świadectwo (N.) umożliwiające zakup
Kaufvertrag (M.) umowa (F.) kupna sprzedaży
kausal przyczynowy (Adj.)
kausale Handlungslehre (F.) nauka (F.) karna o przyczynowym zachowaniu się
Kausalgeschäft (N.) transakcja (F.) przycznowa
Kausalität (F.) przyczynowość (F.)
Kausalzusammenhang (M.) związek (M.) przyczynowy
Kautelarjurisprudenz (F.) jurysprudencja (F.) kautelarna
Kaution (F.) kaucja (F.)
Keinmanngesellschaft (F.) spółka (F.) kapitałowa bezosobowa
kennen znać
Kennenmüssen (N.) musieć znać
Kenntnis (F.) wiadomość (F.), wiedza (F.), znajomość (F.)
Kenntnisnahme (F.) przyjęcie (N.) do wiadomości, zaznajomienie (N.) się, zapoznanie (N.) się
Kerker (M.) więzienie (N.)
Kette (F.) łańcuch (M.) ozdobny, łańcuszek (M.), naszyjnik (M.), więzy (M.Pl.), kajdanki (F.Pl.)
Kettenarbeitsverhältnis (N.) łańcuchowy stosunek (M.) pracy na czas oznaczony
Ketzer (M.) heretyk (M.)
Ketzerei (F.) herezja (F.)
kidnappen porwać
Kidnapper (M.) porywacz (M.)
Killer (M.) kiler (M.), zabójca (M.)
Kind (N.) dziecko (N.)
Kindererziehung (F.) wychowanie (N.) dzieci
Kinderfreibetrag (M.) kwota (F.) przeznaczona na dziecko odejmowana od podstawy opodatkowania
Kindergeld (N.) zasiłek (M.) na dzieci, dodatek (M.) na dzieci
Kinderhilfe (F.) pomoc (F.) dla dzieci
Kindesannahme (F.) adopcja (F.) dziecka
Kindesentziehung (F.) uprowadzenie (N.) dziecka, porwanie (N.) dziecka
Kindeskind (N.) wnuk (M.)
Kindesraub (M.) uprowadzenie (N.) dziecka

Kindestötung (F.) dzieciobójstwo (N.)
Kindesunterhalt (M.) alimentacja (F.) dziecka
Kindeswohl (N.) dobro (N.) dziecka
Kindschaft (F.) status (M.) dzieci
Kindschaftssache (F.) sprawa (F.) dotycząca statusu dzieci
Kirche (F.) kościół (M.)
Kirchenbuch (N.) księga (F.) kościelna
Kirchengemeinde (F.) gmina (F.) kościelna, parafia (F.)
Kirchenrecht (N.) prawo (N.) kościelne
Kirchenstaat (M.) państwo (N.) kościelne, Watykan (M.)
Kirchensteuer (F.) podatek (M.) kościelny
Kirchenvertrag (M.) umowa (F.) kościelna
Kirchenverwaltung (F.) administracja (F.) kościelna
Kirchgeld (N.) podatek (M.) kościelny
kirchlich kościelny (Adj.), cerkiewny (Adj.)
Kirchspiel (N.) parafia (F.)
klagbar mogący pozwać
Klage (F.) pozew (M.), powództwo (N.)
Klageabweisung (F.), odrzucenie (N.) powództwa
Klageänderung (F.) zmiana (F.) powództwa
Klageantrag (M.) wniosek (M.) z powództwa
Klageart (F.) rodzaj (M.) powództwa
Klagebefugnis (F.) legitymacja (F.) procesowa strony powodowej, legitymacja (F.) czynna
Klagebegehren (N.) żądanie (N.) z powództwa
Klagebegründung (F.) uzasadnienie (N.) powództwa
Klageerhebung (F.) wytoczenie (N.) powództwa
Klageerwiderung (F.) odpowiedź (F.) na pozew
Klageerzwingung (F.) odmowa (F.) wniesienia aktu oskarżenia lub umorzenia postępowania
Klageerzwingungsverfahren (N.) postępowanie (N.) sądowe w celu zmuszenia prokuratury do wniesienia oskarżenia publicznego
Klagefrist (F.) termin (M.) do złożenia pozwu
Klagegrund (M.) podstawa (F.) powództwa
klagen pozwać, pozywać
Klagenhäufung (F.) kumulacja (F.) powództwa
Kläger (M.) powód (M.)
Klägerin (F.) powódka (F.)
Klagerücknahme (F.) cofnięcie (N.) powództwa
Klageschrift (F.) pozew (M.)
klar klarowny (Adj.), przejrzysty (Adj.)
Kläranlage (F.) oczyszczalnia (F.)
klären klarować, wyjaśniać, oczyszczać
Klärung (F.) wyjaśnienie (N.)
Klasse (F.) klasa (F.)
Klassenjustiz (F.) klasowy wymiar (M.) sprawiedliwości
Klassenkampf (M.) walka (F.) klasowa
Klassifikation (F.) klasyfikacja (F.)
klassifizieren klasyfikować
Klausel (F.) klauzula (F.)
Klausur (F.) klauzura (F.), praca (F.) klauzurowa
kleinere (Adj. Komp.) mniejszy (Adj.)
Kleinod (N.) klejnot (M.)
Kleinstaat (M.) państewko (N.)
Kleptomane (M.) kleptoman (M.)
Kleptomanie (F.) kleptomania (F.)
klerikal klerykalny (Adj.)
Kleriker (M.) duchowny (M.), kleryk (M.)
Klerus (M.) kler (M.)
Klient (M.) klient (M.)
Klientel (F.) klientela (F.)
Klinik (F.) klinika (F.)
Kloster (N.) klasztor (M.)
Knappe (M.) giermek (M.), górnik (M.)
Knappschaft (F.) bractwo (N.) górnicze, gwarectwo (N.)
Knebel (M.) knebel (M.)
knebeln kneblować, krępować
Knebelung (F.) kneblowanie (N.)
Knebelungsvertrag (M.) umowa (F.) krępująca
Knecht (M.) pachołek (M.), parobek (M.), knecht (M.)
Knechtschaft (F.) niewola (F.)
Knowhow (N.) (engl.) know-how (N.) (engl.)
Koadjutor (M.) koadiutor (M.)
koalieren tworzyć koalicję, sprzymierzać się
Koalition (F.) koalicja (F.)
Koalitionsfreiheit (F.) wolność (F.) koalicyjna
Kodex (M.) kodeks (M.)

Kodifikation (F.) kodyfikacja (F.)
kodifizieren kodyfikować, skodyfikować
Kodizill (N.) kodycyl (M.)
Kognat (M.) kognat (M.), krewny (M.) kognacyjny, krewny (M.) krwi
Koitus (M.) akt (M.) płciowy
Kokain (N.) kokaina (F.)
Kolchose (F.) kołchoz (M.)
Kollation (F.) zaliczenie (N.) na dział spadku
Kollege (M.) kolega (M.)
kollegial koleżenski (Adj.), kolegialny
Kollegialbehörde (F.) urząd (M.) kolegialny
Kollegialgericht (N.) sąd (M.) kolegialny
Kollegialorgan (N.) organ (M.) kolegialny
Kollegium (N.) kolegium (N.)
Kollektiv (N.) kolektyw (M.), zespół (M.)
kollektiv kolektywny (Adj.), zespołowy (Adj.)
Kollektivarbeitsrecht (N.) prawo (N.) zbiorowe o pracę
Kollektivbeleidigung (F.) zniewaga (F.) kolektywna, zniewaga (F.) zbiorowa
Kollektiveigentum (N.) własność (F.) kolektywna, własność (F.) zbiorowa
Kollektivschuld (F.) dług (M.) kolektywny, dług (M.) zbiorowy
Kollektivvertrag (M.) umowa (F.) zbiorowa
kollidieren kolidować
Kollision (F.) kolizja (F.), zderzenie (N.)
Kollisionsnorm (F.) norma (F.) kolizyjna
Kollisionsrecht (N.) prawo (N.) kolizyjne
kolludieren wchodzić w zmowę, działać z kimś wspólnie na niekorzyść osoby trzeciej
Kollusion (F.) koluzja (F.), zmowa (F.), sprzeczne z prawem umawianie (N.) się, porozumiewanie (N.) się na niekorzyść osoby trzeciej
Kolonie (F.) kolonia (F.)
Komitee (N.) komitet (M.)
Kommandeur (M.) dowódca (M.), szef (M.)
kommandieren komenderować, dowodzić
Kommanditgesellschaft (F.) spółka (F.) komandytowa
Kommanditist (M.) komandytysta (M.), wspólnik (M.) komandytowy
Kommentar (M.) komentarz (M.)
Kommentator (M.) komentator (M.)
kommentieren komentować
kommerzialisieren komercjalizować
kommerziell komercjalny (Adj.), handlowy (Adj.)
Kommilitone (M.) kolega (M.) uniwersytecki
Kommilitonin (F.) koleżanka (F.) uniwersytecka
Kommissar (M.) komisarz (M.)
Kommissariat (N.) komisariat (M.)
kommissarisch komisaryczny (Adj.)
Kommission (F.) der Europäischen Union Komisja (F.) Unii Europejskiej
Kommission (F.) komisja (F.), komis (M.)
Kommissionär (M.) komisant (M.)
Kommittent (M.) komitent (M.)
Kommorient (M.) komorient (M.)
Kommorientenvermutung (F.) domniemanie (N.) pierwszeństwa śmierci wspólnie zmarłych, domniemanie (N.) komorientów
kommunal komunalny (Adj.)
Kommunalaufsicht (F.) nadzór (M.) nad gminami
Kommunalrecht (N.) prawo (N.) komunalne
Kommunalverfassung (F.) ustrój (M.) komunalny
Kommunalverfassungsklage (F.) powództwo (N.) dotyczące konstytucji komunalnej
Kommunalverwaltung (F.) administracja (F.) komunalna
Kommunalwahl (F.) wybór (M.) komunalny
Kommune (F.) gmina (F.), komuna (F.), wspólnota (F.)
Kommunikation (F.) komunikacja (F.)
Kommunikationsmittel (N.) środek (M.) komunikacyjny
Kommunismus (M.) komunizm (M.)
Kommunist (M.) komunista (M.)
kommunistisch komunistyczny
Kommunistisches Manifest (N.) manifest (M.) komunistyczny
kommunizieren komunikować
kompatibel kompatybilny (Adj.)
Kompatibilität (F.) kompatybilność (F.)
Kompendium (N.) kompendium (N.)
Kompensation (F.) kompensata (F.), rekompensata (F.), kompensacja (F.), wyrównanie (N.)
kompensieren kompensować, wyrównać
kompetent kompetentny, miarodajny (Adj.), właściwy
Kompetenz (F.) kwalifikacja (F.), kompetencja (F.), właściwość (F.)
Kompetenzkompetenz (F.) kompetencja (F.) do ustalania zakresu działania organów

Kompetenzkonflikt (M.) spór (M.) o właściwość
Kompilation (F.) kompilacja (F.)
kompilieren kompilować
Komplementär (M.) komplementariusz (M.), komandytariusz (M.) komplementarny
komplex kompleksowy (Adj.)
Komplex (M.) kompleks (M.)
Komplize (M.) pomocnik (M.) przestępcy, wspólnik (M.)
Komplott (N.) spisek (M.), zmowa (F.)
Komposition (F.) kompozycja (F.)
Kompromiss (M.) kompromis (M.)
Kondiktion (F.) roszczenie (N.) z tytułu bezpodstawnego wzbogacenia
Kondition (F.) warunek (M.), zastrzeżenie (N.), stan (M.), położenie (N.)
Kondominat (N.) kondominat (M.)
Kondominium (N.) kondominium (N.)
Konferenz (F.) für Sicherheit und Zusammenarbeit in Europa (KSZE) Konferencja (F.) do spraw bezpieczeństwa i współpracy z Europą
Konferenz (F.) konferencja (F.)
Konfession (F.) wyznanie (N.), religia (F.)
Konfiskation (F.) konfiskata (F.), konfiskacja (F.)
konfiszieren konfiskować, skonfiskować
Konflikt (M.) konflikt (M.)
Konföderation (F.) konfederacja (F.)
konform zgodny (Adj.)
Konfusion (F.) konfuzja (F.), zamieszanie (N.)
Kongregation (F.) kongregacja (F.)
Kongress (M.) kongres (M.), zjazd (M.)
Kongressabgeordneter (M.) (Kongressabgeordneter in den Vereinigten Staaten von Amerika) kongresman (M.)
König (M.) król (M.)
Königin (F.) królowa (F.)
königlich królewski (Adj.)
Königtum (N.) królewstwo (N.)
Konklave (F.) konklawa (F.)
konkludent konkludentny (Adj.), dorozumiany (Adj.)
konkludentes Handeln (N.) działanie (N.) dorozumiane, działanie (N.) konkludentne
konkludieren konkludować, wyciągać wnioski
Konklusion (F.) konkluzja (F.)
Konkordat (N.) konkordat (M.)
konkret konkretny (Adj.)
konkrete Normenkontrolle (F.) konkretna kontrola (F.) zgodności normy
konkretes Gefährdungsdelikt (N.) konkretne przestępstwo (N.) z zagrożenia
Konkretisierung (F.) konkretyzacja (F.)
Konkubinat (N.) konkubinat (M.)
Konkubine (F.) konkubina (F.)
Konkurrent (M.) konkurent (M.), rywal (M.)
Konkurrentenklage (F.) powództwo (N.) konkurencyjne
Konkurrenz (F.) konkurencja (F.)
konkurrieren konkurować, rywalizować
konkurrierend konkurencyjny
konkurrierende Bundesgesetzgebung (F.) federalne ustawodawstwo (N.) konkurencyjne
Konkurs (M.) upadłość (F.)
Konkursantrag (M.) wniosek (M.) o ogłoszenie upadłości
Konkursforderung (F.) wierzytelność (F.) podlegająca zgłoszeniu do masy upadłościowej
Konkursgläubiger (M.) wierzyciel (M.) upadłego
Konkursmasse (F.) masa (F.) upadłościowa
Konkursrecht (N.) prawo (N.) o upadłości
Konkursstraftat (F.) upadłościowy czyn (M.) karalny
Konkursverfahren (N.) postępowanie (N.) upadłościowe
Konkursverwalter (M.) syndyk (M.) masy upadłościowej
Können (N.) znajomość (F.), umiejętność (F.), zdolność (F.)
Konnexität (F.) pozostawanie (N.) w związku
Konnivenz (F.) pobłażanie (N.)
Konnossement (N.) konosament (M.)
Konnotation (F.) konotacja (F.)
Konrektor (M.) konrektor (M.)
Konsens (M.) konsens (M.), porozumienie (N.), zgoda (F.)
konsensual konsensualny (Adj.)
Konsensualvertrag (M.) umowa (F.) konsensualna
konservativ konserwatywny (Adj.)
konservieren konserwować
Konsignation (F.) konsygnacja (F.)
Konsistorium (N.) konsystorz (M.)
Konsolidation (F.) konsolidacja (F.),

umocnienie (N.), zjednoczenie (N.), stabilizacja (F.)
konsolidieren konsolidować, skonsolidować, wzmocnić, utrwalić, zabezpieczyć, zjednoczyć
Konsorte (M.) konsorcjusz (M.), członek (M.) konsorcjum
Konsortium (N.) konsorcjum (N.)
Konspiration (F.) konspiracja (F.)
konspirieren konspirować, spiskować
Konstitution (F.) konstytucja (F.)
Konstitutionalismus (M.) konstytucjonalizm (M.)
konstitutionell konstytucyjny (Adj.)
konstitutiv konstytutywny (Adj.)
konstruieren konstruować, skonstruować
Konstruktionsfehler (M.) błąd (M.) konstrukcyjny
konstruktiv konstruktywny (Adj.)
konstruktives Misstrauensvotum (N.) konstruktywne wotum (N.) nieufności
Konsul (M.) konsul (M.)
Konsulat (N.) konsulat (M.)
Konsulent (M.) doradca (M.)
Konsultation (F.) konsultacja (F.)
konsultieren konsultować
Konsum (M.) konsumpcja (F.), spożycie (N.)
Konsument (M.) konsument (M.)
Konsumentenschutz (M.) ochrona (F.) konsumenta
Konsumgenossenschaft (F.) spółdzielnia (F.) spożywców
konsumieren konsumować
Konsumtion (F.) konsumpcja (F.)
Kontakt (M.) kontakt (M.)
kontaktieren kontaktować
Kontaktsperre (F.) zakaz (M.) kontaktów
Konterbande (F.) kontrabanda (F.)
Konterrevolution (F.) kontrrewolucja (F.)
Kontigentierung (F.) kontyngentowanie (N.) ustalenie (N.) kontyngentu
Kontingent (N.) kontyngent (M.)
kontingentieren kontyngentować
Konto (N.) konto (N.), rachunek (M.) bankowy
Kontoauszug (M.) wyciąg (M.) z konta
Kontokorrent (N.) kontokurent (M.), rachunek (M.) bankowy bieżący
Kontokorrentkredit (M.) kredyt (M.) krótkoterminowy na rachunku bieżącym bankowym
Kontokorrentvorbehalt (M.) zastrzeżenie (N.) kontokurenta
Kontostand (M.) stan (M.) konta
Kontoüberziehung (F.) przekroczenie (N.) konta
kontradiktorisch kontradyktoryjny (Adj.)
kontrahieren umówić się, uzgodnić
Kontrahierungszwang (M.) przymus (M.) zawarcia umowy
Kontrakt (M.) kontrakt (M.), umowa (F.)
Kontribution (F.) kontrybucja (F.)
Kontrolle (F.) kontrola (F.)
Kontrolleur (M.) kontroler (M.)
kontrollieren kontrolować
Kontrollrat (M.) rada (F.) kontrolna
kontumazial zaoczny (Adj.)
Kontumazialverfahren (N.) postępowanie (N.) zaoczne
Konvaleszenz (F.) konwalidacja (F.) czynności prawnej
Konvent (M.) konwent (M.)
Konvention (F.) konwencja (F.)
Konvention (F.) zum Schutz der Menschenrechte konwencja (F.) o ochronie praw człowieka
konventional konwencjonalny (Adj.)
Konventionalscheidung (F.) rozwód (M.) za zgodą obu stron
Konventionalstrafe (F.) kara (F.) umowna
Konversion (F.) konwersja (F.)
konvertibel wymienny (Adj.)
Konvertibilität (F.) wymienialność (F.)
konvertieren wymieniać
Konzentration (F.) koncentracja (F.)
Konzentrationslager (N.) obóz (M.) koncentracyjny
konzentrieren koncentrować
Konzern (M.) koncern (M.)
Konzernrecht (N.) prawo (N.) koncernowe
Konzernvorbehalt (M.) zastrzeżenie (N.) koncernowe
Konzession (F.) koncesja (F.), ustępstwo (N.)
Konzessionär (M.) koncesjonariusz (M.)
konzessionieren koncesjonować
Konzessionsabgabe (F.) opłata (F.) za koncesję
Konzessionssystem (N.) system (M.) koncesjonowany
Konzil (N.) sobór (M.)
Kooperation (F.) kooperacja (F.)
kooperieren kooperować, współpracować

kooptieren kooptować, dobrać
Kopf (M.) głowa (F.)
köpfen ścinać, główkować
Kopfsteuer (F.) pogłówne (N.)
Kopie (F.) kopia (F.)
kopieren kopiować
Körper (M.) ciało (N.)
körperlich cielesny (Adj.), fizyczny (Adj.), materialny
körperliche Misshandlung (F.) znęcanie (N.) cielesne
Körperschaft (F.) korporacja (F.), stowarzyszenie (N.), wspólnota (F.), zrzeszenie (N.)
körperschaftlich korporacyjny (Adj.)
Körperschaftsteuer (F.) podatek (M.) od osób prawnych
Körperverletzung (F.) uszkodzenie (N.) ciała
Korporation (F.) korporacja (F.), stowarzyszenie (N.)
korrekt poprawny (Adj.)
Korrektur (F.) korektura (F.)
korrespektiv wzajemnie zależny (Adj.)
korrespektives Testament (N.) testament (M.) wzajemnie zależny
Korrespondenz (F.) korespondencja (F.)
Korrespondenzanwalt (M.) adwokat (M.) pośredniczący w korespondencji pomiędzy klientem i adwokatem prowadzącym sprawę
Korrespondenzgeheimnis (N.) tajemnica (F.) korespondencyjna
korrespondieren korespondować
korrigieren korygować
korrumpieren korumpować, skorumpować
korrupt skorumpowany (Adj.), sprzedajny (Adj.)
Korruption (F.) korupcja (F.)
kostbar kosztowny (Adj.), drogocenny (Adj.)
Kostbarkeit (F.) rzecz (F.) drogocenna, rzecz (F.) kosztowna, kosztowność (F.)
Kosten (F.Pl.) koszt (M.), koszty (M.Pl.)
kosten kosztować
Kostendeckung (F.) pokrycie (N.) kosztów
Kostenentscheidung (F.) orzeczenie (N.) o kosztach
Kostenfestsetzung (F.) ustalenie (N.) kosztów
Kostenfestsetzungsbeschluss (M.) postanowienie (N.) o ustaleniu kosztów
kostenlos bezpłatny (Adj.), gratis
Kostenordnung (F.) ustawa (F.) dotycząca kosztów
Kostenrechnung (F.) kosztorys (M.), rachunek (M.) kosztów
Kostenrecht (N.) prawo (N.) o kosztach
Kostenvoranschlag (M.) kosztorys (M.) szacunkowy
Kraft (F.) siła (F.)
kraft Gesetzes na mocy ustawy
Kraftfahrt (F.) komunikacja (F.) samochodowa
Kraftfahrtbundesamt (N.) federalny urząd (M.) do spraw zmotoryzowanego ruchu drogowego
Kraftfahrtversicherung (F.) ubezpieczenie (N.) komunikacji samochodowej
Kraftfahrzeug (N.) pojazd (M.) samochodowy, pojazd (M.) mechaniczny
Kraftfahrzeugbrief (M.) książka (F.) pojazdu samochodowego
Kraftfahrzeugführer (M.) kierowca (M.) pojazdu mechanicznego
Kraftfahrzeughalter (M.) posiadacz (M.) pojazdu samochodowego
Kraftfahrzeugkennzeichen (N.) numer (M.) rejestracyjny pojazdu samochodowego
Kraftfahrzeugschein (M.) dokument (M.) dopuszczenia pojazdu samochodowego do ruchu drogowego
Kraftfahrzeugsteuer (F.) podatek (M.) od pojazdów samochodowych
Kraftfahrzeugversicherung (F.) ubezpieczenie (N.) pojazdów samochodowych
Kraftfahrzeugzulassungsstelle (F.) miejsce (N.) dopuszczenia pojazdu mechanicznego do ruchu
kraftlos nieważny (Adj.)
Kraftloserklärung (F.) unieważnienie (N.)
Kraftverkehr (M.) ruch (M.) drogowy, ruch (M.) pojazdów mechanicznych
Kraftverkehrsordnung (F.) ustawa (F.) dotycząca ruchu drogowego
Kraftwerk (N.) elektrownia (F.)
krank chory (Adj.)
Krankengeld (N.) zasiłek (M.) chorobowy
Krankenhaus (N.) szpital (M.)
Krankenkasse (F.) kasa (F.) chorych
Krankenschein (M.) świadectwo (N.) ubezpieczenia uprawniające do opieki lekarskiej
Krankenversichertenkarte (F.) legitymacja (F.) ubezpieczeniowa
Krankenversicherung (F.) ubezpieczenie (N.) na wypadek choroby

Krankheit (F.) choroba (F.)
Kredit (M.) kredyt (M.)
Kreditauftrag (M.) zlecenie (N.) kredytowe
Kreditbetrug (M.) oszustwo (N.) kredytowe
Kreditbrief (M.) list (M.) kredytowy, akredytywa (F.)
kreditfähig zdolny do pobrania kredytu
Kreditgeber (M.) kredytodawca (M.)
Kreditgeschäft (N.) czynność (F.) kredytowa, transakcja (F.) kredytowa
Kreditinstitut (N.) instytucja (F.) kredytowa
Kreditkarte (F.) karta (F.) kredytowa
Kreditkauf (M.) kupno (N.) na kredyt
Kreditnehmer (M.) kredytobiorca (M.)
Kreditschädigung (F.) szkodzenie (N.) kredytowe
Kreditsicherung (F.) zabezpieczenie (N.) kredytu
Kreditvermittler (M.) pośrednik (M.) kredytowy
Kreditvermittlerin (F.) pośredniczka (F.) kredytowa
Kreditvermittlung (F.) pośrednictwo (N.) w sprawach kredytu
Kreditvermittlungsvertrag (M.) umowa (F.) dotycząca pośrednictwa w sprawach kredytu
Kreditvertrag (M.) umowa (F.) kredytowa
Kreditwesen (N.) system (M.) kredytowy
Kreditwucher (M.) lichwa (F.) kredytowa
kreditwürdig zasługujący na kredyt
Kreditwürdigkeit (F.) zdolność (F.) kredytowa
Kreis (M.) koło (N.), krąg (M.), powiat (M.)
Kreisausschuss (M.) komisja (F.) powiatowa
kreisfrei wydzielony (Adj.)
Kreisgericht (N.) sąd (M.) powiatowy
Kreislauf (M.) obieg (M.) okrężny
Kreislaufwirtschaft (F.) gospodarka (F.) obiegiem odpadami
Kreisordnung (F.) ustawa (F.) dotycząca powiatów, ustawa (F.) o powiatach
Kreistag (M.) rada (F.) powiatowa
Kreisverfassung (F.) ustrój (M.) powiatowy
Kreisverkehr (M.) rondo (N.)
Kreisverwaltung (F.) administracja (F.) powiatowa
Kreuz (N.) krzyż (M.)
kreuzen krzyżować
Kreuzung (F.) skrzyżowanie (N.)
Kreuzverhör (N.) przesłuchanie (N.) krzyżowe
Krieg (M.) wojna (F.)
Kriegsdienst (M.) służba (F.) wojskowa
Kriegsdienstverweigerer (M.) osoba (F.) odmawiająca odbycia służby wojskowej
Kriegsdienstverweigerung (F.) odmowa (F.) pełnienia służby wojskowej
Kriegserklärung (F.) wypowiedzenie (N.) wojny
Kriegsgefangener (M.) jeniec (M.) wojenny
Kriegsgefangenschaft (F.) niewola (F.) wojenna
Kriegsgericht (N.) sąd (M.) wojenny
Kriegsrecht (N.) prawo (N.) wojenne
Kriegsverbrechen (N.) zbrodnia (F.) wojenna
Kriegswaffe (F.) broń (F.) wojenna
Kriegswaffenkontrolle (F.) kontrola (F.) broni wojennej
Kriegswaffenkontrollgesetz (N.) ustawa (F.) dotycząca kontroli broni wojennej
kriminal kryminalny (Adj.)
kriminalisieren kryminalizować
Kriminalistik (F.) kryminalistyka (F.)
Kriminalität (F.) przestępczosć (F.)
Kriminalpolizei (F.) policja (F.) kryminalna
Kriminalprozess (M.) proces (M.) kryminalny
Kriminalsache (F.) sprawa (F.) kryminalna
Kriminalstatistik (F.) statystyka (F.) kryminalna
kriminell kryminalny (Adj.)
kriminelle Vereinigung (F.) związek (M.) przestępczy
Kriminologe (M.) kryminolog (M.)
Kriminologie (F.) kryminologia (F.)
kriminologisch kryminologiczny
Kronanwalt (M.) prokurator (M.) koronny
Krone (F.) korona (F.)
krönen koronować
Kronrat (M.) (Kronrat in Großbritannien) rada (F.) koronna
Krönung (F.) koronacja (F.), ukoronowanie (N.)
Kronzeuge (M.) świadek (M.) koronny
KSZE (F.) (Konferenz für Sicherheit und Zusammenarbeit in Europa) konferencja

(F.) do spraw bezpieczeństwa i współpracy z Europą
kulant gotowy do pójścia na ugodę
Kulanz (F.) pójście (N.) komuś na rękę
Kulpakompensation (F.) potrącenie (N.) winy, wyrównanie (N.) winy, kompensacja (F.) zawinienia
Kultur (F.) kultura (F.)
kulturell kulturalny (Adj.)
Kulturerbe (N.) dziedzictwo (N.) kulturalne
Kulturhoheit (F.) zwierzchnictwo (N.) w zakresie kultury
Kulturverwaltungsrecht (N.) prawo (N.) dotyczące administracji kulturalnej
Kumulation (F.) kumulacja (F.)
Kumulationsprinzip (N.) zasada (F.) kumulacji
kumulativ kumulatywny (Adj.), łączący (Adj.), skupiający (Adj.)
kumulative Kausalität (F.) przyczynowość (F.) kumulatywna
kumulative Schuldübernahme (F.) przystąpienie (N.) do zobowiązania
kumulieren kumulować
kündbar mogący być wypowiedzianym, podlegający (Adj.)
Kunde (F.) wiadomość (F.), wieść (F.), wiedza (F.)
Kunde (M.) klient (M.)
kundig doświadczony (Adj.), znający (Adj.), władający
kündigen wypowiedzieć
Kündigung (F.) wypowiedzenie (N.), wymówienie (N.)
Kündigungsfrist (F.) termin (M.) wypowiedzenia
Kündigungsschutz (M.) ochrona (F.) przed wypowiedzeniem
künftig przyszły (Adj.)
Kunst (F.) sztuka (F.), zręczność (F.), biegłość (F.)
Kunstfehler (M.) błąd (M.) w sztuce
Kunstfreiheit (F.) wolność (F.) w sztuce
Künstler (M.) artysta (M.)
künstlich sztuczny (Adj.)
Kunstverwaltungsrecht (N.) prawo (N.) dotyczące administracji sztuki
Kupon (M.) kupon (M.)
Kuppelei (F.) stręczenie (N.) do nierządu, stręczycielstwo (N.)
kuppeln łączyć, raić, swatać
Kuppler (M.) stręczyciel (M.)
Kupplerin (F.) stręczycielka (F.)
Kuratel (F.) kuratela (F.)
Kurator (M.) kurator (M.), opiekun (M.)
Kuratorium (N.) rada (F.) nadzorcza, kuratorium (N.)
Kurfürst (M.) elektor (M.), kurfirst (M.)
Kurie (F.) kuria (F.)
Kurier (M.) kurier (M.), posłaniec (M.)
Kurs (M.) kurs (M.), kierunek (M.)
Kurtoisie (F.) kurtuazja (F.)
kurz krótki (Adj.), zwięzły (Adj.)
Kurzarbeit (F.) praca (F.) w niepełnym wymiarze godzin, zatrudnienie (N.) w niepełnym wymiarze czasu pracy
Kurzarrest (M.) krótki areszt (M.) dla nieletnich
kürzen skracać, redukować
Küste (F.) wybrzeże (N.), nadbrzeże (N.), brzeg (M.) morski
Küstengewässer (N.) woda (F.) przybrzeżna, woda (F.) terytorialna
Kux (M.) kuks (M.), akcja (F.) kopalniana

L

laden (aufladen) ładować, naładować, nabić
laden (herbestellen) wezwać
Laden (M.) sklep (M.)
Ladenangestellter (M.) pracownik (M.) sklepu
Ladendieb (M.) złodziej (M.) sklepowy
Ladendiebstahl (M.) kradzież (F.) sklepowa
Ladenschluss (M.) zamknięcie (N.) sklepów
Ladeschein (M.) konosament (M.) w żegludze śródlądowej
lädieren uszkadzać, kaleczyć
Ladung (F.) (Aufladung von Gütern) ładunek (M.)
Ladung (F.) (Herbestellung) wezwanie (N.)
laesio (F.) enormis (lat.) laesio (F.) enormis (lat.)
Lager (N.) (Warenlager) magazyn (M.), obóz (M.)
Lager (N.) położenie (N.), sytuacja (F.)
Lagergeschäft (N.) umowa (F.) składu
Lagerhalter (M.) posiadacz (M.) składu, przedsiębiorca (M.) składowy
Lagerhaus (N.) magazyn (M.), dom (M.) składowy, skład (M.)

lagern magazynować, składować
Lagerschein (M.) kwit (M.) składowy
Lagervertrag (M.) umowa (F.) składu
Laie (M.) laik (M.), niefachowiec (M.)
Laienrichter (M.) sędzia (M.) niezawodowy
Land (N.) ziemia (F.), kraj (M.)
Landesarbeitsgericht (N.) krajowy sąd (M.) pracy
Landesbank (F.) bank (M.) krajowy
Landesbehörde (F.) urząd (M.) krajowy
Landesgesetz (N.) ustawa (F.) krajowa
Landesgesetzgebung (F.) ustawodawstwo (N.) krajowe
Landeshauptmann (M.) premier (M.) kraju związkowego
Landesherr (M.) władca (M.) kraju, władca (M.) terytorialny, panujący (M.)
Landesjustizverwaltung (F.) administracja (F.) wymiaru sprawiedliwości w kraju związkowym
Landeskirche (F.) kościół (M.) krajowy
Landesplanung (F.) planowanie (N.) krajowe
Landesrecht (N.) prawo (N.) krajowe
Landesregierung (F.) rząd (M.) krajowy
Landessozialgericht (N.) krajowy sąd (M.) do spraw socjalnych
Landessteuer (F.) podatek (M.) krajowy
Landesstrafrecht (N.) prawo (N.) karne krajowe
landesunmittelbar bezpośrednio połączony (Adj.) z krajem związkowym
Landesverfassung (F.) konstytucja (F.) krajowa
Landesverfassungsgericht (N.) krajowy sąd (M.) konstytucyjny
Landesverrat (M.) zdrada (F.) kraju
Landesverräter (M.) zdrajca (M.) kraju
landesverräterisch zdradziecki (Adj.), dotyczący zdrady kraju
Landesverwaltung (F.) administracja (F.) krajowa
Landeszentralbank (F.) krajowy bank (M.) centralny
Landfriede (M.) spokój (M.) publiczny
Landfriedensbruch (M.) naruszenie (N.) spokoju publicznego
Landgericht (N.) sąd (M.) krajowy
Landkreis (M.) powiat (M.) ziemski
Landpacht (F.) dzierżawa (F.) ziemi
Landrat (M.) starosta (M.), naczelnik (M.) powiatu
Landratsamt (N.) starostwo (N.), urząd (M.) powiatowy
Landrecht (N.) prawo (N.) krajowe
Landschaft (F.) krajobraz (M.)
Landschaftsverband (M.) związek (M.) powiatów kraju związkowego
Landstraße (F.) szosa (F.)
Landstreicher (M.) włóczęga (M.)
Landtag (M.) parlament (M.) krajowy
Landwehr (F.) wojskowa obrona (F.) terytorialna, obrona (F.) krajowa
Landwirt (M.) rolnik (M.)
Landwirtschaft (F.) rolnictwo (N.)
Landwirtschaftskammer (F.) izba (F.) rolnicza
Landwirtschaftsrecht (N.) prawo (N.) rolne
lang długo
Lärm (M.) hałas (M.)
Last (F.) ciężar (M.), brzemię (N.), obciążenie (N.)
Lastenausgleich (M.) podatek (M.) wyrównawczy na pokrycie szkód wojennych
lastenfrei nieobciążony (Adj.)
Laster (N.) nałóg (M.), przywara (F.), rozpusta (F.)
lästern obmawiać, obgadywać, bluźnić
Lästerung (F.) bluźnierstwo (N.)
lästig uciążliwy (Adj.), irytujący (Adj.), natrętny (Adj.)
Lastschrift (F.) obciążenie (N.)
Lastschriftanzeige (F.) nota (F.) debetowa
Lastschriftverfahren (N.) debetowanie (N.) bezpośrednie
Lauf (M.) bieg (M.), przebieg (M.)
Laufbahn (F.) przebieg (M.) kariery zawodowej
laufen iść, biegać
Laufzeit (F.) termin (M.), okres (M.) ważności
lauter głośniej
leasen leasować
Leasing (N.) leasing (M.)
Leasinggeber (M.) finansujący (M.), leasingodawca (M.)
Leasingnehmer (M.) korzystający (M.), leasingbiorca (M.)
Leasingvertrag (M.) umowa (F.) leasingu
Leben (N.) życie (N.)

leben żyć
Lebensalter (N.) wiek (M.), wiek (M.) życia
Lebenserfahrung (F.) doświadczenie (N.) życiowe
Lebensgefahr (F.) niebezpieczeństwo (N.) dla życia
Lebensgemeinschaft (F.) wspólne pożycie (N.), wspólnota (F.) życiowa
lebenslang dozgonny (Adj.)
lebenslänglich dożywotni (Adj.)
Lebensmittel (N.) artykuł (M.) żywnościowy, środek (M.) spożywczy
Lebensmittelrecht (N.) prawo (N.) o artykułach żywnościowych
Lebenspartner (M.) osoba (F.) pozostająca w związku partnerskim
Lebenspartnerschaft (F.) związek (M.) partnerski
Lebensrisiko (N.) ryzyko (N.) dla życia, niebezpieczeństwo (N.) utraty życia
Lebensstrafe (F.) kara (F.) śmierci
Lebensversicherung (F.) ubezpieczenie (N.) na życie
ledig niezamężna (Adj. F.), nieżonaty (Adj. M.), stanu wolnego
legal legalny (Adj.), prawny (Adj.), zgodny z prawem
Legaldefinition (F.) definicja (F.) legalna
Legalenteignung (F.) wywłaszczenie (N.) przez ustawę
Legalisation (F.) legalizacja (F.), urzędowe poświadczenie (N.), uwierzytelnienie (N.)
legalisieren uwierzytelnić, zalegalizować, urzędowo poświadczyć
Legalisierung (F.) legalizacja (F.), urzędowe poświadczenie (N.), uwierzytelnienie (N.)
Legalität (F.) legalność (F.), postępowanie (N.) zgodne z prawem
Legalitätsprinzip (N.) zasada (F.) legalizmu
Legalservitut (F.) służebność (F.) ustawowa, służebność (F.) legalna
Legalzession (F.) cesja (F.) przez ustawę
Legat (M.) (Gesandter) poseł (M.)
Legat (N.) (Vermächtnis) zapis (M.) testamentowy
Legation (F.) legacja (F.)
Legationsrat (M.) rada (F.) legacyjna
Legationssekretär (M.) sekretariusz (M.) legacyjny
legislativ legislatywny (Adj.)
Legislative (F.) legislatywa (F.)
Legislaturperiode (F.) kadencja (F.)
legitim zgodny z prawem, prawnie uznany, prawowity (Adj.)
Legitimation (F.) legitymacja (F.)
Legitimationspapier (N.) dokument (M.) legitymacyjny
legitimieren legitymować, posiadać uprawnienie
Legitimierung (F.) legitymowanie (N.), sprawdzanie (N.) czyjejś tożsamości
Legitimität (F.) legalność (F.), legitymność (F.)
Lehen (N.) lenno (N.)
Lehrauftrag (M.) powołanie (N.) na katedrę
Lehrbeauftragter (M.) powołany (M.) na katedrę, wykładowca (M.)
Lehrbefugnis (N.) upoważnienie (N.) do nauczania
Lehrbuch (N.) podręcznik (M.)
Lehre (F.) doktryna (F.), nauka (F.), teoria (F.)
lehren uczyć, nauczać, wykładać
Lehrer (M.) nauczyciel (M.)
Lehrfreiheit (F.) wolność (F.) nauczania, swoboda (F.) nauczania
Lehrling (M.) uczeń (M.) zawodu
Lehrstuhl (M.) katedra (F.)
Lehrveranstalung (F.) lekcja (F.), zajęcia
Leib (M.) ciało (N.)
Leibesfrucht (F.) płód (M.)
Leibesstrafe (F.) kara (F.) cielesna
Leibgedinge (N.) renta (F.) dożywotnia
Leibrente (F.) renta (F.) dożywotnia
Leibzucht (F.) renta (F.) dożywotnia
Leiche (F.) trup (M.), zwłoki (Pl.)
Leichenfledderei (F.) profanacja (F.) zwłok
Leichenöffnung (F.) sekcja (F.) zwłok
Leichenschau (F.) obdukcja (F.), lekarskie oględziny (Pl.) zwłok
Leichnam (M.) trup (M.), zwłoki (Pl.)
leicht lekki (Adj.)
leichtfertig lekkomyślny (Adj.)
Leichtfertigkeit (F.) lekkomyślność (F.)
Leiharbeit (F.) praca (F.) na rzecz osoby trzeciej
Leihe (F.) użyczenie (N.)
leihen użyczyć, pożyczyć
Leihhaus (N.) lombard (M.)
leisten dokonać, zdziałać, pozwolić sobie, spełnić świadczenie, wykonać zobowiązanie

Leistung (F.) świadczenie (N.), spełnienie (N.) świadczenia, usługa (F.), wykonanie (N.) zobowiązania, wydajność (F.), moc (F.)
Leistungsbescheid (M.) decyzja (F.) wykonania
Leistungsgefahr (F.) ryzyko (N.) spełnienia świadczenia
Leistungsinhalt (M.) treść (F.) spełnienia świadczenia
Leistungsklage (F.) powództwo (N.) o spełnienie świadczenia
Leistungskondiktion (F.) skarga (F.) o zwrot świadczenia
Leistungskontrolle (F.) kontrola (F.) wydajności
Leistungsort (M.) miejsce (N.) spełnienia świadczenia
Leistungsschutz (M.) ochrona (F.) spełnienia świadczenia
Leistungsschutzrecht (N.) prawo (N.) dla ochrony spełnienia świadczenia
Leistungsstörung (F.) zakłócenie (N.) spełnienia świadczenia
Leistungsurteil (N.) wyrok (M.) dotyczący spełnienia świadczenia
Leistungsverwaltung (F.) administracja (F.) świadcząca
Leistungsverweigerung (F.) odmowa (F.) spełnienia świadczenia
Leistungsverweigerungsrecht (N.) prawo (N.) odmowy spełnienia świadczenia
Leistungsverzug (M.) zwłoka (F.) w spełnieniu świadczenia
Leistungswettbewerb (M.) wolna konkurencja (F.)
Leistungswucher (M.) lichwa (F.) dotycząca spełnienia świadczenia
Leistungszeit (F.) termin (M.) spełnienia świadczenia
leiten prowadzić, kierować, przewodzić
leitend kierowniczy
leitender Angestellter (M.) pracownik (M.) na kierowniczym stanowisku, kierownik (M.)
Leiter (M.) kierownik (M.), dyrektor (M.)
Leitsatz (M.) teza (F.), wytyczne (Pl.), myśl (F.) przewodnia
Leitung (F.) kierowanie (N.), kierownictwo (N.), zarządzanie (N.), przewód (M.)
Leitungsrecht (N.) prawo (N.) przewodu, prawo (N.) do zarządzania i kierownictwa
Leitzins (M.) odsetki (Pl.) ustalone przez bank emisyjny
Lektor (M.) lektor (M.), redaktor (M.)
Lenken (N.) kierowanie (N.)
lenken kierować, sterować, prowadzić
lernen uczyć się
Lesbierin (F.) lesbijka (F.)
lesbisch lesbijski (Adj.)
lesen czytać, zbierać, oczyścić
Lesung (F.) czytanie (N.)
letzte ostatni (Adj.)
letzter Wille (M.) ostatnia wola (F.)
letztes Wort (N.) des Angeklagten ostatnie słowo (N.) oskarżonego
letztes Wort (N.) ostatnie słowo (N.)
letztwillig testamentowy
letztwillige Verfügung (F.) rozporządzenie (N.) testamentowe
leugnen wypierać się, zaprzeczać
Leumund (M.) opinia (F.), reputacja (F.)
Leumundszeugnis (N.) poświadczenie (N.) o karalności lub niekaralności, świadectwo (N.) niekaralności, poświadczenie (N.) o karalności lub niekaralności na podstawie rejestru skazanych
Leutnant (M.) podporucznik (M.)
lex (lat.) (F.) prawo (N.)
Lexikon (N.) leksykon (M.)
liberal liberalny (Adj.)
Liberaler (M.) liberał (M.)
liberalisieren liberalizować
Liberalismus (M.) liberalizm (M.)
lieb miły (Adj.), kochany (Adj.)
Liebhaber (M.) kochanek (M.), amator (M.)
Liebhaberei (F.) zamiłowanie (N.) do określonej rzeczy
Liebhaberwert (M.) wartość (F.) dla zbieracza
Liechtenstein (N.) Lichtenstein (M.)
Lieferant (M.) dostawca (M.)
Lieferbedingung (F.) warunek (M.) dostawy
liefern dostarczyć, dostawiać, dostarczać, wydawać, przedłożyć
Lieferschein (M.) poświadczenie (N.) dostawy, pokwitowanie (N.) dostawy
Lieferung (F.) dostawa (F.)
Lieferzeit (F.) termin (M.) dostawy
liegen leżeć, być położonym
Liegenschaft (F.) nieruchomość (F.)
Liegenschaftsrecht (N.) prawo (N.) o nieruchomościach

Liga (F.) liga (F.)
Limit (N.) limit (M.)
limitieren limitować, ustalać limit
limitiert limitowany (Adj.), ograniczony (Adj.)
limitierte Akzessorietät (F.) akcesoryjność (F.) limitowana, akcesoryjność (F.) ograniczona
Limitierung (F.) limitowanie (N.)
Linie (F.) linia (F.)
Liquidation (F.) likwidacja (F.)
Liquidator (M.) likwidator (M.)
liquide wypłacalny, płynny (Adj.)
liquidieren likwidować, zlikwidować
Liquidierung (F.) likwidacja (F.)
Liquidität (F.) wypłacalność (F.), płynność (F.) finansowa
Liquiditätsreserve (F.) rezerwa (F.) płynności
Lissabon (N.) Lizabona (F.)
Lissaboner Vertrag (M.) Umowa (F.) Lizabońska
List (F.) chytrość (F.), podstęp (M.), sztuczka (F.)
Liste (F.) lista (F.), spis (M.), wykaz (M.)
Listenpreis (M.) cena (F.) cennikowa
Listenwahl (F.) wybór (M.) przez głosowanie na listy kandydatów
listig chytry (Adj.), szczwany (Adj.)
lizensieren udzielić licencji
Lizentiat (M.) licencjat (M.)
Lizenz (F.) licencja (F.), koncesja (F.), zezwolenie (N.)
Lizenzgeber (M.) licencjodawca (M.)
Lizenzgebühr (F.) opłata (F.) licencyjna
Lizenziat (N.) licencjat (M.)
lizenzieren zezwalać
Lizenznehmer (M.) licencjobiorca (M.)
Lobby (F.) lobby (N.) (engl.)
Lobbyist (M.) lobbysta (M.)
Logik (F.) logika (F.)
logisch logiczny (Adj.)
Lohn (M.) płaca (F.), wynagrodzenie (N.), zarobek (M.)
Lohnfortzahlung (F.) dalsza wypłata (F.) płacy
Lohnhandwerker (M.) rzemieślnik (M.) pracujący na rzecz kogoś innego za wynagrodzeniem
Lohnnebenkosten (F.Pl.) dodatkowe koszty (Pl.) związane z płacami, koszty (Pl.) uboczne wynagrodzenia
Lohnpfändung (F.) zajęcie (N.) płacy
Lohnsteuer (F.) podatek (M.) od wynagrodzenia
lokal lokalny (Adj.), miejscowy (Adj.)
Lokaltermin (M.) wizja (F.) lokalna, sesja (F.) wyjazdowa
Lombard (M.) lombard (M.), transakcja (F.) lombardowa
lombardieren lombardować
Lombardkredit (M.) kredyt (M.) lombardowy
London (N.) Londyn (M.)
Londoner Schuldenabkommen (N.) londyńska umowa (F.) dotycząca długów
Lord (M.) lord (M.) (engl.)
Lordkanzler (M.) (Lordkanzler in Großbritannien) lordkanclerz (M.)
Los (N.) los (M.), bilet (M.) loteryjny
löschen gasić, anulować, wykreślić, skreślić, wyładować
Löschung (F.) skreślenie (N.), zatarcie (N.), wykreślenie (N.), wyładowanie (N.)
Löschungsanspruch (M.) roszczenie (N.) o wykreślenie
Löschungsbewilligung (F.) zezwolenie (N.) na wykreślenie
Löschungsvormerkung (F.) zastrzeżenie (N.) skreślenia
Lösegeld (N.) okup (M.)
losen losować, ciągnąć losy
lösen rozwiązać, zrywać
Lösung (F.) samorozwiązanie (N.)
Lotse (M.) pilot (M.)
lotsen pilotować
Lotterie (F.) loteria (F.)
Lotto (N.) lotto (N.), loteryjka (F.), państwowa loteria (F.) liczbowa
loyal lojalny
Loyalität (F.) lojalność (F.)
Lücke (F.) luka (F.)
Luft (F.) powietrze (N.)
Luftfahrt (F.) ruch (M.) lotniczy
Luftfahrzeug (N.) samolot (M.)
Luftrecht (N.) prawo (N.) lotnicze
Lüge (F.) kłamstwo (N.)
lügen kłamać
Lügendetektor (M.) wariograf (M.), wykrywacz (M.) kłamstwa
Lügner (M.) kłamca (M.)
Lust (F.) ochota (F.), radość (F.), rozkosz (F.)

Lustmord (M.) morderstwo (N.) na tle seksualnym
Luxemburg (N.) Luksemburg (M.)
Luxus (M.) luksus (M.), przepych (M.)
lynchen linczować
Lynchjustiz (F.) prawo (N.) linczu
Lyzeum (N.) liceum (N.)

M

machen robić, zrobić, wyrabiać, sprawić
Machenschaft (F.) intryga (F.), machinacja (F.), matactwo (N.)
Macht (F.) siła (F.), władza (F.), mocarstwo (N.)
Machtpyramide (F.) piramida (F.) władzy
Mafia (F.) mafia (F.)
Magazin (N.) magazyn (M.), skład (M.), czasopismo (N.) ilustrowane
Magister (M.) magister (M.)
Magistrat (N.) magistrat (M.)
Magistratsverfassung (F.) ustrój (M.) magistratu, ustrój (M.) zarządu miejskiego
Magnifizenz (F.) magnificent (M.)
Mahnantrag (M.) wniosek (M.) o wydanie nakazu upominawczego
Mahnauftrag (N.) wniosek (M.) o zapłatę
Mahnbescheid (M.) nakaz (M.) zapłaty, upomnienie (N.)
mahnen przypominać, upominać
Mahnschreiben (N.) ponaglenie (N.), monit (M.)
Mahnung (F.) upomnienie (N.)
Mahnverfahren (N.) postępowanie (N.) upominawcze
Majestät (F.) majestat (M.)
Majestätsbeleidigung (F.) zniewaga (F.) majestatu
Majestätsverbrechen (N.) zbrodnia (F.) dokonana przeciwko majestatowi
Major (M.) major (M.)
Majorat (N.) majorat (M.)
Majorität (F.) większość (F.)
makeln pośredniczyć, maklerować
Makler (M.) makler (M.)
Maklervertrag (M.) umowa (F.) maklerska
mala fides (F.) (lat.) mala fides (F.) (lat.)
managen zarządzać
Mandant (M.) klient (M.)
Mandat (N.) pełnomocnictwo (N.), mandat (M.), mandat (M.) poselski
Mandatar (M.) mandatariusz (M.), pełnomocnik (M.)
Mangel (M.) brak (M.), wada (F.), niedostatek (M.)
Mangelanzeige (F.) zgłoszenie (N.) wady
Mangelfolgeschaden (M.) dalsza szkoda (F.) powstała jako następstwo wady
mangelfrei wolny od wad
Mangelgewährleistung (F.) przejęcie (N.) naprawy w przypadku gwarancji niewadliwości
mangelhaft wadliwy (Adj.)
mangelhafter Titel (M.) wadliwy tytuł (M.)
Mangelhaftigkeit (F.) wadliwość (F.)
mangeln brakować
Mängelrüge (F.) zarzut (M.) istnienia wad, reklamacja (F.)
mangels na skutek braku
Mangelschaden (M.) szkoda (F.) powstała jako następstwo wady
Manie (F.) mania (F.)
Manifest (N.) manifest (M.), orędzie (N.)
Manko (N.) manko (N.)
Mantel (M.) płaszcz (M.), główna część (F.) układu zbiorowego, całość (F.) udziałów
Mantelkauf (M.) kupno (N.) całości udziałów
Manteltarif (M.) taryfa (F.) zbiorowa
Manteltarifvertrag (M.) ramowy układ (M.) zbiorowy
manuell ręczny (Adj.), manualny (Adj.)
Manufaktur (F.) manufaktura (F.)
Marine (F.) marynarka (F.) wojskowa
Marke (F.) znak (M.), znaczek (M.)
Markenartikel (M.) artykuł (M.) markowy
Markenrecht (N.) prawo (N.) o znakach towarowych
Markenrechtsreformgesetz (N.) ustawa (F.) dotycząca reformy prawa o znakach towarowych
Markenschutz (M.) ochrona (F.) znaku towarowego
Markenware (F.) wyrób (M.) znanej marki
Marketing (N.) marketing (N.)
Markt (M.) rynek (M.)
Marktführer (M.) firma (F.) przodująca na rynku
Marktordnung (F.) system (M.) sterowania rynkiem

Marktpreis (M.) cena (F.) rynkowa
Marktrecht (N.) prawo (N.) rynkowe
Marktwirtschaft (F.) gospodarka (F.) rynkowa
Marschall (M.) marszałek (M.)
Marter (F.) męka (F.)
martern męczyć, dręczyć
Maschine (F.) maszyna (F.)
Maschinenversicherung (F.) ubezpieczenie (N.) od szkód ze względu na nieprzewidziane i nagłe uszkodzenie maszyny
Masochismus (M.) masochizm (M.)
Maß (N.) miara (F.), wymiar (M.)
Massaker (N.) masakra (F.)
Masse (F.) masa (F.), duża ilość (F.)
Masseanspruch (M.) roszczenie (N.) do masy upadłości
Massegläubiger (M.) wierzyciel (M.) masy
Massekosten (F.Pl.) koszt (M.) postępowania upadłościowego, koszty (M.Pl.) postępowania upadłościowego
Masseschuld (F.) dług (M.) ciążący na masie
Masseverbindlichkeit (F.) dług (M.) ciążący na masie
Masseverwalter (M.) zarządca (M.) masy upadłościowej, syndyk (M.)
Maßnahme (F.) środek (M.), krok (M.) zaradczy, działanie (N.) zaradcze, zarządzenie (N.)
Maßnahmerecht (N.) prawo (N.) środków, prawo (N.) o działaniu zaradczym
Maßregel (F.) wytyczne (N.), środek (M.), wskazówka (F.)
Material (N.) materiał (M.), wyposażenie (N.)
Materialismus (M.) materializm (M.)
materiell materialny
materielle Rechtskraft (F.) prawomocność (F.) materialna
materielle Verfassung (F.) konstytucja (F.) materialna
materieller Schaden (M.) szkoda (F.) materialna
materielles Gesetz (N.) ustawa (F.) materialna
materielles Recht (N.) prawo (N.) materialne
Matriarchat (N.) matriarchat (M.)
Matrikel (F.) matrykuła (F.)
Matrose (M.) marynarz (M.)
Matura (F.) matura (F.)
Maut (F.) myto (N.), opłata (F.)
maximal maksymalnie (Adj.)
Maxime (F.) maksyma (F.)
Mecklenburg-Vorpommern (N.) Meklemburgia-Przednie Pomorze (F.)
Mediation mediacja (F.)
Mediationsgesetz (N.) ustawa (F.) o mediacji
mediatisieren mediatować
Mediatisierung (F.) mediowanie (N.), pośredniczenie (N.) w zawarciu porozumienia
Mediator (M.) mediator (M.)
Medien (N.Pl.) media (N.Pl.)
Medienrecht (N.) prawo (N.) o mediach
mediieren mediować
Medium (N.) medium (N.)
Medizin (F.) medycyna (F.)
medizinisch medyczny (Adj.)
Medizinprodukt (N.) produkt (M.) medyczny
Medizinrecht (N.) prawo (N.) medyczne
Medizinstrafrecht (N.) prawo (N.) karne medyczne
Meer (N.) morze (N.)
mehr więcej
Mehrheit (F.) większość (F.)
Mehrheitsbeschluss (M.) uchwała (F.) większości
Mehrheitsbeteiligung (F.) większość (F.) udziałów
Mehrheitswahl (F.) wybór (M.) większościowy
Mehrheitswahlrecht (N.) większościowe prawo (N.) wyborcze
Mehrstaater (M.) osoba (F.) o kilku obywatelstwach
mehrstufig wielostopniowy (Adj.)
mehrstufiger Verwaltungsakt (M.) akt (M.) administracyjny wielostopniowy
Mehrtäterschaft (F.) sprawstwo (N.) wieloosobowe
Mehrwert (M.) wartość (F.) dodatkowa
Mehrwertsteuer (F.) podatek (M.) od wartości dodatkowej
meiden unikać, omijać
Meile (F.) mila (F.)
Meineid (M.) krzywoprzysięstwo (N.)
meineidig krzywprzysiężny (Adj.)
Meineidige (F.) osoba (F.) zeznająca fałszywie pod przysięgą
Meineidiger (M.) osoba (F.) zeznająca fałszywie pod przysięgą

meinen uważać, sądzić, rozumieć
Meinung (F.) zdanie (N.), zapatrywanie (N.), pogląd (M.), opinia (F.)
Meinungsfreiheit (F.) wolność (F.) poglądów
Meistbegünstigung (F.) najwyższe uprzywilejowanie (N.)
Meistbegünstigungsklausel (F.) klauzula (F.) największego uprzywilejowania
meiste największy (Adj.)
Meister (M.) mistrz (M.), majster (M.)
Meisterprüfung (F.) egzamin (M.) mistrzowski
Meisterstück (N.) arcydzieło (N.), praca (F.) czeladnika
Meistgebot (N.) najwyższa cena (F.) oferowana, najwyższa oferta (F.)
melden zawiadomić, poinformować, zameldować, zgłosić
Meldepflicht (F.) obowiązek (M.) zameldowania, obowiązek (M.) zgłoszenia
meldepflichtig zobowiązany do zameldowania, zobowiązany do zgłoszenia
Meldewesen (N.) dział (M.) meldunkowy
Meldung (F.) zgłoszenie (N.)
Memorandum (N.) memorandum (N.)
Menge (F.) ilość (F.), tłum (M.)
Mensch (M.) człowiek (M.)
Menschenhandel (M.) handel (M.) ludźmi
Menschenraub (M.) uprowadzenie (N.) człowieka w celu wymuszenia
Menschenrecht (N.) prawo (N.) człowieka
Menschenrechtskommission (N.) komisja (F.) do praw człowieka
Menschenrechtskonvention (F.) Konwencja (F.) Praw Człowieka
Menschenwürde (F.) godność (F.) człowieka
menschlich człowieczy (Adj.), ludzki (Adj.), humanitarny (Adj.)
mental mentalny (Adj.), duchowy (Adj.)
Mentalreservation (F.) reservatio (F.) mentalis (lat.), zastrzeżenie (N.) potajemne
merkantil merkantylny (Adj.), handlowy (Adj.)
merkantiler Minderwert (M.) niska wartość (F.) merkantylna
Merkantilismus (M.) merkantylizm (M.)
Merkblatt (N.) ulotka (F.), broszura (F.)
merken miarkować, spostrzegać
Merkmal (N.) znamię (N.), cecha (F.)
Messe (F.) targi (M.Pl.), msza (F.), mesa (F.)
messen mierzyć, zmierzyć
Methode (F.) metoda (F.)
Methodenlehre (F.) nauka (F.) o metodzie, metodologia (F.)
Methodik (F.) metodyka (F.)
methodisch metodyczny
Methodologie (F.) metodologia (F.)
Meuchelmord (M.) morderstwo (N.) skrytobójcze, skrytobójstwo (N.)
Meuchelmörder (M.) skrytobójca (M.)
meucheln zamordować podstępnie
Meuterei (F.) bunt (M.)
Meuterer (M.) buntownik (M.), buntowniczy (M.)
meutern buntować się, zbuntować się
Miete (F.) najem (M.)
mieten nająć, wynająć
Mieter (M.) najemca (M.)
Mieterhöhung (F.) podniesienie (N.)
Mieterschutz (M.) ochrona (F.) najemców
Mietgericht (N.) sąd (M.) do spraw z tytułu najmu
Mietkauf (M.) kupno (N.) na zasadach najmu, umowa (F.) najmu z opcją na kupno
Mietpreis (M.) cena (F.) czynszu
Mietpreisbindung (F.) związanie (N.) czynszu za najem, związanie (N.) opłat za najem
Mietrecht (N.) prawo (N.) najmu
Mietshaus (N.) dom (M.) czynszowy, kamienica (F.)
Mietskaserne (F.) dom (M.) czynszowy
Mietverhältnis (N.) stosunek (M.) najmu
Mietvertrag (M.) umowa (F.) najmu
Mietwagen (M.) samochód (M.) najmowany
Mietwohnung (F.) mieszkanie (N.) czynszowe
Mietwucher (M.) lichwa (F.) mieszkaniowa
Mietzins (M.) czynsz (M.), opłata (F.) za najem, komorne (N.)
Mietzuschuss (M.) dodatek (M.) do czynszu
mild łagodny (Adj.)
mildern złagodzić, zmniejszyć
mildernd łagodzący (Adj.)
Milderung (F.) złagodzenie (N.)
Milderungsgrund (M.) okoliczność (F.) łagodząca
Milieu (N.) środowisko (N.), otoczenie (N.)

Militär (N.) wojsko (N.)
militärisch wojskowy (Adj.)
Militärpolizei (F.) policja (F.) wojskowa
Militärverordnung (F.) rozporządzenie (N.) wojskowe
Miliz (F.) milicja (F.)
mindere mniejszy (Adj.)
Minderheit (F.) mniejszość (F.)
Minderheitenschutz (M.) ochrona (F.) mniejszości
Minderheitsbeteiligung (F.) udział (M.) mniejszościowy
minderjährig małoletni, nieletni (Adj.)
Minderjährigkeit (F.) małoletniość (F.)
Minderkaufmann (M.) kupiec (M.) drobny
mindern obniżyć cenę, zmniejszać, zmniejszyć, ujmować
Minderung (F.) obniżenie (N.) ceny, obniżenie (N.), zmniejszenie (N.)
Minderwert (M.) niska wartość (F.)
mindeste minimalnie (Adj.)
Mindestgebot (N.) cena (F.) oferowana za przedmiot licytacji pokrywająca co najmniej połowę wartości rynkowej
Mindestkapital (N.) najniższy kapitał (M.)
Mindestlohn (M.) płaca (F.) minimalna, najniższa płaca (F.)
Mindestreserve (F.) rezerwa (F.) minimalna
Mindeststrafe (F.) kara (F.) najniższa
Mineral (N.) minerał (M.)
Mineralöl (N.) olej (M.) mineralny
Minister (M.) minister (M.)
Ministeranklage (F.) oskarżenie (N.) ministra
Ministerialblatt (N.) dziennik (M.) ministerialny
ministeriell ministerialny (Adj.)
Ministerium (N.) ministerstwo (N.), budynek (M.) ministerstwa
Ministerpräsident (M.) premier (M.), prezes (M.) rady ministrów
Ministerrat (M.) rada (F.) ministrów
minorenn małoletni, nieletni (Adj.)
Minorennität (F.) małoletniość (F.)
Minorität (F.) mniejszość (F.)
Mischehe (F.) małżeństwo (N.) mieszane
mischen mieszać
Mischung (F.) mieszanka (F.)
missachten lekceważyć
missbilligen ganić, nie pochwalać
Missbilligung (F.) nagana (F.), niezadowolenie (N.), dezaprobata (F.)
Missbrauch (M.) nadużycie (N.)
missbrauchen nadużyć
Missbrauchsaufsicht (N.) nadzór (M.) nad nadużywaniem
Missbrauchstatbestand (M.) zespół (M.) nadużycia znamion czynu przestępczego
Missetat (F.) zbrodnia (F.)
Missgeburt (F.) potworek (M.)
misshandeln maltretować, znęcać się, źle traktować
Misshandlung (F.) maltretowanie (N.), znęcanie (N.) się, źle traktowanie (N.)
missio (F.) canonica (lat.) missio (F.) canonica (lat.)
Mission (F.) misja (F.)
Misstrauen (N.) nieufność (F.), podejrzliwość (F.)
misstrauen nie ufać, nie dowierzać
Misstrauensvotum (N.) wotum (N.) nieufności
Missverständnis (N.) nieporozumienie (N.)
missverstehen źle zrozumieć, błędnie zrozumieć
Mitarbeit (F.) współpraca (F.)
Mitarbeiter (M.) współpracownik (M.)
Mitbesitz (M.) współposiadanie (N.)
Mitbesitzer (M.) współposiadacz (M.)
Mitbestimmung (F.) współdecydowanie (N.)
mitbestraft współukarany (Adj.)
mitbestrafte Nachtat (F.) czyn (M.) następny bezkarny
Mitbürge (M.) współporęczyciel (M.)
Mitbürgschaft (F.) współporęczenie (N.)
Miteigentum (N.) współwłasność (F.)
Miteigentümer (M.) współwłaściciel (M.)
Miterbe (M.) współspadkobierca (M.)
Miterbengemeinschaft (F.) wspólność (F.) spadkowa
Mitgift (F.) posag (M.)
Mitglied (N.) członek (M.)
Mitgliederversammlung (F.) zebranie (N.) członków
Mitgliedschaft (F.) członkostwo (N.)
Mitgliedstaat (M.) państwo (N.) członkowskie
Mithaftung (N.) współodpowiedzialność (F.)
Mitschuld (F.) współwina (F.)

Mitschuldner (M.) współdłużnik (M.)
Mittäter (M.) współsprawca (M.)
Mittäterschaft (F.) współsprawstwo (N.)
Mitte (F.) środek (M.)
Mitteilung (F.) wiadomość (F.), komunikat (M.), informacja (F.)
Mitteilungsblatt (N.) broszura (F.), biuletyn (M.)
Mittel (N.) środek (M.)
mittelbar pośredni, zależny (Adj.)
mittelbare Falschbeurkundung (F.) pośrednie sporządzenie (N.) fałszywego dokumentu
mittelbare Staatsverwaltung (F.) pośrednia administracja (F.) państwowa
mittelbare Stellvertretung (F.) przedstawicielstwo (N.) pośrednie
mittelbarer Besitz (M.) posiadnie (N.) zależne
mittelbarer Besitzer (M.) posiadacz (M.) zależny
mittelbarer Schaden (M.) szkoda (F.) pośrednia
mittelbarer Täter (M.) sprawca (M.) pośredni
mittelbarer Zwang (M.) przymus (M.) pośredni
Mittelbehörde (F.) organ (M.) administracji średniego szczebla
mittlere środkowy (Adj.)
Mitunternehmer (M.) wspólnik (M.) spółki osobowej, współwłaściciel (M.) gospodarczej wspólnoty
Mitvermächtnis (N.) współzapis (M.) testamentowy
Mitverschulden (N.) współwina (F.), przyczynienie (N.) się
Mitwirken (N.) współdziałanie (N.), przyczynienie (N.) się
mitwirkungsbedürftig wydany na wniosek innych organów, przy współdziałaniu innych organów
mitwirkungsbedürftiger Verwaltungsakt (M.) akt (M.) administracyjny wydany na wniosek innych organów, akt (M.) administracyjny przy współdziałaniu innych organów
Mitwirkungspflicht (F.) obowiązek (M.) współdziałania
Möbel (N.) mebel (M.)
mobil ruchomy (Adj.)
Mobiliar (N.) ruchomość (F.), ruchomości (F.Pl.)
Mobiliarsicherheit (F.) zabezbieczenie (N.) ruchomości
Mobiliarzwangsvollstreckung (F.) egzekucja (F.) z ruchomości
Mobilie (F.) ruchomość (F.)
modus (M.) (lat.) modus (M.) (lat.)
Mogelpackung (F.) opakowanie (N.) zwodzące swoim wyglądem przy kiepskiej zawartości
mögen lubić
möglich możliwy (Adj.), możliwe (Adj.)
Möglichkeit (F.) możliwość (F.)
Monarch (M.) monarcha (M.)
Monarchie (F.) monarchia (F.)
monarchisch monarchiczny (Adj.)
monarchisches Prinzip (N.) zasada (F.) monarchiczna
Monarchismus (M.) monarchizm (M.)
Monat (M.) miesiąc (M.)
monatlich miesięczny (Adj.)
Mönch (M.) mnich (M.)
Monismus (M.) monizm (M.)
Monogamie (F.) monogamia (F.)
Monographie (F.) monografia (F.)
Monokratie (F.) monokracja (F.)
monokratisch monokratyczny (Adj.)
Monopol (N.) monopol (M.)
monopolisieren monopolizować, zmonopolizować
Montanunion (F.) Europejska Wspólnota (F.) Węgla i Stali
Moral (F.) moralność (F.)
moralisch moralny (Adj.)
Moratorium (N.) moratorium (N.)
Mord (M.) mord (M.), morderstwo (N.)
morden mordować
Mörder (M.) morderca (M.)
Mörderin (F.) morderczyni (F.)
Mordlust (F.) ochota (F.) na dokonanie morderstwa
Mordversuch (M.) usiłowanie (N.) morderstwa
morganatisch morganatyczny (Adj.)
Morphium (N.) morfina (F.)
Moslem (M.) muzułmanin (M.)
Motiv (N.) motyw (M.), pobudka (F.)
Motivirrtum (M.) błąd (M.) co do motywu
Müll (M.) śmieć (M.), śmieci (M.Pl.)
Müllabfuhr (F.) wywóz (M.) śmieci

Müllentsorgung (F.) wywóz (M.) śmieci
multilateral multilateralny (Adj.)
multinational międzynarodowy (Adj.)
Münchener Abkommen (N.) umowa (F.) monachijska
Mund (M.) usta (N.Pl.)
Mündel (N.) pupil (M.), podopieczny (M.), wychowanek (M.)
Mündelgeld (N.) majątek (M.) podopiecznego
mündelsicher mający pupilarne zabezbieczenie
mündig pełnoletni (Adj.)
Mündigkeit (F.) pełnoletność (F.)
mündlich ustny (Adj.)
mündliche Verhandlung (F.) rozprawa (F.) ustna
Mündlichkeit (F.) ustność (F.)
Mündlichkeitsgrundsatz (M.) zasada (F.) ustności
Mundraub (M.) kradzież (F.) przedmiotów nieznacznej wartości
Munition (F.) amunicja (F.)
Münzdelikt (N.) fałszerstwo (N.) pieniędzy i określonych papierów wartościowych
Münze (F.) moneta (F.)
Münzfälschung (F.) fałszowanie (N.) monet
müssen musieć
Musskaufmann (M.) kupiec (M.) przymusowy
Muster (N.) wzór (M.), projekt (M.), próbka (F.), deseń (M.)
mustern nanosić wzór, dokonać przeglądu
Musterprozess (M.) proces (M.) wzorcowy
Musterung (F.) przegląd (M.), lustrowanie (N.), dokonanie (N.) przeglądu
Mustervertrag (M.) umowa (F.) wzorcowa
mutmaßen domyślać się, przypuszczać (Adj.)
mutmaßlich przypuszczalny (Adj.), domniemany (Adj.), prawdopodobny
mutmaßliche Einwilligung (F.) zezwolenie (N.) przypuszczalne
Mutter (F.) matka (F.)
Muttergesellschaft (F.) spółka-matka (F.)
Muttermord (M.) matkobójstwo (N.)
Mutterrecht (N.) prawo (N.) matczyne
Mutterschaft (F.) macierzyństwo (N.)
Mutterschaftsurlaub (M.) urlop (M.) macierzyński
Mutterschutz (M.) ochrona (F.) macierzyństwa
mutwillig zuchwale, złośliwie

N

nach strengem Recht według prawa ścisłego
Nachbar (M.) sąsiad (M.)
Nachbarklage (F.) powództwo (N.) z tytułu praw sąsiedzkich
Nachbarrecht (N.) prawo (N.) sąsiedzkie
nachbessern poprawić
Nachbesserung (F.) poprawka (F.)
Nachbürge (M.) poręczyciel (M.) poręczyciela
Nachbürgschaft (F.) poręczenie (N.) za poręczającego
Nacheid (M.) przesięga (F.) po zeznaniu
Nacheile (F.) pościg (M.) policyjny poza obszar właściwości
nacheilen pospieszać
Nacherbe (M.) spadkobierca (M.) następczy
Nacherbfolge (F.) spadkobranie (N.) dalsze
Nacherbschaft (F.) spadek (M.) następczy
Nacherfüllung (F.) ponowne wykonanie (N.) zobowiązania
Nachfolge (F.) następstwo (N.)
nachfolgen następować
Nachfolger (M.) następca (M.)
Nachforderung (F.) dodatkowe żądanie (N.)
Nachfrist (F.) termin (M.) późniejszy, termin (M.) dodatkowy, przedłużenie (N.) terminu, przedłużenie (N.) prolongata
nachgiebig ustępliwy (Adj.), uległy (Adj.)
nachgiebiges Recht (N.) norma (F.) wzlędnie obowiązująca, norma (F.) prawna względnie obowiązująca
Nachkomme (M.) potomek (M.)
nachkommen wypełniać, spełniać, stosować się do czegoś
Nachlass (M.) spadek (M.), spuścizna (F.), rabat (M.)
nachlassen opuścić, osłabnąć, stracić
Nachlassforderung (F.) wierzytelność F.) wchodząca do spadku
Nachlassgegenstand (M.) przedmiot (M.) spadkowy
Nachlassgericht (N.) sąd (M.) spadkowy
Nachlassgläubiger (M.) wierzyciel (M.) spadku

nachlässig niedbały (Adj.), opieszały (Adj.), niestaranny (Adj.)
Nachlässigkeit (F.) niestaranność (F.), opieszałość (F.)
Nachlassinsolvenz (F.) niewypłacalność (F.) spadku
Nachlassinsolvenzverfahren (N.) postępowanie (N.) dotyczące niewypłacalności masy spadkowej
Nachlassinventar (N.) inwentarz (M.) spadku
Nachlasskonkurs (M.) upadłość (F.) masy spadkowej
Nachlasspfleger (M.) kurator (M.) spadku
Nachlasspflegschaft (F.) kuratela (F.) spadku
Nachlassrecht (N.) prawo (N.) spadku
Nachlasssache (F.) sprawa (F.) spadkowa
Nachlassverbindlichkeit (F.) zobowiązanie (N.) spadkowe
Nachlassverwalter (M.) zarządca (M.) spadku
Nachlassverwaltung (F.) zarząd (M.) spadku
nachliefern dostarczać
Nachlieferung (F.) dostawa (F.) późniejsza reszty, dostawa (F.) dodatkowa
Nachnahme (F.) zaliczenie (N.), pobranie (N.)
Nachname (M.) nazwisko (N.), nazwisko (N.) rodowe
Nachrede (F.) obmowa (F.)
nachreden obmawiać
Nachricht (F.) wiadomość (F.), informacja (F.)
Nachschieben (N.) dowiezienie (N.), dostarczenie (N.), posunięcie (N.)
Nachschlagewerk (N.) poradnik (M.)
Nachschlüssel (M.) wytrych (M.)
Nachschuss (M.) dodatkowa wpłata (F.)
Nachsicht (F.) wzgląd (M.)
Nachsichtwechsel (M.) weksel (M.) płatny w określonym czasie po okazaniu
nachstellen prześladować, nadskakiwać
Nachstellung (F.) prześladowanie (N.)
Nachtat (F.) czyn (M.) następny
Nachteil (M.) niekorzyść (F.), uszczerbek (M.), strata (F.), szkoda (F.)
Nachtrag (M.) dopełnienie (N.), uzupełnienie (N.), dodatek (M.), suplement (M.)
nachträglich dotatkowy (Adj.), uzupełniający (Adj.), późniejszy (Adj.)
nachträgliche Unmöglichkeit (F.) późniejsza niemożliwość (F.)
Nachtragsanklage (F.) wniesienie (N.) dodatkowego oskarżenia na rozprawie
Nachtragshaushalt (M.) dodatek (M.) do budżetu, budżet (M.) dodatkowy, budżet (M.) uzupełniający
Nachtwächter (M.) stróż (M.) nocny
Nachvermächtnis (N.) dodatkowy zapis (M.) testamentowy
Nachversicherung (F.) ubezpieczenie (N.) dotakowe, ubezpieczenie (N.) późniejsze
Nachwahl (F.) wybór (M.) dodatkowy, wybór (M.) uzupełniający
Nachweis (M.) dowód (M.), potwierdzenie (N.), wykazanie (N.), wykaz (M.)
nachweisen wykazać, udowodnić
nachzahlen dopłacić, wyrównać
nachzählen przeliczać ponownie
Nachzahlung (F.) dopłata (F.), zapłata (F.) dodatkowa, zapłata (F.) późniejsza
Nachzählung (F.) ponowne przeliczenie (N.)
nachziehen dokręcać
Nähe (F.) bliskość (F.), pobliże (N.)
Name (M.) nazwa (F.), nazwisko (N.)
Namensaktie (F.) akcja (F.) imienna
Namensänderung (F.) zmiana (F.) nazwiska, zmiana (F.) nazwy
Namensehe (F.) małżeństwo (N.) w celu uzyskania nazwiska
Namenspapier (N.) imienny papier (M.) wartościowy
Namensrecht (N.) prawo (N.) do nazwiska, prawo (N.) do nazwy
namentlich przy użyciu nazwiska
nasciturus (M.) (lat.) nasciturus (M.) (lat.)
Nation (F.) naród (M.)
national narodowy (Adj.)
Nationalbewusstsein (N.) świadomość (F.) narodowa
Nationalfarbe (F.) barwa (F.) narodowa
Nationalflagge (F.) flaga (F.) narodowa
Nationalgefühl (N.) poczucie (N.) narodowe
Nationalhymne (F.) hymn (M.) narodowy
Nationalismus (M.) nacjonalizm (M.)
nationalistisch nacjonalistyczny (Adj.)
Nationalität (F.) narodowość (F.)
Nationalkonvent (M.) konwent (M.) narodowy
Nationalrat (M.) rada (F.) narodowa
Nationalsozialismus (M.) nacjonalsocjalizm (M.), nazizm (M.)

nationalsozialistisch nacjonalno-socjalistyczny (Adj.), narodowo-socjalistyczny (Adj.)
Nationalstaat (M.) państwo (N.) wielonarodowościowe
Nationalsymbol (N.) symbol (M.) narodowy
Nationalversammlung (F.) zgromadzenie (N.) narodowe
NATO (F.) (North Atlantic Treaty Organisation) NATO (N.), Organizacja (F.) paktu północnoatlantyckiego
Natur (F.) natura (F.), przyroda (F.)
Naturalherstellung (F.) przywrócenie (N.) do stanu poprzedniego
Naturalisation (F.) naturalizacja (F.)
naturalisieren naturalizować
Naturallohn (M.) wynagrodzenie (N.) w naturze
Naturalobligation (F.) obligacja (F.) naturalna, zobowiązanie (N.) niezupełne
Naturalrestitution (F.) przywrócenie (N.) do stanu poprzedniego
Naturalwirtschaft (F.) gospodarka (F.) naturalna
natürlich naturalny (Adj.)
natürliche Person (F.) osoba (F.) fizyczna
Naturrecht (N.) prawo (N.) naturalne
Naturschutz (M.) ochrona (F.) przyrody
Naturschutzgebiet (N.) rezerwat (M.) ochrony przyrody
ne bis in idem (lat.) ne bis in idem (lat.), zasada (F.) niewychodzenia poza żądanie strony
Neben- pomocniczy (Adj.), uboczny (Adj.), dodatkowy (Adj.), marginesowy (Adj.)
Nebenamt (N.) posada (F.) dodatkowa
Nebenbemerkung (F.) uwaga (F.) marginesowa, uwaga (F.) uboczna
Nebenbestimmung (F.) postanowienie (N.) dodatkowe
Nebenfolge (F.) skutek (M.) uboczny
Nebengesetz (N.) ustawa (F.) uboczna
Nebenintervenient (M.) interwenient (M.) uboczny
Nebenintervention (F.) interwencja (F.) uboczna
Nebenklage (F.) oskarżenie (N.) posiłkowe
Nebenkläger (M.) oskarżyciel (M.) posiłkowy
Nebenkosten (F.) koszty (M.Pl.) dodatkowe
Nebenpflicht (F.) obowiązek (M.) uboczny
Nebenrecht (N.) prawo (N.) uboczne
Nebenstrafe (F.) kara (F.) dodatkowa
Nebenstrafrecht (N.) prawo (N.) karne dodatkowe
Nebentäter (M.) sprawca (M.) uboczny
Nebentätigkeit (F.) zajęcie (N.) uboczne
Nebenverdienst (M.) zarobek (M.) uboczny
Nebenvereinbarung (F.) porozumienie (N.) uboczne
negativ negatywny (Adj.)
Negativattest (M.) atest (M.) negatywny, urzędowe poświadczenie iż nie ma zastrzeżeń co do zamierzonej czynności prawnej
negative Koalitionsfreiheit (F.) negatywne prawo (N.) stowarzyszania się
negative Publizität (F.) jawność (F.) negatywna
negatives Interesse (N.) interes (M.) negatywny
negatives Schuldanerkenntnis (N.) umowne uznanie (N.) nieistnienia długu
negatives Tatbestandsmerkmal (N.) negatywne znamię (N.) czynu przestępczego
Negativtestament (N.) testament (M.) negatywny
negatorisch negatoryjny (Adj.)
negatorischer Anspruch (M.) roszczenie (N.) negatoryjne
nehmen brać
Nehmer (M.) biorący (M.)
Neigung (F.) pochyłość (F.), spadek (M.), skłonność (F.), pociąg (M.), sympatia (F.), ochota (F.)
Nennbetrag (M.) suma (F.) nominalna
nennen nazwać, wymieniać
Nennkapital (N.) nominalny kapitał (M.)
Nennwert (M.) wartość (F.) nominalna
neppen nabrać
netto Kasse bez rabatu
netto netto, po odliczeniu, bez opakowania
Netz (N.) sieć (F.)
Netzvertrag (M.) umowa (F.) sieci
neu nowy (Adj.)
Neuformulierung (F.) nowe sformułowanie (N.)
Neuhegelianismus (M.) nowohegelianizm (M.)
Neukantianismus (M.) nowokantianizm (M.)
neutral neutralny (Adj.)
Neutralität (F.) neutralność (F.)
Neuwahl (F.) nowy wybór (M.)

Neuwert (M.) ponowne utworzenie (N.)
nicht nie
Nichtanzeige (F.) niezawadomienie (N.), niedoniesienie (N.)
nichtberechtigt nieuprawniony (Adj.)
Nichtberechtigter (M.) nieuprawniony (M.)
Nichte (F.) bratanica (F.), siostrzenica (F.)
Nichtehe (F.) małżeństwo (N.) prawnie nieistniejące
nichtehelich pozamałżeński
nichteheliche Lebensgemeinschaft (F.) pożycie (N.) pozamałżeńskie
Nichtehelichkeit (F.) pochodzenie (N.) z poza małżeństwa
Nichterfüllung (F.) niewykonanie (N.)
Nichterfüllungsschaden (M.) szkoda (F.) powstała wskutek niewykonania
nichtig nieważny (Adj.), niebyły (Adj.)
Nichtigerklärung (F.) oświadczenie (N.) o unieważnieniu, uznanie (N.) nieważności, unieważnienie (N.)
Nichtigkeit (F.) nieważność (F.)
Nichtigkeitsbeschwerde (F.) zażalenie (N.) zarzucające nieważność
Nichtigkeitsklage (F.) powództwo (N.) z powodu nieważności
Nichtleistung (F.) niespełnienie (N.) świadczenia
Nichtleistungskondiktion (F.) skarga (F.) nie opiewająca na zwrot świadczenia, roszczenie (N.) z tytułu bezpodstawnego wzbogacenia dotyczące niespełnienia świadczenia
nichtöffentlich niejawny (Adj.)
nichtrechtsfähig nieposiadający zdolności prawnej
nichtrechtsfähiger Verein (M.) stowarzyszenie (N.) bez osobowości prawnej, stowarzyszenie (N.) nie posiadające zdolności prawnej
nichtstreitig niesporny (Adj.)
Nichturteil (N.) wyrok (M.) nieistniejący
Nichtvermögensschaden (M.) szkoda (F.) niemajątkowa
Nichtwissen (N.) niewiedza (F.)
Nichtzulassung (F.) niedopuszczenie (N.)
Nichtzulassungsbeschwerde (F.) zażalenie (N.) z powodu niedopuszczenia środka odwoławczego
niederlassen osiąść, osiedlić
Niederlassung (F.) otwarcie (N.), oddział (M.), filia (F.)
Niederlassungsfreiheit (F.) wolność (F.) osiedlania się, swoboda (F.) osiedlania się
Niederlegung (F.) złożenie (N.)
Niedersachsen (N.) Saksonia (F.) Dolna
niederschreiben swpisać, zapisać
Niederschrift (F.) protokół (M.)
niedrig niski (Adj.), nikczemny (Adj.)
niedriger Beweggrund (M.) niska pobudka (F.)
Nießbrauch (M.) użytkowanie (N.)
Nießbrauchsberechtigter (M.) użytkownik (M.)
Nikotin (N.) nikotyna (F.)
Nizza (N.) Nicea (F.)
Nizzaer Vertrag (M.) Traktat (M.) Nicejski
nominal nominalny (Adj.)
Nominalwert (M.) wartość (F.) nominalna
nominell formalny (Adj.), imienny (Adj.), tytularny, nominalny (Adj.)
nominieren mianować, zamianować, wyznaczyć
Nominierung (F.) nominacja (F.), mianowanie (N.), powołanie (N.)
Nonne (F.) mniszka (F.), zakonnica (F.)
Norden (M.) północ (F.)
Nordrhein-Westfalen (N.) Nadrenia Północna-Westfalia (F.)
Nord-Süd-Dialog (M.) Północny-południowy dialog (M.)
Norm (F.) norma (F.)
Normadressat (M.) adresat (M.) normy
normal normalny (Adj.)
normativ normatywny (Adj.)
Normativbestimmung (F.) postanowienie (N.) normatywne
normatives Tatbestandsmerkmal (N.) normatywne znamię (N.) czynu przestępczego, normatywne znamię (N.) stanu faktycznego
normen normować, regulować
Normenkollision (F.) kolizja (F.) norm
Normenkontrolle (F.) kontrola (F.) zgodności normy z ustawą zasadniczą
Normenkontrollverfahren (N.) postępowanie (N.) dotyczące zgodności norm z ustawą zasadniczą
normieren unormować
North Atlantic Treaty Organisation (N.) (NATO) NATO (N.), Organizacja (F.) paktu północnoatlantyckiego
Not (F.) potrzeba (F.), konieczność (F.)
Notar (M.) notariusz (M.)

Notariat (N.) notariat (M.)
notariell notarialny (Adj.)
Note (F.) nota (F.), stopień (M.), ocena (F.), cecha (F.), banknot (M.)
Notenbank (F.) bank (M.) emisyjny
Noterbe (M.) uprawniony (M.) do zachowku
Noterbrecht (N.) prawo (N.) do zachowku
Notfall (M.) nagły przypadek (M.)
Notfrist (F.) termin (M.) zawity, termin (M.) prekluzyjny
Nothilfe (F.) pomoc (F.) konieczna
notieren notować
Notierung (F.) notowanie (N.)
Notifikation (F.) notyfikacja (F.), zawiadomienie (N.)
notifizieren notyfikować
nötig konieczny (Adj.), potrzebny (Adj.)
nötigen przymuszać, zmuszać
Nötigung (F.) zmuszanie (N.)
Nötigungsnotstand (M.) stan (M.) wyższej konieczności dotyczący zmuszania
Notlage (F.) trudna sytuacja (F.), ciężkie położenie (N.)
notorisch powszechnie znany (Adj.), notoryczny (Adj.), wierutny (Adj.)
Notstand (M.) stan (M.) wyższej konieczności, stan (M.) wyjątkowy
Notstandsexzess (M.) przekroczenie (N.) stanu wyższej konieczności
Notstandsgesetz (N.) ustawa (F.) o stanach wyjątkowych
Notstandsgesetzgebung ustawodawstwo (N.) dotyczące stanu wyjątkowego
Notstandsklage (F.) powództwo (N.) stanu wyższej konieczności
Notstandsverfassung (F.) konstytucja (F.) stanu wyjątkowego
Nottestament (N.) testament (M.) szczególny
Notverordnung (F.) zarządzenie (N.) w stanie wyjątkowym, rozporządzenie (N.) z konieczności
Notvorstand (M.) zarząd (M.) przymusowy, zarząd (M.) komisaryczny
Notweg (M.) droga (F.) konieczna
Notwehr (F.) obrona (F.) konieczna
Notwehrexzess (M.) przekroczenie (N.) granic obrony koniecznej
Notwehrprovokation (F.) prowokacja (F.) do obrony koniecznej
Notwehrüberschreitung (F.) przekroczenie (N.) granic obrony koniecznej
notwendig konieczny (Adj.)
notwendige Streitgenossenschaft (F.) konieczne współuczestnictwo (N.) procesowe
notwendige Verteidigung (F.) obrona (F.) obligatoryjna
notwendiger Verteidiger (M.) obrońca (M.) obligatoryjny
Notzucht (F.) zgwałcenie (N.)
Novation (F.) nowacja (F.)
Novelle (F.) nowela (F.)
novellieren nowelizować
Novellierung (F.) nowelizacja (F.)
Novize (M.) nowicjusz (M.)
nuklear nuklearny (Adj.)
nulla poena (F.) sine lege (lat.) (keine Strafe ohne Gesetz) nie ma kary bez ustawy
nullum crimen (N.) sine lege (lat.) nullum crimen (N.) sine lege, nie ma zbrodni bez ustawy
numerisch numeryczny (Adj.)
numerus (M.) clausus (lat.) numerus (M.) clausus (lat.), ograniczenie (N.) dostępu
Nummer (F.) numer (M.)
Nummerierung (F.) numeracja (F.)
Nuntius (M.) nuncjusz (M.)
Nurnotar (M.) notariusz (M.), wyłącznie notariusz (M.)
Nutzen (M.) uzysk (M.), zysk (M.), użyteczność (F.)
nützen wykorzystać, użytkować, pomagać, służyć, przydać się
nützlich pożyteczny (Adj.), użyteczny (Adj.), korzystny (Adj.)
nützliche Verwendung (F.) nakład (M.) pożyteczny
Nutznießung (F.) użytkowanie (N.)
Nutzung (F.) użytkowanie (N.)
Nutzungsänderung (F.) zmiana (F.) użytkowania
Nutzungsausfall (M.) odpadnięcie (N.) użytkowania, utrata (F.) użytkowania
Nutzungsentschädigung (F.) odszkodowanie (N.) za użytkowanie
Nutzungspfand (N.) zastaw (M.) antychretyczny, antychreza (F.)
Nutzungsrecht (N.) prawo (N.) użytkowania

O

Obacht (F.) poważanie (N.)
Obdach (N.) dach (M.) nad głową
obdachlos bezdomny (Adj.)
Obdachlosenasyl (N.) przytułek (M.) dla bezdomnych, przytułek (M.)
Obdachlosigkeit (F.) bezdomność (F.)
Obduktion (F.) obdukcja (F.)
obduzieren wykonywać sekcję zwłok
Oberbundesanwalt (M.) rzecznik (M.) interesu publicznego przy federalnym sądzie administracyjnym
Oberbürgermeister (M.) nadburmistrz (M.)
obere górny (Adj.), wierzchni (Adj.)
Obereigentum (N.) własność (F.) zwierzchnia
Oberfinanzdirektion (F.) wyższa dyrekcja (F.) finansowa
Oberhaus (N.) izba (F.) wyższa, izba (F.) lordów
Oberkreisdirektor (M.) dyrektor (M.) powiatu, naczelnik (M.)
Oberlandesgericht (N.) wyższy sąd (M.) krajowy
Oberrichter (M.) sędzia (M.) zwierzchni, sędzia (M.) wyższego stopnia
Oberst (M.) pułkownik (M.)
Oberstadtdirektor (M.) dyrektor (M.) miasta wyłączonego z powiatu, naczelnik (M.)
oberste najwyższy (Adj.)
Oberster Gerichtshof (M.) sąd (M.) najwyższy, Najwyższy trybunał (M.)
oberstes Bundesgericht (N.) najwyższy sąd (M.) federalny
oberstes Landesgericht (N.) najwyższy Sąd (M.) Krajowy
Oberverwaltungsgericht (N.) wyższy sąd (M.) administracyjny
Obhut (F.) piecza (F.), opieka (F.), dozór (M.)
Obhutspflicht (F.) obowiązek (M.) opieki
Objekt (N.) obiekt (M.), przedmiot (M.)
objektiv obiektywny (Adj.)
objektive Bedingung (F.) der Strafbarkeit warunek (M.) obiektywny karalności
objektive Unmöglichkeit (F.) niemożliwość (F.) obiektywna
objektives Recht (N.) prawo (N.) obiektywne
objektives Tatbestandsmerkmal (N.) obiektywne znamię (N.) czynu przestępczego, obiektywne znamię (N.) stanu faktycznego
objektives Verfahren (N.) postępowanie (N.) obiektywne
obliegen ciążyć na kimś, być czyimś obowiązkiem
Obliegenheit (F.) obowiązek (M.), powinność (F.)
Obliegenheitsverletzung (F.) naruszenie (N.) powinności
obligat obowiązkowy (Adj.)
Obligation (F.) obligacja (F.), stosunek (M.) zobowiązaniowy
obligatorisch obowiązkowy (Adj.)
Obligo (N.) obligo (N.), zobowiązanie (N.), poręczenie (N.)
Obmann (M.) przewodniczący (M.)
Obrigkeit (F.) zwierzchność (F.)
Observanz (F.) obserwacja (F.), zwyczaj (M.), lokalne publiczne prawo (N.) zwyczajowe
obsiegen wygrać
Ochlokratie (F.) ochlokracja (F.)
Oder-Neiße-Linie (F.) Odra-Nysa-linia (F.), granica (F.) na Odrze i Nysie
OECD (N.) (Organisation for Economic Cooperation and Development) OECD (N.), Organizacja (F.) do gospodarczej współpracy i rozwoju
offen jawny (Adj.), otwarty (Adj.), wolny (Adj.)
offenbar jawny (Adj.), oczywisty (Adj.), widoczny (Adj.)
offenbaren wyjawić, ujawnić
Offenbarung (F.) wyjawienie (N.), ujawnienie (N.)
Offenbarungseid (M.) wyjawienie (N.) majątku
Offenbarungspflicht (F.) obowiązek (M.) wyjawienia
offene Handelsgesellschaft (F.) jawna spółka (F.) handlowa
offenkundig powszechnie znany (Adj.), powszechnie wiadomy (Adj.)
offenkundiger Mangel (M.) wada (F.) widoczna, wada (F.) oczywista
offenlegen wyjawnić
Offenlegung (F.) wyjawnienie (N.), wyjaśnienie (N.)
öffentlich publiczny (Adj.), jawny (Adj.)

öffentliche Aufgabe (F.) obowiązek (M.) publiczny
öffentliche Ausschreibung (F.) przetarg (M.) publiczny, rozpisanie (N.) publiczne konkursu
öffentliche Beglaubigung (F.) notarialne poświadczenie (N.) podpisu
öffentliche Dienstbarkeit (F.) służebność (F.) publiczna
öffentliche Hand (F.) państwo (N.) jako zarządca majątku publicznego
öffentliche Klage (F.) oskarżenie (N.) publiczne
öffentliche Last (F.) ciężar (M.) publiczny
öffentliche Meinung (F.) opinia (F.) publiczna
öffentliche Sache (F.) rzecz (F.) publiczna
öffentliche Sicherheit und Ordnung (F.) bezpieczeństwo (N.) i porządek (M.) publiczny
öffentliche Urkunde (F.) dokument (M.) publiczny
öffentliche Versteigerung (F.) licytacja (F.) publiczna
öffentliche Zustellung (F.) doręczenie (N.) publiczne
öffentlicher Belang (M.) interes (M.) publiczny
öffentlicher Dienst (M.) służba (F.) publiczna
öffentlicher Glaube (M.) rękojmia (F.) dobrej wiary
öffentliches Amt urząd (M.) publiczny
öffentliches Gut (N.) dobro (N.) publiczne
öffentliches Interesse (N.) interes (M.) publiczny
öffentliches Recht (N.) prawo (N.) publiczne
öffentliches Testament (N.) testament (M.) sporządzony notarialnie, testament (M.) przekazany notariuszowi
öffentliches Wohl (N.) dobro (N.) powszechne
Öffentlichkeit (F.) jawność (F.), opinia (F.) publiczna
öffentlichrechtliche Streitigkeit (F.) spór (M.) z zakresu prawa publicznego
öffentlichrechtliche Verwahrung (F.) depozyt (M.) publicznoprawny
öffentlichrechtlicher Vertrag (M.) umowa (F.) publicznoprawna
offerieren oferować
Offerte (F.) oferta (F.)
Offizial (M.) oficjał (M.)
Offizialat (N.) oficjalat (M.)
Offizialdelikt (N.) przestępstwo (N.) ściągane z urzędu
Offizialmaxime (F.) zasada (F.) ścigania z urzędu
Offizialverfahren (N.) postępowanie (N.) prowadzone z urzędu
Offizialverteidiger (M.) obrońca (M.) z urzędu
Offizialverteidigerin (F.) obrończyni (F.) z urzędu
Offizialverteidigung (F.) obrona (F.) z urzędu
offiziell oficjalny (Adj.), urzędowy (Adj.)
Offizier (M.) oficer (M.)
offiziös półoficjalny (Adj.)
Ohr (N.) ucho (N.)
Ohrfeige (F.) policzek (M.)
ohrfeigen policzkować
Okkupation (F.) okupacja (F.)
okkupieren okupować
Ökologie (F.) ekologia (F.)
ökologisch ekologiczny (Adj.), ekologicznie (Adj.)
Ökonomie (F.) ekonomia (F.)
ökonomisch ekonomiczny
Oktroi (N.) oktrojowanie (N.)
oktroieren narzucać, nadawać
Ökumene (F.) ekumena (F.), ekumenizm (M.)
ökumenisch ekumeniczny
Oligarchie (F.) oligarchia (F.)
Oligokratie (F.) oligokracja (F.)
Oligopol (N.) oligopol (M.)
Ombudsmann (M.) ombudsman (M.)
Onkel (M.) stryj (M.), wuj (M.)
Onomasiologie (F.) onomasjologia (F.)
Operation (F.) operacja (F.)
operieren operować
Opfer (N.) ofiara (F.), pastwa (F.)
Opferentschädigung (F.) odszkodowanie (N.) dla ofiar przestępstwa
Opfergrenze (F.) granica (F.) dopuszczalności wywłaszczenia
opfern ofiarować
Opferschutz (M.) ochrona (F.) ofiar przestępstwa
opponieren oponować

opportun dogodny (Adj.), korzystny (Adj.)
Opportunist (M.) oportunista (M.)
Opportunität (F.) dogodność (F.), korzyść (F.), sprzyjająca okazja (F.), oportunizm (M.)
Opportunitätsprinzip (N.) zasada (F.) oportunizmu
Opposition (F.) opozycja (F.)
oppositionell opozycyjny (Adj.)
Oppositionspartei (F.) partia (F.) opozycyjna
Option (F.) opcja (F.)
Orden (M.) order (M.), zakon (M.)
ordentlich porządny (Adj.), zwyczajny (Adj.), regularny (Adj.)
ordentliche Gerichtsbarkeit (F.) sądownictwo (N.) powszechne
ordentliche Kündigung (F.) wypowiedzenie (N.) zwykłe
ordentlicher Rechtsweg (M.) droga (F.) sądowa sądownictwa powszechnego
Order (F.) zlecenie (N.), polecenie (N.), dyspozycja (F.)
Orderklausel (F.) klauzula (F.) zlecenia
ordern zlecić, zamówić
Orderpapier (N.) papier (M.) na zlecenie
ordinär pospolity (Adj.), zwyczajny (Adj.)
Ordinarius (M.) profesor (M.) zwyczajny
ordnen porządkować, uporządkować
Ordnung (F.) porządek (M.)
Ordnungsamt (N.) urząd (M.) porządkowy
Ordnungsbehörde (F.) urząd (M.) do spraw porządku i bezpieczeństwa publicznego, władza (F.) porządkowa
Ordnungsgeld (N.) grzywna (F.) za naruszenie porządku, grzywna (F.) porządkowa
ordnungsgemäß prawidłowy (Adj.), zgodny z przepisami
ordnungsgemäße Buchführung (F.) prawidłowa księgowość (F.)
Ordnungshaft (F.) areszt (M.) za zakłócenie porządku
Ordnungsmittel środek (M.) porządkowy
Ordnungsrecht (N.) prawo (N.) porządkowe, prawo (N.) porządkowe w celu utrzymania bezpieczeństwa i porządku publicznego
Ordnungsstrafe (F.) kara (F.) porządkowa
ordnungswidrig niezgodny z przepisami
Ordnungswidrigkeit (F.) wykroczenie (N.)
ordre (M.) public (franz.) porządek (M.) publiczny
Organ (N.) organ (M.)
Organhaftung (F.) odpowiedzialność (F.) za organ
Organisation (F.) organizacja (F.)
Organisation (F.) über Sicherheit und Zusammenarbeit in Europa (OSZE) Organizacja (F.) do spraw bezpieczeństwa i współpracy z Europą (OSZE)
Organisation (N.) for Economic Cooperation and Development (OECD) OECD (N.), Organizacja (F.) do gospodarczej współpracy i rozwoju
Organisationsakt (M.) akt (M.) organizacji, akt (M.) organizacyjny
Organisationsklausel (F.) klauzula (F.) przynależnosci do organizacji
Organisationsmangel (M.) wada (F.) organizacyjna
Organisationspflicht (F.) obowiązek (M.) organizacji
organisieren organizować
organisierter Streik (M.) strajk (M.) zorganizowany
Organismus (M.) organizm (M.)
Organklage (F.) skarga (F.) do Federalnego Sądu Konstytucyjnego w sporze pomiędzy organami federalnymi
Organleihe (F.) administrowanie (N.) zakładem publicznym przez organ nadzorczy
Organschaft (F.) związek (M.) organizacyjny spółek, integracja (F.) finansowa organizacyjna i gospodarcza spółki kapitałowej dalej formalnie niezależnej
Organstreit (M.) spór (M.) między organami
Original (N.) oryginał (M.)
original oryginalny (Adj.)
originär pierwotny (Adj.)
originärer Eigentumserwerb (M.) nabycie (N.) pierwotne własności
Ort (M.) miejsce (N.)
orthodox ortodoksyjny (Adj.)
örtlich miejscowy (Adj.), lokalny (Adj.), terenowy (Adj.)
örtliche Zuständigkeit (F.) właściwość (F.) miejscowa
Ortsbeirat (M.) rada (F.) lokalna
Ortschaft (F.) miejscowość (F.)
Ortsgericht (N.) sąd (M.) lokalny
Ortskrankenkasse (F.) lokalna kasa (F.) chorych
Ortsverzeichnis (N.) rejestr (M.) miejscowości, spis (M.) miejscowości

Ortszuschlag (M.) dodatek (M.) lokalny
Osten (M.) wschód (M.)
Österreich (N.) Austria (F.)
österreichisch austriacki (Adj.)
Ostgebiet (N.) teren (M.) wschodni
Ostvertrag (M.) umowa (F.) wschodnia
Ostzone (F.) strefa (F.) wschodnia
OSZE (F.) (Organisation über Sicherheit und Zusammenarbeit in Europa) OSZE (F.), Organizacja (F.) do spraw bezpieczeństwa i współpracy z Europą

P

Pacht (F.) dzierżawa (F.), czynsz (M.) dzierżawny
pachten dzierżawić
Pächter (M.) dzierżawca (M.)
Pachtkredit (M.) kredyt (M.) dla dzierżawcy
Pachtverhältnis (N.) stosunek (M.) dzierżawny
Pachtvertrag (M.) umowa (F.) dzierżawy, umowa (F.) dzierżawna
Pachtzins (M.) czynsz (M.) dzierżawny
pacta (N.Pl.) sunt servanda (lat.) pacta (N.Pl.) sunt servanda (lat.), umowy (F.Pl) muszą być dotrzymywane
pactum (N.) (lat.) umowa (F.)
pactum (N.) de non petendo (lat.) pactum (N.) de non petendo (lat.)
Pair (M.) pair (M.) (engl.)
Paket (N.) paczka (F.)
Pakt (M.) pakt (M.), układ (M.), umowa (F.), ugoda (F.)
Palast (M.) pałac (M.)
panaschieren panaszyrować
Pandekte (F.) pandekta (F.)
Pandekten (F.Pl.) pandekta (Pl.)
Panzer (M.) pancerz (M.), czołg (M.)
Papier (N.) papier (M.)
Papiergeld (N.) pieniądz (M.) papierowy
Papst (M.) papież (M.)
päpstlich papieski (Adj.)
Paragraph (M.) paragraf (M.)
Paraphe (F.) parafa (F.), skrót (M.) podpisu
paraphieren parafować
Paraphierung (F.) parafowanie (N.)
Parentel (F.) parentela (F.), dziedziczenie (N.) według linii pokrewieństwa
Parentelsystem (N.) związek (M.) pokrewieństwa, dziedziczenie (N.) według pokrewieństwa
pari wartość (F.) nominalna
Parität (F.) parytet (M.), równorzędność (F.)
paritätisch parytetowy (Adj.)
Parken (N.) parkowanie (N.)
parken parkować
Parkplatz (M.) plac (M.) parkingowy
Parkuhr (F.) parkometr (M.)
Parlament (N.) parlament (M.)
Parlamentarier (M.) parlamentarzysta (M.), członek (M.) parlamentu
parlamentarisch parlamentarny
Parlamentarischer Rat (M.) rada (F.) parlamentarna
Parlamentarismus (M.) parlamentaryzm (M.)
Parlamentsanklage (F.) oskarżenie (N.) parlamentarne, oskarżenie (N.) parlamentu
Parlamentsgebäude (N.) budynek (M.) parlamentu
Partei (F.) strona (F.), partia (F.), stronnictwo (N.)
Parteiänderung (F.) zmiana (F.) strony
Parteiantrag (M.) wniosek (M.) strony
Parteibetrieb (M.) rozporządzalność (F.) prez stronę swymi prawami
Parteienfinanzierung (F.) finansowanie (N.) partii
Parteienrat (M.) rada (F.) partii
parteifähig posiadający zdolność sądową
Parteifähigkeit (F.) zdolność (F.) procesowa
Parteigenosse (M.) towarzysz (M.) partyjny
Parteiherrschaft (F.) procesowa autonomia (F.) stron
parteiisch stronniczy
parteilich partyjny (Adj.), stronniczy
Parteilichkeit (F.) partyjność (F.), stronniczość (F.)
Parteiprozess (M.) proces (M.) bez przymusu adwokackiego
Parteivereinbarung (F.) porozumienie (N.) stron
Parteivernehmung (F.) przesłuchanie (N.) stron
Parteiverrat (M.) zdrada (F.) strony przez pełnomocnika
Parteivorbringen (N.) przytoczenie (N.) strony
Parteiwechsel (M.) zmiana (F.) strony

Partenreederei (F.) spółka (F.) amatorska
partiarisch udziałowy (Adj.), otrzymujący udział
partiarisches Darlehen (N.) pożyczka (F.) przy której zamiast odsetek otrzymuje się określony udział w zysku
partiarisches Verhältnis (N.) stosunek (M.) w zysku w zamian za jakieś świadczenie
partiell częściowy
partikular partykularny (Adj.)
Partikularismus (N.) partykularyzm (M.)
Partikularrecht (N.) prawo (N.) partykularne
Partner (M.) partner (M.)
Partnerschaft (F.) partnerstwo (N.)
Parzelle (F.) parcela (F.)
parzellieren parcelować, podzielić na parcele
Pass (M.) paszport (M.)
Passfälschung (N.) zfałszowanie (N.) paszportu
Passierschein (M.) przepustka (F.)
passiv bierny (Adj.), pasywny (Adj.)
Passiva (N.Pl.) pasywa (N.Pl.)
passives Wahlrecht (N.) bierne prawo (N.) wyborcze
Passivlegitimation (F.) legitymacja (F.) bierna
Passivum (N.) bierne (N.)
Passivvertretung (F.) przedstawicielstwo (N.)
Passpflicht (F.) obowiązek (M.) posiadania paszportu
Passrecht (N.) prawo (N.) paszportowe
Pastor (M.) pastor (M.)
Pate (M.) chrzestny (M.)
Patenschaft (F.) ojcostwo (N.) chrzestne, szefostwo (N.), patronat (M.)
Patent (N.) patent (M.)
Patentamt (N.) urząd (M.) patentowy
Patentanwalt (M.) rzecznik (M.) patentowy
patentfähig zdolny do patentu
Patentfähigkeit (F.) zdolność (F.) patentowa
Patentgericht (N.) sąd (M.) patentowy
Patentgesetz (N.) ustawa (F.) patentowa
patentieren opatentować
Patentinhaber (M.) posiadacz (M.) patentu
Patentrecht (N.) prawo (N.) patentowe, prawo (N.) do patentu
Patentverletzung (F.) naruszenie (N.) patentu
Patient (M.) pacjent (M.)
Patrimonialgericht (N.) sąd (M.) patrymonialny
Patrimonialgerichtsbarkeit (F.) sądownictwo (N.) patrymonialne
Patrimonium (N.) patrimonium (N.) (lat.)
Patristik (F.) patrystyka (F.)
Patron (M.) patron (M.)
Patronat (N.) patronat (M.)
Patronatserklärung (F.) oświadczenie (N.) o objęciu patronatu
Patrone (F.) nabój (M.)
Pauperismus (M.) pauperyzm (M.)
pauschal ryczałtowy (Adj.)
Pauschale (F.) ryczałt (M.)
Pause (F.) przerwa (F.)
pausieren robić przerwę
Pazifismus (M.) pacyfizm (M.)
pazifistisch pacyfistyczny (Adj.)
Pension (F.) emerytura (F.), pensja (F.), pensjonat (M.)
pensionieren przenosić na emeryturę
Pensionierung (F.) emerytowanie (N.)
peremptorisch peremptoryjny, niweczący (Adj.)
peremptorische Einrede (F.) zarzut (M.) peremptoryjny
Periode (F.) okres (M.)
periodisch okresowy (Adj.), periodyczny (Adj.), cykliczny (Adj.)
perpetuatio (F.) fori (lat.) perpetuatio (F.) fori (lat.), zasada (F.) kontynuacji właściwości sądu po zawiłości sporu
Person (F.) osoba (F.)
persona (F.) ingrata (lat.) persona (F.) ingrata (lat.)
persona (F.) non grata (lat.) persona (F.) non grata
Personal (N.) personel (M.)
Personalakte (F.) akt (M.) personalny
Personalausweis (M.) dowód (M.) osobisty
Personalfirma (F.) firma (F.) stanowiąca nazwisko właściciela
Personalfolium (N.) wspólna karta (F.) księgi wieczystej
Personalgesellschaft (F.) spółka (F.) osobowa
Personalhoheit (F.) zwierzchnictwo (N.) osobowe, władztwo (N.) osobowe
Personalie (F.) dane (Pl.) personalne, dane (Pl.) osobowe, dane (Pl.) osobiste
Personalien (F.Pl.) personalia (Pl.), dane (Pl.) personalne, dane (Pl.) osobowe, dane (Pl.) osobiste

Personalinformationssystem (N.) system (M.) informacji personalnych
Personalität (F.) personalizm (M.)
Personalitätsprinzip (N.) zasada (F.) personalizmu
Personalkörperschaft (F.) korporacja (F.) zrzeszająca osoby fizyczne
Personalkredit (M.) kredyt (M.) osobisty
Personalrat (M.) rada (F.) przedstawicieli pracowników służby publicznej
Personalstatut (N.) status (M.) osobowy
Personalunion (F.) unia (F.) personalna
Personalversammlung (F.) zebranie (N.) personelu
Personalvertretung (F.) przedstawicielstwo (N.) personelu
Personenbeförderung (F.) przewóz (M.) osób
Personenbeförderungsrecht (N.) prawo (N.) o przewozie osób, prawo (N.) przewozów osobowych
Personenkraftwagen (N.) samochód (M.) osobowy
Personenrecht (N.) prawo (N.) osobowe, prawo (N.) podmiotowe
Personenschaden (M.) szkoda (F.) na zdrowiu osoby, uszczerbek (M.) na życiu osoby
Personensorge (F.) piecza (F.) nad dziećmi potrzebującymi pomocy
Personenstand (M.) stan (M.) cywilny
Personenstandsbuch (N.) księga (F.) akt stanu cywilnego
Personenstandsfälschung (F.) fałszowanie (N.) danych dotyczące stanu cywilnego
Personenvereinigung (F.) związek (M.) osób
Personenversicherung (F.) ubezpieczenie (N.) osób
persönlich osobisty (Adj.)
persönliche Haftung (F.) odpowiedzialność (F.) osobista
persönlicher Strafaufhebungsgrund (M.) osobista okoliczność (F.) uchylająca odpowiedzialność karną
persönlicher Strafausschließungsgrund (M.) osobista okoliczność (F.) wyłączająca odpowiedzialność karną
persönliches Erscheinen (N.) osobiste stawiennictwo (N.)
Persönlichkeit (F.) osobowość (F.)
Persönlichkeitsrecht (N.) prawo (N.) osobiste
Perücke (F.) peruka (F.)
pervers perwersyjny (Adj.), zboczony
Perversion (F.) perwersja (F.)
Petition (F.) petycja (F.)
Petitionsausschuß (M.) komisja (F.) petycyjna
Petitionsrecht (N.) prawo (N.) składania petycji
petitorisch petytoryjny (Adj.)
petitorischer Anspruch (M.) roszczenie (N.) petytoryjne
Petschaft (F.) pieczątka (F.)
Pfand (N.) zastaw (M.)
pfändbar możliwy do zajęcia
Pfandbrief (M.) hipoteczny list (M.) zastawny
Pfandbriefinhaber (M.) posiadacz (M.) hipotecznego listu zastawnego
pfänden zająć
Pfandgläubiger (M.) wierzyciel (M.) otrzymujący zastaw
Pfandkehr (F.) bezprawne zabranie (N.) zastawu
Pfandleihe (F.) zastaw (M.) lombardowy
Pfandleiher (M.) zastawnik (M.) zawodowy
Pfandnehmer (M.) wierzyciel (M.) otrzymujący zastaw
Pfandrecht (N.) prawo (N.) zastawu
Pfandreife (F.) wymagalność (F.) wierzytelności zabezpieczonej zastawem
Pfandschuldner (M.) dłużnik (M.), u którego dokonano zajęcia
Pfandsiegel (N.) pieczęć (F.) komornika na zajętej rzeczy
Pfändung (F.) zajęcie (N.)
Pfändungsbeschluss (M.) postanowienie (N.) o zajęciu
Pfändungsfreibetrag (M.) kwota (F.) wolna od zajęcia
Pfändungspfandrecht (N.) prawo (N.) zastawu uzyskane na mocy zajęcia
Pfändungsschutz (M.) ochrona (F.) przed zajęciem
Pfandverkauf (M.) sprzedaż (F.) rzeczy zastawionej
Pfandverwertung (F.) spieniężenie (N.) rzeczy zastawionej
Pfarre (F.) probostwo (N.)
Pfarrer (M.) proboszcz (M.), pastor (M.)
Pflanze (F.) roślina (F.)
Pflanzenschutz (M.) ochrona (F.) roślin

Pflege (F.) opieka (F.), pielęgnacja (F.), pielęgnowanie (N.)
Pflegeelter (M. bzw. F.) rodzic (M. bzw. F.) zastępczy
Pflegeeltern (Pl.) rodzice (M.Pl.) zastępczy
Pflegegeld (N.) zasiłek (M.) opiekuńczy
Pflegekind (N.) dziecko (N.), wychowanek (M.)
Pflegemutter (F.) przybrana matka (F.)
pflegen pielęgnować, doglądać
Pfleger (M.) pielęgniarz (M.), kurator (M.)
Pflegesatz (M.) stawka (F.) za opiekę
Pflegesohn (M.) wychowanek (M.)
Pflegestufe (F.) stopień (M.) opieki
Pflegetochter (F.) wychowanka (F.)
Pflegevater (M.) przybrany ojciec (M.), opiekun (M.)
Pflegeversicherung (F.) ubezpieczenie (N.) na wypadek wymagania opieki
Pflegezeit (F.) czas (M.) sprawowania opieki
Pflegling (M.) osoba (F.) pielęgowana
Pflegschaft (F.) kuratela (F.)
Pflicht (F.) obowiązek (M.)
Pflichtaufgabe (F.) zadanie (N.) obowiązkowe
Pflichtbeitrag (M.) składka (F.) obowiązkowa
Pflichtenkollision (F.) kolizja (F.) obowiązków
Pflichtenverhältnis (N.) stosunek (M.) obowiązkowy, stosunek (M.) powinnościowy
Pflichtexemplar (N.) egzemplarz (M.) obowiązkowy
Pflichtteil (M.) zachowek (M.)
Pflichtteilergänzungsanspruch (M.) roszczenie (N.) o uzupełnienie zachowku
Pflichtteilsanspruch (M.) roszczenie (N.) o zachowek
Pflichtteilsberechtigter (M.) uprawniony (M.) do zachowku
Pflichtteilsentziehung (F.) pozbawienie (N.) zachowku
Pflichtteilsrecht (N.) prawo (N.) do zachowania zachowku
Pflichtteilsrestsanpruch (M.) roszczenie (N.) o pozostałą część zachowku
Pflichtverletzung (F.) naruszenie (N.) obowiązków
Pflichtverletzung (F.) naruszenie (N.) obowiązku
Pflichtversicherung (F.) ubezpieczenie (N.) obowiązkowe
Pflichtverteidiger (M.) obrońca (M.) z urzędu
Pfründe (F.) prebenda (F.), synekura (F.)
Pfund (N.) funt (M.)
Philosophie (F.) filozofia (F.)
physisch fizyczny (Adj.)
Pirat (M.) pirat (M.)
Piratensender (M.) nadajnik (M.) piracki
Piraterie (F.) piractwo (N.)
Pistole (F.) pistolet (M.)
plädieren wygłosić mowę obrończą, wygłosić mowę oskarżycielską, wnosić w mowie, wstawiać się za czymś
Plädoyer (N.) mowa (F.) obrończa, mowa (F.) oskarżycielska
Plagiat (N.) plagiat (M.)
Plagiator (M.) plagiator (M.)
plagiieren popełnić plagiat
Plakette (F.) plakieta (F.)
Plan (M.) plan (M.)
planen planować
Planfeststellung (F.) ustalenie (N.) planu zabudowy
Planfeststellungsbeschluss (M.) postanowienie (N.) o ustaleniu planu zabudowy
Plangewährleistungsanspruch (M.) roszczenie (N.) o wykonanie planu
Planstelle (F.) stanowisko (N.) planowe
Planung (F.) planowanie (N.)
Planwirtschaft (F.) gospodarka (F.) planowa
Platz (M.) plac (M.), miejsce (N.)
Platzgeschäft (N.) transakcja (F.) na miejscu
platzieren umiejscowić
Platzierung (F.) umiejscowienie (N.), lokowanie (N.)
Platzverweis (M.) nakaz (M.) opuszczenie miejsca
plausibel przekonywający (Adj.)
Plebiszit (N.) plebiscyt (M.)
plebiszitär plebiscytowy (Adj.)
plebiszitäre Demokratie (F.) demokracja (F.) plebiscytowa
Pleite (F.) plajta (F.)
Plenarausschuss (M.) komisja (F.) plenarna
Plenarsitzung (F.) posiedzenie (N.) plenarne
Plenarversammlung (F.) zgromadzenie (N.) plenarne
Plenum (N.) plenum (N.)

Plombe (F.) plomba (F.)
plombieren plombować
Plünderer (M.) plądrownik (M.)
plündern plądrować, grabić
Plünderung (F.) plądrowanie (N.), grabież (F.)
Pluralismus (M.) pluralizm (M.)
Plutokratie (F.) plutokracja (F.)
Pogrom (N.) pogrom (M.)
Polen (N.) Polska (F.)
Police (F.) polisa (F.)
Politik (F.) polityka (F.)
Politiker (M.) polityk (M.)
Politikwissenschaft (F.) politologia (F.)
politisch polityczny (Adj.)
politische Verdächtigung (F.) podejrzewanie (N.) polityczne
Polizei (F.) policja (F.)
Polizeibehörde (F.) organ (M.) policji
Polizeibericht (M.) raport (M.) policyjny
polizeilich policyjny (Adj.)
polizeiliche Generalklausel (F.) klauzula (F.) generalna policji
Polizeiordnung (F.) ustawa (F.) o policji
Polizeipräsident (M.) prezydent (M.) policji
Polizeirecht (N.) prawo (N.) policyjne
Polizeistaat (M.) państwo (N.) policyjne
Polizeistunde (F.) godzina (F.) zamknięcia, godzina (F.) zamknięcia lokali
Polizeiverfügung (F.) zarządzenie (N.) policyjne
Polizeiverordnung (F.) rozporządzenie (N.) policyjne
Polizeiverwaltung (F.) administracja (F.) policyjna
Polizeiverwaltungsgesetz (N.) ustawa (F.) administracji policyjnej
Polizeivollzugsdienst (M.) policyjna służba (F.) wykonawcza
Polizeiwache (F.) posterunek (M.) policji
Polizist (M.) policjant (M.), policjant (M.) porządkowy
polnisch polski (Adj.)
polygam poligamiczny (Adj.)
Polygamie (F.) poligamia (F.)
Pontifikat (N.) pontyfikat (M.)
Popular... popularny (Adj.)
Popularklage (F.) skarga (F.) powszechna
Pornographie (F.) pornografia (F.)
pornographisch pornograficzny
Porto (N.) porto (N.), opłata (F.) pocztowa
Portugal (N.) Portugalia (F.)
portugiesisch portugalski (Adj.)
positiv pozytywny (Adj.)
positive Forderungsverletzung (F.) pozytywne naruszenie (N.) wierzytelności
positives Interesse (N.) interes (M.) pozytywny
positives Recht (N.) prawo (N.) pozytywne
Positivismus (M.) pozytywizm (M.)
possessorisch posesoryjny (Adj.)
possessorische Klage (F.) skarga (F.) posesoryjna
possessorischer Anspruch (M.) roszczenie (N.) posesoryjne
Post (F.) poczta (F.)
Postamt (N.) urząd (M.) pocztowy
Postanweisung (F.) przekaz (M.) pocztowy
Postgeheimnis (N.) tajemnica (F.) pocztowa
Postkarte (F.) karta (F.) pocztowa
postlagernd poste restante, do odbioru na poczcie
Postleitzahl (F.) kod (M.) pocztowego
Postscheck (M.) czek (M.) pocztowy
postulationsfähig zdolność (F.) postulacyjna
Postulationsfähigkeit (F.) zdolność (F.) postulacyjna
postulieren postulować
postum pośmiertny
potent silny
potentiell potencjalny (Adj.)
potentielles Unrechtsbewußtsein (N.) potencjalna świadomość (F.) bezprawności
Potsdamer Abkommen (N.) umowa (F.) poczdamska
Präambel (F.) preambuła (F.)
Präfekt (M.) prefekt (M.)
prägen kszatałtować, formować
Präjudiz (N.) prejudykat (M.), precedens (M.)
präjudizieren prejudykować
Präklusion (F.) prekluzja (F.)
Praktik (F.) praktyka (F.)
Praktikant (M.) praktykant (M.)
Praktikum (N.) praktyka (F.)
praktizieren praktykować
Prälat (M.) prałat (M.)
Prälegat (N.) zapis (M.) testamentowy naddziałowy
Prämie (F.) premia (F.), składka (F.)

Pranger (M.) pręgierz (M.)
Prärogative (F.) prerogatywa (F.)
Präses (M.) prezes (M.)
Präsident (M.) prezydent (M.)
Präsidialamt (N.) urząd (M.) prezydialny
Präsidialdemokratie (F.) demokracja (F.) prezydencka, demokracja (F.) z prezydentem jako władzą wykonawczą
Präsidialrat (M.) rada (F.) prezydialna
Präsidialverfassung (F.) konstytucja (F.) prezydialna
Präsidium (N.) prezydium (N.)
Präsumption (F.) domniemanie (N.), przypuszczenie (N.)
Prätendent (M.) pretendent (M.)
Prätendentenstreit (M.) spór (M.) o pozycję wierzyciela
Prävarikation (F.) zdrada (F.) strony przez pełnomocnika
Prävention (F.) prewencja (F.), zapobieganie (N.)
präventiv prewencyjny, zapobiegawczy
präventives Verbot (N.) zakaz (M.) zapobiegawczy
Praxis (N.) praktyka (F.), kancelaria (F.) adwokacka, gabinet (M.) lekarski
Präzedenz (F.) precedencja (F.)
Präzedenzfall (M.) przypadek (M.) precedensowy
Preis (M.) cena (F.)
Preisausschreiben (N.) konkurs (M.)
Preisbindung (F.) związanie (N.) cen
Preisempfehlung (F.) niewiążące zalecenie (N.) ceny detalicznej
Preisgabe (F.) poświęcenie (N.)
preisgeben poświęcać, poświęcić
Preisgefahr (F.) ryzyko (N.) zapłaty
Preistreiberei (F.) sztuczne zawyżanie (N.) ceny
Premierminister (M.) premier (M.), prezes (M.) rady ministrów
Presse (F.) prasa (F.), tłocznia (F.)
Pressedelikt (N.) przestępstwo (N.) prasowe
Pressefreiheit (F.) wolność (F.) prasy
Presserat (M.) rada (F.) prasy
Presserecht (N.) prawo (N.) prasowe
Preußen (N.) Prusy (Pl.)
preußisch pruski (Adj.)
Priester (M.) ksiądz (M.)
prima-facie-Beweis (M.) dowód (M.) na pierwszy rzut oka
primär prymarny (Adj.), zasadniczy (Adj.)
Primat (M.) prymat (M.)
Prime Rate (N.) (engl.) prime rate (N.) (engl.)
Primogenitur (F.) primogenitura (F.), pierwszeństwo (N.)
Prinz (M.) książę (M.)
Prinzessin (F.) księżniczka (F.)
Prinzip (N.) zasada (F.)
Prinzipal (M.) principal (M.)
prinzipiell zasadniczy (Adj.)
Prior (M.) przeor (M.)
Priorität (F.) priorytet (M.)
Prioritätsprinzip (N.) zasada (F.) priorytetowa
Prise (F.) łup (M.), pryz (M.)
privat prywatny (Adj.), osobisty (Adj.)
Privatautonomie (F.) autonomia (F.) woli
Privatdozent (M.) docent (M.) prywatny, docent (M.) nieetatowy
Privateigentum (N.) własność (F.) prywatna
privatisieren prywatyzować
Privatisierung (F.) prywatyzacja (F.)
privativ prywatywny (Adj.), zwalniające (Adj.)
privative Schuldübernahme (F.) zwalniające przejęcie (N.) długu
Privatklage (F.) oskarżenie (N.) prywatne
Privatkläger (M.) oskarżyciel (M.) prywatny
Privatrecht (N.) prawo (N.) prywatne
privatrechtlich prywatno-prawny (Adj.)
Privatschule (F.) szkoła (F.) prywatna
Privatsphäre (F.) sfera (F.) prywatna
Privatstraße (F.) droga (F.) prywatna
Privaturkunde (F.) dokument (M.) prywatny
Privatversicherung (F.) ubezpieczenie (N.) prywatne
Privatversicherungsrecht (N.) prawo (N.) o ubezpieczeniu prywatnym
Privileg (N.) przywilej (M.)
privilegieren uprzywilejować
privilegiert uprzywilejowany (Adj.)
privilegierte Straftat (F.) czyn (M.) karalny uprzywilejowany
Probe (F.) próba (F.), test (M.)
probieren próbować
Produkt (N.) produkt (M.), wyrób (M.)
Produkthaftung (F.) odpowiedzialność (F.) z tytułu wadliwości produktu
Produkthaftungsgesetz (N.) ustawa (F.) o odpowiedzialnści za produkt

Produktpiraterie (F.) piractwo (N.) produktów
Produktsicherheit (F.) bezpieczeństwo (N.) produktu
Produktwarnung (F.) ostrzeżenie (N.) przed produktem
Produzent (M.) producent (M.)
Produzentenhaftung (F.) odpowiedzialność (F.) producenta
Produzentenleasing (N.) leasing (M.) producenta
produzieren produkować
Professor (M.) profesor (M.)
Professur (F.) profesura (F.)
Prognose (F.) prognoza (F.)
Programm (N.) program (M.)
Progression (F.) progresja (F.)
progressiv progresywny
Prokura (F.) prokura (F.)
Prokurator (M.) prokurator (M.)
Prokurist (M.) prokurent (M.)
Proletarier (M.) proletariusz (M.)
proletarisch proletariacki (Adj.)
Prolongation (F.) prolongata (F.), przedłużenie (N.)
prolongieren prolongować, przedłużyć
Promotion (F.) promocja (F.), promocja (F.) doktorska, nadanie (N.) stopnia doktorskiego
Promotionsverfahren (N.) przewód (M.) promocyjny
promovieren doktoryzować
Promulgation (F.) promulgacja (F.), publikacja (F.)
Properhändler (M.) handlarz (M.) własny
Proportion (F.) proporcja (F.)
proportional proporcjonalny (Adj.)
Proporz (M.) podział (M.) mandatów według stosunku głosów
Propst (M.) proboszcz (M.)
Prorektor (M.) prorektor (M.)
Prorogation (F.) prorogacja (F.), porozumienie (N.) co do właściwości
prostituieren prostytuować się
Prostituierte (F.) prostytutka (F.)
Prostitution (F.) prostytucja (F.)
protegieren protegować
Protektion (F.) protekcja (F.)
Protektorat (N.) protektorat (M.)
Protest (M.) protest (M.)
protestieren protestować, zaprotestować
Protokoll (N.) protokół (M.)
Protokollant (M.) protokolant (M.)
protokollieren protokołować
Protokollierung (F.) protokołowanie (N.)
Protokollierungspflicht (F.) obowiązek (M.) protokołowania
Provinz (F.) prowincja (F.)
provinziell prowincjonalny (Adj.)
Provision (F.) prowizja (F.)
Provokateur (M.) prowokator (M.)
Provokation (F.) prowokacja (F.)
provozieren prowokować
prozedieren procesować się
Prozedur (F.) procedura (F.)
Prozent (N.) procent (M.)
Prozess (M.) proces (M.), postępowanie (N.) sądowe
Prozessagent (M.) pełnomocnik (M.) procesowy nie będący adwokatem
Prozessakte (F.) akt (M.) procesowy
Prozessanwalt (M.) adwokat (M.) pełnomocnik procesowy
Prozessbetrug (M.) oszustwo (N.) procesowe
Prozessbevollmächtigter (M.) pełnomocnik (M.) procesowy
prozessfähig posiadający zdolność procesową
Prozessfähigkeit (F.) zdolność (F.) procesowa
Prozessführung (F.) prowadzenie (N.) procesu
Prozessführungsbefugnis (F.) legitymacja (F.) procesowa
Prozessgebühr (F.) opłata (F.) procesowa
Prozessgegner (M.) przeciwnik (M.) procesowy
Prozessgericht (N.) sąd (M.) procesowy
Prozesshandlung (F.) czynność (F.) procesowa
Prozesshandlungsvoraussetzung (F.) przesłanka (F.) czynności procesowej
Prozesshindernis (N.) przeszkoda (F.) procesowa, ujemna przesłanka (F.) procesowa
prozessieren procesować
Prozesskosten (F.Pl.) koszty (M.Pl.) procesowe
Prozesskostenhilfe (F.) zwolnienie (N.) od kosztów procesowych
Prozesskostenvorschuss (M.) zaliczka (F.) na koszty procesu

Prozessordnung (F.) ordynacja (F.) procesowa, ustawa (F.) o postępowaniu sądowym, kodeks (M.) procesowy
Prozessrecht (N.) prawo (N.) procesowe
Prozessregister (N.) rejestr (M.) procesowy
Prozessrisiko (N.) ryzyko (N.) procesowe
Prozessstandschaft (F.) pełnomocnictwo (N.) do występowania we własnym imieniu o cudze prawo
Prozesstaktik (F.) taktyka (F.) procesowa
Prozesstrennung (F.) rozdzielenie (N.) procesu
prozessual procesowy (Adj.)
prozessunfähig nieposiadający zdolności procesowej
Prozessurteil (N.) wyrok (M.) odrzucający powództwo
Prozessvergleich (M.) ugoda (F.) procesowa
Prozessverschleppung (F.) przewlekanie (N.) procesu
Prozessvollmacht (F.) pełnomocnictwo (N.) procesowe
Prozessvoraussetzung (F.) przesłanka (F.) procesowa
Prozesszins (M.) odsetki (Pl.) procesowe
prüfen badać, kontrolować, przeglądać
Prüfer (M.) kontroler (M.), rewident (M.)
Prüfling (M.) kandydat (M.) egzaminowany
Prüfung (F.) kontrola (F.), badanie (N.)
Prüfungsordnung (F.) regulamin (M.) egzaminu
Prüfungsschema (N.) schemat (M.) egzaminacyjny
prügeln bić, tłuc
Prügelstrafe (F.) kara (F.) chłosty
Pseudonym (N.) pseudonim (M.)
Psyche (F.) psychika (F.)
Psychiatrie (F.) psychiatria (F.)
psychiatrisch psychiatryczny (Adj.)
psychisch psychiczny (Adj.)
Psychologie (F.) psychologia (F.)
Psychopath (M.) psychopata (M.)
Psychopathie (F.) psychopatia (F.)
psychopathisch psychopatyczny
Psychose (F.) psychosa (F.)
Psychotherapeut (M.) psychoterapeuta (M.)
Psychotherapeutin (F.) psychoterapeutka (F.)
Psychotherapie (F.) psychoterapia (F.)
publik publiczny (Adj.)
Publikum (N.) publiczność (F.), publika (F.)
Publikumsgesellschaft (F.) spółka (F.) masowa z nieoznaczoną liczbą członków
publizieren publikować
Publizität (F.) jawność (F.), publiczność (F.), powszechność (F.)
Publizitätsprinzip (N.) zasada (F.) jawności
Puff (M.) burdel (M.)
Punkt (M.) punkt (M.), kropka (F.)
Punktation (F.) punktacja (F.), projekt (M.) umowy
punktieren punktować
Putativgefahr (F.) rzekome niebezpieczeństwo (N.)
Putativnotstand (M.) urojony stan (M.) wyższej konieczności
Putativnotwehr (F.) urojona obrona (F.) konieczna, rzekoma obrona (F.) konieczna
Putsch (M.) pucz (M.)
putschen dokonać puczu

Q

Qualifikation (F.) (Ausbildung) kwalifikacja (F.)
qualifizieren zakwalifikować
qualifiziert (bestimmt) kwalifikowany (Adj.)
qualifizierte elektronische Signatur (F.) podpis (M.) elektroniczny kwalifikowany
qualifizierte Mehrheit (F.) większość (F.) kwalifikowana
qualifizierte Straftat (F.) kwalifikowany czyn (M.) karalny
qualifizierter Versuch (M.) usiłowanie (N.) kwalifikowane
Qualität (F.) jakość (F.)
Quartal (N.) kwartał (M.)
quasi (Partik.) jakoby, niby, pozornie
Quasidelikt (N.) quasi-delikt (M.), jakby czyn (M.) niedozwolony
Quasikontrakt (M.) quasi-kontrakt (M.), jakoby umowa (F.)
quasinegatorisch quasinegatoryjny
Quasisteuer (F.) quasi-podatek (M.)
Quästur (F.) kwestura (F.), urząd (M.) kwestora
Quelle (F.) źródło (N.)
Quellensteuer (F.) podatek (M.) u źródła dochodu

Querulant (M.) kwerulant (M.), pieniacz (M.), zrzęda (M.)
Querulanz (F.) pieniactwo (N.), zrzędzenie (N.)
querulieren kwerulować, zrzędzić
quittieren pokwitować
Quittung (F.) kwit (M.), pokwitowanie (N.)
Quorum (N.) kworum (N.)
Quote (F.) udział (M.), stopa (F.), limit (M.)
Quotenregelung (F.) regulacja (F.) ilościowa
Quotenvorrecht (N.) prawo (N.) pierwszeństwa udziału
quotieren notować
Quotierung (F.) notowanie (N.)

R

Rabatt (M.) rabat (M.)
Rache (F.) zemsta (F.)
rächen mścić, pomścić
Rad (N.) koło (N.), rower (M.)
Radar (N.) radar (M.)
Rädelsführer (M.) prowodyr (M.), przywódca (M.)
rädern łamać kołem
Radfahrer (M.) rowerzysta (M.)
Radfahrerin (F.) rowerzystka (F.)
radikal radykalny (Adj.)
Radikalismus (M.) radykalizm (M.)
Radweg (M.) ścieżka (F.) rowerowa
Rahmen (M.) rama (F.)
Rahmengesetz (N.) ustawa (F.) ramowa
Rahmengesetzgebung (F.) ustawodawstwo (N.) ramowe
Rahmenkompetenz (F.) kompetencja (F.) ramowa
Rahmenrecht (N.) prawo (N.) ramowe
Rahmenvorschrift (F.) przepis (M.) ramowy
Rakete (F.) rakieta (F.)
randalieren awanturować się
Rang (M.) ranga (F.), stopień (M.), miejsce (N.)
Rangänderung (F.) zmiana (F.) kolejności miejsca
Rangordnung (F.) hierarchia (F.)
Rangverhältnis (N.) stosunek (M.) pierwszeństwa praw rzeczowych
Rangvorbehalt (M.) zastrzeżenie (N.) miejsca
Rapport (M.) raport (M.)
Räson (F.) rozsądek (M.), racja (F.)
Rasse (F.) rasa (F.)
Rassendiskriminierung (F.) dyskryminacja (F.) rasowa
Rassenschande (F.) hańba (F.) rasowa
Rassentrennung (F.) segregacja (F.) rasowa
rassisch rasowy (Adj.)
Rassismus (M.) rasizm (M.)
rassistisch rasistowski (Adj.)
Raster (N.) raster (M.)
Rasterfahndung (F.) ściganie (N.) sieciowe przestępców przy pomocy danych komputerowych
Rat (M.) rada (F.), porada (F.), radny (M.), radca (M.)
Rate (F.) rata (F.), stopa (F.), stosunek (M.), proporcja (F.)
Ratengeschäft (N.) transakcja (F.) sprzedaży ratalnej
Ratenkauf (M.) kupno (N.) na raty
Ratenzahlung (F.) płatność (F.) ratalna
Räterepublik (F.) radziecka republika (F.)
Raterteilung (F.) udzielenie (N.) rad, udzielenie (N.) porady
Rathaus (N.) ratusz (M.)
Rathauspartei (F.) partia (F.) ratuszowa
Ratifikation (F.) ratyfikacja (F.)
ratifizieren ratyfikować
Ratifizierung (F.) ratyfikowanie (N.)
ratio (F.) (lat.) ratio (F.) legis (lat.)
Ratsvorsitzender (M.) przewodniczący (M.) rady
Raub (M.) rozbój (M.), rabunek (M.)
rauben rabować
Räuber (M.) bandyta (M.)
räuberisch rozbójniczy (Adj.)
räuberische Erpressung (F.) wymuszenie (N.) rozbójnicze
räuberischer Diebstahl (M.) kradzież (F.) rozbójnicza
Raubkopie (F.) kopia (F.) piracka
Raubmord (M.) morderstwo (N.) rabunkowe, morderstwo (N.) w celach rabunkowych
Raubmörder (M.) morderca (M.) rabunkowy
Raubmörderin (F.) morderczyni (F.) rabunkowa
Raubüberfall (M.) napad (M.) rabunkowy
Rauch (M.) dym (M.)
rauchen dymić, palić
Rauchverbot (N.) zakaz (M.) palenia

raufen wyrwać, szarpać, targać
Raufhandel (M.) bójka (F.), burda (F.)
Raum (M.) przestrzeń (F.), pomieszczenie (N.), miejsce (N.), obszar (M.), rejon (M.), lokal (M.), pokój (M.)
räumen opróżnić, usunąć, wyprowadzić się
Raumordnung (F.) zagospodarowanie (N.) przestrzenne
Raumordnungsplan (M.) plan (M.) ładu przestrzennego
Raumplanung (F.) planowanie (N.) przestrzenne
Räumung (F.) opróżnienie (N.), opuszczenie (N.)
Räumungsklage (F.) powództwo (N.) o opuszczenie
Räumungsverkauf (M.) wyprzedaż (F.) w związku z koniecznością opróżnienia
Rausch (M.) odurzenie (N.), zamroczenie (N.), rausz (M.)
Rauschgift (N.) narkotyk (M.)
Rauschtat (F.) czyn (M.) dokonany w stanie odurzenia
Razzia (F.) obława (F.) policyjna
reagieren reagować
Reaktion (F.) reakcja (F.)
Reaktionär (M.) reakcyjny (M.)
reaktionär reakcyjny (Adj.), wsteczny (Adj.)
Reaktionszeit (F.) czas (M.) reakcji
real realny (Adj.), prawdziwy (Adj.), rzeczywisty (Adj.)
Realakt (M.) czynność (F.) faktyczna
Realfolium (N.) realna karta (F.) księgi wieczystej
Realgemeinde (F.) związek (M.) osób ktore wspólnie posiadają i korzystają z nieruchomości rolniczych i leśnych
Realinjurie (F.) zniewaga (F.) czynna
Realkonkurrenz (F.) zbieg (F.) przestępstw
Realkontrakt (M.) umowa (F.) realna
Realkörperschaft (F.) korporacja (F.) realna
Realkredit (M.) kredyt (M.) zabezpieczony rzeczowo
Reallast (F.) ciężar (M.) realny
Realrecht (N.) prawo (N.) realne
Realunion (F.) unia (F.) realna
Realvertrag (M.) umowa (F.) realna
Rebell (M.) buntownik (M.), rebeliant (M.), buntowniczy (M.)
rebellieren buntować się, zbuntować się
Rebellion (F.) bunt (M.), rokosz (M.)
Rechenschaft (F.) zdanie (N.) sprawy, zdanie (N.) rachunku, sprawozdanie (N.)
Rechenschaftsbericht (N.) sprawozdanie (N.) z działalności
Rechenschaftslegung (F.) złożenie (N.) sprawozdania
Rechenschaftslegungspflicht (F.) obowiązek (M.) złożenia sprawozdania
rechnen obliczać, liczyć, kalkulować
Rechnung (F.) obliczenie (N.), rachunek (M.) bieżący, kontokurent (M.), faktura (F.)
Rechnungsabschluss (M.) zamknięcie (N.) rachunkowe
Rechnungshof (M.) izba (F.) obrachunkowa
Rechnungsjahr (N.) rok (M.) obrachunkowy
Rechnungslegung (F.) sprawozdawczość (F.) finansowa
Rechnungsprüfer (M.) rewident (M.) księgowy
Rechnungsprüfung (F.) kontrola (F.) rachunkowości
Recht (N.) prawo (N.)
Recht (N.) am eigenen Bild prawo (N.) do własnego wizerunku
Recht (N.) zum Besitz prawo (N.) do własności
rechtfertigen usprawiedliwiać
Rechtfertigung (F.) usprawiedliwienie (N.)
Rechtfertigungselement (N.) element (M.) usprawiedliwiający
Rechtfertigungsgrund (M.) powód (M.) usprawiedliwiający
rechtlich prawny (Adj.)
rechtliche Einwendung (F.) zarzut (M.) prawny
rechtliches Gehör (N.) wysłuchanie (N.) przed sądem
rechtlos pozbawiony (Adj.) wszelkich praw
Rechtlosigkeit (F.) pozbawienie (N.) wszelkich praw
rechtmäßig zgodny z prawem
Rechtmäßigkeit (F.) zgodność (F.) z prawem, legalność (F.)
Rechtsabteilung (F.) oddział (M.) zajmujący się czynnościami prawnymi
Rechtsakt (M.) akt (M.) prawny
Rechtsakte (F.) der Europäischen Gemeinschaften Akty prawne Wspólot Europejskich
Rechtsakzeptanz (F.) akceptancja (F.) prawna

Rechtsanalogie (F.) analogia (F.) z prawa
Rechtsangleichung (F.) dopasowanie (N.) prawa
Rechtsanspruch (M.) roszczenie (N.) prawne
Rechtsanwalt (M.) adwokat (M.)
Rechtsanwaltsdienstleistung (F.) usługa (F.) adwokacka
Rechtsanwaltsfachangestellter (M.) umysłowy pracownik (M.) adwokata
Rechtsanwaltsgehilfe (M.) pomocnik (M.) adwokata
Rechtsanwaltskammer (F.) izba (F.) adwokacka
Rechtsanwaltskanzlei (F.) kancelaria (F.) adwokacka
Rechtsanwaltsvergütung (F.) wynagrodzenie (N.) adwokata
Rechtsanwendung (F.) stosowanie (N.) prawa
Rechtsaufsicht (F.) nadzór (M.) prawny
Rechtsausführung (F.) wykonywanie (N.) prawa
Rechtsausschuss (M.) komisja (F.) prawna
Rechtsausübung (F.) wykonywanie (N.) prawa
Rechtsbedingung (F.) warunek (M.) prawny
Rechtsbegriff (M.) pojęcie (N.) prawne
Rechtsbehelf (M.) środek (M.) zaskarżenia
Rechtsbehelfsbelehrung (F.) pouczenie (N.) o środkach zaskarżenia
Rechtsbeistand (M.) doradca (M.) prawny
Rechtsbelehrung (F.) pouczenie (N.) prawne
Rechtsberater (M.) doradca (M.) prawny
Rechtsberatung (F.) doradztwo (N.) prawne
Rechtsbereinigung (F.) uporządkowanie (N.) przepisów prawnych
Rechtsbeschwerde (F.) zażalenie (N.) z powodu naruszenia prawa przez sąd w sprawach o wykroczenia
Rechtsbesitz (M.) posiadanie (N.) prawa
Rechtsbeugung (F.) naginanie (N.) prawa
Rechtsbindungswille (M.) wola (F.) więzi prawnej
rechtsblind ślepy (Adj.) na prawo
Rechtsblindheit (F.) nieświadome czynienie (N.) bezprawia
Rechtsbruch (F.) naruszenie (N.), złamanie (N.) prawa
Rechtsdogmatik (F.) dogmatyka (F.) prawa
Rechtseinheit (F.) jednolitość (F.) prawa
Rechtsentscheid (M.) orzeczenie (N.) w sprawie zapytania prawnego o podstawowym znaczeniu
Rechtserwerb (M.) nabycie (N.) prawa
Rechtsethik etyka (F.) prawna
rechtsfähig zdolny prawnie (Adj.), posiadający zdolność prawną
rechtsfähiger Verein (M.) stowarzyszenie (N.) posiadające osobowość prawną
Rechtsfähigkeit (F.) zdolność (F.) prawna
Rechtsfall (N.) przypadek (M.) prawny
Rechtsfolge (F.) skutek (M.) prawny
Rechtsfolgenirrtum (M.) błąd (M.) dotyczący skutku prawnego
Rechtsfolgenverweisung (F.) odesłanie (N.) dotyczące skutku prawnego
Rechtsfolgewille (M.) wola (F.) skutku prawnego
Rechtsform (F.) forma (F.) prawna
Rechtsfortbildung (F.) rozwój (M.) prawa
Rechtsgang (M.) przebieg (M.) proceduralny
Rechtsgebiet (N.) gałąź (F.) prawa, dziedzina (F.) prawa
Rechtsgeschäft (N.) czynność (F.) prawna
rechtsgeschäftlich dotyczący czynności prawnej
rechtsgeschäftliches Schuldverhältnis (N.) stosunek (M.) zobowiązaniowy dotyczący czynności prawnej
rechtsgeschäftsähnlich podobny do czynności prawnej
rechtsgeschäftsähnliche Handlung (F.) działanie (N.) podobne do czynności prawnej
Rechtsgeschichte (F.) historia (F.) prawa
Rechtsgrund (M.) podstawa (F.) prawna
Rechtsgrundlage (F.) podstawa (F.) prawna
Rechtsgrundsatz (M.) zasada (F.) prawna
Rechtsgrundverweisung (F.) odesłanie (N.) dotyczące podstawy prawnej
Rechtsgut (N.) dobro (N.) prawne
Rechtsgutachten (N.) ekspertyza (F.) prawna, opinia (F.) prawna
Rechtsgüterschutz (M.) ochrona (F.) dobra prawnego
Rechtsgutsverletzung (F.) naruszenie (N.) dobra prawnego
Rechtshandlung (F.) działanie (N.) powodujące skutki prawne
rechtshängig będący zawisły (Adj.)
Rechtshängigkeit (F.) zawisłość (F.) sporu
Rechtshilfe (F.) pomoc (F.) prawna

Rechtshilfeabkommen (N.) konwencja (F.) o pomocy prawnej
Rechtshilfeersuchen (N.) wniosek (M.) o udzielenie pomocy prawnej
Rechtsinformatik (F.) informatyka (F.) prawna
Rechtsinstitut (N.) instytucja (F.) prawna
Rechtsirrtum (M.) błąd (M.) co do prawa
Rechtskraft (F.) prawomocność (F.), moc (F.) prawna
rechtskräftig prawomocny (Adj.)
Rechtslage (F.) sytuacja (F.) prawna, stan (M.) prawny
Rechtslehre (F.) nauka (F.) o prawie
Rechtsmangel (M.) wada (F.) prawna
Rechtsmedizin (F.) medycyna (F.) prawa, medycyna (F.) sądowa
Rechtsmeinung (F.) opinia (F.) prawna
Rechtsmissbrauch (M.) nadużycie (N.) prawa
Rechtsmittel (N.) środek (M.) prawny
Rechtsmittelbegründung (F.) uzasadnienie (N.) środka zaskarżenia
Rechtsmittelbelehrung (F.) pouczenie (N.) o środkach prawnych
Rechtsmittelfrist (F.) termin (M.) do wniesienia środka zaskarżenia
Rechtsmittelgericht (N.) sąd (M.) rozpoznający środek prawny
Rechtsmittelverzicht (M.) rezygnacja (F.) ze środka prawnego
Rechtsnachfolge (F.) sukcesja (F.), następstwo (N.) prawne
Rechtsnachfolger (M.) następca (M.) prawny
Rechtsnachteil (M.) niekorzystny skutek (M.) prawny
Rechtsnorm (F.) norma (F.) prawna
Rechtsobjekt (N.) przedmiot (M.) prawa
Rechtsordnung (F.) porządek (M.) prawny
Rechtspersönlichkeit (F.) podmiotowość (F.) prawna, osobowość (F.) prawna
Rechtspflege (F.) opieka (F.) prawna, wymiar (M.) sprawiedliwości
Rechtspfleger (M.) urzędnik (M.) wymiaru sprawiedliwości bez uprawień sędziowskich
Rechtspflicht (F.) obowiązek (M.) prawny
Rechtsphilosophie (F.) filozofia (F.) prawa
Rechtspolitik (F.) polityka (F.) w zakresie prawa
Rechtspositivismus (M.) pozytywizm (M.) prawniczy
Rechtspraxis (F.) praktyka (F.) prawna
Rechtsprechung (F.) orzecznictwo (N.)
Rechtsprinzip (N.) zasada (F.) prawna
Rechtsquelle (F.) źródło (N.) prawa
Rechtsreferendar (M.) aplikant (M.)
Rechtsregel (F.) reguła (F.) prawna
Rechtssatz (M.) norma (F.) prawna
Rechtsschein (M.) pozór (M.) prawa
Rechtsschöpfung (F.) tworzenie (N.) prawa przez sądy
Rechtsschule (F.) szkoła (F.) prawa
Rechtsschutz (M.) ochrona (F.) prawna
Rechtsschutzbedürfnis (N.) potrzeba (F.) ochrony prawnej
Rechtsschutzinteresse (N.) interes (M.) w otrzymaniu ochrony prawnej
Rechtsschutzversicherung (F.) ubezpieczenie (N.) od kosztów związanych z ochroną interesów prawnych
Rechtssicherheit (F.) pewność (F.) prawna, bezpieczeństwo (N.) prawne
Rechtssoziologie (F.) socjologia (F.) prawa
Rechtssprache (F.) język (M.) prawny, język (M.) prawniczy
Rechtssprichwort (N.) przysłowie (N.) prawne
Rechtsstaat (M.) państwo (N.) prawne
Rechtsstaatsprinzip (N.) zasada (F.) państwa prawa
Rechtsstellung (F.) pozycja (F.) prawna
Rechtsstreit (M.) proces (M.)
Rechtsstreitigkeit (F.) spór (M.) prawny
Rechtssubjekt (N.) podmiot (M.) prawa
Rechtssymbol (N.) symbol (M.) prawa
Rechtssystem (N.) system (M.) prawa
Rechtstatsache (F.) fakt (M.) prawa
Rechtstheorie (F.) teoria (F.) prawna
Rechtstitel (M.) tytuł (M.) prawny
Rechtsträger (M.) podmiot (M.) prawny
Rechtsübergang (M.) przejście (N.) prawa
Rechtsübertragung (F.) przeniesienie (N.) prawa
Rechtsunsicherheit (F.) niepewność (F.) prawna
rechtsunwirksam nieskuteczny (Adj.) prawnie
Rechtsvereinheitlichung (F.) ujednolicenie (N.) prawa
Rechtsverfolgung (F.) dochodzenie (N.) prawa
Rechtsvergleichung (F.) komparatystyka (F.) prawnicza

Rechtsverhältnis (N.) stosunek (M.) prawny
Rechtsverkehr (M.) obrót (M.) prawny
Rechtsverletzung (F.) naruszenie (N.) prawa
Rechtsverlust (M.) utrata (F.) prawa
Rechtsvermutung (F.) domniemanie (N.) prawne
Rechtsverordnung (F.) rozporządzenie (N.) z mocą ustawy
Rechtsverweigerung (F.) odmowa (F.) ochrony prawnej, odmowa (F.) udzielenia prawa
Rechtsvorgänger (M.) poprzednik (M.) prawny
Rechtswahl (F.) wybór (M.) prawa
Rechtsweg (M.) droga (F.) prawna, droga (F.) sądowa
Rechtsweggarantie (F.) gwarancja (F.) drogi sądowej
Rechtswegzulässigkeit (F.) dopuszczalność (F.) drogi sądowej
rechtswidrig sprzeczny z prawem, bezprawny (Adj.)
rechtswidrige Einwirkung (F.) oddziaływanie (N.) sprzeczne z prawem
Rechtswidrigkeit (F.) sprzeczność (F.) z prawem, bezprawność (F.)
Rechtswirkung (F.) wyczerpanie (N.) drogi prawnej
Rechtswissenschaft (F.) nauka (F.) prawa
Rechtswohltat (F.) dobrodziejstwo (N.) prawa
Rechtszug (M.) instancja (F.), tok (M.) instancji
Rechtszustand (M.) stan (M.) prawny
Rede (F.) mowa (F.)
Redefreiheit (F.) wolność (F.) do przemawiania
reden mówić
Rederecht (N.) prawo (N.) przemawiania
Rediskont (F.) redyskonto (N.)
rediskontieren redyskontować
redlich rzetelny (Adj.), odpowiedzialny (Adj.), solidny (Adj.), uczciwy (Adj.)
Redlichkeit (F.) rzetelność (F.), szczerość (F.), uczciwość (F.)
Reduktion (F.) redukcja (F.)
reduzieren redukować
Reede (F.) reda (F.)
Reeder (M.) armater (M.)
Reederei (F.) przedsiębiorstwo (N.) żeglugowe, towarzystwo (N.) żeglugowe
Referat (N.) referat (M.)
Referendar (M.) aplikant (M.)
Referendarprüfung (F.) egzamin (M.) na aplikanta
Referendum (N.) referendum (N.)
Referent (M.) referent (M.)
referieren referować
Reform (F.) reforma (F.)
reformatio (F.) in peius (lat.) reformatio (F.) in peius (lat.), zmiana (F.) orzeczenia na gorsze
Reformation (F.) reformacja (F.)
reformieren reformować
Regel (F.) reguła (F.), zasada (F.)
Regelbedarf (M.) zwykłe uzasadnione potrzeby (F.Pl.), zapotrzebowanie (N.) normalne
Regelbeispiel (N.) przykład (M.) regularny
Regelbetrag (M.) regularna kwota (F.)
Regelfall (M.) regularny przypadek (M.)
regelmäßig regularnie (Adj.)
regeln regulować, uregulować
Regelsatz (M.) stawka (F.) podstawowa
Regelstrafe (F.) kara (F.) regularna
Regelung (F.) regulacja (F.), regulowanie (N.), przepis (M.) regulujący
Regelunterhalt (M.) alimentacja (F.) regularna, alimenty (M.Pl.) przeciętne dla dziecka pozamałżeńskiego
Regent (M.) regent (M.)
Regie (F.) reżyseria (F.), zarząd (M.) państwowy, administracja (F.)
Regiebetrieb (M.) zakład (M.) pod zarządem państwowym
regieren rządzić
Regierung (F.) rząd (M.)
Regierungsbezirk (M.) okręg (M.) regencyjny
Regierungspräsident (M.) prezydent (M.) okręgu regencyjnego
Regierungsrat (M.) rada (F.) rządu, radca (M.)
Regierungssprecher (M.) rzecznik (M.) rządu
Regierungssprecherin (F.) rzeczniczka (F.) rządu
Regierungsvorlage (F.) rządowy projekt (M.) ustawy
Regime (N.) reżim (M.)
Regiment (N.) pułk (M.), rząd (M.)
Region (F.) region (M.), dzielnica (F.), strefa (F.)

regional regionalny (Adj.)
Register (N.) rejestr (M.)
Registergericht (N.) sąd (M.) rejestrowy
Registratur (F.) registratura (F.), rejestrowanie (N.), rejestracja (F.)
registrieren rejestrować
Regress (M.) regres (M.)
Regressanspruch (M.) roszczenie (N.) regresowe
Regulation (F.) regulacja (F.), uregulowanie (N.)
Regulativ (N.) regulacja (F.)
regulieren regulować
Regulierung (F.) regulacja (F.), regulowanie (N.)
Rehabilitation (F.) rehabilitacja (F.)
rehabilitieren rehabilitować
Rehabilitierung (F.) rehabilitacja (F.)
Reich (N.) (Deutsches Reich 1871-1945) rzesza (F.) niemiecka
Reich (N.) rzesza (F.)
Reichsgericht (N.) sąd (M.) najwyższy rzeszy
Reichsgesetz (N.) ustawa (F.) rzeszy
Reichsgesetzblatt (N.) dziennik (M.) ustaw rzeszy
Reichskanzler (M.) kanclerz (M.) rzeszy
Reichspräsident (M.) prezydent (M.) rzeszy
Reichsrat (M.) rada (F.) rzeszy
Reichsregierung (F.) rząd (M.) rzeszy
Reichstag (M.) parlament (M.) rzeszy
Reichsverfassung (F.) konstytucja (F.) rzeszy
Reichsversicherungsordnung (F.) ordynacja (F.) ubezpieczeniowa Rzeszy
Reichsverweser (M.) administrator (M.) rzeszy
reif dojrzały (Adj.)
Reife (F.) dojrzałość (F.), matura (F.)
reifen dojrzewać
Reifeprüfung (F.) egzamin (M.) dojrzałości, matura (F.)
rein czysty (Adj.)
Reingewinn (M.) czysty zysk (M.), zysk (M.) netto
reinigen czyścić
Reinigung (F.) czyszczenie (N.)
Reinigungseid (M.) przysięga (F.) oczyszczająca, przyrzeczenie (N.) oczyszczające
Reinvermögen (N.) majątek (M.) netto
Reise (F.) podróż (F.)
Reisegewerbe (N.) działalność (F.) gospodarcza prowadzona przez wędrujących
Reisekosten (F.Pl.) koszty (M.Pl.) podróży
Reisekostenrecht (N.) prawo (N.) do kosztów podróży
Reisemangel (M.) wada (F.) podróży
reisen podróżować
Reisepass (M.) paszport (M.), paszport (M.) zagraniczny
Reiserecht (N.) prawo (N.) do podróżowania
Reisescheck (M.) czek (M.) podróżny
Reiseversicherung (F.) ubezpieczenie (N.) od złej pogody w podróży
Reisevertrag (M.) umowa (F.) podróży
reiten jechać konno
Reitweg (M.) droga (F.) do jazdy konnej
Rekrut (M.) rekrut (M.), poborowy (M.)
Rektapapier (N.) imienny papier (M.)
Rektor (M.) rektor (M.)
Rektorat (N.) rektorat (M.)
Rekurs (M.) rekurs (M.), protest (M.), zażalenie (N.)
Relation (F.) relacja (F.), stosunek (M.)
relativ relatywny (Adj.), względny (Adj.)
relative Mehrheit (F.) większość (F.) względna
relative Unwirksamkeit (F.) bezskuteczność (F.) względna
relatives Recht (N.) prawo (N.) relatywne
Relegation (F.) relegacja (F.)
relevant ważny (Adj.), istotny (Adj.), znaczny (Adj.)
Relevanz (F.) aktualność (F.), relewancja (F.), ważność (F.)
Religion (F.) religia (F.), wyznanie (N.)
Religionsfreiheit (F.) wolność (F.) wyznania
Religionsgesellschaft (F.) publiczno-prawnie uzana grupa (F.) religijna
Religionsunterricht (M.) nauka (F.) religii
religiös religijny (Adj.)
Rembours (M.) zwrot (M.) nakładów
Rembourskredit (M.) kredyt (M.) krótkoterminowy dla importera
Remittent (M.) remitent (M.)
Remonstration (F.) obiekcja (F.), przeciwstawienie (N.), zarzut (M.)
Remonstrationspflicht (F.) obowiązek (M.) do przeciwstawienia się
remuneratorisch wynagrodzający (Adj.)
remuneratorische Schenkung (F.) darowizna (F.) wynagradzająca

Rendite (F.) zysk (M.) z kapitału
Rente (F.) renta (F.)
Rentenanspruch (M.) roszczenie (N.) o rentę
Rentenrecht (N.) prawo (N.) o rentach, prawo (N.) rentowe
Rentenschuld (F.) dług (M.) rentowy
Rentensplitting (N.) splitting (M.) rent (engl.)
Rentenversicherung (F.) ubezpieczenie (N.) rentowe
Rentner (M.) rencista (M.)
Renvoi (M.) przesyłka (F.) zwrotna
Reparation (F.) reparacja (F.)
Reparatur (F.) naprawa (F.)
reparieren naprawić, reperować
repetieren repetytować, powtarzać
Repetitor (M.) repetytor (M.)
Repetitorium (N.) repetytorium (N.)
Replik (F.) replika (F.)
Repräsentant (M.) reprezentant (M.), przedstawiciel (M.)
Repräsentantenhaftung (F.) odpowiedzialność (F.) osób mających rangę przedstawicieli producenta produktu niebezpiecznego
Repräsentantenhaus (N.) izba (F.) reprezentantów
Repräsentation (F.) reprezentacja (F.), przedstawicielstwo (N.)
Repräsentationsprinzip (N.) zasada (F.) przedstawicielstwa, zasada (F.) reprezentatywności
repräsentativ reprezentacyjny (Adj.), reprezentatywny (Adj.), przedstawicielski
repräsentative Demokratie (F.) demokracja (F.) przedstawicielska
repräsentieren reprezentować
Repressalie (F.) represalia (F.), represja (F.), środek (M.) odwetowy
Repression (F.) represja (F.)
repressiv represyjny (Adj.)
repressives Verbot (N.) zakaz (M.) represyjny
reprivatisieren reprywatyzować
Reprivatisierung (F.) reprywatyzacja (F.)
Republik (F.) republika (F.)
Republikaner (M.) republikanin (M.)
republikanisch republikański (Adj.)
Requisition (F.) rekwizycja (F.)
Reservation (F.) rezerwacja (F.)
Reserve (F.) rezerwa (F.)
reservieren rezerwować
Reservist (M.) rezerwista (M.)
Residenz (F.) rezydencja (F.)
Residenzpflicht (F.) obowiązek (M.) zamieszkiwania w wyznaczonym miescju
Resolution (F.) rezolucja (F.)
resolutiv rozwiązujący (Adj.)
Resolutivbedingung (F.) warunek (M.) rozwiązujący
resozialisieren resocjalizować
Resozialisierung (F.) resocjalizacja (F.)
Ressort (N.) resort (M.)
Rest (M.) reszta (F.), pozostałość (F.)
restitutio (F.) in integrum (lat.) restitutio (F.) in integrum (lat.), przywrócenie (N.) terminu
Restitution (F.) restytucja (F.), wyrównanie (N.) szkody
Restitutionsklage (F.) powództwo (N.) o wznowienie postępowania
Restkaufpreishypothek (F.) hipoteka (F.) zabezpieczająca wierzytelność z tytułu reszty ceny kupna
restlich pozostały (Adj.)
Restriktion (F.) restrykacja (F.)
restriktiv ograniczający (Adj.), zawężający (Adj.), restrykcyjny (Adj.)
Reststrafe (F.) kara (F.) pozostała do odsiedzenia
Retention (F.) zatrzymanie (N.)
Retentionsrecht (N.) prawo (N.) zatrzymania, prawo (N.) nie wydania
Retorsion (F.) retorsja (F.)
Retraktrecht (N.) prawo (N.) odkupu ziemi przysługujące najbliższym krewnym zbywcy, prawo (N.) o retrakcie
Reue (F.) skrucha (F.)
reuen żałować
Reugeld (N.) odszkodowanie (N.) za odstąpienie od umowy
revidieren rewidować, kontrolować
Revier (N.) rewir (M.)
revisibel zaskarżalny (Adj.)
Revision (F.) rewizja (F.), rewizja (F.) nadzwyczajna, kontrola (F.), sprawdzenie (N.)
Revisionsbegründung (F.) uzasadnienie (N.) kasacji
Revisionsgericht (N.) sąd (M.) rozpatrujący rewizje nadzwyczajne, sąd (M.) rewizyjny
Revisionsgrund (M.) podstawa (F.) rewizji nadzwyczajnej

Revisionsschrift (F.) pismo (N.) kasacyjne
Revisionsverfahren (N.) postępowanie (N.) kasacyjne
Revolution (F.) rewolucja (F.)
Rezeption (F.) recepcja (F.), przejęcie (N.)
Rezess (M.) reces (M.)
rezipieren recypiować, przyjmować
reziprok oparty na wzajemności
reziprokes Testament (N.) testament (M.) oparty na wzajemności
Reziprozität (F.) wzajemność (F.)
Rheinland-Pfalz (N.) Nadrenia-Palatynat (M.)
Rhetorik (F.) retoryka (F.)
richten orzekać, sądzić, wyrokować, uporządkować, uregulować, kierować, stosować
Richter (M.) sędzia (M.)
Richteramt (N.) urząd (M.) sędziego, funkcja (F.) sędziowska
Richteramtsbefähigung (F.) uprawnienie (N.) do wykonywania zawodu sędziego
Richtergesetz (N.) ustawa (F.) o sędziach
richterlich sędziowski (Adj.)
richterliche Haftprüfung (F.) sędziowske badanie (N.) podstaw aresztowania
Richterprivileg (N.) przywilej (M.) sędziowski
Richterrecht (N.) prawo (N.) sędziowskie
Richterschaft (F.) sędziowie (M.Pl.)
Richterspruch (M.) orzeczenie (N.) sądowe
richtig dokładny (Adj.), właściwy, należyty (Adj.), prawdziwy (Adj.), stosowny
Richtlinie (F.) dyrektywa (F.), wytyczna (F.)
Richtung (F.) kierunek (M.)
Rigorosum (N.) rigorosum (N.)
Risiko (N.) ryzyko (N.)
Risikoübernahme (F.) przejęcie (N.) ryzyka
riskieren ryzykować
Ritter (M.) rycerz (M.)
Rittergut (N.) majątek (M.) szlachecki
Robe (F.) toga (F.)
Rolle (F.) zwój (M.), rulon (M.), wałek (M.), rola (F.)
Rom Rzym (M.)
römisch rzymski (Adj.)
römisches Recht (N.) prawo (N.) rzymskie
rot czerwony (Adj.)
Rota (F.) Romana (lat.) rota (F.) Romana (lat.)
Rotation (F.) rotacja (F.)
Rotlicht (N.) czerwone światło (N.)
Rotte (F.) (Gruppe von Menschen) wataha (F.)
Rubrum (N.) nagłówek (M.), nagłówek (M.) wyroku
Rück- post-, retro-
Rückbürge (M.) poręczyciel (M.) regresowy
Rückbürgschaft (F.) poręczenie (N.) regresowe
rückerstatten zwrócić, zwracać
Rückerstattung (F.) zwrot (M.)
Rückfall (M.) recydywa (F.), powrót (M.) do przestępstwa
rückfällig powrotny (Adj.)
Rückfallstäter (M.) przestępca (M.) powrotny
rückfordern żądać zwrotu
Rückforderung (F.) żądanie (N.) zwrotu
Rückgewähr (F.) zwrot (M.), restytucja (F.)
Rückgewähranspruch (M.) roszczenie (N.) zwrotne, roszczenie (N.) regresowe
Rückgewährschuldverhältnis (N.) stosunek (M.) prawny świadczeń zwrotnych powstających w wyniku odstąpienia od umowy
Rückgriff (M.) regres (M.), sięgnięcie (N.)
Rücklage (F.) rezerwa (F.)
Rücknahme (F.) wycofanie (N.), cofnięcie (N.)
Rückseite (F.) odwrotna strona (F.)
Rücksicht (F.) wzgląd (M.)
rücksichtslos bezwzględny (Adj.)
Rücksichtslosigkeit (F.) bezwzględność (F.)
Rückstellung (F.) rezerwa (F.)
Rücktritt (M.) ustąpienie (N.), odstąpienie (N.)
Rücktritt (M.) vom Versuch odstąpienie (N.) od usiłowania
Rücktrittsklausel (F.) klauzula (F.) możliwości odstąpienia
Rücktrittsrecht (N.) prawo (N.) odstąpienia
Rückversicherung (F.) reasekuracja (F.)
Rückverweisung (F.) odesłanie (N.) zwrotne
rückwirkend działający wstecz (Adj.)
Rückwirkung (F.) moc (F.) wsteczna
Rückwirkungsverbot (N.) zakaz (M.) wstecznej mocy prawa
Rückzahlung (F.) spłata (F.)
Ruf (M.) reputacja (F.), opinia (F.), powołanie (N.)
rufen wołać
Rufmord (M.) zniesławienie (N.)

Rüge (F.) nagana (F.), zarzut (M.), wytknięcie (N.)
rügen ganić, zarzucać, kwestionować
Rügepflicht (F.) obowiązek (M.) zakwestionowania towaru
Ruhe (F.) spokój (M.)
Ruhegehalt (N.) emerytura (F.)
Ruhen (N.) des Verfahrens zawieszenie (N.) postępowania
ruhen zawiesić, spoczywać
Ruhestand (M.) stan (M.) spoczynku
Ruhestandsverhältnis (N.) stosunek (M.) dotyczący stanu spoczynku
Ruhestörung (F.) zakłócanie (N.) spokoju
rumänisch rumuński (Adj.)
Rundfunk (M.) radio (N.)
Rundfunkfreiheit (F.) wolność (F.) radiofonii i telewizji
rüsten zbroić, przygotować, szykować
Rüstung (F.) zbroja (F.), zbrojenie (N.)
Rüstungskontrolle (F.) kontrola (F.) zbrojeń

S

Saarland (N.) ziemia (F.) Saary
Saat (F.) siew (M.), posiew (M.)
Sabotage (F.) sabotaż (M.)
sabotieren sabotować
Sachbearbeiter (M.) pracownik (M.) określonego działu
Sachbefugnis (F.) legitymacja (F.) materialna
Sachbeschädigung (F.) uszkodzenie (N.) rzeczy
Sache (F.) rzecz (F.), sprawa (F.), spór (M.) prawny
Sacheinlage (F.) wkład (M.) rzeczowy, aport (M.)
Sachenrecht (N.) prawo (N.) rzeczowe
Sachfirma (F.) firma (F.) zawierająca określenie prowadzonej dzialałności
Sachfrage (F.) pytanie (N.) rzeczowe
Sachgesamtheit (F.) zbiór (M.) rzeczy
Sachherrschaft (F.) władztwo (N.) nad rzeczą
Sachinbegriff (M.) zbiór (M.) rzeczy
Sachkunde (F.) znajomość (F.) rzeczy
Sachlegitimation (F.) legitymacja (F.) materialna
sachlich rzeczowy (Adj.)
sachliche Zuständigkeit (F.) właściwość (F.) rzeczowa
Sachmangel (M.) wada (F.) fizyczna rzeczy
Sachschaden (M.) szkoda (F.) rzeczowa
Sachsen (N.) Saksonia (F.)
Sachsen-Anhalt (N.) Saksonia-Anhalt (M.)
Sachurteil (N.) wyrok (M.) merytoryczny
Sachverhalt (M.) stan (M.) faktyczny
Sachversicherung (F.) ubezpieczenie (N.) rzeczy
sachverständig znający się na rzeczy, kompetentny
Sachverständiger (M.) ekspert (M.), biegły (M.), rzeczoznawca (M.)
Sachvortrag (M.) wywód (M.) merytoryczny
Sachwalter (M.) rzecznik (M.)
Sachwucher (M.) lichwa (F.), lichwa (F.) rzeczowa
Sachzusammenhang (M.) związek (M.) rzeczowy, związek (M.) merytoryczny
Sackgasse (F.) ulica (F.) ślepa
Sadismus (M.) sadizm (M.)
Sakrament (N.) sakrament (M.)
Sakrileg (N.) sakryleg (M.)
Säkularisation (F.) sekularyzacja (F.)
säkularisieren sekularyzować
saldieren saldować, wyprowadzać saldo
Saldo (M.) saldo (N.)
Sammelklage (F.) pozew (M.) zbiorowy
Sammelladung (F.) ładunek (M.) zbiorowy
sammeln zbierać
Sammelwerk (N.) dzieło (N.) zbiorowe
Sammlung (F.) zbiórka (F.), zbiór (M.), kolekcja (F.)
sanieren uzdrawiać, odnawiać
Sanierung (F.) uzdrowienie (N.)
Sanktion (F.) sankcja (F.), zatwierdzenie (N.)
sanktionieren ukarać, potwierdzić, zatwierdzić
Satisfaktion (F.) satysfakcja (F.)
Satz (M.) zdanie (N.), stawka (F.), taryfa (F.), skład (M.), komplet (M.), zestaw (M.)
Satzung (F.) statut (M.), regulamin (M.)
satzungsgemäß zgodny ze statutem
Satzungsrecht (N.) prawo (N.) statutowe
säumig opieszały (Adj.)
Säumnis (F.) zwłoka (F.), niestawiennictwo (N.) w terminie
Schaden (M.) szkoda (F.)
schaden szkodzić, zaszkodzić
Schadensersatz (M.) odszkodowanie (N.)

Schadensersatzanspruch (M.) roszczenie (N.) o odszkodowanie
Schadensersatzpflicht (F.) obowiązek (M.) naprawienia szkody
Schadensfreiheitsrabatt (M.) rabat (M.) do wolności w odszkodowaniu
Schadensversicherung (F.) ubezpieczenie (N.) od szkody
schädigen szkodzić, zaszkodzić
Schädiger (M.) sprawca (M.) szkody
Schädigung (F.) szkodzenie (N.)
schädlich szkodliwy (Adj.)
schädliche Neigung (F.) skłonność (F.) szkodliwa
Schadloshaltung (F.) wynagrodzenie (N.) strat
Schaffner (M.) konduktor (M.)
Schaffung (F.) stworzenie (N.)
Schafott (N.) szafot (M.)
schalten włączyć
Schalter (M.) łącznik (M.), kontakt (M.), kasa (F.)
Schande (F.) hańba (F.), wstyd (M.)
schänden hańbić, profanować
Schändung (F.) zbezczeszczenie (N.), profanacja (F.)
Schank (M.) wyszynk (M.)
Schankkonzession (F.) koncesja (F.) na wyszynk
Scharfrichter (M.) kat (M.)
Schatz (M.) skarb (M.)
Schatzamt (N.) urząd (M.) skarbowy
schätzen szacować, oszacować, wyceniać
Schatzfund (M.) znalezienie (N.) skarbu
Schatzkanzler (M.) (Schatzkanzler in Großbritannien) kanclerz (M.) skarbowy
Schätzung (F.) szacowanie (N.), oszacowanie (N.), szacunek (M.)
Scheck (M.) czek (M.)
Scheckgesetz (N.) ustawa (F.) czekowa
Scheckkarte (F.) karta (F.) czekowa
Scheidemünze (F.) moneta (F.) zdawkowa
scheiden rozdzielić, rozłączyć
Scheidung (F.) rozwód (M.)
Schein (M.) poświadczenie (N.), zaświadczenie (N.), pozór (M.), banknot (M.)
Scheinbestandteil (M.) pozorna część (F.) składowa
Scheinehe (F.) małżeństwo (N.) pozorne
Scheinerbe (M.) spadkobierca (M.) pozorny
Scheingericht (N.) sąd (M.) pozorny
Scheingeschäft (N.) czynność (F.) pozorna
Scheinkaufmann (M.) kupiec (M.) pozorny
scheinselbständig pozornie samodzielny (Adj.)
Scheinselbständigkeit (F.) działalność (F.) pozorna
Scheintod (M.) śmierć (F.) pozorna
Scheinurteil (N.) wyrok (M.) pozorny
Scheinvollmacht (F.) pełnomocnictwo (N.) pozorne
Scheitern (N.) der Ehe rozpadnięcie (N.) się małżeństwa
scheitern spełznąć na niczym, rozbić się
Schelte (F.) nagana (F.), bura (F.)
schelten ganić, strofować
Schema (N.) schemat (M.)
schenken darować, podarować
Schenker (M.) darczyńca (M.)
Schenkung (F.) darowizna (F.)
Schenkung (F.) von Todes wegen darowizna (F.) na wypadek śmierci
Schenkungsempfänger (M.) obdarowany (M.)
Schenkungsteuer (F.) podatek (M.) od darowizny
Schenkungsurkunde (F.) akt (M.) darowizny
Scherz (M.) żart (M.)
scherzen żartować
Schicht (F.) warstwa (F.), zmiana (F.)
Schichtarbeit (F.) praca (F.) na zmiany
schicken posłać, wysłać
Schicksal (N.) los (M.), fatum (N.), przeznaczenie (N.)
Schickschuld (F.) dług (M.) wysyłkowy
Schiedsgericht (N.) sąd (M.) polubowny, sąd (M.) arbitrażowy
Schiedsgerichtshof (M.) trybunał (M.) polubowny
Schiedsgutachter (M.) opiniujący sędzia (M.) polubowny, arbiter (M.) opiniujący
Schiedsklausel (F.) klauzula (F.) arbitrażowa
Schiedsmann (M.) sędzia (M.) pokoju
Schiedsrichter (M.) sędzia (M.) polubowny
Schiedsspruch (M.) orzeczenie (N.) sądu polubownego
Schiedsstelle (F.) urząd (M.) rozjemczy, urząd (M.) polubowny
Schiedsvertrag (M.) umowa (F.) dotycząca arbitrażu
schießen strzelać
Schiff (N.) statek (M.)

Schiffbruch (M.) rozbicie (N.) się statku
Schifffahrt (F.) żegluga (F.)
Schifffahrtsgericht (N.) wydział (M.) sądu do spraw żeglugi lądowej
Schiffspfandrecht (N.) prawo (N.) zastawu na statku
Schiffsregister (N.) rejestr (M.) okrętów
Schikane (F.) szykana (F.)
Schikaneverbot (N.) zakaz (M.) szykan
schikanieren szykanować
schikanös szykanujący (Adj.)
schikanöse Prozeßführung (F.) prowadzenie (N.) procesu szykanujące
Schilling (M.) szyling (M.)
schimpfen lżyć, urągać
Schimpfwort (N.) przekleństwo (N.)
schinden męczyć, dręczyć
Schirm (M.) osłona (F.), ekran (M.)
schirmen patronować
Schirmherr (M.) patron (M.), protektor (M.)
Schisma (N.) schizma (F.)
schizophren (Adj.) schizofreniczny (Adj.)
Schizophrenie (F.) schizofrenia (F.)
Schlag (M.) uderzenie (N.), cios (M.)
Schlagbaum (M.) bariera (F.), szlaban (M.)
schlagen bić, uderzyć, pokonać, zwyciężyć
Schläger (M.) zabijaka (M.), awanturnik (M.), pałkarz (M.), bojówkarz (M.)
Schlägerei (F.) bijatyka (F.), bójka (F.)
schlecht zły (Adj.), źle (Adv.), małowartościowy (Adj.)
Schlechterfüllung (F.) złe świadczenie (N.), złe wykonanie (N.)
Schlechtleistung (F.) zła usługa (F.)
Schlepper (M.) ciągnik (M.), przemytnik (M.) ludzi
Schleswig-Holstein (N.) Szlezwik-Holsztyn (M.)
schlichten gładzić, łagodzić, pośredniczyć i doprowadzić do rozwiązania sporu
Schlichter (M.) rozjemca (M.), mediator (M.)
Schlichtung (F.) rozjemstwo (N.), mediacja (F.)
Schlichtungsstelle (F.) komitet (M.) rozjemczy
Schlichtungsverfahren (N.) postępowanie (N.) rozjemcze
schließen zakończyć, zamknąć, zlikwidować, zawrzeć, wnioskować z czegoś
Schließfach (N.) skrytka (F.) bankowa, sejf (M.)
Schließung (F.) zamknięcie (N.), zakończenie (N.), zlikwidowanie (N.), zawarcie (N.)
Schloss (N.) zamek (M.)
Schluss (M.) koniec (M.), wniosek (M.), konkluzja (F.)
Schlussantrag (M.) wniosek (M.) końcowy
Schlüssel (M.) klucz (M.), kod (M.)
Schlüsselgewalt (F.) prawo (N.) do prowadzenia spraw gospodarczych, uprawnienie (N.) żony do działania w imieniu własnym i męża
Schlusserbe (M.) spadek (M.) końcowy
schlüssig zasadny (Adj.), logiczny (Adj.)
schlüssiges Handeln (N.) działanie (N.) zasadne
Schlüssigkeit (F.) zasadność (F.), logiczność (F.)
Schlussplädoyer (N.) obronna mowa (F.) końcowa
Schlussurteil (N.) wyrok (M.) końcowy
Schlussverkauf (M.) wyprzedaż (F.) posezonowa
Schlussvortrag (M.) przemówienie (N.) końcowe
Schmerz (M.) ból (M.)
Schmerzensgeld (N.) zadośćuczynienie (N.) pieniężne za ból
schmieren smarować, przekupić, dać łapówkę, namazać
Schmiergeld (N.) łapówka (F.)
Schmuggel (M.) przemyt (M.)
schmuggeln przemycać
Schmuggler (M.) przemytnik (M.)
schnell szybko
Schnellverfahren (N.) postępowanie (N.) przyspieszone
Schock (M.) szok (M.)
Schöffe (M.) ławnik (M.)
Schöffenbank (F.) ława (F.) ławników, ława (F.) ławnicza
Schöffengericht (N.) sąd (M.) ławniczy
schön piękny (Adj.), pięknie (Adj.)
schonen oszczędzać, szanować, chronić
Schönheit (F.) piękność (F.)
Schönheitsreparatur (F.) remont (M.) konserwujący
Schonzeit (F.) czas (M.) ochronny dla zwierzyny łownej
schöpfen czerpać, nabrać
Schöpfung (F.) stworzenie (N.), odkrycie (N.), dzieło (N.), twór (M.)

Schornstein (M.) komin (M.)
Schornsteinfeger (M.) kominiarz (M.)
Schornsteinfegergesetz (N.) ustawa (F.) o kominiarzach
Schranke (F.) bariera (F.), zapora (F.)
schrecken straszyć
schreiben pisać
Schreiben pismo (N.)
Schreibtisch (M.) biurko (N.)
Schreibtischtäter (M.) sprawca (M.) zza biurka
Schrift (F.) pismo (N.), rozprawa (F.), opracowanie (N.), dzieło (N.)
Schriftform (F.) forma (F.) pisemna
Schriftführer (M.) prowadzący (M.) protokół, protokolant (M.)
schriftlich pisemny (Adj.)
schriftliches Verfahren (N.) postępowanie (N.) pisemne
Schriftlichkeit (F.) pisemność (F.)
Schriftsatz (M.) pismo (N.)
Schriftsatzwechsel (M.) wymiana (F.) pism
Schriftverkehr (M.) korespondencja (F.)
Schriftwerk (N.) dzieło (N.) pisarskie, dzieło (N.) literackie
Schuld (F.) dług (M.), zobowiązanie (N.), wina (F.)
Schuldanerkenntnis (F.) umowa (F.) uznania zobowiązania
Schuldausschließungsgrund (M.) okoliczność (F.) wyłączająca winę
Schuldbeitritt (M.) przystąpienie (N.) do zobowiązania
schulden być dłużnym
schuldenfrei niezadłużony (Adj.)
Schuldentilgung (F.) spłacanie (N.) długów, spłacenie (N.) długów, spłata (F.) długów
schuldfähig poczytalny (Adj.)
Schuldfähigkeit (F.) poczytalność (F.)
Schuldform (F.) forma (F.) winy
Schuldhaft (F.) więzienie (N.) za długi, areszt (M.) za długi
schuldhaft zawiniony (Adj.)
schuldig winny (Adj.)
Schuldiger (M.) winowajca (M.)
Schuldinterlokut (N.) postanowienie (N.) co do winy, interlokut (M.) dotyczący winy
Schuldmerkmal (N.) element (M.) winy
Schuldmitübernahme (F.) przystąpienie (N.) do zobowiązania, przystąpienie (N.) do długu
Schuldner (M.) dłużnik (M.)
Schuldnerberatung (F.) porada (F.) dla dłużnika
Schuldnerin (F.) dłużniczka (F.)
Schuldnerverzeichnis (N.) spis (M.) dłużników
Schuldnerverzug (M.) zwłoka (F.) dłużnika
Schuldrecht (N.) prawo (N.) zobowiązaniowe
Schuldschein (M.) rewers (M.), kwit (M.) dłużny
Schuldspruch (M.) orzeczenie (N.) o winie, uznanie (N.) winnym
Schuldübernahme (F.) przejęcie (N.) długu
Schuldumschaffung (F.) nowacja (F.)
schuldunfähig niepoczytalny (Adj.), niezdolny do zawinienia
Schuldunfähigkeit (F.) niepoczytalność (F.), niezdolność (F.) do zawinienia
Schuldverhältnis (N.) stosunek (M.) zobowiązaniowy
Schuldverschreibung (F.) list (M.) dłużny, obligacja (F.)
Schuldversprechen (N.) przyrzeczenie (N.) świadczenia
Schuldzins (M.) odsetki (Pl.) dłużne
Schule (F.) szkoła (F.)
schulen kształcić
Schüler (M.) uczeń (M.)
Schülerin (F.) uczennica (F.)
Schulgewalt (F.) władza (F.) szkolna
Schulpflicht (F.) obowiązek (M.) szkolny
Schulung (F.) szkolenie (N.)
Schulzwang (M.) przymus (M.) szkolny
schürfen poszukiwać, szurfować
Schuss (M.) strzał (M.), wystrzał (M.)
Schusswaffe (F.) broń (F.) palna
Schutt (M.) gruz (M.), rumowisko (N.)
Schutz (M.) ochrona (F.), opieka (F.)
Schutzbereich (M.) zakres (M.) ochrony
Schutzbrief (M.) list (M.) ochronny
Schütze (M.) strzelec (M.)
schützen chronić
Schutzgebiet (N.) rezerwat (M.), teren (M.) ochronny
Schutzgelderpressung (F.) wymuszenie (N.) haraczu
Schutzgesetz (N.) norma (F.) prawna chroniąca prawa jednostki
Schutzmann (M.) policjant (M.) porządkowy, policjant (M.)

Schutzmaßnahme (F.) środek (M.) ochronny
Schutzpflicht (F.) obowiązek (M.) ochrony, obowiązek (M.) obrony
Schutzrecht (N.) prawo (N.) ochronne
Schutzschrift (F.) pismo (N.) zapewniające ochronę, glejt (M.)
Schutzzoll (M.) cło (N.) ochronne
Schutzzweck (M.) cel (M.) ochrony
Schwager (M.) szwagier (M.)
Schwägerin (F.) szwagierka (F.)
Schwägerschaft (F.) powinowactwo (N.)
schwanger ciężarna (F.)
Schwangerschaft (F.) ciąża (F.)
Schwangerschaftsabbruch (M.) przerwanie (N.) ciąży
Schwangerschaftsunterbrechung (F.) przerwanie (N.) ciąży
schwarz czarny (Adj.), nielegalny (Adj.)
Schwarzarbeit (F.) praca (F.) na czarno, praca (F.) nielegalna
Schwarzarbeiter (M.) pracujący (M.) na czarno, pracujący (M.) nielegalnie
Schwarzgeld (N.) pieniądz (M.) na czarno, pieniądz (M.) nielegalny
Schwarzhandel (M.) handel (M.) na czarno, handel (M.) nielegalny
Schwarzhändler (M.) nielegalny handlarz (M.)
Schwarzkauf (M.) kupno (N.) na czarno, kupno (N.) nielegalne
Schwarzmarkt (M.) czarny rynek (M.)
schweben unosić się, zawisać
schwebend unwirksam bezskutecznie zawieszony (Adj.)
schwebend zawieszony (Adj.), zawisły (Adj.)
schwebende Unwirksamkeit (F.) nieskuteczność (F.) względna
Schwebezustand (M.) stan (M.) zawieszenia
Schweden (N.) Szwecja (F.)
schwedisch szwedzki (Adj.)
Schweigen (N.) milczenie (N.)
schweigen milczeć
Schweigepflicht (F.) obowiązek (M.) zachowania tajemnicy
Schweiz (F.) Szwajcaria (F.)
schweizerisch szwajcarski (Adj.)
schwer ciężki (Adj.)
Schwerbehinderter (M.) ciężko upośledzony (M.)
Schwerbeschädigter (M.) ciężko upośledzony (M.)
Schwere (F.) ciężkość (F.), ciężar (M.)
Schwere (F.) der Schuld ciężar (M.) winy
schwere Brandstiftung (F.) podpalenie (N.) ciężkie, podpalenie (N.) zuchwałe
schwere Körperverletzung (F.) ciężkie uszkodzenie (N.) ciała
schwerer Diebstahl (M.) rabunek (M.) ciężki
Schwester (F.) siostra (F.)
Schwiegereltern (Pl.) teściowie (Pl.)
Schwiegermutter (F.) teściowa (F.)
Schwiegersohn (M.) zięć (M.)
Schwiegertochter (F.) synowa (F.)
Schwiegervater (M.) teść (M.)
schwierig trudny (Adj.)
Schwierigkeit (F.) komplikacja (F.)
schwören przysięgać
Schwur (M.) przysięga (F.)
Schwurgericht (N.) sąd (M.) przysięgłych
See (F.) (Meer) morze (N.)
See (M.) jezioro (N.)
Seegericht (N.) sąd (M.) morski
Seehandel (M.) handel (M.) morski
Seehandelsrecht (N.) prawo (N.) handlu morskiego
Seele (F.) dusza (F.)
seelischer Schmerz (M.) ból (M.) psychiczny
Seemann (M.) marynarz (M.)
Seeräuber (M.) pirat (M.), korsarz (M.)
Seeräuberei (F.) piractwo (N.) morskie
Seerecht (N.) prawo (N.) morskie
Seeversicherung (F.) ubezpieczenie (N.) morskie
Seeweg (M.) droga (F.) morska
Seite (F.) strona (F.)
Seitenlinie (F.) linia (F.) boczna
Sejm (M.) (Parlament in Polen) sejm (M.)
Sekretär (M.) sekretarz (M.)
Sekretariat (N.) sekretariat (M.)
Sekretärin (F.) sekretarka (F.)
Sekte (F.) sekta (F.)
Sektion (F.) sekcja (F.), dział (M.)
Sektor (M.) sektor (M.)
selbst sam
selbständig samodzielny (Adj.), niezależny (Adj.)
Selbständiger (M.) samodzielny (M.), niezależny (M.)
Selbstauflösung (F.) samorozwiązanie (N.)
Selbstauflösungsrecht (N.) prawo (N.) do samorozwiązania

Selbstbehalt (M.) udział (M.) własny ubezpieczonego
Selbstbelieferung (F.) samodostawa (F.)
Selbstbelieferungsklausel (F.) klauzula (F.) o samodostawie
Selbstbestimmung (F.) samostanowienie (N.)
Selbstbestimmungsrecht (N.) prawo (N.) samostawienia
Selbstbindung (F.) samozwiązanie (N.)
Selbsteintritt (M.) samowstąpienie (N.)
Selbsteintrittsrecht (N.) prawo (N.) do włączenia się z urzędu
Selbsthilfe (F.) samopomoc (F.)
Selbsthilferecht (N.) prawo (N.) samopomocy
Selbsthilfeverkauf (M.) sprzedaż (F.) w przypadku zwłoki wierzyciela w odbiorze świadczenia
Selbstkontrahieren (N.) dokonanie (N.) czynności prawnej z samym sobą jako przedstawicielem innej osoby
Selbstmord (M.) samobójstwo (N.)
Selbstmörder (M.) samobójca (M.)
Selbstmörderin (F.) samobójczyni (F.)
Selbstorganschaft (F.) tworzenie (N.) organów z członków osoby prawnej
Selbstschuldner (M.) poręczający (M.) jako współdłużnik solidarny
selbstschuldnerisch poręczający jako współdłużnik solidarny
selbstschuldnerische Bürgschaft (F.) poręczenie (N.) odpowiadające jako współdłużnik solidarny
Selbsttötung (F.) samobójstwo (N.)
Selbstverteidigung (F.) samoobrona (F.)
Selbstverwaltung (F.) samorząd (M.)
Selbstverwaltungskörperschaft (F.) korporacja (F.) samorządowa
Semester (N.) semestr (M.)
Seminar (N.) seminarium (N.)
Senat (M.) senat (M.), izba (F.)
Senator (M.) senator (M.)
Sequester (M.) zarządca (M.) urzędowy
Sequestration (F.) sekwestr (M.)
sequestrieren sekwestrować
Servitut (F.) służebność (F.)
Session (F.) sesja (F.)
Seuche (F.) zaraza (F.), epidemia (F.)
Sex (M.) seks (M.)
Sexualdelikt (N.) przestępstwo (N.) na tle seksualnym, przestępstwo (N.) seksualne
sexuell seksualny (Adj.), płciowy (Adj.)
sexuelle Handlung (F.) czyn (M.) nierządny
sexueller Missbrauch (M.) wykorzystywanie (N.) seksualne
Sezession (F.) secesja (F.)
Sheriff (M.) szeryf (M.)
sich verschaffen zdobyć
sicher pewny (Adj.), bezpieczny (Adj.)
Sicherheit (F.) bezpieczeństwo (N.), pewność (F.)
Sicherheitsleistung (F.) złożenie (N.) zabezpieczenia
Sicherheitsrat (M.) rada (F.) bezpieczeństwa
Sicherheitsverwahrung (F.) przechowanie (N.) zabezpieczające
Sicherheitsvorschrift (F.) przepis (M.) dotyczący zachowania bezpieczeństwa
sichern zabezpieczyć, zapewnić
sicherstellen zabezpieczyć
Sicherstellung (F.) zabezpieczenie (N.), zapewnienie (N.)
Sicherung (F.) zabezpieczenie (N.), zapewnienie (N.)
Sicherungsabrede (F.) porozumienie (N.) dotyczące zabezpieczenia
Sicherungsabtretung (F.) cesja (F.) w celu zabezpieczenia
Sicherungsbetrug (M.) oszustwo (N.) dotyczące zabezpieczenia
Sicherungseigentum (N.) własność (F.) zabezpieczająca
Sicherungsgeber (M.) osoba (F.) gwarantująca zabezpieczenie
Sicherungsgeschäft (N.) transakcja (F.) zabezpieczająca
Sicherungsgrundschuld (F.) dług (M.) gruntowy zabezpieczający
Sicherungshypothek (F.) hipoteka (F.) kaucyjna, hipoteka (F.) zabezpieczająca
Sicherungsmaßnahme (F.) środek (M.) zabezpieczający
Sicherungsübereignung (F.) przeniesienie (N.) własności w celu zabezpieczenia wierzytelności
Sicherungsverfahren (N.) postępowanie (N.) zabezpieczające
Sicherungsvertrag (M.) umowa (F.) ustanawiająca zabezpieczenie
Sicherungsverwahrung (F.) przechowanie (N.) zabezpieczające
Sicht (F.) widoczność (F.), okazanie (N.), widok (M.)

Sichtvermerk (M.) wiza (F.)
Sichtwechsel (M.) weksel (M.) płatny za okazaniem, weksel (M.) a vista
Sieg (M.) zwycięstwo (N.)
Siegel (N.) pieczęć (F.)
Siegelbruch (M.) zerwanie (N.) pieczęci
siegeln pieczętować, opieczętować
siegen wygrać
Signatur (F.) sygnatura
signieren sygnować
simultan symultaniczny (Adj.), jednoczesny (Adj.), równoczesny
Sippe (F.) rodzina (F.), klan (M.), ród (M.)
Sippenhaft (F.) odpowiedzialność (F.) rodzinna
sistieren wstrzymać, zawiesić, aresztować
Sistierung (F.) zawieszenie (N.), wstrzymanie (N.), aresztowanie (N.)
Sitte (F.) obyczaj (M.), zwyczaj (M.)
Sittengesetz (N.) kodeks (M.) etyczny
sittenwidrig niemoralny (Adj.), nieetyczny (Adj.), sprzeczny z dobrymi obyczajami
Sittenwidrigkeit (F.) niemoralność (F.), nieetyczność (F.), sprzeczność (F.) z dobrymi obyczajami
sittlich moralny (Adj.), obyczajny (Adj.)
Sittlichkeit (F.) moralność (F.), obyczajowość (F.)
Sittlichkeitsdelikt (N.) przestępstwo (N.) seksualne
Sitz (M.) miejsce (N.), siedziba (F.), siedzenie (N.)
Sitzung (F.) posiedzenie (N.)
Sitzungsperiode (F.) sesja (F.), okres (M.) obrad
Sitzungspolizei (F.) policja (F.) sądowa
Sitzverteilung (F.) podział (M.) miejsc
Sklave (M.) niewolnik (M.)
Skonto (N.) skonto (N.)
Skript (N.) skrypt (M.)
Skriptum (N.) skryptum (N.)
Smog (M.) smog (M.)
Sodomie (F.) sodomia (F.)
sofort natychmiast, zaraz
sofortig natychmiastowy (Adj.)
sofortige Beschwerde (F.) zażalenie (N.) natychmiastowe
sofortige Verfolgung (F.) ściganie (N.) natychmiastowe
sofortiger Vollzug (M.) wykonanie (N.) natychmiastowe
soft law (N.) (engl.) soft law (N.) (engl.)
Software (F.) (engl.) software (N.) (engl.), oprogramowanie (N.) komputera
Sohn (M.) syn (M.)
Solawechsel (M.) weksel (M.) sola
Sold (M.) żołd (M.)
Soldat (M.) żołnierz (M.)
Soldatenmeuterei (F.) bunt (M.) żołnierzy
Söldner (M.) najemnik (M.), żołdak (M.)
Solidarhaftung (F.) dług (M.) solidarny
solidarisch solidarny (Adj.)
Solidarität (F.) solidarność (F.)
Solidaritätsbeitrag (M.) składka (F.) solidarnościowa
Soll (N.) powinność (F.), debet (M.)
Sollkaufmann (M.) kupiec (M.) z powinności
Sollvorschrift (F.) norma (F.) która powinna być zasadniczo przestrzegana ale dopuszczająca wyjątki
solvent wypłacalny
Solvenz (F.) wypłacalność (F.)
Sommer (M.) lato (N.)
Sommerzeit (F.) czas (M.) letni
Sonder- specjalny (Adj.), indywidualny (Adj.)
Sonderabfall (M.) odpad (M.) specjalny
Sonderausgabe (F.) wydatek (M.) nadzwczajny, wydanie (N.) specjalne
Sonderbehörde (F.) organ (M.) specjalny
Sonderdelikt (N.) przestępstwo (N.) indywidualne
Sondererbfolge (F.) szczególny porządek (M.) dziedziczenia
Sondergericht (N.) sąd (M.) specjalny
Sondergut (N.) odrębny majątek (M.)
Sondermüll (M.) odpady (Pl.) specjalne
Sondernutzung (F.) użytkowanie (N.) szczególne
Sonderopfer (N.) szczególna ofiara (F.)
Sonderrecht (N.) przywilej (M.), prawo (N.) specjalne
Sonderrechtsnachfolge (F.) szczególne następstwo (N.) prawne
Sonderrechtsverhältnis (N.) szczególny stosunek (M.) władczy
Sonderverbindung (F.) szczególne powiązanie (N.)
Sondervermögen (N.) majątek (M.) odrębny
Sonderverordnung (F.) rozporządzenie (N.) specjalne
Sondervotum (N.) votum (N.) separatum (lat.)

Sonne (F.) słońce (N.)
Sonntag (M.) niedziela (F.)
sonstig inny (Adj.), pozostały (Adj.)
sonstiges Recht (N.) prawo (N.) inne
Sorge (F.) troska (F.), obawa (F.), opieka (F.)
sorgen troszczyć, dbać
Sorgerecht (N.) prawo (N.) do opieki
Sorgfalt (F.) staranność (F.)
sorgfältig staranny (Adj.)
Sorgfaltspflicht (F.) obowiązek (M.) staranności
Sorgfaltspflichtverletzung (F.) naruszenie (N.) obowiązku staranności
Sorte (F.) gatunek (M.), rodzaj (M.), odmiana (F.)
Sortenschutz (M.) ochrona (F.) gatunkowa przyrody
Souverän (M.) suweren (M.)
souverän suwerenny (Adj.), niezależny (Adj.)
Souveränität (F.) suwerenność (F.), zwierzchnictwo (N.)
Sowjetunion (F.) Związek (M.) Radziecki
sozial socjalny (Adj.), społeczny (Adj.)
Sozialadäquanz (F.) równoważność (F.) socjalna
Sozialamt (N.) urząd (M.) opieki społecznej
Sozialarbeit (F.) praca (F.) socjalna
Sozialarbeiter (M.) pracownik (M.) socjalny
Sozialauswahl wybór (M.) socjalny
Sozialbindung (F.) społeczne zobowiązanie (N.)
soziale Frage (F.) pytanie (N.) socjalne, problem (M.) socjalny
soziale Indikation (F.) wskazanie (N.) społeczne, wzgląd (M.) społeczny
sozialer Wohnungsbau (M.) socjalne budownictwo (N.) mieszkaniowe
Sozialethik (F.) etyka (F.) socjalna
Sozialgericht (N.) sąd (M.) do spraw socjalnych
Sozialgerichtsbarkeit (F.) sądownictwo (N.) socjalne
Sozialgesetzbuch (N.) kodeks (M.) socjalny
Sozialgesetzgebung (F.) ustawodawstwo (N.) socjalne
Sozialhilfe (F.) pomoc (F.) socjalna
Sozialhilfeleistung (F.) świadczenia (Pl.) pomocy społecznej
Sozialhilferecht (N.) prawo (N.) o pomocy społecznej
sozialisieren uspołecznić, nacjonalizować
Sozialisierung (F.) nacjonalizacja (F.)
Sozialismus (M.) socjalizm (M.)
Sozialist (M.) socjalista (M.)
sozialistisch socjalistyczny (Adj.)
Sozialleistung (F.) świadczenie (N.) socjalne
Sozialleistungsanspruch (M.) roszczenie (N.) o świadczenie socjalne
Sozialleistungsquote (F.) kwota (F.) świadczenia socjalnego
Sozialpartner (M.) partner (M.) społeczny
Sozialpflichtigkeit (F.) powinność (F.) społeczna
Sozialplan (M.) plan (M.) socjalny
Sozialrecht (N.) prawo (N.) socjalne
Sozialrente (F.) renta (F.) socjalna
sozialschädlich szkodliwy dla społeczeństwa
Sozialschädlichkeit (F.) szkodliwość (F.) dla społeczeństwa
Sozialstaat (M.) państwo (N.) socjalne
Sozialstaatsprinzip (N.) zasada (F.) państwa socjalnego
Sozialversicherung (F.) ubezpieczenie (N.) społeczne
Sozialversicherungsanspruch (M.) roszczenie (N.) z tytułu ubezpieczenia społecznego
Sozialversicherungsbeitrag (M.) składka (F.) na ubezpieczenia społeczne
Sozialversicherungsträger (M.) podmiot (M.) odpowiedzialny za ubezpieczenia społeczne
Sozialverwaltungsrecht (N.) socjalne prawo (N.) administracyjne
Sozialwohnung (F.) mieszkanie (N.) socjalne
Sozietät (F.) spółka (F.) wolnych zawodów
Soziologie (F.) socjologia (F.)
Sozius (M.) partner (M.)
Spanien (N.) Hiszpania (F.)
spanisch hiszpański (Adj.)
Sparbuch (N.) książeczka (F.) oszczędnościowa
Spareinlage (F.) wkład (M.) oszczędnościowy
sparen oszczędzać
Sparer (M.) oszczędzający (M.)
Sparkasse (F.) kasa (F.) oszczędnościowa
Sparkonto (N.) konto (N.) oszczędnościowe
Spediteur (M.) spedytor (M.)
Spedition (F.) spedycja (F.)

Spekulant (M.) spekulant (M.)
Spekulation (F.) spekulacja (F.)
spekulieren spekulować
Spende (F.) dar (M.), nieodpłatne świadczenie (N.)
spenden ofiarować
Spender (M.) ofiaradawca (M.), dawca (M.)
Sperre (F.) blokada (F.)
sperren zamknąć, zablokować, opierać
Sperrgebiet (N.) teren (M.) zamknięty
Sperrminorität (F.) mniejszość (F.) udziałowców zdolna do zablokowania uchwał walnego zgromadzenia
Sperrstunde (F.) godzina (F.) zamknięcia, godzina (F.) policyjna
Sperrung (F.) zamknięcie (N.), zablokowanie (N.)
Sperrzeit (F.) okres (M.) zakazu
Spese (F.) wydatek (M.)
Spesen (F.Pl.) koszty (M.Pl.), wydatki (M.Pl.)
Spezial- specjalny (Adj.)
Spezialhandlungsvollmacht (F.) specjalne pełnomocnictwo (N.) handlowe
Spezialist (M.) specjalista (M.)
Spezialität (F.) specjalność (F.)
Spezialprävention (F.) prewencja (F.) szczególna
speziell szczególny (Adj.)
spezielles Schuldmerkmal (N.) specjalny element (M.) winy
Spezies (F.) szczególny rodzaj (M.)
Speziesschuld (F.) dług (M.) rzeczy oznaczonej co do tożsamości
Spezifikation (F.) specyfikacja (F.), przetworzenie (N.)
Spezifikationskauf (M.) kupno (N.) specyfikacyjne
Sphäre (F.) sfera (F.)
Sphärentheorie (F.) teoria (F.) sfer
Spiel (N.) gra (F.)
spielen grać, zagrać
Spielvertrag (M.) umowa (F.) gry
Spion (M.) szpieg (M.)
Spionage (F.) szpiegostwo (N.)
spionieren szpiegować
Spital (N.) szpital (M.)
Spitzel (M.) szpicel (M.)
splitten rozdzielić
Splitting (N.) (engl.) splitting (N.) (engl.), wspólne opodatkowanie (N.)
Sponsor (M.) (engl.) sponsor (M.)
Sponsoring (N.) (engl.) sponsoring (M.) (engl.)
Sport (M.) sport (M.)
Sportrecht (N.) prawo (N.) sportowe
Sprache (F.) mowa (F.), język (M.)
sprechen mówić
Sprecher (M.) rzecznik (M.)
Sprecherausschuss (M.) gremium (N.) rzeczników, komitet (M.) rzeczników
Sprengel (M.) parafia (F.), diecezja (F.)
sprengen rozsadzić, wysadzić, rozpędzić
Sprengstoff (M.) materiał (M.) wybuchowy
springen skakać
Spruch (M.) orzeczenie (N.)
Spruchkörper (M.) skład (M.) orzekający
Spruchrichter (M.) sędzia (M.) orzekający
Spruchrichterprivileg (N.) ograniczenie (N.) odpowiedzialności sędziego, przywilej (M.) sędziowski
Sprung (M.) skok (M.)
Sprungrevision (F.) rewizja (F.) nadzwyczajna z pominięciem instancji odwoławczej
Spur (F.) ślad (M.), trop (M.), pas (M.) ruchu
Staat (M.) państwo (N.)
Staatenbund (M.) konfederacja (F.) państw
staatenlos bezpaństwowy (Adj.)
Staatenlosigkeit (F.) bezpaństwowość (F.)
Staatennachfolge (F.) sukcesja (F.) państw, następstwo (N.) po innym państwie
Staatenverbindung (F.) połączenie (N.) państw
staatlich państwowy (Adj.)
Staatsangehöriger (M.) obywatel (M.)
Staatsangehörigkeit (F.) obywatelstwo (N.)
Staatsanleihe (F.) pożyczka (F.) państwowa
Staatsanwalt (M.) prokurator (M.)
Staatsanwaltschaft (F.) prokuratura (F.)
Staatsaufsicht (F.) nadzór (M.) państwowy
Staatsbürger (M.) obywatel (M.)
staatsbürgerlich (Adj.) obywatelski (Adj.)
Staatsbürgerschaft (F.) obywatelstwo (N.)
Staatsdienst (M.) służba (F.) państwowa
Staatsform (F.) forma (F.) państwa
Staatsgebiet (N.) terytorium (N.) państwowe
Staatsgeheimnis (N.) tajemnica (F.) państwowa
Staatsgerichtshof (M.) trybunał (M.) konstytucyjny
Staatsgewalt (F.) władza (F.) państwowa

Staatshaftung (F.) odpowiedzialność (F.)
Staatshaftungsrecht (N.) prawo (N.) o odpowiedzialności państwa
Staatskanzlei (F.) kancelaria (F.) państwa
Staatskasse (F.) kasa (F.) państwowa
Staatskirche (F.) kościół (M.) państwowy
Staatskirchenrecht (N.) prawo (N.) dotyczące stosunków między kościołem a państwem
Staatskommissar (M.) komisarz (M.) państwowy
Staatskosten (F.Pl.) koszty (Pl.) państwowe
Staatslehre (F.) nauka (F.) o państwie
Staatsmann (M.) mąż (M.) stanu, wybitny polityk (M.)
Staatsminister (M.) minister (M.) stanu
Staatsnotstand (M.) stan (M.) konieczności państwowej
Staatsoberhaupt (M.) głowa (F.) państwa
Staatsorgan (N.) organ (M.) stanu
Staatspartei (F.) partia (F.) państwowa
Staatspräsident (M.) prezydent (M.) państwa
Staatsprüfung (F.) egzamin (M.) państwowy
Staatsräson (F.) racja (F.) stanu
Staatsrecht (N.) prawo (N.) państwowe
Staatsreligion (F.) religia (F.) państwowa
Staatsschuld (F.) dług (M.) państwowy
Staatsschuldenrecht (N.) prawo (N.) długu państwowego
Staatsschutz (M.) ochrona (F.) państwa
Staatssekretär (M.) sekretarz (M.) stanu
Staatssymbol (N.) symbol (M.) państwa
Staatsvertrag (M.) umowa (F.) państwowa, umowa (F.) między krajami
Staatsverwaltung (F.) administracja (F.) państwowa
Staatsvolk (N.) naród (M.) państwowy
Staatszweck (M.) cel (M.) państwowy
Stab (M.) pręt (M.), kij (M.), sztab (M.)
stabil stabilny (Adj.)
Stabilität (F.) stabilność (F.)
Stadt (F.) miasto (N.)
Stadtdirektor (M.) dyrektor (M.) miasta
Städtebau (M.) urbanistyka (F.)
Städtebauförderung (F.) wspieranie (N.) budownictwa miast, wspieranie (N.) urbanistyki
Städtebauförderungsrecht (N.) prawo (N.) poparcia urbanistycznego
städtisch miejski (Adj.)
Stadtplanung (F.) planowanie (N.) miasta
Stadtrat (M.) rada (F.) miejska, radny (M.) miejski
Stadtrecht (N.) prawo (N.) miejskie
Stadtstaat (M.) miasto-kraj (M.)
Stadtverwaltung (F.) administracja (F.) miejska
Stamm (M.) ród (M.), trzon (M.)
Stammaktie (F.) akcja (F.) zwykła
Stammeinlage (F.) wkład (M.) udziałowca
stammen pochodzić, wywodzić się
Stammkapital (N.) kapitał (M.) zakładowy
Stand (M.) stan (M.), położenie (N.), miejsce (N.), stanowisko (N.), stoisko (N.)
Standard (M.) standard (M.), norma (F.), wzorzec (M.)
Standardformular (N.) formularz (M.) zwyczajny
Standesamt (N.) urząd (M.) cywilny, urząd (M.) stanu cywilnego
standesamtlich cywilny (Adj.), dotyczący aktów stanu cywilnego
Standesbeamter (M.) urzędnik (M.) stanu cywilnego
Standesrecht (N.) prawo (N.) dotyczące określonych zawodów
Standgericht (N.) wojskowy sąd (M.) polowy
ständig stały (Adj.), ciągły (Adj.)
Standort (M.) ośrodek (M.), stanowisko (N.), lokalizacja (F.)
Standpunkt (M.) punkt (M.) widzenia, stanowisko (N.)
Standrecht (N.) prawo (N.) wojenne
Station (F.) stacja (F.), przystanek (M.), oddział (M.)
stationieren stacjonować
Statistik (F.) statystyka (F.)
statistisch statyczny (Adj.)
Stätte (F.) miejsce (N.)
statthaft dopuszczalny (Adj.)
Statthaftigkeit (F.) dopuszczalność (F.)
Statthalter (M.) namiestnik (M.)
statuieren ustalać
status (M.) quo (lat.) status (M.) (lat.)
Status (M.) stan (M.), status (M.)
Statusprozess (M.) proces (M.) dotyczący statusu
Statut (N.) statut (M.)
Statutenkollision (F.) kolizja (F.) statutów, kolizja (F.) statutów prawnych
Stau (M.) zator (M.), spiętrzenie (N.)
stauen piętrzyć, gromadzić

stechen kuć
Steckbrief (M.) list (M.) gończy
stecken kłaść, tkwić
stehen stać
stehlen kraść, ukraść
steigen wzrastać, rosnąć
steigern podwyższać, podnieść
Steigerung (F.) wzrost (M.), podwyższenie (N.)
Stelle (F.) miejsce (N.), stanowisko (N.), posada (F.), urząd (M.)
stellen stawiać
Stellenvermittlung (F.) pośrednictwo (N.) pracy
Stellung (F.) pozycja (F.), stanowisko (N.)
stellvertretend zastępujący (Adj.)
stellvertretendes commodum (N.) zastępująca korzyść (F.)
Stellvertreter (M.) przedstawiciel (M.), zastępca (M.)
Stellvertretung (F.) przedstawicielstwo (N.), zastępstwo (N.)
Stempel (M.) stempel (M.), pieczęć (F.)
Stempelgebühr (F.) opłata (F.) pobierana w formie znaczka skarbowego, opłata (F.) stemplowa, opłata (F.) skarbowa
stempeln stemplować
Sterbebuch (N.) księga (F.) zgonów
Sterbegeld (N.) zasiłek (M.) pogrzebowy
Sterbehilfe (F.) łagodzenie (N.) cierpień umierających, eutanazja (F.)
sterben umrzeć
Sterberegister (N.) rejestr (M.) zgonów
Sterbeurkunde (F.) akt (M.) zgonu
steril (keimfrei) sterylny (Adj.)
Sterilisation (F.) sterylizacja (F.)
sterilisieren sterylować
Steuer (F.) podatek (M.)
Steuerbefreiung (F.) zwolnienie (N.) od podatku
Steuerbehörde (F.) władza (F.) podatkowa, organ (M.) podatkowy, urząd (M.) podatkowy
Steuerberater (M.) doradca (M.) podatkowy
Steuerbescheid (M.) decyzja (F.) podatkowa, wymiar (M.) podatku
Steuerbevollmächtigter (M.) pełnomocnik (M.) podatkowy
Steuerbilanz (F.) bilans (M.) według przepisów podatkowych, bilans (M.) dla celów opodatkowania, bilans (M.) dla celów podatkowych
Steuererklärung (F.) zeznanie (N.) podatkowe, deklaracja (F.) podatkowa
Steuererlass (M.) zwolnienie (N.) od podatku
Steuerfahndung (F.) dochodzenie (N.) w przypadku podejrzenia o przestępstwo podatkowe
Steuerflucht (F.) ucieczka (F.) przed podatkami
steuerfrei wolny od podatku
Steuerfreibetrag (M.) suma (F.) wolna od opodatkowania
Steuergeheimnis (N.) tajemnica (F.) podatkowa
Steuerhehlerei (F.) paserstwo (N.) podatkowe
Steuerhinterziehung (F.) oszustwo (N.) podatkowe
Steuerhoheit (F.) prawo (N.) ustalania i ściągania podatków
steuerlich podatkowy (Adj.)
steuern kierować, sterować
Steuerpflicht (F.) obowiązek (M.) podatkowy od rzeczy
steuerpflichtig podlegający opodatkowaniu
Steuerpflichtiger (M.) podatnik (M.)
Steuerrecht (N.) prawo (N.) podatkowe
Steuerrichtlinie (F.) wytyczne (N.) dotyczące podatków
Steuersache (F.) sprawa (F.) podatkowa
Steuersatz (M.) stawka (F.) podatkowa
Steuerschuld (F.) dług (M.) podatkowy
Steuerstrafrecht (N.) prawo (N.) karnoskarbowe
Steuerung (F.) kierowanie (N.)
Steuerungsfähigkeit (F.) zdolność (F.) kierowania swoim postępowaniem, możność (F.) kierowania swoim postępowaniem, zdolność (F.) sterowania
Steuerverbund (M.) system (M.) podziału dochodu z podatków między wierzycieli publicznych
Steuervergünstigung (F.) ulga (F.) podatkowa
Stich ukłucie (N.)
Stichtag (M.) dzień (M.) ostateczny, termin (M.) początkowy, termin (M.) końcowy
Stichwahl (F.) wybór (M.) końcowy
Stiefbruder (M.) brat (M.) przyrodni
Stiefelter (M. bzw. F.) rodzic (M.) przybrany
Stiefeltern (Pl.) rodzice (Pl.) przybrani
Stiefkind (N.) dziecko (N.) przyrodnie

Stiefmutter (F.) macocha (F.)
Stiefschwester (F.) siostra (F.) przyrodnia
Stiefsohn (M.) pasierb (M.)
Stieftochter (F.) pasierbica (F.)
Stiefvater (M.) ojczym (M.)
Stift (N.) kapituła (F.), kolegium (N.) kanonickie
stiften założyć, ufundować, ofiarować, zakładać
Stifter (M.) założyciel (M.), fundator (M.), sprawca (M.)
Stiftung (F.) darowizna (F.), fundacja (F.)
still cichy (Adj.), milczący (Adj.)
stille Gesellschaft (F.) cicha spółka (F.)
stillschweigend milczący
Stillstand (M.) bezruch (M.), przerwa (F.), zastój (M.)
Stillstand (M.) des Verfahrens przerwa (F.) w postępowaniu
Stimmabgabe (F.) oddanie (N.) głosu
stimmberechtigt uprawniony do głosowania
Stimme (F.) głos (M.)
stimmen głosować, zgadzać
Stimmenmehrheit (F.) większość (F.) głosów
Stimmenthaltung (F.) wstrzymanie (N.) się od głosu
Stimmrecht (N.) prawo (N.) głosu
Stimmung (F.) nastój (M.)
Stimmzettel (M.) kartka (F.) do głosowania
Stipendium (N.) stypendium (N.)
Stock (M.) piętro (N.), akcja (F.)
stocken zatrzymać się, jąkać
Stockwerk (N.) piętro (N.)
Stoff (M.) materiał (M.), tkanina (F.), tworzywo (N.), substancja (F.)
stören zakłócać, przeszkadzać
Störer (M.) zakłócający (M.) porządek, sprowadzający (M.) niebezpieczeństwo
stornieren stornować, anulować
Stornierung (F.) anulowanie (N.)
Storno (N.) storno (N.)
Störung (F.) zakłócenie (N.)
Strafanstalt (F.) zakład (M.) karny
Strafantrag (M.) wniosek (M.) prokuratora, wniosek (M.) pokrzywdzonego o ściganie sprawcy przestępstwa
Strafanzeige (F.) doniesienie (N.) o przestępstwie
Strafarrest (M.) areszt (M.) karny, areszt (M.)
Strafaufhebung (F.) zawieszenie (N.) karalności
Strafaufhebungsgrund (M.) podstawa (F.) uchylenia kary
Strafaufschub (M.) odroczenie (N.) wykonania kary
Strafausschließung (F.) wyłączenie (N.) karalności
Strafausschließungsgrund (M.) okoliczność (F.) wyłączająca karę
Strafaussetzung (F.) warunkowe zawieszenie (N.) kary
strafbar karalny (Adj.)
Strafbarkeit (F.) karalność (F.)
Strafbarkeitsirrtum (M.) błąd (M.) co do karalności zachowania
strafbedroht zagrożony (Adj.) karą
strafbedrohte Handlung (F.) czyn (M.) karalny
Strafbefehl (M.) sądowy nakaz (M.) karny
Strafbestimmung (F.) postanowienie (N.) karne, przepis (M.) karny
Strafe (F.) kara (F.)
strafen karać, ukarać
Straferkenntnis (F.) wyrok (M.) karny
Straferlass (M.) amnestia (F.), darowanie (N.) kary
straffällig przestępczy (Adj.)
Straffälligkeit (F.) przestępczość (F.)
straffrei bezkarny (Adj.)
Straffreiheit (F.) bezkarność (F.)
Strafgefangener (M.) więzień (M.)
Strafgericht (N.) sąd (M.) karny
Strafgesetz (N.) ustawa (F.) karna
Strafgesetzbuch (N.) kodeks (M.) karny
Strafgesetzgebung (F.) ustawodawstwo (N.) karne
Strafherabsetzung (F.) obniżenie (N.) kary
Strafkammer (F.) izba (F.) karna
Sträfling (M.) skazany (M.)
straflos niekaralny (Adj.), bezkarny
Straflosigkeit (F.) bezkarność (F.)
Strafmaß (N.) wymiar (M.) kary
Strafmaßrevision (F.) rewizja (F.) od wymiaru kary
strafmildernd łagodzący (Adj.) karę
Strafmilderung (F.) złagodzenie (N.) kary
Strafmilderungsgrund (M.) powód (M.) do złagodzenie kary
strafmündig posiadający zdolność do odpowiedzialności karnej
Strafmündigkeit (F.) zdolność (F.) do odpowiedzialności karnej

Strafprozess (M.) proces (M.) karny
Strafprozessordnung (F.) kodeks (M.) postępowania karnego
Strafprozessrecht (N.) prawo (N.) o postępowanie karnym
Strafrahmen (M.) granice (F.Pl.) zagrożenia karą
Strafrecht (N.) prawo (N.) karne
strafrechtlich prawokarny (Adj.)
Strafregister (N.) rejestr (M.) skazanych
Strafrichter (M.) sędzia (M.) do spraw karnych, sędzia (M.) karnista
Strafsache (F.) sprawa (F.) karna w toku
Strafschärfung (F.) zaostrzenie (N.) kary
Strafschärfungsgrund (M.) powód (M.) do zaostrzenie kary
Strafsenat (M.) senat (M.) karny
Straftat (F.) czyn (M.) karalny
Straftatbestand (M.) zespół (M.) znamion czynu przestępczego
Straftäter (M.) sprawca (M.) czynu karalnego
Straftilgung (F.) zatarcie (N.) skazania
Strafumwandlung (F.) zamiana (F.) kary
strafunmündig nieposiadający zdolność do odpowiedzialności karnej
Strafunmündigkeit (F.) brak (M.) zdolności do odpowiedzialności karnej
Strafurteil (N.) wyrok (M.) karny
Strafvereitelung (F.) udaremnienie (N.) ścigania karnego
Strafverfahren (N.) postępowanie (N.) karne
Strafverfolgung (F.) ściganie (N.) karne
Strafverfügung (F.) rozporządzenie (N.) karne
Strafversprechen (N.) kara (F.) umowna, przyrzeczenie (N.) kary umownej
Strafverteidiger (M.) obrońca (M.) w sprawach karnych
Strafverteidigung (F.) obrona (F.) w sprawach karnych
Strafvollstreckung (F.) wykonanie (N.) kary
Strafvollzug (M.) wykonanie (N.) kary
Strafvollzugsanstalt (F.) zakład (M.) karny
Strafvollzugsbeamter (M.) urzędnik (M.) zakładu karnego, urzędnik (M.) penitencjarny
Strafvorschrift (F.) przepis (M.) karny
Strafzumessung (F.) wymiar (M.) kary
Strafzweck (M.) cel (M.) kary
Strand (M.) brzeg (M.), plaża (F.)
stranden osiąść na mieliźnie, ponosić fiasko
Strandgut (N.) rzecz (F.) wyrzucona przez morze na brzeg, wyrzucony przedmiot (M.) na brzeg
Strandung (F.) wyrzucenie (N.) na brzeg
Strang (M.) powróz (M.), wiązka (F.)
Strangulation (F.) powieszenie (N.)
strangulieren dławić, dusić
Strangulierung (F.) uduszenie (N.) przez podwiązanie
Straße (F.) ulica (F.), droga (F.)
Straßenbahn (F.) tramwaj (M.)
Straßenbau (M.) budowa (F.) dróg
Straßenbaubehörde (F.) urząd (M.) zajmujący się budową dróg
Straßenbaulast (F.) ciężar (M.) budowy i utrzymania dróg publicznych, służebność (F.) publicznoprawna budowy i utrzymania dróg
Straßenbaulastträger (M.) urząd (M.) zajmujący się służebnością publicznoprawną budowy i utrzymania dróg
Straßenbauverwaltung (F.) zarządzanie (N.) budową dróg
Straßenraub (M.) rozbój (M.) uliczny
Straßenräuber (M.) rozbójnik (M.)
Straßenrecht (N.) prawo (N.) drogowe
Straßenverkehr (M.) ruch (M.) drogowy, komunikacja (F.) drogowa
Straßenverkehrsbehörde (F.) organ (M.) administracji publicznej do spraw ruchu drogowego, urząd (M.) zajmujący się ruchem drogowym
Straßenverkehrsgesetz (N.) ustawa (F.) o ruchu drogowym
Straßenverkehrsordnung (F.) ustawa (M.) drogowa, kodeks (M.) drogowy, przepis (M.) ruchu drogowego i ulicznego
Straßenverkehrsrecht (N.) prawo (N.) ruchu drogowego
Straßenverkehrszulassungsordnung (F.) regulamin (M.) dopuszczania do ruchu drogowego
streichen skreślić, przekreślić, wykreślić, malować, pomalować
Streife (F.) patrol (M.)
Streifenwagen (M.) samochód (M.) patrolowy
Streik (M.) strajk (M.)
Streikbrecher (M.) łamistrajk (M.)
streiken strajkować
Streiker (M.) strajkujący (M.)

Streikerin (F.) strajkująca (F.)
Streikrecht (N.) prawo (N.) do strajku
Streit (M.) spór (M.)
streiten spierać (się)
Streitgegenstand (M.) przedmiot (M.) sporny
Streitgenosse (M.) współuczestnik (M.) sporu, współuczestnik (M.) procesowy
Streitgenossenschaft (F.) współuczestnictwo (N.) procesowe
streitig sporny (Adj.)
streitige Gerichtsbarkeit (F.) sądownictwo (N.) sporne
Streitigkeit (F.) spór (M.)
Streitpunkt (M.) podmiot (M.) sporu
Streitverkündung (F.) przypozwanie (N.)
Streitwert (M.) wartość (F.) przedmiotu sporu
Streitwertfestsetzung (F.) określenie (N.) wartości sporu
streng ścisły (Adj.), surowy (Adj.)
Strengbeweis (M.) dowód (M.) formalny, związanie (N.) sądu przepisanymi ustawą procesową dowodami, obowiązek (M.) korzystania z przepisanych dowodów
Strenge (F.) surowość (F.)
Strich (M.) kreska (F.), ulica (F.)
strittig sporny (Adj.), dyskusyjny (Adj.)
Stroh (N.) słoma (F.)
Strohmann (M.) podstawiony człowiek (M.)
Strom (M.) prąd (M.), nurt (M.), kierunek (M.), prąd (M.) elektryczny, energia (F.) elektryczna
Stromeinspeisung (F.) wprowadzenie (N.) energii elektrycznej do sieci
strömen przepływać
Stromsteuer (F.) podatek (M.) od prądu
Stromsteuergesetz (N.) ustawa (F.) o podatkach od energii elektrycznej
Strömung (F.) przepływ (M.)
Struktur (F.) struktura (F.)
Stück (N.) sztuka (F.)
Stückkauf (M.) zakup (M.) detaliczny
Stückschuld (F.) dług (M.) rzeczy oznaczonej co do tożsamości
Student (M.) student (M.)
Studentenausschuss (M.) komitet (M.) studencki
Studentenschaft (F.) studenci (M.Pl.), studenteria (F.), zrzeszenie (N.) studenckie
Studentenwerk (N.) organizacja (F.) studencka zajmująca się sprawami socjalnobytowymi
Studentin (F.) studentka (F.)
Studienordnung (F.) statut (M.) studencki
studieren studiować
Studium (N.) studia (N.Pl.)
Stufe (F.) stopień (M.)
Stufenklage (F.) powództwo (N.) stopniowane
stumm niemy (Adj.)
Stunde (F.) godzina (F.), lekcja (F.)
stunden odroczyć, przedłużyć, prolongować
Stundung (F.) odroczenie (N.), przedłużenie (N.), prolongata (F.)
subaltern podwładny (Adj.)
Subhastation (F.) licytacja (F.) aukcja, subastacja (F.), sprzedaż (F.) aukcyjna
Subjekt (N.) podmiot (M.)
subjektiv podmiotowy (Adj.), subiektywny
subjektive Unmöglichkeit (F.) subiektywna niemożność (F.)
subjektiver Tatbestand (M.) subiektywne znamiona (N.Pl.) czynu przestępczego
subjektives öffentliches Recht (N.) prawo (N.) podmiotowe publiczne
subjektives Recht (N.) prawo (N.) podmiotowe
subjektives Rechtfertigungselement (N.) subiektywny element (M.) usprawiedliwiający
subjektives Tatbestandsmerkmal (N.) subiektywne znamię (N.) czynu przestępczego
subjektives Unrechtselement (N.) subiektywny element (M.) bezprawny
Subordination (F.) subordynacja (F.)
subsidiär subsydiarny (Adj.), posiłkowy (Adj.)
Subsidiarität (F.) subsydiarność (F.), posiłkowość (F.)
Subsidie (F.) subsydia (F.)
Subskription (F.) subskrypcja (F.)
substituieren zastąpić
Substitut (N.) substytut (M.), zastępca (M.), namiastka (F.), surogat (M.)
Substitution (F.) substytucja (F.)
subsumieren subsumować
Subsumtion (F.) subsumcja (F.)
Subsumtionsirrtum (M.) błąd (M.) w subsumcji
Subunternehmer (M.) podwykonawca (M.)
Subvention (F.) subwencja (F.)
subventionieren subwencjonować
Subventionsbetrug (M.) oszustwo (N.) dotyczące subwencji

subversiv wywrotowy (Adj.), dywersyjny (Adj.)
Suche (F.) szukanie (N.)
suchen szukać
Sucht (F.) nałóg (M.)
süchtig uzależniony (Adj.)
Süden południe (N.)
Suffragan (M.) sufragan (M.)
Suffragette (F.) sufrageta (F.)
suggestiv sugestywny (Adj.)
Sühne (F.) pojednanie (N.), pokuta (F.), kara (F.)
sühnen odpokutować
Sühneversuch (M.) próba (F.) nakłonienia stron do pojednania
Suizid (M.) samobójstwo (N.)
Sujet (N.) (franz.) sujet (M.)
Sukzession (F.) sukcesja (F.)
sukzessiv sukcesywny (Adj.)
Sukzessivlieferung (F.) dostawa (F.) częściami lub periodycznie
Sukzessivlieferungsvertrag (M.) umowa (F.) dostawy sukcesywnej
summarisch sumaryczny (Adj.)
Summe (F.) suma (F.)
Sünde (F.) grzech (M.)
sündigen grzeszyć
Superintendent (M.) superintendent (M.)
supranational ponadnarodowy (Adj.)
Surrogat (N.) surogat (M.), namiastka (F.)
Surrogation (F.) subrogacja (F.)
suspekt podejrzany (Adj.)
suspendieren zawiesić
Suspension (F.) zawieszenie (N.)
suspensiv zawieszający (Adj.)
Suspensivbedingung (F.) warunek (M.) zawieszający
Suspensiveffekt (M.) skutek (M.) zawieszający
Suzeranität (F.) sużereność (F.)
Swap-Geschäft (N.) transakcja (F.) swap
Syllogismus (M.) sylogizm (M.)
Symbol (N.) symbol (M.)
Synallagma (N.) synalagma (F.)
synallagmatisch synalagmatyczny, dwustronny, bilateralny (Adj.)
Syndikat (N.) syndykat (M.)
Syndikus (M.) syndyk (M.)
Syndikusanwalt (M.) radca (M.) prawny
Synode (F.) synod (M.)
System (N.) system (M.), układ (M.), zestawienie (N.)
Systematik (F.) systematyka (F.)
systematisch systematyczny (Adj.)
systematische Interpretation (F.) interpretacja (F.) systematyczna

T

Tabak (M.) tytoń (M.)
Tabaksteuer (F.) podatek (M.) tytoniowy
Tabelle (F.) tabela (F.)
Tabu (N.) tabu (N.)
Tag (M.) dzień (M.)
Tagedieb (M.) wałkoń (M.)
Tagegeld (N.) dieta (F.)
Tagelohn (M.) płaca (F.) dzienna, wynagrodzenie (N.) za dzień pracy, dniówka (F.)
Tagelöhner (M.) robotnik (M.) dniówkowy
tagen obradować, odbywać posiedzenie
Tagesgeld (N.) pieniądz (M.) jednodniowy
Tagesordnung (F.) porządek (M.) dzienny
Tagesordnungspunkt (M.) punkt (M.) porządku dziennego
Tagessatz (M.) przelicznik (M.) grzywny, stawka (F.) dzienna
täglich codzienny (Adj.)
Tagung (F.) posiedzenie (N.), obrady (F.Pl.), sesja (F.)
Tagungsort (M.) miejsce (N.) sesji, miejsce (N.) obrad
Taktik (F.) taktyka (F.)
Talar (M.) toga (F.), sutanna (F.)
Talion (F.) taljon (M.)
Talon (M.) talon (M.), część (F.) papieru wartościowego uprawniająca do nowego kuponu dywidendowego
Tante (F.) ciotka (F.), ciocia (F.)
Tantieme (F.) tantiema (F.), udział (M.) w zyskach
Tara (F.) tara (F.)
Tarif (M.) taryfa (F.) opłat, taryfowe warunki (M.Pl.) płac, taryfa (F.)
Tarifausschluss (M.) wykluczenie (N.) układu zbiorowego
Tarifausschlussklausel (F.) klauzula (F.) wyłączająca niektóre świadczenia wobec pracobiorców niezorganizowanych w związkach zawodowych
Tarifautonomie (F.) autonomia (F.) taryfowa, autonomia (F.) związków zawodo-

wych i pracodawczych regulująca warunki pracy
tariffähig zdolny do zawierania układów zbiorowych
Tariffähigkeit (F.) zdolność (F.) do zawierania układów zbiorowych płacy
tarifgebunden związany (Adj.) układem zbiorowym
Tarifgebundenheit (F.) związanie (N.) układem zbiorowym
tariflich taryfowy (Adj.)
Tariflohn (M.) płaca (F.) ustalona w układzie zbiorowym pracy
Tarifpartner (M.) strona (F.) układu zbiorowego
Tarifrecht (N.) prawo (N.) dotyczące układów zbiorowych
Tarifverhandlung (F.) negocjacja (F.) w celu zawarcia układu zbiorowego pracy
Tarifvertrag (M.) układ (M.) zbiorowy pracy, umowa (F.) zbiorowa
Tarifvertragsgesetz (N.) ustawa (F.) o umowie taryfowej
Tarifvertragsrecht (N.) prawo (N.) związane u układem taryfowym
Tasche (F.) torba (F.)
Taschendieb (M.) złodziej (M.) kieszonkowy
Taschengeld (N.) kieszonkowe (N.)
Taschengeldparagraph (M.) przepis (M.) dotyczący kieszonkowego
Tat (F.) czyn (M.)
Tatbestand (M.) stan (M.) faktyczny, zespół (M.) znamion czynu przestępczego
Tatbestandsirrtum (M.) błąd (M.) dotyczący znamion czynu przestępczego, błąd (M.) co do stanu faktycznego
Tatbestandsmerkmal (N.) znamię (N.) czynu przestępczego, znamię (N.) stanu faktycznego
Tateinheit (F.) idealny zbieg (M.) przestępstw
Tatentschluss (M.) postanowienie (N.) o czynie
Täter (M.) sprawca (M.)
Täterschaft (F.) sprawstwo (N.)
Täterschaftsrecht (N.) prawo (N.) dotyczące sprawstwa
Tatfrage (F.) kwestia (F.) stanu faktycznego, problem (M.) ze stanu faktycznego
Tatherrschaft (F.) władza (F.) nad czynem
tätig czynny (Adj.)
tätige Reue (F.) czynny żal (M.)
tätigen czynić, działać
Tätigkeit (F.) praca (F.), aktywność (F.), działalność (F.)
Tätigkeitsbereich (M.) strefa (F.) działalności
Tätigkeitsdelikt (N.) przestępstwo (N.) czynnościowe
Tatinterlokut (N.) interlokut (M.) dotyczący czynu, rozstrzygający wyrok (M.) dotyczący czynu
tätlich czynny (Adj.)
Tätlichkeit (F.) rękoczyn (M.)
Tatmehrheit (F.) zbieg (F.) przestępstw
Tatmotiv (N.) powód (M.) popełnienia czynu
Tatort (M.) miejsce (N.) popełnionego czynu
Tatsache (F.) fakt (M.)
Tatsachenfeststellung (F.) ustalenie (N.) faktyczne
Tatsacheninstanz (F.) instancja (F.) faktyczna
Tatsachenirrtum (M.) błąd (M.) co do faktu, błąd (M.) faktyczny
tatsächlich faktyczny (Adj.), rzeczywisty (Adj.)
Tatstrafrecht (N.) prawo (N.) karne dotyczące czynu
Tatumstand (M.) okoliczność (F.) czynu
Tatumstandsirrtum (M.) błąd (M.) co do okoliczności czynu
Tatverdacht (M.) podejrzenie (N.) o przestępstwo
taub głuchy (Adj.)
taubstumm głuchoniemy
Taufe (F.) chrzest (M.)
taufen chrzcić
taugen nadawać się
tauglich przydatny (Adj.)
Tauglichkeit (F.) przydatność (F.)
Tausch (M.) wymiana (F.), zamiana (F.)
täuschen wprowadzić w błąd, zmylić
tauschen zamienić
Täuschung (F.) wprowadzenie (N.) w błąd, zwodzenie (N.), mylenie (N.) się
Taxe (F.) taksa (F.)
Taxi (N.) taksówka (F.)
taxieren taksować, szacować
Technik (F.) technika (F.)
technisch techniczny (Adj.)
Technischer Überwachungsverein (M.) (TÜV) zakład (M.) kontroli technicznej
Teil (M.) część (F.)

teilbar podzielny (Adj.)
teilbare Leistung (F.) świadczenie (N.) podzielne
Teilbesitz (M.) posiadanie (N.) częściowe
Teileigentum (N.) własność (F.) części budynku
teilen dzielić, podzielić
Teilgläubigerschaft (F.) współwierzytelność (F.), współwierzycielstwo (N.)
Teilhaber (M.) udziałowiec (M.), wspólnik (M.)
Teilhaberschaft (F.) udział (M.), współudział (M.)
Teilleistung (F.) świadczenie (N.) częściowe
Teillieferung (N.) dostarczenie (N.) częściowe
Teilnahme (F.) uczestnictwo (N.), wzięcie (N.) udziału
teilnehmen brać udział
Teilnehmer (M.) uczestnik (M.)
teilnichtig nieważny (Adj.) częściowo
Teilnichtigkeit (F.) nieważność (F.) częściowa
teilrechtsfähig posiadający częściową zdolność prawną
Teilrechtsfähigkeit (F.) zdolność (F.) prawna częściowa
Teilschuld (F.) dług (M.) częściowy
Teilschuldnerschaft (F.) współodpowiedzialność (F.) za dług
Teilstaat (M.) państwo (N.) częściowe
Teilstreik (M.) strajk (M.) częściowy
Teilung (F.) podział (M.)
Teilungsanordnung (F.) zarządzenie (N.) podziału
Teilungsklage (F.) powództwo (N.) o podział
Teilungsplan (M.) plan (M.) podziału
Teilungsversteigerung (F.) licytacja (F.) w celu podziału, licytacja (F.) podziałowa
Teilunmöglichkeit (F.) niemożliwość (F.) częściowa
Teilurteil (N.) wyrok (M.) co do części
teilweise częściowy
Teilzahlung (F.) zapłata (F.) ratalna
Teilzahlungsabrede (F.) umówienie (N.) się co do zapłaty ratalnej
Teilzahlungsgeschäft (N.) transakcja (F.) ratalna
Teilzeit (F.) częściowy wymiar (M.) godzin
Teilzeitarbeit (F.) praca (F.) w częściowym wymiarze godzin
Telefax (N.) telefaks (M.)
Telefon (N.) telefon (M.)
telefonieren telefonować, dzwonić
Telefonüberwachung (F.) posłuchiwanie (N.) rozmów telefonicznych
Telegramm (N.) telegram (M.)
Telekommunikation (F.) telekomunikacja (F.)
Teleologie (F.) teleologia (F.)
teleologisch teleologiczny (Adj.)
teleologische Auslegung (F.) interpretacja (F.) teleologiczna
teleologische Reduktion (F.) redukcja (F.) teleologiczna
Teleshopping (N.) teleshopping (M.) (engl.)
Tendenz (F.) tendencja (F.)
Tendenzbetrieb (M.) zakład (M.) kierujący się w swojej działalności bezpośrednio i w przynajmniej przeważającej mierze idealistycznymi celami
tendieren wykazywać tendencję
Tenor (M.) sentencja (F.) wyroku
Termin (M.) termin (M.), rozprawa (F.)
Termineinlage (F.) wkład (M.) terminowy
Termingeschäft (N.) transakcja (F.) terminowa
terminieren wyznaczyć termin
Terminkalender (M.) kalendarz (M.) z terminami
Terminologie (F.) terminologia (F.)
Terminplan (M.) plan (M.) terminów
territorial terytorialny
Territorialitätsprinzip (N.) zasada (F.) terytorialności
Territorialstaat (M.) państwo (N.) terytorialne
Territorium (N.) terytorium (N.)
Terror (M.) terror (M.)
Terrorismus (M.) terrorizm (M.)
Terrorist (M.) terrorysta (M.)
Test (M.) test (M.), doświadczenie (N.)
Testament (N.) testament (M.)
testamentarisch testamentowy
Testamentserbe (M.) osoba (F.) dziedzicząca
Testamentsvollstrecker (M.) wykonawca (M.) testamentu
Testamentvollstreckung (F.) wykonanie (N.) testamentu
Testat (N.) poświadczenie (N.)
Testator (M.) testat (M.), spadkodawca (M.) testamentowy

testieren sporządzić testament, poświadczyć
testierfähig posiadający zdolność testowania
Testierfähigkeit (F.) zdolność (F.) testowania
Testierfreiheit (F.) swoboda (F.) testowania
testierunfähig niezdolny do testowania
Testierunfähigkeit (F.) niezdolność (F.) do testowania
teuer drogi (Adj.)
Text (M.) tekst (M.)
Textform (F.) forma (F.) tekstu
Textverarbeitung (F.) przerabianie (N.) tekstu
Thema (N.) temat (M.)
Theokratie (F.) teokracja (F.)
Theologie (F.) teologia (F.)
theologisch teologiczny (Adj.)
Theorie (F.) teoria (F.)
Therapie (F.) terapia (F.), leczenie (N.)
These (F.) teza (F.)
Thron (M.) tron (M.)
Thronrede (F.) mowa (F.) tronowa
Thüringen (N.) Turyngia (F.)
tief głęboki (Adj.)
Tier (N.) zwierzę (N.)
Tierhalter (M.) posiadacz (M.) samoistny zwierzęcia
Tierhalterhaftung (F.) odpowiedzialność (F.) posiadacza zwierzęcia
Tierhüter (M.) opiekun (M.) zwierzęcia
Tierkörper (N.) ciało (N.) zwierzęcia
Tierkörperbeseitigung (F.) utylizacja (F.) ciał zwierząt
Tierkörperbeseitigungsrecht (N.) prawo (N.) do usunięcia martwych zwierząt
Tierquälerei (F.) dręczenie (N.) zwierząt
Tierschutz (M.) ochrona (F.) zwierząt
tilgen umorzyć, spłacać, skreślić, usunąć
Tilgung (F.) umorzenie (N.), spłata (F.), skreślenie (N.), usunięcie (N.), zatarcie (N.), spłacenie (N.), amortyzacja (F.)
Tilgungsrate (F.) rata (F.) spłaty
Titel (M.) tytuł (M.), tytuł (M.) wykonawczy, nagłówek (M.), godność (F.), dział (M.)
Titelschutz (M.) ochrona (F.) tytułu
Tochter (F.) córka (F.)
Tochtergesellschaft (F.) córka-spółka (F.), spółka-córka (F.)
Tod (M.) śmierć (M.), zgon (M.)
Todeserklärung (F.) uznanie (N.) za zmarłego
Todesstrafe (F.) kara (F.) śmierci
Todesursache (F.) przyczyna (F.) śmierci
Todesurteil (N.) wyrok (M.) śmierci
Todesvermutung (F.) domniemanie (N.) śmierci
Todeszelle (F.) cela (F.) śmierci
tödlich śmiertelny (Adj.)
tolerant tolerancyjny (Adj.)
Toleranz (F.) tolerancja (F.)
tolerieren tolerować
Tortur (F.) tortura (F.)
tot zmarły (Adj.), martwy (Adj.), nieżywy (Adj.)
tote Hand martwa ręka (F.)
töten zabić, zabijać
Totenschein (M.) akt (M.) zgonu
Totgeburt (F.) płód (M.) nieżywy
Totschlag (M.) zabójstwo (N.) umyślne
Totschläger (M.) zabójca (M.)
Tötung (F.) zabójstwo (N.)
Tötungsdelikt (N.) zabójstwo (N.)
trachten dążyć, ubiegać, nastawać
Tradition (F.) tradycja (F.)
Traditionspapier (N.) dokument (M.) stwierdzający prawo własności
tragen nosić
Transaktion (F.) transakcja (F.)
Transfer (M.) transfer (M.), przelew (M.), przeniesienie (N.)
transferieren transferować
Transformation (F.) transformacja (F.)
Transformationsgesetz (N.) ustawa (F.) ratyfikacyjna, ustawa (F.) dotycząca transformacji
Transit (M.) tranzyt (M.)
Transparenz (F.) transparencja (F.), przejrzystość (F.)
Transplantat (N.) przeszczep (M.)
Transplantation (F.) przeszczepienie (N.), transplantacja (F.)
transplantieren przeszczepić, transplantować
Transport (M.) transport (M.)
transportieren transportować
Trassant (M.) trasant (M.), wystawca (M.) weksla trasowanego
Trassat (M.) trasat (M.)
Tratte (F.) trata (F.), weksel (M.) ciągniony
trauen ufać, dowierzać, odważyć (się), zawrzeć, zawrzeć małżeństwo, zawrzeć ślub
Trauung (F.) zawarcie (N.), zawarcie (N.) małżeństwa, ślub (M.)
Trauzeuge (M.) świadek (M.) ślubu

traveller (M.) (engl.) podróżujący (M.)
Travellerscheck (M.) czek (M.) podróżny
treiben uprawiać
trennen rozłączyć, odzielić, rozejść, zrezygnować
Trennung (F.) rozdział (M.), rozejście (N.), separacja (F.)
Trennungsgeld (N.) dodatek (M.) do pensji za rozłąkę
Trennungsunterhalt (M.) środki (Pl.) utrzymania na czas separacji
Treu (F.) und Glauben (M.) dobra wiara (F.)
treu wierny (Adj.), lojalny
Treubruch (M.) nadużycie (N.) zaufania, wiarołomstwo (N.)
treubrüchig wiarołomny
Treubruchstatbestand (M.) zespół (M.) znamion czynu przestępczego co do nadużycia zaufania
Treue (F.) wierność (F.), lojalność (F.)
Treuepflicht (F.) obowiązek (M.) lojalności
Treuepflichtverletzung (F.) złamanie (N.) obowiązku wierności
Treueverhältnis (N.) stosunek (M.) lojalności
Treugeber (M.) powierzający (M.) majątek
Treuhand (F.) powiernictwo (N.)
Treuhandeigentum (N.) własność (F.) powiernicza
Treuhänder (M.) powiernik (M.)
treuhänderisch powierniczy (Adj.)
treuhänderischer Besitzer (M.) powierniczy posiadacz (M.)
Treuhänderschaft (F.) powiernictwo (N.)
Treuhandgesellschaft (F.) spółka (F.) powiernicza
Treuhandkonto (N.) konto (N.) powiernicze
Treuhandschaft (F.) powiernictwo (N.)
Treuhandverhältnis (N.) stosunek (M.) powiernictwa
Treunehmer (M.) powiernik (M.)
Tribunal (N.) trybunał (M.)
Tribut (M.) trybut (M.), danina (F.)
Trichotomie (F.) trychotomia (F.)
Trieb (M.) popęd (M.), instynkt (M.), skłonność (F.)
Triebtäter (M.) przestępca (M.) seksualny
trinken pić
Trinker (M.) pijak (M.)
Trinkerin (F.) pijaczka (F.)
Trinkgeld (N.) napiwek (M.)
Trödel (M.) handlarz (M.) starzyzną
Trödelvertrag (M.) umowa (F.) o sprzedaż po oznaczonej cenie
Trucksystem (N.) truck-system (M.)
Trunkenheit (F.) am Steuer nietrzeźwość (F.) przy kierownicy
Trunkenheit (F.) im Straßenverkehr nietrzeźwość (F.) w ruchu drogowym
Trunkenheit (F.) nietrzeźwość (F.)
Trunksucht (F.) alkoholizm (M.)
Trust (M.) trust (M.)
Trustverwaltung (F.) administracja (F.) trustowa
tschechisch czeski (Adj.)
Tschechische Republik (F.) Republika (F.) Czeska
Tücke (F.) przeciwność (F.)
tückisch zdradziecki (Adj.), zdradliwy (Adj.)
Tun (N.) działanie (N.), czynienie (N.), robienie (N.), postępowanie (N.), postępek (M.)
Türkei (F.) Turcja (F.)
türkisch turecki (Adj.)
Turnus (M.) rotacja (F.), zmiana (F.) w odstępie czasu
Tutor (M.) tutor (M.)
TÜV (M.) (Technischer Überwachungsverein) zakład (M.) kontroli technicznej
Typ (M.) typ (M.)
Typengenehmigung (F.) zezwolenie (N.) na typ
Typenverschmelzungsvertrag (M.) umowa (F.) o połączeniu typów
Typenzwang (M.) przymus (M.) typizacji
typisch typowy (Adj.)
Tyrann (M.) tyran (M.)

U

Übel zło (N.), dolegliwość (F.)
übel zły (Adj.), niedobry (Adj.)
Übeltäter (M.) sprawca (M.)
üben ćwiczyć
überantworten oddać, wydać
Überbau (M.) nadbudowa (F.), występ (M.), przekroczenie (N.) przy budowie granic nieruchomości
überbauen przekroczyć
überbringen doręczać
Überbringer (M.) oddawca (M.), doręczyciel (M.), okaziciel (M.)

übereignen przenieść własność
Übereignung (F.) przeniesienie (N.) własności, przewłaszczenie (N.)
Übereinkommen (N.) uzgodnienie (N.), ugoda (F.), układ (M.), porozumienie (N.), konwencja (F.), umowa (F.)
übereinkommen uzgodnić, ułożyć się
Übereinkunft (F.) uzgodnienie (N.), ugoda (F.), układ (M.), porozumienie (N.), konwencja (F.), umowa (F.)
Überfall (M.) napad (M.), napaść (F.), owoce (M.Pl.) spadłe z sąsiedniej nieruchomości
überfallen napaść, spaść na sąsiednią nieruchomość
überführen udowodnić, przewieźć, przeprowadzić
Übergabe (F.) przekazanie (N.), wydanie (N.)
Übergang (M.) przejście (N.)
übergeben (V.) przekazać
übergesetzlich ponad prawem
übergesetzlicher Notstand (M.) stan (M.) wyższej konieczności ponad prawem
Überhang (M.) nadwyżka (F.), gałęzie (F.Pl.) i korzenie (M.Pl.) przechodzące na sąsiednią nieruchomość
Überhangmandat (N.) dodatkowy mandat (M.) poselski wynikający z powiązania wyboru bezpośredniego i stosunkowego systemu wyborczego
überholen wyminąć, wymijać, dokonać przeglądu i naprawy
überholende Kausalität (F.) przyczynowość (F.) wymijająca
überlang zbyt długi (Adj.), przewlekły (Adj.)
überlassen (V.) zostawić, przepuścić, pozostawić, odstąpić
Überlassung (F.) odstąpienie (N.)
Überlastung (F.) nadmierne obciążenie (N.)
Überlegung (F.) namysł (M.), rozwaga (F.)
überleiten przechodzić
Überleitung (F.) przejście (N.)
Überleitungsvertrag (M.) umowa (F.) o przejściu
Übermaß (N.) nadmiar (M.)
Übermaßverbot (N.) zakaz (M.) stosowania działań władczych ponad potrzebę
Übernahme (F.) przejęcie (N.)
übernehmen przejąć
überprüfen sprawdzać, kontrolować
überschreiben przepisać, przenieść
überschreiten przekroczyć
Überschreitung (F.) przekroczenie (N.)
Überschuldung (F.) nadmierne zadłużenie (N.)
Überschuss (M.) nadwyżka (F.), czysty zysk (M.)
Übersee (Sb.) ocean (M.)
überstimmen przegłosować
Überstunde (F.) nadgodzina (F.), godzina (F.) nadliczbowa
Übertrag (M.) przenoszenie (N.), przekazanie (N.)
übertragbar mogący być przeniesionym
übertragen (V.) przenieść, przekazać, przełożyć, przetłumaczyć, transmitować
übertragener Wirkungskreis (M.) przekazująca sfera (F.) wpływów, przekazujący zakres (M.) skuteczności
Übertragung (F.) przeniesienie (N.), przekazanie (N.), powierzenie (N.), poruczenie (N.), przekład (M.), przetłumaczenie (N.)
übertreten przekroczyć, wykroczyć, naruszyć
Übertretung (F.) wykroczenie (N.)
überwachen pilnować, strzec, dozorować
Überwachung (F.) nadzór (M.), kontrola (F.), dozór (M.)
überweisen przelać, odesłać, przekazać
Überweisende (F.) przekazująca (F.), przelewająca (F.)
Überweisender (M.) przekazujący (M.), przelewający (M.)
Überweisung (F.) przelew (M.), odesłanie (N.), przekazanie (N.)
Überweisungsauftrag (M.) zlecenie (N.) przelewu
Überweisungsbeschluss (M.) postanowienie (N.) sądu o przelewie zajętej wierzytelności
überzeugen przekonać
Überzeugung (F.) przeświadczenie (N.), przekonanie (N.)
Überzeugungstäter (M.) sprawca (M.) z przekonania
überziehen przekroczyć
Überziehung (F.) przekroczenie (N.)
Überziehungskredit (M.) kredyt (M.) na przekroczenie konta
üble Nachrede (F.) zniesławienie (N.)
Übung (F.) zwyczaj (M.), praktyka (F.)
Ufer (N.) brzeg (M.), wybrzeże (N.)
Ultimatum (N.) ultimatum (N.)
ultra-vires-Lehre (F.) ultra-vires-teoria (F.)

umbringen zabić
umdeuten zmienić znaczenie
Umdeutung (F.) zmiana (F.) znaczenia
Umgang (M.) styczność (F.), kontakt (M.)
Umgebung (F.) obejście (N.), okolica (F.)
umgehen traktować, obchodzić się, obejść
umgehend niezwłoczny (Adj.)
Umgehung (F.) obejście (N.), obchodzenie (N.)
Umgehungsgeschäft (N.) transakcja (F.) z obejściem prawa
Umkehr (F.) powrót (M.), odwrócenie (N.), przerzucenie (N.)
umkehren zawracać, odwracać, wywracać
Umkehrschluss (M.) wnioskowanie (N.) z przeciwieństwa, wnioskowanie (N.) a contrario
Umlage (F.) rozłożenie (N.), repartycja (F.)
Umlauf (M.) obieg (M.)
umlaufen obiegać, krążyć
Umlaufverfahren (N.) obieg (M.)
Umlaufvermögen (N.) majątek (M.) obrotowy
umlegen przełożyć, rozłożyć, komasować, zastrzelić
Umlegung (F.) przełożenie (N.), rozłożenie (N.), komasacja (F.), scalanie (N.)
Umsatz (M.) obrót (M.)
Umsatzsteuer (F.) podatek (M.) obrotowy
umsetzen zbyć, sprzedać, zrealizować
umsonst za darmo, za frajer
Umstand (M.) okoliczność (F.)
umstritten kontrowersyjny (Adj.), sporny (Adj.)
Umtausch (M.) wymiana (F.)
umwandeln przekształcić, przeobrażać, zamienić
Umwandlung (F.) przemiana (F.), przekształcenie (N.), przeobrażenie (N.)
Umwandlungssteuergesetz (N.) ustawa (F.) o podatkach przy zmianie formy przedsiębiorstwa
Umwelt (F.) środowisko (N.), środowisko (N.) naturalne
Umweltbundesamt (N.) Federalny Urząd (M.) do spraw środowiska naturalnego
Umwelthaftung (F.) odpowiedzialność (F.) za szkody wywołane w środowisku naturalnym
Umwelthaftungsgesetz (N.) ustawa (F.) o odpowiedzialności cywilnej na szkody powstałe w związku z wpływem na środowisko naturalne
Umweltinformationsgesetz (N.) ustawa (F.) o informacjach dotyczących środowiska naturalnego
Umweltkriminalität (F.) przestępczość (F.) godząca w środowisko naturalne
Umweltrecht (N.) prawo (N.) ochrony środowiska, prawo (N.) do środowiska naturalnego
Umweltschaden (M.) szkoda (F.) w środowisku naturalnym
Umweltschutz (M.) ochrona (F.) środowiska naturalnego
Umweltverschmutzung (F.) zanieczyszczenie (N.) środowiska
umweltverträglich oddziałujący (Adj.) na środowisko
Umweltverträglichkeit (F.) oddziaływanie (N.) na środowisko
Umweltverträglichkeitsprüfung (F.) kontrola (F.) tolerowania przez środowisko naturalne
unabdingbar niewzruszalny (Adj.), bezwarunkowy (Adj.)
Unabdingbarkeit (F.) niewzruszalność (F.), bezwarunkowość (F.), moc (F.) bezwzględnie obowiązująca
unabhängig niezależny (Adj.), niepodleły (Adj.), niezawisły (Adj.)
Unabhängigkeit (F.) niepodległość (F.), niezależność (F.), niezawisłość (F.)
unabsetzbar nieusuwalny (Adj.)
Unabsetzbarkeit (F.) nieusuwalność (F.)
unabwendbar nieodwracalny (Adj.), nieunikniony (Adj.), nieuchronny (Adj.)
unabwendbares Ereignis (N.) zdarzenie (N.) nieuchronne
unanfechtbar niewzruszalny (Adj.), bezsporny (Adj.) nieodwołalny (Adj.)
Unanfechtbarkeit (F.) niewzruszalność (F.), nieodwołalność (F.)
unbeendet niezakończony (Adj.)
unbefugt nieupoważniony (Adj.)
unbegründet nieuzasadniony (Adj.)
unbescholten nieposzlakowany (Adj.)
unbeschränkt nieograniczony (Adj.)
unbestimmt nieoznaczony (Adj.), nieokreślony (Adj.)
unbestimmter Rechtsbegriff (M.) nieokreślone pojęcie (N.) prawne

unbeweglich nieruchomy (Adj.)
unbewegliche Sache (F.) rzecz (F.) nieruchoma
unbewusst nieświadomy (Adj.)
unbewusste Fahrlässigkeit (F.) niedbalstwo (N.) nieświadome
unbillig niesłuszny (Adj.), niesprawiedliwy (Adj.)
Unbilligkeit (F.) niesłużność (F.), niesprawiedliwość (F.)
unbotmäßig nieposłuszny (Adj.)
Unbotmäßigkeit (F.) nieposłuszeństwo (N.), krnąbrność (F.), oporność (F.), niekarność (F.), niesubordynacja (F.)
unecht nieprawdziwy (Adj.)
unechte Gesamtschuld (F.) nieprawdziwy dług (M.) solidarny
unechte Rückwirkung (F.) nieprawdziwa moc (F.) wsteczna
unechte Urkunde (F.) nieprawdziwy dokument (M.), dokument (M.) sfałszowany
unechtes Sonderdelikt (N.) nieprawdziwe przestępstwo (N.) indywidualne
unechtes Unterlassungsdelikt (N.) nieprawdziwe przestępstwo (N.) o zaniechaniu
unehelich nieślubny (Adj.)
Unehelichkeit (F.) nieślubność (F.)
uneidlich bezprzysięgły (Adj.)
uneigentlich niewłaściwy (Adj.)
uneigentlicher Werklieferungsvertrag (M.) niewłaściwa umowa (F.) o dostawę dzieła wykonanego z materiału przyjmującego zamówienie
unentgeltlich nieodpłatny (Adj.)s
Unentgeltlichkeit (F.) nieodpłatność (F.)
unerlässlich nieodzowny (Adj.)
unerlaubt niedozwolony (Adj.)
unerlaubte Handlung (F.) czyn (M.) niedozwolony
unerlaubtes Entfernen (N.) vom Unfallort niedozwolone oddalenie (N.) się z miejsca wypadku
unfähig niezdolny (Adj.)
Unfähigkeit (F.) niezdolność (F.), brak (M.) zdolności
Unfall (M.) wypadek (M.)
Unfallbeteiligter (M.) uczestnik (M.) wypadku
Unfallhaftpflicht (F.) obowiązek (M.) ponoszenia odpowiedzialności cywilnej za wypadek
Unfallhaftpflichtrecht (N.) prawo (N.) dotyczące obowiązku ponoszenia odpowiedzialności cywilnej za wypadek
Unfallrente (F.) renta (F.) powypadkowa
Unfallverhütung (F.) zapobieganie (N.) wypadkom
Unfallversicherung (F.) ubezpieczenie (N.) od wypadku
unfreiwillig niedobrowolny (Adj.)
Unfug (M.) wybryk (M.)
ungarisch (Adj.) węgierski (Adj.)
Ungarn (N.) Węgry (Pl.)
ungeboren nienarodzony (Adj.)
Ungebühr (F.) niestosowne zachowanie (N.) się
Ungehorsam (M.) nieposłuszeństwo (N.)
ungehorsam nieposłuszny (Adj.)
ungerecht niesprawiedliwy (Adj.)
ungerechtfertigt niesłuszny (Adj.), bezpodstawny (Adj.)
ungerechtfertigte Bereicherung (F.) bezpodstawne wzbogacenie (N.)
Ungerechtigkeit (F.) niesprawiedliwość (F.)
ungesetzlich nielegalny (Adj.), bezprawny (Adj.)
ungleich nierówny (Adj.), niejednakowy (Adj.)
Ungleichheit (F.) nierówność (F.)
Unglück (N.) nieszczęście (N.)
Unglücksfall (M.) nieszczęśliwy wypadek (M.)
ungültig nieważny (Adj.)
Ungültigkeit (F.) nieważność (F.)
Ungültigkeitserklärung (F.) oświadczenie (N.) o unieważnieniu
Uniform (F.) mundur (M.)
Union (F.) unia (F.)
Unionsbürgerschaft (F.) obywatelstwo (N.) w Unii Europejskiej
universal uniwersalny (Adj.)
Universalerbe (M.) jedyny spadkobierca (M.), spadkobierca (M.), dziedzic (M.) pod tytułem uniwersalnym, uniwersalny spadkobierca (M.)
Universalität (F.) uniwersalność (F.)
Universalrechtsgut (N.) dobro (N.) uniwersalne prawne
Universalsukzession (F.) sukcesja (F.) uniwersalna
Universität (F.) uniwersytet (M.)
Unkenntnis (F.) nieznajomość (F.), brak (M.) wiedzy

unklagbar niezaskarżalny (Adj.)
unkörperlich niematerialny (Adj.)
Unkosten (F.Pl.) koszt (M.), koszty (M.Pl.), wydatek (M.), wydatki (M.Pl.)
unlauter nieuczciwy (Adj.)
unlauterer Wettbewerb (M.) nieuczciwa konkurencja (F.)
unmittelbar bevorstehend bezpośrednio nadchodzący (Adj.), zbliżający się (Adj.)
unmittelbar bezpośredni (Adj.)
unmittelbare Stellvertretung (F.) przedstawicielstwo (N.) bezpośrednie
unmittelbare Wahl (F.) wybór (M.) bezpośredni
unmittelbarer Besitz (M.) posiadanie (N.) samoistne
unmittelbarer Besitzer (M.) posiadacz (M.) bezpośredni
unmittelbarer Schaden (M.) szkoda (F.) besposśrednia
unmittelbarer Zwang (M.) przymus (M.) bezpośredni
Unmittelbarkeit (F.) bezpośredniość (F.)
unmöglich niemożliwy (Adj.)
Unmöglichkeit (F.) niemożliwość (F.)
unmündig małoletni, niepełnoletni (Adj.)
Unmündigkeit (F.) małoletniość (F.), niepełnoletniość (F.)
unparteiisch bezstronny (Adj.)
unparteilich bezstronny (Adj.)
Unparteilichkeit (F.) bezstronność (F.)
unpfändbar nie podlegający zajęciu
Unpfändbarkeit (F.) niepodleganie (N.) zajęciu
Unrecht (N.) niesprawiedliwość (F.), krzywda (F.), bezprawność (F.)
unrecht niesłuszny (Adj.), niesprawiedliwy (Adj.)
unrechtmäßig bezsprawny (Adj.), nielegalny (Adj.)
Unrechtsbewusstsein (N.) świadomość (F.) bezprawności
Unrechtselement (N.) element (M.) bezprawności
unredlich nierzetelny (Adj.), nieuczciwy (Adj.)
Unredlichkeit (F.) nieuczciwość (F.), nierzetelność (F.)
unregelmäßig nieregularny (Adj.), nieprawidłowy (Adj.)
unregelmäßige Verwahrung (F.) depozyt (M.) nieprawidłowy
Unregelmäßigkeit (F.) nieregularność (F.), nieprawidłowość (F.)
unrichtig nieprawidłowy (Adj.)
Unrichtigkeit (F.) nieprawidłowość (F.)
Unruhe (F.) niepokój (M.) rozruchy (Pl.)
Unschuld (F.) niewinność (F.)
unschuldig niewinny (Adj.)
Unschuldsvermutung (F.) domniemanie (N.) niewinności
unsittlich niemoralny (Adj.)
Unsittlichkeit (F.) niemoralność (F.)
unstatthaft niedozwolony (Adj.), niedopuszczalny (Adj.)
untätig bezczynny (Adj.)
Untätigkeit (F.) bezczynność (F.)
Untätigkeitsklage (F.) powództwo (N.) z powodu bezczynności urzędu
untauglich niezdatny (Adj.), nieprzydatny (Adj.), nieudolny (Adj.)
untauglicher Versuch (M.) usiłowanie (N.) nieudolne
Unteilbarkeit (F.) niepodzielność (F.)
Unterausschuss (M.) podkomisja (F.), subkomitet (M.)
Unterbeteiligung (F.) udział (M.) pośredni
unterbrechen przerwać
Unterbrechung (F.) przerwanie (N.)
unterbringen umieścić, ulokować
Unterbringung (F.) umieszczenie (N.), ulokowanie (N.)
Unterdrücken (N.) (Unterdrücken einer Urkunde) zatajenie (N.)
unterdrücken zataić, ukryć, prześladować
Unterdrückung (F.) ukrywanie (N.), tłumienie (N.)
untere dolny (Adj.)
Untereigentum (N.) własność (F.) podległa, własność (F.) zależna, własność (F.) pochodna
untergeben (Adj.) podwładny (Adj.), podległy (Adj.), podporządkowany (Adj.)
untergeben (V.) podlegać
untergeordnet podporządkowany (Adj.)
Unterhalt (M.) alimentacja (F.), utrzymanie (N.)
unterhalten (unterstützen) utrzymywać, alimentować, posiadać, prowadzić rozmowę
Unterhaltsanspruch (M.) roszczenie (N.) alimentacyjne
Unterhaltsberechtigter (M.) osoba (F.) uprawniona do alimentów

Unterhaltspflicht (F.) obowiązek (M.) utrzymania
Unterhaltspflichtverletzung (F.) naruszenie (N.) obowiązku alimentacyjnego
Unterhaltsrecht (N.) prawo (N.) utrzymania
Unterhaltsvorschuss (M.) zaliczka (F.) na utrzymanie
Unterhaltszahlung (F.) opłata (F.) na środki utrzymania
Unterhaus (N.) niższa izba (F.) parlamentu, izba (F.) gmin
Unterlassen (N.) zaniechanie (N.)
unterlassen (V.) zaniechać
unterlassene Hilfeleistung (F.) nieudzielenie (N.) pomocy
Unterlassung (F.) zaniechanie (N.)
Unterlassungsanspruch (M.) roszczenie (N.) o zaniechanie
Unterlassungsdelikt (N.) przestępstwo (N.) z zaniechania
Unterlassungsklage (F.) powództwo (N.) o zaniechanie
unterliegen podlegać, przegrać
Untermiete (F.) podnajem (M.)
Untermieter (M.) podnajemca (M.)
Untermietvertrag (M.) umowa (F.) podnajmu
Unternehmen (N.) przedsięwzięcie (N.), przedsiębiorstwo (N.)
unternehmen przedsiębrać
Unternehmensbereichskauf (M.) kupno (N.) zakresu działalności przedsiębiorstwa
Unternehmensbewertung (F.) mit Kaufpreisermittlung ocena (F.) przedsiębiorstwa z zawarciem ceny sprzedaży
Unternehmensdelikt (N.) wykroczenie (N.) przedsiębiorstwa
Unternehmenskauf (M.) kupno (N.) przedsiębiorstwa
Unternehmenstarifvertrag (M.) układ (M.) zbiorowy o pracy przedsiębiorstw
Unternehmensübernahme (F.) und Unternehmenserwerb przejęcie (N.) przedsiębiorstwa
Unternehmensverbund (M.) połączenie (N.) przedsiębiorstw
Unternehmer (M.) przyjmujący (M.) zamówienie, wykonujący (M.) zamówienie, przedsiębiorca (M.)
Unternehmergesellschaft (F.) spółka (F.) przedsiębiorców
Unternehmerpfandrecht (N.) prawo (N.) zastawu przyjmującego zamówienie dzieła
Unterordnung (F.) podporządkowanie (N.), subordynacja (F.)
Unterpacht (F.) poddzierżawa (F.)
Unterpächter (M.) poddzierżawca (M.)
Unterricht (M.) lekcja (F.)
unterrichten nauczać, powiadamiać, informować
Unterrichtung (F.) pouczenie (N.), poinformowanie (N.)
untersagen zakazać, zabronić
Untersagung (F.) zakaz (M.)
unterscheiden odróżniać, rozróżniać
Unterscheidung (F.) odróżnienie (N.), rozróżnienie (N.)
Unterschieben (N.) podmiana (F.), podsuniecię (N.), podstawienie (N.)
unterschieben podsunąć, podstawić, podrzucić, przypisywać, insynuować
Unterschied (M.) różnica (F.)
unterschlagen (V.) przywłaszczyć, sprzeniewierzyć
Unterschlagung (F.) sprzeniewierzenie (N.), defraudacja (F.), przywłaszczenie (N.)
unterschreiben podpisać
Unterschrift (F.) podpis (M.)
untersuchen badać, przeszukać, zrewidować
Untersuchung (F.) badanie (N.), kontrola (F.), przeszukanie (N.), rewizja (F.)
Untersuchungsausschuss (M.) komisja (F.) kontrolna parlamentu
Untersuchungsgefangener (M.) podejrzany (M.) w areszcie śledczym
Untersuchungsgrundsatz (M.) zasada (F.) śledcza
Untersuchungshaft (F.) areszt (M.) śledczy
Untersuchungsrichter (M.) sędzia (M.) śledczy
Untervermächtnis (N.) obciążenie (N.) zapisu testamentowego
Untervermietung (F.) podnajem (M.)
Unterversicherung (F.) ubezpieczenie (N.) poniżej wartości
Untervollmacht (F.) dalsze umocowanie (N.), substytucja (F.) pełnomocnictwa
unterzeichnen podpisać
Unterzeichnung (F.) podpis (M.), podpisanie (N.)
untreu niewierny (Adj.)

Untreue (F.) niewierność (F.), nadużycie (N.) zaufania
unveräußerlich niezbywalny (Adj.)
Unveräußerlichkeit (F.) niezbywalność (F.)
unverbindlich niewiążący (Adj.), niezobowiązujący (Adj.)
unvereinbar sprzeczny (Adj.), nie do pogodzenia, niedający się pogodzić
Unvereinbarkeit (F.) sprzeczność (F.), niemożność (F.) pogodzenia ze sobą
unverhältnismäßig nieproporcjonalny (Adj.)
unverjährbar nieprzedawniony (Adj.)
Unverjährbarkeit (F.) nieprzedawnienie (N.)
unvermeidbar nieunikniony (Adj.), nieuchronny (Adj.), niechybny (Adj.)
unvermeidlich nieunikniony (Adj.), nieuchronny (Adj.), niechybny (Adj.)
Unvermögen (N.) niemożliwość (F.) subiektywna
unversetzbar nieprzenoszalny (Adj.), niemogący być przeniesionym
Unversetzbarkeit (F.) nieprzenoszalność (F.)
Unverstand (M.) nieroztropność (F.), głupota (F.)
unvertretbar niezamienny (Adj.), niezastępujący (Adj.)
unvertretbare Sache (F.) rzecz (F.) niezamienna
unverzüglich niezwłoczny (Adj.), bezzwłoczny (Adj.), bez zwłoki
unvollkommen niedoskonały (Adj.)
unvollkommene Verbindlichkeit (F.) dług (M.) niedoskonały
unvordenklich niepamiętny (Adj.)
unvordenkliche Verjährung (F.) przedawnienie (N.) niepamiętne
unvoreingenommen nieuprzedzony (Adj.), bezstronny (Adj.)
Unvoreingenommenheit (F.) bezstronność (F.)
unwahr nieprawdziwy (Adj.)
Unwahrheit (F.) nieprawda (F.)
unwesentlich nieistotny (Adj.), nieważny (Adj.)
unwiderruflich nieodwołalny (Adj.)
Unwiderruflichkeit (F.) nieodwoływalność (F.)
unwirksam nieskuteczny (Adj.)
Unwirksamkeit (F.) nieskuteczność (F.), bezskuteczność (F.)
Unwissenheit (F.) nieświadomość (F.), niewiedza (F.)
Unzucht (F.) nierząd (M.), amoralność (F.)
unzüchtig nierządny (Adj.), niemoralny (Adj.), pornograficzny
unzulässig niedopuszczalny (Adj.)
Unzulässigkeit (F.) niedopuszczalność (F.)
unzumutbar niestosowny (Adj.), niemogący być wymaganym, niemogący być żądanym
Unzumutbarkeit (F.) niestosowność (F.), niemożliwość (F.) być wymaganym, niemożliwość (F.) być żądanym
unzurechnungsfähig niepoczytalny (Adj.), niezdolny do przypisania winy
Unzurechnungsfähigkeit (F.) niepoczytalność (F.), niezdolność (F.) do przypisania winy
unzuständig niewłaściwy (Adj.)
Unzuständigkeit (F.) niewłaściwość (F.)
unzuverlässig niepewny (Adj.), zawodny (Adj.)
Unzuverlässigkeit (F.) niepewność (F.)
Urabstimmung (F.) głosowanie (N.) w sprawie rozpoczęcia strajku
Urheber (M.) twórca (M.), autor (M.)
Urheberbenennung (F.) wskazanie (N.) poprzednika
Urheberpersönlichkeit (F.) twórca (M.)
Urheberrecht (N.) prawo (N.) autorskie
urheberrechtlich zgodny z prawem autorskim
Urkunde (F.) dokument (M.)
Urkundenbeweis (M.) dowód (M.) z dokumentu
Urkundendelikt (N.) delikt (M.) z dokumentu
Urkundenfälschung (F.) fałszerstwo (N.) dokumentu
Urkundenkopf (M.) nagłówek (M.) dokumentu
Urkundenprozess (M.) proces (M.) prowadzony w oparciu tylko o dokumenty
Urkundenregister (N.) rejestr (M.) dokumentów
Urkundenunterdrückung (F.) zatajenie (N.) dokumentu
urkundlich dokumentalny (Adj.)
Urkundsbeamter (M.) urzędnik (M.) sekretariatu, urzędnik (M.) wydający nakaz zapłaty, sekretarz (M.), kancelista (M.)

Urlaub (M.) urlop (M.)
Urlaubsgeld (N.) dotatkowe wynagrodzenie (N.) w związku z urlopem
Urne (F.) urna (F.)
Urproduktion (F.) produkcja (F.) pierwotna
Ursache (F.) przyczyna (F.)
ursächlich przyczynowy (Adj.)
Ursächlichkeit (F.) przyczynowość (F.)
Urschrift (F.) orginał (M.)
Ursprung (M.) początek (M.)
ursprünglich pierwotny (Adj.), początkowy (Adj.)
ursprüngliche Unmöglichkeit (F.) niemożliwość (F.) od początku
Urteil (N.) osąd (M.), zdanie (N.), wyrok (M.)
urteilen wydać wyrok
Urteilsbegründung (F.) uzasadnienie (N.) wyroku
Urteilsformel (F.) sentencja (F.) wyroku
Urteilsgebühr (F.) opłata (F.) od wyroku
Urteilsgrund (M.) uzasadnienie (N.) wyroku
Urteilstenor (M.) sentencja (F.) wyroku
Urteilsverkündung (F.) ogłoszenie (N.) wyroku
Urteilsvollstreckung (F.) wykonanie (N.) wyroku
Usance (F.) zwyczaj (M.)
Usurpation (F.) uzurpacja (F.)
usurpieren uzurpować
Utilitarismus (M.) utylitarizm (M.)

V

vakant nieobsadzony (Adj.), niezajęty (Adj.), wolny (Adj.)
Vakanz (F.) wakans (M.), wakat (M.), nieobsadzone stanowisko (N.)
Valuta (F.) waluta (F.), dewiza (F.)
Vasall (M.) wasal (M.), lennik (M.)
Vater (M.) ojciec (M.)
Vaterland (N.) ojczyzna (F.)
väterlich ojcowski (Adj.)
väterliche Gewalt (F.) ojcowska przemoc (F.)
Vaterschaft (F.) ojcostwo (N.)
Vaterschaftsanerkenntnis (N.) uznanie (N.) ojcostwa
Vaterschaftsgutachten (N.) ekspertyza (F.) ojcostwa
Vaterschaftsurlaub (M.) urlop (M.) w związku z zostaniem ojcem
Vaterschaftsvermutung (F.) domniemanie (N.) ojcostwa
Vatikan (M.) Watykan (M.)
Vatikanisches Konzil (N.) sobór (M.) watykański
verabreden umówić, ustalić, uzgodnić
Verabredung (F.) umówienie (N.) się, uzgodnienie (N.)
verabschieden uchwalić, pożegnać
Verabschiedung (F.) pożegnanie (N.)
verächtlich pogardliwie
verächtlichmachen spotwarzyć, zniesławić
Verächtlichmachung (F.) spotwarzenie (N.), zniesławienie (N.)
verändern zmienić
Veränderung (F.) zmiana (F.)
Veränderungssperre (F.) wstrzymanie (N.) zmian budowlanych
veranlagen wymierzyć podatki
Veranlagung (F.) wymiar (M.), uzdolnienie (N.), predyspozycja (F.)
Veranlagungsteuer (F.) podatek (M.) wymierzany na podstawie decyzji pisemnej
verantworten odpowiadać
verantwortlich odpowiedzialny (Adj.)
Verantwortlichkeit (F.) odpowiedzialność (F.)
Verantwortung (F.) odpowiedzialność (F.)
verarbeiten przerobić, przetwarzać, obrabiać
Verarbeitung (F.) przerabianie (N.), przetwarzanie (N.), obróbka (F.)
Veräußerer (M.) zbywca (M.)
veräußern zbyć, sprzedać
Veräußerung (F.) alienacja (F.), zbycie (N.), sprzedaż (F.)
Veräußerungsverbot (N.) zakaz (M.) zbycia
verbal słowny (Adj.), werbalny (Adj.), słownie
Verbalinjurie (F.) zniewaga (F.) słowna, obraza (F.) słowna
Verband (M.) związek (M.), opatrunek (M.)
Verbandsklage (F.) powództwo (N.) związku
Verbandskompetenz (F.) kompetencja (F.) związku
Verbandskörperschaft (F.) korporacja (F.) związku, związek (M.)
Verbandstarif (M.) taryfa (F.) związkowa
Verbandstarifvertrag (M.) układ (M.) zbiorowy zawarty ze związkiem pracodowców
verbannen zsyłać
Verbannung (F.) zesłanie (N.), wygnanie (N.)

Verbergen (N.) ukrywanie (N.)
verbergen ukryć, ukrywać, skryć, zataić
verbessern poprawić, ulepszyć
Verbesserung (F.) poprawa (F.), ulepszenie (N.)
verbieten zabronić, zakazać
verbinden łączyć, połączyć, złączyć
verbindlich obowiązujący (Adj.), wiążący (Adj.)
Verbindlichkeit (F.) zobowiązanie (N.)
Verbindung (F.) połączenie (N.), kontakt (M.), związek (M.)
verborgen ukryty (Adj.), skryty (Adj.), tajny (Adj.)
verborgener Mangel (M.) wada (F.) ukryta
Verbot (N.) zakaz (M.)
verboten zakazany (Adj.), wzbroniony (Adj.), zabroniony (Adj.)
verbotene Eigenmacht (F.) samowola (F.) niedozwolona
Verbotsgesetz (N.) ustawa (F.) zakazująca
Verbotsirrtum (M.) błąd (M.) co do zakazu
Verbrauch (M.) zużycie (N.), spożycie (N.), konsumpcja (F.)
verbrauchbar zużywalny (Adj.)
verbrauchbare Sache (F.) rzecz (F.) zużywalna
verbrauchen zużyć, skonsumować
Verbraucher (M.) konsument (M.)
Verbraucherdarlehen (N.) kredyt (M.) konsumencki
Verbrauchergeschäft (N.) transakcja (F.) konsumencka, transakcja (F.) konsumpcyjna
Verbraucherinformation (F.) informacja (F.) konsumencka
Verbraucherkredit (M.) kredyt (M.) konsumpcyjny
Verbraucherkreditgesetz (N.) ustawa (F.) o kredytach konsumpcyjnych
Verbraucherrecht (N.) prawo (N.) konsumenckie
Verbraucherschutz (M.) ochrona (F.) konsumenta
Verbraucherschutzgesetz (N.) ustawa (F.) o ochronie konsumenta
Verbraucherschutzrichtlinie (F.) wytyczne (Pl.) dotyczące ochrony konsumenta
Verbrauchsgut (N.) dobra (Pl.) konsumpcyjne
Verbrauchsgüterkauf (M.) sprzedaż (F.) konsumencka
Verbrauchsteuer (F.) podatek (M.) konsumpcyjny
Verbrechen (N.) zbrodnia (F.), przestępstwo (N.)
Verbrecher (M.) przestępca (M.)
verbrecherisch przestępczy
verbriefen dokumentować, potwierdzić na piśmie
Verbund (M.) związanie (N.), połączenie (N.), powiązanie (N.), zespolenie (N.)
verbürgen ręczyć, poręczyć
verbüßen odbyć, odsiedzieć
Verdacht (M.) podejrzenie (N.)
verdächtig podejrzany (Adj.)
verdächtigen podejrzewać
Verdächtiger (M.) podejrzany (M.)
Verdächtigung (F.) podejrzewanie (N.)
Verdachtsmoment (M.) poszlaka (F.)
verdecken ukrywać
verdienen zarabiać, zasługiwać, zasłużyć
Verdienst (M.) zarobek (M.), zysk (M.)
Verdienst (N.) zasługa (F.)
Verdienstausfall (M.) utrata (F.) zarobku
Verdikt (N.) werdykt (M.), wyrok (M.)
verdingen rozpisać, wynajmować
Verdingung (F.) rozpisanie (N.), wynajmowanie (N.)
Verdingungsordnung (F.) für Bauleistungen (VOB) znormalizowane zasady (F.Pl.) zlecania i wykonawstwa robót budowlanych
Verdingungsordnung (F.) für Leistungen (VOL) znormalizowane zasady (F.Pl.) zlecania i wykonawstwa usług
verdunkeln zacierać ślady
Verdunkelung (F.) zacieranie (N.) śladów, matactwo (N.)
Verdunkelungsgefahr (F.) niebezpieczeństwo (N.) matactwa, niebezpieczeństwo (N.) zacierania śladów czynu karalnego
vereidigen zaprzysiąc
vereidigt (Adj.) zaprzysięgły (Adj.)
Vereidigung (F.) zaprzysiężenie (N.)
Verein (M.) stowarzyszenie (N.)
vereinbaren umówić się, uzgodnić, pogodzić
Vereinbarkeit (F.) zgodność (F.)
Vereinbarung (F.) umowa (F.), uzgodnienie (N.), porozumienie (N.)
Vereinbarungsdarlehen (N.) pożyczka (F.) uzgodniona

vereinen połączyć
vereinfachen upraszczać
Vereinfachung (F.) uproszczenie (N.)
vereinheitlichen ujednolić
Vereinheitlichung (F.) ujednolicenie (N.)
vereinigen połączyć, zjednoczyć, zespolić
vereinigt połączony (Adj.), zjednoczony (Adj.), zespolony (Adj.)
Vereinigte Staaten von Amerika (M.Pl.) Stany (M.Pl.) Zjednoczone Ameryki
Vereinigung (F.) zjednoczenie (N.), związek (M.)
Vereinigungsfreiheit (F.) wolność (F.) zrzeszania się
Vereinsfreiheit (F.) wolność (F.) stowarzyszania się
Vereinshaftung (F.) odpowiedzialność (F.) cywilna stowarzyszenia
Vereinsrecht (N.) prawo (N.) o stowarzyszeniach
Vereinsregister (N.) rejestr (M.) stowarzyszeń
Vereinssache (F.) sprawa (F.) stowarzyszenia
Vereinsvorstand (M.) zarząd (M.) stowarzyszenia
vereint zjednoczony (Adj.)
Vereinte Nationen (F.Pl.) (UNO) Narody (M.Pl.) Zjednoczone
vereiteln udaremnić, uniemożliwić, przeszkodzić
Vereitelung udaremnienie (N.), uniemożliwienie (N.), przeszkodzenie (N.)
vererben zostawić w spadku, odziedziczyć
vererblich dziedziczny (Adj.)
verfahren (V.) postępować
Verfahren postępowanie (N.), proces (M.)
Verfahrensbeteiligte (F.) uczestniczka (F.)
Verfahrensbeteiligter (M.) uczestnik (M.)
Verfahrensgebühr (F.) opłata (F.) za koszty postępowania
Verfahrensgrundsatz (M.) zasada (F.) procesowa
Verfahrensmissbrauch (M.) nadużycie (N.) postępowania
Verfahrenspflegschaft (F.) kuratela (F.) procesowa
Verfahrensrecht (N.) prawo (N.) procesowe
verfahrensrechtlich prawnoprocesowy (Adj.)
Verfahrensverschleppung (F.) przewlekanie (N.) postępowania
Verfahrensvorschrift (F.) przepis (M.) proceduralny
Verfall (M.) przepadek (M.), utrata (F.), rozpad (M.), płatność (F.)
verfallen (V.) przepaść, rozpaść, być płatnym
Verfallsklausel (F.) klauzula (F.) o przepadku
Verfallspfand (N.) zastaw (M.) z przepadkiem
verfälschen fałszować, podrabiać
Verfälschung (F.) sfałszowanie (N.), podrobienie (N.)
verfassen sporządzić, zredagować
Verfasser (M.) autor (M.)
Verfassung (F.) stan (M.), kondycja (F.), ustrój (M.), konstytucja (F.)
verfassunggebend nadający konstytucję
verfassunggebende Gewalt (F.) władza (F.) nadająca konstytucję
Verfassungsänderung (F.) zmiana (F.) konstytucji
Verfassungsauslegung (F.) wykładnia (F.) konstytucji
Verfassungsbeschwerde (F.) skarga (F.) konstytucyjna
Verfassungsfeind (M.) wróg (M.) konstytucji
verfassungsgemäß zgodny z konstytucją
Verfassungsgericht (N.) sąd (M.) konstytucyjny
Verfassungsgeschichte (F.) historia (F.) konstytucyjna
Verfassungsgrundsatz (M.) zasada (F.) konstytucyjna
verfassungskonform zgodny z konstytucją
verfassungskonforme Auslegung (F.) wykładnia (F.) zgodna z konstytucją
Verfassungskontrolle (F.) kontrola (F.) zgodności ustaw z konstytucją
verfassungsmäßig zgodny z konstytucją
verfassungsmäßige Ordnung (F.) porządek (M.) zgodny z konstytucją
verfassungsmäßiger Vertreter (M.) przedstawiciel (M.) zgodny z statutem
Verfassungsmäßigkeit (F.) zgodność (F.) z konstytucją
Verfassungsorgan (N.) organ (M.) konstytucyjny
Verfassungsprinzip (N.) zasada (F.) konstytucyjna
Verfassungsprozess (M.) proces (M.) konstytucyjny
Verfassungsrecht (N.) prawo (N.) konstytucyjne

Verfassungsschutz (M.) ochrona (F.) konstytucji
Verfassungsstreitigkeit (F.) spór (M.) konstytucyjny
Verfassungsurkunde (F.) akt (M.) konstytucji
Verfassungsvorbehalt (M.) zastrzeżenie (N.) konstytucji
verfassungswidrig sprzeczny z konstytucją
Verfassungswidrigkeit (F.) sprzeczność (F.) z konstytucją
verfolgen zdążać, zmierzać, kontynuować, ścigać, prześladować, śledzić
Verfolgung (F.) pościg (M.), ściganie (N.), prześladowanie (N.)
Verfolgungsverjährung (F.) przedawnienie (N.) ścigania
verfrachten frachtować, wysyłać frachtem
Verfrachter (M.) frachtujący (M.)
Verfristung uchybienie (N.) terminu, niedochowanie (N.) terminu
verfügbar pozostający (Adj.) do dyspozycji
verfügen zarządzić, rozporządzić, dysponować
Verfügung (F.) eines Nichtberechtigten rozporządzanie (N.) przez nieuprawnionego
Verfügung (F.) von Todes wegen rozporządzenie (N.) na wypadek śmierci
Verfügung (F.) zarządzenie (N.), rozporządzenie (N.), dyspozycja (F.)
Verfügungsbefugnis (F.) uprawnienie (N.) do rozporządzenia
Verfügungsermächtigung (F.) upoważnienie (N.) do rozporządzenia
Verfügungsgeschäft (N.) czynność (F.) rozporządzająca
Verfügungsgrundsatz (M.) zasada (F.) rozporządzalności, zasada (F.) dyspozycyjności
Verfügungsverbot (N.) zakaz (M.) rozporządzania
verführen uwieść
Verführung (F.) uwiedzenie (N.)
Vergaberecht (N.) prawo (N.) zamówień publicznych
Vergaberichtlinie (F.) wytyczne (Pl.) dotyczące zamówień publicznych
Vergabeverfahren (N.) procedura (F.) przydzielania zamówień publicznych
vergeben przydzielać
Vergebung (F.) przydzielenie (N.)
Vergehen (N.) występek (M.)
vergehen (sich vergehen) wykroczyć, dopuścić się
vergelten odpłacić, odwzajemnić
Vergeltung (F.) retorsja (F.), represja (F.)
vergesellschaften uspołeczniać, uspołecznić
Vergesellschaftung (F.) uspołecznienie (N.), upaństwowienie (N.)
vergewaltigen zgwałcić
Vergewaltigung (F.) zgwałcenie (N.)
vergiften zatruć, otruć
Vergiftung (F.) zatrucie (N.)
Vergleich (M.) porównanie (N.), ugoda (F.), układ (M.)
vergleichen porównać, porównywać
Vergleichsmiete (F.) czynsz (M.) porównawczy
Vergleichsordnung (F.) ustawa (F.) o układzie
Vergleichsverfahren (N.) postępowanie (N.) układowe
vergüten wynagrodzić, wyrównać, zwrócić
Vergütung (F.) wynagrodzenie (N.), wyrównanie (N.), zwrot (M.)
Vergütungsgefahr (F.) ryzyko (N.) zapłaty
verhaften zaaresztować, aresztować
Verhaftung (F.) aresztowanie (N.)
Verhalten (N.) zachowanie (N.), postępowanie (N.)
verhalten (V.) zachować
Verhaltenshaftung (F.) odpowiedzialność (F.) za zagrożenie albo zakłócenie porządku publicznego poprzez zachowanie
Verhältnis (N.) stosunek (M.), relacja (F.), związek (M.)
verhältnismäßig stosunkowy (Adj.), proporcjonalny (Adj.), relatywny (Adj.), współmierny (Adj.), względny (Adj.)
Verhältnismäßigkeit (F.) współmierność (F.)
Verhältniswahl (F.) wybór (M.) proporcjalny
Verhältniswahlrecht (N.) prawo (N.) wyborów proporcjonalnych
verhandeln pertraktować, negocjować, roztrząsać, rozpoznać, rozpatrywać
Verhandlung (F.) negocjacja (F.), pertraktacja (F.), rokowanie (N.), rozprawa (F.)
verhandlungsfähig zdolny do prowadzenia negocjacji
Verhandlungsfähigkeit (F.) zdolność (F.) postulacyjna, zdolność (F.) psychiczna i

fizyczna do brania udziału w rozprawie, możliwość (F.) bycia przedmiotem negocjacji
Verhandlungsgebühr (F.) opłata (F.) za rozprawę
Verhandlungsgrundsatz (M.) zasada (F.) rozporządzalności
verhängen wymierzyć, nałożyć, zarządzić
Verhängung (F.) wymierzenie (N.), nałożenie (N.), zarządzenie (N.)
verharmlosen bagatelizować
Verharmlosung (F.) bagatelizowanie (N.)
verherrlichen gloryfikować
Verherrlichung (F.) gloryfikacja (F.)
verhindern przeszkodzić, udaremnić
Verhinderung (F.) przeszkodzenie (N.), udaremnienie (N.)
Verhör (N.) przesłuchanie (N.)
verhören przesłuchiwać, przesłuchać
verhüten zapobiec
Verhütung (F.) zapobieganie (N.)
Verhütungsmittel (N.) środek (M.) zapobiegania, środek (M.) zapobiegawczy
verjähren przedawnić się
Verjährung (F.) przedawnienie (N.)
Verjährungsfrist (F.) termin (M.) przedawnienia
Verkauf (M.) sprzedaż (F.)
verkaufen sprzedać
Verkäufer (M.) sprzedawca (M.), sprzedający (M.), ekspedient (M.)
Verkäuferin (F.) sprzedawczyni (F.), ekspedientka (F.)
Verkaufskommission (F.) komis (M.) zbytu
Verkehr (M.) obieg (M.), obrót (M.), kontakt (M.), stosunek (M.), ruch (M.), komunikacja (F.), transport (M.)
verkehren obcować, utrzymywać, bywać, kursować, latać, nadać
Verkehrsdelikt (N.) przestępstwo (N.) ruchu
verkehrserforderlich wymagany (Adj.) dla ruchu
Verkehrsgefährdung (F.) zagrożenie (N.) ruchu
Verkehrsgeschäft (N.) czynność (F.) obrotu
Verkehrshypothek (F.) hipoteka (F.) zwykła
Verkehrsmittel (N.) środek (M.) komunikacji
Verkehrsordnungswidrigkeit (F.) wykroczenie (N.) w ruchu drogowym
Verkehrspflicht (F.) obowiązek (M.) zapewnienia kontaktów osobistych, obowiązek (M.) uczestnika ruchu drogowego
Verkehrspolizei (F.) policja (F.) drogowa
Verkehrsrecht (N.) prawo (N.) do kontaktu, prawo (N.) o ruchu
Verkehrssicherung (F.) zabezpieczenie (N.) ruchu
Verkehrssicherungspflicht (F.) obowiązek (M.) zapewnienia bezpieczeństwa ruchu
Verkehrssitte (F.) zasada (F.) obowiązująca w określonych kręgach
Verkehrsstrafrecht (N.) prawo (N.) karne drogowe
Verkehrsteuer (F.) podatek (M.) od przeniesienia wartości majątkowych
Verkehrsunfall (M.) wypadek (M.) drogowy
Verkehrsunfallflucht (F.) ucieczka (F.) kierowcy po wypadku
Verkehrsvorschrift (F.) przepis (M.) dotyczący ruchu
Verkehrswert (M.) wartość (F.) rynkowa
Verkehrswirtschaft (F.) gospodarka (F.) transportowa, gospodarka (F.) rynkowa
Verkehrszeichen (N.) znak (M.) drogowy
Verkehrszentralregister (N.) centralny rejestr (M.) sprawców przestępstw drogowych
verklagen zaskarżyć
Verklappung (F.) zrzut (M.) odpadów do oceanu
verklaren spisać protokół awarii morskiej
Verklarung (F.) spisanie (N.) protokołu awarii morskiej
verkünden ogłosić, obwieścić
Verkündung (F.) ogłoszenie (N.), obwieszczenie (N.)
Verkündungsblatt (N.) dziennik (M.) ogłoszeń, dziennik (M.) obwieszczeń
Verkündungstermin (M.) termin (M.) ogłoszenia
verladen załadować
Verladeschein (M.) dowód (M.) załadowania
Verladung (F.) załadowanie (N.)
Verlag (M.) wydawnictwo (N.)
Verlagsrecht (N.) prawo (N.) wydawnicze
verlagsrechtlich zgodny z prawem wydawnictwa
Verlagsvertrag (M.) umowa (F.) wydawnicza
verlängern przedłużyć
verlängert przedłużony (Adj.)
verlängerter Eigentumsvorbehalt (M.) przedłużone zastrzeżenie (N.) prawa własności

Verlängerung (F.) przedłużenie (N.)
verlassen (V.) opuścić
Verlassenschaft (F.) spadek (M.)
verlautbaren ogłosić, podać do wiadomości
Verlautbarung (F.) oświadczenie (N.), komunikat (M.)
verlegen (V.) przenieść, wydać, przełożyć, wziąć, przerzucić
Verleger (M.) wydawca (M.)
Verlegung (F.) przeniesienie (N.), przełożenie (N.)
verleihen użyczyć, wypożyczyć, nadać
Verleihung (F.) użyczenie (N.), wypożyczenie (N.), nadanie (N.)
verleiten skłonić, nakłonić, namówić
Verleitung (F.) nakłonienie (N.), namówienie (N.)
verlesen (V.) odczytać błędnie
verletzen skaleczyć, zranić, obrazić, dotknąć, urazić, naruszyć, pogwałcić
Verletzter (M.) ranny (M.), pokrzywdzony (M.)
Verletzung (F.) naruszenie (N.), uraz (M.), obrażenie (N.)
Verletzungsdelikt (N.) delikt (M.) z naruszeniem
verleumden oczerniać, spotwarzyć
Verleumder (M.) oszczerca (M.)
Verleumdung (F.) oszczerstwo (N.)
verlieren stracić, utracić, przegrać
verloben zaręczyć się
Verlöbnis (N.) zaręczyny (Pl.)
Verlobung (F.) zaręczyny (Pl.)
verloren zagubiony (Adj.)
Verlust (M.) strata (F.), utrata (F.), ubytek (M.)
Verlustzuweisung (F.) przydział (M.) strat
vermachen zapisać, uczynić, podarować, przekazać
Vermächtnis (N.) zapis (M.) testamentowy
Vermächtnisnehmer (M.) zapisobiorca (M.)
vermählen pobrać, zawrzeć małżeństwo
Vermählung (F.) ślub (M.), zawarcie (N.) małżeństwa
vermeidbar możliwy do uniknięcia
vermeidbarer Verbotsirrtum (N.) błąd (M.) co do zakazu możliwy do uniknięcia
vermeiden unikać, uniknąć
Vermeidung (F.) uniknięcie (N.), unikanie (N.)
vermengen zmieszać
Vermengung (F.) wymieszanie (N.), zmieszanie (N.), pomieszanie (N.)
Vermerk (M.) adnotacja (F.), notatka (F.), zapisek (M.)
vermessen (V.) wymierzyć
Vermessung (F.) mierzenie (N.), wymierzenie (N.)
vermieten wynająć
Vermieter (M.) wynajmujący (M.)
Vermieterpfand (N.) zastaw (M.) wynajemcy
Vermieterpfandrecht (N.) prawo (N.) zastawu przysługujące wynajmującemu
Vermietung (F.) wynajęcie (N.)
vermindern zmniejszać, zmniejszyć
vermindert zmniejszony
verminderte Schuldfähigkeit (F.) zmniejszona poczytalność (F.)
Verminderung (F.) zmniejszenie (N.), obniżenie (N.), uszczuplenie (N.), redukcja (F.)
vermischen zmieszać
Vermischung (F.) wymieszanie (N.), zmieszanie (N.), pomieszanie (N.)
vermitteln pośredniczyć, załagodzić
Vermittler (M.) rozjemca (M.), mediator (M.), pośrednik (M.)
Vermittlung (F.) pośrednictwo (N.)
Vermittlungsausschuss (M.) komisja (F.) mediacyjna
Vermittlungsvertreter (M.) przedstawiciel (M.) pośredniczy, pośredniczący (M.)
Vermögen (N.) moc (F.), możność (F.), majątek (M.), mienie (N.)
Vermögensbildung (F.) tworzenie (N.) majątku
Vermögensbildungsgesetz (N.) ustawa (F.) o tworzeniu majątku
Vermögensdelikt (N.) przestępstwo (N.) przeciwko mieniu
Vermögensnachfolge (F.) następstwo (N.) majątku
Vermögenspflegschaft (F.) kuratela (F.) dla majątku
Vermögensrecht (N.) prawo (N.) majątkowe
Vermögensschaden (N.) szkoda (F.) majątkowa
Vermögenssorge (F.) piecza (F.) nad majątkiem
Vermögensteuer (F.) podatek (M.) od majątku
Vermögensübernahme (F.) przejęcie (N.) majątku

Vermögensverfügung (F.) dyspozycja (F.) majątkowa
Vermögensverwalter (M.) administrator (M.) majątku
Vermögensverwaltung (F.) administracja (F.) majątku
Vermögensverzeichnis (N.) wykaz (M.) majątku
Vermögensvorteil (M.) korzyść (F.) majątku
vermummen zamaskować
vermuten domniemywać, przypuszczać
vermutlich domniemany (Adj.), przypuszczalny (Adj.)
Vermutung (F.) domniemanie (N.)
vernachlässigen zaniedbać, zaniedbywać
Vernachlässigung (F.) zaniedbanie (N.)
vernehmen usłyszeć, posłyszeć, przesłuchać
Vernehmung (F.) przesłuchanie (N.)
Vernunft (F.) rozsądek (M.), rozum (M.)
vernünftig rozsądny (Adj.), rozumny (Adj.)
Vernunftrecht (N.) prawo (N.) rozumu
veröffentlichen ogłosić, opublikować
Veröffentlichung (F.) publikacja (F.), opublikowanie (N.)
verordnen zalecić, zaordynować, rozporządzić, zarządzić
Verordnung (F.) rozporządzenie (N.)
verpachten wydzierżawić
Verpächter (M.) wydzierżawiający
Verpachtung (F.) wydzierżawienie (N.)
verpacken zapakować
Verpackung (F.) opakowanie (N.)
verpfänden zastawić
Verpfänder (M.) zastawca (M.)
Verpfändung (F.) zastaw (M.), ustanowienie (N.) zastawu
verpflichten zobowiązać, nałożyć obowiązek, zaangażować
Verpflichteter (M.) zobowiązany (M.)
Verpflichtung (F.) zobowiązanie (N.), obowiązek (M.), powinność (F.)
Verpflichtungsgeschäft (N.) czynność (F.) prawna zobowiązująca
Verpflichtungsklage (F.) powództwo (N.) o wydanie aktu administracyjnego
Verrat (M.) zdrada (F.)
verraten (V.) zdradzić
Verräter (M.) zdrajca (M.)
Verräterin (F.) zdrajczyni (F.)
verräterisch zdradziecki (Adj.), zdradliwy (Adj.)
verrechnen zaliczyć, rozliczyć, zapisać, przeliczyć
Verrechnung (F.) rozrachunek (M.), rozliczenie (N.), clearing (M.)
Verrechnungsscheck (M.) czek (M.) rozrachunkowy
verrichten wykonać, spełnić
Verrichtung (F.) załatwianie (N.), sprawowanie (N.), wykonanie (N.), spełnienie (N.)
Verrichtungsgehilfe (M.) osoba (F.) którą posłużono się w wykonaniu zobowiązania
verrucht osławiony (Adj.), okrzyczany (Adj.)
Verruf (M.) niesława (F.), utrata (F.) praw honorowych
Versagung (F.) odmowa (F.)
Versailler Vertrag (M.) umowa (F.) wersalska
versammeln zgromadzić, zebrać
Versammlung (F.) der Europäischen Union Zgromadzenie (N.) Unii Europejskiej
Versammlung (F.) zgromadzenie (N.), zebranie (N.)
Versammlungsfreiheit (F.) wolność (F.) zgromadzeń
Versammlungsgesetz (N.) ustawa (F.) o zgromadzeniach
Versammlungsrecht (N.) prawo (N.) o zgromadzeniach, prawo (N.) zgromadzania się
Versammlungsverbot (N.) zakaz (M.) zgromadzeń
Versand (M.) wysyłka (F.), przesyłka (F.)
Versandhandel (M.) handel (M.) wysyłkowy
Versandhaus (N.) dom (M.) wysyłkowy
versäumen zaniedbać, opuścić, pominąć
Versäumnis (N.) zaniebanie (N.), opuszczenie (N.), niestawienie (N.) się
Versäumnisurteil (N.) wyrok (M.) zaoczny
Versäumnisverfahren (N.) postępowanie (N.) zaoczne
Versäumung (F.) uchybienie (N.), zaniebanie (N.)
Verschaffen (N.) dostarczenie (N.), wystaranie (N.) się
verschaffen dostarczyć, wystarać, postarać się, zjednać, wyjednać
Verschaffung (F.) dostarczenie (N.), wystaranie (N.) się
Verschaffungsvermächtnis (N.) zapis (M.)

testamentowy przedmiotu nie należącego do spadku
verschärfen zaostrzyć, obostrzyć
Verschärfung (F.) zaostrzenie (N.)
verschenken sprezentować, podarować
verschieben przesunąć, przełożyć, szmuglować
Verschiebung (F.) przesunięcie (N.)
verschiffen wysłać statkiem
Verschiffung (F.) załadowanie (N.) na statek
verschleiern ukryć, zataić
Verschleierung (F.) zasłanianie (N.), ukrywanie (N.)
verschleppen przewlekać, odwlekać, wywieźć, porwać
Verschleppung (F.) przewlekanie (N.), uprowadzenie (N.) za granicę
verschleudern roztrwonić, zmarnować, sprzedać za bezcen
Verschleuderung (F.) roztrwonienie (N.), zmarnowanie (N.), sprzedawanie (N.) za bezcen
verschließen zamknąć
Verschluss (M.) zamknięcie (N.)
verschmelzen złączyć, dokonać fuzji
Verschmelzung (F.) fuzja (F.)
verschollen zaginiony (Adj.)
Verschollenheit (F.) zaginięcie (N.)
Verschulden (N.) zawinienie (N.)
verschulden zawinić, ponosić winę, zadłużyć
Verschuldenshaftung (F.) odpowiedzialność (F.) cywilna na zasadzie winy
Verschuldensprinzip (N.) zasada (F.) winy
Verschuldensvermutung (F.) domniemanie (N.) winy
Verschuldung (F.) zadłużenie (N.)
verschwägert spowinowacony (Adj.)
Verschwägerung (F.) powinowactwo (N.)
Verschweigen (N.) przemilczenie (N.), zatajanie (N.)
verschweigen przemilczeć, zataić
Verschweigung (F.) przemilczenie (N.), zatajenie (N.)
verschwenden roztrwonić, zmarnować
Verschwendung (F.) rozrzutność (F.), marnotrawstwo (N.), trwonienie (N.)
verschwiegen przemilczany, dyskretny (Adj.)
Verschwiegenheit (F.) milczenie (N.), dyskrecja (F.)
Verschwiegenheitspflicht (F.) obowiązek (M.) zachowania tajemnicy
verschwören spiskować, sprzysiąc
Verschwörer (M.) spiskowiec (M.)
Verschwörung (F.) spisek (M.), sprzysiężenie (N.)
Versehen (N.) przeoczenie (N.), omyłka (F.)
versehentlich przypadkowo
versenden wysłać, wysyłać
Versender (M.) wysyłający (M.), nadawca (M.)
Versendung (F.) wysyłka (F.)
Versendungskauf (M.) kupno (N.) z wysyłką, sprzedaż (F.) wysyłkowa
versetzen przenieść, przenosić, zastawić, wczuć, wejść
Versetzung (F.) przeniesienie (N.)
Versicherer (M.) ubezpieczyciel (M.)
versichern ubezpieczyć, asekurować, zapewniać
versichert ubezpieczony (Adj.)
Versicherung (F.) an Eides Statt zapewnienie (N.) w miejsce przysięgi
Versicherung (F.) ubezpieczenie (N.), zapewnienie (N.), zaręczenie (N.)
Versicherungsaufsicht (F.) nadzór (M.) ubezpieczeniowy
Versicherungsbedingung (F.) warunek (M.) ubezpieczenia
Versicherungsberater (M.) konsultant (M.) ubezpieczeniowy
Versicherungsbetrug (M.) oszustwo (N.) ubezpieczeniowe
Versicherungsfall (M.) wypadek (M.) przewidziany w umowie ubezpieczenia
Versicherungsgesellschaft (F.) towarzystwo (N.) ubezpieczeniowe
Versicherungskarte (F.) karta (F.) ubezpieczeniowa
Versicherungsnehmer (M.) ubezpieczony (M.)
Versicherungspflicht (F.) obowiązek (M.) ubezpieczenia
versicherungspflichtig zobowiązany (Adj.) do ubezpieczenia
Versicherungspolice (F.) polisa (F.) ubezpieczeniowa
Versicherungsprämie (F.) składka (F.) ubezpieczeniowa
Versicherungsrecht (N.) prawo (N.) ubezpieczeniowe

Versicherungsschein (M.) polisa (F.) ubezpieczeniowa
Versicherungsschutz (M.) ochrona (F.) ubezpieczeniowa
Versicherungssumme (F.) suma (F.) ubezpieczenia
Versicherungsteuer (F.) podatek (M.) od ubezpieczenia
Versicherungsträger (M.) ubezpieczyciel (M.)
Versicherungsurkunde (F.) dokument (M.) ubezpieczeniowy, polisa (F.) ubezpieczeniowa
Versicherungsverein (M.) towarzystwo (N.) ubezpieczeń
Versicherungsvertrag (M.) umowa (F.) ubezpieczeniowa
Versicherungsvertreter (M.) agent (M.) ubezpieczeniowy
Versicherungszwang (M.) obowiązek (M.) ubezpieczenia
versiegeln zapieczętować, opieczętować
Versiegelung (F.) zapieczętowanie (N.), opieczętowanie (N.)
versitzen stracić przez zasiedzenie
Versitzung (F.) zasiedzenie (N.)
versorgen zaopatrzyć, zapatrywać
Versorgung (F.) zaopatrzenie (N.), zaopatrywanie (N.), zabezpieczenie (N.)
Versorgungsausgleich (M.) wyrówanie (N.) z tytułu utraty przyszłego prawa do zaopatrzenia
Versprechen (N.) przyrzeczenie (N.)
versprechen obiecać, przyrzec, przejęzyczyć się
Versprechensempfänger (M.) odbiorca (M.) przyrzeczenia
verstaatlichen upaństwowić
Verstaatlichung (F.) upaństwowienie (N.)
verstecken chować się
Versteigerer (M.) prowadzący (M.) licytację, aukcjonariusz (M.), aukcjonator (M.)
versteigern licytować
Versteigerung (F.) licytacja (F.), aukcja (F.)
versterben umrzeć
versteuern opodatkować
Versteuerung (F.) opodatkowanie (N.)
verstorben zmarły (Adj.)
Verstoß (M.) naruszenie (N.), uchybienie (N.)
verstoßen naruszyć, uchybić, wypędzić, wyrzec się
verstricken uwikłać, wplątać
Verstrickung (F.) uwikłanie (N.), wplątanie (N.) się, władztwo (N.) państwowe nad rzeczą w przypadku jej zajęcia
Verstrickungsbruch (M.) naruszenie (N.) władztwa państwowego nad zajętą rzeczą
verstümmeln okaleczyć, uszkodzić, zniekształcić, przekręcić
Verstümmelung (F.) okaleczenie (N.), zniekształcenie (N.)
Versuch (M.) próba (F.), doświadczenie (N.), usiłowanie (N.)
versuchen próbować, doświadczać, usiłować
vertagen odroczyć, przełożyć
Vertagung (F.) odroczenie (N.), przełożenie (N.)
verteidigen bronić
Verteidiger (M.) obrońca (M.)
Verteidigung (F.) obrona (F.)
Verteidigungsfall (M.) przypadek (M.) obronny
Verteidigungsnotstand (M.) defensywny stan (M.) wyjątkowy
verteilen rozdawać, podzielić, rodzielić
Verteilung (F.) podział (M.), rozdział (M.)
vertiefen pogłębiać
Vertiefung (F.) eines Grundstückes (Handlung der Absenkung der Oberfläche eines Grundstücks) pogłębianie (N.), obniżenie (N.) gruntu, roboty (F.Pl.) ziemne grożące nieruchomościom utratą oparcia
vertikal pionowy (Adj.)
vertikaler Finanzausgleich (M.) pionowe wyrównanie (N.) finansowe
Vertrag (M.) umowa (F.), układ (M.)
Vertrag (M.) mit Schutzwirkung für Dritte umowa (F.) ze skutkiem ochronnym dla osób trzecich
Vertrag (M.) über die Arbeitsweise umowa (F.) o rodzaju wykonywanej pracy
Vertrag (M.) von Lissabon Traktat (M.) lizboński
Vertrag (M.) zu Lasten Dritter umowa (F.) na koszty osoby trzeciej
Vertrag (M.) zugunsten Dritter umowa (F.) na korzyść osoby trzeciej
vertraglich umowny (Adj.)
vertragsähnlich podobny (Adj.) do umowy
Vertragsauslegung (F.) wykładnia (F.) umowy
Vertragsbestandteil (M.) część (F.) umowy

Vertragsbruch (M.) zerwanie (N.) umowy
Vertragsfreiheit (F.) wolność (F.) umów
Vertragshändler (M.) handlarz (M.) związany umową z producentem
Vertragspartner (M.) partner (M.) umowy
Vertragspflicht (F.) obowiązek (M.) umowny
Vertragspflichtverletzung (F.) naruszenie (N.) obowiązku umownego
Vertragsrecht (N.) prawo (N.) o umowach
vertragsschließende Partei (F.) strona (F.) zawierająca umowy
Vertragsschluss (M.) zawarcie (N.) umowy
Vertragsstatut (N.) statut (M.) umowy
Vertragsstrafe (F.) kara (F.) umowna
Vertragsübernahme (F.) przejęcie (N.) umowy
Vertragsurkunde (F.) dokument (M.) umowy
Vertragsverhältnis (N.) stosunek (M.) umowny
Vertragsverlängerung (F.) przedłużenie (N.) umowy
Vertragsverletzung (F.) naruszenie (N.) umowy
Vertrauen (N.) zaufanie (N.)
vertrauen zaufać, dowierzać
Vertrauensarzt (M.) lekarz (M.) zaufania
Vertrauensbruch (M.) naruszenie (N.) zaufania, złamanie (N.) zaufania
Vertrauensfrage (F.) wniosek (M.) o wotum zaufania
Vertrauensgrundsatz (M.) zasada (F.) zaufania
Vertrauenshaftung (F.) odpowiedzialność (F.) cywilna dotycząca zaufania
Vertrauensinteresse (N.) interes (M.) oparty na zaufaniu
Vertrauensschaden (N.) szkoda (F.) spowodowana zaufaniem do istnienia umowy
Vertrauensschutz (M.) ochrona (F.) zaufania
Vertrauensstellung (F.) stanowisko (N.) oparte na zaufaniu
Vertrauensvotum (N.) wotum (N.) zaufania
vertraulich poufny (Adj.)
Vertraulichkeit (F.) poufność (F.)
vertreiben wypędzić, wygnać, rozprowadzać
Vertreibung (F.) wypędzenie (N.), wygnanie (N.)
vertretbar zamienny (Adj.), dający się przyjąć
vertretbare Handlung (F.) zamienne działanie (N.)
vertretbare Sache (F.) rzecz (F.) zamienna
vertreten (V.) odpowiadać, być odpowiedzialnym, reprezentować, zastąpić
Vertretenmüssen (N.) konieczność (F.) poniesienia odpowiedzialności
Vertreter (M.) ohne Vertretungsmacht przedstawiciel (M.) bez umocowania, pełnomocnik bez pełnomocnictwa
Vertreter (M.) reprezentant (M.), przedstawiciel (M.), zastępca (M.)
Vertretergeschäft (N.) transakcja (F.) przedstawicielska
Vertretung (F.) przedstawicielstwo (N.), zastępstwo (N.), reprezentacja (F.)
Vertretungsmacht (F.) umocowanie (N.) do reprezentowania
Vertretungsstelle (F.) miejsce (N.) przedstawicielstwa
Vertretungszwang (M.) przymus (M.) przedstawicielstwa
Vertrieb (M.) zbyt (M.), sprzedaż (F.), dystrybucja (F.), marketing (N.)
Vertriebener (M.) wysiedleniec (M.), wygnaniec (M.)
Vertriebsrecht (N.) prawo (N.) dystrybucji
verüben popełnić, dopuścić się, dokonać
Verübung (F.) dokonanie (N.), popełnienie (N.)
verunglimpfen znieważać, uwłaczać, szkalować
veruntreuen sprzeniewierzyć
Veruntreuung (F.) sprzeniewierzenie (N.)
verursachen spowodować
Verursacher (M.) sprawca (M.)
Verursachung (F.) spowodowanie (N.), wywołanie (N.)
verurteilen skazać, zasądzić, potępić
Verurteilter (M.) skazany (M.)
Verurteilung (F.) skazanie (N.), zasądzenie (N.)
vervielfältigen powielać
Vervielfältigung (F.) powielanie (N.)
verwahren przechowywać, protestować, bronić
Verwahrer (M.) przechowawca (M.), depozytariusz (M.)
Verwahrlosung (F.) zaniedbanie (N.), zapuszczenie (N.)
Verwahrung (F.) przechowanie (N.), depozyt (M.)

Verwahrungsbruch (M.) naruszenie (N.) warunków przechowywania
Verwahrungsvertrag (M.) umowa (F.) przechowania
verwalten administrować, zarządzać
Verwalter (M.) administrator (M.), zarządca (M.)
Verwaltung (F.) administracja (F.), zarząd (M.), zarządzenie (N.)
Verwaltungsakt (M.) akt (M.) administracyjny
Verwaltungsbehörde (F.) urząd (M.) administracyjny
Verwaltungsgebühr (F.) opłata (F.) administracyjna
Verwaltungsgemeinschaft (F.) wspólność (F.) administracyjna
Verwaltungsgericht (N.) sąd (M.) administracyjny
Verwaltungsgerichtsbarkeit (F.) sądownictwo (N.) administracyjne
Verwaltungsgerichtsgesetz (N.) ustawa (F.) dotycząca sądu administracyjnego
Verwaltungsgerichtshof (M.) trybunał (M.) administracyjny
Verwaltungsgerichtsordnung (F.) ustawa (F.) o ustroju sądów administracyjnych i postępowaniu przed nimi
Verwaltungshandeln (N.) działalność (F.) administracyjna, działanie (N.) administracyjne
Verwaltungsjurist (M.) prawnik (M.) administracyjny
Verwaltungskosten (F.Pl.) koszty (M.Pl.) administracyjne
Verwaltungslehre (F.) nauka (F.) administracji
Verwaltungsprivatrecht (N.) adminstracyjne prawo (N.) prywatne
Verwaltungsprozess (M.) proces (M.) administracyjny
Verwaltungsprozessrecht (N.) administracyjne prawo (N.) procesowe, prawo (N.) do procesu administracyjnego
Verwaltungsrat (M.) rada (F.) administracyjna
Verwaltungsrecht (N.) prawo (N.) administracyjne
Verwaltungsreform (F.) reforma (F.) administracyjna
Verwaltungsträger (M.) podmiot (M.) władzy administracyjnej
Verwaltungstreuhand (F.) powiernictwo (N.) administracyjne majątku
Verwaltungsunrecht (N.) wykroczenie (N.)
Verwaltungsverfahren (N.) postępowanie (N.) administracyjne
Verwaltungsvermögen (N.) majątek (M.) administracyjny
Verwaltungsverordnung (F.) wewnętrzny przepis (M.) administracyjny
Verwaltungsvertrag (M.) umowa (F.) administracyjna
Verwaltungsvollstreckung (F.) egzekucja (F.) administracyjna
Verwaltungsvollstreckungsgesetz (N.) ustawa (F.) o egzekucji administracyjnej
Verwaltungsvorschrift (F.) wewnętrzny przepis (M.) administracyjny
Verwaltungszustellung (F.) doręczenie (N.) wewnętrzne, przepis (M.) administracyjny
Verwaltungszwang (M.) przymus (M.) administracyjny
verwandt spokrewniony (Adj.)
Verwandter (M.) krewny (M.)
Verwandtschaft (F.) pokrewieństwo (N.), krewni (Pl.)
verwandtschaftlich dotyczący pokrewieństwa
verwarnen ostrzec, upomnieć
Verwarnung (F.) ostrzeżenie (N.), upomnienie (N.)
Verwarnungsgeld (N.) grzywna (F.) administracyjna
verweigern odmówić
Verweigerung (F.) odmowa (F.), odmówienie (N.)
Verweis (M.) nagana (F.), upomnienie (N.), odesłanie (N.)
verweisen wytknąć, usunąć, odesłać, wskazać, przekazać
Verweisung (F.) zarzut (M.), usunięcie (N.), odesłanie (N.), zwrócenie (N.) uwagi, przekazanie (N.)
verwenden użyć, zużyć, poświęcić, wstawić
Verwendung (F.) użycie (N.), zastosowanie (N.), zużycie (N.), obsadzenie (N.), wstawienie (N.) się, nakład (M.)
verwerfen odrzucić
Verwerfung (F.) odrzucenie (N.)
verwerten zastosować, zużytkować, wykorzystać
Verwertung (F.) zastosowanie (N.), zużytkowanie (N.), wykorzystanie (N.)

Verwertungsgesellschaft (F.) spółka (F.) realizacji praw autorskich
Verwertungsverbot (N.) zakaz (M.) wykorzystywania
verwesen (verwalten) zarządzać, administrować
Verweser (M.) administrator (M.)
verwirken utracić
verwirklichen realizować, urzeczywistnić
Verwirklichung (F.) realizacja (F.), urzeczywistnienie (N.)
Verwirkung (F.) przepadek (M.), utrata (F.)
Verwirkungsklausel (F.) klauzula (F.) utraty
verwunden ranić, zranić
verzeichnen zapisać, zanotować
Verzeichnis (N.) spis (M.), wykaz (M.)
verzeihen wybaczyć
Verzeihung (F.) wybaczenie (N.)
Verzicht (M.) zrzeczenie (N.) się, rezygnacja (F.)
verzichten zrzec się, zrezygnować
Verzichtserklärung (F.) oświadczenie (N.) o zrzeczeniu się
Verzichtsurteil (N.) wyrok (M.) w oparciu o zrzeczenie się roszczenia przez powoda
verzögern odwlekać, przewlekać
Verzögerung (F.) odwlekanie (N.), zwlekanie (N.), opóźnienie (N.)
verzollen oclić, zapłacić cło
Verzollung (F.) oclenie (N.)
Verzug (M.) zwłoka (F.)
Verzugszinsen (M.Pl.) odsetki (Pl.) za zwłokę
Veto (N.) weto (N.)
Vetorecht (N.) prawo (N.) weta
Vetter (M.) kuzyn (M.)
Vetternwirtschaft (F.) nepotyzm (M.), kumoterstwo (N.)
Video (N.) wideo (N.)
Videokonferenz (F.) wideokonferencja (F.)
Videoüberwachung (F.) nadzór (M.) wideo
Vieh (N.) bydło (N.)
Viehkauf (M.) kupno (N.) bydła
viel dużo
Vielweiberei (F.) poligamia (F.), wielożeństwo (N.)
Vierteljahr (N.) kwartał (M.)
vierteljährlich kwartalny (Adj.)
Viktimologie (F.) wiktymologia (F.)
Vindikation (F.) windykacja (F.)
Vindikationslegat (N.) legat (M.) windykacyjny, zapis (M.) windykacyjny, zapis (M.) wydobywczy
vindizieren windykować
vinkulieren uzależniać przekazanie papieru wartościowego od zgody emitenta, winkulować
vinkulierte Namensaktie (F.) akcja (F.) imienna której cesja wymaga zgody spółki
Vinkulierung (F.) winkulowanie
Visum (N.) wiza (F.)
Vivisektion (F.) wiwisekcja (F.)
Vizekanzler (M.) wicekanclerz (M.)
Vizekönig (M.) wicekról (M.)
Vizekönigin (F.) wicekrólowa (F.)
Vizepräsident (M.) wiceprezydent (M.)
V-Mann (M.) konfident (M.)
VOB (F.) (Verdingungsordnung für Bauleistungen zasady (Pl.) udzielania i zawierania umów o roboty budowlane
Vogel (M.) ptak (M.)
vogelfrei wyjęty spod prawa
Volk (N.) naród (M.), lud (M.)
Völkerbund (M.) liga (F.) narodów
Völkermord (M.) ludobójstwo (N.)
Völkerrecht (N.) prawo (N.) międzynarodowe
Völkerrechtssubjekt (N.) podmiot (M.) prawa międzynarodowego
Volksabstimmung (F.) referendum (N.), plebiscyt (M.)
Volksbank (F.) bank (M.) ludowy
Volksbegehren (N.) społeczna inicjatywa (F.) ustawodawcza
Volksdemokratie (F.) demokracja (F.) ludowa
Volksentscheid (M.) referendum (N.), plebiscyt (M.)
Volkshochschule (F.) uniwersytet (M.) ludowy
Volksschule (F.) szkoła (F.) powszechna
Volkssouveränität (F.) suwerenność (F.) ludu, suwerenność (F.) narodu
Volksverhetzung (F.) podżeganie (N.) do nienawiści na tle różnic narodowościowych
Volksversammlung (F.) zgromadzenie (N.) narodowe
Volksvertreter (M.) poseł (M.) do parlamentu, parlamentarzysta (M.)
Volksvertretung (F.) parlament (M.)
voll pełny (Adj.)
vollenden dokończyć, zakończyć

Vollendung (F.) dokonanie (N.), dokończenie (N.), zakończenie (N.), ukończenie (N.)
volljährig pełnoletni (Adj.)
Volljährigkeit (F.) pełnoletność (F.)
Volljurist (M.) asesor (M.)
Vollkaufmann (M.) kupiec (M.) pełny
Vollmacht (F.) pełnomocnictwo (N.), umocowanie (N.)
Vollmachtsurkunde (F.) dokument (M.) pełnomocnictwa
Vollrausch (M.) całkowite zamroczenie (N.) alkoholowe
vollständig całkowity (Adj.), kompletny (Adj.)
vollstreckbar wykonalny (Adj.)
vollstreckbare Urkunde (F.) dokument (M.) będący zarazem tytułem egzekucyjnym
Vollstreckbarkeit (F.) wykonalność (F.)
vollstrecken wykonać, egzekować
Vollstrecker (M.) egzekutor (M.), wykonawca (M.), oprawca (M.), kat (M.)
Vollstreckung (F.) wykonanie (N.), egzekucja (F.)
Vollstreckungsanordnung (F.) zarządzenie (N.) egzekucyjne, postanowienie (N.) egzekucyjne
Vollstreckungsbeamter (M.) urzędnik (M.) prowadzący egzekucję
Vollstreckungsbefehl (M.) nakaz (M.) egzekucji
Vollstreckungsbescheid (M.) wykonalny nakaz (M.) zapłaty
Vollstreckungsgegenklage (F.) powództwo (N.) przeciwegzekucyjne
Vollstreckungsgericht (N.) sąd (M.) egzekucyjny
Vollstreckungsgläubiger (M.) wierzyciel (M.) egzekucyjny
Vollstreckungsklausel (F.) klauzula (F.) wykonalności
Vollstreckungsmaßnahme (F.) skarga (F.) na czynności komornika
Vollstreckungsorgan (N.) organ (M.) egzekucyjny
Vollstreckungsschuldner (M.) dłużnik (M.) egzekucyjny
Vollstreckungsschutz (M.) ochrona (F.) przed egzekucją
Vollstreckungstitel (M.) tytuł (M.) egzekucyjny
Vollstreckungsvereitelung (F.) udaremnienie (N.) egzekucji
Vollstreckungsverfahren (N.) postępowanie (N.) egzekucyjne, postępowanie (N.) wykonawcze
Vollstreik (M.) strajk (M.) pełny
Volltrunkenheit (F.) całkowite zamroczenie (N.) alkoholowe
Vollurteil (N.) wyrok (M.) całkowity
vollziehen wykonywać
Vollziehung (F.) wykonanie (N.)
Vollzug (M.) wykonanie (N.)
Vollzugsanstalt (F.) zakład (M.) karny
Vollzugsbeamter (M.) urzędnik (M.) penitencjarny, urzędnik (M.) egzekucyjny, egzekutor (M.)
Vollzugsbehörde (F.) urząd (M.) egzekucyjny, organ (M.) egzekucyjny
Vollzugsdienst (M.) służba (F.) wykonawcza, służba (F.) egzekucyjna
Vollzugsnorm (F.) norma (F.) wykonawcza
Vollzugspolizei (F.) policja (F.) wykonawcza
Volontär (M.) wolontariusz (M.)
von Amts wegen z urzędu
vorab wstępny (Adj.)
Vorabentscheidung (F.) wyrok (M.) wstępny, wyrok (M.) dotyczący wykładni i obowiązywania prawa wspólnoty europejskiej
Voranfrage (F.) zapytanie (N.) wstępne
vorangegangen porzedzający
vorangegangenes Tun (N.) porzedzające działanie (N.)
Voranschlag (M.) preliniarz (M.), kosztorys (M.) wstępny
Voraus (M.) przedwziątek (M.)
Vorausabtretung (F.) cesja (F.) przyszłych wierzytelności
Vorausklage (F.) powództwo (N.) najpierw przeciwko dłużnikowi
voraussehbar przewidywany (Adj.)
Voraussehbarkeit (F.) przewidywalność (F.), możliwość (F.) przewidzenia
voraussetzen zakładać, przypuszczać
Voraussetzung (F.) przesłanka (F.)
Vorausverfügung (F.) rozporządzenie (N.) z góry
Vorausvermächtnis (N.) zapis (M.) naddziałowy
Vorauszahlung (F.) zapłata (F.) z góry, przedpłata (F.)
Vorbedacht (M.) rozmyślanie (N.)
Vorbedingung (F.) warunek (M.) wstępny

Vorbehalt (M.) zastrzeżenie (N.)
vorbehalten (Adj.) zastrzegać
vorbehalten (V.) zastrzec
vorbehaltlos bez zastrzeżeń
Vorbehaltsgut (N.) majątek (M.) odrębny
Vorbehaltsurteil (N.) wyrok (M.) z zastrzeżeniem
vorbereiten przygotować
Vorbereitung (F.) przygotowanie (N.)
Vorbereitungsdienst (M.) urzędnicza służba (F.) przygotowawcza
Vorbereitungshandlung (F.) czynność (F.) przygotowawcza
Vorbescheid (M.) decyzja (F.) wstępna
vorbestellen rezerwować
Vorbestellung (F.) rezerwacja (F.)
vorbestraft uprzednio karany (Adj.)
Vorbeugehaft (F.) areszt (M.) prewencyjny
vorbeugen zapobiegać
vorbeugend zapobiegający (Adj.), zapobiegawczy
Vorbeugung (F.) zapobieganie (N.)
Vorbringen (N.) przytoczenie (N.), przedłożenie (N.), przedstawienie (N.)
vorbringen przytoczyć, przedłożyć, przedstawić
Vorbürge (M.) przedporęczyciel (M.)
Voreid (M.) przysięga (F.) przed złożeniem zeznań
voreingenommen uprzedzony (Adj.), stronniczy
vorenthalten (V.) zatrzymać, ukryć, nie ujawnić
Vorenthaltung (F.) zatrzymanie (N.), ukrycie (N.), nieujawnienie (N.)
Vorerbe (M.) spadkobierca (M.) wcześniejszy
Vorerbschaft (F.) spadek (M.) wcześniejszy
Vorermittlung (F.) dochodzenie (N.) wcześniejsze
Vorfahre (M.) przodek (M.)
Vorfahrt (F.) pierwszeństwo (N.) przejazdu
Vorfall (M.) zajście (N.), zdarzenie (N.)
vorführen doprowadzić, przyprowadzić, przedstawić, zaprezentować
Vorführung (F.) doprowadzenie (N.), przyprowadzenie (N.), przedstawienie (N.), pokazanie (N.), zaprezentowanie (N.)
Vorführungsbefehl (M.) nakaz (M.) doprowadzenia
Vorgänger (M.) poprzednik (M.)
Vorgehen (N.) wystąpienie (N.), postępowanie (N.), wkroczenie (N.)
vorgehen poprzedzać, wyprzedzać, postępować, wkroczyć, wystąpić
Vorgesellschaft (F.) spółka (F.) założycielska
Vorgesetzter (M.) przełożony (M.)
Vorgründungsgesellschaft (F.) forma (F.) spółki przed jej wpisaniem do rejestru
vorhersehbar przewidywany (Adj.)
Vorhersehbarkeit (F.) przewidywalność (F.), możliwość (F.) przewidzenia
vorhersehen przewidywać
Vorkasse (F.) zapłata (F.) z góry
Vorkauf (M.) pierwokup (M.)
Vorkaufsberechtigter (M.) uprawniony (M.), uprawniona (F.) z tytułu prawa pierwokupu
Vorkaufsrecht (N.) prawo (N.) pierwokupu
vorladen wezwać
Vorladung (F.) wezwanie (N.)
Vorlage (F.) przedłożenie (N.), okazanie (N.), projekt (M.), pożyczka (F.), wyłożenie (N.)
Vorlagepflicht (F.) obowiązek (M.) przedłożenia, obowiązek (M.) okazania
Vorlageverfahren (N.) postępowanie (N.) przedłożenia
vorläufig tymczasowy (Adj.)
vorläufige Einstellung (F.) tymczasowe umorzenie (N.) postępowania
vorläufige Festnahme (F.) tymczasowe aresztowanie (N.)
vorläufige Vollstreckbarkeit (F.) tymczasowa wykonalność (F.)
vorläufiger Rechtsschutz (M.) tymczasowa ochrona (F.) prawna
vorlegen przedłożyć, wyłożyć, okazać
Vorlegung (F.) przedłożenie (N.), przedstawienie (N.), okazanie (N.)
Vorlegungspflicht (F.) obowiązek (M.) do przedłożenia
Vorleistung (F.) świadczenie (N.) wcześniejsze
Vorleistungspflicht (F.) obowiązek (M.) do świadczenia wcześniejszego, obowiązek (M.) wcześniejszego od drugiej strony świadczenia
vorlesen (V.) odczytać
Vorlesung (F.) wykład (M.)
vormerken zanotować, zapisać
Vormerkung (F.) zastrzeżenie (N.)
Vormiete (F.) przedwstępna umowa (F.) najmu

Vormietrecht (N.) prawo (N.) o przedwstępnej umowie najmu
Vormund (M.) opiekun (M.)
Vormundschaft (F.) opieka (F.)
Vormundschaftsgericht (N.) sąd (M.) opiekuńczy
Vormundschaftssache (F.) sprawa (F.) opiekuńcza
Vornahme (F.) dokonanie (N.), przedsięwzięcie (N.), wykonanie (N.), przeprowadzenie (N.)
Vornahmeklage (F.) powództwo (N.) o wydanie aktu administracyjnego
Vorname (M.) imię (N.)
vornehmen podjąć, przeprowadzić, postanowić, zamierzać
Vorpfändung (F.) powiadomienie (N.) o zajęciu, zajęcie (N.) poprzednie
Vorprüfung (F.) kontrola (F.) wstępna, kontrola (F.) uprzednia
Vorprüfungsverfahren (N.) postępowanie (N.) wstępnej kontroli wynalazku, postępowanie (N.) wstępnego badania wynalazku
Vorrang (M.) des Gesetzes prymat (M.) ustawy
Vorrang (M.) pierwszeństwo (N.), prymat (M.), priorytet (M.)
vorrangig mający pierwszeństwo, priorytetowy (Adj.)
Vorrat (M.) zapas (M.), zasób (M.)
Vorratsschuld (F.) dług (M.) którego przedmiotem są rzeczy oznaczone co do gatunku
Vorrecht (N.) prawo (N.) pierwszeństwa, przywilej (M.)
Vorruhestand (M.) wcześniejsza emerytura (F.)
Vorsatz (M.) zamiar (M.), zamysł (M.)
vorsätzlich umyślny (Adj.)
Vorsatzschuld (F.) dług (M.) dotyczący zamiaru
vorschreiben przepisać, wyznaczyć
Vorschrift (F.) przepis (M.)
Vorschriftensammlung (F.) zbiór (M.) przepisów
vorschriftsmäßig zgodny z przepisem
vorschriftswidrig sprzeczny z przepisem
Vorschuss (M.) zaliczka (F.), zadatek (M.)
Vorschussleistung (F.) wypłacenie (N.) zaliczki
Vorsicht (F.) ostrożność (F.), przezorność (F.)
Vorsichtsmaßnahme (F.) środek (M.) ostrożności
Vorsitz (M.) przewodnictwo (N.), przewodniczenie (N.)
vorsitzen przewodniczyć
vorsitzend przewodniczący (Adj.)
Vorsitzender (M.) przewodniczący (M.)
vorsitzender Richter (M.) sędzia (M.) przewodniczący
Vorsitzer (M.) przewodniczący (M.)
Vorsorge (F.) przezorność (F.), opieka (F.) prewencyjna
vorsorgen starać się zawczasu, podjąć środki zabezpieczające
vorspiegeln oszukiwać, udawać
Vorspiegelung (F.) oszukiwanie (N.), udawanie (N.)
vorsprechen przesłuchać
Vorspruch (M.) przedmowa (F.), słowo (N.) wstępne
Vorstand (M.) zarząd (M.), członek (M.) zarządu
Vorstandsmitglied (M.) członek (M.) zarządu
Vorstandsvorsitzende (F.) przewodnicząca (F.) zarządu
Vorstandsvorsitzender (M.) przewodniczący (M.) zarządu
vorstehen przewodniczyć
Vorsteher (M.) naczelnik (M.), kierownik (M.) urzędu
Vorsteuer (F.) podatek (M.) obrotowy wliczony w rachunkach dostawców, podatek (M.) wcześniejszy
Vorsteuerabzug (M.) potrącenie (N.) podatku naliczonego od należnego
Vorstiftung (F.) fundacja (F.) na określony cel
Vorstrafe (F.) kara (F.) poprzednia
Vortat (F.) czyn (M.) poprzedni
Vortäuschen (N.) einer Straftat upozorowanie (N.) przestępstwa
Vortäuschen (N.) pozorowanie (N.)
vortäuschen pozorować, wprowadzać w błąd, udawać
Vortäuschung (F.) pozorowanie (N.), upozorowanie (N.), wprowadzanie (N.) w błąd, udawanie (N.)
Vorteil (M.) korzyść (F.)
vorteilhaft korzystny (Adj.)

Vorteilsannahme (F.) przyjęcie (N.) korzyści
Vorteilsausgleich (M.) wyrównanie (N.) utraconej korzyści
Vorteilsausgleichung (F.) potrącenie (N.) korzyści
Vorteilsgewährung (F.) udzielenie (N.) korzyści
Vorteilsverschaffung (F.) zapewnienie (N.) korzyści
Vorteilsverschaffungsabsicht (F.) zamiar (M.) wystarania się o korzyści
Vortrag (M.) przytoczenie (N.), przedstawienie (N.), wywód (M.)
vorübergehend chwilowy (Adj.), przejściowy (Adj.)
Voruntersuchung (F.) postępowanie (N.) przygotowawcze, śledztwo (N.)
Vorurteil (N.) uprzedzenie (N.)
Vorverein (M.) stowarzyszenie (N.) przed zarejestrowaniem
Vorverfahren (N.) postępowanie (N.) przygotowawcze
Vorvertrag (M.) umowa (F.) przedwstępna
Vorwahl (F.) wybór (M.) wstępny, numer (M.) kierunkowy
vorwegnehmen zakładać z góry
vorwerfen zarzucać
Vorwurf (M.) zarzut (M.)
vorzeitig przedwczesny (Adj.)
vorziehen preferować, wybierać
Vorzug (M.) pierwszeństwo (N.), przywilej (M.)
Vorzugsaktie (F.) akcja (F.) uprzywilejowana
votieren oddawać głos
Votum (N.) głos (M.), wynik (M.) głosowania, opinia (F.), wotum (N.)
vulgär wulgarny

W

Wache (F.) straż (F.), warta (F.), wachta (F.), posterunek (M.)
wachen czuwać
Wächter (M.) strażnik (M.), wartownik (M.)
Waffe (F.) broń (F.)
Waffenkontrolle (F.) kontrola (F.) posiadania broni
Waffenkontrollgesetz (N.) ustawa (F.) o kontroli broni
Waffenrecht (N.) prawo (N.) obroni
Waffenschein (M.) zezwolenie (N.) na noszenie broni
Waffenstillstand (M.) rozejm (M.), zawieszenie (N.) broni
Wagen (M.) wagon (M.), samochód (M.)
Wahl (F.) wybór (M.), jakość (F.), gatunek (M.)
wählbar wybieralny
Wählbarkeit (F.) wybieralność (F.), bierne prawo (N.) wyborcze
Wahlbeamter (M.) urzędnik (M.) z wyboru
Wahlbehinderung (F.) utrudnianie (N.) wyborów przy użyciu siły
wahlberechtigt uprawniony (M.) do głosowania
Wahlberechtigter (M.) wyborca (M.)
Wahlberechtigung (F.) uprawnienie (N.) do głosowania
Wahldelikt (N.) przestępstwo (N.) wyborcze
wählen wybierać
Wähler (M.) wyborca (M.)
Wählerbestechung (F.) przekupstwo (N.) wyborców
Wählernötigung (F.) przymuszanie (N.) wyborców
Wählerschaft (F.) elektorat (M.)
Wählertäuschung (F.) oszustwo (N.) wyborcze
Wahlfach (N.) przedmiot (M.) fakultatywny
Wahlfälschung (F.) fałszowanie (N.) wyborów
Wahlfeststellung (F.) stwierdzenie (N.) wyboru
Wahlgeheimnis (N.) tajemnica (F.) wyborcza
Wahlgerichtsstand (M.) umowna właściwość (F.) sądu, podsądność (F.) według wyboru
Wahlgesetz ustawa (F.) wyborcza
Wahlkonsul (M.) konsul (M.) wyborczy
Wahlkreis (M.) okręg (M.) wyborczy
Wahlleiter (M.) przewodniczący komisji wyborczej
Wahlperiode (F.) kadencja (F.)
Wahlpflicht (F.) obowiązek (M.) wyborczy
Wahlprüfung (F.) kontrola (F.) prawidłowości wyborów
Wahlrecht (N.) prawo (N.) wyborcze
Wahlrechtsgesetz (N.) ustawa (F.) o prawie wyborczym
Wahlschuld (F.) dług (M.) alternatywny,

dług (M.) przemienny, zobowiązanie (N.) przemienne
Wahlurne (F.) urna (F.) wyborcza
Wahlvermächtnis (N.) zapis (M.) z prawem wyboru, zapis (M.) testamentowy wyborczy
Wahlverteidiger (M.) obrońca (M.) wyborczy
Wahlzettel (M.) kartka (F.) wyborcza
Wahn (M.) szaleństwo (N.)
Wahndelikt (N.) przestępstwo (N.) z urojenia
Wahnsinn (M.) obłęd (M.), obłąkanie (N.)
wahnsinnig obłąkany (Adj.)
wahr prawdziwy (Adj.)
währen trwać, potrwać
Wahrheit (F.) prawda (F.)
Wahrheitsbeweis (M.) dowód (M.) prawdy
Wahrheitspflicht (F.) obowiązek (M.) mówienia prawdy, obowiązek (M.) przedstawienia prawdy
Wahrnehmung (F.) berechtigter Interessen dopilnowanie (N.) uprawnionych interesów
Wahrnehmung (F.) postrzeżenie (N.), postrzeganie (N.), zauważenie (N.), pilnowanie (N.), obrona (F.)
wahrscheinlich prawdopodobny (Adj.)
Wahrscheinlichkeit (F.) prawdopodobieństwo (N.)
Währung (F.) waluta (F.), system (M.) monetarny
Währungsreserve (F.) rezerwa (F.) walutowa
Währungsunion (F.) unia (F.) walutowa
Waise (M. bzw. F.) sierota (M. bzw. F.)
Waisenrente (F.) renta (F.) sieroca
Wald (M.) las (M.)
Wandel (M.) zmiana (F.), transformacja (F.)
Wandelanleihe (F.) obligacja (F.) konwersyjna
wandeln zmieniać
Wandelschuldverschreibung (F.) obligacja (F.) konwersyjna
Wandlung (F.) unieważnienie (N.) umowy
Wappen (N.) herb (M.), godło (N.)
Ware (F.) towar (M.)
Warenverkehr (M.) obieg (M.) towarów, obrót (M.) towarów
Warenverkehrsfreiheit (F.) wolność (F.) w ruchu towarowym
Warenzeichen (N.) znak (M.) towarowy
warnen ostrzegać
Warnung (F.) ostrzeżenie (N.), przestroga (F.), napomnienie (N.)
Wärter (M.) dozorca (M.), strażnik (M.)
Wartung (F.) konserwacja (F.) serwis (M.)
Wasser (N.) woda (F.)
Wasserhaushalt (M.) gospodarka (F.) wodna
Wasserhaushaltsgesetz (N.) ustawa (F.) o gospodarce wodnej
Wasserrecht (N.) prawo (N.) wodne
Wasserverband (M.) spółka (F.) wodna
Wechsel (M.) zmiana (F.), wymiana (F.), weksel (M.)
wechselbezüglich wzajemny (Adj.)
wechselbezügliches Testament (N.) testament (M.) wzajemny
Wechselbürgschaft (F.) awal (M.), poręczenie (N.) wekslowe
Wechselgesetz (N.) ustawa (F.) o wekslach
Wechselprotest (M.) protest (M.) wekslowy
Wechselprozess (M.) proces (M.) wekslowy
Wechselrecht (N.) prawo (N.) wekslowe
Wechselregress (M.) poszukiwanie (N.) zwrotne z weksla, regres (M.) wekslowy
Wechselreiterei (F.) nadużycie (N.) wystawiania weksli
wechselseitig wzajemnie (Adj.), obupólnie (Adj.)
Weg (M.) droga (F.)
Wegerecht (N.) prawo (N.) przechodu, prawo (N.) o ruchu
Wegeunfall (M.) wypadek (M.) w drodze do pracy
Wegfall (M.) der Bereicherung odpadnięcie (N.) wzbogacenia
Wegfall (M.) der Geschäftsgrundlage odpadnięcie (N.) podstawy czynności prawnej
Wegfall (M.) der ungerechtfertigten Bereicherung (F.) utrata (F.) bezpodstawnego wzbogacenia
Wegfall (M.) odpadnięcie (N.), ustanie (N.)
Wegnahme (F.) odebranie (N.), zabranie (N.), zabór (M.)
Wegnahmerecht (N.) prawo (N.) odłączenia dokonanych nakładów przez posiadacza nie będącego właścicielem
wegnehmen odebrać, zabrać
Wehr (F.) tama (F.)
Wehrbeauftragter (M.) pełnomocnik (M.) do spraw wojskowych

Wehrdienst (M.) służba (F.) wojskowa
Wehrdienstverweigerer (M.) odmawiający (M.) pełnienia służby wojskowej
Wehrdienstverweigerung (F.) odmowa (F.) pełnienia służby wojskowej
wehren bronić
wehrlos bezbronny (Adj.)
Wehrlosigkeit (F.) bezbronność (F.)
Wehrmittel (N.) środek (M.) wojskowy
Wehrpflicht (F.) obowiązek (M.) służby wojskowej
Wehrpflichtiger (M.) poborowy (M.)
Wehrrecht (N.) prawo (N.) wojskowe
Wehrstrafrecht (N.) prawo (N.) karne wojskowe
Wehrüberwachung (F.) nadzór (M.) wojskowy
weigern odmówić, wzbraniać
Weigerung (F.) odmowa (F.), wzbranianie (N.)
Weigerungsklage (F.) powództwo (N.) odmowy
Weihe (F.) (Weihevorgang) święcenie (N.), konsekracja (F.)
weihen poświęcać
Weihnacht Boże Narodzenie (N.)
Weihnachtsgeld (N.) trzynastka (F.)
weisen pokazać, wydalać
Weisung (F.) wskazówka (F.), wytyczna (F.), polecenie (N.), nakaz (M.)
Weisungsrecht (N.) kompetencja (F.) do udzielania poleceń
Weisungsverwaltung (F.) administracja (F.) do udzielania poleceń
weit daleko
weitere Beschwerde (F.) dalsze zażalenie (N.)
Weitergabe (F.) dalsze podawanie (N.), dalsze przekazywanie (N.)
weitergeben przekazywać
weiterleiten kierować dalej
weiterverweisen skierować dalej
Welt (F.) świat (M.)
Weltbank (F.) Bank (M.) światowy
Weltkultur (F.) światowe dziedzictwo (N.)
Weltkulturerbe (N.) dziedzictwo (N.) kultury swiatowej
Weltorganisation (F.) für geistiges Eigentum (WIPO) światowa Organizacja (F.) Własności Intelektualnej
Weltpost (F.) światowa poczta (F.)
Weltpostverein (M.) Międzynarodowa Unia (F.) Pocztowa
Weltraum (M.) kosmos (M.), przestrzeń (F.) kosmiczna
Weltraumrecht (N.) prawo (N.) kosmiczne
Welturheberrechtsabkommen (N.) Międzynarodowa konwencja (F.) o prawach autorskich
werben reklamować
Werbung (F.) reklama (F.)
Werbungskosten (F.Pl.) koszty (M.Pl.) uzyskania przychodu
Werk (N.) dzieło (N.), zakład (M.) produkcyjny, fabryka (F.)
Werklieferung (F.) dostawa (F.) dzieła wykonanego
Werklieferungsvertrag (M.) umowa (F.) o dostawę dzieła wykonanego
Werkstarif (M.) stawka (F.) zakładowa
Werktag (M.) dzień (M.) powszedni, dzień (M.) roboczy
Werktarifvertrag (M.) zakładowy układ (M.) zbiorowy pracy
werktätig pracujący (Adj.)
Werkunternehmer (M.) przyjmujący (M.) zlecenie
Werkvertrag (M.) umowa (F.) o dzieło
Werkzeug (N.) narzędzie (N.)
Wert (M.) wartość (F.)
Wertberichtigung (F.) sprostowanie (N.) wyliczenia wartości
werten wartościować
Wertgegenstand (M.) przedmiot (M.) wartościowy
wertlos bezwartościowy (Adj.)
Wertpapier (N.) papier (M.) wartościowy
Wertpapierrecht (N.) prawo (N.) do papierów wartościowych
Wertsache (F.) rzecz (F.) wartościowa
Wertschuld (F.) cena (F.) długu, wartość (F.) długu
Wertsicherung (F.) gwarancja (F.) wartości
Wertsicherungsklausel (F.) klauzula (F.) gwarancji wartości
Wertsystem (N.) system (M.) wartości, układ (M.) wartości
Werturteil (N.) ocena (F.), wartościowanie (N.)
wertvoll cenny (Adj.), wartościowy (Adj.)
Wertzeichen (N.) znak (M.) wartościowy

Wertzeichenfälschung (F.) fałszowanie (N.) znaków wartościowych
Wesen (N.) istota (F.), sedno (N.)
Wesensgehalt (M.) istota (F.) prawa podstawowego
wesentlich istotny (Adj.), ważny (Adj.), główny
wesentlicher Bestandteil (M.) istotna część (F.) składowa
Westen (M.) zachód (M.)
westeuropäisch zachodnioeuropejski (Adj.)
Westeuropäische Union (N.) (WEU) Unia (F.) Zachodnioeuropejska
Wettbewerb (M.) konkurencja (F.), konkurs (M.)
Wettbewerbsbeschränkung (F.) ograniczenie (N.) konkurencji
Wettbewerbsrecht (N.) prawo (N.) dotyczące zasad konkurencji
Wettbewerbsverbot (N.) zakaz (M.) konkurencji
Wette (F.) zakład (M.)
wetten zakładać się, założyć się
WEU (F.) (Westeuropäische Union) Unia (F.) Zachodnioeuropejska
wichtig ważny (Adj.), wielkej wagi
wichtiger Grund (M.) powód (M.) ważny
Wichtigkeit (F.) znaczenie (N.), waga (F.)
Widerklage (F.) powództwo (N.) wzajemne
widerlegen odeprzeć, obalić
widerrechtlich bezprawny (Adj.), nielegalny (Adj.)
Widerrechtlichkeit (F.) bezprawność (F.), nielegalność (F.), bezprawie (N.)
Widerruf (M.) odwołanie (N.), cofnięcie (N.)
widerrufen (V.) odwołać, cofnąć
widerruflich odwołalny (Adj.)
Widerrufsrecht (N.) prawo (N.) odwołania, prawo (N.) cofnięcia
Widerrufsvorbehalt (M.) zastrzeżenie (N.) uprawnienia do odwołania
Widerspruch (M.) sprzeczność (F.)
widersprüchlich sprzeczny (Adj.)
Widerspruchsbehörde (F.) urząd (M.) uprawniony do wnoszenia sprzeciwu
Widerspruchsbescheid (M.) decyzja (F.) odwoławcza
Widerspruchsfrist (F.) termin (M.) do wniesienia sprzeciwu
Widerspruchsklage (F.) powództwo (N.) przeciwegzekucyjne
Widerspruchsverfahren (N.) administracyjne postępowanie (N.) odwoławcze
Widerstand (M.) gegen die Staatsgewalt opór (M.) przeciw władzy państwowej
Widerstand (M.) opór (M.), przeszkoda (F.), trudność (F.)
Widerstandsrecht (N.) prawo (N.) stawiania oporu
widerstehen przeciwstawiać się
widmen dedykować, poświęcić, przeznaczyć, przekazać
Widmung (F.) dedykacja (F.), ustalenie (N.) publicznego charakteru rzeczy
widrig nieprzyjazny (Adj.), niezgodny (Adj.)
Wiederaufnahme (F.) wznowienie (N.), ponowne podjęcie (N.)
wiederaufnehmen wznowić, podjąć ponownie
wiederbeschaffen ponownie nabyć
Wiederbeschaffung (F.) odzyskanie (N.) ponowne, nabycie (N.) nowego dobra
wiedereinsetzen przywrócić
Wiedereinsetzung (F.) in den vorigen Stand przywrócenie (N.) terminu
wiederherstellen przywrócić do stanu poprzedniego
Wiederherstellung (F.) przywrócenie (N.) do stanu poprzedniego
wiederholen powtarzać
wiederholt powtórny (Adj.), ponowny (Adj.), niejednokrotny
wiederholte Verfügung (F.) zarządzenie (N.) powtórne
Wiederholung (F.) powtórzenie (N.)
Wiederholungsgefahr (F.) niebezpieczeństwo (N.) powtórzenia się, obawa (F.) powtórzenia się, niebezpieczeństwo (N.) powrotu do przestępstwa
Wiederkauf (M.) odkup (M.)
wiederkaufen odkupić
Wiederkehr (F.) powrót (F.), powtórzenie (N.)
Wiederkehrschuldverhältnis (N.) stosunek (M.) zobowiązaniowy świadczeń powtarzających się
wiedervereinigen łączyć się ponownie
Wiedervereinigung (F.) ponowne zjednoczenie (N.), ponowne połączenie (N.)
wiederverheiraten pobrać się ponownie
Wiederverheiratung (F.) ponowne zawarcie (N.) związku małżeńskiego

Wiederverheiratungsklausel (F.) klauzula (F.) na przypadek zawarcia małżeństwa przez pozostałego przy życiu małżonka
Wiedervorlage (F.) ponowne przedłożenie (N.)
wiedervorlegen przedłożyć ponownie
Wild (N.) zwierzyna (F.)
wild dziki (Adj.)
Wilddieb (M.) kłusownik (M.)
wilder Streik (M.) dziki strajk (M.)
Wilderei (F.) kłusownictwo (N.)
Wilderer (M.) kłusownik (M.)
wildern kłusować
Wildschaden (M.) szkoda (F.) wyrządzona przez zwierzynę
Wille (M.) wola (F.)
Willensäußerung (F.) oświadczenie (N.) woli
Willenserklärung (F.) oświadczenie (N.) woli
Willensfreiheit (F.) autonomia (F.) woli
Willensmangel (M.) wada (F.) oświadczenia woli
Willenstheorie (F.) teoria (F.) woli
Willkür (F.) samowola (F.)
willkürlich samowolny (Adj.)
Willkürverbot (N.) zakaz (M.) samowoli
Winzer (M.) winogrodnik (M.)
WIPO (F.) (Weltorganisation für geistiges Eigentum) światowa Organizacja (F.) Własności Intelektualnej
wirken działać
wirksam skuteczny (Adj.), działający (Adj.)
Wirksamkeit (F.) skuteczność (F.)
Wirkung (F.) skutek (M.), efekt (M.), rezultat (M.)
Wirkungskreis (M.) zakres (M.) działania, sfera (F.) działania
Wirt (M.) gospodarz (M.)
Wirtschaft (F.) gospodarka (F.)
wirtschaften gospodarować
wirtschaftlich (die Wirtschaft betreffend) gospodarczy (Adj.), ekonomiczny
Wirtschaftlichkeit (F.) gospodarność (F.), opłacalność (F.), rentowność (F.)
Wirtschaftsjurist (M.) prawnik (M.) prawa gospodarczego
Wirtschaftskriminalität (F.) przestępczość (F.) gospodarcza
Wirtschaftslenkung (F.) kierowanie (N.) gospodarką
Wirtschaftsprivatrecht (N.) prywatne prawo (N.) gospodarcze
Wirtschaftsprüfer (M.) rewident (M.) gospodarczy
Wirtschaftsrecht (N.) prawo (N.) gospodarcze
Wirtschaftsstrafrecht (N.) prawo (N.) karne gospodarcze
Wirtschaftsunion (F.) unia (F.) gospodarcza
Wirtschaftsverfassung (F.) system (M.) gospodarczy
Wirtschaftsverfassungsrecht (N.) prawo (N.) do systemu gospodarczego
Wirtschaftsvertrag (M.) umowa (F.) gospodarcza
Wirtschaftsverwaltung (F.) administracja (F.) gospodarcza
Wirtschaftsverwaltungsrecht (N.) administracyjne prawo (N.) gospodarcze
Wirtshaus (N.) gospoda (F.)
Wissen (N.) wiedza (F.), znajomość (F.)
wissen wiedzieć, znać
Wissenmüssen (N.) musieć znać
Wissenschaft (F.) nauka (F.)
wissenschaftlich naukowy (Adj.)
Wissenschaftsfreiheit (F.) wolność (F.) nauki
wissentlich świadomy (Adj.), ze świadomością
Witwe (F.) wdowa (F.)
Witwenrente (F.) renta (F.) dla wdów z ubezpieczenia społecznego
Witwer (M.) wdowiec (M.)
Woche (F.) tydzień (M.)
wöchentlich tygodniowy (Adj.)
Wohl (N.) dobro (N.)
wohlerworben dobrze nabyty (Adj.), prawidłowo nabyty
Wohlfahrt (F.) dobrobyt (M.)
Wohlfahrtspflege (F.) opieka (F.) społeczna
Wohlfahrtsstaat (M.) państwo (N.) o rozbudowanym systemie ubezpieczeń społecznych
Wohnen (N.) mieszkanie (N.)
wohnen mieszkać, zamieszkiwać
Wohngebiet (N.) obszar (M.) mieszkalny
Wohngeld (N.) zasiłek (M.) na czynsz mieszkaniowy
wohnhaft zamieszkały (Adj.)
Wohnort (M.) miejsce (N.) zamieszkania

Wohnraum (M.) pomieszczenie (N.) mieszkalne
Wohnrecht (N.) służebność (F.) mieszkalna, służebność (F.) osobista mieszkania
Wohnsitz (M.) miejsce (N.) zamieszkania
Wohnung (F.) mieszkanie (N.)
Wohnungsbau (M.) budownictwo (N.) mieszkaniowe
Wohnungsbindungsgesetz (N.) ustawa (F.) o zabezpieczeniu przeznaczenia mieszkań socjalnych
Wohnungseigentum (N.) własność (F.) mieszkania
Wohnungseigentümer (M.) właściciel (M.) mieszkania
Wohnungseigentümerin (F.) właścicielka (F.) mieszkania
Wohnungsrecht (N.) służebność (F.) osobista mieszkania, prawo (N.) mieszkaniowe, prawo (N.) korzystania z mieszkania
Wohnungsvermittlung (F.) pośrednictwo (N.) mieszkaniowe
Wollen (N.) wola (F.)
wollen (V.) chcieć
Wort (N.) słowo (N.)
wörtlich słownie
Wrack (N.) wrak (M.)
Wucher (M.) lichwa (F.)
Wucherer (M.) lichwiarz (M.)
Wunde (F.) rana (F.)
Würde (F.) godność (F.), powaga (F.), zaszczytne stanowisko (N.), tytuł (M.)
Würdenträger (M.) dygnitarz (M.), dostojnik (M.)
würdigen ocenić, wyrażać
Würdigung (F.) uznanie (N.), ocena (F.)

Z

Zahl (F.) liczba (F.)
zahlbar płatny (Adj.)
zahlen płacić
Zahlung (F.) płatność (F.), zapłata (F.)
Zahlungsanweisung (F.) polecenie (N.) zapłaty
Zahlungsbefehl (M.) nakaz (M.) płatniczy
Zahlungseinstellung (F.) wstrzymanie (N.) płatności
zahlungsfähig wypłacalny (Adj.)
Zahlungsfähigkeit (F.) wypłacalność (F.), zdolność (F.) płatnicza
Zahlungsklage (F.) powództwo (N.) płatności
Zahlungsmittel (N.) środek (M.) płatniczy
zahlungsunfähig niewypłacalny
Zahlungsunfähigkeit (F.) niewypłacalność (F.)
Zahlungsverkehr (M.) obrót (M.) płatniczy
Zahlungsverzug (M.) zwłoka (F.) w płatności
Zahn (M.) ząb (M.)
Zahnarzt (M.) lekarz (M.) dentysta, stomatolog (M.)
Zapfen (M.) zawór (M.), korek (M.), szyszka (F.)
Zapfenstreich (M.) capstrzyk
Zaun (M.) płot (M.)
zäunen ogradzać
Zebra (N.) zebra (F.)
Zebrastreifen (M.) przejście (N.) dla pieszych, pasy (Pl.)
Zeche (F.) rachunek (M.), kopalnia (F.)
zechen popijać, ucztować
Zedent (M.) cedent (M.), cedujący (M.)
Zeichen (N.) znak (M.), symptom (M.), oznaka (F.), sygnał (M.)
zeichnen podpisywać, subskrybować
Zeichnung (F.) rysunek (M.), wykres (M.)
zeichnungsberechtigt uprawniony do subskrybowania
Zeit (F.) czas (M.), pora (F.), termin (M.)
Zeitablauf (M.) upływ (M.) czasu
Zeitarbeit (F.) praca (F.) na czas oznaczony
Zeitbestimmung (F.) ustalenie (N.) terminu, ustalenie (N.) czasu, oznaczenie (N.) terminu, określenie (N.) terminu
Zeitgesetz (N.) ustawa (F.) czasowa, ustawa (F.) periodyczna, ustawa (F.) o czasie
zeitlich czasowy (Adj.)
Zeitlohn (M.) płaca (F.) za czas pracy
Zeitschrift (F.) czasopismo (N.)
Zeitung (F.) gazeta (F.)
Zelle (F.) cela (F.)
zensieren cenzurować
Zensur (F.) cenzura (F.)
zentral centralny (Adj.)
Zentralbank (F.) bank (M.) centralny
Zentralisation (F.) centralizacja (F.)
zentralisieren centralizować

Zentralismus (M.) centralizm (N.)
Zentralregister (N.) rejestr (M.) główny
Zentrum (N.) centrum (N.)
Zerfall (M.) rozpad (M.)
zerfallen (V.) rozpaść się
zerrütten powodować, rujnować, podrywać, dezorganizować, rozbić
Zerrüttung (F.) rozbicie (N.), rozpad (M.), rozkład (M.)
Zerrüttungsprinzip (N.) zasada (F.) rozkładu
zerstören zniszczyć
Zerstörung (F.) zniszczenie (N.)
Zertifikat (N.) certyfikat (M.), świadectwo (N.), zaświadczenie (N.)
Zertifizierungsstelle (F.) miejsce (N.) certyfikacyjne
Zession (F.) cesja (F.)
Zessionar (M.) cesjonariusz (M.)
Zeuge (M.) świadek (M.)
zeugen płodzić
Zeugenaussage (F.) zeznanie (N.) świadka
Zeugenbeweis (N.) dowód (M.) ze świadka
Zeugenvernehmung (F.) przesłuchanie (N.) świadka
Zeugnis (N.) świadectwo (N.)
Zeugnisverweigerung (F.) odmowa (F.) złożenia zeznań
Zeugnisverweigerungsrecht (N.) prawo (N.) odmowy złożenia zeznań
Zeugung (F.) płodzenie (N.)
ziehen ciągnąć
Ziffer (F.) cyfra (F.)
Zigeuner (M.) cygan (M.)
Zimmer (N.) pokój (M.)
Zins (M.) procent (M.), odsetki (Pl.)
Zinsabschlaggesetz (N.) ustawa (F.) dotycząca wstępnego podatku płaconego izolowanie od odsetek ma
Zinsabschlagsteuer (F.) podatek (M.) należny od zysków z papierów o stałym oprocentowaniu
Zinseszins (M.) odsetki (Pl.) składane, odsetki (Pl.) od odsetek
Zinssatz (M.) stopa (F.) procentowa
Zinsschein (M.) kupon (M.) odsetkowy
Zinsschuld (F.) dług (M.) z tytułu odsetek
Zitat (N.) cytat (M.)
zitieren cytować
zivil cywilny (Adj.)
Zivildienst (M.) służba (F.) zastępcza
Zivilgericht (N.) sąd (M.) cywilny
Zivilgerichtsbarkeit (F.) sądownictwo (N.) w sprawach cywilnych
Zivilkammer (F.) izba (F.) cywilna
Zivilklage (F.) powództwo (N.) z zakresu prawa cywilnego
Zivilprozess (M.) proces (M.) cywilny
Zivilprozessordnung (F.) kodeks (M.) postępowania cywilnego
Zivilprozessrecht (N.) prawo (N.) cywilne
Zivilrecht (N.) prawo (N.) cywilne
Zivilrichter (M.) sędzia (M.) do spraw cywilnych
Zivilrichter (M.) sędzia-cywilista (M.)
Zivilsache (F.) sprawa (F.) z zakresu prawa cywilnego
Zivilsenat (M.) senat (M.) cywilny
Zivilurteil (N.) wyrok (M.) w sprawie cywilnej
Zivilverfahren (N.) postępowanie (N.) cywilne
Zivilverhandlung (F.) rozprawa (F.) cywilna
Zögern (N.) zwłoka (F.)
zögern wahać się, zwlekać
Zölibat (M. bzw. N.) celibat (M.)
Zoll (M.) cło (N.), cal (M.)
Zollbehörde (F.) urząd (M.) celny
zollfrei wolny od cła
Zollgebiet (N.) obszar (M.) celny
Zollkodex (M.) kodeks (M.) celny
Zöllner (M.) celnik (M.)
Zollrecht (N.) prawo (N.) celne
Zollunion (F.) unia (F.) celna
Zone (F.) strefa (F.)
Zubehör (N.) części (F.Pl.) przynależne
Zucht (F.) hodowla (F.), chów (M.), karność (F.), dyscyplina (F.)
Zuchthaus (N.) ciężkie więzienie (N.) karne
züchtigen stosować karę cielesną, chłostać, karcić, ukarać
Züchtigung (F.) kara (F.) cielesna, karanie (N.), chłosta (F.)
Züchtigungsrecht (N.) prawo (N.) karania
Zuchtmittel (N.) wychowawczy środek (M.) dyscyplinujący
zueignen przyznać, dedykować, przywłaszczyć
Zueignung (F.) przywłaszczenie (N.), dedykacja (F.)
Zueigungsabsicht (F.) zamiar (M.) przywłaszczenia
Zufall (M.) przypadek (M.) losowy, zdarzenie (N.) losowe

zufallen przypadać
zufällig przypadkowo
Zugabe (F.) dodatek (M.), naddatek (M.)
Zugang (M.) dojście (N.), dostęp (M.), przystęp (M.), przyrost (M.), nabytek (M.)
Zugangsrecht (N.) prawo (N.) dojścia
Zugangsvereitelung (F.) udaremnienie (N.) dojścia
Zugangsverzögerung (F.) opóźnienie (N.) dojścia
zugeben przyznać się
Zugeständnis (N.) przyznanie (N.)
zugestehen przyznawać
Zugewinn (M.) dodatkowy przyrost (M.), dodatkowy zysk (M.), dorobek (M.) majątkowy małżonków, przyrost (M.) majątku małżonków
Zugewinnausgleich (M.) wyrównanie (N.) przyrostu majątku małżonków
Zugewinngemeinschaft (F.) wspólnota (F.) dorobku majątkowego małżonków
zuhalten zasłaniać
Zuhälter (M.) stręczyciel (M.)
Zuhälterei (F.) stręczycielstwo (N.)
zukünftig przyszły (Adj.)
Zulage (F.) dodatek (M.)
zulassen dopuścić, dopuszczać
zulässig dopuszczalny (Adj.), dozwolony (Adj.)
zulässiges Beweismittel (N.) dopuszczalny środek (M.) dowodowy
Zulässigkeit (F.) dopuszczalność (F.)
Zulassung (F.) dopuszczenie (N.), zezwolenie (N.)
Zulassungsvoraussetzung (F.) wymóg (M.) dopuszczenia
zuliefern dostarczać
zumessen wymierzyć, odmierzyć, wyznać, przypisywać
Zumessung (F.) wymiar (M.), wymierzenie (N.)
zumutbar mogący być wymaganym, mogący być żądanym
Zumutbarkeit (F.) możność (F.) wymagania, możność (F.) żądania
zumuten wymagać
Zuname (M.) nazwisko (N.)
Zunft (F.) cech (M.), paczka (F.)
zurechenbar podlegający (Adj.)
Zurechenbarkeit (F.) przypisanie (N.), zaliczenie (N.)
zurechnen doliczać, przypisać
Zurechnung (F.) doliczenie (N.), przypisanie (N.)
zurechnungsfähig przypisujący odpowiedzialność, poczytalny (Adj.)
Zurechnungsfähigkeit (F.) możliwość (F.) przypisania odpowiedzialności, poczytalność (F.)
zurückbehalten zatrzymać, niewydać
Zurückbehaltung (F.) zatrzymanie (N.), niewydanie (N.)
Zurückbehaltungsrecht (N.) prawo (N.) zatrzymania, prawo (N.) nie wydania
zurückfordern domagać się zwrotu, żądać zwrotu
zurückgeben oddać, zwrócić
zurücknehmen cofnąć, zabrać
zurücktreten odstąpić, ustąpić, wycofać się
zurückverweisen przekazać ponownie, odesłać ponownie
Zurückverweisung (F.) przekazanie (N.) ponowne, odesłanie (N.) ponowne
zurückweisen odrzucić, odeprzeć
Zurückweisung (F.) odrzucenie (N.), odparcie (N.)
zurückzahlen spłacić
zurückziehen cofnąć, wycofać
Zusage (F.) obietnica (F.), przyrzeczenie (N.)
Zusammenarbeit współpraca (F.)
zusammenarbeiten współpracować
Zusammenhang (M.) związek (M.), współzależność (F.)
zusammenhängen mieć związek, być połączonym
zusammenrotten zbierać, zgromadzić
Zusammenrottung (F.) zbiegowisko (N.)
zusammenschließen połączyć
Zusammenschluss (M.) połączenie (N.), złączenie (N.)
Zusatz (M.) dodatek (M.), aneks (M.), uzupełnienie (N.), domieszka (F.)
zusätzlich dodatkowy (Adj.)
Zuschlag (M.) dopłata (F.), dodatek (M.), narzut (M.)
zuschlagen doliczyć
zuschreiben przypisywać, dopisać ponownie, poprawić, przepisać
Zuschreibung (F.) dopisanie (N.) ponowne, poprawienie (N.), przepisanie (N.)
Zuschuss zasiłek (M.), zapomoga (F.), dopłata (F.), dotacja (F.), subwencja (F.)

zusetzen dodać
zusichern przyrzec, zapewnić, zagwarantować
Zusicherung (F.) einer Eigenschaft przyrzeczenie (N.) właściwości
Zusicherung (F.) przyrzeczenie (N.)
Zustand (M.) stan (M.), położenie (N.)
zuständig właściwy, kompetentny
Zuständigkeit (F.) właściwość (F.), kompetencja (F.)
Zustandsdelikt (N.) przestępstwo (N.) ciągłe
Zustandshaftung (F.) odpowiedzialność (F.) z tytułu stanu rzeczy
Zustandsstörer (M.) sprowadzający (M.) niebezpieczeństwo ze względu na stan rzeczy
zustehen przysługiwać
zustellen doręczyć
Zustellung (F.) doręczenie (N.)
Zustellungsurkunde (F.) dowód (M.) doręczenia
zustimmen zezwolić, zgodzić się, przystać na
Zustimmung (F.) zezwolenie (N.), aprobata (F.), zgoda (F.)
Zustimmungsgesetz (N.) ustawa (F.) wymagająca zgody
zuverlässig godny zaufania (Adj.), pewny (Adj.), niezawodny (Adj.), spolegliwy (Adj.)
Zuverlässigkeit (F.) niezawodność (F.), spolegliwość (F.)
zuwenden zwrócić, zabrać, udzielić, przekazać
Zuwendung (F.) przysporzenie (N.), dotacja (F.)
Zuwendungsverhältnis (N.) stosunek (M.) dotacji
Zwang (M.) przymus (M.), presja (F.)
Zwangsgeld (N.) grzywna (F.) w celu przymuszenia
Zwangshypothek (F.) hipoteka (F.) przymusowa
Zwangslage (F.) sytuacja (F.) przymusowa
Zwangslizenz (F.) licencja (F.) przymusowa
Zwangsmaßnahme (F.) środek (M.) przymusowy
Zwangsmittel (N.) środek (M.) przymusu, środek (M.) przymusowy
Zwangsräumung (F.) opróżnienie (N.) przymusowe, eksmisja (F.)
Zwangsvergleich (M.) ugoda (F.) przymusowa
Zwangsversteigerung (F.) licytacja (F.) przymusowa
Zwangsverwalter (M.) zarządca (M.) przymusowy
Zwangsverwaltung (F.) zarząd (M.) przymusowy
Zwangsvollstreckung (F.) egzekucja (F.), postępowanie (N.) egzekucyjne
Zwangsvollstreckungsrecht (N.) prawo (N.) egzekucyjne
Zweck (M.) cel (M.), sens (M.)
Zweckentfremdung (F.) uczynienie (N.) obcym celowi przeznaczenia
Zweckerreichung (F.) osiągnięcie (N.) celu, zrealizowanie (N.) celu
Zweckfortfall (M.) odpadnięcie (N.) celu
zweckmäßig odpowiedni (Adj.), celowy (Adj.)
Zweckmäßigkeit (F.) celowość (F.)
Zweckstörung (F.) przeszkoda (F.) w celu
Zweckverband (M.) związek (M.) dla realizacji określonego celu
zwei dwa
Zweifel (M.) wątpliwość (F.)
zweifelhaft wątpliwy (Adj.)
Zweig (M.) gałąź (F.)
Zweigniederlassung (F.) siedziba (F.) filii, filia (F.)
Zweigstelle (F.) oddział (M.)
Zweikammersystem (N.) system (M.) dwuizbowy
zweiseitig dwustronny, obustronny (Adj.), bilateralny (Adj.)
zweispurig dwuśladowy
Zweispurigkeit (F.) dwutorowość (F.)
Zweistaatentheorie (F.) teoria (F.) dwóch samoistnych państw
Zweistufentheorie (F.) teoria (F.) dotycząca dwóch stopni
Zweitbescheid (M.) ponowna decyzja (F.) administracyjna
zweite drugi
Zwilling (M.) bliźniak (M.)
zwingen zmusić, zmuszać, przymuszać
zwingend przekonywający (Adj.)
zwingendes Recht (N.) prawo (N.) bezwzględnie obowiązujące
Zwischenbescheid (M.) decyzja (F.) częściowa nieostateczna
Zwischenprüfung (F.) egzamin (M.) częściowy

zwischenstaatlich międzypaństwowy (Adj.)
Zwischenurteil (N.) wyrok (M.) rozstrzygający
Zwischenverfahren (N.) postępowanie (N.) wypadkowe, postępowanie (N.) tymczasowe
Zwischenverfügung (F.) rozporządzenie (N.) tymczasowe
Zypern (N.) Cypr (M.)

Polnisch – Deutsch

a

abandon (M.) Abandon (M.)
abdykacja (F.) Abdankung (F.)
abolicja (F.) Abolition (F.)
abonament (M.) Abonnement (N.)
absolutny absolut
absolutorium (N.) Entlastung (F.)
absolutyzm (M.) Absolutismus (M.)
absolwent (M.) Absolvent (M.)
absolwentka (F.) Absolventin (F.)
absorbować absorbieren
absorpcja (F.) Absorption (F.)
abstrahować abstrahieren
abstrakcja (F.) Abstraktion (F.)
abstrakcyjna kontrola (F.) norm abstrakte Normenkontrolle (F.)
abstrakcyjne przestępstwo (N.) z zagrożenia abstraktes Gefährdungsdelikt (N.)
abstrakcyjny (Adj.) abstrakt
adaptować bearbeiten
adekwatny adäquat
adhezja (F.) Adhäsion (F.)
administracja (F.) Administration (F.), Regie (F.), Verwaltung (F.)
administracja (F.) armii federalnej Bundeswehrverwaltung (F.)
administracja (F.) centralna Hauptverwaltung (F.)
administracja (F.) do udzielania poleceń Weisungsverwaltung (F.)
administracja (F.) federalna Bundesverwaltung (F.)
administracja (F.) finansowa Finanzverwaltung (F.)
administracja (F.) gminna Gemeindeverwaltung (F.)
administracja (F.) gospodarcza Wirtschaftsverwaltung (F.)
administracja (F.) komunalna Kommunalverwaltung (F.)
administracja (F.) kościelna Kirchenverwaltung (F.)
administracja (F.) krajowa Landesverwaltung (F.)
administracja (F.) majątku Vermögensverwaltung (F.)
administracja (F.) miejska Stadtverwaltung (F.)
administracja (F.) oświaty Bildungsverwaltung (F.)
administracja (F.) państwowa Staatsverwaltung (F.)
administracja (F.) policyjna Polizeiverwaltung (F.)
administracja (F.) powiatowa Kreisverwaltung (F.)
administracja (F.) pracy Arbeitsverwaltung (F.)
administracja (F.) sądowa Gerichtsverwaltung (F.)
administracja (F.) świadcząca Leistungsverwaltung (F.)
administracja (F.) trustowa Trustverwaltung (F.)
administracja (F.) wewnętrzna innere Verwaltung (F.)
administracja (F.) władcza Eingriffsverwaltung (F.)
administracja (F.) wolna od ustawy gesetzesfreie Verwaltung (F.)
administracja (F.) wspierająca Förderungsverwaltung (F.)
administracja (F.) wymiaru sprawiedliwości Justizverwaltung (F.)
administracja (F.) wymiaru sprawiedliwości w kraju związkowym Landesjustizverwaltung (F.)
administracja (F.) zlecona Auftragsverwaltung (F.)
administracja (F.) zlecona przez federację krajom Bundesauftragsverwaltung (F.)
administracja (F.) zobowiązana do wystarania się o coś Beschaffungsverwaltung (F.)
administracja (F.) związana gebundene Verwaltung (F.)
administracyjne postępowanie (N.) odwoławcze Widerspruchsverfahren (N.)
administracyjne prawo (N.) gospodarcze Wirtschaftsverwaltungsrecht (N.)
administracyjne prawo (N.) procesowe Verwaltungsprozessrecht (N.)
administracyjny (Adj.) administrativ
administrator (M.) Verwalter (M.), Verweser (M.)
administrator (M.) majątku Vermögens verwalter (M.)
administrator (M.) rzeszy Reichsverweser (M.)

administrować verwalten, verwesen (verwalten)
administrowanie (N.) zakładem publicznym przez organ nadzorczy Organleihe (F.)
adminstracyjne prawo (N.) prywatne Verwaltungsprivatrecht (N.)
admirał (M.) Admiral (M.)
adnotacja (F.) Aktenvermerk (M.), Anmerkung (F.), Vermerk (M.)
adopcja (F.) Adoption (F.)
adopcja (F.) dziecka Kindesannahme (F.)
adoptować adoptieren
adoptowana (F.) Adoptierte (F.)
adoptowany (M.) Adoptierter (M.)
adres (M.) Adresse (F.)
adresat (M.) Adressat (M.) (Angebotsempfänger)
adresat (M.) normy Normadressat (M.)
adresat (M.) towarów Destinatär (M.)
adresować adressieren
adwokat (M.) Advokat (M.), Anwalt (M.), Rechtsanwalt (M.)
adwokat (M.) danego rejonu Bezirksanwalt (M.)
adwokat (M.) pełnomocnik procesowy Prozessanwalt (M.)
adwokat (M.) pośredniczący w korespondencji pomiędzy klientem i adwokatem prowadzącym sprawę Korrespondenzanwalt (M.)
adwokat (M.) specjalista Fachanwalt (M.)
adwokatka (F.) Advokatin (F.), Anwältin (F.)
adwokatura (F.) Anwaltschaft (F.)
afekcja (F.) Affektion (F.)
afekt (M.) Affekt (M.)
aferzysta (M.) Hochstapler (M.)
afront (M.) Affront (M.)
Afryka (F.) Afrika (N.)
agencja (F.) Agentur (F.)
agencja (F.) federalna Bundesagentur (F.)
agencja (F.) pracy Arbeitsagentur (F.)
Agencja (F.) Unii Europejskiej do spraw Współpracy Organów Ścigania Europäisches Polizeiamt (N.)
agenda (F.) Agende (F.)
agent (M.) Agent (M.)
agent (M.) handlowy Handelsvertreter (M.)
agent (M.) ubezpieczeniowy Versicherungsvertreter (M.)
agent (M.) upoważniony do zawierania umowy Abschlussvertreter (M.)
agentka (F.) Agentin (F.)
agentka (F.) upoważniona do zawierania umowy Abschlussvertreterin (F.)
agentura (F.) Agentur (F.)
agnat (M.) Agnat (M.)
agrarny (Adj.) agrarisch
agresja (F.) Aggression (F.)
agresor (M.) Angreifer (M.)
agresywne zachowanie (N.) Gewalttätigkeit (F.)
agresywny (Adj.) aggressiv
agresywny stan (M.) wyższej konieczności aggressiver Notstand (M.), Angriffsnotstand (M.)
Aids (M.) Aids (N.) (Acquired Immune Deficiency Syndrome (N.)
akademia (F.) Akademie (F.)
akademicki (Adj.) akademisch
akcept (M.) Akzept (N.), Annahme (F.)
akcept (M.) bankowy Bankakzept (N.)
akceptacja (F.) Akzeptanz (F.)
akceptancja (F.) prawna Rechtsakzeptanz (F.)
akceptant (M.) Akzeptant (M.), Bezogener (M.)
akceptować akzeptieren
akcesoryjność (F.) Akzessorietät (F.)
akcesoryjność (F.) limitowana limitierte Akzessorietät (F.)
akcesoryjność (F.) ograniczona limitierte Akzessorietät (F.)
akcesoryjny (Adj.) akzessorisch
akcja (F.) Aktie (F.), Aktion (F.), Geschehen (N.), Stock (M.)
akcja (F.) imienna Namensaktie (F.)
akcja (F.) imienna której cesja wymaga zgody spółki vinkulierte Namensaktie (F.)
akcja (F.) kopalniana Kux (M.)
akcja (F.) na okaziciela Inhaberaktie (F.)
akcja (F.) uprzywilejowana Vorzugsaktie (F.)
akcja (F.) zwykła Stammaktie (F.)
akcjonariusz (M.) Aktieninhaber (M.), Aktionär (M.)
akcjonariuszka (F.) Aktieninhaberin (F.), Aktionärin (F.)
akcydentalny akzidentiell
akcyza (F.) Akzise (F.)
aklamacja (F.) Akklamation (F.)
akord (M.) Akkord (M.)
akredytacja (F.) Akkreditierung (F.)
akredytować akkreditieren

akredytywa (F.) Akkreditiv (N.), Kreditbrief (M.)
akredytywa (F.) dokumentowa Dokumentenakkreditiv (N.)
aksjomat (M.) Axiom (N.), Dogma (N.)
akt (M.) Akt (M.)
akt (M.) administracyjny Verwaltungsakt (M.)
akt (M.) administracyjny przy współdziałaniu innych organów mitwirkungsbedürftiger Verwaltungsakt (M.)
akt (M.) administracyjny skierowany do określonej grupy osób Allgemeinverfügung (F.)
akt (M.) administracyjny uprzywilejowujący begünstigender Verwaltungsakt (M.)
akt (M.) administracyjny wielostopniowy mehrstufiger Verwaltungsakt (M.)
akt (M.) administracyjny wydany na wniosek innych organów mitwirkungsbedürftiger Verwaltungsakt (M.)
akt (M.) administracyjny wydany przez administrację wymiaru sprawiedliwości Justizverwaltungsakt (M.)
akt (M.) darowizny Schenkungsurkunde (F.)
Akt (M.) Europejski Europäische Akte (F.)
akt (M.) konstytucji Verfassungsurkunde (F.)
akt (M.) konstytutywny Gestaltungsakt (M.)
akt (M.) łaski Gnadenakt (M.), Gnadenerweis (M.)
akt (M.) organizacji Organisationsakt (M.)
akt (M.) organizacyjny Organisationsakt (M.)
akt (M.) oskarżenia Anklage (F.), Anklageschrift (F.)
akt (M.) personalny Personalakte (F.)
akt (M.) płciowy Koitus (M.)
akt (M.) prawny Rechtsakt (M.)
akt (M.) procesowy Prozessakte (F.)
akt (M.) władczy Hoheitsakt (M.)
akt (M.) zawarcia małżeństwa Heiratsurkunde (F.)
akt (M.) zgonu Sterbeurkunde (F.), Totenschein (M.)
akta (F.) Akte (F.)
aktualna świadomość (F.) bezprawności aktuelles Unrechtsbewusstsein (N.)
aktualność (F.) Relevanz (F.)
aktualny (Adj.) aktuell, gegenwärtig
Akty prawne Wspólot Europejskich Rechtsakte (F.) der Europäischen Gemeinschaften
aktyw (M.) Aktivum (N.)
aktywa (M.Pl.) Aktiva (N.Pl.)
aktywność (F.) Tätigkeit (F.)
aktywny (Adj.) aktiv
alarm (M.) Alarm (M.)
aleatoryjny aleatorisch
alianci (M.Pl.) Alliierte (M.Pl.bzw. F.Pl.)
aliant (M.) Alliierter (M.)
alias alias
alibi (N.) Alibi (N.)
alienacja (F.) Veräußerung (F.)
aliment (M.) Aliment (N.)
alimentacja (F.) Alimentation (F.), Unterhalt (M.)
alimentacja (F.) dziecka Kindesunterhalt (M.)
alimentacja (F.) małżonka Ehegattenunterhalt (M.)
alimentacja (F.) regularna Regelunterhalt (M.)
alimentować unterhalten (unterstützen)
alimenty (M.Pl.) przeciętne dla dziecka pozamałżeńskiego Regelunterhalt (M.)
alimenty (Pl.) Alimente (N.Pl.)
alkohol (M.) Alkohol (M.)
alkoholizm (M.) Trunksucht (F.)
alma mater (F.) (lat.) alma mater (lat.) (F.)
alonż (M.) Allonge (F.)
alternatywa (F.) Alternative (F.)
alternatywny (Adj.) alternativ
amator (M.) Liebhaber (M.)
ambasada (F.) Botschaft (F.) (Vertretung)
ambasador (M.) Botschafter (M.)
ambulatoryjny (Adj.) ambulant
Ameryka (F.) Amerika (N.)
amnestia (F.) Amnestie (F.), Straferlass (M.)
amnestia (F.) generalna Generalamnestie (F.)
amok (M.) Amok (M.)
amoralność (F.) Unzucht (F.)
amortyzacja (F.) Abschreibung (F.), Amortisation (F.), Tilgung (F.)
amortyzować abschreiben, amortisieren
Amsterdam (M.) Amsterdam (N.)
amunicja (F.) Munition (F.)
analogia (F.) Analogie (F.)
analogia (F.) ustawowa Gesetzesanalogie (F.)
analogia (F.) z prawa Rechtsanalogie (F.)
analogiczny (Adj.) analog
anarchia (F.) Anarchie (F.)
anarchiczny (Adj.) anarchisch
anarchista (M.) Anarchist (M.)
aneks (M.) Annex (M.), Zusatz (M.)
aneksja (F.) Annexion (F.), Einverleibung (F.)
anektować annektieren, einverleiben

angażować binden
angielski (Adj.) englisch
Anglia (F.) England (N.)
Anhalt (M.) Anhalt (N.) (Land Anhalt)
ankieta (F.) Enquête (F.), Fragebogen (M.)
anonimowy (Adj.) anonym
anons (M.) Inserat (N.)
anormalny (Adj.) abnorm, anormal
antychreza (F.) Antichrese (F.), Nutzungspfand (N.)
antycypować antizipieren
antydyskryminacja (F.) Antidiskriminierung (F.)
antynomia (F.) Antinomie (F.)
antysemityzm (M.) Antisemitismus (M.)
anulować annullieren, löschen, stornieren
anulowanie (N.) Annullierung (F.), Stornierung (F.)
aparat (M.) podsłuchowy Abhörgerät (N.)
apelacja (F.) Appellation (F.), Berufung (F.)
apelować appellieren
aplikant (M.) Rechtsreferendar (M.), Referendar (M.)
aplikant (M.) sądowy Gerichtsreferendar (M.)
aport (M.) Sacheinlage (F.)
apostolski (Adj.) apostolisch
aprobata (F.) Billigung (F.), Zustimmung (F.)
aprobować billigen
apteka (F.) Apotheke (F.)
aptekarka (F.) Apothekerin (F.)
aptekarz (M.) Apotheker (M.)
arbiter (M.) opiniujący Schiedsgutachter (M.)
arbitrarny (Adj.) arbiträr
arbitraż (M.) Arbitrage (F.)
archaiczny (Adj.) archaisch
architekt (M.) Architekt (M.)
archiwum (N.) Archiv (N.)
arcybiskup (M.) Erzbischof (M.)
arcydzieło (N.) Meisterstück (N.)
areał (M.) Fläche (F.)
areszt (M.) Arrest (M.), Beschlag (M.), Haft (F.), Strafarrest (M.)
areszt (M.) czasu wolnego Freizeitarrest (M.)
areszt (M.) deportacyjny Abschiebungshaft (F.),
areszt (M.) dla nieletnich Dauerarrest (M.), Jugendarrest (M.)
areszt (M.) dla podlegających ekstradycji Auslieferungshaft (F.)
areszt (M.) domowy Hausarrest (M.)
areszt (M.) karny Strafarrest (M.)
areszt (M.) na potrzeby przeprowadzenia rozprawy głównej Hauptverhandlungshaft (F.)
areszt (M.) prewencyjny Vorbeugehaft (F.)
areszt (M.) śledczy Untersuchungshaft (F.)
areszt (M.) w celu przymuszenia do wykonania określonej czynności Beugehaft (F.)
areszt (M.) w celu wymuszenia Erzwingungshaft (F.)
areszt (M.) za długi Schuldhaft (F.)
areszt (M.) za zakłócenie porządku Ordnungshaft (F.)
aresztować arrestieren, festnehmen, festsetzen, inhaftieren, sistieren, verhaften
aresztowanie (N.) Festnahme (F.), Inhaftierung (F.), Sistierung (F.), Verhaftung (F.)
aresztowany (M.) Inhaftierter (M.)
argument (M.) Argument (N.)
argumentować argumentieren
armata (F.) Kanone (F.)
armater (M.) Reeder (M.)
armia (F.) Armee (F.), Heer (N.)
armia (F.) federalna Bundesheer (N.), Bundeswehr (F.)
arrha (F.) (lat.) arrha (F.) (lat.)
artykuł (M.) Artikel (M.), Beitrag (M.)
artykuł (M.) dodatkowy Amendement (N.)
artykuł (M.) markowy Markenartikel (M.)
artykuł (M.) żywnościowy Lebensmittel (N.)
artysta (M.) Künstler (M.)
arystokracja (F.) Aristokratie (F.)
arystokrat (M.) Aristokrat (M.)
asekurować versichern
asesor (M.) Assessor (M.), Volljurist (M.)
asesor (M.) sądowy Gerichtsassessor (M.)
asocjacja (F.) Assoziation (F.)
asortyment (M.) Auswahl (F.)
asperacja (F.) Asperation (F.)
aspirant (M.) Aspirant (M.)
aspołeczny (Adj.) asozial
asystent (M.) Assistent (M.)
asystent (M.) adwokacki Anwaltsgehilfe (M.)
asystent (M.) akademicki Hochschulassistent (M.)
asystentka (F.) Assistentin (F.)
atak (M.) Angriff (M.)
atest (M.) Attest (N.)
atest (M.) negatywny Negativattest (M.)
atestować attestieren
atom (M.) Atom (N.)
atomowy (Adj.) atomar
attache (M.) Attaché (M.)

atypowy (Adj.) atypisch
audiencja (F.) Audienz (F.)
aukcja (F.) Auktion (F.), Versteigerung (F.)
aukcjonariusz (M.) Auktionator (M.), Versteigerer (M.)
aukcjonator (M.) Auktionator (M.), Versteigerer (M.)
Austria (F.) Österreich (N.)
austriacki (Adj.) österreichisch
autentyczność (F.) Echtheit (F.)
autentyczny (Adj.) authentisch, echt
auto (N.) Auto (N.)
automat (M.) Automat (M.)
automatyczny (Adj.) automatisch
autonomia (F.) Autonomie (F.)
autonomia (F.) taryfowa Tarifautonomie (F.)
autonomia (F.) woli Privatautonomie (F.), Willensfreiheit (F.)
autonomia (F.) związków zawodowych i pracodawczych regulująca warunki pracy Tarifautonomie (F.)
autonomiczny (Adj.) autonom
autopsja (F.) Autopsie (F.)
autor (M.) Autor (M.), Urheber (M.), Verfasser (M.)
autoryzować autorisieren
autostrada (F.) Autobahn (F.)
autostrada (F.) federalna Bundesautobahn (F.)
awal (M.) Aval (M.), Wechselbürgschaft (F.)
awansować befördern
awansowanie (N.) Beförderung (F.)
awanturnik (M.) Schläger (M.)
awanturować się randalieren
awaria (F.) Ausfall (M.)
awaria (F.) uszkodzenie (N.) Haverei (F.)
awaria (F.) wspólna Haverei (F.)
awiz (M.) Avis (M.)
Azja (F.) Asien (N.)
azyl (M.) Asyl (N.)
azylant (M.) Asylant (M.)
azylantka (F.) Asylantin (F.)
ażio (N.) Agio (N.), Aufgeld (N.)

b

babcia (F.) Großmutter (F.)
baccalaureus (M.) (lat.) baccalaureus (M.) (lat.)
badać forschen, inquirieren, prüfen, untersuchen
badania (Pl.) Forschung (F.)
badanie (N.) Prüfung (F.), Untersuchung (F.)
badanie (N.) istnienia potrzeby Bedürfnisprüfung (F.)
badanie (N.) opinii publicznej Demoskopie (F.)
badanie (N.) podstaw aresztowania Haftprüfung (F.)
Badenia (F.) Baden (N.)
Badenia Wirtembergia (F.) Baden-Württemberg (N.)
bagatela (F.) Bagatelle (F.)
bagatelizować verharmlosen
bagatelizowanie (N.) Verharmlosung (F.)
bagatelna sprawa (F.) Bagatellsache (F.)
banda (F.) Bande (F.) (1)
bandera (F.) Flagge (F.)
bandyta (M.) Bandit (M.), Räuber (M.)
banicja (F.) Acht (F.)
bank (M.) Bank (F.)
bank (M.) centralny Zentralbank (F.)
bank (M.) emisyjny Notenbank (F.)
Bank (M.) Federalny Bundesbank (F.)
bank (M.) hipoteczny Hypothekenbank (F.)
bank (M.) informacji Datenbank (F.)
bank (M.) krajowy Landesbank (F.)
bank (M.) ludowy Volksbank (F.)
Bank (M.) światowy Weltbank (F.)
Bankier (M.) Bankier (M.)
bankiet (M.) Empfang (M.)
banknot (M.) Banknote (F.), Geldschein (M.), Note (F.), Schein (M.)
bankomat (M.) Bankomat (M.)
bankructwo (N.) Bankrott (M.)
bankrut (M.) Bankrotteur (M.)
barani skok (M.) Hammelsprung (M.)
bariera (F.) Schlagbaum (M.), Schranke (F.)
baron (M.) Freiherr (M.)
barwa (F.) narodowa Nationalfarbe (F.)
Bawarczycy (M.Pl.) Bayern (M. Pl.)
Bawarczyk (M.) Bayer (M.)
Bawaria (F.) Bayern (N.)
bawarski (Adj.) bayerisch
Bawarski Najwyższy Sąd (M.) Krajowy Bayerisches Oberstes Landesgericht (N.)
baza (F.) Basis (F.)
bazowa stawka (F.) procentowa Basiszins (M.)
beneficjent (M.) Begünstigter (M.)
beneficjum (N.) beneficium (N.) (lat.)
benzyna (F.) Benzin (N.)

Berlin (M.) Berlin (N.)
Berno (N.) Bern (N.)
bessa (F.) Baisse (F.)
bez opakowania netto
bez pokwitowania beleglos
bez rabatu netto Kasse
bez użycia przemocy friedlich
bez zastrzeżeń vorbehaltlos
bez zobowiązania freibleibend
bez zwłoki unverzüglich
bezbronność (F.) Wehrlosigkeit (F.)
bezbronny (Adj.) wehrlos
bezczynność (F.) Untätigkeit (F.)
bezczynny (Adj.) untätig
bezdomność (F.) Obdachlosigkeit (F.)
bezdomny (Adj.) heimatlos, obdachlos
bezkarność (F.) Straffreiheit (F.), Straflosigkeit (F.)
bezkarny (Adj.) straffrei
bezkarny straflos
bezkrólewie (N.) Interregnum (N.)
bezkształtność (F.) Formlosigkeit (F.)
bezowocny (Adj.) fruchtlos
bezpański (Adj.) herrenlos
bezpaństwowość (F.) Staatenlosigkeit (F.)
bezpaństwowy (Adj.) staatenlos
bezpieczeństwo (N.) Sicherheit (F.)
bezpieczeństwo (N.) i porządek (M.) publiczny öffentliche Sicherheit und Ordnung (F.)
bezpieczeństwo (N.) pracy Arbeitssicherheit (F.)
bezpieczeństwo (N.) prawne Rechtssicherheit (F.)
bezpieczeństwo (N.) produktu Produktsicherheit (F.)
bezpieczeństwo (N.) urządzeń i produktów Gerätesicherheit (F.)
bezpieczny (Adj.) sicher
bezpłatnie gratis
bezpłatny (Adj.) frei, kostenlos
bezpodstawne wzbogacenie (N.) ungerechtfertigte Bereicherung (F.)
bezpodstawny (Adj.) ungerechtfertigt
bezpośredni (Adj.) direkt, unmittelbar
bezpośrednia odpowiedzialność (F.) cywilna członka osoby prawnej Durchgriffshaftung (F.)
bezpośrednie przejście (N.) roszczenia Durchgriff (M.)
bezpośrednio nadchodzący (Adj.) unmittelbar bevorstehend
bezpośrednio połączony (Adj.) z krajem związkowym landesunmittelbar
bezpośredniość (F.) Unmittelbarkeit (F.)
bezprawie (N.) Widerrechtlichkeit (F.)
bezprawne pozbawienie (N.) wolności Freiheitsberaubung (F.)
bezprawne zabranie (N.) zastawu Pfandkehr (F.)
bezprawność (F.) Rechtswidrigkeit (F.), Unrecht (N.), Widerrechtlichkeit (F.)
bezprawny (Adj.) rechtswidrig, ungesetzlich, widerrechtlich
bezprzedmiotowość (F.) Gegenstandslosigkeit (F.)
bezprzedmiotowy (Adj.) gegenstandslos
bezprzysięgły (Adj.) uneidlich
bezradność (F.) Hilflosigkeit (F.)
bezradny hilflos
bezrobocie (N.) Arbeitslosigkeit (F.)
bezrobotna (F.) Arbeitslose (F.)
bezrobotny (Adj.) arbeitslos, erwerbslos
bezrobotny (M.) Arbeitsloser (M.)
bezruch (M.) Stillstand (M.)
bezrządny (Adj.) anarchisch
bezskutecznie zawieszony (Adj.) schwebend unwirksam
bezskuteczność (F.) Unwirksamkeit (F.)
bezskuteczność (F.) względna relative Unwirksamkeit (F.)
bezskuteczny (Adj.) fruchtlos
bezsporny (Adj.) nieodwołalny (Adj.) unanfechtbar
bezsprawny (Adj.) unrechtmäßig
bezstronność (F.) Unparteilichkeit (F.), Unvoreingenommenheit (F.)
bezstronny (Adj.) unparteiisch, unparteilich, unvoreingenommen
bezterminowy (Adj.) fristlos
bezwartościowy (Adj.) wertlos
bezwarunkowość (F.) Unabdingbarkeit (F.)
bezwarunkowy (Adj.) unabdingbar
bezwzględna niezdolność (F.) do prowadzenia pojazdu absolute Fahruntüchtigkeit (F.)
bezwzględna podstawa (F.) rewizji nadzwyczajnej absoluter Revisionsgrund (M.)
bezwzględna sytuacja (F.) z rażącymi dolegliwościami Härtefall (M.)
bezwzględność (F.) Härte (F.), Rücksichtslosigkeit (F.)
bezwzględny (Adj.) absolut, rücksichtslos
bezzwłoczny (Adj.) unverzüglich

będący zawisły (Adj.) rechtshängig
bibliografia (F.) Bibliographie
biblioteka (F.) Bibliothek (F.)
bić prügeln, schlagen
biedny (Adj.) arm, bedürftig
bieg (M.) Lauf (M.)
biegać laufen
biegłość (F.) Kunst (F.)
biegły (M.) Gutachter (M.), Sachverständiger (M.)
bierne (N.) Passivum (N.)
bierne prawo (N.) wyborcze passives Wahlrecht (N.), Wählbarkeit (F.)
bierny (Adj.) passiv
bigamia (F.) Bigamie, Doppelehe (F.)
bijatyka (F.) Schlägerei (F.)
bilans (M.) Bilanz (F.)
bilans (M.) dla celów opodatkowania Steuerbilanz (F.)
bilans (M.) dla celów podatkowych Steuerbilanz (F.)
bilans (M.) handlowy Handelsbilanz (F.)
bilans (M.) otwarcia Eröffnungsbilanz (F.)
bilans (M.) roczny Jahresabschluss (M.), Jahresbilanz (F.)
bilans (M.) według przepisów podatkowych Steuerbilanz (F.)
bilateralny (Adj.) synallagmatisch, zweiseitig
bilet (M.) Fahrkarte (F.), Fahrschein (M.), Karte (F.)
bilet (M.) jazdy Fahrkarte (F.)
bilet (M.) loteryjny Los (N.)
bilet (M.) na okaziciela Inhaberzeichen (N.)
bilet (M.) pasażerski Fahrkarte (F.)
biorąca (F.) pożyczkę Darlehensnehmerin (F.)
biorąca (F.) w użyczenie Entleiherin (F.)
biorący (M.) Nehmer (M.)
biorący (M.) franszyzę Franchisenehmer (M.)
biorący (M.) pożyczkę Darlehensnehmer (M.)
biorący (M.) w użyczenie Entleiher (M.)
biorca (M.) franszyzy Franchisenehmer (M.)
biskup (M.) Bischof (M.)
biskupstwo (N.) Bistum (N.)
biuletyn (M.) Bulletin (N.), Mitteilungsblatt (N.)
biurko (N.) Schreibtisch (M.)
biuro (N.) Büro (N.), Dienststelle (F.), Geschäftsstelle (F.)
biuro (N.) inkassowe Inkassobüro (N.)
biurokracja (F.) Bürokratie (F.)
blankiet (M.) Blankett (N.)
bliskie pokrewieństwo (N.) Blutsverwandtschaft (F.)
bliskość (F.) Nähe (F.)
bliźniak (M.) Zwilling (M.)
blokada (F.) Absperrung, Blockade (F.), Sperre (F.)
blokować blockieren
bluźnić lästern
bluźnierstwo (N.) Blasphemie (F.), Gotteslästerung (F.), Lästerung (F.)
błahy (Adj.) geringfügig
błąd (M.) Fehler (M.), Irrtum (M.)
błąd (M.) bezpośredni co do zakazu direkter Verbotsirrtum (M.)
błąd (M.) co do faktu Tatsachenirrtum (M.)
błąd (M.) co do karalności zachowania Strafbarkeitsirrtum (M.)
błąd (M.) co do motywu Motivirrtum (M.)
błąd (M.) co do okoliczności czynu Tatumstandsirrtum (M.)
błąd (M.) co do okoliczności stanowiącej znamię czynu przestępczego dotyczący pozwolenia Erlaubnistatbestandsirrtum (M.)
błąd (M.) co do prawa Rechtsirrtum (M.)
błąd (M.) co do stanu faktycznego Tatbestandsirrtum (M.)
błąd (M.) co do treści Inhaltsirrtum (M.)
błąd (M.) co do zakazu Verbotsirrtum (M.)
błąd (M.) co do zakazu możliwy do uniknięcia vermeidbarer Verbotsirrtum (N.)
błąd (M.) co do zakazu pośredniego indirekter Verbotsirrtum (M.)
błąd (M.) dotyczący kalkulacji Kalkulationsirrtum (M.)
błąd (M.) dotyczący nakazu Gebotsirrtum (M.)
błąd (M.) dotyczący pozwolenia Erlaubnisirrtum (M.)
błąd (M.) dotyczący skutku prawnego Rechtsfolgenirrtum (M.)
błąd (M.) dotyczący znamion czynu przestępczego Tatbestandsirrtum (M.)
błąd (M.) faktyczny Tatsachenirrtum (M.)
błąd (M.) konstrukcyjny Konstruktionsfehler (M.)
błąd (M.) w instrukcji Instruktionsfehler (M.)
błąd (M.) w subsumcji Subsumtionsirrtum (M.)
błąd (M.) w sztuce Kunstfehler (M.)
błąd (M.) w zastosowaniu uznania Ermessensfehler (M.)

błąd (M.) w złożeniu oświadczenia woli Erklärungsirrtum (M.)
błędnie zrozumieć missverstehen
błędny (Adj.) irrtümlich
błędny wyrok (M.) Fehlurteil (N.)
bodmeria (F.) Bodmerei (F.)
bogactwo (N.) naturalne Bodenschatz (M.)
bojkot (M.) Boykott (M.)
bojkotować boykottieren
bojówkarz (M.) Schläger (M.)
bomba (F.) Bombe (F.)
bon (M.) Bon (M.), Gutschein (M.)
bon (M.) zobowiązujący Gutschein (M.)
bona fides (F.) (lat.) bona fides (F.) (lat.)
Boże Narodzenie (N.) Weihnacht
bóg (M.) Gott (M.)
bójka (F.) Raufhandel (M.), Schlägerei (F.)
ból (M.) Schmerz (M.)
ból (M.) psychiczny seelischer Schmerz (M.)
bractwo (N.) górnicze Knappschaft (F.)
brać nehmen
brać udział teilnehmen
brak (M.) Ausfall (M.), Ausschuss (M.), Mangel (M.)
brak (M.) dokonania Fehlen (N.) der Vollendung
brak (M.) dokończenia Fehlen (N.) der Vollendung
brak (M.) formy Formmangel (M.)
brak (M.) podstawy czynności prawnej Fehlen (N.) der Geschäftsgrundlage
brak (M.) w zastosowaniu uznania Ermessensmangel (M.), Ermessensnichtgebrauch (M.)
brak (M.) wiedzy Unkenntnis (F.)
brak (M.) wymogu formy Formfreiheit (F.)
brak (M.) zdolności Unfähigkeit (F.)
brak (M.) zdolności do odpowiedzialności karnej Strafunmündigkeit (F.)
brakować ausfallen, fehlen, mangeln
brakujący (Adj.) ausstehend
brama (F.) Haustüre (F.)
Brandenburgia (F.) Brandenburg (N.)
branża (F.) Branche (F.)
branżowa kasa (F.) chorych dla rzemieślników Innungskrankenkasse (F.)
branżowa organizacja (F.) przedsiębiorstw działająca jako zakład ubezpieczeń Berufsgenossenschaft (F.)
branżowy zakład (M.) ubezpieczeniowy od wypadków przy pracy Berufsgenossenschaft (F.)
brat (M.) Bruder (M.)
brat (M.) przyrodni Stiefbruder (M.)
bratanica (F.) Nichte (F.)
Brema (F.) Bremen (N.)
brevi manu traditio (F.) (lat.) brevi manu traditio (F.) (lat.)
bronić verteidigen, verwahren, wehren
broń (F.) Waffe (F.)
broń (F.) atomowa bakteriologiczna chemiczna ABC-Waffe (F.), ABC-Waffen (F.Pl.)
broń (F.) chemiczna Chemiewaffe (F.)
broń (F.) palna Schusswaffe (F.)
broń (F.) wojenna Kriegswaffe (F.)
broszura (F.) Druckschrift (F.), Merkblatt (N.), Mitteilungsblatt (N.)
Bruksela (F.) Brüssel
brutalny (Adj.) gewalttätig
brutto brutto
brygada (F.) Brigade (F.)
brytyjski (Adj.) britisch
brzeg (M.) Strand (M.), Ufer (N.)
brzeg (M.) morski Küste (F.)
brzemię (N.) Last (F.)
budowa (F.) Bau (M.)
budowa (F.) dróg Straßenbau (M.)
budować bauen
budowla (F.) Bauwerk (N.), Gebäude (N.)
budownictwo (N.) mieszkaniowe Wohnungsbau (M.)
budowniczy (M.) Baumeister (M.)
budynek (M.) Bau (M.), Gebäude (N.)
budynek (M.) ministerstwa Ministerium (N.)
budynek (M.) organu wymiaru sprawiedliwości Justizgebäude (N.)
budynek (M.) parlamentu Parlamentsgebäude (N.)
budżet (M.) Budget (N.), Etat (M.), Haushalt (M.)
budżet (M.) dodatkowy Nachtragshaushalt (M.)
budżet (M.) federalny Bundeshaushalt (M.)
budżet (M.) uzupełniający Nachtragshaushalt (M.)
budżetować budgetieren
bulla (F.) Bulle (F.) (kirchlich-päpstliches Gesetz)
bunt (M.) Aufruhr (M.), Meuterei (F.), Rebellion (F.)
bunt (M.) więźniów Gefangenenmeuterei (F.)

bunt (M.) żołnierzy Soldatenmeuterei (F.)
buntować się meutern, rebellieren
buntowniczy (M.) Aufrührer (M.), Meuterer (M.), Rebell (M.)
buntownik (M.) Aufrührer (M.), Meuterer (M.), Rebell (M.)
bura (F.) Schelte (F.)
burda (F.) Raufhandel (M.)
burdel (M.) Bordell (N.), Puff (M.)
burmistrz (M.) Bürgermeister (M.)
burta (F.) Bord (M.)
być czyimś obowiązkiem obliegen
być dłużnym schulden
być odpowiednim eignen
być odpowiedzialnym vertreten (V.)
być płatnym verfallen (V.)
być połączonym zusammenhängen
być położonym liegen
być posłusznym gehorchen
być ważnym gelten
być wolnostojącym freistehen (V.)
być zaległym ausstehen
bydło (N.) Vieh (N.)
byt (M.) Dasein (N.)
bywać verkehren

c

cal (M.) Zoll (M.)
całkowite zamroczenie (N.) alkoholowe Vollrausch (M.), Volltrunkenheit (F.)
całkowity (Adj.) gesamt, vollständig
całość (F.) Gesamtheit (F.)
całość (F.) posiadanych uprawnień Besitzstand (M.)
całość (F.) przepisów konstytutcyjnych dotyczące finansów Finanzverfassung (F.)
całość (F.) stosunków związanych z własnością i użytkowaniem gruntów Bodenordnung (F.)
całość (F.) udziałów Mantel (M.)
cały (Adj.) gesamt, heil
capstrzyk Zapfenstreich (M.)
case-law (M.) (engl.) case-law (N.) (engl.)
Cassis-de-Dijon formuła (F.) Cassis-de-Dijon-Formel (F.)
causa (F.) (lat.) causa (F.) (lat.)
cech (M.) Innung (F.), Zunft (F.)
cech (M.) rzemieślniczy Handwerksinnung (F.)
cecha (F.) Beschaffenheit (F.), Eigenschaft (F.), Merkmal (N.), Note (F.)
cedent (M.) Zedent (M.)
cedować abtreten
cedujący (M.) Zedent (M.)
cel (M.) Zweck (M.)
cel (M.) kary Strafzweck (M.)
cel (M.) ochrony Schutzzweck (M.)
cel (M.) państwowy Staatszweck (M.)
cel (M.) spółki Gesellschaftszweck (M.)
cela (F.) Zelle (F.)
cela (F.) pojedyńcza Einzelhaft (F.)
cela (F.) śmierci Todeszelle (F.)
celibat (M.) Zölibat (M. bzw. N.)
celnik (M.) Zöllner (M.)
celowość (F.) Zweckmäßigkeit (F.)
celowy (Adj.) zweckmäßig
cena (F.) Preis (M.)
cena (F.) cennikowa Listenpreis (M.)
cena (F.) czynszu Mietpreis (M.)
cena (F.) długu Wertschuld (F.)
cena (F.) kupna Kaufpreis (M.)
cena (F.) maksymalna Höchstpreis (M.)
cena (F.) najwyższa Höchstpreis (M.)
cena (F.) oferowana za przedmiot licytacji pokrywająca co najmniej połowę wartości rynkowej Mindestgebot (N.)
cena (F.) rynkowa Marktpreis (M.)
cena (F.) słuszna gerechter Preis (M.)
cena (F.) sztywna Festpreis (M.)
cena (F.) uzasadniona gerechter Preis (M.)
cena (F.) wywoławcza geringstes Gebot (N.)
cena (F.) zakupu Einkaufspreis (M.)
cenny (Adj.) wertvoll
centralizacja (F.) Zentralisation (F.)
centralizm (N.) Zentralismus (M.)
centralizować zentralisieren
centralny (Adj.) zentral
centralny rejestr (M.) sprawców przestępstw drogowych Verkehrszentralregister (N.)
centrum (N.) Zentrum (N.)
cenzura (F.) Zensur (F.)
cenzurować zensieren
cerkiewny (Adj.) kirchlich
certyfikat (M.) Attest (N.), Zertifikat (N.)
certyfikat (M.) depozytowy Depositenzertifikat (N.)
cesarski (Adj.) kaiserlich
cesarstwo (N.) Kaiserreich (N.)
cesarz (M.) Kaiser (M.)
cesarzowa (F.) Kaiserin (F.)

cesja (F.) Abtretung (F.), cessio (F.) (lat.), Zession (F.)
cesja (F.) całkowita Globalzession (F.)
cesja (F.) in blanco Blankozession (F.)
cesja (F.) inkasa Inkassozession (F.)
cesja (F.) przez ustawę Legalzession (F.)
cesja (F.) przyszłych wierzytelności Vorausabtretung (F.)
cesja (F.) w celu zabezpieczenia Sicherungsabtretung (F.)
cesjonariusz (M.) Abtretungsempfänger (M.), Zessionar (M.)
chałupnik (M.) Heimarbeiter (M.)
charge (M.) d'affaires Geschäftsträger (M.)
chcieć wollen (V.)
chciwość (F.) Habgier (F.)
chciwy (Adj.) habgierig
chemia (F.) Chemie (F.)
chemikalia (F.) Chemikalie (F.)
chęć (F.) zysku Habgier (F.)
chłop (M.) Bauer (M.) (1)
chłosta (F.) Züchtigung (F.)
chłostać züchtigen
chodnik (M.) Gehsteig (M.)
chodzić gehen, handeln
chorągiew (F.) Fahne (F.)
choroba (F.) Krankheit (F.)
choroba (F.) umysłowa Geisteskrankheit (F.)
choroba (F.) zawodowa Berufskrankheit (F.)
chory (Adj.) krank
chory (M.) umysłowo geisteskrank
chować się verstecken
chów (M.) Zucht (F.)
chromać hinken
chromy (Adj.) hinkend
chronić schonen, schützen
chrzcić taufen
chrzest (M.) Taufe (F.)
chrzestny (M.) Pate (M.)
chrześcijanin (M.) Christ (M.)
chrześcijański (Adj.) christlich
chwilowy (Adj.) einstweilig, vorübergehend
chwytać greifen
chytrość (F.) List (F.)
chytry (Adj.) listig
ciało (N.) Körper (M.), Leib (M.)
ciało (N.) zwierzęcia Tierkörper (N.)
ciągły (Adj.) fortgesetzt, ständig
ciągnąć ziehen
ciągnąć losy losen
ciągnik (M.) Schlepper (M.)
ciąża (F.) Schwangerschaft (F.)
ciążyć na kimś obliegen
cicha spółka (F.) stille Gesellschaft (F.)
cichy (Adj.) still
cielesny (Adj.) körperlich
ciemna liczba (F.) Dunkelfeld (N.)
ciemne pole (N.) Dunkelfeld (N.)
ciemny (Adj.) dunkel
cieszyć się freuen (Sich)
ciężar (M.) Last (F.), Schwere (F.)
ciężar (M.) budowy i utrzymania dróg publicznych Straßenbaulast (F.)
ciężar (M.) dowodu Beweislast (F.)
ciężar (M.) kompleksowego przedstawienia sprawy Darlegungslast (F.)
ciężar (M.) publiczny öffentliche Last (F.)
ciężar (M.) realny Reallast (F.)
ciężar (M.) udowodnienia Darlegungslast (F.)
ciężar (M.) winy Schwere (F.) der Schuld
ciężar (M.) wykazania Darlegungslast (F.)
ciężarna (F.) schwanger
ciężki (Adj.) grob, schwer
ciężkie położenie (N.) Notlage (F.)
ciężkie uszkodzenie (N.) ciała schwere Körperverletzung (F.)
ciężkie więzienie (N.) karne Zuchthaus (N.)
ciężko upośledzony (M.) Schwerbehinderter (M.), Schwerbeschädigter (M.)
ciężkość (F.) Schwere (F.)
ciocia (F.) Tante (F.)
cios (M.) Schlag (M.)
cios (M.) dobijający Gnadenstoß (M.)
ciotka (F.) Tante (F.)
clausula (F.) rebus sic stantibus (lat.) clausula (F.) rebus sic stantibus (lat.)
clearing (M.) Abrechnung (F.), Clearing (N.), Verrechnung (F.)
cło (N.) Zoll (M.)
cło (N.) ochronne Schutzzoll (M.)
cło (N.) wewnętrzne Binnenzoll (M.)
cmentarz (M.) Friedhof (M.)
codzienny (Adj.) täglich
cofnąć widerrufen (V.), zurücknehmen, zurückziehen
cofnięcie (N.) Rücknahme (F.), Widerruf (M.)
cofnięcie (N.) powództwa Klagerücknahme (F.)
commodum (N.) (lat.) commodum (N.) (lat.)
compensatio (F.) lucri cum damno (lat.) compensatio (F.) lucri cum damno (lat.)

condicio (F.) sine qua non (lat.) condicio (F.) sine qua non (lat.)
constitutum (N.) possessorium (lat.) Besitzkonstitut (N.)
contra legem (lat.) contra legem (lat.)
corpus (N.) delicti (lat.) corpus (N.) delicti (lat.)
córka (F.) Tochter (F.)
córka-spółka (F.) Tochtergesellschaft (F.)
cudzoziemiec (M.) Ausländer (M.), Fremder (M.)
cudzoziemiec (M.) bezdomny heimatloser Ausländer (M.)
cudzy fremd
culpa (F.) (lat.) culpa (F.) (lat.)
culpa (F.) in abstracto (lat.) culpa (F.) in abstracto (lat.)
culpa (F.) in concreto (lat.) culpa (F.) in concreto (lat.)
culpa (F.) in contrahendo (lat.) culpa (F.) in contrahendo (lat.)
culpa (F.) in eligendo (lat.) culpa (F.) in eligendo (lat.)
cyfra (F.) Ziffer (F.)
cygan (M.) Zigeuner (M.)
cykliczny (Adj.) periodisch
Cypr (M.) Zypern (N.)
cytat (M.) Zitat (N.)
cytować zitieren
cywilny (Adj.) standesamtlich, zivil
czarny (Adj.) schwarz
czarny rynek (M.) Schwarzmarkt (M.)
czarownica (F.) Hexe (F.)
czarter (M.) Charter (F.)
czarterować chartern
czas (M.) Amtszeit (F.), Zeit (F.)
czas (M.) letni Sommerzeit (F.)
czas (M.) macieżyństwa Elternzeit (F.)
czas (M.) ochronny dla zwierzyny łownej Schonzeit (F.)
czas (M.) pracy Arbeitszeit (F.)
czas (M.) reakcji Reaktionszeit (F.)
czas (M.) sprawowania opieki Pflegezeit (F.)
czas (M.) urzędownia Geschäftszeit (F.)
czas (M.) wolny Freizeit (F.)
czasopismo (N.) Zeitschrift (F.)
czasopismo (N.) ilustrowane Magazin (N.)
czasowy (Adj.) zeitlich
czek (M.) Scheck (M.)
czek (M.) gotówkowy Barscheck (M.)
czek (M.) in blanco Blankoscheck (M.)
czek (M.) na okaziciela Inhaberscheck (M.)
czek (M.) pocztowy Postscheck (M.)
czek (M.) podróżny Reisescheck (M.), Travellerscheck (M.)
czek (M.) rozrachunkowy Verrechnungsscheck (M.)
czeladnik (M.) Geselle (M.)
czerpać schöpfen
czerwone światło (N.) Rotlicht (N.)
czerwony (Adj.) rot
czeski (Adj.) tschechisch
cześć (F.) Ehre (F.)
częstotliwość (F.) Häufigkeit (F.)
częsty (Adj.) häufig
części (F.Pl.) przynależne Zubehör (N.)
częściowy partiell, teilweise
częściowy wymiar (M.) godzin Teilzeit (F.)
część (F.) Teil (M.)
część (F.) dochodu pracobiorcy niepodlegająca opodatkowaniu Arbeitnehmerfreibetrag (M.)
część (F.) ogólna allgemeiner Teil (M.)
część (F.) papieru wartościowego uprawniająca do nowego kuponu dywidendowego Talon (M.)
część (F.) składowa Bestandteil (M.)
część (F.) szczególna besonderer Teil (M.)
część (F.) ułamkowa Bruchteil (M.)
część (F.) umowy Vertragsbestandteil (M.)
członek (M.) Angehöriger (M.), Mitglied (N.)
członek (M.) konsorcjum Konsorte (M.)
członek (M.) parlamentu Parlamentarier (M.)
członek (M.) personelu misji dyplomatycznej zastępujący szefa Geschäftsträger (M.)
członek (M.) rady nadzorczej Aufsichtsrat (M.)
członek (M.) rady zakładowej Betriebsrat (M.)
członek (M.) rodziny Angehöriger (M.)
członek (M.) zarządu Arbeitsdirektor (M.), Vorstand (M.), Vorstandsmitglied (M.)
członek (M.) związku Gewerkschaftler (M.)
członkostwo (N.) Mitgliedschaft (F.)
człowieczy (Adj.) menschlich
człowiek (M.) Mensch (M.)
czołg (M.) Panzer (M.)
czuwać wachen
czyn (M.) Handlung (F.), Tat (F.)
czyn (M.) ciągły fortgesetzte Handlung (F.)
czyn (M.) dokonany w stanie odurzenia Rauschtat (F.)

czyn (M.) ekshibicjonistyczny exhibitionistische Handlung (F.)
czyn (M.) karalny Delikt (N.), strafbedrohte Handlung (F.), Straftat (F.)
czyn (M.) karalny uprzywilejowany privilegierte Straftat (F.)
czyn (M.) karygodny Frevel (M.)
czyn (M.) następny Nachtat (F.)
czyn (M.) następny bezkarny mitbestrafte Nachtat (F.)
czyn (M.) niedozwolony unerlaubte Handlung (F.)
czyn (M.) nierządny sexuelle Handlung (F.)
czyn (M.) poprzedni Vortat (F.)
czyn (M.) przestępczy skutkowy erfolgsqualifiziertes Delikt (N.)
czyn (M.) towarzyszący Begleittat (F.)
czyn (M.) z użyciem przemocy Gewalttat (F.)
czynić tätigen
czynienie (N.) Tun (N.)
czynne prawo (N.) wyborcze aktives Wahlrecht (N.)
czynnik (M.) Faktor (M.)
czynność (F.) Geschäft (N.), Handlung (F.)
czynność (F.) bankowa Bankgeschäft (N.)
czynność (F.) faktyczna Realakt (M.)
czynność (F.) kredytowa Kreditgeschäft (N.)
czynność (F.) obrotu Verkehrsgeschäft (N.)
czynność (F.) podobna do czynności prawnej geschäftsähnliche Handlung (F.)
czynność (F.) pozorna Scheingeschäft (N.)
czynność (F.) prawna Rechtsgeschäft (N.)
czynność (F.) prawna zbiorowa Gesamtakt (M.)
czynność (F.) prawna zobowiązująca Verpflichtungsgeschäft (N.)
czynność (F.) procesowa Prozesshandlung (F.)
czynność (F.) przygotowawcza Vorbereitungshandlung (F.)
czynność (F.) rozporządzająca Verfügungsgeschäft (N.)
czynny (Adj.) aktiv, tätig, tätlich
czynny zawodowo (Adj.) erwerbstätig
czynny żal (M.) tätige Reue (F.)
czynsz (M.) Mietzins (M.)
czynsz (M.) dzierżawny Pacht (F.), Pachtzins (M.)
czynsz (M.) porównawczy Vergleichsmiete (F.)
czynsz (M.) roczny Jahresmiete (F.)
czynsz (M.) za pomieszczenia biurowe Geschäftsraummiete (F.)
czynsz (M.) za pomieszczenia sklepowe Geschäftsraummiete (F.)
czysty (Adj.) echt, rein
czysty zysk (M.) Reingewinn (M.), Überschuss (M.)
czyszczenie (N.) Reinigung (F.)
czyścić reinigen
czytać lesen
czytanie (N.) Lesung (F.)

ć

ćwiczyć üben

d

dach (M.) nad głową Obdach (N.)
dać eingeben, erteilen, geben
dać łapówkę schmieren
dać urlop beurlauben
dać zaliczkę anzahlen
dająca (F.) pożyczkę Darlehensgeberin (F.)
dający (M.) pożyczkę Darlehensgeber (M.)
dający się przyjąć vertretbar
dający się zastosować anwendbar
daleki (Adj.) fern
daleko weit
dalsza szkoda (F.) powstała jako następstwo wady Mangelfolgeschaden (M.)
dalsza wypłata (F.) płacy Lohnfortzahlung (F.)
dalsza wypłata (F.) wynagrodzenia Entgeltfortzahlung (F.)
dalsze kształcenie (N.) Fortbildung (F.)
dalsze podawanie (N.) Weitergabe (F.)
dalsze prowadzenie (N.) Fortführung (F.), Fortsetzung (F.)
dalsze przekazywanie (N.) Weitergabe (F.)
dalsze umocowanie (N.) Untervollmacht (F.)
dalsze zażalenie (N.) weitere Beschwerde (F.)
damnum (N.) (lat.) damnum (N.) (lat.)
dane (F.Pl.) Daten (N.Pl.)
dane (Pl.) osobiste Personalie (F.), Personalien (F.Pl.)
dane (Pl.) osobowe Personalie (F.), Personalien (F.Pl.)
dane (Pl.) personalne Personalie (F.), Personalien (F.Pl.)

danina (F.) Abgabe (F.), Tribut (M.)
dar (M.) Gabe (F.), Geschenk (N.), Spende (F.)
darczyńca (M.) Schenker (M.)
darmo gratis
darować erlassen, schenken
darowanie (N.) Erlass (M.)
darowanie (N.) kary Straferlass (M.)
darowizna (F.) Schenkung (F.), Stiftung (F.)
darowizna (F.) mieszana gemischte Schenkung (F.)
darowizna (F.) na wypadek śmierci Schenkung (F.) von Todes wegen
darowizna (F.) rękodajna Handschenkung (F.)
darowizna (F.) wynagradzająca remuneratorische Schenkung (F.)
data (F.) Datum (N.)
datować datieren
dawać eingeben
dawać ogłoszenie inserieren
dawca (M.) Spender (M.)
dawca (M.) franszyzy Franchisegeber (M.)
dawka (F.) Gabe (F.)
dążyć trachten
dbać sorgen
de facto (lat.) de facto (lat.)
de iure (lat.) de iure (lat.)
de lege ferenda (lat.) de lege ferenda (lat.)
de lege lata (lat.) de lege lata (lat.)
debata (F.) Debatte (F.)
debatować debattieren (V.)
debet (M.) Debet (N.), Soll (N.)
debetowanie (N.) bezpośrednie Lastschriftverfahren (N.)
decentralizacja (F.) Dezentralisation (F.)
decentralizować dezentralisieren
decyzja (F.) Bescheid (M.), Beschluss (M.), Entscheid (M.), Entscheidung (F.), Entschluss (M.), Judikat (N.)
decyzja (F.) częściowa nieostateczna Zwischenbescheid (M.)
decyzja (F.) odwoławcza Widerspruchsbescheid (M.)
decyzja (F.) podatkowa Steuerbescheid (M.)
decyzja (F.) wstępna Vorbescheid (M.)
decyzja (F.) wykonania Leistungsbescheid (M.)
dedykacja (F.) Widmung (F.), Zueignung (F.)
dedykować widmen, zueignen
defensywny (Adj.) defensiv
defensywny stan (M.) wyjątkowy defensiver Notstand (M.), Verteidigungsnotstand (M.)
deficyt (M.) Defizit (N.)
definicja (F.) Definition (F.)
definicja (F.) legalna Legaldefinition (F.)
definiować definieren
defraudacja (F.) Unterschlagung (F.)
degradacja (F.) Degradierung (F.)
degresyjny (Adj.) degressiv
deklaracja (F.) Deklaration (F.), Erklärung (F.)
deklaracja (F.) podatkowa Steuererklärung (F.)
deklaratywny (Adj.) deklaratorisch
dekolonizacja (F.) Entkolonialisierung (F.)
dekoncentracja (F.) Dekonzentration (F.)
dekret (M.) Dekret (N.)
delegacja (F.) Abordnung (F.), Delegation (F.), Deputation (F.)
delegat (M.) Delegierter (M.)
delegować abordnen, delegieren
delegowanie (N.) Delegation (F.)
delegowany (Adj.) beauftragt
delikt (M.) Delikt (N.)
delikt (M.) dokonany pod wpływem alkoholu Alkoholdelikt (N.)
delikt (M.) dokonany poza granicami kraju Auslandsdelikt (N.)
delikt (M.) z dokumentu Urkundendelikt (N.)
delikt (M.) z naruszeniem Verletzungsdelikt (N.)
delinkwent (M.) Delinquent (M.)
delirium (N.) Delirium (N.)
delkredere (N.) Delkredere (N.)
demagogia (F.) Demagoge (M.)
dementi (N.) Dementi (N.)
dementować dementieren
demokracja (F.) Demokratie (F.)
demokracja (F.) ludowa Volksdemokratie (F.)
demokracja (F.) plebiscytowa plebiszitäre Demokratie (F.)
demokracja (F.) prezydencka Präsidialdemokratie (F.)
demokracja (F.) przedstawicielska repräsentative Demokratie (F.)
demokracja (F.) z prezydentem jako władzą wykonawczą Präsidialdemokratie (F.)
demokrat (M.) Demokrat (M.)
demokratyczny (Adj.) demokratisch
demonstracja (F.) Demonstration (F.)

demonstracyjny (Adj.) demonstrativ
demonstrant (M.) Demonstrant (M.)
demonstrować demonstrieren
demonstrowanie (N.) Demonstration (F.)
demoskopia (F.) Demoskopie (F.)
denacyfikacja (F.) Entnazifizierung (F.)
denacyfikować entnazifizieren
denuncjacja (F.) Denunziation (F.)
denuncjator (M.) Denunziant (M.)
denuncjować denunzieren
departament (M.) Departement (N.)
deponent (M.) Einleger (M.)
deponować deponieren
deportacja (F.) Deportation (F.)
deportować deportieren
depositum (N.) irregulare (lat.) depositum (N.) irregulare (lat.)
depozyt (M.) Depositum (N.), Depot (N.), Verwahrung (F.)
depozyt (M.) nieprawidłowy unregelmäßige Verwahrung (F.)
depozyt (M.) publicznoprawny öffentlichrechtliche Verwahrung (F.)
depozytariusz (M.) Verwahrer (M.)
depozytor (M.) Einleger (M.)
depozyty (Pl.) lokat Depositen (N.Pl.)
deputacja (F.) Deputation (F.)
deputat (M.) Deputat (N.)
deputować deputieren
deputowany (M.) Deputierter (M.)
derogacja (F.) Derogation (F.)
derogować derogieren
derywat (M.) Derivat (N.)
descendencja (F.) Deszendenz (F.)
deseń (M.) Muster (N.)
despota (M.) Despot (M.)
despotyczny (Adj.) despotisch
desygnacja (F.) Designation (F.)
desygnować designieren, designiert
detektor (M.) Detektor (M.)
detektyw (M.) Detektiv (M.)
dewaluacja (F.) Abwertung (F.)
deweloper (M.) Bauträger (M.)
dewiza (F.) Devise (F.), Valuta (F.)
dewizy (F.Pl.) Devisen (F.Pl.)
dewolucja (F.) Devolution (F.)
dezaprobata (F.) Missbilligung (F.)
dezercja (F.) Fahnenflucht (F.)
dezerter (M.) Deserteur (M.)
dezerterować desertieren
dezorganizować zerrütten
diakon (M.) Diakon (M.)
diecezja (F.) Bistum (N.), Diözese (F.), Sprengel (M.)
dies interpellat pro homine (lat.) dies interpellat pro homine (lat.)
dieta (F.) Diät (F.), Tagegeld (N.)
diety (F.Pl.) poselskie Diäten (F.Pl.)
disagio (N.) Disagio (N.)
dławić strangulieren
dług (M.) Schuld (F.)
dług (M.) alternatywny Wahlschuld (F.)
dług (M.) ciążący na masie Masseschuld (F.), Masseverbindlichkeit (F.)
dług (M.) częściowy Teilschuld (F.)
dług (M.) dotyczący zamiaru Vorsatzschuld (F.)
dług (M.) gruntowy Grundschuld (F.)
dług (M.) gruntowy na który został wystawiony dokument Briefgrundschuld (F.)
dług (M.) gruntowy właściciela Eigentümergrundschuld (F.)
dług (M.) gruntowy wpisany do księgi wieczystej Buchgrundschuld (F.)
dług (M.) gruntowy zabezpieczający Sicherungsgrundschuld (F.)
dług (M.) hipoteczny Hypothekenschuld (F.)
dług (M.) kolektywny Kollektivschuld (F.)
dług (M.) którego przedmiotem są rzeczy oznaczone co do gatunku Vorratsschuld (F.)
dług (M.) niedoskonały unvollkommene Verbindlichkeit (F.)
dług (M.) odbiorczy Holschuld (F.)
dług (M.) oddawczy Bringschuld (F.)
dług (M.) państwowy Staatsschuld (F.)
dług (M.) pieniężny Geldschuld (F.)
dług (M.) podatkowy Steuerschuld (F.)
dług (M.) przemienny Wahlschuld (F.)
dług (M.) rentowy Rentenschuld (F.)
dług (M.) rzeczy oznaczonej co do tożsamości Speziesschuld (F.), Stückschuld (F.)
dług (M.) solidarny Gesamtschuld (F.), Solidarhaftung (F.)
dług (M.) spółki Gesellschaftsschuld (F.)
dług (M.) wysyłkowy Schickschuld (F.)
dług (M.) z tytułu odsetek Zinsschuld (F.)
dług (M.) zbiorowy Kollektivschuld (F.)
długo lang
dłużniczka (F.) Schuldnerin (F.)
dłużniczo-łączny (Adj.) gesamtschuldnerisch
dłużnik (M.) Debitor (M.), Pfandschuldner (M.), Schuldner (M.)

dłużnik (M.) dłużnika Drittschuldner (M.)
dłużnik (M.) egzekucyjny Vollstreckungsschuldner (M.)
dłużnik (M.) hipoteczny Hypothekenschuldner (M.)
dłużnik (M.) łączny Gesamtschuldner (M.)
dłużnik (M.) upadłości Insolvenzschuldner (M.)
dłużnik (M.) upadły Gemeinschuldner (M.)
dłużny list (M.) gruntowy Grundschuldbrief (M.)
dniówka (F.) Tagelohn (M.)
dno (N.) Boden (M.)
do odbioru na poczcie postlagernd
dobra (Pl.) konsumpcyjne Verbrauchsgut (N.)
dobra wiara (F.) guter Glaube (M.), Treu (F.) und Glauben (M.)
dobrać kooptieren
dobre obyczaje (M.Pl.) gute Sitten (F.Pl.)
dobro (N.) Wohl (N.)
dobro (N.) dziecka Kindeswohl (N.)
dobro (N.) indywidualne prawne Individualrechtsgut (N.)
dobro (N.) niematerialne Immaterialgut (N.)
dobro (N.) ogólne Allgemeinwohl (N.), Gemeinwohl (N.)
dobro (N.) powszechne Allgemeinwohl (N.), Gemeingut (N.), öffentliches Wohl (N.)
dobro (N.) prawne Rechtsgut (N.)
dobro (N.) publiczne öffentliches Gut (N.)
dobro (N.) rachunku Guthaben (N.)
dobro (N.) rodowe Allod (N.)
dobro (N.) uniwersalne prawne Universalrechtsgut (N.)
dobro (N.) wspólne Gemeinschaftsgut (N.)
dobrobyt (M.) Wohlfahrt (F.)
dobroć (F.) Güte (F.)
dobrodziejstwo (N.) prawa Rechtswohltat (F.)
dobrowolny (Adj.) freiwillig, gewillkürt
dobry (Adj.) gut
dobry obyczaj (M.) gute Sitte (F.)
dobrze nabyty (Adj.) wohlerworben
docent (M.) Dozent (M.)
docent (M.) akademicki Hochschuldozent (M.)
docent (M.) nieetatowy Privatdozent (M.)
docent (M.) prywatny Privatdozent (M.)
dochodzenie (N.) Ermittlung (F.), Gelten(d)machung (F.)
dochodzenie (N.) prawa Rechtsverfolgung (F.)
dochodzenie (N.) w przypadku podejrzenia o przestępstwo podatkowe Steuerfahndung (F.)
dochodzenie (N.) wcześniejsze Vorermittlung (F.)
dochodzić sądownie einklagen
dochowanie (N.) tajemnicy Geheimhaltung (F.)
dochód (M.) Einkommen (N.), Einkunft (F.), Erlös (M.), Ertrag (M.)
dochód (M.) roczny Jahreseinkommen (N.)
dochód (M.) z pracy Arbeitseinkommen (N.)
dociekać forschen
doctor (M.) honoris causa Ehrendoktorat (N.)
doczepić anhängen
dodać beifügen, zusetzen
dodatek (M.) Anhang (M.), Annex (M.), Ergänzung (F.), Nachtrag (M.), Zugabe (F.), Zulage (F.), Zusatz (M.), Zuschlag (M.)
dodatek (M.) do budżetu Nachtragshaushalt (M.)
dodatek (M.) do czynszu Mietzuschuss (M.)
dodatek (M.) do pensji za rozłąkę Trennungsgeld (N.)
dodatek (M.) do płacy za niebezpieczeństwo Gefahrenzulage (F.)
dodatek (M.) lokalny Ortszuschlag (M.)
dodatek (M.) na dzieci Kindergeld (N.)
dodatkowa dywidenda (F.) Bonus (M.)
dodatkowa wpłata (F.) Nachschuss (M.)
dodatkowe koszty (Pl.) związane z płacami Lohnnebenkosten (F.Pl.)
dodatkowe obciążenie (N.) finansowe Abschöpfung (F.)
dodatkowe żądanie (N.) Nachforderung (F.)
dodatkowy (Adj.) Neben-, zusätzlich
dodatkowy mandat (M.) poselski wynikający z powiązania wyboru bezpośredniego i stosunkowego systemu wyborczego Überhangmandat (N.)
dodatkowy przyrost (M.) Zugewinn (M.)
dodatkowy zapis (M.) testamentowy Nachvermächtnis (N.)
dodatkowy zysk (M.) Zugewinn (M.)
doglądać beaufsichtigen, pflegen
dogmat (M.) Dogma (N.)
dogmatyka (F.) Dogmatik (F.)
dogmatyka (F.) prawa Rechtsdogmatik (F.)
dogodność (F.) Opportunität (F.)
dogodny (Adj.) gelegen, opportun

dojazd (M.) Fahrt (F.)
dojrzałość (F.) Reife (F.)
dojrzały (Adj.) reif
dojrzewać reifen
dojście (N.) Zugang (M.)
dokładność (F.) Bestimmtheit (F.)
dokładny (Adj.) bestimmt, richtig
dokonać leisten, verüben
dokonać czynu karygodnego freveln
dokonać fuzji verschmelzen
dokonać przeglądu mustern
dokonać przeglądu i naprawy überholen
dokonać puczu putschen
dokonanie (N.) Abschluss (M.), Verübung (F.), Vollendung (F.), Vornahme (F.)
dokonanie (N.) czynności prawnej z samym sobą jako przedstawicielem innej osoby Selbstkontrahieren (N.)
dokonanie (N.) przeglądu Musterung (F.)
dokonanie (N.) zmiany Abänderung (F.)
dokonywać bewirken
dokonywać przeglądu inspizieren
dokończenie (N.) Vollendung (F.)
dokończyć vollenden
dokręcać nachziehen
dokształcenie (N.) Fortbildung (F.)
dokształcić fortbilden
doktor (M.) Doktor (M.)
doktor (M.) honoris causa Ehrendoktor (M.)
doktorant (M.) Doktorand (M.)
doktoryzować promovieren
doktryna (F.) Doktrin (F.), Lehre (F.)
dokument (M.) Beleg (M.), Dokument (N.), Karte (F.), Urkunde (F.)
dokument (M.) autentyczny echte Urkunde (F.)
dokument (M.) będący zarazem tytułem egzekucyjnym vollstreckbare Urkunde (F.)
dokument (M.) cesji Abtretungsurkunde (F.)
dokument (M.) dopuszczenia pojazdu samochodowego do ruchu drogowego Kraftfahrzeugschein (M.)
dokument (M.) kwalifikacyjny Befähigungsnachweis (M.)
dokument (M.) legitymacyjny Legitimationspapier (N.)
dokument (M.) nominacyjny Ernennungsurkunde (F.)
dokument (M.) pełnomocnictwa Vollmachtsurkunde (F.)
dokument (M.) prywatny Privaturkunde (F.)
dokument (M.) publiczny öffentliche Urkunde (F.)
dokument (M.) sfałszowany unechte Urkunde (F.)
dokument (M.) stwierdzający prawo własności Traditionspapier (N.)
dokument (M.) ubezpieczeniowy Versicherungsurkunde (F.)
dokument (M.) umowy Vertragsurkunde (F.)
dokumentacja (F.) Dokumentation (F.)
dokumentalny (Adj.) urkundlich
dokumentować dokumentieren, verbriefen
dolegliwość (F.) Übel
doliczać zurechnen
doliczenie (N.) Zurechnung (F.)
doliczyć zuschlagen
dolny (Adj.) untere
dolus (M.) (lat.) dolus (M.) (lat.)
dolus (M.) directus (lat.) dolus (M.) directus (lat.)
dolus (M.) eventualis (lat.) dolus (M.) eventualis (lat.)
dolus (M.) generalis (lat.) dolus (M.) generalis (lat.)
dolus (M.) indirectus (lat.) dolus (M.) indirectus (lat.)
dolus (M.) malus (lat.) dolus (M.) malus (lat.)
dolus (M.) subsequens (lat.) dolus (M.) subsequens (lat.)
dołączenie (N.) Anschluss (M.), Beilegung (F.)
dołączyć anschließen, beifügen, beilegen
dołożyć aufwenden
dom (M.) Haus (N.)
dom (M.) czynszowy Mietshaus (N.), Mietskaserne (F.)
dom (M.) opieki Heim (N.)
dom (M.) publiczny Bordell (N.), Freudenhaus (N.)
dom (M.) składowy Lagerhaus (N.)
dom (M.) wysyłkowy Versandhaus (N.)
domagać się beanspruchen
domagać się zwrotu herausverlangen, zurückfordern
domain (M.) (engl.) domain (F.)
domena (F.) Domäne (F.)
domicyl (M.) Domizil (N.)
domieszka (F.) Zusatz (M.)
domniemanie (N.) Präsumption (F.), Vermutung (F.)
domniemanie (N.) komorientów Kommorientenvermutung (F.)

domniemanie (N.) niewinności Unschuldsvermutung (F.)
domniemanie (N.) ojcostwa Vaterschaftsvermutung (F.)
domniemanie (N.) pierwszeństwa śmierci wspólnie zmarłych Kommorientenvermutung (F.)
domniemanie (N.) prawne Rechtsvermutung (F.)
domniemanie (N.) śmierci Todesvermutung (F.)
domniemanie (N.) winy Verschuldensvermutung (F.)
domniemanie (N.) własności Eigentumsvermutung (F.)
domniemany (Adj.) angeblich, mutmaßlich, vermutlich
domniemywać vermuten
domokrążca (M.) Hausierer (M.)
domowy (Adj.) häuslich
domyślać się mutmaßen
doniesienie (N.) Anzeige (F.), Bericht (M.)
doniesienie (N.) o przestępstwie Strafanzeige (F.)
donosić berichten
dopasować abstimmen, anpassen
dopasowanie (N.) Abstimmung (F.), Anpassung (F.)
dopasowanie (N.) prawa Rechtsangleichung (F.)
dopełnienie (N.) Ergänzung (F.), Nachtrag (M.)
dopilnowanie (N.) uprawnionych interesów Wahrnehmung (F.) berechtigter Interessen
dopingować dopen
dopisać ponownie zuschreiben
dopisanie (N.) ponowne Zuschreibung (F.)
dopłacić nachzahlen
dopłata (F.) Nachzahlung (F.), Zuschlag (M.), Zuschuss
dopłata (F.) do kosztów budowy Baukostenzuschuss (M.)
doprowadzenie (N.) Vorführung (F.)
doprowadzić vorführen
doprowadzić do porządku instandsetzen
dopuszczać beteiligen, zulassen
dopuszczalność (F.) Statthaftigkeit (F.), Zulässigkeit (F.)
dopuszczalność (F.) drogi sądowej Rechtswegzulässigkeit (F.)
dopuszczalny (Adj.) statthaft, zulässig
dopuszczalny środek (M.) dowodowy zulässiges Beweismittel (N.)
dopuszczenie (N.) Begehung (F.), Zulassung (F.)
dopuszczenie (N.) do wykonywania zawodu Approbation (F.)
dopuścić zulassen
dopuścić do wykonywania zawodu approbieren
dopuścić się begehen, vergehen (sich vergehen), verüben
doradca (M.) Beistand (M.), Berater (M.), Konsulent (M.)
doradca (M.) podatkowy Steuerberater (M.)
doradca (M.) prawny Rechtsbeistand (M.), Rechtsberater (M.)
doradzać beraten (V.)
doradztwo (N.) prawne Rechtsberatung (F.)
dorastać heranwachsen
dorastający (M.) Heranwachsender (M.)
doręczać überbringen
doręczenie (N.) Zustellung (F.)
doręczenie (N.) publiczne öffentliche Zustellung (F.)
doręczenie (N.) wewnętrzne Verwaltungszustellung (F.)
doręczenie (N.) zastępcze Ersatzzustellung (F.)
doręczyciel (M.) Überbringer (M.)
doręczyć zustellen
dorobek (M.) Erwerb (M.)
dorobek (M.) majątkowy małżonków Zugewinn (M.)
dorobić się erwerben
dorosły (M.) Erwachsener (M.)
dorozumiany (Adj.) konkludent
dossier (M.) Dossier (N.)
dostarczać abliefern, liefern, nachliefern, zuliefern
dostarczenie (N.) Ablieferung (F.), Beibringung (F.), Beschaffung (F.), Einlieferung (F.), Nachschieben (N.), Verschaffen (N.), Verschaffung (F.)
dostarczenie (N.) częściowe Teillieferung (N.)
dostarczyć abliefern, beibringen, beschaffen (V.), einliefern, liefern, verschaffen
dostawa (F.) Ablieferung (F.), Lieferung (F.)
dostawa (F.) częściami lub periodycznie Sukzessivlieferung (F.)
dostawa (F.) dodatkowa Nachlieferung (F.)
dostawa (F.) dzieła wykonanego Werklieferung (F.)
dostawa (F.) piwa Bierlieferung (F.)

dostawa (F.) późniejsza reszty Nachlieferung (F.)
dostawa (F.) towaru innego niż zamówiony Falschlieferung (F.)
dostawca (M.) Lieferant (M.)
dostawiać liefern
dostawienie (N.) Einlieferung (F.)
dostęp (M.) Zugang (M.)
dostojnik (M.) Würdenträger (M.)
dostosować anpassen
dostosowanie (N.) Anpassung (F.)
doświadczać versuchen
doświadczenie (N.) Autopsie (F.), Test (M.), Versuch (M.)
doświadczenie (N.) życiowe Lebenserfahrung (F.)
doświadczony (Adj.) kundig
doświadczyć erfahren (V.)
dotacja (F.) Dotation (F.), Zuschuss, Zuwendung (F.)
dotatkowe wynagrodzenie (N.) w związku z urlopem Urlaubsgeld (N.)
dotatkowy (Adj.) nachträglich
dotknąć verletzen
dotknięty (Adj.) betroffen
dotować dotieren (vergüten)
dotrzymać einhalten
dotrzymanie (N.) Einhaltung (F.)
dotyczący aktów stanu cywilnego standesamtlich
dotyczący czynności prawnej rechtsgeschäftlich
dotyczący pokrewieństwa verwandtschaftlich
dotyczący postanowienia interlokutorisch
dotyczący zdrady kraju landesverräterisch
dowiadywać erkundigen
dowiadywanie (N.) Erkundigung (F.)
dowiedzenie (N.) się Erfahrung (F.)
dowiedzieć się erfahren (V.)
dowierzać trauen, vertrauen
dowieść beweisen
dowiezienie (N.) Nachschieben (N.)
dowodzić beweisen, kommandieren
dowód (M.) Beweis (M.), Nachweis (M.)
dowód (M.) doręczenia Zustellungsurkunde (F.)
dowód (M.) formalny Strengbeweis (M.)
dowód (M.) na pierwszy rzut oka Anscheinsbeweis (M.), prima-facie-Beweis (M.)
dowód (M.) nieformalny Freibeweis (M.)
dowód (M.) odciążający Entlastungsbeweis (M.)
dowód (M.) osobisty Personalausweis (M.)
dowód (M.) poszlakowy Indizienbeweis (M.)
dowód (M.) prawdy Wahrheitsbeweis (M.)
dowód (M.) przeciwny Gegenbeweis (M.)
dowód (M.) rzeczowy Beweisstück (N.)
dowód (M.) swobodny Freibeweis (M.)
dowód (M.) tożsamości Ausweis (M.)
dowód (M.) z dokumentu Urkundenbeweis (M.)
dowód (M.) załadowania Verladeschein (M.)
dowód (M.) ze świadka Zeugenbeweis (N.)
dowódca (M.) Kommandeur (M.)
dozgonny (Adj.) lebenslang
doznać erfahren (V.)
dozorca (M.) Wärter (M.)
dozorca (M.) domu Hausmeister (M.)
dozorować überwachen
dozór (M.) Aufsicht (F.), Obhut (F.), Überwachung (F.)
dozór (M.) elektroniczny elektronische Fußfessel (F.),
dozwolony (Adj.) genehmigt, zulässig
dożywocie (N.) w zamian za przekazanie następcy gospodarstwa rolnego Altenteil (M.)
dożywotni (Adj.) lebenslänglich
dół (M.) Grube (F.)
drakoński (Adj.) drakonisch
dręczenie (N.) zwierząt Tierquälerei (F.)
dręczyć martern, schinden
drobnostka (F.) Bagatellsache (F.)
drobny (Adj.) gering
droga (F.) Bahn (F.), Straße (F.), Weg (M.)
droga (F.) dla pieszych Gehweg (M.)
droga (F.) do jazdy konnej Reitweg (M.)
droga (F.) federalna Bundesfernstraße (F.), Bundesstraße (F.)
droga (F.) jednokierunkowa Einbahnstraße (F.)
droga (F.) konieczna Notweg (M.)
droga (F.) krajowa Bundesstraße (F.)
droga (F.) morska Seeweg (M.)
droga (F.) prawna Rechtsweg (M.)
droga (F.) prywatna Privatstraße (F.)
droga (F.) sądowa Rechtsweg (M.)
droga (F.) sądowa sądownictwa powszechnego ordentlicher Rechtsweg (M.)
droga (F.) służbowa Dienstweg (M.)
drogi (Adj.) teuer
drogocenny (Adj.) kostbar

drugi zweite
druk (M.) Ausdruck (M.), Druck (M.), Drucksache (F.), Druckschrift (F.)
drukować drucken
drzwi (Pl.) wejściowe Haustüre (F.)
dualiczny (Adj.) dualistisch
dualizm (M.) Dualismus (M.)
dubeltowy (Adj.) doppelt
duch (M.) Geist (M.)
duchowny (Adj.) geistlich
duchowny (M.) Geistlicher (M.), Kleriker (M.)
duchowy (Adj.) mental
dumping (M.) Dumping (N.)
duplika (F.) Duplik (F.)
duplikat (M.) Duplikat (N.)
dusić strangulieren
dusza (F.) Seele (F.)
duża ilość (F.) Masse (F.)
duże miasto (N.) Großstadt (F.)
dużo viel
dwa zwei
dwór (M.) Hof (M.)
dwustronny bilateral, synallagmatisch, zweiseitig
dwuśladowy zweispurig
dwutorowość (F.) Zweispurigkeit (F.)
dychotomia (F.) Dichotomie (F.)
dyfamacja (F.) Diffamierung (F.)
dyfamujący (Adj.) diffamierend
dygnitarz (M.) Würdenträger (M.)
dyktator (M.) Diktator (M.)
dyktatura (F.) Diktatur (F.)
dyktować diktieren
dylatoryjny (Adj.) dilatorisch
dym (M.) Rauch (M.)
dymić rauchen
dymisja (F.) Demission (F.)
dymisjować demissionieren
dynamiczny (Adj.) dynamisch
dynastia (F.) Dynastie (F.)
dyplom (M.) Diplom (N.)
dyplomacja (F.) Diplomatie (F.)
dyplomata (M.) Diplomat (M.)
dyplomatyczny diplomatisch
dyplomatyka (F.) Diplomatik (F.)
dyrekcja (F.) Direktion (F.)
dyrektor (M.) Direktor (M.), Kanzler (M.), Leiter (M.)
dyrektor (M.) gminny Gemeindedirektor (M.)
dyrektor (M.) miasta Stadtdirektor (M.)
dyrektor (M.) miasta wyłączonego z powiatu Oberstadtdirektor (M.)
dyrektor (M.) powiatu Oberkreisdirektor (M.)
dyrektywa (F.) Direktive (F.), Richtlinie (F.)
dyrektywa (F.) Wspólnoty Europejskiej o bilansach Bilanzrichtlinie (F.)
dyscyplina (F.) Disziplin (F.), Zucht (F.)
dyscyplinarny (Adj.) disziplinarisch
dysertacja (F.) Dissertation (F.)
dyskonto (N.) Diskont (M.)
dyskontować diskontieren
dyskrecja (F.) Verschwiegenheit (F.)
dyskretny (Adj.) verschwiegen
dyskryminacja (F.) Diskriminierung (F.)
dyskryminacja (F.) rasowa Rassendiskriminierung (F.)
dyskryminować diskriminieren
dyskryminujący (Adj.) diskriminierend
dyskusja (F.) Disput (M.)
dyskusyjny (Adj.) strittig
dysponować disponieren, verfügen
dyspozycja (F.) Disposition (F.), Gebot (N.), Order (F.), Verfügung (F.)
dyspozycja (F.) majątkowa Vermögensverfügung (F.)
dyspozytywny (Adj.) abdingbar, dispositiv
dysputa (F.) Disput (M.)
dysputacja (F.) Disputation (F.)
dystans (M.) Abstand (M.)
dystrybucja (F.) Vertrieb (M.)
dystrykt (M.) Distrikt (M.)
dystyngować distinguieren (im Verfahrensrecht bezüglich einer älteren Entscheidung unterscheiden)
dysydent (M.) Dissident (M.)
dywersja (F.) Diversion (F.)
dywersyjny (Adj.) subversiv
dywidenda (F.) Dividende (F.)
dywizja (F.) Division (F.)
dziać się geschehen
dziadek (M.) Großvater (M.)
dziadkowie (Pl.) Großeltern (M. bzw. F.)
dział (M.) Abteilung (F.), Dezernat (N.), Sektion (F.), Titel (M.)
dział (M.) meldunkowy Meldewesen (N.)
działacz (M.) Funktionär (M.), Handelnder (M.)
działać agieren, handeln, tätigen, wirken
działać z kimś wspólnie na niekorzyść osoby trzeciej kolludieren
działający (Adj.) wirksam
działający wstecz (Adj.) rückwirkend

działalność (F.) Erwerbstätigkeit (F.), Tätigkeit (F.)
działalność (F.) administracyjna Verwaltungshandeln (N.)
działalność (F.) gospodarcza Geschäftsbetrieb (M.), Gewerbe (N.)
działalność (F.) gospodarcza prowadzona przez wędrujących Reisegewerbe (N.)
działalność (F.) handlowa Geschäftsbetrieb (M.), Handelsgewerbe (N.)
działalność (F.) kupiecka Geschäftsmäßigkeit (F.)
działalność (F.) pozorna Scheinselbständigkeit (F.)
działalność (F.) urzędowa Geschäftsmäßigkeit (F.)
działanie (N.) Aktion (F.), Handeln (N.), Handlung (F.), Tun (N.)
działanie (N.) administracyjne Verwaltungshandeln (N.)
działanie (N.) dorozumiane konkludentes Handeln (N.)
działanie (N.) konkludentne konkludentes Handeln (N.)
działanie (N.) podobne do czynności prawnej rechtsgeschäftsähnliche Handlung (F.)
działanie (N.) powodujące skutki prawne Rechtshandlung (F.)
działanie (N.) zaradcze Maßnahme (F.)
działanie (N.) zasadne schlüssiges Handeln (N.)
działka (F.) gruntowa Flurstück (N.)
działo (N.) Kanone (F.)
dzieciobójstwo (N.) Kindestötung (F.)
dziecko (N.) Kind (N.), Pflegekind (N.)
dziecko (N.) przyrodnie Stiefkind (N.)
dziecko (N.) przysposobione Adoptivkind (N.)
dziedzic (M.) pod tytułem uniwersalnym Universalerbe (M.)
dziedzictwo (N.) kulturalne Kulturerbe (N.)
dziedzictwo (N.) kultury swiatowej Weltkulturerbe (N.)
dziedziczenie (N.) według linii pokrewieństwa Parentel (F.)
dziedziczenie (N.) według pokrewieństwa Parentelsystem (N.)
dziedziczne prawo (N.) zabudowy Erbbaurecht (N.)
dziedziczny (Adj.) erblich, vererblich
dziedziczyć beerben
dziedzina (F.) Disziplin (F.)
dziedzina (F.) prawa Rechtsgebiet (N.)
dziedziniec (M.) Hof (M.)
dziejowy (Adj.) geschichtlich
dziekan (M.) Dekan (M.), Doyen (M.) (franz.)
dziekan (M.) korpusu dyplomatycznego Doyen (M.) (franz.)
dziekanat (M.) Dekanat (N.)
dzielenie (N.) Division (F.)
dzielić teilen
dzielnica (F.) Region (F.)
dzieło (N.) Schöpfung (F.), Schrift (F.), Werk (N.)
dzieło (N.) drukowane Druckwerk (N.)
dzieło (N.) literackie Schriftwerk (N.)
dzieło (N.) pisarskie Schriftwerk (N.)
dzieło (N.) zbiorowe Sammelwerk (N.)
dziennik (M.) ministerialny Ministerialblatt (N.)
dziennik (M.) obwieszczeń Verkündungsblatt (N.)
dziennik (M.) ogłoszeń Verkündungsblatt (N.)
dziennik (M.) urzędowy Amtsblatt (N.)
dziennik (M.) ustaw Gesetzblatt (N.)
dziennik (M.) ustaw rzeszy Reichsgesetzblatt (N.)
dzień (M.) Tag (M.)
dzień (M.) ostateczny Stichtag (M.)
dzień (M.) powszedni Werktag (M.)
dzień (M.) roboczy Werktag (M.)
dzień (M.) sądowy Gerichtstag (M.)
dzień (M.) świąteczny Feiertag (M.)
dzierżawa (F.) Pacht (F.)
dzierżawa (F.) terenu łowieckiego Jagdpacht (F.)
dzierżawa (F.) wieczysta Erbpacht (F.)
dzierżawa (F.) ziemi Landpacht (F.)
dzierżawca (M.) Pächter (M.)
dzierżawić pachten
dzierżenie (N.) Gewahrsam (M.)
dzierżyciel (M.) Besitzdiener (M.), Halter (M.)
dziewczyna (F.) lekkich obyczajów Freudenmädchen (F.)
dziewica (F.) Jungfrau (F.)
dziki (Adj.) wild
dziki strajk (M.) wilder Streik (M.)
dzwonić telefonieren

e

e-commerce (engl.) e-commerce (N.) (engl.)
edycja (F.) Ausgabe (F.), Edition (F.)

edykt (M.) Edikt (N.)
edytor (M.) Herausgeber (M.)
edytorka (F.) Herausgeberin (F.)
efekt (M.) Effekt (M.), Wirkung (F.)
efekt (M.) wiążący Bindungswirkung
efektywny effektiv
egzamin (M.) Examen (N.)
egzamin (M.) częściowy Zwischenprüfung (F.)
egzamin (M.) dojrzałości Reifeprüfung (F.)
egzamin (M.) doktorski Doktorprüfung (F.)
egzamin (M.) mistrzowski Meisterprüfung (F.)
egzamin (M.) na aplikanta Referendarprüfung (F.)
egzamin (M.) państwowy Staatsprüfung (F.)
egzaminować examinieren
egzekować vollstrecken
egzekucja (F.) Exekution (F.), Vollstreckung (F.), Zwangsvollstreckung (F.)
egzekucja (F.) administracyjna Verwaltungsvollstreckung (F.)
egzekucja (F.) należności wymiaru sprawiedliwości Justizbeitreibung (F.)
egzekucja (F.) poborów Gehaltsexekution (F.)
egzekucja (F.) z nieruchomości Immobiliarzwangsvollstreckung (F.)
egzekucja (F.) z ruchomości Mobiliarzwangsvollstreckung (F.)
egzekutor (M.) Vollstrecker (M.), Vollzugsbeamter (M.)
egzekutować exekutieren
egzekutywa (F.) Exekutive (F.)
egzekutywny (Adj.) exekutiv
egzekwować eintreiben
egzekwowanie (N.) Gelten(d)machung (F.)
egzemplarz (M.) Ausfertigung (F.)
egzemplarz (M.) bezpłatny Freiexemplar (N.)
egzemplarz (M.) obowiązkowy Pflichtexemplar (N.)
egzystencja (F.) Dasein (N.), Existenz (F.)
egzystować existieren
ekologia (F.) Ökologie (F.)
ekologicznie (Adj.) ökologisch
ekologiczny (Adj.) ökologisch
ekonomia (F.) Ökonomie (F.)
ekonomiczny ökonomisch, wirtschaftlich (die Wirtschaft betreffend)
ekonomika (F.) przedsiębiorstwa Betriebswirtschaft (F.)
ekonomika (F.) przemysłu Betriebswirtschaft (F.)
ekran (M.) Schirm (M.)
ekscepcja (F.) Einrede (F.), exceptio (F.) (lat.)
ekscepcja (F.) marności Dürftigkeitseinrede (F.)
eksces (M.) Exzess (M.)
ekshibicjonista (M.) Exhibitionist (M.)
ekshibicjonistyczny exhibitionistisch
ekshumacja (F.) Exhumierung (F.)
ekshumować exhumieren
eksklawa (F.) Exklave (F.)
ekskluzywność (F.) Exklusivität (F.)
ekskluzywny (Adj.) exklusiv
ekskomunika (F.) Anathema (N.), Exkommunikation (F.)
ekskomunikować exkommunizieren
ekskulpacja (F.) Exkulpation (F.)
ekskulpować exkulpieren
eksmatrykulacja (F.) Exmatrikulation (F.)
eksmatrykulować exmatrikulieren
eksmisja (F.) Zwangsräumung (F.)
ekspedient (M.) Verkäufer (M.)
ekspedientka (F.) Verkäuferin (F.)
ekspektatywa (F.) Anwartschaft (F.)
ekspert (M.) Experte (M.), Gutachter (M.), Sachverständiger (M.)
ekspertyza (F.) Expertise (F.), Gutachten (N.)
ekspertyza (F.) genetyczna erbbiologisches Gutachten (N.)
ekspertyza (F.) ojcostwa Vaterschaftsgutachten (N.)
ekspertyza (F.) prawna Rechtsgutachten (N.)
eksploatacja (F.) Betrieb (M.)
eksplodować explodieren
eksplozja (F.) Explosion (F.)
eksport (M.) Ausfuhr (F.), Export (M.)
eksportować ausführen, exportieren
ekspozycja (F.) Ausstellung (F.)
ekstensywny extensiv
eksterytorialność (F.) Exterritorialität (F.)
eksterytorialny exterritorial
ekstradycja (F.) Auslieferung (F.)
ekstremista (M.) Extremist (M.)
ekstremizm (M.) Extremismus (M.)
ekumena (F.) Ökumene (F.)
ekumeniczny ökumenisch
ekumenizm (M.) Ökumene (F.)
ekwiwalenty äquivalent
elastyczność (F.) Flexibilität (F.)
elastyczny flexibel
elektor (M.) Kurfürst (M.)
elektorat (M.) Wählerschaft (F.)

elektroniczne przetwarzanie (N.) danych EDV (F.) (elektronische Datenverarbeitung), elektronische Datenverarbeitung (F.) (EDV)
elektroniczny (Adj.) elektronisch
elektrownia (F.) Kraftwerk (N.)
elektryczność (F.) Elektrizität (F.)
elektryczny (Adj.) elektrisch
element (M.) Faktor (M.)
element (M.) bezprawności Unrechtselement (N.)
element (M.) usprawiedliwiający Rechtfertigungselement (N.)
element (M.) winy Schuldmerkmal (N.)
eliminacja (F.) Ausschließung (F.)
emancypacja (F.) Emanzipation (F.)
emancypować emanzipieren
embargo (N.) Embargo (N.), Handelsembargo (N.)
embargo (N.) handlowe Handelsembargo (N.)
embrion (M.) Embryo (M.)
emerytować emeritieren
emerytowanie (N.) Pensionierung (F.)
emerytura (F.) Altersrente (F.), Altersruhegeld (N.), Emeritierung (F.), Pension (F.), Ruhegehalt (N.)
emigracja (F.) Auswanderung (F.), Emigration (F.), Exil (N.)
emigrant (M.) Emigrant (M.)
emigrować emigrieren, exilieren
emisja (F.) Ausgabe (F.), Emission (F.)
emitować emittieren
encyklika (F.) Enzyklika (F.)
encyklopedia (F.) Enzyklopädie (F.)
energia (F.) Energie (F.)
energia (F.) elektryczna Strom (M.)
enklawa (F.) Enklave (F.)
enumeracja (F.) Enumeration (F.)
enumeratywny enumerativ
epidemia (F.) Seuche (F.)
eskadra (F.) Geschwader (N.)
espressis verbis (lat.) expressis verbis (lat.)
estoppel (M.) Estoppel (N.)
etniczny ethnisch
etos (M.) Ethos (M.)
etyka (F.) Ethik (F.)
etyka (F.) prawna Rechtsethik
etyka (F.) socjalna Sozialethik (F.)
eugenika (F.) Eugenik (F.)
euro (N.) Euro (M.)
euroczek (M.) Eurocheque (M.)
eurokorpus (M.) Eurokorps (N.)
Europa (F.) Europa (N.)
Europejska Agencja (F.) Ochrony Środowiska Europäische Umweltagentur (F.)
Europejska Karta (F.) Socjalna Europäische Sozialcharta (F.)
Europejska Konwencja (F.) o ochronie praw człowieka i podstawowych wolności Europäische Konvention (F.) zum Schutz der Menschenrechte und Grundfreiheiten
Europejska Przestrzeń (F.) Gospodarcza Europäischer Wirtschaftsraum (M.)
Europejska Spółka (F.) Askcyjna Europäische Aktiengesellschaft (F.)
Europejska Wspólnota (F.) Atomowa Europäische Atomgemeinschaft (F.)
Europejska Wspólnota (F.) Ekonomiczna Europäische Wirtschaftsgemeinschaft (F.)
Europejska Wspólnota (F.) Interesów Gospodarczych Europäische Wirtschaftliche Interessenvereinigung (F.) (EWIV), EWIV (F.) (Europäische Wirtschaftliche Interessenvereinigung)
Europejska Wspólnota (F.) Węgla i Stali Europäische Gemeinschaft (F.) für Kohle und Stahl, Montanunion (F.)
Europejska Współpraca (F.) Polityczna Europäische politische Zusammenarbeit (F.)
Europejski europäisch
Europejski Bank (M.) Inwestycyjny Europäische Investititonsbank (F.)
Europejski patent (M.) Europäisches Patent (N.)
Europejski System (M.) Walutowy Europäisches Währungssystem (N.)
Europejski Trybunał (M.) Praw Człowieka Europäischer Gerichtshof (M.) für Menschenrechte
Europejski Uniwersytet (M.) Europäische Universität (F.)
Europejskie Stowarzyszenie (N.) Europäischer Verband (M.)
Europol (M.) Europäisches Polizeiamt (N.)
eutanazja (F.) Euthanasie (F.), Sterbehilfe (F.)
ewakuacja (F.) Evakuierung (F.)
ewakuawać evakuieren
ewaluacja (F.) Evaluation (F.)
ewaluawać evaluieren
ewangelicki (Adj.) evangelisch
ewangeliczny (Adj.) evangelisch
ewentualny (Adj.) bedingt, eventual
ewicja (F.) Eviktion (F.)

ewidencja (F.) Evidenz (F.)
ewidentny (Adj.) evident
ewikcja (F.) Entwerung (F.)
ewokacja (F.) Evokation (F.)
ex lege (lat.) ex lege (lat.)
ex nunc (lat.) ex nunc (lat.)
ex officio (lat.) ex officio (lat.)
ex tunc (lat.) ex tunc (lat.)
exceptio (F.) doli (lat.) exceptio (F.) doli (lat.)

f

fabryka (F.) Betrieb (M.), Fabrik (F.), Werk (N.)
fabrykant (M.) Fabrikant (M.)
fach (M.) Fach (N.)
fachowiec (M.) Fachmann (M.)
factoring (M.) Factoring (N.)
facultas (F.) alternativa (lat.) Ersetzungsbefugnis (F.), facultas (F.) alternativa (lat.)
faks (M.) Fax (N.)
faksymile (N.) Faksimile (N.)
fakt (M.) Faktum (N.), Tatsache (F.)
fakt (M.) prawa Rechtstatsache (F.)
faktum (M.) Faktum (N.)
faktura (F.) Faktura (F.), Rechnung (F.)
faktycznie de facto (lat.)
faktyczny (Adj.) faktisch, tatsächlich
fakultatywny (Adj.) fakultativ
falsa demonstratio non nocet (lat.) falsa demonstratio non nocet (lat.) (die falsche Bezeichnung schadet nicht)
falsus procurator (M.) (lat.) falsus procurator (M.) (lat.)
fałszerstwo (N.) dokumentu Urkundenfälschung (F.)
fałszerstwo (N.) pieniędzy i określonych papierów wartościowych Münzdelikt (N.)
fałszerz (M.) Fälscher (M.)
fałszerz (M.) pieniędzy Falschmünzer (M.)
fałszować fälschen, verfälschen
fałszowanie (N.) Fälschung (F.)
fałszowanie (N.) danych dotyczące stanu cywilnego Personenstandsfälschung (F.)
fałszowanie (N.) monet Münzfälschung (F.)
fałszowanie (N.) pieniędzy Geldfälschung (F.)
fałszowanie (N.) wyborów Wahlfälschung (F.)
fałszowanie (N.) znaków wartościowych Wertzeichenfälschung (F.)
fałszywe zeznanie (N.) Falschaussage
fałszywy (Adj.) falsch
faszystowski (Adj.) faschistisch
faszyzm (M.) Faschismus (M.)
fatum (N.) Schicksal (N.)
faza (F.) początkowa karalności Anfang (M.) der Ausführung
federacja (F.) Bund (M.), Föderation (F.)
federalistyczny (Adj.) föderalistisch
federalizm (M.) Föderalismus (M.)
federalna flaga (F.) Bundesflagge (F.)
Federalna Izba (F.) Notariuszy Bundesnotarkammer (F.)
Federalna Izba (F.) Obrachunkowa Bundesrechnungshof (M.)
federalna konferencja (F.) prasowa Bundespressekonferenz (F.)
federalna straż (F.) graniczna Bundesgrenzschutz (M.)
federalna straż (F.) ochrony pogranicza Bundesgrenzschutz (M.)
federalna ustawa (F.) budowlana Bundesbaugesetz (N.)
federalna ustawa (F.) dotycząca zaraz Bundesseuchengesetz (N.)
federalna ustawa (F.) epidemiologiczna Bundesseuchengesetz (N.)
federalna ustawa (F.) o odpowiedzialności dyscyplinarnej urzędników federalnych Bundesdisziplinargesetz (N.)
federalna ustawa (F.) o pomocy socjalnej Bundessozialhilfegesetz (N.)
federalna ustawa (F.) stypendialna Bundesausbildungsförderungsgesetz (N.)
federalne bractwo (N.) górnicze Bundesknappschaft (F.)
federalne godło (N.) Bundeswappen (N.)
Federalne Ministerswo (N.) Sprawiedliwości Bundesjustizministerium (N.)
federalne ustawodawstwo (N.) konkurencyjne konkurrierende Bundesgesetzgebung (F.)
federalno-prawny (Adj.) bundesrechtlich
federalny (Adj.) föderal
Federalny Centralny Rejestr (M.) Bundeszentralregister (N.)
Federalny Centralny Rejestr (M.) Karny Bundeszentralregister (N.)
Federalny Dziennik (M.) Ustaw Bundesgesetzblatt (N.)
federalny minister (M.) sprawiedliowości Bundesjustizminister (M.)

federalny prokurator (M.) generalny Generalbundesanwalt (M.)
federalny przepis (M.) adwokatów Bundesrechtsanwaltsordnung (F.)
federalny przepis (M.) dotyczący opłat adwokatów Bundesrechtsanwaltsgebührenordnung (F.)
federalny regulamin (M.) opłat za czynności adwokackie Bundesrechtsanwaltsgebührenordnung (F.)
Federalny Sąd (M.) Administracyjny Bundesverwaltungsgericht (N.)
Federalny Sąd (M.) Patentowy Bundespatentgericht (N.)
Federalny Sąd (M.) Pracy Bundesarbeitsgericht (N.)
Federalny Sąd (M.) Socjalny Bundessozialgericht (N.)
Federalny Trybunał (M.) Finansowy Bundesfinanzhof (M.)
Federalny Trybunał (M.) Konstytucyjny Bundesverfassungsgericht (N.)
Federalny Urząd (M.) do spraw środowiska naturalnego Umweltbundesamt (N.)
federalny urząd (M.) do spraw zmotoryzowanego ruchu drogowego Kraftfahrtbundesamt (N.)
Federalny Urząd (M.) Kanclerski Bundeskanzleramt (N.)
Federalny Urząd (M.) Kartelu Bundeskartellamt (N.)
Federalny Urząd (M.) Kryminalny Bundeskriminalamt (N.)
federalny urząd (M.) nadzorczy Bundesaufsichtsamt (N.)
federalny urząd (M.) patentowy Bundespatentamt (N.)
federalny urząd (M.) prasowy Bundespresseamt (N.)
Federalny Urząd (M.) Prezydencki Bundespräsidialamt (N.)
federalny urząd (M.) ubezpieczeń społecznych Bundesversicherungsamt (N.)
federalny wolontariat (M.) Bundesfreiwilligendienst (M.)
federalny zakład (M.) ubezpieczeń Bundesversicherungsanstalt (F.)
federalny zakład (M.) ubezpieczeń pracowniczych Bundesversicherungsanstalt (F.)
feldfebel (M.) Feldwebel (M.)
ferie (F.Pl.) Ferien (F.Pl.)
feudalizm (M.) Feudalismus (M.)
feudalny (Adj.) feudal
fideikomis (M.) Fideikommiss (M.)
fideikomis (M.) rodzinny Familienfideikommiss (F.)
fiducjarny (Adj.) fiduziarisch
fikcja (F.) Fiktion (F.)
fiks (M.) Fixgeschäft (N.)
fiks (M.) absolutny absolutes Fixgeschäft (N.)
filia (F.) Filiale (F.), Niederlassung (F.), Zweigniederlassung (F.)
film (M.) Film (M.)
filozofia (F.) Philosophie (F.)
filozofia (F.) prawa Rechtsphilosophie (F.)
finalny (Adj.) final
finans (M.) Finanz (F.)
finanse (M.Pl.) Finanzen (F.Pl.)
finansować finanzieren
finansowanie (N.) Finanzierung (F.)
finansowanie (N.) partii Parteienfinanzierung (F.)
finansowy (Adj.) finanziell
finansujący (M.) Leasinggeber (M.)
fingować fingieren
firma (F.) Firma (F.)
firma (F.) likwidacyjna Abwicklungsgesellschaft (F.)
firma (F.) przodująca na rynku Marktführer (M.)
firma (F.) stanowiąca nazwisko właściciela Personalfirma (F.)
firma (F.) zawierająca określenie prowadzonej działalności Sachfirma (F.)
fiskalny (Adj.) fiskalisch
fiskus (M.) Fiskus (F.)
fizyczny (Adj.) körperlich, physisch
flaga (F.) Flagge (F.)
flaga (F.) narodowa Nationalflagge (F.)
flota (F.) Flotte (F.)
fob (free on board) (engl.) fob (free on board)
forma (F.) Form (F.), Gestalt
forma (F.) państwa Staatsform (F.)
forma (F.) pisemna Schriftform (F.)
forma (F.) prawna Rechtsform (F.)
forma (F.) spółki przed jej wpisaniem do rejestru Vorgründungsgesellschaft (F.)
forma (F.) tekstu Textform (F.)
forma (F.) winy Schuldform (F.)
formalizm (M.) Formalismus (M.)
formalna moc (F.) obowiązująca formelle Rechtskraft (F.)

formalnie de iure (lat.)
formalność (F.) Formalie (F.), Formalität (F.)
formalny (Adj.) formal, formell, nominell
formować prägen
formularz (M.) Formular (N.)
formularz (M.) cesji Abtretungsformular (N.)
formularz (M.) zwyczajny Standardformular (N.)
formuła (F.) Formel (F.)
formuła (F.) Dassonville Dassonville-Formel (F.)
formułować formulieren
formułowanie (N.) Formulierung (F.)
forteca (F.) Festung (F.)
forum (N.) forum (N.) (lat.)
fotka (F.) Foto (M.)
fotokopia (F.) Fotokopie (F.)
fracht (M.) Fracht (F.)
frachtować verfrachten
frachtujący (M.) Verfrachter (M.)
fragment (M.) Abschnitt (M.)
frakcja (F.) Fraktion (F.)
franchising (M.) Franchising (N.)
Francja (F.) Frankreich (N.)
franco franko
francuski (Adj.) französisch
franczyza (F.) Franchise (F.)
frank (M.) Franken (M.)
franko fracht frachtfrei
frankować frankieren
franszyza (F.) Franchising (N.)
free on board (fob) (engl.) free on board (fob)
fronda (F.) Fronde (F.)
fundacja (F.) Stiftung (F.)
fundacja (F.) na określony cel Vorstiftung (F.)
fundamentalny (Adj.) grundlegend
fundator (M.) Gründer (M.), Stifter (M.)
fundować gründen
fundusz (M.) Fond (M.), Fonds (M.)
fundusz (M.) inwestycyjny Investmentfonds (M.)
funkcja (F.) Amt (N.), Aufgabe (F.), Funktion (F.)
funkcja (F.) sędziowska Richteramt (N.)
funkcjonalny (Adj.) funktionell
funkcjonariusz (M.) pełniący funkcję publiczną Amtsträger (M.)
funkcjonować fungieren
funt (M.) Pfund (N.)
furtum (N.) usus (lat.) furtum (N.) usus (lat.)
fuzja (F.) Fusion (F.), Verschmelzung (F.)

g

gabinet (M.) Kabinett (N.)
gabinet (M.) lekarski Praxis (N.)
galona (F.) Gallone (F.)
gałąź (F.) Zweig (M.)
gałąź (F.) prawa Rechtsgebiet (N.)
gałęzie (F.Pl.) i korzenie (M.Pl.) przechodzące na sąsiednią nieruchomość Überhang (M.)
gang (M.) Bande (F.) (1)
ganić missbilligen, rügen, schelten
garaż (M.) Garage (F.)
gasić löschen
gastronomia (F.) Gastronomie (F.)
gatunek (M.) Art (F.) (Gattung), Gattung (F.), Genus (N.), Sorte (F.), Wahl (F.)
gaz (M.) Gas (N.)
gaz (M.) odlotowy Abgas (N.)
gaz (M.) spalinowy Abgas (N.)
gazeta (F.) Zeitung (F.)
gaża (F.) Gage (F.)
gen (M.) Gen (N.)
generalizować generalisieren
generał (M.) General (M.)
genetyczna synalagma (F.) genetisches Synallagma (N.)
genetyczny erbbiologisch, genetisch
genetyczny odcisk (M.) palca genetischer Fingerabdruck (M.)
genocyd (M.) Genozid (M.)
genom (M.) Genom (N.)
geryla (M.) Guerillakämpfer (M.), Guerillero (M.)
gest (M.) Gebärde (F.)
getto (N.) Getto (N.)
giełda (F.) Börse (F.)
giermek (M.) Knappe (M.)
giętki (Adj.) flexibel
gildia (F.) Gilde (F.)
gilotyna (F.) Guillotine (F.)
gimnazjum (N.) Gymnasium (N.)
gleba (F.) Boden (M.)
glejt (M.) Schutzschrift (F.)
globalizacja (F.) Globalisierung (F.)
globalny (Adj.) global
gloryfikacja (F.) Verherrlichung (F.)
gloryfikować verherrlichen
gładzić schlichten

głęboki (Adj.) tief
głęboki szacunek (M.) Hochachtung (F.)
głębokie poważanie (N.) Hochachtung (F.)
głos (M.) Stimme (F.), Votum (N.)
głos (M.) przeciwny Gegenstimme (F.)
głosować abstimmen, stimmen
głosowanie (N.) Abstimmung (F.)
głosowanie (N.) listowne Briefwahl (F.)
głosowanie (N.) w sprawie rozpoczęcia strajku Urabstimmung (F.)
głośniej lauter
głowa (F.) Kopf (M.)
głowa (F.) państwa Staatsoberhaupt (M.)
główkować köpfen
główna część (F.) układu zbiorowego Mantel (M.)
główny Haupt-, hauptsächlich, wesentlich
główny akcjonariusz (M.) Hauptaktionär (M.)
główny przedmiot (M.) sporu Hauptsache (F.)
główny spadkobierca (M.) gospodarstwa rolnego Anerbe (M.)
głuchoniemy taubstumm
głuchy (Adj.) taub
głupota (F.) Unverstand (M.)
głupota (F.) rażąca grober Unverstand (M.)
gmach (M.) Gebäude (N.)
gmina (F.) Gemeinde (F.), Kommune (F.)
gmina (F.) kościelna Kirchengemeinde (F.)
godło (N.) Wappen (N.)
godność (F.) Ehre (F.), Titel (M.), Würde (F.)
godność (F.) człowieka Menschenwürde (F.)
godny zaufania (Adj.) zuverlässig
godzina (F.) Stunde (F.)
godzina (F.) nadliczbowa Überstunde (F.)
godzina (F.) policyjna Sperrstunde (F.)
godzina (F.) pytań poselskich Fragestunde (F.)
godzina (F.) zamknięcia Polizeistunde (F.), Sperrstunde (F.)
godzina (F.) zamknięcia lokali Polizeistunde (F.)
goniec (M.) Bote (M.)
goodwill (M.) (engl.) goodwill (M.) (engl.)
gorszący wybryk (M.) grober Unfug (M.)
gospoda (F.) Gaststätte (F.), Wirtshaus (N.)
gospodarczy (Adj.) wirtschaftlich (die Wirtschaft betreffend)
gospodarka (F.) Wirtschaft (F.)
gospodarka (F.) naturalna Naturalwirtschaft (F.)
gospodarka (F.) obiegiem odpadami Kreislaufwirtschaft (F.)
gospodarka (F.) planowa Planwirtschaft (F.)
gospodarka (F.) rynkowa Marktwirtschaft (F.), Verkehrswirtschaft (F.)
gospodarka (F.) transportowa Verkehrswirtschaft (F.)
gospodarka (F.) wodna Wasserhaushalt (M.)
gospodarność (F.) Wirtschaftlichkeit (F.)
gospodarować wirtschaften
gospodarstwo (N.) domowe Haushalt (M.)
gospodarz (M.) Wirt (M.)
gość (M.) Gast (M.)
gotowość (F.) Bereitschaft (F.)
gotowość (F.) do pracy Arbeitsbereitschaft (F.)
gotowy (Adj.) bereit, fertig
gotowy do pójścia na ugodę kulant
gotowy pod natychmiastową zabudowę baureif
gotów bereit, fertig
gotówka (F.) Bargeld (N.), Kasse (F.)
gotówka (F.) za dokumenty Kasse (F.) gegen Verladedokumente
gotówka (F.) za fakturę Kasse (F.) gegen Faktura
gotówką bar
gotówkowy bar
góra (F.) Berg (M.)
górnictwo (N.) Bergbau (M.)
górnik (M.) Bergarbeiter (M.), Knappe (M.)
górny (Adj.) obere
gra (F.) Spiel (N.)
gra (F.) hazardowa Glücksspiel (N.)
grabić plündern
grabież (F.) Plünderung (F.)
grać spielen
grad (M.) Hagel (M.)
gradualny (Adj.) gradual
graduować graduieren
gramatycznie (Adj.) grammatikalisch (Adj.)
gramatyka (F.) Grammatik (F.)
granat (M.) Granate (F.)
granica (F.) Gemarkung (F.), Grenze (F.)
granica (F.) dopuszczalności wywłaszczenia Opfergrenze (F.)
granica (F.) na Odrze i Nysie Oder-Neiße-Linie (F.)
granica (F.) wiekowa Altersgrenze (F.)
granica (F.) wymiaru składki Beitragsbemessungsgrenze (F.)

granice (F.Pl.) zagrożenia karą Strafrahmen (M.)
graniczyć angrenzen
gratis kostenlos
gratyfikacja (F.) Gratifikation (F.)
gremium (N.) Gremium (N.)
gremium (N.) rzeczników Sprecherausschuss (M.)
grobla (F.) Deich (M.)
gromadzić stauen
gromadzić zapasy hamstern
grono (N.) Gremium (N.)
gros (M.) Gros (N.)
grozić bedrohen, drohen
groźba (F.) Androhung (F.), Bedrohung (F.), Drohung (F.)
groźny (Adj.) drohend
grożący (Adj.) drohend
grożący zawaleniem baufällig
grunt (F.) służebny dienendes Grundstück (N.)
grunt (M.) Boden (M.), Grund (M.), Grundstück (N.)
grupa (F.) Gruppe (F.)
grupa (F.) przestępcza Gang (M.)
gruz (M.) Schutt (M.)
gryps (M.) więzienny Kassiber (M.)
grzech (M.) Sünde (F.)
grzeczność (F.) Gefälligkeit (F.)
grzeszyć sündigen
grzywna (F.) Buße (F.), Bußgeld (N.), Geldbuße (F.), Geldstrafe (F.)
grzywna (F.) administracyjna Verwarnungsgeld (N.)
grzywna (F.) porządkowa Ordnungsgeld (N.)
grzywna (F.) w celu przymuszenia Zwangsgeld (N.)
grzywna (F.) za naruszenie porządku Ordnungsgeld (N.)
gubernator (M.) Gouverneur (M.)
gwałt (M.) Gewalt (F.)
gwałtowny gewaltsam
gwarancja (F.) Garantie (F.), Gewähr (F.), Gewährleistung (F.)
gwarancja (F.) bankowa Bankbürgschaft (F.)
gwarancja (F.) drogi sądowej Rechtsweggarantie (F.)
gwarancja (F.) instytucjonalna institutionelle Garantie (F.)
gwarancja (F.) wartości Wertsicherung (F.)
gwarant (M.) Garant (M.)
gwarantować garantieren, gewährleisten
gwardia (F.) Garde (F.)
gwarectwo (N.) Knappschaft (F.)
gwarek (M.) Gewerke (M.)

h

habilitacja (F.) Habilitation (F.)
habilitować habilitieren
hala (F.) Alm (F.), Alpe (F.)
halerz (M.) Heller (M.)
hałas (M.) Lärm (M.)
hałda (F.) Halde (F.)
Hamburg (M.) Hamburg (N.)
hamować behindern, hemmen
handel (M.) Handel (M.)
handel (M.) detaliczny Einzelhandel (M.)
handel (M.) hurtowy Großhandel (M.)
handel (M.) kobietami Frauenhandel (M.)
handel (M.) ludźmi Menschenhandel (M.)
handel (M.) morski Seehandel (M.)
handel (M.) na czarno Schwarzhandel (M.)
handel (M.) nielegalny Schwarzhandel (M.)
handel (M.) wewnętrzny Binnenhandel (M.)
handel (M.) wysyłkowy Versandhandel (M.)
handlarz (M.) Händler (M.)
handlarz (M.) starzyzną Trödel (M.)
handlarz (M.) własny Properhändler (M.)
handlarz (M.) związany umową z producentem Vertragshändler (M.)
handlować handeln
handlowanie (N.) Handeln (N.)
handlowy (Adj.) geschäftlich, kaufmännisch, kommerziell, merkantil
hańba (F.) Schande (F.)
hańba (F.) rasowa Rassenschande (F.)
hańbić schänden
hardware (N.) (engl.) Hardware (F.) (engl.)
haskie uzgodnienie (N.) dotyczące prawa kupna Haager Kaufrechtübereinkommen (N.)
haszysz (M.) Haschisch (N.)
hegemonia (F.) Hegemonie (F.)
hektar (M.) Hektar (M.)
herb (M.) Wappen (N.)
heretyk (M.) Ketzer (M.)
herezja (F.) Häresie (F.), Ketzerei (F.)
hermeneutyka (F.) Hermeneutik (F.)
heroina (F.) Heroin (N.)
herold (M.) Herold (M.)
Hesja (F.) Hessen (N.)

hierarchia (F.) Hierarchie (F.), Rangordnung (F.)
hipoteczny (Adj.) hypothekarisch, hypothetisch
hipoteczny list (M.) zastawny Pfandbrief (M.)
hipoteka (F.) Hypothek (F.)
hipoteka (F.) dotycząca długu przyszłego do wysokości maksymalnej Höchstbetragshypothek (F.)
hipoteka (F.) kaucyjna Sicherungshypothek (F.)
hipoteka (F.) łączna Gesamthypothek (F.)
hipoteka (F.) przymusowa Zwangshypothek (F.)
hipoteka (F.) własna Eigentümerhypothek (F.)
hipoteka (F.) wpisana do księgi wieczystej Buchhypothek (F.)
hipoteka (F.) z najwyższą sumą Höchstbetragshypothek (F.)
hipoteka (F.) z wystawieniem listu hipotecznego Briefhypothek (F.)
hipoteka (F.) zabezpieczająca Sicherungshypothek (F.)
hipoteka (F.) zabezpieczająca wierzytelność z tytułu reszty ceny kupna Restkaufpreishypothek (F.)
hipoteka (F.) zwykła Verkehrshypothek (F.)
hipotekariusz (M.) wierzyciel (M.) hipoteczny Hypothekar (M.)
hipoteza (F.) Hypothese (F.)
historia (F.) Geschichte (F.)
historia (F.) konstytucyjna Verfassungsgeschichte (F.)
historia (F.) prawa Rechtsgeschichte (F.)
historyczny (Adj.) geschichtlich, historisch
Hiszpania (F.) Spanien (N.)
hiszpański (Adj.) spanisch
hochsztapler (M.) Hochstapler (M.)
hochsztaplować hochstapeln
hodowla (F.) Zucht (F.)
holding (M.) Holding (F.)
holograficzny (Adj.) holographisch
hołd (M.) Huldigung (F.)
hołdować huldigen
hołdowanie (N.) Huldigung (F.)
homoseksualizm (M.) Homosexualität (F.)
homoseksualny (Adj.) homosexuell
honor (M.) Ehre (F.)
honorarium (N.) Honorar (N.)
honorarium (N.) uzależnione od wyniku Erfolgshonorar (N.)
honoris causa (lat.) honoris causa (lat.)
honorować honorieren
honorowy (Adj.) ehrenamtlich
horyzont (M.) Horizont (M.)
horyzont (M.) odbiorcy Empfängerhorizont (M.)
hospitant (M.) Hospitant (M.)
hossa (F.) Hausse (F.)
hrabia (M.) Graf (M.)
humanitarny (Adj.) menschlich
hurt (M.) Großhandel (M.)
hurtownik (M.) Großhändler
hymn (M.) Hymne (F.)
hymn (M.) narodowy Nationalhymne (F.)

i

idea (F.) Idee (F.)
idealny (Adj.) ideal, ideell
idealny zbieg (M.) przestępstw Idealkonkurrenz (F.), Tateinheit (F.)
ideał (M.) Ideal (N.)
identyczność (F.) Identität (F.)
identyczny (Adj.) identisch
identyfikacja (F.) Identifikation (F.)
identyfikować identifizieren
ideologia (F.) Ideologie (F.)
ideologiczny (Adj.) ideologisch
idiota (M.) Idiot (M.)
idiotyzm (M.) Idiotie (F.)
ilość (F.) Menge (F.)
imienny (Adj.) nominell
imienny papier (M.) Rektapapier (N.)
imienny papier (M.) wartościowy Namenspapier (N.)
imię (N.) Vorname (M.)
imię (N.) własne Eigenname (M.)
imigracja (F.) Einwanderung (F.)
imigrant (M.) Einwanderer (M.)
imigrować einwandern
imisja (F.) Immission (F.)
immanentna zapora (F.) prawna podstawowa immanente Grundrechtsschranke (F.)
immanentny (Adj.) immanent
immatrykulacja (F.) Einschreibung (F.), Immatrikulation (F.)
immatrykulować immatrikulieren
immunitet (M.) Immunität (F.)
imperialistyczny (Adj.) imperialistisch
imperializm (M.) Imperialismus (M.)

imperium (N.) Imperium (N.)
import (M.) Einfuhr (F.), Import (M.)
importer (M.) Importeur (M.)
importować einführen, importieren
impressum (N.) Impressum (N.)
impuls (M.) Anregung (F.)
in blanco blanko
in dubio pro reo (lat.) in dubio pro reo (lat.)
in flagranti (lat.) in flagranti (lat.)
inauguracja (F.) Inauguration (F.)
incognito inkognito
indeks (M.) Index (M.)
indigenat (M.) Indigenat (N.)
indos (M.) Giro (N.), Indossament (N.)
indos (M.) in blanco Blankoindossament (N.)
indosament (M.) Indossament (N.)
indosant (M.) Indossant (M.)
indosatariusz (M.) Indossat (M.)
indosować indossieren
indosowanie (N.) Indossierung (F.)
indukcja (F.) Induktion (F.)
indywidualny (Adj.) einzeln, individuell, Sonder-
indywiduum (N.) Individuum (N.)
infamia (F.) Infamie (F.)
inflacja (F.) Inflation (F.)
informacja (F.) Auskunft (F.), Bescheid (M.), Datum (N.), Information (F.), Mitteilung (F.), Nachricht (F.)
informacja (F.) bankowa Bankauskunft (F.)
informacja (F.) konsumencka Verbraucherinformation (F.)
informacje (F.Pl.) Daten (N.Pl.)
informacjonalny (Adj.) informationell
informator (M.) Informant (M.)
informatyka (F.) Informatik (F.)
informatyka (F.) prawna Rechtsinformatik (F.)
informować informieren, unterrichten
ingerencja (F.) Eingriff (M.), Einmischung (F.), Ingerenz (F.)
ingerencja (F.) równa wywłaszczeniu enteignungsgleicher Eingriff (M.)
inicjał (M.) Initiale (F.)
inicjatywa (F.) Anregung (F.), Initiative (F.)
inicjatywa (F.) obywatelska Bürgerbegehren (N.), Bürgerinitiative (F.)
inicjatywa (F.) ustawodawcza Gesetzesinitiative (F.)
inicjować initiieren
inkaso (N.) Einziehung (F.)
inkasować einnehmen, eintreiben, kassieren
inkasso (N.) Inkasso (N.)
inkorporacja (F.) Inkorporation (F.)
inkorporować inkorporieren
inkwizycja (F.) Inquisition (F.)
inny (Adj.) sonstig
inseminacja (F.) Insemination (F.)
inserat (M.) Inserat (N.)
insider (M.) Insider (M.)
inspekcja (F.) Inspektion (F.)
inspektor (M.) Inspekteur (M.)
instalacja (F.) Installation (F.)
instalator (M.) Installateur (M.)
instalować installieren
instancja (F.) Instanz (F.), Rechtszug (M.)
instancja (F.) faktyczna Tatsacheninstanz (F.)
instrukcja (F.) Anweisung (F.), Instruktion (F.)
instrukcja (F.) obsługi Bedienungsanleitung (F.), Gebrauchsanweisung (F.)
instrukcja (F.) użytkowania Gebrauchsanweisung (F.)
instruktaż (M.) Einweisung (F.)
instruktor (M.) Ausbildender (M.)
instruktor (M.) jazdy Fahrlehrer (M.)
instrument (M.) Instrument (N.)
instruować instruieren
instynkt (M.) Trieb (M.)
instytucja (F.) Einrichtung (F.), Institut (N.), Institution (F.)
instytucja (F.) kredytowa Kreditinstitut (N.)
instytucja (F.) prawna Rechtsinstitut (N.)
instytucjonalny institutionell
instytut (M.) Institut (N.)
insubordynacja (F.) Insubordination (F.)
insynuacja (F.) Insinuation (F.)
insynuować insinuieren, unterschieben
integracja (F.) Integration (F.), Integrität (F.)
integracja (F.) finansowa organizacyjna i gospodarcza spółki kapitałowej dalej formalnie niezależnej osoby trzeciej Drittorganschaft (F.)
integracja (F.) finansowa organizacyjna i gospodarcza spółki kapitałowej dalej formalnie niezależnej Organschaft (F.)
Integrated Services Digital Network (N.) (engl.) Integrated Services Digital Network (N.) (ISDN)
integrować integrieren
intelektualy (Adj.) geistig
intencja (F.) Absicht (F.)

interakcja (F.) Interaktion (F.)
intercesja (F.) Interzession (F.)
interes (M.) Belang (M.), Geschäft (N.), Interesse (N.)
interes (M.) gotówkowy Geldgeschäft (N.)
interes (M.) negatywny negatives Interesse (N.)
interes (M.) oparty na zaufaniu Vertrauensinteresse (N.)
interes (M.) pozytywny positives Interesse (N.)
interes (M.) prawny w ustaleniu istnienia albo nieistnienia stosunku prawnego Feststellungsinteresse (N.)
interes (M.) publiczny öffentlicher Belang (M.), öffentliches Interesse (N.)
interes (M.) w otrzymaniu ochrony prawnej Rechtsschutzinteresse (N.)
interlokut (M.) dotyczący czynu Tatinterlokut (N.)
interlokut (M.) dotyczący dowodu Beweisinterlokut (N.)
interlokut (M.) dotyczący winy Schuldinterlokut (N.)
interlokutywny (Adj.) interlokutorisch
internet (M.) Internet (N.)
internować internieren
internowanie (N.) Internierung (F.)
interpelacja (F.) Anfrage (F.), Interpellation (F.)
Interpol (M.) Interpol (F.)
interpolacja (F.) Interpolation (F.)
interpretacja (F.) Auslegung (F.), Erläuterung (F.), Interpretation (F.)
interpretacja (F.) autentyczna authentische Interpretation (F.)
interpretacja (F.) systematyczna systematische Interpretation (F.)
interpretacja (F.) teleologiczna teleologische Auslegung (F.)
interpretować auslegen, interpretieren
interwencja (F.) Einschreiten (N.), Intervention (F.)
interwencja (F.) główna Hauptintervention (F.)
interwencja (F.) uboczna Nebenintervention (F.)
interwenient (M.) Intervenient (M.)
interwenient (M.) uboczny Nebenintervenient (M.)
interweniować eingreifen, einschreiten, intervenieren
intryga (F.) Machenschaft (F.)
intymność (F.) Intimität (F.)
intymny (Adj.) intim
invitatio (F.) ad offerendum (lat.) invitatio (F.) ad offerendum (lat.)
inwalida (M.) Invalide (M.)
inwalidzkie ubezpieczenie (N.) rentowe robotników Invalidenversicherung (F.)
inwalidztwo (N.) Invalidität (F.)
inwentaryzacja (F.) Inventur (F.)
inwentarz (M.) Inventar (N.)
inwentarz (M.) spadku Nachlassinventar (N.)
inwestor (M.) Anleger (M.), Bauherr (M.)
inwestorka (F.) Anlegerin (F.)
inwestować anlegen, investieren
inwestycja (F.) Investition (F.)
inwestytura (F.) Investitur (F.)
inżynieria (F.) genetyczna Gentechnik (F.)
ipso iure (lat.) ipso iure (lat.)
irytujący (Adj.) lästig
ISBN (M.) Internationale Standard-Buchnummer (F.) (ISBN), ISBN (F.) (Internationale Standardbuchnummer)
ISDN (M.) ISDN (N.) (Dienste integrierendes digitales Netz)
istnieć bestehen, existieren
istnienie (N.) Bestehen (N.), Dasein (N.), Existenz (F.)
istota (F.) Inbegriff (M.), Wesen (N.)
istota (F.) prawa podstawowego Wesensgehalt (M.)
istota (F.) rzeczy Grund (M.)
istota (F.) sprawy Hauptsache (F.)
istotna część (F.) składowa wesentlicher Bestandteil (M.)
istotny (Adj.) relevant, wesentlich
iść gehen, laufen
ius (N.) (lat.) ius (N.) (lat.)
izba (F.) Kammer (F.), Senat (M.)
izba (F.) adwokacka Anwaltskammer (F.), Rechtsanwaltskammer (F.)
izba (F.) clearingowa Abrechungsstelle (F.)
izba (F.) cywilna Zivilkammer (F.)
izba (F.) gmin Unterhaus (N.)
izba (F.) handlowa Handelskammer (F.)
izba (F.) karna Strafkammer (F.)
izba (F.) lordów Oberhaus (N.)
izba (F.) obrachunkowa Rechnungshof (M.)
izba (F.) przemysłowo-handlowa Industrie- und Handelskammer (F.)
izba (F.) reprezentantów Repräsentantenhaus (N.)

izba (F.) rolnicza Landwirtschaftskammer (F.)
izba (F.) rzemieślnicza Handwerkskammer (F.)
izba (F.) sądu do spraw handlowych Handelsgericht (N.)
izba (F.) wyższa Oberhaus (N.)
izolować absondern
izolowanie (N.) Absonderung (F.)

j

jakby czyn (M.) niedozwolony Quasidelikt (N.)
jako współwłasność łączna gesamthänderisch
jakoby quasi (Partik.)
jakoby umowa (F.) Quasikontrakt (M.)
jakość (F.) Beschaffenheit (F.), Güte (F.), Qualität (F.), Wahl (F.)
jałmużna (F.) Almosen (N.)
jama (F.) Grube (F.)
jasny (Adj.) ausdrücklich
jawna spółka (F.) handlowa offene Handelsgesellschaft (F.)
jawność (F.) Öffentlichkeit (F.), Publizität (F.)
jawność (F.) negatywna negative Publizität (F.)
jawny (Adj.) offen, offenbar, öffentlich
jazda (F.) Fahren (N.), Fahrt (F.)
jąkać stocken
jechać konno reiten
jednaki (Adj.) gleich
jednakowość (F.) Gleichartigkeit (F.)
jednakowy (Adj.) gleich, gleichartig
jednakowy idealny zbieg (M.) przestępstw gleichartige Tateinheit (F.)
jednoczesny (Adj.) simultan
jednogłośnie einstimmig
jednogłośność (F.) Einstimmigkeit (F.)
jednolicie einheitlich
jednolita ustawa (F.) międzynarodowa o zakupie towaru einheitliches Gesetz (N.) über den internationalen Warenkauf
jednolite prawo (N.) kupna einheitliches Kaufrecht (N.)
jednolitość (F.) prawa Rechtseinheit (F.)
jednolity (Adj.) einheitlich
Jednolity Akt (M.) Europejski Einheitliche Europäische Akte (F.)
jednorodność (F.) Gleichartigkeit (F.)
jednostka (F.) Einheit (F.)
jednostka (F.) działania Handlungseinheit (F.)
jednostronna czynność (F.) prawna einseitiges Rechtsgeschäft (N.)
jednostronnie zobowiązujący einseitig verpflichtend
jednostronny (Adj.) einseitig
jedność (F.) Einheit (F.), Einigung (F.)
jedność (F.) czynu Handlungseinheit (F.)
jedyny spadkobierca (M.) Universalerbe (M.)
jeniec (M.) Gefangener (M.)
jeniec (M.) wojenny Kriegsgefangener (M.)
jezdnia (F.) Fahrbahn (F.)
jezioro (N.) See (M.)
jeździć fahren
język (M.) Sprache (F.)
język (M.) prawniczy Rechtssprache (F.)
język (M.) prawny Rechtssprache (F.)
język (M.) urzędowy przed sądem Gerichtssprache (F.)
joint venture (N.) (engl.) Joint venture (N.) (engl.)
judykacja (F.) Judikation (F.)
judykatywa (F.) Judikative (F.)
junker (M.) Junker (M.)
junkierstwo (N.) Junkertum (N.)
junta (F.) Junta (F.)
jury (N.) Jury (F.)
jurydyczny (Adj.) juridisch
jurysdykcja (F.) Jurisdiktion (F.)
jurysprudencja (F.) Jurisprudenz (F.)
jurysprudencja (F.) interesów Interessenjurisprudenz (F.)
jurysprudencja (F.) kautelarna Kautelarjurisprudenz (F.)
jurysprudencja (F.) pojęcia Begriffsjurisprudenz (F.)

k

kabel (M.) Kabel (N.)
kabotaż (M.) Kabotage (F.)
kadencja (F.) Legislaturperiode (F.), Wahlperiode (F.)
kadet (M.) Kadett (M.)
kajdanka (F.) Handschelle (F.)
kajdanki (F.Pl.) Handschellen (F.Pl.), Kette (F.)
kaleczyć lädieren
kalendarz (M.) Kalender (M.)

kalendarz (M.) z terminami Terminkalender (M.)
kalendarzowy (Adj.) kalendarisch
kalkulacja (F.) Anschlag (M.), Kalkulation (F.)
kalkulować kalkulieren, rechnen
kamienica (F.) Mietshaus (N.)
kampania (F.) Kampagne (F.)
kanał (M.) Kanal (M.)
kancelaria (F.) Geschäftsstelle (F.), Kanzlei (F.)
kancelaria (F.) adwokacka Praxis (N.), Rechtsanwaltskanzlei (F.)
kancelaria (F.) państwa Staatskanzlei (F.)
kancelista (M.) Urkundsbeamter (M.)
kanclerz (M.) Kanzler (M.)
kanclerz (M.) federalny Bundeskanzler (M.)
kanclerz (M.) rzeszy Reichskanzler (M.)
kanclerz (M.) skarbowy Schatzkanzler (M.) (Schatzkanzler in Großbritannien)
kandydat (M.) Anwärter (M.), Bewerber (M.), Kandidat (M.)
kandydat (M.) egzaminowany Prüfling (M.)
kandydatka (F.) Anwärterin (F.)
kandydatura (F.) Kandidatur (F.)
kandydować kandidieren
kanon (M.) Kanon (M.)
kanoniczny kanonisch
kanton (M.) Kanton (M.)
kaperować kapern
kapitalista (M.) Kapitalist (M.)
kapitalistyczny (Adj.) kapitalistisch
kapitalizm (M.) Kapitalismus (M.)
kapitalizować kapitalisieren
kapitał (M.) Kapital (N.)
kapitał (M.) akcyjny podstawowy Grundkapital (N.)
kapitał (M.) cudzy Fremdkapital (N.)
kapitał (M.) spółki Gesellschaftskapital (N.)
kapitał (M.) własny Eigenkapital (N.)
kapitał (M.) zakładowy Stammkapital (N.)
kapitał (M.) zezwolony genehmigtes Kapital (N.)
kapitan (M.) Hauptmann (M.), Kapitän (M.)
kapitulacja (F.) Kapitulation (F.)
kapitulować kapitulieren
kapituła (F.) Stift (N.)
kapituła (F.) katedralna Domkapitel (N.)
kaplica (F.) Kapelle (F.)
kara (F.) Strafe (F.), Sühne (F.)
kara (F.) chłosty Prügelstrafe (F.)
kara (F.) cielesna Leibesstrafe (F.), Züchtigung (F.)
kara (F.) dla nieletnich Jugendstrafe (F.)
kara (F.) dodatkowa Nebenstrafe (F.)
kara (F.) dyscyplinarna Disziplinarstrafe (F.)
kara (F.) główna Hauptstrafe (F.)
kara (F.) honorowa Ehrenstrafe (F.)
kara (F.) łączna Einheitsstrafe (F.), Gesamtstrafe (F.)
kara (F.) najniższa Mindeststrafe (F.)
kara (F.) pieniężna Geldstrafe (F.)
kara (F.) poprzednia Vorstrafe (F.)
kara (F.) porządkowa Beugestrafe (F.), Ordnungsstrafe (F.)
kara (F.) pozbawienia wolności Freiheitsstrafe (F.)
kara (F.) pozostała do odsiedzenia Reststrafe (F.)
kara (F.) regularna Regelstrafe (F.)
kara (F.) śmierci Lebensstrafe (F.), Todesstrafe (F.)
kara (F.) umowna Konventionalstrafe (F.), Strafversprechen (N.), Vertragsstrafe (F.)
kara (F.) więzienia Gefängnisstrafe (F.), Haftstrafe (F.)
karabin (M.) Gewehr (N.)
karać ahnden, strafen
karalne sprowadzenie (N.) niebezpiecznej sytuacji przez sprawcę który potem zaniechuje usunięcia jej Ingerenz (F.)
karalność (F.) Strafbarkeit (F.)
karalny (Adj.) strafbar
karanie (N.) Züchtigung (F.)
karat (M.) Karat (N.)
karcer (M.) Karzer (M.)
karcić züchtigen
kardynał (M.) Kardinal (M.)
karencja (F.) Karenz (F.)
karmić füttern
karność (F.) Zucht (F.)
karta (F.) Charta (F.), Karte (F.)
karta (F.) czekowa Scheckkarte (F.)
karta (F.) kredytowa Kreditkarte (F.)
karta (F.) łowiecka Jagdschein (M.)
karta (F.) pocztowa Postkarte (F.)
karta (F.) ubezpieczeniowa Versicherungskarte (F.)
karta (F.) zdrowotna Gesundheitskarte (F.)
kartel (M.) Kartell (N.)
kartka (F.) do głosowania Stimmzettel (M.)
kartka (F.) wyborcza Wahlzettel (M.)

kartoteka (F.) Kartei (F.)
karygodny (M.) Frevler (M.)
kasa (F.) Kasse (F.), Schalter (M.)
kasa (F.) budowlano-oszczędnościowa Bausparkasse (F.)
kasa (F.) chorych Krankenkasse (F.)
kasa (F.) chorych prawa publicznego Ersatzkasse (F.)
kasa (F.) oszczędnościowa Sparkasse (F.)
kasa (F.) państwowa Staatskasse (F.)
kasa (F.) sądowa Gerichtskasse (F.)
kasacja (F.) Kassation (F.)
kasatoryjny kassatorisch
kasjer (M.) Kassier (M.)
kasko (N.) Kasko (F.), Kaskoversicherung (F.)
kasta (F.) Kaste (F.)
kastracja (F.) Kastration (F.)
kastrować kastrieren
kat (M.) Henker (M.), Scharfrichter (M.), Vollstrecker (M.)
katalog (M.) Katalog (M.)
kataster (M.) Kataster (M. bzw. N.)
katastrofa (F.) Katastrophe (F.)
katedra (F.) Dom (M.), Lehrstuhl (M.)
katolicki (Adj.) katholisch
katować foltern
kaucja (F.) Kaution (F.)
kawaler (M.) Junggeselle (M.)
kazać heißen
kazirodztwo (N.) Blutschande (F.), Inzest (F.)
kazuistyka (F.) Kasuistik (F.)
kierować führen, leiten, lenken, richten, steuern
kierować dalej weiterleiten
kierowanie (N.) Führung (F.), Leitung (F.), Lenken (N.), Steuerung (F.)
kierowanie (N.) gospodarką Wirtschaftslenkung (F.)
kierowca (M.) Fahrer (M.)
kierowca (M.) jadący pod prąd na autostradzie Geisterfahrer (M.)
kierowca (M.) pojazdu mechanicznego Kraftfahrzeugführer (M.)
kierownictwo (N.) Geschäftsführung (F.), Leitung (F.)
kierowniczy leitend
kierownik (M.) Geschäftsführer (M.), leitender Angestellter (M.), Leiter (M.)
kierownik (M.) budowy Bauleiter (M.)
kierownik (M.) działu Dezernent (M.)
kierownik (M.) urzędu Vorsteher (M.)
kierunek (M.) Kurs (M.), Richtung (F.), Strom (M.)
kierunkowskaz (M.) Blinklicht (N.)
kieszonkowe (N.) Taschengeld (N.)
kij (M.) Stab (M.)
kiler (M.) Killer (M.)
klan (M.) Sippe (F.)
klarować klären
klarowny (Adj.) klar
klasa (F.) Klasse (F.)
klasa (F.) jakości Handelsklasse (F.)
klasowy wymiar (M.) sprawiedliwości Klassenjustiz (F.)
klasyfikacja (F.) Klassifikation (F.)
klasyfikować klassifizieren
klasztor (M.) Kloster (N.)
klauzula (F.) Klausel (F.)
klauzula (F.) 5% Fünfprozentklausel (F.)
klauzula (F.) arbitrażowa Schiedsklausel (F.)
klauzula (F.) dotycząca efektywności Effektivklausel (F.)
klauzula (F.) generalna Generalklausel (F.)
klauzula (F.) generalna policji polizeiliche Generalklausel (F.)
klauzula (F.) gwarancji wartości Wertsicherungsklausel (F.)
klauzula (F.) iż umowa obowiązuje o ile się nie zmienią warunki leżące u podstaw jej zawarcia i wykonania clausula (F.) rebus sic stantibus (lat.)
klauzula (F.) możliwości odstąpienia Rücktrittsklausel (F.)
klauzula (F.) na okaziciela Inhaberklausel (F.)
klauzula (F.) na przypadek zawarcia małżeństwa przez pozostałego przy życiu małżonka Wiederverheiratungsklausel (F.)
klauzula (F.) największego uprzywilejowania Meistbegünstigungsklausel (F.)
klauzula (F.) natychmiastowej wymagalności Fälligkeitsklausel (F.)
klauzula (F.) o przepadku Verfallsklausel (F.)
klauzula (F.) o samodostawie Selbstbelieferungsklausel (F.)
klauzula (F.) o zabezpieczeniu wartości pieniądza Geldwertsicherungsklausel (F.)
klauzula (F.) ograniczająca odpowiedzialność cywilną Freizeichnungsklausel (F.)
klauzula (F.) przynależnosci do organizacji Organisationsklausel (F.)
klauzula (F.) ustalająca możliwość późniejszych zmian w umowie Gleitklausel (F.)

klauzula (F.) utraty Verwirkungsklausel (F.)
klauzula (F.) wykonalności Vollstreckungsklausel (F.)
klauzula (F.) wyłączająca niektóre świadczenia wobec pracobiorców niezorganizowanych w związkach zawodowych Tarifausschlussklausel (F.)
klauzula (F.) zależności Junktimklausel (F.)
klauzula (F.) zlecenia Orderklausel (F.)
klauzula (F.) zróżnicowania Differenzierungsklausel (F.)
klauzula (F.) związana indeksem Indexklausel (F.)
klauzura (F.) Klausur (F.)
klątwa (F.) Anathema (N.)
klejnot (M.) Kleinod (N.)
kleptoman (M.) Kleptomane (M.)
kleptomania (F.) Kleptomanie (F.)
kler (M.) Klerus (M.)
kleryk (M.) Kleriker (M.)
klerykalny (Adj.) klerikal
klęska (F.) Katastrophe (F.)
klient (M.) Klient (M.), Kunde (M.), Mandant (M.)
klientela (F.) Klientel (F.)
klinika (F.) Klinik (F.)
klucz (M.) Schlüssel (M.)
kłamać lügen
kłamca (M.) Lügner (M.)
kłamstwo (N.) Lüge (F.)
kłaść stecken
kłótnia (F.) Händel (M.Pl.)
kłusować wildern
kłusownictwo (N.) Jagdwilderei (F.), Wilderei (F.)
kłusownictwo (N.) rybne Fischwilderei (F.)
kłusownik (M.) Wilddieb (M.), Wilderer (M.)
knebel (M.) Knebel (M.)
kneblować knebeln
kneblowanie (N.) Knebelung (F.)
knecht (M.) Knecht (M.)
know-how (N.) (engl.) Knowhow (N.) (engl.)
koadiutor (M.) Koadjutor (M.)
koalicja (F.) Koalition (F.)
kobieta (F.) Frau (F.)
kochanek (M.) Liebhaber (M.)
kochany (Adj.) lieb
kod (M.) codex (M.) (lat.), Schlüssel (M.)
kod (M.) cywilny Code (M.) civil (franz.)
kod (M.) handlowy Code (M.) de commerce (franz.)
kod (M.) karny Code (M.) pénal (franz.)
kod (M.) pocztowego Postleitzahl (F.)
kodeks (M.) codex (M.) (lat.), Gesetzbuch (N.), Kodex (M.)
kodeks (M.) budowlany Baugesetzbuch (N.)
kodeks (M.) celny Zollkodex (M.)
kodeks (M.) cywilny Bürgerliches Gesetzbuch (N.)
kodeks (M.) drogowy Straßenverkehrsordnung (F.)
kodeks (M.) etyczny Sittengesetz (N.)
kodeks (M.) handlowy Handelsgesetzbuch (N.)
kodeks (M.) karny Strafgesetzbuch (N.)
Kodeks (M.) Napoleona Code (M.) civil (franz.)
kodeks (M.) postępowania cywilnego Zivilprozessordnung (F.)
kodeks (M.) postępowania karnego Strafprozessordnung (F.)
kodeks (M.) procesowy Prozessordnung (F.)
kodeks (M.) socjalny Sozialgesetzbuch (N.)
kodycyl (M.) Kodizill (N.)
kodyfikacja (F.) Kodifikation (F.)
kodyfikować kodifizieren
kognat (M.) Kognat (M.)
kojarzyć assoziieren
kokaina (F.) Kokain (N.)
kolega (M.) Kollege (M.)
kolega (M.) uniwersytecki Kommilitone (M.)
kolegialny kollegial
kolegium (N.) Kollegium (N.)
kolegium (N.) kanonickie Stift (N.)
kolej (F.) Bahn (F.)
kolej (F.) federalna Bundesbahn (F.)
kolej (F.) żelazna Eisenbahn (F.)
kolejność (F.) dziedziczenia Erbfolge (F.)
kolejność (F.) powołania do spadku Erbfolge (F.)
kolejność (F.) spadkobrania beztestamentowego Intestaterbfolge (F.)
kolekcja (F.) Sammlung (F.)
kolektyw (M.) Kollektiv (N.)
kolektywny (Adj.) kollektiv
koleżanka (F.) uniwersytecka Kommilitonin (F.)
koleżenski (Adj.) kollegial
kolidować kollidieren
kolizja (F.) Kollision (F.)
kolizja (F.) interesów Interessenkollision (F.)
kolizja (F.) norm Normenkollision (F.)

kolizja (F.) obowiązków Pflichtenkollision (F.)
kolizja (F.) statutów Statutenkollision (F.)
kolizja (F.) statutów prawnych Statutenkollision (F.)
kolizja (F.) w tył Auffahrunfall (M.)
kolonia (F.) Kolonie (F.)
koluzja (F.) Kollusion (F.)
kołchoz (M.) Kolchose (F.)
koło (N.) Kreis (M.), Rad (N.)
komandytariusz (M.) komplementarny Komplementär (M.)
komandytysta (M.) Kommanditist (M.)
komasacja (F.) Umlegung (F.)
komasacja (F.) gruntów Flurbereinigung (F.)
komasować umlegen
komenderować kommandieren
komentarz (M.) Erläuterung (F.), Kommentar (M.)
komentator (M.) Kommentator (M.)
komentować kommentieren
komercjalizować kommerzialisieren
komercjalny (Adj.) kommerziell
komin (M.) Schornstein (M.)
kominiarz (M.) Schornsteinfeger (M.)
komis (M.) Kommission (F.)
komis (M.) zajmujący się zakupami Einkaufskommission (F.)
komis (M.) zbytu Verkaufskommission (F.)
komisant (M.) Kommissionär (M.)
komisariat (M.) Kommissariat (N.)
komisaryczny (Adj.) kommissarisch
komisarz (M.) Kommissar (M.)
komisarz (M.) państwowy Staatskommissar (M.)
komisja (F.) Ausschuss (M.), Kommission (F.)
komisja (F.) do praw człowieka Menschenrechtskommission (N.)
Komisja (F.) Europejska Europäische Kommission (F.)
komisja (F.) kontrolna parlamentu Untersuchungsausschuss (M.)
komisja (F.) mediacyjna Vermittlungsausschuss (M.)
komisja (F.) petycyjna Petitionsausschuß (M.)
komisja (F.) plenarna Plenarausschuss (M.)
komisja (F.) powiatowa Kreisausschuss (M.)
komisja (F.) prawna Rechtsausschuss (M.)
komisja (F.) śledcza Enquêtekommission (F.)
Komisja (F.) Unii Europejskiej Kommission (F.) der Europäischen Union
komitent (M.) Kommittent (M.)
komitet (M.) Komitee (N.)
komitet (M.) rozjemczy Schlichtungsstelle (F.)
komitet (M.) rzeczników Sprecherausschuss (M.)
komitet (M.) studencki Studentenausschuss (M.)
komodatariusz (M.) Entleiher (M.)
komodatariuszka (F.) Entleiherin (F.)
komora (F.) gazowa Gaskammer (F.)
komorient (M.) Kommorient (M.)
komorne (N.) Mietzins (M.)
komornik (M.) sądowy Gerichtsvollzieher (M.)
kompania (F.) Hundertschaft (F.)
komparatystyka (F.) prawnicza Rechtsvergleichung (F.)
kompatybilność (F.) Kompatibilität (F.)
kompatybilny (Adj.) kompatibel
kompendium (N.) Kompendium (N.)
kompensacja (F.) Kompensation (F.)
kompensacja (F.) zawinienia Kulpakompensation (F.)
kompensata (F.) Kompensation (F.)
kompensować kompensieren
kompetencja (F.) Befugnis (F.), Kompetenz (F.), Zuständigkeit (F.)
kompetencja (F.) do udzielania poleceń Weisungsrecht (N.)
kompetencja (F.) do ustalania zakresu działania organów Kompetenzkompetenz (F.)
kompetencja (F.) ramowa Rahmenkompetenz (F.)
kompetencja (F.) ustawodawcza Gesetzgebungszuständigkeit (F.)
kompetencja (F.) załącznika Annexkompetenz (F.)
kompetencja (F.) związku Verbandskompetenz (F.)
kompetentny berufen (Adj.), kompetent, sachverständig, zuständig
kompilacja (F.) Kompilation (F.)
kompilować kompilieren
kompleks (M.) Komplex (M.)
kompleksowy (Adj.) komplex
komplementariusz (M.) Komplementär (M.)
komplet (M.) Satz (M.)
kompletny (Adj.) vollständig
komplikacja (F.) Schwierigkeit (F.)
kompozycja (F.) Komposition (F.)

kompromis (M.) Ausgleich (M.), Kompromiss (M.)
komputer (M.) Computer (M.)
komuna (F.) Kommune (F.)
komunalny (Adj.) kommunal
komunikacja (F.) Kommunikation (F.), Verkehr (M.)
komunikacja (F.) drogowa Straßenverkehr (M.)
komunikacja (F.) samochodowa Kraftfahrt (F.)
komunikat (M.) Mitteilung (F.), Verlautbarung (F.)
komunikować kommunizieren
komunista (M.) Kommunist (M.)
komunistyczny kommunistisch
komunizm (M.) Kommunismus (M.)
koncentracja (F.) Konzentration (F.)
koncentrować konzentrieren
koncept (M.) Entwurf (M.)
koncern (M.) Konzern (M.)
koncesja (F.) Konzession (F.), Lizenz (F.)
koncesja (F.) na wyszynk Schankkonzession (F.)
koncesjonariusz (M.) Konzessionär (M.)
koncesjonować konzessionieren
kondominat (M.) Kondominat (N.)
kondominium (N.) Kondominium (N.)
konduktor (M.) Schaffner (M.)
kondycja (F.) Verfassung (F.)
konfederacja (F.) Konföderation (F.)
konfederacja (F.) państw Staatenbund (M.)
konferencja (F.) Konferenz (F.)
konferencja (F.) do spraw bezpieczeństwa i współpracy z Europą KSZE (F.) (Konferenz für Sicherheit und Zusammenarbeit in Europa)
Konferencja (F.) do spraw bezpieczeństwa i współpracy z Europą Konferenz (F.) für Sicherheit und Zusammenarbeit in Europa (KSZE)
konfident (M.) V-Mann (M.)
konfiskacja (F.) Konfiskation (F.)
konfiskata (F.) Einziehung (F.), Konfiskation (F.)
konfiskować konfiszieren
konflikt (M.) Konflikt (M.)
konfrontacja (F.) Gegenüberstellung (F.)
konfrontować gegenüberstellen
konfuzja (F.) Konfusion (F.)
kongregacja (F.) Kongregation (F.)
kongres (M.) Kongress (M.)
kongres (M.) prawników Juristentag (M.)
kongresman (M.) Kongressabgeordneter (M.) (Kongressabgeordneter in den Vereinigten Staaten von Amerika)
koniec (M.) Ende (N.), Schluss (M.)
konieczne współuczestnictwo (N.) procesowe notwendige Streitgenossenschaft (F.)
konieczność (F.) Not (F.)
konieczność (F.) poniesienia odpowiedzialności Vertretenmüssen (N.)
konieczny (Adj.) nötig, notwendig
konklawa (F.) Konklave (F.)
konkludentny (Adj.) konkludent
konkludować konkludieren
konkluzja (F.) Konklusion (F.), Schluss (M.)
konkluzja (F.) wzajemna Gegenschluss (M.)
konkordat (M.) Konkordat (N.)
konkretna kontrola (F.) zgodności normy konkrete Normenkontrolle (F.)
konkretne przestępstwo (N.) z zagrożenia konkretes Gefährdungsdelikt (N.)
konkretność (F.) Bestimmtheit (F.)
konkretny (Adj.) bestimmt, konkret
konkretyzacja (F.) Konkretisierung (F.)
konkubina (F.) Konkubine (F.)
konkubinat (M.) Konkubinat (N.)
konkurencja (F.) Konkurrenz (F.), Wettbewerb (M.)
konkurencyjny konkurrierend
konkurent (M.) Konkurrent (M.)
konkurować konkurrieren
konkurs (M.) Preisausschreiben (N.), Wettbewerb (M.)
konosament (M.) Konnossement (N.)
konosament (M.) w żegludze śródlądowej Ladeschein (M.)
konotacja (F.) Konnotation (F.)
konrektor (M.) Konrektor (M.)
konsekracja (F.) Weihe (F.) (Weihevorgang)
konsens (M.) Konsens (M.)
konsens (M.) generalny Generalkonsens (M.)
konsensualny (Adj.) konsensual
konserwacja (F.) serwis (M.) Wartung (F.)
konserwatywny (Adj.) konservativ
konserwować erhalten (V.), instandhalten, konservieren
konsolidacja (F.) Konsolidation (F.)
konsolidować konsolidieren
konsorcjum (N.) Konsortium (N.)

konsorcjusz (M.) Konsorte (M.)
konspiracja (F.) Konspiration (F.)
konspirować konspirieren
konstrukcja (F.) Gefüge (N.)
konstruktywne wotum (N.) nieufności konstruktives Misstrauensvotum (N.)
konstruktywny (Adj.) konstruktiv
konstruować konstruieren
konstytucja (F.) Charta (F.), Konstitution (F.), Verfassung (F.)
konstytucja (F.) federalna Bundesverfassung (F.)
konstytucja (F.) formalna formelle Verfassung (F.)
konstytucja (F.) krajowa Landesverfassung (F.)
konstytucja (F.) materialna materielle Verfassung (F.)
konstytucja (F.) prezydialna Präsidialverfassung (F.)
konstytucja (F.) rzeszy Reichsverfassung (F.)
konstytucja (F.) stanu wyjątkowego Notstandsverfassung (F.)
konstytucjonalizm (M.) Konstitutionalismus (M.)
konstytucyjny (Adj.) konstitutionell
konstytutywny (Adj.) konstitutiv
konsul (M.) Konsul (M.)
konsul (M.) generalny Generalkonsul (M.)
konsul (M.) wyborczy Wahlkonsul (M.)
konsulat (M.) Konsulat (N.)
konsultacja (F.) Befragung (N.), Beratung (F.), Konsultation (F.)
konsultant (M.) Berater (M.)
konsultant (M.) ubezpieczeniowy Versicherungsberater (M.)
konsultować befragen, konsultieren
konsument (M.) Konsument (M.), Verbraucher (M.)
konsumować konsumieren
konsumpcja (F.) Konsum (M.), Konsumtion (F.), Verbrauch (M.)
konsygnacja (F.) Konsignation (F.)
konsystorz (M.) Konsistorium (N.)
kontakt (M.) Kontakt (M.), Schalter (M.), Umgang (M.), Verbindung (F.), Verkehr (M.)
kontaktować kontaktieren
konto (N.) Konto (N.)
konto (N.) bankowe Bankkonto (N.)
konto (N.) bankowe powiernicze Anderkonto (N.)
konto (N.) depozytowe Depositenkonto (N.)
konto (N.) oszczędnościowe Sparkonto (N.)
konto (N.) powiernicze Treuhandkonto (N.)
konto (N.) żyrowe Girokonto (N.)
kontokurent (M.) Kontokorrent (N.), Rechnung (F.)
kontrabanda (F.) Konterbande (F.)
kontradyktoryjny (Adj.) kontradiktorisch
kontrakt (M.) Kontrakt (M.)
kontrasygnata (F.) Gegenzeichnung (F.)
kontrola (F.) Inspektion (F.), Kontrolle (F.), Prüfung (F.), Revision (F.), Überwachung (F.), Untersuchung (F.)
kontrola (F.) broni wojennej Kriegswaffenkontrolle (F.)
kontrola (F.) gazów spalinowych Abgasuntersuchung (F.)
kontrola (F.) nad fuzjami przedsiębiorstw Fusionskontrolle (F.)
kontrola (F.) podatkowa Außenprüfung (F.)
kontrola (F.) podatkowa urzędu finansowego Betriebsprüfung (F.)
kontrola (F.) posiadania broni Waffenkontrolle (F.)
kontrola (F.) prawidłowości wyborów Wahlprüfung (F.)
kontrola (F.) rachunkowości Rechnungsprüfung (F.)
kontrola (F.) rocznego zamknięcia rachunkowego Abschlussprüfung (F.)
kontrola (F.) tolerowania przez środowisko naturalne Umweltverträglichkeitsprüfung (F.)
kontrola (F.) treści Inhaltskontrolle (F.)
kontrola (F.) uprzednia Vorprüfung (F.)
kontrola (F.) wstępna Vorprüfung (F.)
kontrola (F.) wydajności Leistungskontrolle (F.)
kontrola (F.) zawartości Inhaltskontrolle (F.)
kontrola (F.) zbrojeń Rüstungskontrolle (F.)
kontrola (F.) zgodności normy z ustawą zasadniczą Normenkontrolle (F.)
kontrola (F.) zgodności ustaw z konstytucją Verfassungskontrolle (F.)
kontroler (M.) Kontrolleur (M.), Prüfer (M.)
kontrolować kontrollieren, prüfen, revidieren, überprüfen
kontrowersyjny (Adj.) umstritten
kontrrewolucja (F.) Konterrevolution (F.)
kontrybucja (F.) Kontribution (F.)
kontyngent (M.) Kontingent (N.)

kontyngentować kontingentieren
kontyngentowanie (N.) ustalenie (N.) kontyngentu Kontigentierung (F.)
kontynuacja (F.) Fortführung (F.)
kontynuować fortführen, verfolgen
konwalidacja (F.) Heilung (F.)
konwalidacja (F.) czynności prawnej Konvaleszenz (F.)
konwalidować heilen
konwencja (F.) Konvention (F.), Übereinkommen (N.), Übereinkunft (F.)
konwencja (F.) genewska Genfer Konvention (F.)
konwencja (F.) o ochronie praw człowieka Konvention (F.) zum Schutz der Menschenrechte
konwencja (F.) o pomocy prawnej Rechtshilfeabkommen (N.)
Konwencja (F.) Praw Człowieka Menschenrechtskonvention (F.)
konwencjonalny (Adj.) konventional
konwent (M.) Konvent (M.)
konwent (M.) narodowy Nationalkonvent (M.)
konwersja (F.) Konversion (F.)
konwój (M.) Geleit (N.)
końcowy (Adj.) abschließend
kończyć enden
kooperacja (F.) Kooperation (F.)
kooperować kooperieren
kooptować kooptieren
kopalnia (F.) Bergwerk (N.), Grube (F.), Zeche (F.)
kopia (F.) Abschrift (F.), Kopie (F.)
kopia (F.) piracka Raubkopie (F.)
kopiować kopieren
korek (M.) Zapfen (M.)
korektura (F.) Korrektur (F.)
korespondencja (F.) Korrespondenz (F.), Schriftverkehr (M.)
korespondować korrespondieren
korona (F.) Krone (F.)
koronacja (F.) Krönung (F.)
koronować krönen
korporacja (F.) Körperschaft (F.), Korporation (F.)
korporacja (F.) realna Realkörperschaft (F.)
korporacja (F.) samorządowa Selbstverwaltungskörperschaft (F.)
korporacja (F.) zrzeszająca osoby fizyczne Personalkörperschaft (F.)
korporacja (F.) związku Verbandskörperschaft (F.)
korporacyjny (Adj.) körperschaftlich
korsarstwo (N.) Kaperei (F.)
korsarz (M.) Freibeuter (M.), Seeräuber (M.)
korumpować korrumpieren
korupcja (F.) Korruption (F.)
korygować korrigieren
korzystać ausüben
korzystać z czegoś benutzen
korzystający (M.) Leasingnehmer (M.)
korzystający (M.) z czegoś Benutzer (M.)
korzystanie (N.) Ausübung (F.), Genuss (M.)
korzystanie (N.) z czegoś Benutzung (F.)
korzystny (Adj.) günstig, nützlich, opportun, vorteilhaft
korzyść (F.) Gunst (F.), Opportunität (F.), Vorteil (M.)
korzyść (F.) majątku Vermögensvorteil (M.)
kosmos (M.) Weltraum (M.)
koszara (F.) Kaserne (F.)
koszt (M.) Aufwand (M.), Kosten (F.Pl.), Unkosten (F.Pl.)
koszt (M.) pogrzebu Beerdigungskosten (F.Pl.)
koszt (M.) postępowania upadłościowego Massekosten (F.Pl.)
koszt (M.) pośredni Gemeinkosten (F.Pl.)
kosztorys (M.) Anschlag (M.), Kostenrechnung (F.)
kosztorys (M.) szacunkowy Kostenvoranschlag (M.)
kosztorys (M.) wstępny Voranschlag (M.)
kosztować kosten
kosztowność (F.) Kostbarkeit (F.)
kosztowny (Adj.) kostbar
koszty (M.Pl.) Aufwand (M.), Kosten (F.Pl.), Spesen (F.Pl.), Unkosten (F.Pl.)
koszty (M.Pl.) administracyjne Verwaltungskosten (F.Pl.)
koszty (M.Pl.) budowe Baukosten (F.Pl.)
koszty (M.Pl.) dodatkowe Nebenkosten (F.)
koszty (M.Pl.) podróży Reisekosten (F.Pl.)
koszty (M.Pl.) pogrzebu Beerdigungskosten (F.Pl.)
koszty (M.Pl.) postępowania upadłościowego Massekosten (F.Pl.)
koszty (M.Pl.) pośredni Gemeinkosten (F.Pl.)
koszty (M.Pl.) procesowe Prozesskosten (F.Pl.)
koszty (M.Pl.) sądowe Gerichtskosten (F.Pl.)

koszty (M.Pl.) ubezpieczenie (N.) fracht (M.) cif
koszty (M.Pl.) uzyskania przychodu Werbungskosten (F.Pl.)
koszty (M.Pl.) własne Gestehungskosten (F.Pl.)
koszty (Pl.) grzewcze Heizkosten (F.Pl.)
koszty (Pl.) państwowe Staatskosten (F.Pl.)
koszty (Pl.) sądowe i notarialne Gerichts- und Notarkostengesetz
koszty (Pl.) uboczne wynagrodzenia Lohnnebenkosten (F.Pl.)
kościelny (Adj.) kirchlich
kościół (M.) Kirche (F.)
kościół (M.) krajowy Landeskirche (F.)
kościół (M.) państwowy Staatskirche (F.)
kradzież (F.) Diebstahl (M.), Entwendung (F.), Entziehung (F.), Entzug (M.)
kradzież (F.) dokonana przez bandę przestępczą Bandendiebstahl (M.)
kradzież (F.) energii elektrycznej Energieentziehung (F.)
kradzież (F.) przedmiotów nieznacznej wartości Mundraub (M.)
kradzież (F.) rozbójnicza räuberischer Diebstahl (M.)
kradzież (F.) sklepowa Ladendiebstahl (M.)
kradzież (F.) z włamaniem Einbruchsdiebstahl (M.)
kraina (F.) Gau (M.)
kraj (M.) Inland (N.), Land (N.)
kraj (M.) Federacji Bundesland (N.)
kraj (M.) trzeci Drittland (N.)
krajobraz (M.) Landschaft (F.)
krajowiec (M.) Inländer (M.)
krajowy (Adj.) einheimisch, inländisch
krajowy bank (M.) centralny Landeszentralbank (F.)
krajowy sąd (M.) do spraw socjalnych Landessozialgericht (N.)
krajowy sąd (M.) konstytucyjny Landesverfassungsgericht (N.)
krajowy sąd (M.) pracy Landesarbeitsgericht (N.)
krańcowy extrem
kraść stehlen
krąg (M.) Kreis (M.)
krążyć umlaufen
kredyt (M.) Haben (N.), Kredit (M.)
kredyt (M.) bankowy Bankkredit (N.)
kredyt (M.) dla dzierżawcy Pachtkredit (M.)
kredyt (M.) dyspozycyjny Dispositionskredit (M.)
kredyt (M.) hipoteczny Hypothekendarlehen (N.)
kredyt (M.) konsumencki Verbraucherdarlehen (N.)
kredyt (M.) konsumpcyjny Verbraucherkredit (M.)
kredyt (M.) krótkoterminowy dla importera Rembourskredit (M.)
kredyt (M.) krótkoterminowy na rachunku bieżącym bankowym Kontokorrentkredit (M.)
kredyt (M.) lombardowy Lombardkredit (M.)
kredyt (M.) na przekroczenie konta Überziehungskredit (M.)
kredyt (M.) na raty Abzahlungskredit (M.)
kredyt (M.) osobisty Personalkredit (M.)
kredyt (M.) zabezpieczony rzeczowo Bodenkredit (M.), Realkredit (M.)
kredyt (M.) ziemski Bodenkredit (M.)
kredytobiorca (M.) Kreditnehmer (M.)
kredytodawca (M.) Kreditgeber (M.)
kres (M.) Grenze (F.)
kreska (F.) Strich (M.)
krewni (Pl.) Verwandtschaft (F.)
krewny (M.) Verwandter (M.)
krewny (M.) kognacyjny Kognat (M.)
krewny (M.) krwi Kognat (M.)
krewny (M.) w lini wstępnej Aszendent (M. bzw. F.)
krewny (M.) zmarłego Hinterbliebener (M.)
krępować knebeln
krnąbrność (F.) Unbotmäßigkeit (F.)
krok (M.) zaradczy Maßnahme (F.)
kropka (F.) Punkt (M.)
król (M.) König (M.)
królewski (Adj.) königlich
królewstwo (N.) Königtum (N.)
królowa (F.) Königin (F.)
krótki (Adj.) kurz
krótki areszt (M.) dla nieletnich Kurzarrest (M.)
krwawa zemsta (F.) Blutrache (F.)
krwawe przestępstwo (N.) Bluttat (F.)
kryminalistyka (F.) Kriminalistik (F.)
kryminalizować kriminalisieren
kryminalny (Adj.) kriminal, kriminell
kryminolog (M.) Kriminologe (M.)
kryminologia (F.) Kriminologie (F.)
kryminologiczny kriminologisch

krzywda (F.) Unrecht (N.)
krzywoprzysięstwo (N.) Falscheid (M.), Meineid (M.)
krzywprzysiężny (Adj.) meineidig
krzyż (M.) Kreuz (N.)
krzyżować kreuzen
ksero (N.) Fotokopie (F.)
ksiądz (M.) Priester (M.)
książeczka (F.) oszczędnościowa Sparbuch (N.)
książę (M.) Fürst (M.), Herzog (M.), Prinz (M.)
książka (F.) Buch (N.)
książka (F.) odbytych jazd Fahrtenbuch (N.)
książka (F.) pojazdu samochodowego Kraftfahrzeugbrief (M.)
księga (F.) Buch (N.)
księga (F.) akt stanu cywilnego Personenstandsbuch (N.)
księga (F.) handlowa Handelsbuch (N.)
księga (F.) kościelna Kirchenbuch (N.)
księga (F.) rodziny Familienbuch (N.)
księga (F.) ślubów Heiratsbuch (N.)
księga (F.) urodzeń Geburtenbuch (N.)
księga (F.) wieczysta Grundbuch (N.)
księga (F.) zgonów Sterbebuch (N.)
księgowanie (N.) Buchung (F.) (Buchhaltung)
księgowość (F.) Buchführung (F.), Buchhaltung (F.)
księgowy (M.) Buchhalter (M.)
księstwo (N.) Fürstentum (N.), Herzogtum (N.)
księżna (F.) Fürstin (F.), Herzogin (F.)
księżniczka (F.) Prinzessin (F.)
kszatałtować prägen
kształcenie (N.) Ausbildung (F.), Bildung (F.)
kształcenie (N.) dla wymiaru sprawiedliwości Justizausbildung (F.)
kształcenie (N.) prawnicze juristische Ausbildung (F.)
kształcić ausbilden, fortbilden, schulen
kształt (M.) Gestalt, Gestaltung (F.)
kształtowanie (N.) Gestaltung (F.)
kształtowanie (N.) budowli w celu zharmonizowania jej z otoczeniem Baugestaltungsrecht (N.)
które muszą być zatrudnione Frauenquote (F.)
kuć stechen
kuks (M.) Kux (M.)
kulawy (Adj.) hinkend
kuleć hinken
kultura (F.) Kultur (F.)
kulturalny (Adj.) kulturell
kumoterstwo (N.) Vetternwirtschaft (F.)
kumulacja (F.) Häufung (F.), Kumulation (F.)
kumulacja (F.) powództwa Klagenhäufung (F.)
kumulatywny (Adj.) kumulativ
kumulować kumulieren
kupiec (M.) Händler (M.), Kaufmann (M.)
kupiec (M.) drobny Minderkaufmann (M.)
kupiec (M.) pełny Vollkaufmann (M.)
kupiec (M.) pozorny Scheinkaufmann (M.)
kupiec (M.) przymusowy Musskaufmann (M.)
kupiec (M.) z mocy formy prawnej Formkaufmann (M.)
kupiec (M.) z możliwości Kannkaufmann (M.)
kupiec (M.) z powinności Sollkaufmann (M.)
kupiec hurtownik (M.) Großhändler
kupiec-członek (M.) składu orzekającego sądu w izbie do spraw handlowych Handelsrichter (M.)
kupiecki (Adj.) kaufmännisch
kupieckie prawo (N.) zatrzymania rzeczy kaufmännisches Zurückbehaltungsrecht (N.)
kupno (N.) Kauf (M.)
kupno (N.) będące operacją handlową Handelskauf (M.)
kupno (N.) bydła Viehkauf (M.)
kupno (N.) całości udziałów Mantelkauf (M.)
kupno (N.) gruntu Grundstückskauf (M.)
kupno (N.) na czarno Schwarzkauf (M.)
kupno (N.) na kredyt Kreditkauf (M.)
kupno (N.) na próbę Kauf (M.) auf Probe
kupno (N.) na raty Abzahlungskauf (M.), Ratenkauf (M.)
kupno (N.) na zasadach najmu Mietkauf (M.)
kupno (N.) nielegalne Schwarzkauf (M.)
kupno (N.) odręczne Handkauf (M.)
kupno (N.) po okresie próbnym Kauf (M.) nach Probe
kupno (N.) przedsiębiorstwa Unternehmenskauf (M.)
kupno (N.) rzeczy określonej co do rodzaju Gattungskauf (M.), Genuskauf (M.)
kupno (N.) spadku Erbschaftskauf (M.)
kupno (N.) specyfikacyjne Spezifikationskauf (M.)
kupno (N.) z wysyłką Versendungskauf (M.)

kupno (N.) za gotówkę Barkauf (M.)
kupno (N.) zakresu działalności przedsiębiorstwa Unternehmensbereichskauf (M.)
kupon (M.) Abschnitt (M.), Coupon (M.), Kupon (M.)
kupon (M.) odsetkowy Zinsschein (M.)
kupować kaufen
kupujący (M.) Käufer (M.)
kuratela (F.) Kuratel (F.), Pflegschaft (F.)
kuratela (F.) dla majątku Vermögenspflegschaft (F.)
kuratela (F.) dla ochrony praw osoby nieobecnej Abwesenheitspflegschaft (F.)
kuratela (F.) procesowa Verfahrenspflegschaft (F.)
kuratela (F.) spadku Nachlasspflegschaft (F.)
kurator (M.) Kurator (M.), Pfleger (M.)
kurator (M.) dla osoby nieznanej z miejsca pobytu Abwesenheitspfleger (M.)
kurator (M.) sądowy Bewährungshelfer (M.)
kurator (M.) spadku Nachlasspfleger (M.)
kuratorium (N.) Kuratorium (N.)
kurfirst (M.) Kurfürst (M.)
kuria (F.) Kurie (F.)
kurier (M.) Kurier (M.)
kurs (M.) Kurs (M.)
kurs (M.) dewiz Devisenkurs (M.)
kurs (M.) walut Devisenkurs (M.)
kursować fahren, verkehren
kurtuazja (F.) Kurtoisie (F.)
kurwa (F.) Hure (F.)
kuzyn (M.) Cousin (M.), Vetter (M.)
kwalifikacja (F.) Befähigung (F.), Eignung (F.), Kompetenz (F.), Qualifikation (F.) (Ausbildung)
kwalifikowany (Adj.) qualifiziert (bestimmt)
kwalifikowany czyn (M.) karalny qualifizierte Straftat (F.)
kwalifikowany dokument (M.) na okaziciela hinkendes Inhaberpapier (N.)
kwartalny (Adj.) vierteljährlich
kwartał (M.) Quartal (N.), Vierteljahr (N.)
kwerulant (M.) Querulant (M.)
kwerulować querulieren
kwestia (F.) Frage (F.)
kwestia (F.) stanu faktycznego Tatfrage (F.)
kwestionariusz (M.) Fragebogen (M.)
kwestionować bestreiten, rügen
kwestura (F.) Quästur (F.)
kwintesencja (F.) Inbegriff (M.)
kwit (M.) Beleg (M.), Quittung (F.)
kwit (M.) dłużny Schuldschein (M.)
kwit (M.) składowy Lagerschein (M.)
kworum (N.) Quorum (N.)
kwota (F.) Betrag (M.)
kwota (F.) przeznaczona na dziecko odejmowana od podstawy opodatkowania Kinderfreibetrag (M.)
kwota (F.) świadczenia socjalnego Sozialleistungsquote (F.)
kwota (F.) wolna od zajęcia Pfändungsfreibetrag (M.)

l

laesio (F.) enormis (lat.) laesio (F.) enormis (lat.)
laik (M.) Laie (M.)
las (M.) Forst (M.), Wald (M.)
lata (Pl.) służby Dienstalter (N.)
latać verkehren
lato (N.) Sommer (M.)
leasing (M.) Leasing (N.)
leasing (M.) producenta Produzentenleasing (N.)
leasingbiorca (M.) Leasingnehmer (M.)
leasingodawca (M.) Leasinggeber (M.)
leasować leasen
leczenie (N.) Heilung (F.), Therapie (F.)
leczyć heilen
legacja (F.) Legation (F.)
legalizacja (F.) Legalisation (F.), Legalisierung (F.)
legalność (F.) Gesetzmäßigkeit (F.), Legalität (F.), Legitimität (F.), Rechtmäßigkeit (F.)
legalny (Adj.) gesetzmäßig, legal
legat (M.) damnacyjny Damnationslegat (N.)
legat (M.) windykacyjny Vindikationslegat (N.)
legislatywa (F.) Legislative (F.)
legislatywny (Adj.) legislativ
legitymacja (F.) Ausweis (M.), Legitimation (F.)
legitymacja (F.) bierna Passivlegitimation (F.)
legitymacja (F.) czynna Klagebefugnis (F.)
legitymacja (F.) materialna Sachbefugnis (F.), Sachlegitimation (F.)
legitymacja (F.) procesowa Prozessführungsbefugnis (F.)
legitymacja (F.) procesowa czynna Aktivlegitimation (F.)

legitymacja (F.) procesowa strony powodowej Klagebefugnis (F.)
legitymacja (F.) ubezpieczeniowa Krankenversichertenkarte (F.)
legitymność (F.) Legitimität (F.)
legitymować legitimieren
legitymowanie (N.) Legitimierung (F.)
lek (M.) Arzneimittel (N.)
lekarka (F.) Ärztin (F.)
lekarka (F.) urzędowa Amtsärztin (F.)
lekarski (Adj.) ärztlich
lekarskie oględziny (Pl.) zwłok Leichenschau (F.)
lekarstwo (N.) Arznei (F.), Heilmittel (N.)
lekarz (M.) Arzt (M.)
lekarz (M.) dentysta Zahnarzt (M.)
lekarz (M.) kasy chorych Kassenarzt (M.)
lekarz (M.) urzędowy Amtsarzt (M.)
lekarz (M.) zaufania Vertrauensarzt (M.)
lekceważyć missachten
lekcja (F.) Lehrveranstalung (F.), Stunde (F.), Unterricht (M.)
lekki (Adj.) leicht
lekkomyślność (F.) Leichtfertigkeit (F.)
lekkomyślny (Adj.) leichtfertig
leksykon (M.) Lexikon (N.)
lektor (M.) Lektor (M.)
lennik (M.) Vasall (M.)
lenno (N.) Lehen (N.)
lepszy (Adj.) bessere
lesbijka (F.) Lesbierin (F.)
lesbijski (Adj.) lesbisch
leśnik (M.) Förster (M.)
leżący (Adj.) belegen (Adj.)
leżeć liegen
lęk (M.) Furcht (F.)
liberalizm (M.) Liberalismus (M.)
liberalizować liberalisieren
liberalny (Adj.) liberal
liberał (M.) Liberaler (M.)
licencja (F.) Lizenz (F.)
licencja (F.) przymusowa Zwangslizenz (F.)
licencjat (M.) Lizentiat (M.), Lizenziat (N.)
licencjobiorca (M.) Lizenznehmer (M.)
licencjodawca (M.) Lizenzgeber (M.)
liceum (N.) Lyzeum (N.)
Lichtenstein (M.) Liechtenstein (N.)
lichwa (F.) Sachwucher (M.), Wucher (M.)
lichwa (F.) dotycząca spełnienia świadczenia Leistungswucher (M.)
lichwa (F.) kredytowa Kreditwucher (M.)
lichwa (F.) mieszkaniowa Mietwucher (M.)
lichwa (F.) rzeczowa Sachwucher (M.)
lichwiarz (M.) Wucherer (M.)
lichy (Adj.) dürftig
licytacja (F.) Auktion (F.), Versteigerung (F.)
licytacja (F.) aukcja Subhastation (F.)
licytacja (F.) podziałowa Teilungsversteigerung (F.)
licytacja (F.) przymusowa Zwangsversteigerung (F.)
licytacja (F.) publiczna öffentliche Versteigerung (F.)
licytacja (F.) w celu podziału Teilungsversteigerung (F.)
licytować versteigern
liczba (F.) Zahl (F.)
liczyć rechnen
liga (F.) Liga (F.)
liga (F.) narodów Völkerbund (M.)
likwidacja (F.) Aufgabe (F.), Liquidation (F.), Liquidierung (F.)
likwidacja (F.) awarii morskiej Haverei (F.)
likwidator (M.) Liquidator (M.)
likwidować liquidieren
limit (M.) Limit (N.), Quote (F.)
limitować limitieren
limitowanie (N.) Limitierung (F.)
limitowany (Adj.) limitiert
lina (F.) Kabel (N.)
linczować lynchen
linia (F.) Linie (F.)
linia (F.) boczna Seitenlinie (F.)
linia (F.) prosta gerade Linie (F.)
linia (F.) regulacyjna budowy Baulinie (F.), Fluchtlinie (F.)
linia (F.) zabudowy Baulinie (F.), Fluchtlinie (F.)
list (M.) Brief (M.)
list (M.) dłużny Schuldverschreibung (F.)
list (M.) gończy Fahndungsschreiben (N.), Steckbrief (M.)
list (M.) handlowy Geschäftsbrief (M.)
list (M.) hipoteczny Hypothekenbrief (M.)
list (M.) kredytowy Kreditbrief (M.)
list (M.) ochronny Schutzbrief (M.)
list (M.) pasterski Hirtenbrief (M.)
list (M.) polecony Einschreiben (N.)
list (M.) przewozowy Frachtbrief (M.)
list (M.) uwierzytelniający Akkreditiv (N.), Beglaubigungsschreiben (N.)

list (M.) w sprawach handlowych Geschäftsbrief (M.)
list (M.) zwierający groźbę Drohbrief (M.)
list (M.) żelazny Freibrief (M.)
lista (F.) Liste (F.)
Lizabona (F.) Lissabon (N.)
lobby (N.) (engl.) Lobby (F.)
lobbysta (M.) Lobbyist (M.)
loco dom frei Haus
logiczność (F.) Schlüssigkeit (F.)
logiczny (Adj.) logisch, schlüssig
logika (F.) Logik (F.)
lojalność (F.) Fairness (F.), Loyalität (F.), Treue (F.)
lojalny fair, loyal, treu
lokal (M.) Raum (M.)
lokal (M.) użytkowy Gewerberaum (M.)
lokalizacja (F.) Standort (M.)
lokalna kasa (F.) chorych Ortskrankenkasse (F.)
lokalne publiczne prawo (N.) zwyczajowe Observanz (F.)
lokalny (Adj.) lokal, örtlich
lokata (F.) Anlage (F.) (Vermögenseinsatz), Einlage (F.)
lokata (F.) kapitału Kapitalanlage (F.)
lokaut (M.) Aussperrung (F.)
lokowanie (N.) Platzierung (F.)
lombard (M.) Leihhaus (N.), Lombard (M.)
lombardować lombardieren
Londyn (M.) London (N.)
londyńska umowa (F.) dotycząca długów Londoner Schuldenabkommen (N.)
lord (M.) (engl.) Lord (M.)
lordkanclerz (M.) Lordkanzler (M.) (Lordkanzler in Großbritannien)
los (M.) Los (N.), Schicksal (N.)
losować auslosen, losen
losowanie (N.) Auslosung (F.)
lot (M.) Flug (M.)
loteria (F.) Lotterie (F.)
loteryjka (F.) Lotto (N.)
lotny (Adj.) flüchtig
lotto (N.) Lotto (N.)
lubić mögen
lud (M.) Volk (N.)
ludobójstwo (N.) Völkermord (M.)
ludzki (Adj.) menschlich
luka (F.) Lücke (F.)
luka (F.) ustawowa Gesetzeslücke (F.)
Luksemburg (M.) Luxemburg (N.)
luksus (M.) Luxus (M.)
lustrowanie (N.) Musterung (F.)
lżyć schimpfen

ł

ładować laden (aufladen)
ładunek (M.) Belastung (F.), Ladung (F.) (Aufladung von Gütern)
ładunek (M.) na środku transportu Frachtgut (N.)
ładunek (M.) zbiorowy Sammelladung (F.)
łagodny (Adj.) mild
łagodzący (Adj.) mildernd
łagodzący (Adj.) karę strafmildernd
łagodzenie (N.) cierpień umierających Sterbehilfe (F.)
łagodzić schlichten
łamać kołem rädern
łamiąca (F.) wiarę małżeńską Ehebrecherin (F.)
łamiący (M.) wiarę małżeńską Ehebrecher (M.)
łamiący wiarę małżeńską ehebrecherisch
łamistrajk (M.) Streikbrecher (M.)
łańcuch (M.) ozdobny Kette (F.)
łańcuchowy stosunek (M.) pracy na czas oznaczony Kettenarbeitsverhältnis (N.)
łańcuszek (M.) Kette (F.)
łapać fangen
łapownictwo (N.) Bestechung (F.)
łapówka (F.) Schmiergeld (N.)
łaska (F.) Gnade (F.), Gunst (F.)
łaska (F.) Boża Gottes Gnade
łatwy (Adj.) einfach
ława (F.) ławnicza Schöffenbank (F.)
ława (F.) ławników Schöffenbank (F.)
ława (F.) oskarżonych Anklagebank (F.)
ława (F.) przysięgłych Geschworenenbank (F.)
ławnik (M.) Beisitzer (M.), Schöffe (M.)
łączący (Adj.) kumulativ
łącznie inbegriffen
łącznik (M.) Junktim (N.), Schalter (M.)
łączyć assoziieren, kuppeln, verbinden
łączyć się fusionieren
łączyć się ponownie wiedervereinigen
łowca (M.) Jäger (M.)
łowić ryby fischen
łowny (Adj.) jagdbar
łup (M.) Beute (F.), Prise (F.)

m

ma (F.) Haben (N.)
machinacja (F.) Machenschaft (F.)
macierzyństwo (N.) Mutterschaft (F.)
macocha (F.) Stiefmutter (F.)
mafia (F.) Mafia (F.)
magazyn (M.) Lager (N.) (Warenlager), Lagerhaus (N.), Magazin (N.)
magazynować lagern
magister (M.) Magister (M.)
magistrala (F.) samochodowa Fernstraße (F.)
magistrat (M.) Magistrat (N.)
magnificent (M.) Magnifizenz (F.)
mający pierwszeństwo vorrangig
mający pupilarne zabezbieczenie mündelsicher
majątek (M.) Besitztum (N.), Vermögen (N.)
majątek (M.) administracyjny Verwaltungsvermögen (N.)
majątek (M.) finansowy Finanzvermögen (N.)
majątek (M.) netto Reinvermögen (N.)
majątek (M.) nieruchomy Immobilie (F.)
majątek (M.) obrotowy Umlaufvermögen (N.)
majątek (M.) odrębny Sondervermögen (N.), Vorbehaltsgut (N.)
majątek (M.) podopiecznego Mündelgeld (N.)
majątek (M.) spółki Gesellschaftsvermögen (N.)
majątek (M.) szlachecki Rittergut (N.)
majątek (M.) trwały Anlagevermögen (N.)
majątek (M.) wspólny Gesamtgut (N.)
majestat (M.) Hoheit (F.), Majestät (F.)
major (M.) Major (M.)
majorat (M.) Majorat (N.)
majster (M.) Meister (M.)
makler (M.) Makler (M.)
makler (M.) handlowy Handelsmakler (M.)
maklerować makeln
maksyma (F.) Maxime (F.)
maksymalna suma (F.) pieniężna Höchstbetrag (M.)
maksymalnie (Adj.) maximal
maksymalny (Adj.) höchste
mala fides (F.) (lat.) mala fides (F.) (lat.)
malować streichen
maltretować misshandeln
maltretowanie (N.) Misshandlung (F.)
małe przedsiębiorstwo (N.) Gewerbebetrieb (M.)
małoletni minderjährig, minorenn, unmündig
małoletniość (F.) Minderjährigkeit (F.), Minorennität (F.), Unmündigkeit (F.)
małowartościowy (Adj.) schlecht
mały (Adj.) gering
małżeński (Adj.) ehelich
małżeńskie prawo (N.) majątkowe Güterrecht (N.)
małżeństwo (N.) Ehe (F.)
małżeństwo (N.) mieszane Mischehe (F.)
małżeństwo (N.) pozorne Scheinehe (F.)
małżeństwo (N.) prawnie nieistniejące Nichtehe (F.)
małżeństwo (N.) w celu uzyskania nazwiska Namensehe (F.)
małżonek (M.) Ehegatte (M.), Ehepartner (M.), Gatte (M.), Gemahl (M.)
małżonka (F.) Gattin (F.), Gemahlin (F.)
mandat (M.) Bußgeldbescheid (M.), Mandat (N.)
mandat (M.) bezpośredni Direktmandat (N.)
mandat (M.) inkasowy Inkassomandat (N.)
mandat (M.) poselski Mandat (N.)
mandat (M.) poselski związany imperatives Mandat (N.)
mandatariusz (M.) Mandatar (M.)
mania (F.) Manie (F.)
manifest (M.) Manifest (N.)
manifest (M.) komunistyczny Kommunistisches Manifest (N.)
manko (N.) Manko (N.)
manualny (Adj.) manuell
manufaktura (F.) Manufaktur (F.)
marginesowy (Adj.) Neben-
marketing (N.) Marketing (N.), Vertrieb (M.)
marność (F.) Dürftigkeit (F.)
marnotrawstwo (N.) Verschwendung (F.)
marny (Adj.) dürftig
marszałek (M.) Marschall (M.)
marszałek senior (M.) Alterspräsident (M.)
martwa ręka (F.) tote Hand
martwy (Adj.) tot
marynarka (F.) wojskowa Marine (F.)
marynarz (M.) Matrose (M.), Seemann (M.)
masa (F.) Masse (F.)
masa (F.) niewypłacalności Insolvenzmasse (F.)

masa (F.) upadłościowa Konkursmasse (F.)
masakra (F.) Massaker (N.)
masochizm (M.) Masochismus (M.)
mason (M.) Freimaurer (M.)
maszyna (F.) Maschine (F.)
matactwo (N.) Machenschaft (F.), Verdunkelung (F.)
materializm (M.) Materialismus (M.)
materialny körperlich, materiell
materiał (M.) Material (N.), Stoff (M.)
materiał (M.) wybuchowy Sprengstoff (M.)
matka (F.) Mutter (F.)
matkobójstwo (N.) Muttermord (M.)
matriarchat (M.) Matriarchat (N.)
matrykuła (F.) Matrikel (F.)
matura (F.) Abitur (N.), Matura (F.), Reife (F.), Reifeprüfung (F.)
mąż (M.) Ehemann (M.)
mąż (M.) stanu Staatsmann (M.)
mebel (M.) Möbel (N.)
media (N.Pl.) Medien (N.Pl.)
mediacja (F.) Mediation, Schlichtung (F.)
mediator (M.) Mediator (M.), Schlichter (M.), Vermittler (M.)
mediatować mediatisieren
mediować mediieren
mediowanie (N.) Mediatisierung (F.)
medium (N.) Medium (N.)
medycyna (F.) Heilkunde (F.), Medizin (F.)
medycyna (F.) prawa Rechtsmedizin (F.)
medycyna (F.) sądowa Rechtsmedizin (F.)
medyczny (Adj.) medizinisch
Meklemburgia-Przednie Pomorze (F.) Mecklenburg-Vorpommern (N.)
meldunek (M.) Anmeldung (F.)
memorandum (N.) Memorandum (N.)
mentalny (Adj.) mental
merkantylizm (M.) Merkantilismus (M.)
merkantylny (Adj.) merkantil
mesa (F.) Messe (F.)
metoda (F.) Methode (F.)
metodologia (F.) Methodenlehre (F.), Methodologie (F.)
metodyczny methodisch
metodyka (F.) Methodik (F.)
metryka (F.) książki Impressum (N.)
metryka (F.) urodzenia Geburtsurkunde (F.)
metryka (F.) wydawnictwa Impressum (N.)
męczyć martern, schinden
męka (F.) Marter (F.)
mianować designieren, ernennen, nominieren
mianowanie (N.) Designation (F.), Ernennung (F.), Nominierung (F.)
miara (F.) Maß (N.)
miara (F.) objętości Hohlmaß (N.)
miarkować merken
miarodajny (Adj.) kompetent
miasto (N.) Stadt (F.)
miasto (N.) hanzeatyckie Hansestadt (F.)
miasto-kraj (M.) Stadtstaat (M.)
mieć korzyść gewinnen
mieć miejsce ereignen (sich ereignen)
mieć ważność gelten
mieć znaczenie bedeuten
mieć związek zusammenhängen
miejsce (N.) Ort (M.), Platz (M.), Rang (M.), Raum (M.), Sitz (M.), Stand (M.), Stätte (F.), Stelle (F.)
miejsce (N.) certyfikacyjne Zertifizierungsstelle (F.)
miejsce (N.) dokonania czynności Handlungsort (M.)
miejsce (N.) dokonania działania Handlungsort (M.)
miejsce (N.) domowe Heimstätte (F.)
miejsce (N.) dopuszczenia pojazdu mechanicznego do ruchu Kraftfahrzeugzulassungsstelle (F.)
miejsce (N.) obrad Tagungsort (M.)
miejsce (N.) pobytu Aufenthaltsort (M.)
miejsce (N.) popełnionego czynu Tatort (M.)
miejsce (N.) pracy Arbeitsstätte (F.)
miejsce (N.) przedstawicielstwa Vertretungsstelle (F.)
miejsce (N.) przeznaczenia Bestimmungsort (M.)
miejsce (N.) sesji Tagungsort (M.)
miejsce (N.) skutku Erfolgsort (M.)
miejsce (N.) spełnienia świadczenia Erfüllungsort (M.), Leistungsort (M.)
miejsce (N.) wykonania zobowiązania Erfüllungsort (M.)
miejsce (N.) wykonywania zawodu ausgeübter Gewerbebetrieb (M.)
miejsce (N.) zamieszkania Wohnort (M.), Wohnsitz (M.)
miejsce przyrzeczenia eidesstattlich
miejscowość (F.) Ortschaft (F.)
miejscowy (Adj.) einheimisch, heimisch, lokal, örtlich
miejscowy plan (M.) realizacyjny budowy Bauleitplanung (F.)

miejscowy plan (M.) zagospodarowania przestrzeni Bauleitplan (M.)
miejski (Adj.) städtisch
mienie (N.) Habe (F.), Vermögen (N.)
mienie (N.) gminne Allmende (F.)
mienie (N.) ruchome Fahrhabe (F.), Fahrnis (F.)
mierzenie (N.) Vermessung (F.)
mierzyć messen
miesiąc (M.) Monat (M.)
miesięczny (Adj.) monatlich
mieszać einmischen, mischen
mieszanka (F.) Mischung (F.)
mieszany (Adj.) gemischt
mieszczaństwo (N.) Bürgerschaft (F.)
mieszkać wohnen
mieszkanie (N.) Wohnen (N.), Wohnung (F.)
mieszkanie (N.) czynszowe Mietwohnung (F.)
mieszkanie (N.) małżonków Ehewohnung (F.)
mieszkanie (N.) socjalne Sozialwohnung (F.)
mieszkanie (N.) własnościowe Eigentumswohnung (F.)
mieszkaniec (M.) Einwohner (M.), Insasse (M.)
mieszkaniec (M.) gminy Bürger (M.)
Międzynarodowa izba (F.) handlowa internationale Handelskammer (F.)
Międzynarodowa konwencja (F.) o prawach autorskich Welturheberrechtsabkommen (N.)
Międzynarodowa Organizacja (F.) Lotnictwa Cywilnego ICAO (N.) (International Civil Aviation Organization), International Civil Aviation Organization (N.) (ICAO)
Międzynarodowa Organizacja (F.) Pracy IAO (F.) (Internationale Arbeitsorganisation), Internationale Arbeitsorganisation (F.) (IAO)
Międzynarodowa Unia (F.) Pocztowa Weltpostverein (M.)
Międzynarodowe jednolite prawo (N.) kupna internationales Einheitskaufsrecht (N.)
międzynarodowe prawo (N.) internationales Recht (N.)
międzynarodowe prawo (N.) prywatne internationales Privatrecht (N.)
międzynarodowe sądownictwo (N.) arbitrażowe internationale Schiedsgerichtsbarkeit (F.)
międzynarodowy (Adj.) international, multinational
Międzynarodowy Fundusz (M.) Walutowy internationaler Währungsfonds (M.) (IWF), IWF (M.) (Internationaler Währungsfonds)
międzynarodowy książkowy numer (M.) ISBN ISBN (F.) (Internationale Standardbuchnummer)
Międzynarodowy trybunał (M.) morski internationaler Seegerichtshof (M.)
Międzynarodowy trybunał (M.) sprawiedliwości Internationaler Gerichtshof (M.)
międzypaństwowy (Adj.) zwischenstaatlich
mila (F.) Meile (F.)
milczący (Adj.) still
milczący stillschweigend
milczeć schweigen
milczenie (N.) Schweigen (N.), Verschwiegenheit (F.)
milicja (F.) Miliz (F.)
miły (Adj.) lieb
minerał (M.) Mineral (N.)
minimalnie (Adj.) mindeste
minimum (M.) egzystencji Existenzminimum (N.)
minister (M.) Minister (M.)
minister (M.) federalny Bundesminister (M.)
minister (M.) finansów Finanzminister (M.)
minister (M.) spraw wewnętrznych Innenminister (M.)
minister (M.) spraw zagranicznych Außenminister (M.)
minister (M.) sprawiedliwości Justizminister (M.)
minister (M.) stanu Staatsminister (M.)
ministerialny (Adj.) ministeriell
ministerstwo (N.) Ministerium (N.)
Ministerstwo (N.) Finansów Finanzministerium (N.)
ministerstwo (N.) spraw zagranicznych Außenministerium (N.)
misja (F.) Mission (F.)
missio (F.) canonica (lat.) missio (F.) canonica (lat.)
mistrz (M.) Meister (M.)
młodociany (M.) Heranwachsender (M.), Jugendlicher (M.)
młody (Adj.) jung
młodzieńczy (Adj.) jugendlich
młodzież (F.) Jugend (F.)
mnich (M.) Mönch (M.)
mniejszość (F.) Minderheit (F.), Minorität (F.)

mniejszość (F.) udziałowców zdolna do zablokowania uchwał walnego zgromadzenia Sperrminorität (F.)
mniejszy (Adj.) kleinere (Adj. Komp.), mindere
mniszka (F.) Nonne (F.)
mnożyć się häufen
moc (F.) Leistung (F.), Vermögen (N.)
moc (F.) bezwzględnie obowiązująca Unabdingbarkeit (F.)
moc (F.) prawna Rechtskraft (F.)
moc (F.) ustawy Gesetzeskraft (F.)
moc (F.) wsteczna Rückwirkung (F.)
mocarstwo (N.) Macht (F.)
mocarz (M.) Gewalthaber (M.)
modus (M.) (lat.) modus (M.) (lat.)
mogący być odstąpionym abtretbar
mogący być przeniesionym begebbar, übertragbar
mogący być spełnienionym erfüllbar
mogący być wymaganym zumutbar
mogący być wypowiedzianym kündbar
mogący być żądanym zumutbar
mogący pozwać klagbar
monarcha (M.) Monarch (M.)
monarchia (F.) Monarchie (F.)
monarchiczny (Adj.) monarchisch
monarchizm (M.) Monarchismus (M.)
moneta (F.) Geldstück (N.), Münze (F.)
moneta (F.) zdawkowa Scheidemünze (F.)
monit (M.) Erinnerung (F.), Mahnschreiben (N.)
Monitor (M.) Federalny Bundesanzeiger (M.)
monizm (M.) Monismus (M.)
monogamia (F.) Monogamie (F.)
monografia (F.) Monographie (F.)
monokracja (F.) Monokratie (F.)
monokratyczny (Adj.) monokratisch
monopol (M.) Monopol (N.)
monopol (M.) finansowy Finanzmonopol (N.)
monopol (M.) oskarżenia Anklagemonopol (N.)
monopolizować monopolisieren
moralność (F.) Moral (F.), Sittlichkeit (F.)
moralny (Adj.) moralisch, sittlich
moratorium (N.) Moratorium (N.)
mord (M.) Mord (M.)
morderca (M.) Mörder (M.)
morderca (M.) rabunkowy Raubmörder (M.)
morderczyni (F.) Mörderin (F.)
morderczyni (F.) rabunkowa Raubmörderin (F.)
morderstwo (N.) Mord (M.)
morderstwo (N.) na tle seksualnym Lustmord (M.)
morderstwo (N.) rabunkowe Raubmord (M.)
morderstwo (N.) sądowe Justizmord (M.)
morderstwo (N.) skrytobójcze Meuchelmord (M.)
morderstwo (N.) w celach rabunkowych Raubmord (M.)
mordować morden
morfina (F.) Morphium (N.)
morganatyczny (Adj.) morganatisch
morze (N.) Meer (N.), See (F.) (Meer)
motyw (M.) Beweggrund (M.), Motiv (N.)
mowa (F.) Rede (F.), Sprache (F.)
mowa (F.) obrończa Plädoyer (N.)
mowa (F.) oskarżycielska Plädoyer (N.)
mowa (F.) tronowa Thronrede (F.)
możliwe (Adj.) möglich
możliwość (F.) Möglichkeit (F.)
możliwość (F.) bycia przedmiotem negocjacji Verhandlungsfähigkeit (F.)
możliwość (F.) potrącenia Aufrechnungslage (F.)
możliwość (F.) przewidzenia Voraussehbarkeit (F.), Vorhersehbarkeit (F.)
możliwość (F.) przypisania odpowiedzialności Zurechnungsfähigkeit (F.)
możliwość (F.) spełnienia Erfüllbarkeit (F.)
możliwość (F.) spełnienia przesłanki wpisu Eintragungsfähigkeit (F.)
możliwy (Adj.) möglich
możliwy do potrącenia aufrechenbar
możliwy do uniknięcia vermeidbar
możliwy do zajęcia pfändbar
możność (F.) Vermögen (N.)
możność (F.) kierowania swoim postępowaniem Steuerungsfähigkeit (F.)
możność (F.) wymagania Zumutbarkeit (F.)
możność (F.) żądania Zumutbarkeit (F.)
mówić reden, sprechen
mózg (M.) Gehirn (N.), Hirn (M.)
msza (F.) Messe (F.)
mścić rächen
multilateralny (Adj.) multilateral
mundur (M.) Uniform (F.)
mur (M.) przeciwpożarowy Brandmauer (F.)
musieć müssen
musieć znać Kennenmüssen (N.), Wissenmüssen (N.)
muzułmanin (M.) Moslem (M.)

mylenie (N.) się Täuschung (F.)
mylny (Adj.) abwegig, irrtümlich
myśl (F.) Gedanke (M.)
myśl (F.) przewodnia Leitsatz (M.)
myśliwy (M.) Jäger (M.)
myto (N.) Maut (F.)

n

na gorącym uczynku handhaft, in flagranti (lat.)
na mocy prawa ipso iure (lat.)
na mocy ustawy kraft Gesetzes
na skutek braku mangels
na warunkach franco dom frei Haus
na warunkach franco statek fob (free on board), free on board (fob)
nabić laden (aufladen)
nabój (M.) Patrone (F.)
nabrać neppen, schöpfen
nabycie (N.) Anfall (M.), Erwerb (M.)
nabycie (N.) bezpośrednie Direkterwerb (M.)
nabycie (N.) nieruchomości Grunderwerb (M.)
nabycie (N.) nowego dobra Wiederbeschaffung (F.)
nabycie (N.) pierwotne własności originärer Eigentumserwerb (M.)
nabycie (N.) prawa Rechtserwerb (M.)
nabycie (N.) przejściowe Durchgangserwerb (M.)
nabycie (N.) spadku Erbanfall (M.)
nabycie (N.) tranzytowe Durchgangserwerb (M.)
nabycie (N.) w dobrej wierze gutgläubiger Erwerb (M.)
nabycie (N.) własności Eigentumserwerb (M.)
nabyć erwerben
nabytek (M.) Zugang (M.)
nabywca (M.) Erwerber (M.), Käufer (M.)
nabywca (M.) spadku Erbschaftserwerber (M.)
nabywca (M.) w dobrej wierze gutgläubiger Erwerber (M.)
nacisk (M.) Druck (M.)
nacjonalistyczny (Adj.) nationalistisch
nacjonalizacja (F.) Sozialisierung (F.)
nacjonalizm (M.) Nationalismus (M.)
nacjonalizować sozialisieren
nacjonalno-socjalistyczny (Adj.) nationalsozialistisch
nacjonalsocjalizm (M.) Nationalsozialismus (M.)
naczelnik (M.) Oberkreisdirektor (M.), Oberstadtdirektor (M.), Vorsteher (M.)
naczelnik (M.) powiatu Landrat (M.)
nadać absenden, aufgeben, erteilen, verkehren, verleihen
nadać nazwisko einbenennen
nadać obywatelstwo einbürgern
nadać przez radio funken
nadający konstytucję verfassunggebend
nadający się do akceptacji akzeptabel
nadający się do odliczenia absetzbar
nadający się do spłaty ablösbar
nadajnik (M.) piracki Piratensender (M.)
nadanie (N.) Anordnung (F.), Aufgabe (F.), Erteilung (F.), Verleihung (F.)
nadanie (N.) mocy obowiązującej Inkraftsetzen (N.)
nadanie (N.) nazwiska Einbenennung (F.)
nadanie (N.) obywatelstwa Einbürgerung (F.)
nadanie (N.) stopnia doktorskiego Promotion (F.)
nadawać eignen, oktroieren
nadawać się taugen
nadawanie (N.) się do dyskonta Begebbarkeit (F.)
nadawca (M.) Absender (M.), Versender (M.)
nadawczyni (F.) Absenderin (F.)
nadbrzeże (N.) Küste (F.)
nadbudowa (F.) Überbau (M.)
nadburmistrz (M.) Oberbürgermeister (M.)
nadchodzić ausbleiben
naddatek (M.) Zugabe (F.)
nadejść eingehen
nadgodzina (F.) Überstunde (F.)
nadmiar (M.) Übermaß (N.)
nadmierne obciążenie (N.) Überlastung (F.)
nadmierne zadłużenie (N.) Überschuldung (F.)
Nadrenia Północna-Westfalia (F.) Nordrhein-Westfalen (N.)
Nadrenia-Palatynat (M.) Rheinland-Pfalz (N.)
nadskakiwać nachstellen
nadużycie (N.) Exzess (M.), Missbrauch (M.)
nadużycie (N.) blankietu Blankettmissbrauch (M.)
nadużycie (N.) postępowania Verfahrensmissbrauch (M.)
nadużycie (N.) prawa Rechtsmissbrauch (M.)

nadużycie (N.) prawa swobodnego uznania Ermessensmissbrauch (M.)
nadużycie (N.) urzędu Amtsmissbrauch (N.)
nadużycie (N.) wystawiania weksli Wechselreiterei (F.)
nadużycie (N.) zaufania Treubruch (M.), Untreue (F.)
nadużyć missbrauchen
nadwyżka (F.) Überhang (M.), Überschuss (M.)
nadzorca (M.) Aufseher (M.)
nadzorować beaufsichtigen
nadzorowanie (N.) Beaufsichtigung (F.)
nadzór (M.) Aufsicht (F.), Überwachung (F.)
nadzór (M.) budowlany Bauaufsicht (F.), Baupolizei (F.), Bauüberwachung (F.)
nadzór (M.) fachowy Fachaufsicht (F.)
nadzór (M.) federalny Bundesaufsicht (F.)
nadzór (M.) handlowy Geschäftsaufsicht (F.)
nadzór (M.) nad gminami Kommunalaufsicht (F.)
nadzór (M.) nad nadużywaniem Missbrauchsaufsicht (N.)
nadzór (M.) nad prowadzeniem działalności gospodarczej Gewerbeaufsicht (F.)
nadzór (M.) nad zwolnionym więźniem Führungsaufsicht (F.)
nadzór (M.) państwowy Staatsaufsicht (F.)
nadzór (M.) prawny Rechtsaufsicht (F.)
nadzór (M.) służbowy Dienstaufsicht (F.)
nadzór (M.) ubezpieczeniowy Versicherungsaufsicht (F.)
nadzór (M.) wideo Videoüberwachung (F.)
nadzór (M.) wojskowy Wehrüberwachung (F.)
nadzwyczajny (Adj.) außergewöhnlich, außerordentlich
nagabywać belästigen
nagabywanie (N.) Belästigung (F.)
nagana (F.) Missbilligung (F.), Rüge (F.), Schelte (F.), Verweis (M.)
naginanie (N.) prawa Rechtsbeugung (F.)
naglący (Adj.) dringend, dringlich
naglić drängen
nagłość (F.) Dringlichkeit (F.)
nagłówek (M.) Rubrum (N.), Titel (M.)
nagłówek (M.) dokumentu Urkundenkopf (M.)
nagłówek (M.) wyroku Rubrum (N.)
nagły (Adj.) dringend, dringlich
nagły przypadek (M.) Notfall (M.)
nagroda (F.) Belohnung (F.)
nagrodzić belohnen
nająć mieten
najem (M.) Miete (F.)
najemca (M.) Mieter (M.)
najemnik (M.) Söldner (M.)
najniższa oferta (F.) geringstes Gebot (N.)
najniższa płaca (F.) Mindestlohn (M.)
najniższy kapitał (M.) Mindestkapital (N.)
największy (Adj.) meiste
najwyższa cena (F.) oferowana Meistgebot (N.)
najwyższa oferta (F.) Meistgebot (N.)
najwyższe uprzywilejowanie (N.) Meistbegünstigung (F.)
najwyższy (Adj.) höchste, oberste
najwyższy sąd (M.) federalny oberstes Bundesgericht (N.)
najwyższy Sąd (M.) Krajowy oberstes Landesgericht (N.)
Najwyższy trybunał (M.) Oberster Gerichtshof (M.)
nakaz (M.) Befehl (M.), Gebot (N.), Wiesung (F.)
nakaz (M.) aresztowania Haftbefehl (M.)
nakaz (M.) doprowadzenia Vorführungsbefehl (M.)
nakaz (M.) egzekucji Vollstreckungsbefehl (M.)
nakaz (M.) konkretyzacji upoważnienia ustawowego Bestimmtheitsgebot (N.)
nakaz (M.) opuszczenie miejsca Platzverweis (M.)
nakaz (M.) płatniczy Zahlungsbefehl (M.)
nakaz (M.) przeszukania Durchsuchungsbefehl (M.)
nakaz (M.) stanowczości Ausdrücklichkeitsgebot (N.)
nakaz (M.) zapłaty Mahnbescheid (M.)
nakazać anordnen, anweisen, gebieten
nakład (M.) Auflage (F.), Aufwand (M.), Aufwendung (F.), Verwendung (F.)
nakład (M.) pożyteczny nützliche Verwendung (F.)
nakładać auferlegen
nakłonić bestimmen, verleiten
nakłonienie (N.) Verleitung (F.)
nalegać bestehen, drängen
należący (Adj.) angehörig
należeć angehören, gehören
należność (F.) Betrag (M.), Fälligkeit (F.), Guthaben (N.)

należność (F.) na rachunku bankowym firmy Geschäftsguthaben (N.)
należny (Adj.) fällig
należyty (Adj.) richtig
naładować laden (aufladen)
nałożenie (N.) Auferlegung (F.), Auflage (F.), Verhängung (F.)
nałożenie (N.) podatku Besteuerung (F.)
nałożyć auferlegen, auflegen, verhängen
nałożyć areszt beschlagnahmen
nałożyć obowiązek verpflichten
nałożyć podatek besteuern
nałóg (M.) Laster (N.), Sucht (F.)
namazać schmieren
namiastka (F.) Ersatz (M.), Substitut (N.), Surrogat (N.)
namiestnik (M.) Statthalter (M.)
namówić verleiten
namówienie (N.) Verleitung (F.)
namulenie (N.) Anlandung (F.), Anschwemmung (F.)
namysł (M.) Überlegung (F.)
nanosić wzór mustern
napad (M.) Überfall (M.)
napad (M.) na bank Bankraub (M.)
napad (M.) rabunkowy Raubüberfall (M.)
napastnik (M.) Angreifer (M.)
napastować belästigen
napastowanie (N.) Belästigung (F.)
napaść (F.) Angriff (M.), Überfall (M.)
napaść angreifen, überfallen
napierać drängen
napiwek (M.) Trinkgeld (N.)
napominać ermahnen
napomnienie (N.) Warnung (F.)
naprawa (F.) Reparatur (F.)
naprawa (F.) doprowadzenie (N.) do stanu sprawności Instandsetzung (F.)
naprawić instandsetzen, reparieren
naprzykrzać się belästigen
naprzykrzanie (N.) Belästigung (F.)
narada (F.) Beratung (F.)
naradzać beraten (V.)
narastać auflaufen
narażać gefährden
narażenie (N.) Gefährdung (F.)
narażony (Adj.) gefährdet
narkotyk (M.) Betäubungsmittel (N.), Droge (F.), Rauschgift (N.)
narodowo-socjalistyczny (Adj.) nationalsozialistisch
narodowość (F.) Nationalität (F.)
narodowy (Adj.) national
Narody (M.Pl.) Zjednoczone Vereinte Nationen (F.Pl.) (UNO)
narosnąć auflaufen
naród (M.) Nation (F.), Volk (N.)
naród (M.) państwowy Staatsvolk (N.)
naruszenie (N.) Beeinträchtigung (F.), Bruch (M.), Eingriff (M.), Rechtsbruch (F.), Verletzung (F.), Verstoß (M.)
naruszenie (N.) dobra prawnego Rechtsgutsverletzung (F.)
naruszenie (N.) obowiązków Pflichtverletzung (F.)
naruszenie (N.) obowiązku Pflichtverletzung (F.)
naruszenie (N.) obowiązku alimentacyjnego Unterhaltspflichtverletzung (F.)
naruszenie (N.) obowiązku przez władającego sprawą Geschäftsherrnpflichtverletzung (F.)
naruszenie (N.) obowiązku staranności Sorgfaltspflichtverletzung (F.)
naruszenie (N.) obowiązku umownego Vertragspflichtverletzung (F.)
naruszenie (N.) obowiązku urzędowego Amtspflichtverletzung (F.)
naruszenie (N.) obowiązku zachowania dyskrecji urzędowej Amtsverschwiegenheit (F.)
naruszenie (N.) patentu Patentverletzung (F.)
naruszenie (N.) pokoju Friedensbruch (M.)
naruszenie (N.) pokoju domowego Hausfriedensbruch (M.)
naruszenie (N.) posiadania Besitzstörung (F.)
naruszenie (N.) powinności Obliegenheitsverletzung (F.)
naruszenie (N.) prawa Rechtsverletzung (F.)
naruszenie (N.) przechowania Gewahrsamsbruch (M.)
naruszenie (N.) spokoju publicznego Landfriedensbruch (M.)
naruszenie (N.) umowy Vertragsverletzung (F.)
naruszenie (N.) warunków przechowywania Verwahrungsbruch (M.)
naruszenie (N.) wierzytelności Forderungsverletzung (F.)
naruszenie (N.) władztwa państwowego nad zajętą rzeczą Verstrickungsbruch (M.)

naruszenie (N.) własności Eigentumsstörung (F.)
naruszenie (N.) zaufania Vertrauensbruch (M.)
naruszyć beeinträchtigen, eingreifen, übertreten, verletzen, verstoßen
narzędzie (N.) Gerät (N.), Werkzeug (N.)
narzucać aufdrängen, oktroieren
narzut (M.) Zuschlag (M.)
nasciturus (M.) (lat.) nasciturus (M.) (lat.)
nastawać trachten
nastawić einstellen
nastawienie (N.) Einstellung (F.)
nastąpić eintreten
nastąpienie (N.) Eintritt (M.)
następca (M.) Nachfolger (M.)
następca (M.) prawny Rechtsnachfolger (M.)
następować folgen, nachfolgen
następstwo (N.) Auswirkung (F.), Nachfolge (F.)
następstwo (N.) funkcyjne Funktionsnachfolge (F.)
następstwo (N.) majątku Vermögensnachfolge (F.)
następstwo (N.) po innym państwie Staatennachfolge (F.)
następstwo (N.) prawne Rechtsnachfolge (F.)
nastolatek (M.) Jugendlicher (M.)
nastój (M.) Stimmung (F.)
naszyjnik (M.) Kette (F.)
NATO (N.) NATO (F.) (North Atlantic Treaty Organisation), North Atlantic Treaty Organisation (N.) (NATO)
natrętny (Adj.) lästig
natura (F.) Natur (F.)
naturalizacja (F.) Einbürgerung (F.), Naturalisation (F.)
naturalizować einbürgern, naturalisieren
naturalny (Adj.) natürlich
natychmiast ad hoc (lat.), sofort
natychmiastowy (Adj.) sofortig
nauczać lehren, unterrichten
nauczanie (N.) zaoczne Fernunterricht (M.)
nauczyciel (M.) Lehrer (M.)
nauka (F.) Lehre (F.), Wissenschaft (F.)
nauka (F.) administracji Verwaltungslehre (F.)
nauka (F.) karna o przyczynowym zachowaniu się kausale Handlungslehre (F.)
nauka (F.) karna o zachowaniu się Handlungslehre (F.)
nauka (F.) lekarska Heilkunde (F.)
nauka (F.) o metodzie Methodenlehre (F.)
nauka (F.) o państwie Staatslehre (F.)
nauka (F.) o prawie Rechtslehre (F.)
nauka (F.) prawa Rechtswissenschaft (F.)
nauka (F.) religii Religionsunterricht (M.)
nauka karna (F.) o finalnym zachowaniu finale Handlungslehre (F.)
naukowy (Adj.) wissenschaftlich
nawiązka (F.) Buße (F.)
nawoływać aufrufen
nawyk (M.) Gewohnheit (F.)
nazizm (M.) Nationalsozialismus (M.)
naznaczyć ansetzen, festsetzen
nazwa (F.) Name (M.)
nazwa (F.) podwójna Doppelname (M.)
nazwać nennen
nazwisko (N.) Familienname (N.), Nachname (M.), Name (M.), Zuname (M.)
nazwisko (N.) małżeńskie Ehename (M.)
nazwisko (N.) rodowe Familienname (N.), Nachname (M.)
nazwisko (N.) rodzinne Geburtsname (M.)
nazywać się heißen
ne bis in idem (lat.) ne bis in idem (lat.)
negatoryjny (Adj.) negatorisch
negatywne prawo (N.) stowarzyszania się negative Koalitionsfreiheit (F.)
negatywne znamię (N.) czynu przestępczego negatives Tatbestandsmerkmal (N.)
negatywny (Adj.) negativ
negocjacja (F.) Verhandlung (F.)
negocjacja (F.) w celu zawarcia układu zbiorowego pracy Tarifverhandlung (F.)
negocjować verhandeln
negować absprechen
nepotyzm (M.) Vetternwirtschaft (F.)
netto netto
neutralność (F.) Neutralität (F.)
neutralny (Adj.) neutral
niby quasi (Partik.)
Nicea (F.) Nizza (N.)
niczyj (Adj.) herrenlos
nie nicht
nie do pogodzenia unvereinbar
nie dowierzać misstrauen
nie ma kary bez ustawy nulla poena (F.) sine lege (lat.) (keine Strafe ohne Gesetz)
nie ma zbrodni bez ustawy nullum crimen (N.) sine lege (lat.)
nie pochwalać missbilligen

nie podlegający zajęciu unpfändbar
nie przyjąć ausschlagen
nie ufać misstrauen
nie ujawnić vorenthalten (V.)
niebezpieczeństwo (N.) Gefahr (F.)
niebezpieczeństwo (N.) dla życia Lebensgefahr (F.)
niebezpieczeństwo (N.) matactwa Verdunkelungsgefahr (F.)
niebezpieczeństwo (N.) powrotu do przestępstwa Wiederholungsgefahr (F.)
niebezpieczeństwo (N.) powszechne gemeine Gefahr (F.), Gemeingefährlichkeit (F.)
niebezpieczeństwo (N.) powtórzenia się Wiederholungsgefahr (F.)
niebezpieczeństwo (N.) prawdopodobne Anscheinsgefahr (F.)
niebezpieczeństwo (N.) teraźniejsze gegenwärtige Gefahr (F.)
niebezpieczeństwo (N.) ucieczki Fluchtgefahr (F.)
niebezpieczeństwo (N.) utraty życia Lebensrisiko (N.)
niebezpieczeństwo (N.) wynikające z działalności przedsiębiorstwa Betriebsgefahr (F.)
niebezpieczeństwo (N.) zacierania śladów czynu karalnego Verdunkelungsgefahr (F.)
niebezpieczne uszkodzenie (N.) ciała gefährliche Körperverletzung (F.)
niebezpieczny (Adj.) gefährlich
niebezpieczny (Adj.) dla ogółu gemeingefährlich
niebyły (Adj.) nichtig
niechybny (Adj.) unvermeidbar, unvermeidlich
niedający się pogodzić unvereinbar
niedający się pogodzić z czymś inkompatibel
niedbalstwo (N.) Fahrlässigkeit (F.)
niedbalstwo (N.) nieświadome unbewusste Fahrlässigkeit (F.)
niedbalstwo (N.) świadome bewusste Fahrlässigkeit (F.)
niedbały (Adj.) achtlos, fahrlässig, nachlässig
niedobrowolny (Adj.) unfreiwillig
niedobry (Adj.) übel
niedochowanie (N.) terminu Verfristung
niedołęstwo (N.) Gebrechlichkeit (F.)
niedołężny (Adj.) gebrechlich
niedoniesienie (N.) Nichtanzeige (F.)
niedopuszczający warunku bedingungsfeindlich
niedopuszczalność (F.) Unzulässigkeit (F.)
niedopuszczalny (Adj.) unstatthaft, unzulässig
niedopuszczanie (N.) warunku Bedingungsfeindlichkeit (F.)
niedopuszczenie (N.) Nichtzulassung (F.)
niedorozwój (M.) umysłowy Geistesschwäche (F.)
niedoskonały (Adj.) unvollkommen
niedostatek (M.) Bedürftigkeit (F.), Mangel (M.)
niedostawać fehlen
niedozwolone oddalenie (N.) się z miejsca wypadku unerlaubtes Entfernen (N.) vom Unfallort
niedozwolony (Adj.) unerlaubt, unstatthaft
niedziela (F.) Sonntag (M.)
nieetyczność (F.) Sittenwidrigkeit (F.)
nieetyczny (Adj.) sittenwidrig
niefachowiec (M.) Laie (M.)
nieformalny (Adj.) informell
niegodność (F.) dziedziczenia Erbunwürdigkeit (F.)
nieistotny (Adj.) unwesentlich
niejawny (Adj.) nichtöffentlich
niejednakowy (Adj.) ungleich
niejednokrotny wiederholt
niekaralny (Adj.) straflos
niekarność (F.) Unbotmäßigkeit (F.)
niekompetentny (Adj.) inkompetent
niekorzystny skutek (M.) prawny Rechtsnachteil (M.)
niekorzyść (F.) Nachteil (M.)
nielegalność (F.) Gesetzwidrigkeit (F.), Illegalität (F.), Widerrechtlichkeit (F.)
nielegalny (Adj.) gesetzwidrig, illegal, illegitim, schwarz, ungesetzlich, unrechtmäßig, widerrechtlich
nielegalny handlarz (M.) Schwarzhändler (M.)
nieletni (Adj.) minderjährig, minorenn
nieletni (M.) Jugendlicher (M.)
nieletni sprawca (M.) czynu karalnego jugendlicher Straftäter (M.)
niematerialny (Adj.) immateriell, unkörperlich
Niemcy (Pl.) Deutschland (N.)
Niemiec Deutscher (M.)
Niemiecka Republika (F.) Demokratyczna Deutsche Demokratische Republik (F.) (DDR)

niemiecki (Adj.) deutsch
Niemiecki Związek (M.) Zawodowy Deutscher Gewerkschaftsbund (M.) (DGB), DGB (M.) (Deutscher Gewerkschaftsbund)
Niemka (F.) Deutsche (F.)
niemogący być przeniesionym unversetzbar
niemogący być wymaganym unzumutbar
niemogący być żądanym unzumutbar
niemoralność (F.) Sittenwidrigkeit (F.), Unsittlichkeit (F.)
niemoralny (Adj.) sittenwidrig, unsittlich, unzüchtig
niemożliwość (F.) Unmöglichkeit (F.)
niemożliwość (F.) być wymaganym Unzumutbarkeit (F.)
niemożliwość (F.) być żądanym Unzumutbarkeit (F.)
niemożliwość (F.) częściowa Teilunmöglichkeit (F.)
niemożliwość (F.) obiektywna objektive Unmöglichkeit (F.)
niemożliwość (F.) od początku anfängliche Unmöglichkeit (F.), ursprüngliche Unmöglichkeit (F.)
niemożliwość (F.) subiektywna Unvermögen (N.)
niemożliwy (Adj.) unmöglich
niemożność (F.) pogodzenia ze sobą Unvereinbarkeit (F.)
niemy (Adj.) stumm
nienarodzony (Adj.) ungeboren
nienawidzić hassen
nienawiść (F.) Hass (M.)
nieobciążony (Adj.) lastenfrei
nieobecna (F.) Abwesende (F.)
nieobecność (F.) Abwesenheit (F.), Ausbleiben (N.)
nieobecny (Adj.) abwesend
nieobecny (M.) Abwesender (M.)
nieobsadzone stanowisko (N.) Vakanz (F.)
nieobsadzony (Adj.) vakant
nieodpłatne świadczenie (N.) Spende (F.)
nieodpłatność (F.) Unentgeltlichkeit (F.)
nieodpłatny (Adj.)s unentgeltlich
nieodwołalność (F.) Unanfechtbarkeit (F.)
nieodwołalny (Adj.) unwiderruflich
nieodwoływalność (F.) Unwiderruflichkeit (F.)
nieodwracalny (Adj.) irreversibel, unabwendbar
nieodzowny (Adj.) unerlässlich
nieoficjalny (Adj.) inoffiziell
nieograniczony (Adj.) frei, unbeschränkt
nieokreślone pojęcie (N.) prawne unbestimmter Rechtsbegriff (M.)
nieokreślony (Adj.) unbestimmt
nieomylność (F.) Infallibilität (F.)
nieosięgnięcie (N.) poziomu przekroczenia granic uznania Ermessensunterschreitung (F.)
nieoznaczony (Adj.) unbestimmt
niepamiętny (Adj.) unvordenklich
niepełnoletni (Adj.) unmündig
niepełnoletniość (F.) Unmündigkeit (F.)
niepewność (F.) Unzuverlässigkeit (F.)
niepewność (F.) prawna Rechtsunsicherheit (F.)
niepewny (Adj.) unzuverlässig
niepoczytalność (F.) Schuldunfähigkeit (F.), Unzurechnungsfähigkeit (F.)
niepoczytalny (Adj.) schuldunfähig, unzurechnungsfähig
niepodlegająca opodatkowaniu suma (F.) Freibetrag (M.)
niepodleganie (N.) zajęciu Unpfändbarkeit (F.)
niepodległość (F.) Unabhängigkeit (F.)
niepodleły (Adj.) unabhängig
niepodporządkowanie (N.) się Insubordination (F.)
niepodzielność (F.) Unteilbarkeit (F.)
niepokój (M.) rozruchy (Pl.) Unruhe (F.)
niepoprawność (F.) Gewohnheitsmäßigkeit (F.)
niepoprawny (Adj.) gewohnheitsmäßig
nieporozumienie (N.) Missverständnis (N.)
nieposiadający zdolności prawnej nichtrechtsfähig
nieposiadający zdolności procesowej prozessunfähig
nieposiadający zdolność do odpowiedzialności karnej strafunmündig
nieposłuszeństwo (N.) Unbotmäßigkeit (F.), Ungehorsam (M.)
nieposłuszny (Adj.) unbotmäßig, ungehorsam
nieposzlakowany (Adj.) unbescholten
nieprawda (F.) Unwahrheit (F.)
nieprawdziwa moc (F.) wsteczna unechte Rückwirkung (F.)
nieprawdziwe przestępstwo (N.) indywidualne unechtes Sonderdelikt (N.)
nieprawdziwe przestępstwo (N.) o zaniechaniu unechtes Unterlassungsdelikt (N.)

nieprawdziwy (Adj.) unecht, unwahr
nieprawdziwy dług (M.) solidarny unechte Gesamtschuld (F.)
nieprawdziwy dokument (M.) unechte Urkunde (F.)
nieprawidłowość (F.) Unregelmäßigkeit (F.), Unrichtigkeit (F.)
nieprawidłowy (Adj.) abnorm, anormal, unregelmäßig, unrichtig
nieproporcjonalny (Adj.) unverhältnismäßig
nieprzedawnienie (N.) Unverjährbarkeit (F.)
nieprzedawniony (Adj.) unverjährbar
nieprzenoszalność (F.) Unversetzbarkeit (F.)
nieprzenoszalny (Adj.) unversetzbar
nieprzydatny (Adj.) untauglich
nieprzyjazny (Adj.) widrig
nieprzytomność (F.) Bewusstlosigkeit (F.)
nieprzytomny (Adj.) bewusstlos
nieregularność (F.) Unregelmäßigkeit (F.)
nieregularny (Adj.) unregelmäßig
nieroztropność (F.) Unverstand (M.)
nierówność (F.) Ungleichheit (F.)
nierówny (Adj.) ungleich
nieruchomość (F.) Grundeigentum (N.), Immobilie (F.), Liegenschaft (F.)
nieruchomość (F.) gruntowa Grundstück (N.)
nieruchomy (Adj.) immobil, unbeweglich
nierząd (M.) Unzucht (F.)
nierządny (Adj.) unzüchtig
nierzetelność (F.) Unredlichkeit (F.)
nierzetelny (Adj.) unredlich
nieskrępowany (Adj.) freizügig
nieskuteczność (F.) Unwirksamkeit (F.)
nieskuteczność (F.) względna schwebende Unwirksamkeit (F.)
nieskuteczny (Adj.) unwirksam
nieskuteczny (Adj.) prawnie rechtsunwirksam
niesława (F.) Verruf (M.)
niesłuszność (F.) skutkowa Erfolgsunrecht (N.)
niesłuszny (Adj.) unbillig, ungerechtfertigt, unrecht
niesłużność (F.) Unbilligkeit (F.)
niespełnienie (N.) świadczenia Nichtleistung (F.)
niesporny (Adj.) nichtstreitig
niesprawiedliwość (F.) Unbilligkeit (F.), Ungerechtigkeit (F.), Unrecht (N.)
niesprawiedliwość (F.) skutkowa Erfolgsunrecht (N.)
niesprawiedliwy (Adj.) unbillig, ungerecht, unrecht
niesprawność (F.) do jazdy Fahruntüchtigkeit (F.)
niesprawny (Adj.) do jazdy fahruntüchtig
niestaranność (F.) Nachlässigkeit (F.)
niestaranny (Adj.) nachlässig
niestawienie (N.) się Versäumnis (N.)
niestawiennictwo (N.) Ausbleiben (N.)
niestawiennictwo (N.) w terminie Säumnis (F.)
niestosowne zachowanie (N.) się Ungebühr (F.)
niestosowność (F.) Unzumutbarkeit (F.)
niestosowny (Adj.) unzumutbar
niesubordynacja (F.) Unbotmäßigkeit (F.)
nieszczęście (N.) Unglück (N.)
nieszczęśliwy wypadek (M.) Unglücksfall (M.)
nieślubność (F.) Unehelichkeit (F.)
nieślubny (Adj.) unehelich
nieświadome czynienie (N.) bezprawia Rechtsblindheit (F.)
nieświadomość (F.) Unwissenheit (F.)
nieświadomy (Adj.) unbewusst
nietrzeźwość (F.) Trunkenheit (F.)
nietrzeźwość (F.) przy kierownicy Trunkenheit (F.) am Steuer
nietrzeźwość (F.) w ruchu drogowym Trunkenheit (F.) im Straßenverkehr
nietrzeźwy (Adj.) betrunken
nietykalność (F.) Integrität (F.)
nieuchronny (Adj.) unabwendbar, unvermeidbar, unvermeidlich
nieuczciwa konkurencja (F.) Behinderungswettbewerb (M.), unlauterer Wettbewerb (M.)
nieuczciwość (F.) Unredlichkeit (F.)
nieuczciwy (Adj.) unlauter, unredlich
nieudolność (F.) Hilflosigkeit (F.)
nieudolny (Adj.) hilflos, untauglich
nieudzielenie (N.) pomocy unterlassene Hilfeleistung (F.)
nieufność (F.) Argwohn (M.), Misstrauen (N.)
nieujawnienie (N.) Vorenthaltung (F.)
nieumyślność (F.) Fahrlässigkeit (F.)
nieumyślny (Adj.) fahrlässig
nieunikniony (Adj.) unabwendbar, unvermeidbar, unvermeidlich
nieupoważnione użycie (N.) Gebrauchsentwendung (F.)
nieupoważniony (Adj.) unbefugt

nieuprawnione używanie (N.) rzeczy cudzej Gebrauchsanmaßung (F.)
nieuprawniony (Adj.) illegitim, nichtberechtigt
nieuprawniony (M.) Nichtberechtigter (M.)
nieuprawniony posiadacz (M.) spadku Erbschaftsbesitzer (M.)
nieuprzedzony (Adj.) unvoreingenommen
nieurzędowy (Adj.) inoffiziell
nieusuwalność (F.) Unabsetzbarkeit (F.)
nieusuwalny (Adj.) unabsetzbar
nieuważny (Adj.) achtlos
nieuzasadniony (Adj.) unbegründet
nieważność (F.) Nichtigkeit (F.), Ungültigkeit (F.)
nieważność (F.) częściowa Teilnichtigkeit (F.)
nieważność (F.) małżeństwa Ehenichtigkeit (F.)
nieważny (Adj.) kraftlos, nichtig, ungültig, unwesentlich
nieważny (Adj.) częściowo teilnichtig
niewiążące zalecenie (N.) ceny detalicznej Preisempfehlung (F.)
niewiążący (Adj.) unverbindlich
niewiedza (F.) Nichtwissen (N.), Unwissenheit (F.)
niewielka szkoda (F.) Bagatellschaden (M.)
niewielki (Adj.) gering
niewierność (F.) Untreue (F.)
niewierność (F.) małżeńska Ehebruch (M.)
niewierny (Adj.) untreu
niewinność (F.) Unschuld (F.)
niewinny (Adj.) unschuldig
niewłaściwa umowa (F.) o dostawę dzieła wykonanego z materiału przyjmującego zamówienie uneigentlicher Werklieferungsvertrag (M.)
niewłaściwość (F.) Unzuständigkeit (F.)
niewłaściwy (Adj.) uneigentlich, unzuständig
niewola (F.) Gefangenschaft (F.), Knechtschaft (F.)
niewola (F.) wojenna Kriegsgefangenschaft (F.)
niewolnicza uległość (F.) Hörigkeit (F.)
niewolniczy uległy hörig
niewolnik (M.) Sklave (M.)
niewydać zurückbehalten
niewydanie (N.) Zurückbehaltung (F.)
niewykonanie (N.) Nichterfüllung (F.)
niewymagający (Adj.) zachowania określonej formy formfrei
niewypełniony (Adj.) blanko
niewypłacalność (F.) Insolvenz (F.), Zahlungsunfähigkeit (F.)
niewypłacalność (F.) spadku Nachlassinsolvenz (F.)
niewypłacalny (Adj.) insolvent
niewypłacalny zahlungsunfähig
niewzruszalność (F.) Unabdingbarkeit (F.), Unanfechtbarkeit (F.)
niewzruszalny (Adj.) unabdingbar, unanfechtbar
niezadłużony (Adj.) schuldenfrei
niezadowolenie (N.) Missbilligung (F.)
niezajęty (Adj.) vakant
niezakończony (Adj.) unbeendet
niezależność (F.) Unabhängigkeit (F.)
niezależny (Adj.) frei, selbständig, souverän, unabhängig
niezależny (M.) Selbständiger (M.)
niezamężna (Adj. F.) ledig
niezamienny (Adj.) unvertretbar
niezaskarżalny (Adj.) unklagbar
niezastępujący (Adj.) unvertretbar
niezawadomienie (N.) Nichtanzeige (F.)
niezawisłość (F.) Unabhängigkeit (F.)
niezawisły (Adj.) unabhängig
niezawodność (F.) Zuverlässigkeit (F.)
niezawodny (Adj.) zuverlässig
niezbywalność (F.) Unveräußerlichkeit (F.)
niezbywalny (Adj.) unveräußerlich
niezdatny (Adj.) untauglich
niezdolność (F.) Unfähigkeit (F.)
niezdolność (F.) do aresztowania Haftunfähigkeit (F.)
niezdolność (F.) do czynności prawnych Geschäftsunfähigkeit (F.)
niezdolność (F.) do działania Handlungsunfähigkeit (F.)
niezdolność (F.) do pracy Arbeitsunfähigkeit (F.), Erwerbsunfähigkeit (F.)
niezdolność (F.) do prowadzenia pojazdu mechanicznego Fahruntüchtigkeit (F.)
niezdolność (F.) do przypisania winy Unzurechnungsfähigkeit (F.)
niezdolność (F.) do testowania Testierunfähigkeit (F.)
niezdolność (F.) do wykonywania zawodu Berufsunfähigkeit (F.)
niezdolność (F.) do zawinienia Schuldunfähigkeit (F.)

niezdolność (F.) dziedziczenia Erbunfähigkeit (F.)
niezdolny (Adj.) unfähig
niezdolny do bycia aresztowanym haftunfähig
niezdolny do czynności prawnych geschäftsunfähig
niezdolny do działania handlungsunfähig
niezdolny do podjęcia uchwały beschlussunfähig
niezdolny do pracy arbeitsunfähig, erwerbsunfähig
niezdolny do prowadzenia pojazdu fahruntüchtig
niezdolny do przypisania winy unzurechnungsfähig
niezdolny do testowania testierunfähig
niezdolny do wykonywania zawodu berufsunfähig
niezdolny do zawinienia schuldunfähig
niezgodny (Adj.) widrig
niezgodny z przepisami ordnungswidrig
nieznaczny (Adj.) geringfügig
nieznajomość (F.) Unkenntnis (F.)
niezobowiązujący (Adj.) unverbindlich
niezwłoczny (Adj.) umgehend, unverzüglich
nieżonaty (Adj. M.) ledig
nieżywy (Adj.) tot
nikczemny (Adj.) gemein (Adj.), infam, niedrig
nikotyna (F.) Nikotin (N.)
niska pobudka (F.) niedriger Beweggrund (M.)
niska wartość (F.) Minderwert (M.)
niska wartość (F.) merkantylna merkantiler Minderwert (M.)
niski (Adj.) gemein, niedrig
niweczący (Adj.) peremptorisch
niższa izba (F.) parlamentu Unterhaus (N.)
nobilitować adeln
nominacja (F.) Berufung (F.), Bestallung (F.), Ernennung (F.), Nominierung (F.)
nominalny (Adj.) nominal, nominell
nominalny kapitał (M.) Nennkapital (N.)
nominować bestallen, ernennen
norma (F.) Norm (F.), Standard (M.)
norma (F.) kolizyjna Kollisionsnorm (F.)
norma (F.) która powinna być zasadniczo przestrzegana ale dopuszczająca wyjątki Sollvorschrift (F.)
norma (F.) prawna Rechtsnorm (F.), Rechtssatz (M.)
norma (F.) prawna chroniąca prawa jednostki Schutzgesetz (N.)
norma (F.) prawna względnie obowiązująca dispositives Recht (N.), nachgiebiges Recht (N.)
norma (F.) wykonawcza Vollzugsnorm (F.)
norma (F.) wzlędnie obowiązująca dispositives Recht (N.), nachgiebiges Recht (N.)
normalny (Adj.) normal
normatywne znamię (N.) czynu przestępczego normatives Tatbestandsmerkmal (N.)
normatywne znamię (N.) stanu faktycznego normatives Tatbestandsmerkmal (N.)
normatywny (Adj.) normativ
normować normen
nosić tragen
nota (F.) Note (F.)
nota (F.) debetowa Lastschriftanzeige (F.)
notarialne poświadczenie (N.) podpisu öffentliche Beglaubigung (F.)
notarialny (Adj.) notariell
notariat (M.) Notariat (N.)
notariusz (M.) Notar (M.), Nurnotar (M.)
notariusz (M.) adwokacki Anwaltsnotar (M.)
notariusz (M.) okręgowy Bezirksnotar (M.)
notatka (F.) Anmerkung (F.), Vermerk (M.)
notatka (F.) uwierzytelniająca Beglaubigungsvermerk (M.)
notoryczny (Adj.) gewohnheitsmäßig, notorisch
notoryczny przestępca (M.) Gewohnheitsverbrecher (M.)
notować notieren, quotieren
notowanie (N.) Notierung (F.), Quotierung (F.)
notyfikacja (F.) Notifikation (F.)
notyfikować notifizieren
nowacja (F.) Novation (F.), Schuldumschaffung (F.)
nowe sformułowanie (N.) Neuformulierung (F.)
nowela (F.) Novelle (F.)
nowelizacja (F.) Novellierung (F.)
nowelizować novellieren
nowicjusz (M.) Novize (M.)
nowohegelianizm (M.) Neuhegelianismus (M.)
nowokantianizm (M.) Neukantianismus (M.)
nowy (Adj.) neu

nowy wybór (M.) Neuwahl (F.)
nuklearny (Adj.) nuklear
nullum crimen (N.) sine lege nullum crimen (N.) sine lege (lat.)
numer (M.) Nummer (F.)
numer (M.) kierunkowy Vorwahl (F.)
numer (M.) rejestracyjny pojazdu samochodowego Kraftfahrzeugkennzeichen (N.)
numeracja (F.) Nummerierung (F.)
numerus (M.) clausus (lat.) numerus (M.) clausus (lat.)
numeryczny (Adj.) numerisch
nuncjusz (M.) Nuntius (M.)
nurt (M.) Strom (M.)

o

obalić widerlegen
obawa (F.) Besorgnis (F.), Sorge (F.)
obawa (F.) powtórzenia się Wiederholungsgefahr (F.)
obawiać się fürchten
obchodzenie (N.) Behandlung (F.), Umgehung (F.)
obchodzić begehen
obchodzić się umgehen
obciążający (Adj.) belastend
obciążenie (N.) Belastung (F.), Last (F.), Lastschrift (F.)
obciążenie (N.) rzeczowe dingliche Belastung (F.)
obciążenie (N.) zapisu testamentowego Untervermächtnis (N.)
obciążenie (N.) zastawem z powodu pożyczki Beleihung (F.)
obciążyć abschöpfen, belasten, beschweren (beklagen)
obciążyć kosztami abbuchen
obcokrajowiec (M.) Fremder (M.)
obcować verkehren
obcowanie (N.) płciowe Geschlechtsverkehr (M.)
obcy (Adj.) fremd
obdarowany (M.) Schenkungsempfänger (M.)
obdukcja (F.) Leichenschau (F.), Obduktion (F.)
obecna osoba (F.) Anweisende (F.)
obecność (F.) Anwesenheit (F.), Gegenwart (F.)
obecny (Adj.) anwesend
obecny (M.) Anwesender (M.)
obejście (N.) Umgebung (F.), Umgehung (F.)
obejście (N.) ustawy Gesetzesumgehung (F.)
obejść begehen, behandeln, umgehen
obelga (F.) Injurie (F.)
oberża (F.) Gasthaus (N.), Gasthof (M.), Herberge (F.)
obgadywać lästern
obiecać versprechen
obieg (M.) Umlauf (M.), Umlaufverfahren (N.), Verkehr (M.)
obieg (M.) okrężny Kreislauf (M.)
obieg (M.) towarów Warenverkehr (M.)
obiegać umlaufen
obiekcja (F.) Gegenvorstellung (F.), Remonstration (F.)
obiekt (M.) Gegenstand (M.), Objekt (N.)
obiekt (M.) dokonania czynności Handlungsobjekt (N.)
obiektywne znamię (N.) czynu przestępczego objektives Tatbestandsmerkmal (N.)
obiektywne znamię (N.) stanu faktycznego objektives Tatbestandsmerkmal (N.)
obiektywny (Adj.) objektiv
obietnica (F.) Zusage (F.)
obietnica (F.) małżeństwa Eheversprechen (N.)
obietnica (F.) zawarcia małżeństwa Heiratsversprechen (N.)
objaśnić erklären (darlegen), erläutern
objaśnienie (N.) Erläuterung (F.)
objaw (M.) Anzeichen (N.)
objąć erfassen
objekt (M.) Anlage (F.) (Einrichtung)
objekt (M.) przemysłowy Anlage (F.) (Einrichtung)
objęcie (N.) Erfassung (F.)
objęcie (N.) w posiadanie Besitzergreifung (F.), Inbesitznahme (F.)
objęte prawem posiadania besitzrechtlich
objęty pokojem befriedet
obliczać kalkulieren, rechnen
obliczenie (N.) Kalkulation (F.), Rechnung (F.)
obliczyć berechnen
obligacja (F.) Obligation (F.), Schuldverschreibung (F.)
obligacja (F.) federalna Bundesobligation (F.)
obligacja (F.) konwersyjna Wandelanleihe (F.), Wandelschuldverschreibung (F.)
obligacja (F.) na okaziciela Inhaberschuldverschreibung (F.)

obligacja (F.) naturalna Naturalobligation (F.)
obligo (N.) Obligo (N.)
obława (F.) policyjna Razzia (F.)
obłąkanie (N.) Wahnsinn (M.)
obłąkany (Adj.) wahnsinnig
obłąkany (M.) Irrer (M.)
obłęd (M.) Wahnsinn (M.)
obmawiać lästern, nachreden
obmowa (F.) Nachrede (F.)
obniżenie (N.) Herabsetzung (F.), Minderung (F.), Verminderung (F.)
obniżenie (N.) ceny Minderung (F.)
obniżenie (N.) gruntu Vertiefung (F.) eines Grundstückes (Handlung der Absenkung der Oberfläche eines Grundstücks)
obniżenie (N.) kapitału zakładowego Kapitalherabsetzung (F.)
obniżenie (N.) kary Strafherabsetzung (F.)
obniżka (F.) Ermäßigung (F.)
obniżyć ermäßigen, herabsetzen
obniżyć cenę mindern
obopólność (F.) Gegenseitigkeit (F.)
obopólny (Adj.) gegenseitig
obostrzyć verschärfen
obowiązek (M.) Aufgabe (F.), Obliegenheit (F.), Pflicht (F.), Verpflichtung (F.)
obowiązek (M.) do przeciwstawienia się Remonstrationspflicht (F.)
obowiązek (M.) do przedłożenia Vorlegungspflicht (F.)
obowiązek (M.) do świadczenia wcześniejszego Vorleistungspflicht (F.)
obowiązek (M.) dokumentacji Dokumentationspflicht (F.)
obowiązek (M.) działania Handlungspflicht (F.)
obowiązek (M.) edycji Editionspflicht (F.)
obowiązek (M.) główny Hauptpflicht (F.)
obowiązek (M.) gwarancji Garantenpflicht (F.)
obowiązek (M.) informowania Informationspflicht (F.)
obowiązek (M.) korzystania Benutzungszwang (M.)
obowiązek (M.) korzystania z przepisanych dowodów Strengbeweis (M.)
obowiązek (M.) lojalności Treuepflicht (F.)
obowiązek (M.) mówienia prawdy Wahrheitspflicht (F.)
obowiązek (M.) nadzoru Aufsichtspflicht (F.)
obowiązek (M.) nałożony Bewährungsauflage (F.)
obowiązek (M.) naprawienia szkody Schadensersatzpflicht (F.)
obowiązek (M.) o zatrudnieniu Beschäftigungspflicht (F.)
obowiązek (M.) obrony Schutzpflicht (F.)
obowiązek (M.) ochrony Schutzpflicht (F.)
obowiązek (M.) okazania Vorlagepflicht (F.)
obowiązek (M.) opieki Fürsorgepflicht (F.), Obhutspflicht (F.)
obowiązek (M.) organizacji Organisationspflicht (F.)
obowiązek (M.) podatkowy od rzeczy Steuerpflicht (F.)
obowiązek (M.) pokoju Friedenspflicht (F.)
obowiązek (M.) ponoszenia odpowiedzialności cywilnej za wypadek Unfallhaftpflicht (F.)
obowiązek (M.) ponoszenia odpowiezialności cywilnej Haftpflicht (F.)
obowiązek (M.) posiadania paszportu Passpflicht (F.)
obowiązek (M.) posłuszeństwa Gehorsamspflicht (F.)
obowiązek (M.) pouczenia Belehrungspflicht (F.)
obowiązek (M.) prawny Rechtspflicht (F.)
obowiązek (M.) protokołowania Protokollierungspflicht (F.)
obowiązek (M.) przedłożenia Vorlagepflicht (F.)
obowiązek (M.) przedstawienia prawdy Wahrheitspflicht (F.)
obowiązek (M.) przyłączenia Anschlusszwang (M.)
obowiązek (M.) publiczny öffentliche Aufgabe (F.)
obowiązek (M.) służby wojskowej Wehrpflicht (F.)
obowiązek (M.) spadkobiercy utrzymania w ciągu 30 dni po śmierci spadkodawcy członków rodziny Dreißigster (M.)
obowiązek (M.) staranności Sorgfaltspflicht (F.)
obowiązek (M.) szkolny Schulpflicht (F.)
obowiązek (M.) ubezpieczenia Versicherungspflicht (F.), Versicherungszwang (M.)
obowiązek (M.) uboczny Nebenpflicht (F.)
obowiązek (M.) uczestnika ruchu drogowego Verkehrspflicht (F.)

obowiązek (M.) udzielenia informacji Auskunftspflicht (F.)
obowiązek (M.) umowny Vertragspflicht (F.)
obowiązek (M.) urzędowy Amtspflicht (F.)
obowiązek (M.) utrzymania Unterhaltspflicht (F.)
obowiązek (M.) uzyskania informacji Informationspflicht (F.)
obowiązek (M.) użytkowania Benutzungszwang (M.)
obowiązek (M.) wcześniejszego od drugiej strony świadczenia Vorleistungspflicht (F.)
obowiązek (M.) współdziałania Mitwirkungspflicht (F.)
obowiązek (M.) wyborczy Wahlpflicht (F.)
obowiązek (M.) wyjaśnienia Aufklärungspflicht (F.)
obowiązek (M.) wyjawienia Offenbarungspflicht (F.)
obowiązek (M.) wylegitymowania się Ausweispflicht (F.)
obowiązek (M.) zachowania tajemnicy Schweigepflicht (F.), Verschwiegenheitspflicht (F.)
obowiązek (M.) zadawania pytań Fragepflicht (F.)
obowiązek (M.) zakwestionowania towaru Rügepflicht (F.)
obowiązek (M.) zameldowania Meldepflicht (F.)
obowiązek (M.) zamieszkiwania w wyznaczonym miescju Residenzpflicht (F.)
obowiązek (M.) zapewnienia bezpieczeństwa ruchu Verkehrssicherungspflicht (F.)
obowiązek (M.) zapewnienia kontaktów osobistych Verkehrspflicht (F.)
obowiązek (M.) zapobieżenia skutkom Erfolgsabwendungspflicht (F.)
obowiązek (M.) zawiadomienia Anzeigepflicht (F.)
obowiązek (M.) zgłoszenia Anzeigepflicht (F.), Meldepflicht (F.)
obowiązek (M.) złożenia sprawozdania Rechenschaftslegungspflicht (F.)
obowiązek (M.) złożenia zeznań Aussagepflicht (F.)
obowiązkowy (Adj.) obligat, obligatorisch
obowiązujący (Adj.) bindend, geltend, gültig, verbindlich
obowiązujący do zawiadomienia anzeigepflichtig
obowiązywać gelten
obowiązywanie (N.) Geltung (F.), Gültigkeit (F.)
obóz (M.) Lager (N.) (Warenlager)
obóz (M.) koncentracyjny Konzentrationslager (N.)
obrabiać verarbeiten
obrabować berauben
obradować tagen
obrady (F.Pl.) Tagung (F.)
obraza (F.) formalna Formalbeleidigung (F.)
obraza (F.) słowna Verbalinjurie (F.)
obrazić beleidigen, verletzen
obrażenie (N.) Verletzung (F.)
obręb (M.) Gemarkung (F.)
obrona (F.) Abwehr (F.), Verteidigung (F.), Wahrnehmung (F.)
obrona (F.) konieczna Notwehr (F.)
obrona (F.) krajowa Landwehr (F.)
obrona (F.) obligatoryjna notwendige Verteidigung (F.)
obrona (F.) w sprawach karnych Strafverteidigung (F.)
obrona (F.) z urzędu Offizialverteidigung (F.)
obronić się abwehren
obronna mowa (F.) końcowa Schlussplädoyer (N.)
obronny (Adj.) defensiv
obrońca (M.) Verteidiger (M.)
obrońca (M.) obligatoryjny notwendiger Verteidiger (M.)
obrońca (M.) w sprawach karnych Strafverteidiger (M.)
obrońca (M.) wyborczy Wahlverteidiger (M.)
obrońca (M.) z urzędu Offizialverteidiger (M.), Pflichtverteidiger (M.)
obrończyni (F.) z urzędu Offizialverteidigerin (F.)
obróbka (F.) Bearbeitung (F.), Verarbeitung (F.)
obrót (M.) Umsatz (M.), Verkehr (M.)
obrót (M.) kapitałowy Kapitalverkehr (M.)
obrót (M.) nieruchomościami gruntowymi Bodenverkehr (M.), Grundstücksverkehr (M.)
obrót (M.) płatniczy Zahlungsverkehr (M.)
obrót (M.) prawny Rechtsverkehr (M.)
obrót (M.) towarów Warenverkehr (M.)
obsada (F.) Besatzung (F.), Besetzung (F.)
obsadzenie (N.) Besetzung (F.), Verwendung (F.)

obsadzić besetzen
obserwacja (F.) Observanz (F.)
obserwować beobachten, betrachten
obserwowanie (N.) Beobachtung (F.)
obsługa (F.) Bedienung (F.)
obszar (M.) Bereich (M.), Gebiet (N.), Raum (M.)
obszar (M.) celny Zollgebiet (N.)
obszar (M.) federacji Bundesgebiet (N.)
obszar (M.) gminny Gemeindegebiet (N.)
obszar (M.) mieszkalny Wohngebiet (N.)
obszar (M.) podmiejski Außenbereich (M.)
obszar (M.) poza gminny gemeindefreies Gebiet (N.)
obszar (M.) przemysłowy Industriegebiet (N.)
obszar (M.) przeznaczony na prowadzenie działalności gospodarczej Gewerbegebiet (N.)
obszar (M.) wewnętrzny Innenbereich (M.)
obszar (M.) zewętrzny Außenbereich (M.)
obszerny (Adj.) extensiv
obupólnie (Adj.) wechselseitig
obustronny (Adj.) bilateral, zweiseitig
obwieszczenie (N.) Anschlag (M.), Bekanntgabe (F.), Bekanntmachung (F.), Verkündung (F.)
obwieścić bekanntgeben, bekanntmachen, verkünden
obwiniać anschuldigen, beschuldigen, bezichtigen
obwinianie (N.) Anschuldigung, Bezichtigung (F.)
obwinić anschuldigen, bezichtigen
obwinienie (N.) Anschuldigung, Beschuldigung (F.)
obwiniona (F.) Beschuldigte (F.)
obwiniony (M.) Beschuldigter (M.)
obwód (M.) Bezirk (M.), Distrikt (M.)
obwód (M.) łowiecki Jagdbezirk (M.)
obwód (M.) łowiecki własny Eigenjagdbezirk (M.)
obyczaj (M.) Brauch (M.), Sitte (F.)
obyczajny (Adj.) sittlich
obyczajowość (F.) Sittlichkeit (F.)
obywatel (M.) Bürger (M.), Inländer (M.), Staatsangehöriger (M.), Staatsbürger (M.)
obywatelka (F.) Inländerin (F.)
obywatelski (Adj.) bürgerlich, staatsbürgerlich (Adj.)
obywatelstwo (N.) Bürgerschaft (F.), Staatsangehörigkeit (F.), Staatsbürgerschaft (F.)
obywatelstwo (N.) w Unii Europejskiej Unionsbürgerschaft (F.)
ocalić bergen
ocean (M.) Übersee (Sb.)
ocena (F.) Beurteilung (F.), Bewertung (F.), Ermessen (N.), Note (F.), Werturteil (N.), Würdigung (F.)
ocena (F.) dowodów Beweiswürdigung (F.)
ocena (F.) przedsiębiorstwa z zawarciem ceny sprzedaży Unternehmensbewertung (F.) mit Kaufpreisermittlung
ocenić beurteilen, bewerten, ermessen, würdigen
ochlokracja (F.) Ochlokratie (F.)
ochota (F.) Lust (F.), Neigung (F.)
ochota (F.) na dokonanie morderstwa Mordlust (F.)
ochraniać hegen
ochrona (F.) Abwehr (F.), Schutz (M.)
ochrona (F.) danych Datenschutz (M.)
ochrona (F.) dobra prawnego Rechtsgüterschutz (M.)
ochrona (F.) działania w dobrej wierze Gutglaubensschutz (M.)
ochrona (F.) embrionu Embryonenschutz (M.)
ochrona (F.) gatunkowa przyrody Sortenschutz (M.)
ochrona (F.) gatunków Artenschutz (M.)
ochrona (F.) inwestorów Anlegerschutz (M.)
ochrona (F.) konstytucji Verfassungsschutz (M.)
ochrona (F.) konsumenta Konsumentenschutz (M.), Verbraucherschutz (M.)
ochrona (F.) macierzyństwa Mutterschutz (M.)
ochrona (F.) młodzieży Jugendschutz (M.)
ochrona (F.) mniejszości Minderheitenschutz (M.)
ochrona (F.) najemców Mieterschutz (M.)
ochrona (F.) ofiar przestępstwa Opferschutz (M.)
ochrona (F.) państwa Staatsschutz (M.)
ochrona (F.) posesoryjna Besitzschutz (M.)
ochrona (F.) posiadania Besitzschutz (M.)
ochrona (F.) pracy Arbeitsschutz (M.)
ochrona (F.) pracy młodzieży Jugendarbeitsschutz (M.)
ochrona (F.) prawna Rechtsschutz (M.)
ochrona (F.) prawna intelektualnej działalności gospodarczej gewerblicher Rechtsschutz (M.)

ochrona (F.) przeciwpożarowa Brandschutz (M.)
ochrona (F.) przed egzekucją Vollstreckungsschutz (M.)
ochrona (F.) przed imisjami Immissionsschutz (M.)
ochrona (F.) przed wypowiedzeniem Kündigungsschutz (M.)
ochrona (F.) przed zajęciem Pfändungsschutz (M.)
ochrona (F.) przyrody Naturschutz (M.)
ochrona (F.) roślin Pflanzenschutz (M.)
ochrona (F.) spełnienia świadczenia Leistungsschutz (M.)
ochrona (F.) środowiska naturalnego Umweltschutz (M.)
ochrona (F.) trzeciego Drittschutz (M.)
ochrona (F.) tytułu Titelschutz (M.)
ochrona (F.) ubezpieczeniowa Versicherungsschutz (M.)
ochrona (F.) wód Gewässerschutz (M.)
ochrona (F.) wynalazcy Erfinderschutz (M.)
ochrona (F.) zabytków Denkmalschutz (M.)
ochrona (F.) zakładowa Betriebsschutz (M.)
ochrona (F.) zasobów Bestandsschutz (M.)
ochrona (F.) zaufania Vertrauensschutz (M.)
ochrona (F.) znaku towarowego Markenschutz (M.)
ochrona (F.) zwierząt Tierschutz (M.)
ochronny (Adj.) defensiv
oclenie (N.) Verzollung (F.)
oclić verzollen
oczekujący (M.) Anwärter (M.)
oczerniać verleumden
oczyszczać klären
oczyszczalnia (F.) Kläranlage (F.)
oczyścić lesen
oczywisty (Adj.) evident, offenbar
od początku anfänglich
od teraz ex nunc (lat.)
odbiegać abweichen
odbierać abnehmen, empfangen (V.)
odbijać auswirken
odbiorca (M.) Abnehmer (M.), Adressat (M.) (Angebotsempfänger), Empfänger (M.)
odbiorca (M.) przekazu Anweisungsempfänger (M.)
odbiorca (M.) przyrzeczenia Versprechensempfänger (M.)
odbiorca (M.) towarów Destinatär (M.)
odbiorczyni (F.) Abnehmerin (F.)
odbiorczyni (F.) przekazu Anweisungsempfängerin (F.)
odbiór (M.) Abholung (F.), Abnahme (F.), Annahme (F.), Empfang (M.)
odbyć verbüßen
odbyć stosunek płciowy beischlafen, beiwohnen
odbywać posiedzenie tagen
odciąć abschneiden
odciążenie (N.) Entlastung (F.)
odciążyć entlasten
odcinek (M.) Abschnitt (M.)
odcisk (M.) palca Fingerabdruck (M.)
odczytać vorlesen (V.)
odczytać błędnie verlesen (V.)
oddać überantworten, zurückgeben
oddać do depozytu hinterlegen
oddać hołd huldigen
oddalenie (N.) Abweisung (F.), Entfernung (F.)
oddalić abweisen, entfernen
oddanie (N.) Aufopferung (F.), Hingabe (F.)
oddanie (N.) głosu Stimmabgabe (F.)
oddawać głos votieren
oddawca (M.) Überbringer (M.)
oddelegować abordnen
oddelegowanie (N.) Abordnung (F.)
oddział (M.) Aufgebot (N.), Niederlassung (F.), Station (F.), Zweigstelle (F.)
oddział (M.) zajmujący się czynnościami prawnymi Rechtsabteilung (F.)
oddziałujący (Adj.) na środowisko umweltverträglich
oddziaływać einwirken
oddziaływanie (N.) Einwirkung (F.)
oddziaływanie (N.) na środowisko Umweltverträglichkeit (F.)
oddziaływanie (N.) sprzeczne z prawem rechtswidrige Einwirkung (F.)
oddzielenie (N.) Abtrennung (F.), Aussonderung (F.)
oddzielić absondern, aussondern
oddzielny (Adj.) getrennt
odebrać aberkennen, abholen, empfangen (V.), entziehen, erhalten (V.), kassieren, wegnehmen
odebranie (N.) Aberkennung (F.), Abnahme (F.), Entziehung (F.), Entzug (M.), Erhalt (M.), Wegnahme (F.)
odeprzeć abwehren, widerlegen, zurückweisen

odesłać überweisen, verweisen
odesłać ponownie zurückverweisen
odesłanie (N.) Überweisung (F.), Verweis (M.), Verweisung (F.)
odesłanie (N.) dotyczące podstawy prawnej Rechtsgrundverweisung (F.)
odesłanie (N.) dotyczące skutku prawnego Rechtsfolgenverweisung (F.)
odesłanie (N.) ponowne Zurückverweisung (F.)
odesłanie (N.) zwrotne Rückverweisung (F.)
odezwa (F.) Aufruf (M.)
odgraniczenie (N.) Abmarkung (F.)
odgraniczyć begrenzen
odjęcie (N.) Abnahme (F.)
odkrycie (N.) Aufdeckung (F.), Erschließung (F.), Schöpfung (F.)
odkryć aufdecken, erschließen
odkup (M.) Wiederkauf (M.)
odkupić wiederkaufen
odległość (F.) Abstand (M.), Entfernung (F.)
odległy (Adj.) fern
odlew (M.) Gut (N.)
odlewanie (N.) Gut (N.)
odliczenie (N.) Absetzung (F.), Abzug (M.)
odliczyć abschreiben, absetzen, abziehen
odłączony (Adj.) detachiert
odmawiać absprechen
odmawiający (M.) pełnienia służby wojskowej Wehrdienstverweigerer (M.)
odmiana (F.) Sorte (F.)
odmienne przedstawienie (N.) stanu rzeczy Gegendarstellung (F.)
odmienne zachowanie (N.) abweichendes Verhalten (N.)
odmienne zdanie (N.) abweichende Meinung (F.)
odmienny (Adj.) abweichend
odmierzyć zumessen
odmowa (F.) Ablehnung (F.), Ausschlagung (F.), Versagung (F.), Verweigerung (F.), Weigerung (F.)
odmowa (F.) ochrony prawnej Rechtsverweigerung (F.)
odmowa (F.) pełnienia służby wojskowej Kriegsdienstverweigerung (F.), Wehrdienstverweigerung (F.)
odmowa (F.) spełnienia Erfüllungsverweigerung (F.)
odmowa (F.) spełnienia świadczenia Leistungsverweigerung (F.)
odmowa (F.) udzielenia informacji Auskunftsverweigerung (F.)
odmowa (F.) udzielenia prawa Rechtsverweigerung (F.)
odmowa (F.) wniesienia aktu oskarżenia lub umorzenia postępowania Klageerzwingung (F.)
odmowa (F.) złożenia zeznań Aussageverweigerung (F.), Zeugnisverweigerung (F.)
odmówić ablehnen, absagen, ausschlagen, verweigern, weigern
odmówienie (N.) Verweigerung (F.)
odnawiać sanieren
odniesienie (N.) Bezug (M.), Bezugnahme (F.)
odnośny (Adj.) einschlägig
odosobniony Einzelfall (M.)
odpad (M.) Abfall (M.)
odpad (M.) specjalny Sonderabfall (M.)
odpadnięcie (N.) Wegfall (M.)
odpadnięcie (N.) celu Zweckfortfall (M.)
odpadnięcie (N.) podstawy czynności prawnej Wegfall (M.) der Geschäftsgrundlage
odpadnięcie (N.) użytkowania Nutzungsausfall (M.)
odpadnięcie (N.) wzbogacenia Wegfall (M.) der Bereicherung
odpady (Pl.) specjalne Sondermüll (M.)
odparcie (N.) Abwehr (F.), Zurückweisung (F.)
odparcie (N.) niebezpieczeństwa Gefahrenabwehr (F.)
odpis (M.) Abbuchung (F.), Abschreibung (F.), Abschrift (F.)
odpis (M.) z konta Abbuchung (F.)
odpisać abbuchen, abschreiben
odpisać z konta abbuchen
odpisywać abschreiben
odpisywalność (F.) Absetzbarkeit (F.)
odpłacić vergelten
odpłatny (Adj.) entgeltlich
odpływ (M.) Abwasser (N.)
odpływy (M.Pl.) Abwasser (N.)
odpokutować sühnen
odporny (Adj.) immun
odpowiadać antworten, einstehen, haften, verantworten, vertreten (V.)
odpowiedni (Adj.) angemessen, einschlägig, zweckmäßig
odpowiedzialność (F.) Staatshaftung (F.), Verantwortlichkeit (F.), Verantwortung (F.)

odpowiedzialność (F.) cywilna Haftung (F.)
odpowiedzialność (F.) cywilna dotycząca zaufania Vertrauenshaftung (F.)
odpowiedzialność (F.) cywilna na zasadzie winy Verschuldenshaftung (F.)
odpowiedzialność (F.) cywilna państwa Amtshaftung (F.)
odpowiedzialność (F.) cywilna pracobiorcy Arbeitnehmerhaftung (F.)
odpowiedzialność (F.) cywilna solidarna gesamtschuldnerische Haftung (F.)
odpowiedzialność (F.) cywilna stowarzyszenia Vereinshaftung (F.)
odpowiedzialność (F.) cywilna urzędnika Beamtenhaftung (F.)
odpowiedzialność (F.) cywilna z tytułu zagrożenia Gefährdungshaftung (F.)
odpowiedzialność (F.) cywilna za skutek Erfolgshaftung (F.)
odpowiedzialność (F.) cywilna ze względu na słuszność Billigkeitshaftung (F.)
odpowiedzialność (F.) osobista persönliche Haftung (F.)
odpowiedzialność (F.) osób mających rangę przedstawicieli producenta produktu niebezpiecznego Repräsentantenhaftung (F.)
odpowiedzialność (F.) posiadacza zwierzęcia Tierhalterhaftung (F.)
odpowiedzialność (F.) producenta Produzentenhaftung (F.)
odpowiedzialność (F.) rodzinna Sippenhaft (F.)
odpowiedzialność (F.) spadkobierców Erbenhaftung (F.)
odpowiedzialność (F.) z tytułu stanu rzeczy Zustandshaftung (F.)
odpowiedzialność (F.) z tytułu wadliwości produktu Produkthaftung (F.)
odpowiedzialność (F.) za organ Organhaftung (F.)
odpowiedzialność (F.) za szkody wywołane w środowisku naturalnym Umwelthaftung (F.)
odpowiedzialność (F.) za zagrożenie albo zakłócenie porządku publicznego poprzez działanie Handlungshaftung (F.)
odpowiedzialność (F.) za zagrożenie albo zakłócenie porządku publicznego poprzez zachowanie Verhaltenshaftung (F.)
odpowiedzialny (Adj.) haftbar, redlich, verantwortlich
odpowiedzieć erwidern
odpowiedzieć wymijająco ausweichen
odpowiedź (F.) Antwort (F.), Bescheid (M.), Erwiderung (F.)
odpowiedź (F.) na pozew Klageerwiderung (F.)
odprawa (F.) Abfertigung (F.), Abfindung (F.)
odprawić abfertigen
odprowadzenie (N.) Ableitung
odprowadzenie (N.) zysku Gewinnabschöpfung
odprowadzić ableiten, herleiten
odpust (M.) Ablass (M.)
odpuszczenie (N.) Absolution (F.), Erlass (M.)
Odra-Nysa-linia (F.) Oder-Neiße-Linie (F.)
odrębność (F.) Besonderheit (F.)
odrębny (Adj.) besondere
odrębny majątek (M.) Sondergut (N.)
odręczny freihändig, handschriftlich
odroczenie (N.) Aufschub (M.), Aussetzung (F.), Stundung (F.), Vertagung (F.)
odroczenie (N.) wykonania kary Strafaufschub (M.)
odroczyć aufschieben, aussetzen, stunden, vertagen
odróżniać unterscheiden
odróżnienie (N.) Unterscheidung (F.)
odrzucenie (N.) Ablehnung (F.), Ausschlagung (F.), Verwerfung (F.), Zurückweisung (F.)
odrzucenie (N.) powództwa Klageabweisung (F.),
odrzucić ablehnen, ausschlagen, verwerfen, zurückweisen
odseparowanie (N.) Abtrennung (F.)
odsetki (Pl.) Zins (M.)
odsetki (Pl.) dłużne Schuldzins (M.)
odsetki (Pl.) od odsetek Anatozismus (M.), Zinseszins (M.)
odsetki (Pl.) procesowe Prozesszins (M.)
odsetki (Pl.) składane Zinseszins (M.)
odsetki (Pl.) ustalone przez bank emisyjny Leitzins (M.)
odsetki (Pl.) za zwłokę Verzugszinsen (M.Pl.)
odsiedzieć verbüßen
odstawić einliefern
odstąpić abtreten, überlassen (V.), zurücktreten
odstąpić od regulowania deregulieren
odstąpienie (N.) Absehen (N.), Rücktritt (M.), Überlassung (F.)

odstąpienie (N.) od regulowania Deregulierung (F.)
odstąpienie (N.) od usiłowania Rücktritt (M.) vom Versuch
odstąpienie (N.) pracobiorcy Arbeitnehmerüberlassung (F.)
odstęp (M.) Abstand (M.)
odstępować absehen
odstraszenie (N.) Abschreckung (F.)
odstraszyć abschrecken
odszkodowanie (N.) Abfindung (F.), Entschädigung (F.), Ersatz (M.), Schadensersatz (M.)
odszkodowanie (N.) dla ofiar przestępstwa Opferentschädigung (F.)
odszkodowanie (N.) pieniężne Geldersatz (M.)
odszkodowanie (N.) za odstąpienie od umowy Reugeld (N.)
odszkodowanie (N.) za okres karencji Karenzentschädigung (F.)
odszkodowanie (N.) za użytkowanie Nutzungsentschädigung (F.)
odszukać finden
odurzenie (N.) Betäubung (F.), Rausch (M.)
odurzyć betäuben
odważyć (się) trauen
odwiedzać besuchen
odwiedzający (M.) Besucher (M.)
odwiedzić besuchen
odwiedziny (Pl.) Besuch (M.)
odwlekać verschleppen, verzögern
odwlekanie (N.) Verzögerung (F.)
odwołać abberufen, abrufen, widerrufen (V.)
odwołalny (Adj.) widerruflich
odwołanie (N.) Abberufung (F.), Absage (F.), Berufung (F.), Widerruf (M.)
odwołanie się (N.) Anrufung (F.)
odwoływać się appellieren
odwoływalny (Adj.) absetzbar
odwracać umkehren
odwrotna strona (F.) Rückseite (F.)
odwrócenie (N.) Umkehr (F.)
odwrócenie (N.) skutków Erfolgsabwendung (F.)
odwzajemnić vergelten
odziedziczyć erben, vererben
odzielić trennen
odznaka (F.) godności Insignie (F.)
odzyskanie (N.) ponowne Wiederbeschaffung (F.)
odżywianie (N.) Ernährung (F.)
OECD (N.) OECD (N.) (Organisation for Economic Cooperation and Development), Organisation (N.) for Economic Cooperation and Development (OECD)
oferować anbieten, bieten, feilbieten, offerieren
oferta (F.) Angebot (N.), Gebot (N.), Offerte (F.)
oferta (F.) gotówkowa Bargebot (N.)
oferta (F.) z najwyższą ceną Höchstgebot (N.)
ofiara (F.) Opfer (N.)
ofiaradawca (M.) Spender (M.)
ofiarować opfern, spenden, stiften
oficer (M.) Offizier (M.)
oficjalat (M.) Offizialat (N.)
oficjalność (F.) w procesie Amtsbetrieb (M.)
oficjalny (Adj.) offiziell
oficjał (M.) Offizial (M.)
ogień (M.) Brand (M.), Feuer (N.)
oglądanie (N.) Augenschein (M.)
oględziny (F.Pl.) Augenschein (M.)
oględziny (F.Pl.) zwłok Autopsie (F.)
ogłosić ankündigen, anzeigen, bekanntgeben, bekanntmachen, erklären (darlegen), erlassen, verkünden, verlautbaren, veröffentlichen
ogłoszenie (N.) Ankündigung (F.), Anzeige (F.), Bekanntgabe (F.), Bekanntmachung (F.), Inserat (N.), Verkündung (F.)
ogłoszenie (N.) wyroku Urteilsverkündung (F.)
ogólna nauka (F.) o państwie allgemeine Staatslehre (F.)
ogólna wolność (F.) działania allgemeine Handlungsfreiheit (F.)
ogólna wspólność (F.) majątkowa allgemeine Gütergemeinschaft (F.)
ogólna wspólność majątkowa małżonków allgemeine Gütergemeinschaft (F.)
ogólna zasada (F.) prawna allgemeiner Rechtsgrundsatz (M.)
ogólne prawo (N.) osobiste allgemeines Persönlichkeitsrecht (N.)
ogólne warunki (M.Pl.) handlowe allgemeine Geschäftsbedingungen (F.Pl.)
ogólne wyłączenie (N.) studentów allgemeiner Studentenausschuss (M.)
ogólnoniemiecki (Adj.) hochdeutsch
ogólny (Adj.) allgemein, gemein, generell, global

ogólny stosunek (M.) władczy allgemeines Gewaltverhältnis (N.)
ogólny warunek (M.) handlowy allgemeine Geschäftsbedingung (F.)
ogół (M.) Gesamtheit (F.)
ograbić berauben
ogradzać zäunen
ograniczać einschränken
ograniczać odpowiedzialność freizeichnen
ograniczający (Adj.) restriktiv
ograniczanie (N.) odpowiedzialności Freizeichnung (F.)
ograniczenie (N.) Beschränkung (F.), Einschränkung (F.)
ograniczenie (N.) dostępu numerus (M.) clausus (lat.)
ograniczenie (N.) konkurencji Wettbewerbsbeschränkung (F.)
ograniczenie (N.) odpowiedzialności cywilnej Haftungsbeschränkung (F.)
ograniczenie (N.) odpowiedzialności sędziego Spruchrichterprivileg (N.)
ograniczona odpowiedzialność (F.) beschränkte Haftung (F.)
ograniczona służebność (F.) osobista beschränkte persönliche Dienstbarkeit (F.)
ograniczona zdolność (F.) do czynności prawnych beschränkte Geschäftsfähigkeit (F.)
ograniczone prawo (N.) rzeczowe beschränktes dingliches Recht (N.)
ograniczony (Adj.) begrenzt, beschränkt, limitiert
ograniczyć begrenzen, beschränken, einschränken
ojciec (M.) Vater (M.)
ojcostwo (N.) Vaterschaft (F.)
ojcostwo (N.) chrzestne Patenschaft (F.)
ojcowska przemoc (F.) väterliche Gewalt (F.)
ojcowski (Adj.) väterlich
ojczym (M.) Stiefvater (M.)
ojczyzna (F.) Heimat (F.), Vaterland (N.)
okaleczenie (N.) Verstümmelung (F.)
okaleczyć verstümmeln
okazać vorlegen
okazanie (N.) Sicht (F.), Vorlage (F.), Vorlegung (F.)
okaziciel (M.) Inhaber (M.), Überbringer (M.)
okazja (F.) Anlass (M.), Gelegenheit (F.)
okolica (F.) Umgebung (F.)
okolica (F.) siedzib Bannkreis (M.), Bannmeile (F.)
okolicznościowy (Adj.) gelegentlich
okoliczność (F.) Umstand (M.)
okoliczność (F.) czynu Tatumstand (M.)
okoliczność (F.) łagodząca Milderungsgrund (M.)
okoliczność (F.) wyłączająca karę Strafausschließungsgrund (M.)
okoliczność (F.) wyłączająca winę Schuldausschließungsgrund (M.)
okres (M.) Dauer (F.), Periode (F.)
okres (M.) karencji Karenzzeit (F.)
okres (M.) koncepcyjny Empfängniszeit (F.)
okres (M.) obrad Sitzungsperiode (F.)
okres (M.) próby Bewährung (F.)
okres (M.) przestoju Ausfallzeit (F.)
okres (M.) sprawowania urzędu Amtszeit (F.)
okres (M.) tymczasowy Interim (N.)
okres (M.) ważności Laufzeit (F.)
okres (M.) zakazu Sperrzeit (F.)
okres (M.) zaliczony do renty Ersatzzeit (F.)
okresowy (Adj.) periodisch
określenie (N.) Definition (F.)
określenie (N.) terminu Zeitbestimmung (F.)
określenie (N.) wartości sporu Streitwertfestsetzung (F.)
określić definieren
określoność (F.) Bestimmtheit (F.)
okręg (M.) Bezirk (M.), Distrikt (M.), Gau (M.), Gebiet (N.)
okręg (M.) regencyjny Regierungsbezirk (M.)
okręg (M.) sądowy Gerichtssprengel (M.)
okręg (M.) wyborczy Wahlkreis (M.)
okrucieństwo (N.) Grausamkeit (F.)
okrutny (Adj.) grausam
okrzyczany (Adj.) verrucht
oktrojowanie (N.) Oktroi (N.)
okup (M.) Lösegeld (N.)
okupacja (F.) Besetzung (F.), Okkupation (F.)
okupować besetzen, okkupieren
olej (M.) mineralny Mineralöl (N.)
oligarchia (F.) Oligarchie (F.)
oligokracja (F.) Oligokratie (F.)
oligopol (M.) Oligopol (N.)
ombudsman (M.) Ombudsmann (M.)
omijać meiden
omówić erörtern
omówienie (N.) Erörterung (F.)
omyłka (F.) Versehen (N.)
omyłka (F.) sądowa Justizirrtum (M.)
onomasjologia (F.) Onomasiologie (F.)
opactwo (N.) Abtei (F.)

opakowanie (N.) Verpackung (F.)
opakowanie (N.) zwodzące swoim wyglądem przy kiepskiej zawartości Mogelpackung (F.)
opanować beherrschen
oparcie (N.) Anhalt (M.)
oparty na wzajemności reziprok
opat (M.) Abt (M.)
opatentować patentieren
opatrunek (M.) Verband (M.)
opcja (F.) Option (F.)
operacja (F.) Operation (F.)
operacja (F.) bankowa Bankgeschäft (N.)
operować operieren
opieczętować siegeln, versiegeln
opieczętowanie (N.) Versiegelung (F.)
opieka (F.) Betreuung (F.), Fürsorge (F.), Obhut (F.), Pflege (F.), Schutz (M.), Sorge (F.), Vormundschaft (F.)
opieka (F.) nad małoletnim z urzędu Amtsvormundschaft (F.)
opieka (F.) nad niedołężnymi Gebrechlichkeitspflegschaft (F.)
opieka (F.) nad uzdolnionymi Begabtenförderung (F.)
opieka (F.) prawna Rechtspflege (F.)
opieka (F.) prewencyjna Vorsorge (F.)
opieka (F.) rodzicielska elterliche Sorge (F.)
opieka (F.) społeczna Fürsorgeerziehung (F.), Wohlfahrtspflege (F.)
opieka (F.) społeczna nad młodzieżą Jugendwohlfahrt (F.)
opieka (F.) uzupełniająca Ergänzungspflegschaft (F.)
opiekować się betreuen
opiekun (M.) Betreuer (M.), Hüter (M.), Kurator (M.), Pflegevater (M.), Vormund (M.)
opiekun (M.) nadzorujący Gegenvormund (M.)
opiekun (M.) społeczny Fürsorger (M.)
opiekun (M.) zwierzęcia Tierhüter (M.)
opiekunka (F.) Betreuerin (F.)
opierać gründen, sperren
opieszałość (F.) Nachlässigkeit (F.)
opieszały (Adj.) nachlässig, säumig
opinia (F.) Gutachten (N.), Leumund (M.), Meinung (F.), Ruf (M.), Votum (N.)
opinia (F.) prawna Rechtsgutachten (N.), Rechtsmeinung (F.)
opinia (F.) publiczna öffentliche Meinung (F.), Öffentlichkeit (F.)
opiniujący sędzia (M.) polubowny Schiedsgutachter (M.)
opis (M.) Deskription (F.)
opisanie (N.) Darstellung (F.)
opisowe znamię (N.) czynu przestępczego deskriptives Tatbestandsmerkmal (N.)
opisowy (Adj.) deskriptiv
opisywać darstellen
opłacalność (F.) Wirtschaftlichkeit (F.)
opłacić bezahlen
opłacony (Adj.) przez nadawcę frachtfrei
opłata (F.) Abgabe (F.), Gebühr (F.), Maut (F.)
opłata (F.) administracyjna Verwaltungsgebühr (F.)
opłata (F.) adwokacka Anwaltsgebühr (F.)
opłata (F.) licencyjna Lizenzgebühr (F.)
opłata (F.) na środki utrzymania Unterhaltszahlung (F.)
opłata (F.) od wyroku Urteilsgebühr (F.)
opłata (F.) pobierana w formie znaczka skarbowego Stempelgebühr (F.)
opłata (F.) pocztowa Porto (N.)
opłata (F.) procesowa Prozessgebühr (F.)
opłata (F.) skarbowa Stempelgebühr (F.)
opłata (F.) stemplowa Stempelgebühr (F.)
opłata (F.) wwozowa Ausgleichsabgabe (F.)
opłata (F.) wyrównawcza Ausgleichsabgabe (F.)
opłata (F.) za dziedziczne prawo zabudowy Erbbauzins (M.)
opłata (F.) za koncesję Konzessionsabgabe (F.)
opłata (F.) za korzystanie Benutzungsgebühr (F.)
opłata (F.) za koszty postępowania Verfahrensgebühr (F.)
opłata (F.) za najem Mietzins (M.)
opłata (F.) za rozprawę Verhandlungsgebühr (F.)
opodatkować besteuern, versteuern
opodatkowanie (N.) Besteuerung (F.), Versteuerung (F.)
opodatkowanie (N.) podwójne Doppelbesteuerung (F.)
oponować einwenden, opponieren
oporność (F.) Unbotmäßigkeit (F.)
oportunista (M.) Opportunist (M.)
oportunizm (M.) Opportunität (F.)
opozycja (F.) Opposition (F.)
opozycyjny (Adj.) oppositionell

ostrożność (F.) Vorsicht (F.)
ostrzec abmahnen, verwarnen
ostrzegać warnen
ostrzeżenie (N.) Abmahnung (F.), Verwarnung (F.), Warnung (F.)
ostrzeżenie (N.) przed produktem Produktwarnung (F.)
oszacować bewerten, schätzen
oszacowanie (N.) Bewertung (F.), Schätzung (F.)
oszczerca (M.) Verleumder (M.)
oszczerstwo (N.) Verleumdung (F.)
oszczędzać schonen, sparen
oszczędzający (M.) Sparer (M.)
OSZE (F.) OSZE (F.) (Organisation über Sicherheit und Zusammenarbeit in Europa)
oszukać betrügen
oszukańczy (Adj.) betrügerisch
oszukiwać betrügen, vorspiegeln
oszukiwanie (N.) Vorspiegelung (F.)
oszust (M.) Betrüger (M.)
oszustwo (N.) Betrug (M.)
oszustwo (N.) dokonane przy wykonaniu umowy Erfüllungsbetrug (M.)
oszustwo (N.) dotyczące nakłaniania do emigracji Auswanderungsbetrug (M.)
oszustwo (N.) dotyczące subwencji Subventionsbetrug (M.)
oszustwo (N.) dotyczące zabezpieczenia Sicherungsbetrug (M.)
oszustwo (N.) komputerowe Computerbetrug (M.)
oszustwo (N.) kredytowe Kreditbetrug (M.)
oszustwo (N.) lokat kapitałowych Kapitalanlagebetrug (M.)
oszustwo (N.) podatkowe Steuerhinterziehung (F.)
oszustwo (N.) procesowe Prozessbetrug (M.)
oszustwo (N.) przy ubieganiu się o zatrudnienie Anstellungsbetrug (M.)
oszustwo (N.) ubezpieczeniowe Versicherungsbetrug (M.)
oszustwo (N.) wyborcze Wählertäuschung (F.)
ośrodek (M.) Standort (M.)
oświadczać abgeben
oświadczenie (N.) Deklaration (F.), Erklärung (F.), Verlautbarung (F.)
oświadczenie (N.) cesji Abtretungserklärung (F.)
oświadczenie (N.) o objęciu patronatu Patronatserklärung (F.)
oświadczenie (N.) o unieważnieniu Nichtigerklärung (F.), Ungültigkeitserklärung (F.)
oświadczenie (N.) o zrzeczeniu się Verzichtserklärung (F.)
oświadczenie (N.) woli Willensäußerung (F.), Willenserklärung (F.)
oświadczyć erklären (darlegen)
oświecenie (N.) Aufklärung (F.)
otaczać hegen
otoczenie (N.) Milieu (N.)
otruć vergiften
otrzymać erhalten (V.)
otrzymanie (N.) Empfang (M.), Erhalt (M.)
otrzymujący udział partiarisch
otwarcie (N.) Eröffnung (F.), Niederlassung (F.)
otwarty (Adj.) offen
otworzenie (N.) Erschließung (F.)
otworzyć eröffnen, erschließen
owoc (M.) Frucht (F.)
owoce (M.Pl.) spadłe z sąsiedniej nieruchomości Überfall (M.)
oznaczać bedeuten
oznaczenie (N.) granicy Abmarkung (F.)
oznaczenie (N.) terminu Zeitbestimmung (F.)
oznaczyć festsetzen
oznak (M.) Anzeichen (N.)
oznaka (F.) Zeichen (N.)

p

pachołek (M.) Knecht (M.)
pacjent (M.) Patient (M.)
pacta (N.Pl.) sunt servanda (lat.) pacta (N.Pl.) sunt servanda (lat.)
pactum (N.) de non petendo (lat.) pactum (N.) de non petendo (lat.)
pacyfistyczny (Adj.) pazifistisch
pacyfizm (M.) Pazifismus (M.)
paczka (F.) Paket (N.), Zunft (F.)
pair (M.) (engl.) Pair (M.)
pakt (M.) Pakt (M.)
palec (M.) Finger (M.)
palestra (F.) Anwaltschaft (F.)
palić rauchen
pałac (M.) Palast (M.)
pałkarz (M.) Schläger (M.)
pan (M.) Dienstherr (M.), Herr (M.)
pan (M.) gruntowy Grundherr (M.)
pan (M.) młody Bräutigam (M.)

panaszyrować panaschieren
pancerz (M.) Panzer (M.)
pandekta (F.) Pandekte (F.)
pandekta (Pl.) Pandekten (F.Pl.)
panna (F.) młoda Braut (F.)
panować beherrschen, herrschen
panowanie (N.) Herrschaft (F.)
panowanie (N.) gruntowe Grundherrschaft (F.)
panująca doktryna (F.) herrschende Lehre (F.)
panująca teoria (F.) herrschende Lehre (F.)
panujący (M.) Landesherr (M.)
panujący grunt (M.) herrschendes Grundstück (N.)
panujący pogląd (M.) herrschende Meinung (F.)
państewko (N.) Kleinstaat (M.)
państwa (N.Pl.) Beneluksu Benelux-Staaten (M.Pl.)
państwo (N.) Staat (M.)
państwo (N.) Beneluksu Benelux-Staat (M.)
państwo (N.) częściowe Teilstaat (M.)
państwo (N.) członkowskie Mitgliedstaat (M.)
państwo (N.) federacyjne Gliedstaat (M.)
państwo (N.) federalne Bundesstaat (M.)
państwo (N.) jako zarządca majątku publicznego öffentliche Hand (F.)
państwo (N.) jednolite Einheitsstaat (M.)
państwo (N.) kościelne Kirchenstaat (M.)
państwo (N.) o rozbudowanym systemie ubezpieczeń społecznych Wohlfahrtsstaat (M.)
państwo (N.) okupacyjne Besatzungsmacht (F.)
państwo (N.) policyjne Polizeistaat (M.)
państwo (N.) prawne Rechtsstaat (M.)
państwo (N.) socjalne Sozialstaat (M.)
państwo (N.) terytorialne Territorialstaat (M.)
państwo (N.) wielonarodowościowe Nationalstaat (M.)
państwowa loteria (F.) liczbowa Lotto (N.)
państwowo-federalny (Adj.) bundesstaatlich
państwowość (F.) federalna Bundesstaatlichkeit (F.)
państwowy (Adj.) staatlich
papier (M.) Papier (N.)
papier (M.) na zlecenie Orderpapier (N.)
papier (M.) wartościowy Wertpapier (N.)
papier (M.) wartościowy mogący być przeniesionym begebbares Wertpapier (N.)
papier (M.) wartościowy na okaziciela Inhaberpapier (N.)
papier (M.) wartościowy potwierdzający czysto finansowe prawa bez prawa głosu Genussschein (M.)
papiery (M.Pl.) wartościowe Effekten (M.Pl.)
papieski (Adj.) päpstlich
papież (M.) Papst (M.)
parafa (F.) Paraphe (F.)
parafia (F.) Kirchengemeinde (F.), Kirchspiel (N.), Sprengel (M.)
parafować abzeichnen, paraphieren
parafowanie (N.) Paraphierung (F.)
paragon (M.) Bon (M.)
paragraf (M.) Paragraph (M.)
parcela (F.) Grundstück (N.), Parzelle (F.)
parcelować parzellieren
parentela (F.) Parentel (F.)
parkometr (M.) Parkuhr (F.)
parkować parken
parkowanie (N.) Parken (N.)
parlament (M.) Abgeordnetenhaus (N.), Parlament (N.), Volksvertretung (F.)
Parlament (M.) Europejski Europäisches Parlament (N.)
Parlament (M.) Federalny Bundestag (M.)
parlament (M.) krajowy Landtag (M.)
parlament (M.) rzeszy Reichstag (M.)
parlamentarny parlamentarisch
parlamentaryzm (M.) Parlamentarismus (M.)
parlamentarzysta (M.) Parlamentarier (M.), Volksvertreter (M.)
parobek (M.) Knecht (M.)
partia (F.) Partei (F.)
partia (F.) opozycyjna Oppositionspartei (F.)
partia (F.) państwowa Staatspartei (F.)
partia (F.) ratuszowa Rathauspartei (F.)
partner (M.) Partner (M.), Sozius (M.)
partner (M.) społeczny Sozialpartner (M.)
partner (M.) umowy Vertragspartner (M.)
partnerstwo (N.) Partnerschaft (F.)
partycypować beteiligen
partyjność (F.) Parteilichkeit (F.)
partyjny (Adj.) parteilich
partykularny (Adj.) partikular
partykularyzm (M.) Partikularismus (N.)
partyzant (M.) Guerillakämpfer (M.), Guerillero (M.)
parytet (M.) Frauenquote (F.), Parität (F.)
parytetowy (Adj.) paritätisch
pas (M.) jazdy Fahrbahn (F.)

pas (M.) ruchu Spur (F.)
pasażer (M.) Insasse (M.)
paser (M.) Hehler (M.)
paserstwo (N.) Hehlerei (F.)
paserstwo (N.) podatkowe Steuerhehlerei (F.)
pasierb (M.) Stiefsohn (M.)
pasierbica (F.) Stieftochter (F.)
pasterz (M.) Hirte (M.)
pastor (M.) Pastor (M.), Pfarrer (M.)
pastuch (M.) Hirte (M.)
pastwa (F.) Opfer (N.)
pastwisko (N.) alpejskie Alm (F.), Alpe (F.)
pasy (Pl.) Zebrastreifen (M.)
pasywa (N.Pl.) Passiva (N.Pl.)
pasywny (Adj.) passiv
pasza (F.) Futter (N.), Futtermittel (N.)
paszport (M.) Pass (M.), Reisepass (M.)
paszport (M.) zagraniczny Reisepass (M.)
paść hüten
patent (M.) Patent (N.)
patent (M.) wspólnotowy Gemeinschaftspatent (N.)
patent (M.) zespołowy Gemeinschaftspatent (N.)
patrimonium (N.) (lat.) Patrimonium (N.)
patrol (M.) Streife (F.)
patron (M.) Patron (M.), Schirmherr (M.)
patronat (M.) Betreuung (F.), Patenschaft (F.), Patronat (N.)
patronować schirmen
patrystyka (F.) Patristik (F.)
pauperyzm (M.) Pauperismus (M.)
pełnoletni (Adj.) mündig, volljährig
pełnoletność (F.) Mündigkeit (F.), Volljährigkeit (F.)
pełnomocnictwo (N.) Mandat (N.), Vollmacht (F.)
pełnomocnictwo (N.) do występowania we własnym imieniu o cudze prawo Prozessstandschaft (F.)
pełnomocnictwo (N.) do zawarcia umowy Abschlussvollmacht (F.)
pełnomocnictwo (N.) generalne Generalvollmacht (F.)
pełnomocnictwo (N.) handlowe Handlungsvollmacht (F.)
pełnomocnictwo (N.) handlowe bez wpisu do rejestru handlowego Handlungsvollmacht (F.)
pełnomocnictwo (N.) in blanco Blankovollmacht (F.)
pełnomocnictwo (N.) indywidualne Einzelvollmacht (F.)
pełnomocnictwo (N.) pojedyńcze Einzelvollmacht (F.)
pełnomocnictwo (N.) pozorne Scheinvollmacht (F.)
pełnomocnictwo (N.) prawdopodobne Anscheinsvollmacht (F.)
pełnomocnictwo (N.) procesowe Prozessvollmacht (F.)
pełnomocnictwo (N.) rzekome tolerowane Duldungsvollmacht (F.)
pełnomocnictwo (N.) wewnętrzne Innenvollmacht (F.)
pełnomocnictwo (N.) zewnętrzne Außenvollmacht (F.)
pełnomocnik (M.) Beauftragter (M.), Bevollmächtigter (M.), Mandatar (M.)
pełnomocnik (M.) do spraw ochrony danych osobowych Datenschutzbeauftragter (M.)
pełnomocnik (M.) do spraw wojskowych Wehrbeauftragter (M.)
pełnomocnik (M.) handlowy Handlungsbevollmächtigter (M.)
pełnomocnik (M.) podatkowy Steuerbevollmächtigter (M.)
pełnomocnik (M.) procesowy Prozessbevollmächtigter (M.)
pełnomocnik (M.) procesowy nie będący adwokatem Prozessagent (M.)
pełnomocnik (M.) rządu federalnego Bundesbeauftragter (M.)
pełnomocnik (M.) rzekomy falsus procurator (M.) (lat.)
pełnomocnik bez pełnomocnictwa Vertreter (M.) ohne Vertretungsmacht
pełnomocny (Adj.) bevollmächtigt
pełny (Adj.) voll
pensja (F.) Besoldung (F.), Pension (F.)
pensjonat (M.) Pension (F.)
peremptoryjny dauernd, peremptorisch
periodyczny (Adj.) periodisch
perpetuatio (F.) fori (lat.) perpetuatio (F.) fori (lat.)
persona (F.) ingrata (lat.) persona (F.) ingrata (lat.)
persona (F.) non grata persona (F.) non grata (lat.)
personalia (Pl.) Personalien (F.Pl.)
personalizm (M.) Personalität (F.)
personel (M.) Belegschaft (F.), Personal (N.)

pertraktacja (F.) Verhandlung (F.)
pertraktować verhandeln
peruka (F.) Perücke (F.)
perwersja (F.) Perversion (F.)
perwersyjny (Adj.) pervers
petycja (F.) Eingabe (F.), Petition (F.)
petytoryjny (Adj.) petitorisch
pewnik (M.) Dogma (N.)
pewność (F.) Bestimmtheit (F.), Gewissheit (F.), Sicherheit (F.)
pewność (F.) prawna Rechtssicherheit (F.)
pewny (Adj.) sicher, zuverlässig
pewny gewiss (Adj.)
pęd (M.) Drang (M.)
pęknięcie (N.) Bruch (M.)
pić trinken
piechota (F.) Infanterie (F.)
piecza (F.) Fürsorge (F.), Obhut (F.)
piecza (F.) nad dziećmi potrzebującymi pomocy Personensorge (F.)
piecza (F.) nad majątkiem Vermögenssorge (F.)
pieczątka (F.) Petschaft (F.)
pieczęć (F.) Siegel (N.), Stempel (M.)
pieczęć (F.) komornika na zajętej rzeczy Pfandsiegel (N.)
pieczęć (F.) służbowa Dienstsiegel (N.)
pieczętować siegeln
piekło (N.) Hölle (F.)
pielęgnacja (F.) Pflege (F.)
pielęgniarz (M.) Pfleger (M.)
pielęgnować pflegen
pielęgnowanie (N.) Pflege (F.)
pieniactwo (N.) Querulanz (F.)
pieniacz (M.) Querulant (M.)
pieniądz (M.) Geld (N.)
pieniądz (M.) bankowy Buchgeld (N.), Giralgeld (N.)
pieniądz (M.) fałszywy Falschgeld (N.)
pieniądz (M.) jednodniowy Tagesgeld (N.)
pieniądz (M.) na czarno Schwarzgeld (N.)
pieniądz (M.) nielegalny Schwarzgeld (N.)
pieniądz (M.) papierowy Papiergeld (N.)
pierwokup (M.) Vorkauf (M.)
pierwotny (Adj.) anfänglich, originär, ursprünglich
pierwsze przemówienie (N.) Jungfernrede (F.)
pierwszeństwo (N.) Primogenitur (F.), Vorrang (M.), Vorzug (M.)
pierwszeństwo (N.) przejazdu Vorfahrt (F.)
pierwszoinstancyjny (Adj.) erstinstanzlich
pies (M.) Hund (M.)
pieszy (M.) Fußgänger (M.)
pięć fünf
pięknie (Adj.) schön
piękność (F.) Schönheit (F.)
piękny (Adj.) schön
pięść (F.) Faust (F.)
piętro (N.) Geschoß (N.), Stock (M.), Stockwerk (N.)
piętrzyć stauen
pijaczka (F.) Trinkerin (F.)
pijak (M.) Trinker (M.)
pijany (Adj.) betrunken
pilnować beaufsichtigen, hüten, überwachen
pilnowanie (N.) Wahrnehmung (F.)
pilny (Adj.) dringend, dringlich
pilot (M.) Lotse (M.)
pilotować lotsen
pionowe wyrównanie (N.) finansowe vertikaler Finanzausgleich (M.)
pionowy (Adj.) vertikal
piractwo (N.) Piraterie (F.)
piractwo (N.) informatyczne Computerpiraterie (F.)
piractwo (N.) morskie Seeräuberei (F.)
piractwo (N.) produktów Produktpiraterie (F.)
piramida (F.) władzy Machtpyramide (F.)
pirat (M.) Pirat (M.), Seeräuber (M.)
pisać schreiben
pisarz (M.) sądowy Gerichtsschreiber (M.)
pisemność (F.) Schriftlichkeit (F.)
pisemny (Adj.) schriftlich
pismo (N.) Schreiben, Schrift (F.), Schriftsatz (M.)
pismo (N.) demoralizujące młodzież jugendgefährdende Schrift (F.)
pismo (N.) drukowane Druckschrift (F.)
pismo (N.) kasacyjne Revisionsschrift (F.)
pismo (N.) kupieckie potwierdzające kaufmännisches Bestätigungsschreiben (N.)
pismo (N.) odręczne Handschrift
pismo (N.) ostrzegające Abmahnungsschreiben (N.)
pismo (N.) potwierdzające Bestätigungsschreiben (N.)
pismo (N.) rekomendujące Empfehlungsschreiben (N.)
pismo (N.) upominające Abmahnungsschreiben (N.)
pismo (N.) zapewniające ochronę Schutzschrift (F.)

pistolet (M.) Pistole (F.)
plac (M.) Platz (M.)
plac (M.) parkingowy Parkplatz (M.)
plagiat (M.) Plagiat (N.)
plagiator (M.) Plagiator (M.)
plajta (F.) Pleite (F.)
plakat (M.) Anschlag (M.)
plakieta (F.) Plakette (F.)
plan (M.) Plan (M.)
plan (M.) budowy Bauplan (M.)
plan (M.) budżetowy Haushaltsplan (M.)
plan (M.) ładu przestrzennego Raumordnungsplan (M.)
plan (M.) niewypłacalności Insolvenzplan (M.)
plan (M.) podziału Teilungsplan (M.)
plan (M.) socjalny Sozialplan (M.)
plan (M.) terminów Terminplan (M.)
plan (M.) użytkowania powierzchni terenów Flächennutzungsplan (M.)
plan (M.) zabudowy Bebauungsplan (M.)
planować planen
planowanie (N.) Planung (F.)
planowanie (N.) budowlane Bauplanung (F.)
planowanie (N.) finansowe Finanzplanung (F.)
planowanie (N.) krajowe Landesplanung (F.)
planowanie (N.) miasta Stadtplanung (F.)
planowanie (N.) przestrzenne Raumplanung (F.)
plastikowa karta (F.) magnetyczna Chipkarte (F.)
plaża (F.) Strand (M.)
plądrować plündern
plądrowanie (N.) Plünderung (F.)
plądrownik (M.) Plünderer (M.)
plebiscyt (M.) Plebiszit (N.), Volksabstimmung (F.), Volksentscheid (M.)
plebiscytowy (Adj.) plebiszitär
plenum (N.) Plenum (N.)
plik (M.) Datei (F.)
plomba (F.) Plombe (F.)
plombować plombieren
pluralizm (M.) Pluralismus (M.)
plutokracja (F.) Plutokratie (F.)
płaca (F.) Lohn (M.)
płaca (F.) akordowa Akkordlohn (M.)
płaca (F.) dzienna Tagelohn (M.)
płaca (F.) godzinowa ustalona w układzie zbiorowym dla normalnej grupy robotników Ecklohn (M.)
płaca (F.) marynarza Heuer (F.)
płaca (F.) minimalna Mindestlohn (M.)
płaca (F.) podstawowa Grundlohn (M.)
płaca (F.) ustalona w układzie zbiorowym pracy Tariflohn (M.)
płaca (F.) za czas pracy Zeitlohn (M.)
płacić zahlen
płacić pensję besolden
płaszcz (M.) Mantel (M.)
płaszczyzna (F.) Fläche (F.)
płatność (F.) Entgeltlichkeit (F.), Fälligkeit (F.), Verfall (M.), Zahlung (F.)
płatność (F.) ratalna Ratenzahlung (F.)
płatny (Adj.) entgeltlich, fällig, zahlbar
płciowy (Adj.) geschlechtlich, sexuell
płeć (F.) Geschlecht (N.) (Familie)
płodzenie (N.) Zeugung (F.)
płodzić zeugen
płot (M.) Zaun (M.)
płód (M.) Fötus (M.), Frucht (F.), Leibesfrucht (F.)
płód (M.) nieżywy Totgeburt (F.)
płynność (F.) finansowa Liquidität (F.)
płynny (Adj.) liquide
po odliczeniu netto
pobierać beziehen, einnehmen, erheben
pobieranie (N.) Bezug (M.)
pobieranie (N.) nadmiernych opłat Gebührenüberhebung (F.)
pobieżny (Adj.) flüchtig
pobliże (N.) Nähe (F.)
pobłażanie (N.) Konnivenz (F.)
poborowy (M.) Rekrut (M.), Wehrpflichtiger (M.)
pobór (M.) Erhebung (F.)
pobrać entnehmen, vermählen
pobrać się ponownie wiederverheiraten
pobranie (N.) Entnahme (F.), Nachnahme (F.)
pobudka (F.) Beweggrund (M.), Motiv (N.)
pobudzić anregen
pobyt (M.) Aufenthalt (M.)
pochodne nabycie (N.) własności abgeleiteter Eigentumserwerb (M.), derivativer Eigentumserwerb (M.)
pochodny (Adj.) abgeleitet, derivativ
pochodzenie (N.) Abkunft (F.), Abstammung (F.), Deszendenz (F.), Herkommen (N.), Herkunft (F.)
pochodzenie (N.) z małżeństwa Ehelichkeit (F.)
pochodzenie (N.) z poza małżeństwa Nichtehelichkeit (F.)

pochodzić abstammen, herkommen, stammen
pochować beerdigen
pochyłość (F.) Neigung (F.)
pociąg (M.) Neigung (F.)
pociągać do odpowiedzialności belangen
pocisk (M.) Geschoß (N.)
początek (M.) Beginn (M.), Ursprung (M.)
początkowy (Adj.) anfänglich, ursprünglich
poczęcie (N.) Empfängnis (F.)
poczta (F.) Post (F.)
poczta (F.) federalna Bundespost (F.)
poczucie (N.) narodowe Nationalgefühl (N.)
poczytalność (F.) Schuldfähigkeit (F.), Zurechnungsfähigkeit (F.)
poczytalność (F.) warunkowa bedingte Schuldfähigkeit (F.)
poczytalny (Adj.) schuldfähig, zurechnungsfähig
podać angeben, beibringen, herausgeben
podać do wiadomości verlautbaren
podać wartość deklarieren
podanie (N.) Angabe (F.), Eingabe (F.), Gesuch (N.)
podanie (N.) się Bewerbung (F.)
podarować schenken, vermachen, verschenken
podatek (M.) Abgabe (F.), Steuer (F.)
podatek (M.) bezpośredni direkte Steuer (F.)
podatek (M.) dochodowy Einkommensteuer (F.), Ertragsteuer (F.)
podatek (M.) energetyczny Energiesteuer (F.)
podatek (M.) federalny Bundessteuer (F.)
podatek (M.) gminny Gemeindesteuer (F.)
podatek (M.) gruntowy Grundsteuer (F.)
podatek (M.) konsumpcyjny Verbrauchsteuer (F.)
podatek (M.) kościelny Kirchensteuer (F.), Kirchgeld (N.)
podatek (M.) krajowy Landessteuer (F.)
podatek (M.) majątkowy Besitzsteuer (F.)
podatek (M.) należny od zysków z papierów o stałym oprocentowaniu Zinsabschlagsteuer (F.)
podatek (M.) obrotowy Umsatzsteuer (F.)
podatek (M.) obrotowy wliczony w rachunkach dostawców Vorsteuer (F.)
podatek (M.) od darowizny Schenkungsteuer (F.)
podatek (M.) od majątku Vermögensteuer (F.)
podatek (M.) od nabycia nieruchomości Grunderwerbsteuer (F.)
podatek (M.) od obrotu kapitałowego Kapitalverkehrsteuer (F.)
podatek (M.) od osób prawnych Körperschaftsteuer (F.)
podatek (M.) od pojazdów samochodowych Kraftfahrzeugsteuer (F.)
podatek (M.) od prądu Stromsteuer (F.)
podatek (M.) od prowadzenia działalności gospodarczej Gewerbesteuer (F.)
podatek (M.) od przeniesienia wartości majątkowych Verkehrsteuer (F.)
podatek (M.) od psa Hundesteuer (F.)
podatek (M.) od psów Hundesteuer (F.)
podatek (M.) od spadku Erbschaftsteuer (F.)
podatek (M.) od ubezpieczenia Versicherungsteuer (F.)
podatek (M.) od wartości dodatkowej Mehrwertsteuer (F.)
podatek (M.) od wynagrodzenia Lohnsteuer (F.)
podatek (M.) od zysku z kapitału Kapitalertragsteuer (F.)
podatek (M.) pośredni indirekte Steuer (F.)
podatek (M.) ryczałtowy od majątku kapitałowego Abgeltungssteuer (F.)
podatek (M.) tytoniowy Tabaksteuer (F.)
podatek (M.) u źródła dochodu Quellensteuer (F.)
podatek (M.) wcześniejszy Vorsteuer (F.)
podatek (M.) wymierzany na podstawie decyzji pisemnej Veranlagungsteuer (F.)
podatek (M.) wyrównawczy na pokrycie szkód wojennych Lastenausgleich (M.)
podatkowy (Adj.) steuerlich
podatnik (M.) Steuerpflichtiger (M.)
podaż (M.) Angebot (N.)
podburzać aufhetzen
podburzanie (N.) Aufhetzung (F.), Hetze
podchorąży (M.) Fähnrich (M.)
poddać behandeln
poddzierżawa (F.) Unterpacht (F.)
poddzierżawca (M.) Unterpächter (M.)
podejmowanie (N.) czynności prawnych z samym sobą będąc przedstawicielem strony przeciwnej Insichgeschäft (N.)
podejmowanie (N.) uchwał Beschlussfassung (F.)
podejrzany (Adj.) suspekt, verdächtig
podejrzany (M.) Verdächtiger (M.)

podejrzany (M.) w areszcie śledczym Untersuchungsgefangener (M.)
podejrzenie (N.) Argwohn (M.), Verdacht (M.)
podejrzenie (N.) o przestępstwo Tatverdacht (M.)
podejrzewać verdächtigen
podejrzewanie (N.) Verdächtigung (F.)
podejrzewanie (N.) polityczne politische Verdächtigung (F.)
podejrzliwość (F.) Misstrauen (N.)
podjąć abheben, fassen, vornehmen
podjąć ponownie wiederaufnehmen
podjąć środki zabezpieczające vorsorgen
podjęcie (N.) Abhebung (F.), Eingehung (F.)
podkomisja (F.) Unterausschuss (M.)
podlegać untergeben (V.), unterliegen
podlegająca opiece Betreute (F.)
podlegający (Adj.) kündbar, zurechenbar
podlegający opiece Betreuter (M.)
podlegający opłacie gebührenpflichtig
podlegający opodatkowaniu steuerpflichtig
podległy (Adj.) untergeben (Adj.)
podłączyć anschließen
podły (Adj.) gemein, infam
podmiana (F.) Unterschieben (N.)
podmiot (M.) Subjekt (N.)
podmiot (M.) kompetencji władczych Hoheitsträger (M.)
podmiot (M.) odpowiedzialny za ubezpieczenia społeczne Sozialversicherungsträger (M.)
podmiot (M.) prawa Rechtssubjekt (N.)
podmiot (M.) prawa międzynarodowego Völkerrechtssubjekt (N.)
podmiot (M.) prawny Rechtsträger (M.)
podmiot (M.) przeciw któremu skierowany jest wniosek Antragsgegner (M.)
podmiot (M.) sporu Streitpunkt (M.)
podmiot (M.) władzy administracyjnej Verwaltungsträger (M.)
podmiotowość (F.) prawna Rechtspersönlichkeit (F.)
podmiotowy (Adj.) subjektiv
podnajem (M.) Untermiete (F.), Untervermietung (F.)
podnajemca (M.) Untermieter (M.)
podniecać erregen
podniecenie (N.) Erregung (F.)
podniesienie (N.) Aufwertung (F.), Mieterhöhung (F.)
podnieść anheben, aufwerten, erheben, steigern
podnosić ansteigen, heben
podnoszenie (N.) Anhebung (F.), Gelten(d)machung (F.)
podobny (Adj.) ähnlich, gleichartig
podobny (Adj.) do umowy vertragsähnlich
podobny do czynności prawnej geschäftsähnlich, rechtsgeschäftsähnlich
podobny do pracownika arbeitnehmerähnlich
podopieczny (M.) Mündel (N.)
podpalacz (M.) Brandstifter (M.)
podpalenie (N.) Brandstiftung (F.)
podpalenie (N.) ciężkie schwere Brandstiftung (F.)
podpalenie (N.) zuchwałe schwere Brandstiftung (F.)
podpis (M.) Unterschrift (F.), Unterzeichnung (F.)
podpis (M.) elektroniczny kwalifikowany qualifizierte elektronische Signatur (F.)
podpis (M.) in blanco Blankounterschrift (F.)
podpisać abzeichnen, unterschreiben, unterzeichnen
podpisanie (N.) Ausfertigung (F.), Unterzeichnung (F.)
podpisywać zeichnen
podporucznik (M.) Leutnant (M.)
podporządkowanie (N.) Unterordnung (F.)
podporządkowany (Adj.) untergeben (Adj.), untergeordnet
podpuszczać aufwiegeln
podrabiać verfälschen
podręcznik (M.) Handbuch (N.), Lehrbuch (N.)
podrobienie (N.) Verfälschung (F.)
podróż (F.) Reise (F.)
podróżować reisen
podróżujący (M.) traveller (M.) (engl.)
podrywać zerrütten
podrzucić unterschieben
podrzutek (M.) Findelkind (N.)
podsądność (F.) według wyboru Wahlgerichtsstand (M.)
podskarbi (M.) miejski Kämmerer (M.)
podsłuchiwać abhören
podsłuchiwanie (N.) Abhören (N.)
podstawa (F.) Anhalt (M.), Basis (F.), Boden (M.), Grund (M.), Grundlage (F.)
podstawa (F.) aresztowania Haftgrund (M.)

podstawa (F.) czynności prawnej Geschäftsgrundlage (F.)
podstawa (F.) powództwa Klagegrund (M.)
podstawa (F.) prawna Rechtsgrund (M.), Rechtsgrundlage (F.)
podstawa (F.) prawna roszczenia Anspruchsgrundlage (F.)
podstawa (F.) rewizji nadzwyczajnej Revisionsgrund (M.)
podstawa (F.) uchylenia kary Strafaufhebungsgrund (M.)
podstawa (F.) upoważniająca Ermächtigungsgrundlage (F.)
podstawa (F.) wymiaru Bemessungsgrundlage (F.)
podstawić unterschieben
podstawienie (N.) Unterschieben (N.)
podstawiony człowiek (M.) Strohmann (M.)
podstawowa służba (F.) wojskowa Grundwehrdienst (M.)
podstawowa ustawa (F.) podatkowa Abgabenordnung (F.)
podstawowe prawo (N.) obywatelskie Grundrecht (N.)
podstawowy (Adj.) grundlegend
podstawowy obowiązek (M.) Grundpflicht (F.)
podstawowy porządek (M.) Grundordnung (F.)
podstęp (M.) Arglist (F.), Hinterlist (F.), List (F.)
podstępne przemilczenie (N.) arglistiges Verschweigen (N.)
podstępne wprowadzenie (N.) w błąd arglistige Täuschung (F.)
podstępność (F.) Heimtücke (F.), Hinterlist (F.)
podstępny (Adj.) arglistig, dolos, heimtückisch, hinterlistig
podsunąć unterschieben
podsuniecię (N.) Unterschieben (N.)
podważalność (F.) Anfechtbarkeit (F.)
podważalny (Adj.) anfechtbar
podważenie (N.) Anfechtung (F.)
podważenie (N.) pochodzenia dziecka z małżeństwa Ehelichkeitsanfechtung (F.)
podważyć anfechten, angreifen
podwładny (Adj.) subaltern, untergeben (Adj.)
podwójne obywatelstwo (N.) Doppelstaatsangehörigkeit (F.)
podwójne ubezpieczenie (N.) Doppelversicherung (F.)
podwójny (Adj.) doppelt
podwórze (N.) Hof (M.)
podwykonawca (M.) Subunternehmer (M.)
podwyższać steigern
podwyższenie (N.) Erhöhung (F.), Steigerung (F.)
podwyższenie (N.) kapitału Kapitalerhöhung (F.)
podwyższyć erhöhen
podział (M.) Aufteilung (F.), Auseinandersetzung (F.), Teilung (F.), Verteilung (F.)
podział (M.) czynności Geschäftsverteilung (F.)
podział (M.) mandatów według stosunku głosów Proporz (M.)
podział (M.) miejsc Sitzverteilung (F.)
podział (M.) sprzętu gospodarstwa domowego Hausratsteilung (F.)
podział (M.) władz Gewaltenteilung (F.)
podział (M.) zadań Geschäftsverteilung (F.)
podzielić aufteilen, auseinandersetzen (teilen), teilen, verteilen
podzielić na parcele parzellieren
podzielny (Adj.) teilbar
podziemny zabytek (M.) starożytności Bodenaltertum (N.)
podżegacz (M.) Anstifter (M.)
podżegaczka (F.) Anstifterin (F.)
podżegać anstiften, aufrühren
podżeganie (N.) Anstiftung (F.)
podżeganie (N.) do nienawiści na tle różnic narodowościowych Volksverhetzung (F.)
pogardliwie verächtlich
pogląd (M.) Ansicht (F.), Meinung (F.)
pogłębiać vertiefen
pogłębianie (N.) Vertiefung (F.) eines Grundstückes (Handlung der Absenkung der Oberfläche eines Grundstücks)
pogłówne (N.) Kopfsteuer (F.)
pogodzić einigen, vereinbaren
pogotowie (N.) Bereitschaft (F.)
pogrążony w żałobie hinterblieben
pogrom (M.) Pogrom (N.)
pogrzeb (M.) Beerdigung (F.)
pogwałcić verletzen
poinformować belehren, melden
poinformowanie (N.) Unterrichtung (F.)
pojazd (M.) mechaniczny Fahrzeug (N.), Kraftfahrzeug (N.)
pojazd (M.) samochodowy Kraftfahrzeug (N.)

pojąć erfassen
pojednanie (N.) Einigung (F.), Sühne (F.)
pojednawczy (Adj.) gütlich
pojedynek (M.) Duell (N.)
pojedyńcza osoba (F.) Einzelner (M.)
pojedyńczy (Adj.) einzeln
pojemność (F.) Kapazität (F.)
pojęcie (N.) Begriff (M.)
pojęcie (N.) prawne Rechtsbegriff (M.)
pojętność (F.) Kapazität (F.)
pokaz (M.) Demonstration (F.)
pokazać weisen
pokazanie (N.) Vorführung (F.)
pokonać schlagen
pokój (M.) Friede (M.), Raum (M.), Zimmer (N.)
pokój (M.) domowy Hausfriede (M.)
pokój (M.) narad Beratungszimmer (N.)
pokrewieństwo (N.) Verwandtschaft (F.)
pokrewieństwo (N.) w lini wstępnej Aszendenz (F.)
pokrewieństwo (N.) w lini zstępnej Deszendenz (F.)
pokrycie (N.) Deckung (F.)
pokrycie (N.) kosztów Kostendeckung (F.)
pokryć decken
pokrywać bestreiten
pokrzywdzenie (N.) Beeinträchtigung (F.)
pokrzywdzony (M.) Verletzter (M.)
pokuta (F.) Sühne (F.)
pokutować büßen
pokwitować bescheinigen, quittieren
pokwitowanie (N.) Beleg (M.), Bescheinigung (F.), Quittung (F.)
pokwitowanie (N.) dostawy Lieferschein (M.)
pokwitowanie (N.) zamówienia Bestellschein (N.)
pole (N.) Flur (F.)
polecenie (N.) Anweisung (F.), Auflage (F.), Auftrag (M.), Einschreibung (F.), Empfehlung (F.), Order (F.), Weisung (F.)
polecenie (N.) listu Einschreiben (N.)
polecenie (N.) pisma Einschreiben (N.)
polecenie (N.) zapłaty Zahlungsanweisung (F.)
polecić anweisen, beauftragen, empfehlen
polecony (Adj.) eingeschrieben
polepszać bessern
polepszenie (N.) Besserung (F.)
policja (F.) Polizei (F.)
policja (F.) budowlana Baupolizei (F.)
policja (F.) drogowa Verkehrspolizei (F.)
policja (F.) federalna Bundespolizei (F.)
policja (F.) kolejowa Bahnpolizei (F.)
policja (F.) kryminalna Kriminalpolizei (F.)
policja (F.) nadzorująca działalność gospodarczą Gewerbepolizei (F.)
policja (F.) sądowa Sitzungspolizei (F.)
policja (F.) wojskowa Militärpolizei (F.)
policja (F.) wykonawcza Vollzugspolizei (F.)
policjant (M.) Polizist (M.), Schutzmann (M.)
policjant (M.) porządkowy Polizist (M.), Schutzmann (M.)
policyjna służba (F.) wykonawcza Polizeivollzugsdienst (M.)
policyjny (Adj.) polizeilich
policzek (M.) Ohrfeige (F.)
policzkować ohrfeigen
policzyć berechnen
poligamia (F.) Polygamie (F.), Vielweiberei (F.)
poligamiczny (Adj.) polygam
polisa (F.) Police (F.)
polisa (F.) ubezpieczeniowa Versicherungspolice (F.), Versicherungsschein (M.), Versicherungsurkunde (F.)
politologia (F.) Politikwissenschaft (F.)
polityczny (Adj.) politisch
polityk (M.) Politiker (M.)
polityka (F.) Politik (F.)
polityka (F.) w zakresie prawa Rechtspolitik (F.)
polować jagen
polowanie (N.) Jagd (F.), Jagdausübung (F.)
Polska (F.) Polen (N.)
polski (Adj.) polnisch
polubowny (Adj.) gütlich
połączenie (N.) Fusion (F.), Verbindung (F.), Verbund (M.), Zusammenschluss (M.)
połączenie (N.) państw Staatenverbindung (F.)
połączenie (N.) przedsiębiorstw Unternehmensverbund (M.)
połączony (Adj.) vereinigt
połączyć assoziieren, verbinden, vereinen, vereinigen, zusammenschließen
połowa (F.) Hälfte (F.)
położenie (N.) Belegenheit (F.), Kondition (F.), Lager (N.), Stand (M.), Zustand (M.)
położna (F.) Hebamme (F.)
położony (Adj.) belegen (Adj.), gelegen
połów (M.) Fang (M.)

południe (N.) Süden
pomagać begünstigen, helfen, nützen
pomalować streichen
pomieszanie (N.) Vermengung (F.), Vermischung (F.)
pomieszczenie (N.) Raum (M.)
pomieszczenie (N.) biurowe Geschäftsraum (M.)
pomieszczenie (N.) mieszkalne Wohnraum (M.)
pomieszczenie (N.) przeznaczone na działalność gospodarczą Gewerberaum (M.)
pomieszczenie (N.) sklepowe Geschäftsraum (M.)
pomieszczenie (N.) użytkowe Gewerberaum (M.)
pomieścić fassen
pominąć absehen, versäumen
pomnik (M.) Denkmal (N.)
pomoc (F.) Beihilfe (F.) (Unterstützungsleistung), Beistand (M.), Hilfe (F.)
pomoc (F.) dla dzieci Kinderhilfe (F.)
pomoc (F.) dla młodzieży Jugendhilfe (F.)
pomoc (F.) domowa Hausgehilfin (F.)
pomoc (F.) konieczna Nothilfe (F.)
pomoc (F.) konsultacyjna Beratungshilfe (F.)
pomoc (F.) prawna Rechtshilfe (F.)
pomoc (F.) prawna świadczona przez organy administracyjne Amtshilfe (F.)
pomoc (F.) rodzinna Familienhilfe (F.)
pomoc (F.) sądowa Gerichtshilfe (F.)
pomoc (F.) socjalna Sozialhilfe (F.)
pomoc (F.) stypendialna dla kształcących się Ausbildungsförderung (F.)
pomoc (F.) urzędów do spraw młodzieży świadczona sądowi w czasie procesu Jugendgerichtshilfe (F.)
pomoc (F.) w wychowaniu Erziehungsbeistand (M.), Erziehungshilfe (F.)
pomoc (F.) ze względu na wiek Altershilfe (F.)
pomocnica (F.) kupca Handlungsgehilfin (F.)
pomocnictwo (N.) Beihilfe (F.) (Gehilfenschaft)
pomocniczy (Adj.) Neben-
pomocnik (M.) Beistand (M.), Gehilfe (M.)
pomocnik (M.) adwokacki Anwaltsgehilfe (M.)
pomocnik (M.) adwokata Rechtsanwaltsgehilfe (M.)
pomocnik (M.) domowy Hausgehilfe (M.)
pomocnik (M.) handlowy Gehilfe (M.)
pomocnik (M.) kupca Handlungsgehilfe (M.)
pomocnik (M.) przestępcy Komplize (M.)
pomóc abhelfen
pomścić rächen
pomyłka (F.) Irrtum (M.)
ponad prawem übergesetzlich
ponadnarodowy (Adj.) supranational
ponaglenie (N.) Mahnschreiben (N.)
ponosić fiasko stranden
ponosić winę verschulden
ponoszenie (N.) ryzyka Gefahrtragung (F.)
ponowna decyzja (F.) administracyjna Zweitbescheid (M.)
ponowne podjęcie (N.) Wiederaufnahme (F.)
ponowne połączenie (N.) Wiedervereinigung (F.)
ponowne przedłożenie (N.) Wiedervorlage (F.)
ponowne przeliczenie (N.) Nachzählung (F.)
ponowne utworzenie (N.) Neuwert (M.)
ponowne wykonanie (N.) zobowiązania Nacherfüllung (F.)
ponowne zawarcie (N.) związku małżeńskiego Wiederverheiratung (F.)
ponowne zjednoczenie (N.) Wiedervereinigung (F.)
ponownie nabyć wiederbeschaffen
ponowny (Adj.) wiederholt
pontyfikat (M.) Pontifikat (N.)
poparcie (N.) Befürwortung (F.), Förderung (F.)
popełnić ausführen, begehen, brechen, verüben
popełnić plagiat plagiieren
popełnić zdradę małżeńską ehebrechen
popełnienie (N.) Begehung (F.), Verübung (F.)
popęd (M.) Drang (M.), Trieb (M.)
popęd (M.) płciowy Geschlechtstrieb (M.)
popęd (M.) seksualny Geschlechtstrieb (M.)
popierać befürworten, begünstigen, fördern
popieranie (N.) Förderung (F.)
popieranie (N.) pracy Arbeitsförderung (F.)
popijać zechen
poplecznictwo (N.) Begünstigung (F.)
poprawa (F.) Besserung (F.), Verbesserung (F.)
poprawić abändern, berichtigen, nachbessern, verbessern, zuschreiben
poprawienie (N.) Zuschreibung (F.)
poprawka (F.) Abänderung (F.), Änderung (F.), Berichtigung (F.), Nachbesserung (F.)

poprawny (Adj.) korrekt
poprzeć befürworten
poprzednik (M.) Vorgänger (M.)
poprzednik (M.) prawny Rechtsvorgänger (M.)
poprzedzać bekräftigen, vorgehen
popularny (Adj.) Popular…
popyt (M.) Bedarf (M.)
pora (F.) Zeit (F.)
porada (F.) Beratung (F.), Rat (M.)
porada (F.) dla dłużnika Schuldnerberatung (F.)
poradnictwo (N.) zawodowe Berufsberatung (F.)
poradnik (M.) Nachschlagewerk (N.)
poradzić beraten (V.)
poręczający (M.) jako współdłużnik solidarny Selbstschuldner (M.)
poręczający jako współdłużnik solidarny selbstschuldnerisch
poręczenie (N.) Bürgschaft (F.), Garantie (F.), Obligo (N.)
poręczenie (N.) bankowe Bankbürgschaft (F.)
poręczenie (N.) odpowiadające jako współdłużnik solidarny selbstschuldnerische Bürgschaft (F.)
poręczenie (N.) regresowe Rückbürgschaft (F.)
poręczenie (N.) wekslowe Wechselbürgschaft (F.)
poręczenie (N.) za cudzy dług Delkredere (N.)
poręczenie (N.) za poręczającego Nachbürgschaft (F.)
poręczyciel (M.) Bürge (M.)
poręczyciel (M.) poręczyciela Nachbürge (M.)
poręczyciel (M.) regresowy Rückbürge (M.)
poręczyć bürgen, verbürgen
poręka (F.) Gewähr (F.)
pornografia (F.) Pornographie (F.)
pornograficzny pornographisch, unzüchtig
poronienie (N.) Fehlgeburt (F.)
porozumienie (N.) Abkommen (N.), Abmachung (F.), Ausgleich (M.), Benehmen (N.) (Benehmen im Verwaltungsrecht), Einvernehmen (N.), Einverständnis (N.), Konsens (M.), Übereinkommen (N.), Übereinkunft (F.), Vereinbarung (F.)
porozumienie (N.) co do właściwości Prorogation (F.)
porozumienie (N.) dotyczące zabezpieczenia Sicherungsabrede (F.)
porozumienie (N.) między pracodawcą a radą zakładową Betriebsvereinbarung (F.)
porozumienie (N.) stron Parteivereinbarung (F.)
porozumienie (N.) uboczne Nebenvereinbarung (F.)
porozumiewanie (N.) się na niekorzyść osoby trzeciej Kollusion (F.)
porozumnienie (N.) ogólne Gesamtvereinbarung (N.)
poród (M.) Geburt (F.)
porównać vergleichen
porównanie (N.) Vergleich (M.)
porównywać vergleichen
port (M.) Hafen (M.) (1) (Anlegeort)
port (M.) wolnocłowy Freihafen (M.)
porto (N.) Briefporto (N.), Porto (N.)
Portugalia (F.) Portugal (N.)
portugalski (Adj.) portugiesisch
poruczenie (N.) Übertragung (F.)
poruszać bewegen
porwać kidnappen, verschleppen
porwanie (N.) dziecka Kindesentziehung (F.)
porywacz (M.) Entführer (M.), Geiselnehmer (M.), Kidnapper (M.)
porywaczka (F.) Geiselnehmerin
porządek (M.) Ordnung (F.)
porządek (M.) dzienny Tagesordnung (F.)
porządek (M.) gruntów Bodenordnung (F.)
porządek (M.) prawny Rechtsordnung (F.)
porządek (M.) publiczny ordre (M.) public (franz.)
porządek (M.) zgodny z konstytucją verfassungsmäßige Ordnung (F.)
porządkować ordnen
porządny (Adj.) ordentlich
porzedzające działanie (N.) vorangegangenes Tun (N.)
porzedzający vorangegangen
porzucenie (N.) Aussetzung (F.)
porzucić aussetzen
posada (F.) Stelle (F.)
posada (F.) dodatkowa Nebenamt (N.)
posag (M.) Aussteuer (F.), Mitgift (F.)
poselstwo (N.) Deputation (F.)
poseł (M.) Gesandter (M.), Legat (M.) (Gesandter)
poseł (M.) do parlamentu Abgeordneter (M.), Volksvertreter (M.)

posesoryjny (Adj.) possessorisch
posiadacz (M.) Besitzer (M.), Inhaber (M.), Innehaber (M.)
posiadacz (M.) bezpośredni unmittelbarer Besitzer (M.)
posiadacz (M.) gruntu Grundbesitzer (M.)
posiadacz (M.) hipotecznego listu zastawnego Pfandbriefinhaber (M.)
posiadacz (M.) patentu Patentinhaber (M.)
posiadacz (M.) pojazdu samochodowego Fahrzeughalter (M.), Halter (M.), Kraftfahrzeughalter (M.)
posiadacz (M.) samoistny Eigenbesitzer (M.), Halter (M.)
posiadacz (M.) samoistny zwierzęcia Tierhalter (M.)
posiadacz (M.) składu Lagerhalter (M.)
posiadacz (M.) z tytułu czynu niedozwolonego Deliktsbesitzer (M.)
posiadacz (M.) zależny Fremdbesitzer (M.), mittelbarer Besitzer (M.)
posiadaczka (F.) Besitzerin (F.)
posiadać besitzen, innehaben, unterhalten (unterstützen)
posiadać uprawnienie legitimieren
posiadający (M.) stopień akademicki Graduierter (M.)
posiadający częściową zdolność prawną teilrechtsfähig
posiadający zdolność do odpowiedzialności karnej strafmündig
posiadający zdolność prawną rechtsfähig
posiadający zdolność procesową prozessfähig
posiadający zdolność sądową parteifähig
posiadający zdolność testowania testierfähig
posiadanie (N.) Besitz (M.), Innehabung (F.)
posiadanie (N.) częściowe Teilbesitz (M.)
posiadanie (N.) fideikomisa Fideikommissbesitz (M.)
posiadanie (N.) prawa Rechtsbesitz (M.)
posiadanie (N.) samoistne Eigenbesitz (M.), Halten (N.), unmittelbarer Besitz (M.)
posiadanie (N.) zależne Fremdbesitz (M.)
posiadłość (F.) Anwesen (N.), Grundbesitz (M.)
posiadnie (N.) zależne mittelbarer Besitz (M.)
posiedzenie (N.) Sitzung (F.), Tagung (F.)
posiedzenie (N.) gabinetu rządu Kabinettssitzung (F.)
posiedzenie (N.) plenarne Plenarsitzung (F.)
posiedzenie (N.) sądu Gerichtssitzung (F.)
posiew (M.) Saat (F.)
posiłkowość (F.) Subsidiarität (F.)
posiłkowy (Adj.) subsidiär
posłać schicken
posłaniec (M.) Bote (M.), Kurier (M.)
posłanka (F.) Abgeordnete (F.), Botin (F.)
posłuchanie (N.) Gehör (N.)
posłuchiwanie (N.) rozmów telefonicznych Telefonüberwachung (F.)
posługiwać bedienen
posłuszeństwo (N.) Gehorsam (M.)
posłuszny (Adj.) gefügig, gehorsam
posłyszeć vernehmen
pospieszać nacheilen
pospolity (Adj.) ordinär
post- Rück-
postać (F.) Gestalt
postanawiać bestimmen
postanawianie (N.) Beschlussfassung (F.)
postanowić beschließen, vornehmen
postanowienie (N.) Beschluss (M.), Bestimmung (F.), Entschluss (M.), Interlokut
postanowienie (N.) co do winy Schuldinterlokut (N.)
postanowienie (N.) despozytywne Kannbestimmung (F.)
postanowienie (N.) dodatkowe Nebenbestimmung (F.)
postanowienie (N.) dowodowe Beweisinterlokut (N.)
postanowienie (N.) egzekucyjne Vollstreckungsanordnung (F.)
postanowienie (N.) karne Strafbestimmung (F.)
postanowienie (N.) normatywne Normativbestimmung (F.)
postanowienie (N.) o czynie Tatentschluss (M.)
postanowienie (N.) o otwarciu rozprawy głównej Eröffnungsbeschluss (M.)
postanowienie (N.) o umorzeniu postępowania Einstellungsbeschluss (M.)
postanowienie (N.) o ustaleniu kosztów Kostenfestsetzungsbeschluss (M.)
postanowienie (N.) o ustaleniu planu zabudowy Planfeststellungsbeschluss (M.)
postanowienie (N.) o zajęciu Pfändungsbeschluss (M.)
postanowienie (N.) sądowe Interlokut
postanowienie (N.) sądu o przelewie zajętej wierzytelności Überweisungsbeschluss (M.)

postarać besorgen
postarać się verschaffen
postawa (F.) Einstellung (F.)
postawić aufstellen
postawienie (N.) Aufstellung (F.)
postawienie (N.) zarzutu Beschuldigung (F.)
poste restante postlagernd
posterunek (M.) Wache (F.)
posterunek (M.) policji Polizeiwache (F.)
postępek (M.) Tun (N.)
postępować verfahren (V.), vorgehen
postępowanie (N.) Behandlung (F.), Tun (N.), Verfahren, Verhalten (N.), Vorgehen (N.)
postępowanie (N.) administracyjne Verwaltungsverfahren (N.)
postępowanie (N.) apelacyjne Berufungsverfahren (N.)
postępowanie (N.) cywilne Zivilverfahren (N.)
postępowanie (N.) dotyczące niewypłacalności Insolvenzverfahren (N.)
postępowanie (N.) dotyczące niewypłacalności masy spadkowej Nachlassinsolvenzverfahren (N.)
postępowanie (N.) dotyczące zgodności norm z ustawą zasadniczą Normenkontrollverfahren (N.)
postępowanie (N.) dowodowe Beweisaufnahme (F.), Beweisverfahren (N.)
postępowanie (N.) dowodowe samodzielne Beweissicherung (F.)
postępowanie (N.) dyscyplinarne Disziplinarverfahren (N.)
postępowanie (N.) egzekucyjne Vollstreckungsverfahren (N.), Zwangsvollstreckung (F.)
postępowanie (N.) główne Hauptverfahren (N.)
postępowanie (N.) karne Strafverfahren (N.)
postępowanie (N.) kasacyjne Revisionsverfahren (N.)
postępowanie (N.) obiektywne objektives Verfahren (N.)
postępowanie (N.) pisemne schriftliches Verfahren (N.)
postępowanie (N.) podatkowe Besteuerungsverfahren (N.)
postępowanie (N.) pojednawcze Güteverfahren (N.)
postępowanie (N.) prowadzone z urzędu Offizialverfahren (N.)
postępowanie (N.) przedłożenia Vorlageverfahren (N.)
postępowanie (N.) przez postanowienie Beschlussverfahren (N.)
postępowanie (N.) przygotowawcze Ermittlungsverfahren (N.), Voruntersuchung (F.), Vorverfahren (N.)
postępowanie (N.) przygotowawcze przeciwko osobie nieznanej z miejsca pobytu Abwesenheitsverfahren (N.)
postępowanie (N.) przyspieszone beschleunigtes Verfahren (N.), Schnellverfahren (N.)
postępowanie (N.) rozjemcze Schlichtungsverfahren (N.)
postępowanie (N.) rozpoznawcze Erkenntnisverfahren (N.)
postępowanie (N.) sądowe Gerichtsverfahren (N.), Prozess (M.)
postępowanie (N.) sądowe w celu zmuszenia prokuratory Anklageerzwingung (F.)
postępowanie (N.) sądowe w celu zmuszenia prokuratury do wniesienia oskarżenia publicznego Klageerzwingungsverfahren (N.)
postępowanie (N.) tymczasowe Zwischenverfahren (N.)
postępowanie (N.) układowe Vergleichsverfahren (N.)
postępowanie (N.) upadłościowe Konkursverfahren (N.)
postępowanie (N.) upominawcze Mahnverfahren (N.)
postępowanie (N.) w celu konfiskaty Einziehungsverfahren (N.)
postępowanie (N.) w celu ściągnięcia Einziehungsverfahren (N.)
postępowanie (N.) w sprawach zagrożonych karą grzywny Bußgeldverfahren (N.)
postępowanie (N.) wstępne Eröffnungsverfahren (N.)
postępowanie (N.) wstępnego badania wynalazku Vorprüfungsverfahren (N.)
postępowanie (N.) wstępnej kontroli wynalazku Vorprüfungsverfahren (N.)
postępowanie (N.) wykonawcze Vollstreckungsverfahren (N.)
postępowanie (N.) wypadkowe Zwischenverfahren (N.)
postępowanie (N.) wywoławcze Aufgebotsverfahren (N.)
postępowanie (N.) z urzędu Amtsbetrieb (M.)
postępowanie (N.) zabezpieczające Sicherungsverfahren (N.)

postępowanie (N.) zaoczne Kontumazialverfahren (N.), Versäumnisverfahren (N.)
postępowanie (N.) zażaleniowe Beschwerdeverfahren (N.)
postępowanie (N.) zgodne z prawem Legalität (F.)
postrzeganie (N.) Wahrnehmung (F.)
postrzeżenie (N.) Wahrnehmung (F.)
postulat (M.) jasności Bestimmtheitsgrundsatz (M.)
postulat (M.) jasności ustawy Bestimmtheitsgrundsatz (M.)
postulować postulieren
posunięcie (N.) Nachschieben (N.)
poszczególny (Adj.) einzeln
poszkodowany (M.) Geschädigter (M.)
poszlaka (F.) Indiz (N.), Verdachtsmoment (M.)
poszukiwać schürfen
poszukiwanie (N.) Fahndung (F.)
poszukiwanie (N.) zwrotne z weksla Wechselregress (M.)
pościg (M.) Verfolgung (F.)
pościg (M.) policyjny poza obszar właściwości Nacheile (F.)
poślubiać ehelichen
poślubić ehelichen
pośmiertny postum
pośredni indirekt, mittelbar
pośrednia administracja (F.) państwowa mittelbare Staatsverwaltung (F.)
pośrednictwo (N.) Vermittlung (F.)
pośrednictwo (N.) matrymonialne Ehevermittlung (F.), Heiratsvermittlung (F.)
pośrednictwo (N.) mieszkaniowe Wohnungsvermittlung (F.)
pośrednictwo (N.) pracy Arbeitsvermittlung (F.), Stellenvermittlung (F.)
pośrednictwo (N.) w sprawach kredytu Kreditvermittlung (F.)
pośredniczący (M.) Vermittlungsvertreter (M.)
pośredniczenie (N.) w zawarciu porozumienia Mediatisierung (F.)
pośredniczka (F.) kredytowa Kreditvermittlerin (F.)
pośredniczka (F.) matrymonialna Heiratsvermittlerin (F.)
pośredniczyć makeln, vermitteln
pośredniczyć i doprowadzić do rozwiązania sporu schlichten
pośrednie sporządzenie (N.) fałszywego dokumentu mittelbare Falschbeurkundung (F.)
pośrednik (M.) Vermittler (M.)
pośrednik (M.) kredytowy Kreditvermittler (M.)
pośrednik (M.) matrymonialny Ehevermittler (M.)
poświadczenie (N.) Beglaubigung (F.), Bescheinigung (F.), Schein (M.), Testat (N.)
poświadczenie (N.) dostawy Lieferschein (M.)
poświadczenie (N.) o karalności lub niekaralności Führungszeugnis (N.), Leumundszeugnis (N.)
poświadczenie (N.) o karalności lub niekaralności na podstawie rejestru skazanych Führungszeugnis (N.), Leumundszeugnis (N.)
poświadczyć beglaubigen, bescheinigen, bezeugen, testieren
poświęcać preisgeben, weihen
poświęcenie (N.) Aufopferung (F.), Preisgabe (F.)
poświęcić aufopfern, preisgeben, verwenden, widmen
potajemnie (Adj.) heimlich
potencjalna świadomość (F.) bezprawności potentielles Unrechtsbewußtsein (N.)
potencjalny (Adj.) potentiell
potępić verurteilen
potomek (M.) Abkömmling (M.), Deszendent (M.), Nachkomme (M.)
potomkowie (M.Pl.) Deszendenz (F.)
potraktować behandeln
potraktowanie (N.) Behandlung (F.)
potrącenie (N.) Abschlag (M.), Abzug (M.), Aufrechnung (F.)
potrącenie (N.) ewentualne Eventualaufrechnung (F.)
potrącenie (N.) korzyści Vorteilsausgleichung (F.)
potrącenie (N.) od sumy pożyczki za udzielenie pożyczki damnum (N.) (lat.)
potrącenie (N.) podatku naliczonego od należnego Vorsteuerabzug (M.)
potrącenie (N.) winy Kulpakompensation (F.)
potrącić abziehen, aufrechnen
potrwać währen
potrzeba (F.) Bedarf (M.), Bedürfnis (N.), Erforderlichkeit (F.), Erfordernis (N.), Not (F.)

potrzeba (F.) ochrony prawnej Rechtsschutzbedürfnis (N.)
potrzeba (F.) pomocy materialnej Bedürftigkeit (F.)
potrzebny (Adj.) erforderlich, nötig
potrzebować brauchen, erfordern
potrzebujący (Adj.) bedürftig
potwierdzać bejahen, bekräftigen
potwierdzający (Adj.) affirmativ
potwierdzenie (N.) Bekräftigung (F.), Bestätigung (F.), Nachweis (M.)
potwierdzenie (N.) odbioru Empfangsbestätigung (F.)
potwierdzenie (N.) zlecenia Auftragsbestätigung (F.)
potwierdzić bestätigen, bewähren, genehmigen, sanktionieren
potwierdzić na piśmie verbriefen
potwierdzić przysięgą beeiden
potworek (M.) Missgeburt (F.)
pouczenie (N.) Belehrung (F.), Unterrichtung (F.)
pouczenie (N.) o środkach prawnych Rechtsmittelbelehrung (F.)
pouczenie (N.) o środkach zaskarżenia Rechtsbehelfsbelehrung (F.)
pouczenie (N.) prawne Rechtsbelehrung (F.)
pouczyć belehren
poufność (F.) Vertraulichkeit (F.)
poufny (Adj.) vertraulich
powaga (F.) Würde (F.)
poważanie (N.) Ansehen (N.), Obacht (F.)
poważny (Adj.) erheblich
powiadamiać unterrichten
powiadomić berichten
powiadomienie (N.) o cesji Abtretungsanzeige (F.)
powiadomienie (N.) o zajęciu Vorpfändung (F.)
powiat (M.) Kreis (M.)
powiat (M.) ziemski Landkreis (M.)
powiązanie (N.) Verbund (M.)
powielać vervielfältigen
powielanie (N.) Vervielfältigung (F.)
powiernictwo (N.) Treuhand (F.), Treuhänderschaft (F.), Treuhandschaft (F.)
powiernictwo (N.) administracyjne majątku Verwaltungstreuhand (F.)
powierniczy (Adj.) treuhänderisch
powierniczy posiadacz (M.) treuhänderischer Besitzer (M.)
powiernik (M.) Treuhänder (M.), Treunehmer (M.)
powierzać anvertrauen
powierzający (M.) majątek Treugeber (M.)
powierzchnia (F.) Fläche (F.)
powierzenie (N.) Übertragung (F.)
powierzenie (N.) stanowiska Bestallung (F.)
powierzyć befassen, deponieren
powieszenie (N.) Strangulation (F.)
powietrze (N.) Luft (F.)
powiększyć anwachsen
powinność (F.) Obliegenheit (F.), Soll (N.), Verpflichtung (F.)
powinność (F.) społeczna Sozialpflichtigkeit (F.)
powinowactwo (N.) Schwägerschaft (F.), Verschwägerung (F.)
powodować zerrütten
powodzenie (N.) Erfolg (M.)
powołać berufen (V.), einberufen
powołanie (N.) Berufung (F.), Bezug (M.), Bezugnahme (F.), Nominierung (F.), Ruf (M.)
powołanie (N.) na katedrę Lehrauftrag (M.)
powołany (Adj.) berufen (Adj.)
powołany (M.) na katedrę Lehrbeauftragter (M.)
powoływać beziehen, einberufen
powód (M.) Anlass (M.), Beweggrund (M.), Grund (M.), Kläger (M.)
powód (M.) do niewypłacalności Insolvenzgrund (M.)
powód (M.) do zaostrzenie kary Strafschärfungsgrund (M.)
powód (M.) do złagodzenie kary Strafmilderungsgrund (M.)
powód (M.) dowodu Beweisgrund (M.)
powód (M.) odrzucenia Ablehnungsgrund (M.)
powód (M.) popełnienia czynu Tatmotiv (N.)
powód (M.) usprawiedliwiający Rechtfertigungsgrund (M.)
powód (M.) ważny wichtiger Grund (M.)
powódka (F.) Klägerin (F.)
powództwo (N.) Klage (F.)
powództwo (N.) dotyczące głównego przdmiotu sporu Hauptsacheklage (F.)
powództwo (N.) dotyczące konstytucji komunalnej Kommunalverfassungsklage (F.)
powództwo (N.) konkurencyjne Konkurrentenklage (F.)

powództwo (N.) konstytutywne Gestaltungsklage (F.)
powództwo (N.) najpierw przeciwko dłużnikowi Vorausklage (F.)
powództwo (N.) o opuszczenie Räumungsklage (F.)
powództwo (N.) o podział Teilungsklage (F.)
powództwo (N.) o spełnienie świadczenia Leistungsklage (F.)
powództwo (N.) o ustalenie istnienia albo nieistnienia stosunku prawnego Feststellungsklage (N.)
powództwo (N.) o ustalenie sprzeczności z prawem już uchylonego nieistniejącego aktu administracyjnego Fortsetzungsfeststellungsklage (N.)
powództwo (N.) o wydanie aktu administracyjnego Verpflichtungsklage (F.), Vornahmeklage (F.)
powództwo (N.) o wytwarzanie Herstellungsklage (F.)
powództwo (N.) o wznowienie postępowania Restitutionsklage (F.)
powództwo (N.) o zaniechanie Unterlassungsklage (F.)
powództwo (N.) o zmianę wyroku dotyczące świadczeń powtarzalnych Abänderungsklage (F.)
powództwo (N.) odmowy Weigerungsklage (F.)
powództwo (N.) płatności Zahlungsklage (F.)
powództwo (N.) przeciwegzekucyjne Vollstreckungsgegenklage (F.), Widerspruchsklage (F.)
powództwo (N.) przeciwegzekucyjne osoby trzeciej Drittwiderspruchsklage (F.), Interventionsklage (F.)
powództwo (N.) stanu wyższej konieczności Notstandsklage (F.)
powództwo (N.) stopniowane Stufenklage (F.)
powództwo (N.) wzajemne Widerklage (F.)
powództwo (N.) z powodu bezczynności urzędu Untätigkeitsklage (F.)
powództwo (N.) z powodu nieważności Nichtigkeitsklage (F.)
powództwo (N.) z tytułu praw sąsiedzkich Nachbarklage (F.)
powództwo (N.) z zakresu prawa cywilnego Zivilklage (F.)
powództwo (N.) zaskarżające Anfechtungsklage (F.)
powództwo (N.) związku Verbandsklage (F.)
powrotny (Adj.) rückfällig
powrót (F.) Wiederkehr (F.)
powrót (M.) Umkehr (F.)
powrót (M.) do przestępstwa Rückfall (M.)
powróz (M.) Strang (M.)
powstać anfallen
powstanie (N.) Aufstand (M.), Erhebung (F.)
powstrzymać enthalten (V.)
powszechne obowiązywanie (N.) Allgemeinverbindlichkeit (F.)
powszechne użytkowanie (N.) Gemeingebrauch (M.)
powszechnie wiadomy (Adj.) offenkundig
powszechnie znany (Adj.) notorisch, offenkundig
powszechność (F.) Publizität (F.)
powszechny (Adj.) allgemein, gemein, generell
powtarzać repetieren, wiederholen
powtórny (Adj.) wiederholt
powtórzenie (N.) Wiederholung (F.), Wiederkehr (F.)
poza außer
pozagminny (Adj.) gemeindefrei
pozamałżeński außerehelich, illegitim, nichtehelich
pozasądowy außergerichtlich
pozbawić aberkennen, abschneiden, entziehen
pozbawić obywatelstwa ausbürgern
pozbawić stopnia degradieren
pozbawić właściwości rzeczy publicznej entwidmen
pozbawienie (N.) Aberkennung (F.), Entziehung (F.), Entzug (M.)
pozbawienie (N.) obywatelstwa Ausbürgerung (F.)
pozbawienie (N.) posiadania Besitzentziehung (F.)
pozbawienie (N.) stopnia Degradierung (F.)
pozbawienie (N.) właściwości rzeczy publicznej Entwidmung (F.)
pozbawienie (N.) wolności na mocy postanowienia sędziowskiego Freiheitsentziehung (F.)
pozbawienie (N.) wszelkich praw Rechtlosigkeit (F.)
pozbawienie (N.) zachowku Pflichtteilsentziehung (F.)
pozbawiony (Adj.) wszelkich praw rechtlos

pozew (M.) Klage (F.), Klageschrift (F.)
pozew (M.) do informacji Auskunftsklage (F.)
pozew (M.) zbiorowy Sammelklage (F.)
poziome wyrównanie (N.) finansowe horizontaler Finanzausgleich (M.)
poziomy (Adj.) horizontal
pozorna część (F.) składowa Scheinbestandteil (M.)
pozornie quasi (Partik.)
pozornie samodzielny (Adj.) scheinselbständig
pozorować vortäuschen
pozorowanie (N.) Vortäuschen (N.), Vortäuschung (F.)
pozostający (Adj.) do dyspozycji verfügbar
pozostałość (F.) Rest (M.)
pozostały (Adj.) restlich, sonstig
pozostały (M.) przy życiu najbliższy Hinterbliebener (M.)
pozostawanie (N.) w związku Konnexität (F.)
pozostawić überlassen (V.)
pozór (M.) Anschein (M.), Schein (M.)
pozór (M.) prawa Rechtsschein (M.)
pozwać klagen
pozwana (F.) Beklagte (F.)
pozwany (Adj.) beklagt
pozwany (M.) Beklagter (M.)
pozwolenie (N.) Einwilligung (F.), Erlaubnis (F.), Genehmigung (F.), Gestattung (F.)
pozwolenie (N.) budowlane Bauschein (M.)
pozwolenie (N.) na rejestrację Eintragungsbewilligung (F.)
pozwolenie (N.) na wpis Eintragungsbewilligung (F.)
pozwolenie (N.) na zawarcie małżeństwa Heiratserlaubnis (F.)
pozwolić erlauben, freistellen (befreien), gestatten
pozwolić sobie leisten
pozycja (F.) Stellung (F.)
pozycja (F.) gwarancji Garantenstellung (F.)
pozycja (F.) prawna Rechtsstellung (F.)
pozyskać gewinnen
pozytywizm (M.) Positivismus (M.)
pozytywizm (M.) prawniczy Rechtspositivismus (M.)
pozytywne naruszenie (N.) wierzytelności positive Forderungsverletzung (F.)
pozytywny (Adj.) positiv
pozywać klagen
pożar (M.) Brand (M.), Feuer (N.)
pożądliwość (F.) Gier (F.)
pożegnać verabschieden
pożegnanie (N.) Verabschiedung (F.)
pożycie (N.) pozamałżeńskie nichteheliche Lebensgemeinschaft (F.)
pożyczać borgen
pożyczka (F.) Anleihe (F.), Darlehen (N.), Vorlage (F.)
pożyczka (F.) państwowa Staatsanleihe (F.)
pożyczka (F.) przy której zamiast odsetek otrzymuje się określony udział w zysku partiarisches Darlehen (N.)
pożyczka (F.) udziału Beteiligungsdarlehen (N.)
pożyczka (F.) uzgodniona Vereinbarungsdarlehen (N.)
pożyczkobiorca (M.) Darlehensnehmer (M.)
pożyczkobiorczyni (F.) Darlehensnehmerin (F.)
pożyczkodawca (M.) Darlehensgeber (M.)
pożyczkodawczyni (F.) Darlehensgeberin (F.)
pożyczyć ausleihen, darleihen, entleihen, leihen
pożyczyć komuś pieniądze darleihen
pożyczyć pod zastaw beleihen
pożyteczny (Adj.) nützlich
pożytek (M.) Frucht (F.)
pożytek (M.) użytkowy Gebrauchsvorteil (M.)
pójście (N.) komuś na rękę Kulanz (F.)
półka (F.) Fach (N.)
północ (F.) Norden (M.)
Północny-południowy dialog (M.) Nord-Süd-Dialog (M.)
półoficjalny (Adj.) offiziös
półsierota (F.) Halbwaise (M.)
późniejsza niemożliwość (F.) nachträgliche Unmöglichkeit (F.)
późniejszy (Adj.) nachträglich
praca (F.) Arbeit (F.), Dienst (M.), Tätigkeit (F.)
praca (F.) chałupnicza Hausarbeit (F.), Heimarbeit (F.)
praca (F.) czeladnika Meisterstück (N.)
praca (F.) domowa Hausarbeit (F.)
praca (F.) fachowa Facharbeit (F.)
praca (F.) klauzurowa Klausur (F.)
praca (F.) młodzieży Jugendarbeit (F.)
praca (F.) na czarno Schwarzarbeit (F.)
praca (F.) na czas oznaczony Zeitarbeit (F.)

praca (F.) na rzecz osoby trzeciej Leiharbeit (F.)
praca (F.) na zmiany Schichtarbeit (F.)
praca (F.) narażająca na niebezpieczeństwo gefahrengeneigte Tätigkeit (F.)
praca (F.) nielegalna Schwarzarbeit (F.)
praca (F.) socjalna Sozialarbeit (F.)
praca (F.) w częściowym wymiarze godzin Teilzeitarbeit (F.)
praca (F.) w niepełnym wymiarze godzin Kurzarbeit (F.)
pracobiorca (M.) Arbeitnehmer (M.)
pracodawca (M.) Arbeitgeber (M.)
pracodawczyni (F.) Arbeitgeberin (F.)
pracować arbeiten
pracownica (F.) Angestellte (F.), Arbeitnehmerin (F.), Bedienstete (F.)
pracowniczka (F.) Angestellte (F.), Arbeitnehmerin (F.), Bedienstete (F.)
pracownik (M.) Angestellter (M.), Arbeiter (M.), Arbeitnehmer (M.), Arbeitskraft (F.), Bediensteter (M.)
pracownik (M.) federalny Bundesangestellte (F.), Bundesangestellter (M.)
pracownik (M.) na kierowniczym stanowisku leitender Angestellter (M.)
pracownik (M.) określonego działu Sachbearbeiter (M.)
pracownik (M.) sklepu Ladenangestellter (M.)
pracownik (M.) socjalny Sozialarbeiter (M.)
pracownik (M.) umysłowy Angestellter (M.)
pracownik (M.) znający zamierzenia firmy Insider (M.)
pracujący (Adj.) werktätig
pracujący (M.) na czarno Schwarzarbeiter (M.)
pracujący (M.) nielegalnie Schwarzarbeiter (M.)
praktyka (F.) Praktik (F.), Praktikum (N.), Praxis (N.), Übung (F.)
praktyka (F.) prawna Rechtspraxis (F.)
praktykant (M.) Praktikant (M.)
praktykować praktizieren
prałat (M.) Prälat (M.)
pranie (N.) pieniędzy Geldwäsche (F.)
prasa (F.) Presse (F.)
prawda (F.) Wahrheit (F.)
prawdopodobieństwo (N.) Wahrscheinlichkeit (F.)
prawdopodobnie anscheinend
prawdopodobny (Adj.) wahrscheinlich
prawdopodobny mutmaßlich
prawdziwość (F.) Echtheit (F.)
prawdziwy (Adj.) echt, real, richtig, wahr
prawidłowa księgowość (F.) ordnungsgemäße Buchführung (F.)
prawidłowo nabyty wohlerworben
prawidłowy (Adj.) ordnungsgemäß
prawniczy (Adj.) juristisch
prawnie de iure (lat.)
prawnie uznany legitim
prawnik (M.) Jurist (M.)
prawnik (M.) administracyjny Verwaltungsjurist (M.)
prawnik (M.) dyplomowany Diplomjurist (M.)
prawnik (M.) prawa gospodarczego Wirtschaftsjurist (M.)
prawnoprocesowy (Adj.) verfahrensrechtlich
prawny (Adj.) juristisch, legal, rechtlich
prawo (M.) spadkowe małżonków Ehegattenerbrecht (N.)
prawo (N.) Anrecht (N.), ius (N.) (lat.), ius (N.) commune (lat.), Jura (N.), Jus (N.), lex (lat.) (F.), Recht (N.)
prawo (N.) administracyjne Verwaltungsrecht (N.)
prawo (N.) administracyjne dotyczące wykształcenia Bildungsverwaltungsrecht (N.)
prawo (N.) architektów Architektenrecht (N.)
prawo (N.) autorskie Copyright (N.), Urheberrecht (N.)
prawo (N.) bankowe Bankrecht (N.)
prawo (N.) banku do zastawu Bankenpfandrecht (N.)
prawo (N.) bezwzględnie obowiązujące zwingendes Recht (N.)
prawo (N.) biednych do zwolnienia od kosztów procesowych Armenrecht (N.)
prawo (N.) bilansowe Bilanzrecht (N.)
prawo (N.) budowlane Baugesetz (N.), Baurecht (N.)
prawo (N.) budżetowe Budgetrecht (N.), Haushaltsrecht (N.)
prawo (N.) celne Zollrecht (N.)
prawo (N.) cofnięcia Widerrufsrecht (N.)
prawo (N.) cudzoziemców Fremdenrecht (N.)
prawo (N.) cywilne bürgerliches Recht (N.), Zivilprozessrecht (N.), Zivilrecht (N.)
prawo (N.) człowieka Menschenrecht (N.)

prawo (N.) czynu niedozwolonego Deliktsrecht (N.)
prawo (N.) dewolucji Devolutionsrecht (N.)
prawo (N.) dla ochrony spełnienia świadczenia Leistungsschutzrecht (N.)
prawo (N.) długu państwowego Staatsschuldenrecht (N.)
prawo (N.) do azylu Asylrecht (N.)
prawo (N.) do dożywocia Altenteilsrecht (N.)
prawo (N.) do ekspektatywy Anwartschaftsrecht (N.)
prawo (N.) do kontaktu Verkehrsrecht (N.)
prawo (N.) do korzystania Fruchtgenuss (M.)
prawo (N.) do kosztów podróży Reisekostenrecht (N.)
prawo (N.) do nazwiska Namensrecht (N.)
prawo (N.) do nazwy Namensrecht (N.)
prawo (N.) do obrony posiadania Besitzwehr (F.)
prawo (N.) do odwiedzin Besuchsrecht (N.)
prawo (N.) do opieki Sorgerecht (N.)
prawo (N.) do papierów wartościowych Wertpapierrecht (N.)
prawo (N.) do patentu Patentrecht (N.)
prawo (N.) do poboru Bezugsrecht (N.)
prawo (N.) do podróżowania Reiserecht (N.)
prawo (N.) do pozostania Bleiberecht (N.)
prawo (N.) do procesu administracyjnego Verwaltungsprozessrecht (N.)
prawo (N.) do prowadzenia działalności przemysłowej Gewerberecht (N.)
prawo (N.) do prowadzenia działalności zarobkowej Gewerberecht (N.)
prawo (N.) do prowadzenia spraw gospodarczych Schlüsselgewalt (F.)
prawo (N.) do przywrócenia siłą posiadania siłą Besitzkehr (F.)
prawo (N.) do rękojmi Gewährleistungsanspruch (M.)
prawo (N.) do samorozwiązania Selbstauflösungsrecht (N.)
prawo (N.) do spadku Erbrecht (N.)
prawo (N.) do strajku Streikrecht (N.)
prawo (N.) do systemu gospodarczego Wirtschaftsverfassungsrecht (N.)
prawo (N.) do środowiska naturalnego Umweltrecht (N.)
prawo (N.) do uprzywilejowanej spłaty wierzytelności Absonderungsrecht (N.)
prawo (N.) do usunięcia martwych zwierząt Tierkörperbeseitigungsrecht (N.)
prawo (N.) do własnego wizerunku Recht (N.) am eigenen Bild
prawo (N.) do własności Recht (N.) zum Besitz
prawo (N.) do włączenia się z urzędu Selbsteintrittsrecht (N.)
prawo (N.) do wolności Freiheitsrecht (N.)
prawo (N.) do zachowania zachowku Pflichtteilsrecht (N.)
prawo (N.) do zachowku Noterbrecht (N.)
prawo (N.) do zarządzania i kierownictwa Leitungsrecht (N.)
prawo (N.) dojścia Zugangsrecht (N.)
prawo (N.) dotyczące administracji kulturalnej Kulturverwaltungsrecht (N.)
prawo (N.) dotyczące administracji sztuki Kunstverwaltungsrecht (N.)
prawo (N.) dotyczące hodowli pszczół Bienenrecht (N.)
prawo (N.) dotyczące obowiązku ponoszenia odpowiedzialności cywilnej za wypadek Unfallhaftpflichtrecht (N.)
prawo (N.) dotyczące określonych zawodów Standesrecht (N.)
prawo (N.) dotyczące rybołówstwa Fischereirecht (N.)
prawo (N.) dotyczące sprawstwa Täterschaftsrecht (N.)
prawo (N.) dotyczące stosunków między kościołem a państwem Staatskirchenrecht (N.)
prawo (N.) dotyczące tam Deichrecht (N.)
prawo (N.) dotyczące układów zbiorowych Tarifrecht (N.)
prawo (N.) dotyczące zasad konkurencji Wettbewerbsrecht (N.)
prawo (N.) dotyczące zdjęć Fotorecht (N.)
prawo (N.) dóbr niematerialnych Immaterialgüterrecht (N.)
prawo (N.) drogowe Straßenrecht (N.)
prawo (N.) dyscyplinarne Disziplinarrecht (N.)
prawo (N.) dystrybucji Vertriebsrecht (N.)
prawo (N.) działania Handlungsrecht (N.)
prawo (N.) egzekucyjne Zwangsvollstreckungsrecht (N.)
prawo (N.) energii Energierecht (N.)
prawo (N.) esploatacji górniczej Bergregal (N.)
prawo (N.) europejskie Europäisches Recht (N.), Europarecht (N.)

prawo (N.) ewokacji Evokationsrecht (N.)
prawo (N.) federalne Bundesrecht (N.)
prawo (N.) filmowe Filmrecht (N.)
prawo (N.) finansowe Finanzrecht (N.)
prawo (N.) formalne formelles Recht (N.)
prawo (N.) giełdowe Börsenrecht (N.)
prawo (N.) głosu Stimmrecht (N.)
prawo (N.) gospodarcze Wirtschaftsrecht (N.)
prawo (N.) gospodarstw rolnych Höfeordnung (F.), Höferecht (N.)
prawo (N.) gospodarza domu Hausrecht (N.)
prawo (N.) gościnności Gastrecht (N.)
prawo (N.) górnicze Bergrecht (N.)
prawo (N.) handlowe Handelsrecht (N.)
prawo (N.) handlu morskiego Seehandelsrecht (N.)
prawo (N.) honorowe Ehrenrecht (N.)
prawo (N.) inicjatywy Initiativrecht (N.)
prawo (N.) inne sonstiges Recht (N.)
prawo (N.) interpelacji Interpellationsrecht (N.)
prawo (N.) jazdy Fahrerlaubnis (F.), Führerschein (M.)
prawo (N.) kanoniczne kanonisches Recht (N.)
prawo (N.) karania Züchtigungsrecht (N.)
prawo (N.) karne Strafrecht (N.)
prawo (N.) karne dla nieletnich Jugendstrafrecht (N.)
prawo (N.) karne dodatkowe Nebenstrafrecht (N.)
prawo (N.) karne dotyczące czynu Tatstrafrecht (N.)
prawo (N.) karne drogowe Verkehrsstrafrecht (N.)
prawo (N.) karne gospodarcze Wirtschaftsstrafrecht (N.)
prawo (N.) karne krajowe Landesstrafrecht (N.)
prawo (N.) karne medyczne Medizinstrafrecht (N.)
prawo (N.) karne wojskowe Wehrstrafrecht (N.)
prawo (N.) karno-skarbowe Steuerstrafrecht (N.)
prawo (N.) kartelowe Kartellrecht (N.)
prawo (N.) kolizyjne Kollisionsrecht (N.)
prawo (N.) komunalne Kommunalrecht (N.)
prawo (N.) koncernowe Konzernrecht (N.)
prawo (N.) konstytucyjne Verfassungsrecht (N.)
prawo (N.) konsumenckie Verbraucherrecht (N.)
prawo (N.) korzystania z mieszkania Wohnungsrecht (N.)
prawo (N.) kosmiczne Weltraumrecht (N.)
prawo (N.) kościelne Kirchenrecht (N.)
prawo (N.) krajowe Landesrecht (N.), Landrecht (N.)
prawo (N.) kupna Kaufrecht (N.)
prawo (N.) lekarskie Arztrecht (N.)
prawo (N.) linczu Lynchjustiz (F.)
prawo (N.) listowne Briefrecht (N.)
prawo (N.) lotnicze Luftrecht (N.)
prawo (N.) łowieckie Jagdrecht (N.)
prawo (N.) majątkowe Vermögensrecht (N.)
prawo (N.) małżeńskie Eherecht (N.)
prawo (N.) małżeńskie majątkowe Ehegüterrecht (N.)
prawo (N.) matczyne Mutterrecht (N.)
prawo (N.) materialne materielles Recht (N.)
prawo (N.) medyczne Medizinrecht (N.)
prawo (N.) miejskie Stadtrecht (N.)
prawo (N.) mieszkaniowe Wohnungsrecht (N.)
prawo (N.) międzynarodowe Völkerrecht (N.)
prawo (N.) morskie Seerecht (N.)
prawo (N.) na rzeczy dingliches Recht (N.)
prawo (N.) najmu Mietrecht (N.)
prawo (N.) najmu o pomieszczeniach użytkowych Gewerberaummietrecht (N.)
prawo (N.) naturalne Naturrecht (N.)
prawo (N.) nie wydania Retentionsrecht (N.), Zurückbehaltungsrecht (N.)
prawo (N.) o akcjach Aktienrecht (N.)
prawo (N.) o artykułach żywnościowych Lebensmittelrecht (N.)
prawo (N.) o cudzoziemcach Ausländerrecht (N.)
prawo (N.) o działaniu zaradczym Maßnahmerecht (N.)
prawo (N.) o genetyce Genrecht (N.)
prawo (N.) o gminach Gemeinderecht (N.)
prawo (N.) o kosztach Kostenrecht (N.)
prawo (N.) o mediach Medienrecht (N.)
prawo (N.) o nieletnich Jugendrecht (N.)
prawo (N.) o nieruchomościach Liegenschaftsrecht (N.)
prawo (N.) o nieruchomościach gruntowych Grundstücksrecht (N.)
prawo (N.) o niewypłacalności Insolvenzrecht (N.)

prawo (N.) o ochronie młodzieży Jugendschutzrecht (N.)
prawo (N.) o odpowiedzialności cywilnej Haftungsrecht (N.)
prawo (N.) o odpowiedzialności państwa Staatshaftungsrecht (N.)
prawo (N.) o opodatkowaniu przedsiębiorstw z kontaktami zagranicznymi Außensteuerrecht (N.)
prawo (N.) o pomocy społecznej Sozialhilferecht (N.)
prawo (N.) o postępowanie karnym Strafprozessrecht (N.)
prawo (N.) o pracy indywidualnej Individualarbeitsrecht (N.)
prawo (N.) o przedwstępnej umowie najmu Vormietrecht (N.)
prawo (N.) o przewozie osób Personenbeförderungsrecht (N.)
prawo (N.) o rentach Rentenrecht (N.)
prawo (N.) o retrakcie Retraktrecht (N.)
prawo (N.) o ruchu Verkehrsrecht (N.), Wegerecht (N.)
prawo (N.) o spółkach handlowych Gesellschaftsrecht (N.)
prawo (N.) o sprzedaży Kaufgesetz (N.)
prawo (N.) o stosunkach gospodarczych z zagranicą Außenwirtschaftsrecht (N.)
prawo (N.) o stowarzyszeniach Vereinsrecht (N.)
prawo (N.) o ubezpieczeniu prywatnym Privatversicherungsrecht (N.)
prawo (N.) o umowach Vertragsrecht (N.)
prawo (N.) o upadłości Konkursrecht (N.)
prawo (N.) o urzędnikach Beamtenrecht (N.)
prawo (N.) o ustawie budowlanej Bauordnungsrecht (N.)
prawo (N.) o zgromadzeniach Versammlungsrecht (N.)
prawo (N.) o znakach towarowych Markenrecht (N.)
prawo (N.) obiektywne objektives Recht (N.)
prawo (N.) obroni Waffenrecht (N.)
prawo (N.) obywatelskie Bürgerrecht (N.)
prawo (N.) obywatelskie odwołania się do sądu w sprawach spornych z władzą wykonawczą Justizgewährungsanspruch (M.)
prawo (N.) ochronne Schutzrecht (N.)
prawo (N.) ochrony środowiska Umweltrecht (N.)
prawo (N.) odkupu ziemi przysługujące najbliższym krewnym zbywcy Retraktrecht (N.)
prawo (N.) odłączenia dokonanych nakładów przez posiadacza nie będącego właścicielem Wegnahmerecht (N.)
prawo (N.) odmowy spełnienia świadczenia Leistungsverweigerungsrecht (N.)
prawo (N.) odmowy udzielenia informacji Auskunftsverweigerungsrecht (N.)
prawo (N.) odmowy zeznań Aussageverweigerungsrecht (N.)
prawo (N.) odmowy złożenia zeznań Zeugnisverweigerungsrecht (N.)
prawo (N.) odstąpienia Rücktrittsrecht (N.)
prawo (N.) odwołania Widerrufsrecht (N.)
prawo (N.) okupacyjne Besatzungsrecht (N.)
prawo (N.) osobiste Persönlichkeitsrecht (N.)
prawo (N.) osobowe Personenrecht (N.)
prawo (N.) osoby trzeciej do zaspokojenia dłużnika Ablösungsrecht (N.)
prawo (N.) państwowe Staatsrecht (N.)
prawo (N.) partykularne Partikularrecht (N.)
prawo (N.) paszportowe Passrecht (N.)
prawo (N.) patentowe Patentrecht (N.)
prawo (N.) pierwokupu Vorkaufsrecht (N.)
prawo (N.) pierwszeństwa Vorrecht (N.)
prawo (N.) pierwszeństwa udziału Quotenvorrecht (N.)
prawo (N.) pięści Faustrecht (N.)
prawo (N.) pobytu Aufenthaltsrecht (N.)
prawo (N.) podatkowe Steuerrecht (N.)
prawo (N.) podmiotowe Personenrecht (N.), subjektives Recht (N.)
prawo (N.) podmiotowe bezwzględne absolutes Recht (N.)
prawo (N.) podmiotowe konstytutywne Gestaltungsrecht (N.)
prawo (N.) podmiotowe publiczne subjektives öffentliches Recht (N.)
prawo (N.) policyjne Polizeirecht (N.)
prawo (N.) polowania Jagdausübungsrecht (N.)
prawo (N.) poparcia urbanistycznego Städtebauförderungsrecht (N.)
prawo (N.) porządkowe Ordnungsrecht (N.)
prawo (N.) porządkowe w celu utrzymania bezpieczeństwa i porządku publicznego Ordnungsrecht (N.)
prawo (N.) posiadania Besitzrecht (N.)
prawo (N.) powszechne gemeines Recht (N.)

prawo (N.) pozytywne Gesetzesrecht (N.), positives Recht (N.)
prawo (N.) pracodawcy do udzielania poleceń pracownikom Direktionsrecht (N.)
prawo (N.) pracy Arbeitsrecht (N.), Dienstrecht (N.)
prawo (N.) pracy i umowa cywilnoprawna o określoną pracę Dienstrecht (N.)
prawo (N.) prasowe Presserecht (N.)
prawo (N.) precedensowe Fallrecht (N.)
prawo (N.) procesowe Prozessrecht (N.), Verfahrensrecht (N.)
prawo (N.) prywatne Privatrecht (N.)
prawo (N.) przechodu Durchgangsrecht (N.), Wegerecht (N.)
prawo (N.) przemawiania Rederecht (N.)
prawo (N.) przewodu Leitungsrecht (N.)
prawo (N.) przewozów osobowych Personenbeförderungsrecht (N.)
prawo (N.) publiczne öffentliches Recht (N.)
prawo (N.) ramowe Rahmenrecht (N.)
prawo (N.) realne Realrecht (N.)
prawo (N.) relatywne relatives Recht (N.)
prawo (N.) rentowe Rentenrecht (N.)
prawo (N.) rodzinne Familienrecht (N.)
prawo (N.) rolne Agrarrecht (N.), Landwirtschaftsrecht (N.)
prawo (N.) rozumu Vernunftrecht (N.)
prawo (N.) ruchu drogowego Straßenverkehrsrecht (N.)
prawo (N.) rynkowe Marktrecht (N.)
prawo (N.) rzeczowe dingliches Recht (N.), Sachenrecht (N.)
prawo (N.) rzymskie römisches Recht (N.)
prawo (N.) samopomocy Selbsthilferecht (N.)
prawo (N.) samostawienia Selbstbestimmungsrecht (N.)
prawo (N.) sąsiedzkie Nachbarrecht (N.)
prawo (N.) sędziowskie Richterrecht (N.)
prawo (N.) składania petycji Petitionsrecht (N.)
prawo (N.) socjalne Sozialrecht (N.)
prawo (N.) spadkowe Erbrecht (N.)
prawo (N.) spadku Nachlassrecht (N.)
prawo (N.) specjalne Sonderrecht (N.)
prawo (N.) sportowe Sportrecht (N.)
prawo (N.) statutowe Satzungsrecht (N.)
prawo (N.) stawiania oporu Widerstandsrecht (N.)
prawo (N.) suwerenne Hoheitsrecht (N.)
prawo (N.) śledcze Enquêterecht (N.)
prawo (N.) środków Maßnahmerecht (N.)
prawo (N.) telekomunikacyjne Fernmelderecht (N.)
prawo (N.) telewizyjne Fernsehrecht (N.)
prawo (N.) towarzyszące Folgerecht (N.)
prawo (N.) ubezpieczeniowe Versicherungsrecht (N.)
prawo (N.) uboczne Nebenrecht (N.)
prawo (N.) Unii Europejskiej Europäisches Unionsrecht (N.)
prawo (N.) urzędnicze Beamtenrecht (N.)
prawo (N.) urzędnicze i prawo (N.) pracy dla pracowników w służbie publicznej Dienstrecht (N.)
prawo (N.) ustalania i ściągania podatków Steuerhoheit (F.)
prawo (N.) utrzymania Unterhaltsrecht (N.)
prawo (N.) użytkowania Nutzungsrecht (N.)
prawo (N.) wekslowe Wechselrecht (N.)
prawo (N.) weta Vetorecht (N.)
prawo (N.) wierzytelności Forderungsrecht (N.)
prawo (N.) władania Herrschaftsrecht (N.)
prawo (N.) władcze Herrschaftsrecht (N.)
prawo (N.) wodne Wasserrecht (N.)
prawo (N.) wojenne Kriegsrecht (N.), Standrecht (N.)
prawo (N.) wojskowe Wehrrecht (N.)
prawo (N.) Wspólnoty Gemeinschaftsrecht (N.)
prawo (N.) Wspólnoty Europejskiej Europäisches Gemeinschaftsrecht (N.)
prawo (N.) wstąpienia Eintrittsrecht (N.)
prawo (N.) wyborcze Wahlrecht (N.)
prawo (N.) wyborcze dotyczące trzech klas Dreiklassenwahlrecht (N.)
prawo (N.) wyborów proporcjonalnych Verhältniswahlrecht (N.)
prawo (N.) wydania Copyright (N.)
prawo (N.) wydawnicze Verlagsrecht (N.)
prawo (N.) zadawania pytań Fragerecht (N.)
prawo (N.) zagospodarowania przestrzennego Bauplanungsrecht (N.)
prawo (N.) zamówień publicznych Vergaberecht (N.)
prawo (N.) zastawu Pfandrecht (N.)
prawo (N.) zastawu na nieruchomości Grundpfandrecht (N.)
prawo (N.) zastawu na statku Schiffspfandrecht (N.)

prawo (N.) zastawu przyjmującego zamówienie dzieła Unternehmerpfandrecht (N.)
prawo (N.) zastawu przysługujące wynajmującemu Vermieterpfandrecht (N.)
prawo (N.) zastawu uzyskane na mocy zajęcia Pfändungspfandrecht (N.)
prawo (N.) zatrzymania Retentionsrecht (N.), Zurückbehaltungsrecht (N.)
prawo (N.) zbiorowe o pracę Kollektivarbeitsrecht (N.)
prawo (N.) zgromadzania się Versammlungsrecht (N.)
prawo (N.) ziemi Bodenrecht (N.)
prawo (N.) zobowiązaniowe Schuldrecht (N.)
prawo (N.) związane u układem taryfowym Tarifvertragsrecht (N.)
prawo (N.) zwyczajowe Gewohnheitsrecht (N.)
prawokarny (Adj.) strafrechtlich
prawomocność (F.) Rechtskraft (F.)
prawomocność (F.) materialna materielle Rechtskraft (F.)
prawomocny (Adj.) rechtskräftig
prawowity (Adj.) legitim
prawoznawstwo (N.) Jurisprudenz (F.)
prawy (Adj.) edel
prąd (M.) Strom (M.)
prąd (M.) elektryczny Strom (M.)
preambuła (F.) Präambel (F.)
prebenda (F.) Pfründe (F.)
precedencja (F.) Präzedenz (F.)
precedens (M.) Präjudiz (N.)
predyspozycja (F.) Veranlagung (F.)
prefekt (M.) Präfekt (M.)
preferencja (F.) Begünstigung (F.)
preferować vorziehen
prejudykat (M.) Präjudiz (N.)
prejudykować präjudizieren
prekluzja (F.) Ausschluss (M.), Präklusion (F.)
preliniarz (M.) Voranschlag (M.)
premia (F.) Bonus (M.), Prämie (F.)
premia (F.) za chwytanie Fangprämie (F.)
premia (F.) za schwytanie Fangprämie (F.)
premier (M.) Ministerpräsident (M.), Premierminister (M.)
premier (M.) kraju związkowego Landeshauptmann (M.)
premier (M.) rządu Bundespräsident (M.)
prerogatywa (F.) Prärogative (F.)
presja (F.) Druck (M.), Zwang (M.)
pretendent (M.) Prätendent (M.)
prewencja (F.) Prävention (F.)
prewencja (F.) generalna Generalprävention (F.)
prewencja (F.) szczególna Spezialprävention (F.)
prewencyjny präventiv
prezes (M.) Präses (M.)
prezes (M.) rady ministrów Ministerpräsident (M.), Premierminister (M.)
prezydent (M.) Präsident (M.)
prezydent (M.) federalny Bundespräsident (M.)
prezydent (M.) okręgu regencyjnego Regierungspräsident (M.)
prezydent (M.) państwa Staatspräsident (M.)
prezydent (M.) policji Polizeipräsident (M.)
prezydent (M.) rzeszy Reichspräsident (M.)
prezydium (N.) Präsidium (N.)
prędkość (F.) Geschwindigkeit (F.)
pręgierz (M.) Pranger (M.)
pręt (M.) Stab (M.)
prime rate (N.) (engl.) Prime Rate (N.) (engl.)
primogenitura (F.) Primogenitur (F.)
principal (M.) Prinzipal (M.)
priorytet (M.) Priorität (F.), Vorrang (M.)
priorytetowy (Adj.) vorrangig
problem (M.) socjalny soziale Frage (F.)
problem (M.) ze stanu faktycznego Tatfrage (F.)
probostwo (N.) Pfarre (F.)
proboszcz (M.) Pfarrer (M.), Propst (M.)
procedura (F.) Prozedur (F.)
procedura (F.) przydzielania zamówień publicznych Vergabeverfahren (N.)
procedura (F.) ustawodawcza Gesetzgebungsverfahren (N.)
procent (M.) Prozent (N.), Zins (M.)
procent (M.) wykrywalności przestępstw Aufklärungsquote (F.)
procentowy (Adj.) anteilig
proces (M.) Prozess (M.), Rechtsstreit (M.), Verfahren
proces (M.) adhezyjny Adhäsionsverfahren (N.)
proces (M.) administracyjny Verwaltungsprozess (M.)
proces (M.) bez przymusu adwokackiego Parteiprozess (M.)
proces (M.) cywilny Zivilprozess (M.)
proces (M.) cywilny z obowiązkowym

zastępstwem stron przez adwokatów Anwaltsprozess (M.)
proces (M.) czarownic Hexenprozess (M.)
proces (M.) dotyczący budowy Bauprozess (N.)
proces (M.) dotyczący statusu Statusprozess (M.)
proces (M.) inkwizycyjny Inquisitionsprozess (M.)
proces (M.) karny Strafprozess (M.)
proces (M.) konstytucyjny Verfassungsprozess (M.)
proces (M.) kryminalny Kriminalprozess (M.)
proces (M.) o obowiązku ponoszenia odpowiedzialności cywilnej Haftpflichtprozess (M.)
proces (M.) pracy Arbeitsprozess (M.)
proces (M.) prowadzony w oparciu tylko o dokumenty Urkundenprozess (M.)
proces (M.) przysięgłych Geschworenenprozess (M.)
proces (M.) w którym ta sama strona jest pozwaną i powodem Insichprozess (M.)
proces (M.) w sprawie małżeńskiej Eheprozess (M.)
proces (M.) wekslowy Wechselprozess (M.)
proces (M.) wzorcowy Musterprozess (M.)
procesowa autonomia (F.) stron Parteiherrschaft (F.)
procesować prozessieren
procesować się prozedieren
procesowy (Adj.) prozessual
producent (M.) Hersteller (M.), Produzent (M.)
produkcja (F.) Herstellung (F.)
produkcja (F.) fabryczna Fabrikation (F.)
produkcja (F.) pierwotna Urproduktion (F.)
produkować erzeugen, herstellen, produzieren
produkt (M.) Erzeugnis (N.), Produkt (N.)
produkt (M.) medyczny Medizinprodukt (N.)
produkt (M.) wybrakowany Ausschuss (M.)
profanacja (F.) Schändung (F.)
profanacja (F.) zwłok Leichenfledderei (F.)
profanować schänden
profesor (M.) Professor (M.)
profesor (M.) honoris causa Honorarprofessor (M.)
profesor (M.) honorowy Honorarprofessor (M.)
profesor (M.) zwyczajny Ordinarius (M.)
profesura (F.) Professur (F.)
prognoza (F.) Prognose (F.)
program (M.) Programm (N.)
progresja (F.) Progression (F.)
progresywny progressiv
projekt (M.) Entwurf (M.), Muster (N.), Vorlage (F.)
projekt (M.) budżetu Haushaltsvorlage (F.)
projekt (M.) rządu Kabinettsvorlage (F.)
projekt (M.) umowy Punktation (F.)
projekt (M.) ustawy Gesetzentwurf (M.), Gesetzesvorlage (F.)
proklamacja (F.) Aufruf (M.)
prokura (F.) Prokura (F.)
prokura (F.) łączna Gesamtprokura (F.)
prokurator (M.) Prokurator (M.), Staatsanwalt (M.)
prokurator (M.) federalny Bundesanwalt (M.)
prokurator (M.) generalny Generalstaatsanwalt (M.)
prokurator (M.) koronny Kronanwalt (M.)
prokurator (M.) przy sądzie powszechnym najniższego szczebla Amtsanwalt (M.)
prokuratura (F.) Staatsanwaltschaft (F.)
prokuratura (F.) federalna Bundesanwaltschaft (F.)
prokurent (M.) Prokurist (M.)
proletariacki (Adj.) proletarisch
proletariusz (M.) Proletarier (M.)
prolongata (F.) Prolongation (F.), Stundung (F.)
prolongować prolongieren, stunden
prom (M.) Fähre (F.)
promieniowanie (N.) Emission (F.)
promocja (F.) Promotion (F.)
promocja (F.) doktorska Promotion (F.)
promulgacja (F.) Promulgation (F.)
proporcja (F.) Proportion (F.), Rate (F.)
proporcjonalny (Adj.) proportional, verhältnismäßig
prorektor (M.) Prorektor (M.)
prorogacja (F.) Prorogation (F.)
prosić bitten, ersuchen
prostoduszny (Adj.) arglos
prosty (Adj.) einfach
prostytucja (F.) Prostitution (F.)
prostytuować się prostituieren
prostytutka (F.) Dirne (F.), Hure (F.), Prostituierte (F.)

prośba (F.) Anfrage (F.), Bitte (F.), Ersuchen (N.), Gesuch (N.)
protegować protegieren
protekcja (F.) Protektion (F.)
protektor (M.) Schirmherr (M.)
protektorat (M.) Protektorat (N.)
protest (M.) Protest (M.), Rekurs (M.)
protest (M.) wekslowy Wechselprotest (M.)
protestować protestieren, verwahren
protokolant (M.) Protokollant (M.), Schriftführer (M.)
protokołować protokollieren
protokołowanie (N.) Protokollierung (F.)
protokół (M.) Niederschrift (F.), Protokoll (N.)
prowadzący (M.) działalność gospodarczą Gewerbetreibender (M.)
prowadzący (M.) licytację Versteigerer (M.)
prowadzący (M.) protokół Schriftführer (M.)
prowadzący działalność gospodarczą gewerbetreibend
prowadzenie (N.) Betreiben (N.), Betrieb (M.), Führung (F.), Geschäftsführung (F.)
prowadzenie (N.) cudzych spraw bez zlecenia Geschäftsführung (F.) ohne Auftrag
prowadzenie (N.) procesu Prozessführung (F.)
prowadzenie (N.) procesu szykanujące schikanöse Prozeßführung (F.)
prowadzenie (N.) spraw dla innej osoby Fremdgeschäftsführung (F.)
prowadzić betreiben, fahren, führen, leiten, lenken
prowadzić dalej fortführen, fortsetzen
prowadzić dochodzenie ermitteln
prowadzić handel domokrążny hausieren
prowadzić rozmowę unterhalten (unterstützen)
prowincja (F.) Provinz (F.)
prowincjonalny (Adj.) provinziell
prowizja (F.) Provision (F.)
prowizja (F.) z tytułu transakcji delkredere Delkredereprovision (F.)
prowodyr (M.) Rädelsführer (M.)
prowokacja (F.) Provokation (F.)
prowokacja (F.) do obrony koniecznej Notwehrprovokation (F.)
prowokator (M.) agent (M.) provocateur (franz.), Provokateur (M.)
prowokować provozieren
próba (F.) Probe (F.), Versuch (M.)
próba (F.) krwi Blutprobe (F.)
próba (F.) nakłonienia stron do pojednania Sühneversuch (M.)
próbka (F.) Muster (N.)
próbować probieren, versuchen
próżny (Adj.) hohl
pruski (Adj.) preußisch
Prusy (Pl.) Preußen (N.)
prymarny (Adj.) primär
prymat (M.) Primat (M.), Vorrang (M.)
prymat (M.) ustawy Vorrang (M.) des Gesetzes
prywatne prawo (N.) gospodarcze Wirtschaftsprivatrecht (N.)
prywatno-prawny (Adj.) privatrechtlich
prywatny (Adj.) privat
prywatywny (Adj.) privativ
prywatyzacja (F.) Privatisierung (F.)
prywatyzować privatisieren
pryz (M.) Prise (F.)
przebieg (M.) Lauf (M.)
przebieg (M.) kariery zawodowej Laufbahn (F.)
przebieg (M.) proceduralny Rechtsgang (M.)
przechodzić überleiten
przechowanie (N.) Aufbewahrung (F.), Gewahrsam (M.), Verwahrung (F.)
przechowanie (N.) zabezpieczające Sicherheitsverwahrung (F.), Sicherungsverwahrung (F.)
przechowawca (M.) Verwahrer (M.)
przechowywać aufbewahren, verwahren
przeciągnąć dauern
przecięcie (N.) Durchschnitt (M.)
przeciętny (Adj.) durchschnittlich
przeciw gegen
przeciwnik (M.) Gegner (M.)
przeciwnik (M.) procesowy Prozessgegner (M.)
przeciwność (F.) Tücke (F.)
przeciwstawiać gegenüberstellen
przeciwstawiać się widerstehen
przeciwstawienie (N.) Gegensatz (M.), Gegenvorstellung (F.), Remonstration (F.)
przedawnić się verjähren
przedawnienie (N.) Verjährung (F.)
przedawnienie (N.) niepamiętne unvordenkliche Verjährung (F.)
przedawnienie (N.) ścigania Verfolgungsverjährung (F.)
przedkładać darlegen

przedłożenie (N.) Beibringung (F.), Darlegung (F.), Edition (F.), Einbringung (F.), Erstattung (F.), Vorbringen (N.), Vorlage (F.), Vorlegung (F.)
przedłożyć beibringen, einbringen, liefern, vorbringen, vorlegen
przedłożyć ponownie wiedervorlegen
przedłużek (M.) Allonge (F.)
przedłużenie (N.) Prolongation (F.), Stundung (F.), Verlängerung (F.)
przedłużenie (N.) prolongata Nachfrist (F.)
przedłużenie (N.) terminu Fristverlängerung (F.), Nachfrist (F.)
przedłużenie (N.) umowy Vertragsverlängerung (F.)
przedłużone zastrzeżenie (N.) prawa własności verlängerter Eigentumsvorbehalt (M.)
przedłużony (Adj.) verlängert
przedłużyć prolongieren, stunden, verlängern
przedmiot (M.) Gegenstand (M.), Objekt (N.)
przedmiot (M.) dowodu Beweisgegenstand (M.)
przedmiot (M.) fakultatywny Wahlfach (N.)
przedmiot (M.) gospodarstwa domowego Hausrat (M.)
przedmiot (M.) prawa Rechtsobjekt (N.)
przedmiot (M.) spadkowy Nachlassgegenstand (M.)
przedmiot (M.) sporny Streitgegenstand (M.)
przedmiot (M.) użytkowy Gebrauchsgegenstand (M.)
przedmiot (M.) wartościowy Wertgegenstand (M.)
przedmowa (F.) Vorspruch (M.)
przedpłata (F.) Vorauszahlung (F.)
przedporęczyciel (M.) Vorbürge (M.)
przedsiębiorca (M.) Unternehmer (M.)
przedsiębiorca (M.) budowlany Bauunternehmer (M.)
przedsiębiorca (M.) składowy Lagerhalter (M.)
przedsiębiorstwo (N.) Betrieb (M.), Geschäftsbetrieb (M.), Unternehmen (N.)
przedsiębiorstwo (N.) handlowe Handelsgeschäft (N.)
przedsiębiorstwo (N.) rodzinne Familienunternehmen (N.)
przedsiębiorstwo (N.) zaopatrujące w energię Energieversorgungsunternehmen (N.)
przedsiębiorstwo (N.) żeglugowe Reederei (F.)
przedsiębrać unternehmen
przedsięwzięcie (N.) Unternehmen (N.), Vornahme (F.)
przedsięwzięcie (N.) wspólne Gemeinschaftsunternehmen (N.)
przedstawiać darstellen
przedstawiciel (M.) Deputierter (M.), Repräsentant (M.), Stellvertreter (M.), Vertreter (M.)
przedstawiciel (M.) bez umocowania Vertreter (M.) ohne Vertretungsmacht
przedstawiciel (M.) handlowy Handelsvertreter (M.)
przedstawiciel (M.) oskarżenia Anklagevertreter (M.)
przedstawiciel (M.) pośredniczy Vermittlungsvertreter (M.)
przedstawiciel (M.) ustawowy gesetzlicher Vertreter (M.)
przedstawiciel (M.) zgodny z statutem verfassungsmäßiger Vertreter (M.)
przedstawicielski repräsentativ
przedstawicielstwo (N.) Passivvertretung (F.), Repräsentation (F.), Stellvertretung (F.), Vertretung (F.)
przedstawicielstwo (N.) bezpośrednie direkte Stellvertretung (F.), unmittelbare Stellvertretung (F.)
przedstawicielstwo (N.) czynne Aktivvertretung (F.)
przedstawicielstwo (N.) łączne Gesamtvertretung (F.)
przedstawicielstwo (N.) młodzieży Jugendvertretung (F.)
przedstawicielstwo (N.) personelu Personalvertretung (F.)
przedstawicielstwo (N.) pośrednie indirekte Stellvertretung (F.), mittelbare Stellvertretung (F.)
przedstawić beibringen, darlegen, entwickeln, vorbringen, vorführen
przedstawienie (N.) Beibringung (F.), Darlegung (F.), Darstellung (F.), Einreichung (F.), Vorbringen (N.), Vorführung (F.), Vorlegung (F.), Vortrag (M.)
przedwczesny (Adj.) vorzeitig
przedwstępna umowa (F.) najmu Vormiete (F.)
przedwziątek (M.) Voraus (M.)

przedyskutować erörtern
przedyskutowanie (N.) Erörterung (F.)
przedziałka (F.) Fach (N.)
przegląd (M.) Musterung (F.)
przeglądać prüfen
przegłosować überstimmen
przegrać unterliegen, verlieren
przejąć eintreten, übernehmen
przejąć w spadku erben
przejęcie (N.) Rezeption (F.), Übernahme (F.)
przejęcie (N.) długu Schuldübernahme (F.)
przejęcie (N.) długu hipotecznego Hypothekenübernahme (F.)
przejęcie (N.) majątku Vermögensübernahme (F.)
przejęcie (N.) naprawy w przypadku gwarancji niewadliwości Mangelgewährleistung (F.)
przejęcie (N.) przedsiębiorstwa Unternehmensübernahme (F.) und Unternehmenserwerb
przejęcie (N.) ryzyka Risikoübernahme (F.)
przejęcie (N.) spełnienia świadczenia Erfüllungsübernahme (F.)
przejęcie (N.) umowy Vertragsübernahme (F.)
przejęcie (N.) wykonania zobowiązania Erfüllungsübernahme (F.)
przejęzyczyć się versprechen
przejrzeć einsehen (Einsicht nehmen)
przejrzenie (N.) Einsicht (F.)
przejrzystość (F.) Transparenz (F.)
przejrzysty (Adj.) klar
przejście (N.) Durchgang (M.), Übergang (M.), Überleitung (F.)
przejście (N.) dla pieszych Zebrastreifen (M.)
przejście (N.) prawa Rechtsübergang (M.)
przejście (N.) wierzytelności Forderungsübergang (M.)
przejście (N.) własności Eigentumsübergang (M.)
przejście (N.) własności budynku na nieruchomości gruntowej obciążonej dziedzicznym prawem zabudowy Heimfall (M.)
przejście (N.) zakładu Betriebsübergang (M.)
przejściowy (Adj.) vorübergehend
przekaz (M.) Anweisung (F.)
przekaz (M.) pocztowy Postanweisung (F.)
przekazać anweisen (Geld anweisen), bestellen, übergeben (V.), übertragen (V.), überweisen, vermachen, verweisen, widmen, zuwenden
przekazać ponownie zurückverweisen
przekazanie (N.) Übergabe (F.), Übertrag (M.), Übertragung (F.), Überweisung (F.), Verweisung (F.)
przekazanie (N.) ponowne Zurückverweisung (F.)
przekazująca (F.) Überweisende (F.)
przekazująca sfera (F.) wpływów übertragener Wirkungskreis (M.)
przekazujący (M.) Anweisender (M.), Überweisender (M.)
przekazujący zakres (M.) skuteczności übertragener Wirkungskreis (M.)
przekazywać anweisen (Geld anweisen), weitergeben
przekleństwo (N.) Schimpfwort (N.)
przekład (M.) Übertragung (F.)
przekonać überzeugen
przekonanie (N.) Bekenntnis (N.), Überzeugung (F.)
przekonywający (Adj.) plausibel, zwingend
przekreślić streichen
przekręcić verstümmeln
przekroczenie (N.) Überschreitung (F.), Überziehung (F.)
przekroczenie (N.) granic obrony koniecznej Notwehrexzess (M.), Notwehrüberschreitung (F.)
przekroczenie (N.) granic uznania Ermessensüberschreitung (F.)
przekroczenie (N.) konta Kontoüberziehung (F.)
przekroczenie (N.) przy budowie granic nieruchomości Überbau (M.)
przekroczenie (N.) stanu wyższej konieczności Notstandsexzess (M.)
przekroczenie (N.) uprawnień przez posiadacza zależnego Fremdbesitzerexzess (M.)
przekroczyć überbauen, überschreiten, übertreten, überziehen
przekształcenie (N.) Umwandlung (F.)
przekształcić umwandeln
przekupić bestechen, schmieren
przekupny (Adj.) bestechlich
przekupstwo (N.) Bestechung (F.)
przekupstwo (N.) posła Abgeordnetenbestechung (F.)
przekupstwo (N.) urzędnika Beamtenbestechung (F.)
przekupstwo (N.) wyborców Wählerbestechung (F.)

przekupywać bestechen
przelać überweisen
przelew (M.) Abtretung (F.), Transfer (M.), Überweisung (F.)
przelewająca (F.) Überweisende (F.)
przelewający (M.) Überweisender (M.)
przeliczać ponownie nachzählen
przelicznik (M.) grzywny Tagessatz (M.)
przeliczyć verrechnen
przełozyć vertagen
przełożenie (N.) Umlegung (F.), Verlegung (F.), Vertagung (F.)
przełożona klasztoru (F.) Äbtissin (F.)
przełożony (M.) Vorgesetzter (M.)
przełożony (M.) służbowy Dienstvorgesetzter (M.)
przełożyć übertragen (V.), umlegen, verlegen (V.), verschieben
przemiana (F.) Umwandlung (F.)
przemilczany verschwiegen
przemilczeć verschweigen
przemilczenie (N.) Verschweigen (N.), Verschweigung (F.)
przemówienie (N.) końcowe Schlussvortrag (M.)
przemycać schmuggeln
przemysł (M.) Industrie (F.)
przemysłowy (Adj.) industriell
przemyt (M.) Schmuggel (M.)
przemytnik (M.) Schmuggler (M.)
przemytnik (M.) ludzi Schlepper (M.)
przeniesienie (N.) Beförderung (F.), Delegation (F.), Transfer (M.), Übertragung (F.), Verlegung (F.), Versetzung (F.)
przeniesienie (N.) prawa Rechtsübertragung (F.)
przeniesienie (N.) własności Eigentumsübertragung (F.), Übereignung (F.)
przeniesienie (N.) własności w celu zabezpieczenia wierzytelności Sicherungsübereignung (F.)
przenieść befördern, delegieren, überschreiben, übertragen (V.), verlegen (V.), versetzen
przenieść własność übereignen
przenocować beherbergen
przenosić versetzen
przenosić na emeryturę pensionieren
przenoszenie (N.) Übertrag (M.)
przeobrażać umwandeln
przeobrażenie (N.) Umwandlung (F.)
przeoczenie (N.) Versehen (N.)
przeor (M.) Prior (M.)
przepadek (M.) Einziehung (F.), Verfall (M.), Verwirkung (F.)
przepaść verfallen (V.)
przepis (M.) Abschreibung (F.), Vorschrift (F.)
przepis (M.) administracyjny Verwaltungszustellung (F.)
przepis (M.) blankietowy Blankettvorschrift (F.)
przepis (M.) dotyczący kieszonkowego Taschengeldparagraph (M.)
przepis (M.) dotyczący opłat Gebührenordnung (F.)
przepis (M.) dotyczący ruchu Verkehrsvorschrift (F.)
przepis (M.) dotyczący zachowania bezpieczeństwa Sicherheitsvorschrift (F.)
przepis (M.) dyspozytywny Kannvorschrift (F.)
przepis (M.) karny Strafbestimmung (F.), Strafvorschrift (F.)
przepis (M.) odnoszący się do formy czynności Formvorschrift (F.)
przepis (M.) proceduralny Verfahrensvorschrift (F.)
przepis (M.) ramowy Rahmenvorschrift (F.)
przepis (M.) regulujący Regelung (F.)
przepis (M.) ruchu drogowego i ulicznego Straßenverkehrsordnung (F.)
przepis (M.) względnie obowiązujący Kannvorschrift (F.)
przepisać abschreiben, überschreiben, vorschreiben, zuschreiben
przepisanie (N.) Zuschreibung (F.)
przepisowa odległość (F.) między budynkami Bauwich (M.)
przepływ (M.) Strömung (F.)
przepływać strömen
przeprowadzać durchführen
przeprowadzenie (N.) Durchführung (F.), Vornahme (F.)
przeprowadzenie (N.) dowodu Beweiserhebung (F.), Beweisführung (F.)
przeprowadzić überführen, vornehmen
przepustka (F.) Passierschein (M.)
przepuścić überlassen (V.)
przepych (M.) Luxus (M.)
przerabianie (N.) Verarbeitung (F.)
przerabianie (N.) tekstu Textverarbeitung (F.)

przerobić bearbeiten, verarbeiten
przerwa (F.) Absatz (M.) (Teil eines Gesetzes bzw. eines Paragraphen), Pause (F.), Stillstand (M.)
przerwa (F.) w postępowaniu Stillstand (M.) des Verfahrens
przerwa (F.) w ruchu zakładu Betriebsstörung (F.)
przerwać abbrechen, unterbrechen
przerwać ciążę abtreiben
przerwanie (N.) Abbruch (M.), Unterbrechung (F.)
przerwanie (N.) ciąży Abbruch (M.) der Schwangerschaft, Abtreibung (F.), Schwangerschaftsabbruch (M.), Schwangerschaftsunterbrechung (F.)
przerzucenie (N.) Umkehr (F.)
przerzucenie (N.) ciężaru dowodu Beweislastumkehr (F.)
przerzucić verlegen (V.)
przesięga (F.) po zeznaniu Nacheid (M.)
przesłać abstellen
przesłanie (N.) akt Aktenversendung (F.)
przesłanka (F.) Voraussetzung (F.)
przesłanka (F.) czynności procesowej Prozesshandlungsvoraussetzung (F.)
przesłanka (F.) pokrzywdzenia Beschwer (F.)
przesłanka (F.) procesowa Prozessvoraussetzung (F.)
przesłuchać einvernehmen, verhören, vernehmen, vorsprechen
przesłuchanie (N.) Befragung (N.), Einvernahme (F.), Verhör (N.), Vernehmung (F.)
przesłuchanie (N.) krzyżowe Kreuzverhör (N.)
przesłuchanie (N.) stron Parteivernehmung (F.)
przesłuchanie (N.) świadka Zeugenvernehmung (F.)
przesłuchiwać inquirieren, verhören
przestąpienie (N.) progu domu Hausverbot (N.)
przestępca (M.) Delinquent (M.), Verbrecher (M.)
przestępca (M.) powrotny Rückfallstäter (M.)
przestępca (M.) seksualny Triebtäter (M.)
przestępczosć (F.) Kriminalität (F.)
przestępczość (F.) Straffälligkeit (F.)
przestępczość (F.) godząca w środowisko naturalne Umweltkriminalität (F.)
przestępczość (F.) gospodarcza Wirtschaftskriminalität (F.)
przestępczość (F.) komupterowa Computerkriminalität (F.)
przestępczość (F.) popełniana w określonym stadium rozwoju Entwicklungskriminalität (F.)
przestępczość (F.) wśród młodzieży Jugendkriminalität (F.)
przestępczy (Adj.) straffällig
przestępczy verbrecherisch
przestępstwo (N.) Delikt (N.), Verbrechen (N.)
przestępstwo (N.) ciągłe Dauerdelikt (N.), Zustandsdelikt (N.)
przestępstwo (N.) czynne Begehungsdelikt (N.)
przestępstwo (N.) czynnościowe Tätigkeitsdelikt (N.)
przestępstwo (N.) indywidualne Sonderdelikt (N.)
przestępstwo (N.) na tle seksualnym Sexualdelikt (N.)
przestępstwo (N.) nieumyślne Fahrlässigkeitsdelikt (N.)
przestępstwo (N.) popełnione przez nieletniego Jugendstraftat (F.)
przestępstwo (N.) prasowe Pressedelikt (N.)
przestępstwo (N.) prawdziwe z zaniechania echtes Unterlassungsdelikt (N.)
przestępstwo (N.) przeciwko mieniu Vermögensdelikt (N.)
przestępstwo (N.) ruchu Verkehrsdelikt (N.)
przestępstwo (N.) seksualne Sexualdelikt (N.), Sittlichkeitsdelikt (N.)
przestępstwo (N.) skutkowe Erfolgsdelikt (N.)
przestępstwo (N.) ściągane z urzędu Offizialdelikt (N.)
przestępstwo (N.) ścigane na wniosek Antragsdelikt (N.)
przestępstwo (N.) urzędnicze Amtsdelikt (N.)
przestępstwo (N.) wyborcze Wahldelikt (N.)
przestępstwo (N.) z nienawiści Hassverbrechen (N.)
przestępstwo (N.) z urojenia Wahndelikt (N.)
przestępstwo (N.) z zagrożenia Gefährdungsdelikt (N.)
przestępstwo (N.) z zaniechania Unterlassungsdelikt (N.)
przestępstwo (N.) związane z niewypłacalnością Insolvenzstraftat (F.)

przestój (M.) Ausfall (M.)
przestroga (F.) Warnung (F.)
przestrzegać beachten, befolgen, beobachten
przestrzeganie (N.) Befolgung (F.), Einhaltung (F.)
przestrzeń (F.) Raum (M.)
przestrzeń (F.) kosmiczna Weltraum (M.)
przesunąć verschieben
przesunięcie (N.) Verschiebung (F.)
przesyłka (F.) Versand (M.)
przesyłka (F.) do wglądu Ansichtssendung (F.)
przesyłka (F.) zwrotna Renvoi (M.)
przeszczep (M.) Transplantat (N.)
przeszczepić transplantieren
przeszczepienie (N.) Transplantation (F.)
przeszkadzać behindern, hindern, stören
przeszkoda (F.) Behinderung (F.), Hindernis (N.), Widerstand (M.)
przeszkoda (F.) procesowa Prozesshindernis (N.)
przeszkoda (F.) w celu Zweckstörung (F.)
przeszkoda (F.) w dokonaniu wpisu Eintragungshindernis (N.)
przeszkodzenie (N.) Vereitelung, Verhinderung (F.)
przeszkodzić vereiteln, verhindern
przeszkolenie (N.) Einweisung (F.)
przeszukać durchsuchen, untersuchen
przeszukanie (N.) Durchsuchung (F.), Untersuchung (F.)
przeszukanie (N.) domu Hausdurchsuchung (F.), Haussuchung (F.)
prześladować nachstellen, unterdrücken, verfolgen
prześladowanie (N.) Nachstellung (F.), Verfolgung (F.)
przeświadczenie (N.) Überzeugung (F.)
przetarg (M.) pisemny Einschreibung (F.)
przetarg (M.) publiczny öffentliche Ausschreibung (F.)
przetłumaczenie (N.) Übertragung (F.)
przetłumaczyć übertragen (V.)
przetrzegać einhalten
przetwarzać verarbeiten
przetwarzanie (N.) Verarbeitung (F.)
przetwarzanie (N.) danych Datenverarbeitung (F.)
przetworzenie (N.) Spezifikation (F.)
przewidywać absehen, vorhersehen
przewidywalność (F.) Voraussehbarkeit (F.), Vorhersehbarkeit (F.)
przewidywany (Adj.) voraussehbar, vorhersehbar
przewieźć befördern, überführen
przewlekać verschleppen, verzögern
przewlekanie (N.) Verschleppung (F.)
przewlekanie (N.) postępowania Verfahrensverschleppung (F.)
przewlekanie (N.) procesu Prozessverschleppung (F.)
przewlekły (Adj.) überlang
przewłaszczenie (N.) Übereignung (F.)
przewodnictwo (N.) Vorsitz (M.)
przewodnicząca (F.) zarządu Vorstandsvorsitzende (F.)
przewodniczący (Adj.) vorsitzend
przewodniczący (M.) Obmann (M.), Vorsitzender (M.), Vorsitzer (M.)
przewodniczący (M.) rady Ratsvorsitzender (M.)
przewodniczący (M.) zarządu Vorstandsvorsitzender (M.)
przewodniczący komisji wyborczej Wahlleiter (M.)
przewodniczenie (N.) Vorsitz (M.)
przewodniczyć vorsitzen, vorstehen
przewodnik (M.) Handbuch (N.)
przewodzić leiten
przewoźne (N.) Fracht (F.)
przewoźnik (M.) Frachtführer (M.)
przewód (M.) Leitung (F.)
przewód (M.) promocyjny Promotionsverfahren (N.)
przewód (M.) sądowe Gerichtsverfahren (N.)
przewóz (M.) Beförderung (F.)
przewóz (M.) osób Personenbeförderung (F.)
przeznaczenie (N.) Schicksal (N.)
przeznaczyć bestimmen, widmen
przezorność (F.) Vorsicht (F.), Vorsorge (F.)
przodek (M.) Ahn (M.), Aszendent (M. bzw. F.), Vorfahre (M.)
przy użyciu nazwiska namentlich
przy współdziałaniu innych organów mitwirkungsbedürftig
przybić anlegen (einsetzen)
przybijać do brzegu anlegen
przybrana matka (F.) Pflegemutter (F.)
przybrany ojciec (M.) Pflegevater (M.)
przychody (M.Pl.) Einnahmen (F.Pl.)
przychód (M.) Einkunft (F.), Einnahme (F.)
przychylny (Adj.) günstig
przyciskać drücken

przyczyna (F.) Grund (M.), Ursache (F.)
przyczyna (F.) główna Hauptursache (F.)
przyczyna (F.) śmierci Todesursache (F.)
przyczyna (F.) usprawiedliwiająca Entschuldigungsgrund (M.)
przyczynek (M.) Beitrag (M.)
przyczyniać się beitragen, fördern
przyczynianie (N.) się Förderung (F.)
przyczynienie (N.) się Mitverschulden (N.), Mitwirken (N.)
przyczynowość (F.) Kausalität (F.), Ursächlichkeit (F.)
przyczynowość (F.) kumulatywna kumulative Kausalität (F.)
przyczynowość (F.) wymijająca überholende Kausalität (F.)
przyczynowy (Adj.) kausal, ursächlich
przydać się nützen
przydatność (F.) Eignung (F.), Tauglichkeit (F.)
przydatny (Adj.) tauglich
przydział (M.) strat Verlustzuweisung (F.)
przydzielać beiordnen, vergeben
przydzielenie (N.) Beiordnung (F.), Vergebung (F.)
przygotować erschließen, rüsten, vorbereiten
przygotowanie (N.) Erschließung (F.), Vorbereitung (F.)
przygotowany (Adj.) bereit
przyjaciel (M.) Freund (M.)
przyjaciółka (F.) Freundin (F.)
przyjąć annehmen, einlassen, empfangen (V.)
przyjemny (Adj.) genehm
przyjęcie (N.) Annahme (F.), Empfang (M.)
przyjęcie (N.) do wiadomości Kenntnisnahme (F.)
przyjęcie (N.) korzyści Vorteilsannahme (F.)
przyjęty (Adj.) herkömmlich
przyjmować rezipieren
przyjmujący (M.) zamówienie Unternehmer (M.)
przyjmujący (M.) zlecenie Beauftragter (M.), Werkunternehmer (M.)
przykład (M.) Beispiel (N.)
przykład (M.) regularny Regelbeispiel (N.)
przyłączenie (N.) Anschluss (M.)
przyłączyć anschließen
przymierze (N.) Bund (M.), Bündnis (N.)
przymiot (M.) Eigenschaft (F.)
przymulisko (N.) Anlandung (F.)
przymus (M.) Zwang (M.)
przymus (M.) administracyjny Verwaltungszwang (M.)
przymus (M.) adwokacki Anwaltszwang (M.)
przymus (M.) bezpośredni unmittelbarer Zwang (M.)
przymus (M.) federalny Bundeszwang (M.)
przymus (M.) frakcyjny Fraktionszwang (M.)
przymus (M.) pośredni mittelbarer Zwang (M.)
przymus (M.) przedstawicielstwa Vertretungszwang (M.)
przymus (M.) szczepienia Impfzwang (M.)
przymus (M.) szkolny Schulzwang (M.)
przymus (M.) typizacji Typenzwang (M.)
przymus (M.) zawarcia umowy Abschlusszwang (M.), Kontrahierungszwang (M.)
przymuszać nötigen, zwingen
przymuszanie (N.) wyborców Wählernötigung (F.)
przymuszenie (N.) Erzwingung (F.)
przynależność (F.) Angehörigkeit (F.)
przynosić einbringen
przypadać fallen, zufallen
przypadek (M.) Fall (M.)
przypadek (M.) jednostkowy Einzelfall (M.)
przypadek (M.) losowy Zufall (M.)
przypadek (M.) obronny Verteidigungsfall (M.)
przypadek (M.) prawny Rechtsfall (N.)
przypadek (M.) precedensowy Präzedenzfall (M.)
przypadkowo versehentlich, zufällig
przypadkowy akzidentiell
przypadnięcie (N.) Anfall (M.)
przypinać anheften
przypis (M.) Anmerkung (F.)
przypisać zurechnen
przypisanie (N.) Zurechenbarkeit (F.), Zurechnung (F.)
przypisujący odpowiedzialność zurechnungsfähig
przypisywać unterschieben, zumessen, zuschreiben
przypominać mahnen
przypomnieć erinnern
przypomnienie (N.) Erinnerung (F.)
przypozwać beiladen
przypozwanie (N.) Beiladung (F.), Streitverkündung (F.)
przypozwany (M.) Beigeladener (M.)

przyprowadzenie (N.) Vorführung (F.)
przyprowadzić vorführen
przypuszczać (Adj.) mutmaßen
przypuszczać annehmen, vermuten, voraussetzen
przypuszczalny (Adj.) hypothetisch, mutmaßlich, vermutlich
przypuszczenie (N.) Präsumption (F.)
przyroda (F.) Natur (F.)
przyrost (M.) Anwachsung (F.), Zugang (M.)
przyrost (M.) majątku małżonków Zugewinn (M.)
przyrzec ausloben, versprechen, zusichern
przyrzec publicznie ausloben
przyrzec uroczyście geloben
przyrzeczenie (N.) Auslobung (F.), Eid (M.), Versprechen (N.), Zusage (F.), Zusicherung (F.)
przyrzeczenie (N.) kary umownej Strafversprechen (N.)
przyrzeczenie (N.) oczyszczające Reinigungseid (M.)
przyrzeczenie (N.) publiczne Auslobung (F.)
przyrzeczenie (N.) świadczenia Schuldversprechen (N.)
przyrzeczenie (N.) właściwości Zusicherung (F.) einer Eigenschaft
przyrzeczenie (N.) zysku Gewinnzusage (F.)
przysięga (F.) Eid (M.), Schwur (M.)
przysięga (F.) oczyszczająca Reinigungseid (M.)
przysięga (F.) przed złożeniem zeznań Voreid (M.)
przysięga (F.) służbowa Diensteid (M.)
przysięgać schwören
przysłowie (N.) prawne Rechtssprichwort (N.)
przysługa (F.) Gefälligkeit (F.)
przysługiwać zustehen
przyspieszony (Adj.) beschleunigt
przyspieszyć beschleunigen
przysporzenie (N.) Zuwendung (F.)
przysposobić adoptieren
przysposobienie (N.) Adoption (F.), Annahme als Kind (F.)
przystać na zustimmen
przystanek (M.) Station (F.)
przystąpić beitreten
przystąpienie (N.) Beitritt (M.), Eintritt (M.)
przystąpienie (N.) do długu Schuldmitübernahme (F.)
przystąpienie (N.) do zobowiązania kumulative Schuldübernahme (F.), Schuldbeitritt (M.), Schuldmitübernahme (F.)
przystęp (M.) Zugang (M.)
przystosować anpassen
przystosowanie (N.) Anpassung (F.)
przyszły (Adj.) künftig, zukünftig
przyśpieszenie (N.) Beschleunigung (F.)
przytakiwać bejahen
przytoczenie (N.) Vorbringen (N.), Vortrag (M.)
przytoczenie (N.) strony Parteivorbringen (N.)
przytoczyć vorbringen
przytomność (F.) Bewusstsein (N.)
przytułek (M.) Obdachlosenasyl (N.)
przytułek (M.) dla bezdomnych Obdachlosenasyl (N.)
przytułek (M.) dla kobiet Frauenhaus (N.)
przywara (F.) Laster (N.)
przywilej (M.) Genuss (M.), Privileg (N.), Sonderrecht (N.), Vorrecht (N.), Vorzug (M.)
przywilej (M.) sędziowski Richterprivileg (N.), Spruchrichterprivileg (N.)
przywłaszczenie (N.) Unterschlagung (F.), Zueignung (F.)
przywłaszczenie (N.) funkcji publicznej Amtsanmaßung (F.)
przywłaszczyć unterschlagen (V.), zueignen
przywódca (M.) Führer (M.), Rädelsführer (M.)
przywóz (M.) Einfuhr (F.)
przywrócenie (N.) Herstellung (F.)
przywrócenie (N.) do stanu poprzedniego Naturalherstellung (F.), Naturalrestitution (F.), Wiederherstellung (F.)
przywrócenie (N.) terminu restitutio (F.) in integrum (lat.), Wiedereinsetzung (F.) in den vorigen Stand
przywrócić herstellen, wiedereinsetzen
przywrócić do stanu poprzedniego wiederherstellen
przyznać bekennen, bewilligen, gewähren, zueignen
przyznać się geständig sein, gestehen, zugeben
przyznanie (N.) Bewilligung (F.), Einräumung (N.), Zugeständnis (N.)
przyznanie (N.) się Geständnis (N.)
przyznanie się (N.) Gestehung (F.)
przyznawać bewilligen, einräumen, zugestehen
przyzwoitość (F.) Anstand (M.)
przyzwyczajenie (N.) Gewohnheit (F.)

pseudonim (M.) Pseudonym (N.)
psychiatria (F.) Psychiatrie (F.)
psychiatryczny (Adj.) psychiatrisch
psychiczny (Adj.) psychisch
psychika (F.) Psyche (F.)
psychologia (F.) Psychologie (F.)
psychopata (M.) Psychopath (M.)
psychopatia (F.) Psychopathie (F.)
psychopatyczny psychopathisch
psychosa (F.) Psychose (F.)
psychoterapeuta (M.) Psychotherapeut (M.)
psychoterapeutka (F.) Psychotherapeutin (F.)
psychoterapia (F.) Psychotherapie (F.)
pszczoła (F.) Biene (F.)
ptak (M.) Vogel (M.)
publiczno-prawnie uzana grupa (F.) religijna Religionsgesellschaft (F.)
publiczność (F.) Publikum (N.), Publizität (F.)
publiczny (Adj.) öffentlich, publik
publika (F.) Publikum (N.)
publikacja (F.) Herausgabe (F.), Promulgation (F.), Veröffentlichung (F.)
publikować publizieren
pucz (M.) Putsch (M.)
pułk (M.) Regiment (N.)
pułk (M.) lotniczy Geschwader (N.)
pułkownik (M.) Oberst (M.)
punkt (M.) Punkt (M.)
punkt (M.) mediacyjny Gütestelle (F.)
punkt (M.) porządku dziennego Tagesordnungspunkt (M.)
punkt (M.) widzenia Gesichtspunkt (M.), Standpunkt (M.)
punkt (M.) zaczepienia Anhaltspunkt (N.)
punktacja (F.) Punktation (F.)
punktować punktieren
pupil (M.) Mündel (N.)
pusty (Adj.) hohl
puszczać emittieren
pytać befragen, fragen
pytanie (N.) Anfrage (F.), Frage (F.)
pytanie (N.) rzeczowe Sachfrage (F.)
pytanie (N.) socjalne soziale Frage (F.)

q

quasi-delikt (M.) Quasidelikt (N.)
quasi-kontrakt (M.) Quasikontrakt (M.)
quasinegatoryjny quasinegatorisch
quasi-podatek (M.) Quasisteuer (F.)

r

rabat (M.) Ablass (M.), Abschlag (M.), Bonus (M.), Nachlass (M.), Rabatt (M.)
rabat (M.) do wolności w odszkodowaniu Schadensfreiheitsrabatt (M.)
rabować rauben
rabunek (M.) Raub (M.)
rabunek (M.) ciężki schwerer Diebstahl (M.)
rachunek (M.) Faktura (F.), Zeche (F.)
rachunek (M.) bankowy Konto (N.)
rachunek (M.) bankowy bieżący Kontokorrent (N.)
rachunek (M.) bieżący Rechnung (F.)
rachunek (M.) kosztów Kostenrechnung (F.)
rachunek (M.) zysku i straty Gewinnrechnung und Verlustrechnung (F.)
racja (F.) Räson (F.)
racja (F.) stanu Staatsräson (F.)
racjonalizm (M.) Aufklärung (F.)
rada (F.) Beirat (M.), Rat (M.)
rada (F.) administracyjna Verwaltungsrat (M.)
rada (F.) bezpieczeństwa Sicherheitsrat (M.)
rada (F.) dworu Hofrat (M.)
Rada (F.) Europejska Europäischer Rat (M.)
Rada (F.) Europy Europarat (M.)
Rada (F.) Federalna Bundesrat (M.)
rada (F.) gminna Gemeinderat (M.)
rada (F.) kontrolna Kontrollrat (M.)
rada (F.) koronna Kronrat (M.) (Kronrat in Großbritannien)
rada (F.) legacyjna Legationsrat (M.)
rada (F.) lokalna Ortsbeirat (M.)
rada (F.) miejska Stadtrat (M.)
rada (F.) ministrów Ministerrat (M.)
rada (F.) nadzorcza Aufsichtsrat (M.), Kuratorium (N.)
rada (F.) narodowa Nationalrat (M.)
rada (F.) parlamentarna Parlamentarischer Rat (M.)
rada (F.) partii Parteienrat (M.)
rada (F.) powiatowa Kreistag (M.)
rada (F.) prasy Presserat (M.)
rada (F.) prezydialna Präsidialrat (M.)
rada (F.) przedstawicieli pracowników służby publicznej Personalrat (M.)
rada (F.) rządu Regierungsrat (M.)

rada (F.) rzeszy Reichsrat (M.)
rada (F.) starszych Ältestenrat (M.)
rada (F.) zakładowa Betriebsrat (M.)
radar (M.) Radar (N.)
radca (M.) Rat (M.), Regierungsrat (M.)
radca (M.) dworu Hofrat (M.)
radca (M.) prawny Justitiar (M.), Syndikusanwalt (M.)
radio (N.) Funk (M.), Rundfunk (M.)
radny (M.) Rat (M.)
radny (M.) miejski Stadtrat (M.)
radość (F.) Freude (F.), Lust (F.)
radykalizm (M.) Radikalismus (M.)
radykalny (Adj.) radikal
radziecka republika (F.) Räterepublik (F.)
raić kuppeln
rakieta (F.) Rakete (F.)
rama (F.) Rahmen (M.)
ramowy układ (M.) zbiorowy Manteltarifvertrag (M.)
rana (F.) Wunde (F.)
ranga (F.) Rang (M.)
ranić verwunden
ranny (M.) Verletzter (M.)
raport (M.) Bericht (M.), Rapport (M.)
raport (M.) policyjny Polizeibericht (M.)
rasa (F.) Rasse (F.)
rasistowski (Adj.) rassistisch
rasizm (M.) Rassismus (M.)
rasowy (Adj.) rassisch
raster (M.) Raster (N.)
rata (F.) Abzahlung (F.), Rate (F.)
rata (F.) spłaty Tilgungsrate (F.)
ratio (F.) legis (lat.) ratio (F.) (lat.)
ratowanie (N.) Bergung (F.)
ratunek (M.) Bergung (F.)
ratusz (M.) Rathaus (N.)
ratyfikacja (F.) Ratifikation (F.)
ratyfikować ratifizieren
ratyfikowanie (N.) Ratifizierung (F.)
rausz (M.) Rausch (M.)
raz (M.) Fall (M.)
rażąca dolegliwość (F.) Härte (F.)
rażące niedbalstwo (N.) grobe Fahrlässigkeit (F.)
rażący (Adj.) grob
reagować reagieren
reakcja (F.) Reaktion (F.)
reakcyjny (Adj.) reaktionär
reakcyjny (M.) Reaktionär (M.)
realizacja (F.) Verwirklichung (F.)
realizować verwirklichen
realna karta (F.) księgi wieczystej Realfolium (N.)
realny (Adj.) faktisch, real
reasekuracja (F.) Rückversicherung (F.)
rebeliant (M.) Rebell (M.)
recepcja (F.) Rezeption (F.)
reces (M.) Rezess (M.)
recydywa (F.) Rückfall (M.)
recypiować rezipieren
reda (F.) Reede (F.)
redaktor (M.) Lektor (M.)
redukcja (F.) Reduktion (F.), Verminderung (F.)
redukcja (F.) teleologiczna teleologische Reduktion (F.)
redukcja (F.) w zastosowaniu uznania Ermessensreduzierung (F.)
redukować kürzen, reduzieren
redyskonto (N.) Rediskont (F.)
redyskontować rediskontieren
referat (M.) Dezernat (N.), Referat (N.)
referendum (N.) Referendum (N.), Volksabstimmung (F.), Volksentscheid (M.)
referent (M.) Referent (M.)
referować referieren
reforma (F.) Reform (F.)
reforma (F.) administracyjna Verwaltungsreform (F.)
reforma (F.) rolna Bodenreform (F.)
reformacja (F.) Reformation (F.)
reformatio (F.) in peius (lat.) reformatio (F.) in peius (lat.)
reformować reformieren
regal (M.) górniczy Bergregal (N.)
regent (M.) Regent (M.)
region (M.) Gau (M.), Region (F.)
regionalny (Adj.) regional
registratura (F.) Registratur (F.)
regres (M.) Regress (M.), Rückgriff (M.)
regres (M.) wekslowy Wechselregress (M.)
regulacja (F.) Regelung (F.), Regulation (F.), Regulativ (N.), Regulierung (F.)
regulacja (F.) ilościowa Quotenregelung (F.)
regulamin (M.) Satzung (F.)
regulamin (M.) domowy Hausordnung (F.)
regulamin (M.) dopuszczania do ruchu drogowego Straßenverkehrszulassungsordnung (F.)
regulamin (M.) egzaminu Prüfungsordnung (F.)

regulamin (M.) korzystania Benutzungsordnung (F.)
regulamin (M.) przedsiębiorstwa Geschäftsordnung (F.)
regulamin (M.) sądowy Gerichtsordnung (F.)
regulamin haski dotyczący praw i zwyczajów wojny lądowej Haager Landkriegsordnung (F.)
regularna kwota (F.) Regelbetrag (M.)
regularnie (Adj.) regelmäßig
regularny (Adj.) ordentlich
regularny przypadek (M.) Regelfall (M.)
regulować normen, regeln, regulieren
regulowanie (N.) Regelung (F.), Regulierung (F.)
reguła (F.) Regel (F.)
reguła (F.) interpretacji Auslegungsregel (F.)
reguła (F.) prawna Rechtsregel (F.)
rehabilitacja (F.) Rehabilitation (F.), Rehabilitierung (F.)
rehabilitować rehabilitieren
rejestr (M.) Register (N.)
rejestr (M.) dokumentów Urkundenregister (N.)
rejestr (M.) główny Zentralregister (N.)
rejestr (M.) główny działalności gospodarczych Gewerbezentralregister (N.)
rejestr (M.) handlowy Handelsregister (N.)
rejestr (M.) hipotek Hypothekenregister (N.) (Hypothekenregister im angloamerikanischen Recht)
rejestr (M.) miejscowości Ortsverzeichnis (N.)
rejestr (M.) okrętów Schiffsregister (N.)
rejestr (M.) prawnych stosunków majątkowych Güterrechtsregister (N.)
rejestr (M.) procesowy Prozessregister (N.)
rejestr (M.) rzemieślniczy Handwerksrolle (F.)
rejestr (M.) skazanych Strafregister (N.)
rejestr (M.) spółdzielni Genossenschaftsregister (N.)
rejestr (M.) stowarzyszeń Vereinsregister (N.)
rejestr (M.) zgonów Sterberegister (N.)
rejestracja (F.) Einschreibung (F.), Eintrag (M.), Eintragung (F.), Registratur (F.)
rejestracja (F.) akcji imiennych Aktienbuch (N.)
rejestrować registrieren
rejestrowanie (N.) Registratur (F.)
rejon (M.) Bezirk (M.), Raum (M.)
reklama (F.) Werbung (F.)
reklamacja (F.) Mängelrüge (F.)
reklamować werben
rekomendacja (F.) Empfehlung (F.)
rekomendować empfehlen
rekompensata (F.) Abgeltung (F.), Entgelt (N.), Entschädigung (F.), Ersatz (M.), Erstattung (F.), Kompensation (F.)
rekompensata (F.) wydatków Aufwendungserstattung (F.)
rekrut (M.) Rekrut (M.)
rekrutować anwerben
rektor (M.) Rektor (M.)
rektorat (M.) Rektorat (N.)
rekurs (M.) Rekurs (M.)
rekwizycja (F.) Requisition (F.)
relacja (F.) Bericht (M.), Relation (F.), Verhältnis (N.)
relatywny (Adj.) relativ, verhältnismäßig
relegacja (F.) Relegation (F.)
relewancja (F.) Relevanz (F.)
religia (F.) Glaube (M.), Konfession (F.), Religion (F.)
religia (F.) państwowa Staatsreligion (F.)
religijny (Adj.) religiös
remitent (M.) Remittent (M.)
remont (M.) konserwujący Schönheitsreparatur (F.)
rencista (M.) Rentner (M.)
renta (F.) Rente (F.)
renta (F.) dla wdów z ubezpieczenia społecznego Witwenrente (F.)
renta (F.) dożywotnia Leibgedinge (N.), Leibrente (F.), Leibzucht (F.)
renta (F.) dynamiczna dynamische Rente (F.)
renta (F.) gruntowa Grundrente (F.)
renta (F.) pieniężna Geldrente (F.)
renta (F.) podstawowa Grundrente (F.)
renta (F.) powypadkowa Unfallrente (F.)
renta (F.) sieroca Waisenrente (F.)
renta (F.) socjalna Sozialrente (F.)
renta (F.) starcza Altersrente (F.)
renta (F.) zakładowa Betriebsrente (F.)
renta (F.) ze względu na wiek Altersruhegeld (N.)
rentowność (F.) Wirtschaftlichkeit (F.)
reparacja (F.) Reparation (F.)
repartycja (F.) Umlage (F.)
reperować reparieren
repetytor (M.) Repetitor (M.)
repetytorium (N.) Repetitorium (N.)

repetytować repetieren
replika (F.) Erwiderung (F.), Replik (F.)
represalia (F.) Repressalie (F.)
represja (F.) Repressalie (F.), Repression (F.), Vergeltung (F.)
represyjny (Adj.) repressiv
reprezentacja (F.) Repräsentation (F.), Vertretung (F.)
reprezentacyjny (Adj.) repräsentativ
reprezentant (M.) Repräsentant (M.), Vertreter (M.)
reprezentatywny (Adj.) repräsentativ
reprezentować repräsentieren, vertreten (V.)
reprywatyzacja (F.) Reprivatisierung (F.)
reprywatyzować reprivatisieren
republika (F.) Freistaat (M.), Republik (F.)
Republika (F.) Czeska Tschechische Republik (F.)
republika (F.) federalna Bundesrepublik (F.)
republikanin (M.) Republikaner (M.)
republikański (Adj.) republikanisch
reputacja (F.) Leumund (M.), Ruf (M.)
reservatio (F.) mentalis (lat.) Mentalreservation (F.)
resocjalizacja (F.) Resozialisierung (F.)
resocjalizować resozialisieren
resort (M.) Ressort (N.)
restauracja (F.) Gaststätte (F.)
restaurator (M.) Gastwirt (M.)
restitutio (F.) in integrum (lat.) restitutio (F.) in integrum (lat.)
restrykacja (F.) Restriktion (F.)
restrykcyjny (Adj.) restriktiv
restytucja (F.) Restitution (F.), Rückgewähr (F.)
reszta (F.) Rest (M.)
retorsja (F.) Retorsion (F.), Vergeltung (F.)
retoryka (F.) Rhetorik (F.)
retro- Rück-
rewaloryzacja (F.) Aufwertung (F.)
rewaloryzować wartość aufwerten
rewers (M.) Schuldschein (M.)
rewident (M.) Prüfer (M.)
rewident (M.) gospodarczy Wirtschaftsprüfer (M.)
rewident (M.) księgowy Rechnungsprüfer (M.)
rewidować revidieren
rewir (M.) Revier (N.)
rewizja (F.) Berufung (F.), Durchsuchung (F.), Revision (F.), Untersuchung (F.)
rewizja (F.) nadzwyczajna Revision (F.)
rewizja (F.) nadzwyczajna przyłączona Anschlussrevision (F.)
rewizja (F.) nadzwyczajna z pominięciem instancji odwoławczej Sprungrevision (F.)
rewizja (F.) od wymiaru kary Strafmaßrevision (F.)
rewizja (F.) przyłączona Anschlussberufung (F.)
rewolucja (F.) Revolution (F.)
rezerwa (F.) Reserve (F.), Rücklage (F.), Rückstellung (F.)
rezerwa (F.) dewizowa Devisenreserve (F.)
rezerwa (F.) minimalna Mindestreserve (F.)
rezerwa (F.) płynności Liquiditätsreserve (F.)
rezerwa (F.) walutowa Devisenreserve (F.), Devisenreserven (F.Pl.), Währungsreserve (F.)
rezerwa specjalna policji (F.) Bereitschaftspolizei (F.)
rezerwacja (F.) Bestellung (F.), Buchung (F.) (Vertragsabschluss einer Reise), Reservation (F.), Vorbestellung (F.)
rezerwat (M.) Schutzgebiet (N.)
rezerwat (M.) ochrony przyrody Naturschutzgebiet (N.)
rezerwista (M.) Reservist (M.)
rezerwować reservieren, vorbestellen
rezolucja (F.) Entschließung (F.), Resolution (F.)
rezultat (M.) Erfolg (M.), Wirkung (F.)
rezydencja (F.) Residenz (F.)
rezygnacja (F.) Absehen (N.), Aufopferung (F.), Verzicht (M.)
rezygnacja (F.) ze środka prawnego Rechtsmittelverzicht (M.)
rezygnować fallen
reżim (M.) Regime (N.)
reżyseria (F.) Regie (F.)
ręczny (Adj.) freihändig, manuell
ręczyć bürgen, einstehen, garantieren, gewährleisten, verbürgen
ręka (F.) Hand (F.)
rękoczy (M.) Gewalttätigkeit (F.)
rękoczyn (M.) Tätlichkeit (F.)
rękojmia (F.) Gewähr (F.), Gewährleistung (F.)
rękojmia (F.) dobrej wiary öffentlicher Glaube (M.)
rigorosum (N.) Rigorosum (N.)
robić machen
robić przerwę pausieren

robić wyjątek ausnehmen
robienie (N.) Tun (N.)
robotnik (M.) Arbeiter (M.)
robotnik (M.) dniówkowy Tagelöhner (M.)
robotnik (M.) wykwalifikowany Facharbeiter (M.)
roboty (F.Pl.) ziemne grożące nieruchomościom utratą oparcia Vertiefung (F.) eines Grundstückes (Handlung der Absenkung der Oberfläche eines Grundstücks)
roczne zamknięcie (N.) rachunkowe Jahresabschluss (M.)
roczny (Adj.) jährlich
rodowity gebürtig
rodzaj (M.) Art (F.) (Gattung), Gattung (F.), Genus (N.), Sorte (F.)
rodzaj (M.) głosowania w parlamencie w przypadku niepewności co do wyniku głosowania poprzez podniesienie ręki lub powstanie Hammelsprung (M.)
rodzaj (M.) powództwa Klageart (F.)
rodzeństwo (N.) Geschwister (M. bzw. F.)
rodzic (M. bzw. F.) przysposabiający Adoptivelter (M. bzw. F.)
rodzic (M. bzw. F.) zastępczy Pflegeelter (M. bzw. F.)
rodzic (M.) Elter (M. bzw. F.)
rodzic (M.) przybrany Stiefelter (M. bzw. F.)
rodzice (M.Pl.) przysposabiający Adoptiveltern (Pl.)
rodzice (M.Pl.) zastępczy Pflegeeltern (Pl.)
rodzice (Pl.) Eltern (Pl.)
rodzice (Pl.) przybrani Stiefeltern (Pl.)
rodzicielski elterlich
rodzić gebären
rodzielić verteilen
rodzina (F.) Familie (F.), Sippe (F.)
rok (M.) Jahr (N.)
rok (M.) gospodarczy Geschäftsjahr (N.)
rok (M.) i dzień (M.) Jahr und Tag
rok (M.) obrachunkowy Rechnungsjahr (N.)
rokosz (M.) Rebellion (F.)
rokowanie (N.) Verhandlung (F.)
rola (F.) Rolle (F.)
rolnictwo (N.) Landwirtschaft (F.)
rolnik (M.) Bauer (M.) (1), Landwirt (M.)
rolny (Adj.) agrarisch
rondo (N.) Kreisverkehr (M.)
rosnąć steigen
roszczenia (Pl.) z prawa rzeczowego dinglicher Anspruch (M.)
roszczenie (N.) Anspruch (M.), Beanspruchung (F.)
roszczenie (N.) alimentacyjne Unterhaltsanspruch (M.)
roszczenie (N.) do masy upadłości Masseanspruch (M.)
roszczenie (N.) negatoryjne negatorischer Anspruch (M.)
roszczenie (N.) o naprawienie szkody osoby trzeciej Drittschadensliquidation (F.)
roszczenie (N.) o odprawę Abfindungsguthaben (N.)
roszczenie (N.) o odszkodowanie Aufopferungsanspruch (M.), Schadensersatzanspruch (M.)
roszczenie (N.) o pozostałą część zachowku Pflichtteilsrestsanpruch (M.)
roszczenie (N.) o rentę Rentenanspruch (M.)
roszczenie (N.) o spadek Erbschaftsanspruch (M.)
roszczenie (N.) o świadczenie socjalne Sozialleistungsanspruch (M.)
roszczenie (N.) o usunięcie Beseitigungsanspruch (M.)
roszczenie (N.) o usunięcie skutku wadliwego aktu administracyjnego Folgenbeseitungungsanspruch (M.)
roszczenie (N.) o uzupełnienie zachowku Pflichtteilergänzungsanspruch (M.)
roszczenie (N.) o wydanie Herausgabeanspruch (M.)
roszczenie (N.) o wykonanie Erfüllungsanspruch (M.)
roszczenie (N.) o wykonanie planu Plangewährleistungsanspruch (M.)
roszczenie (N.) o wykreślenie Löschungsanspruch (M.)
roszczenie (N.) o wyrównanie Ausgleichsanspruch (M.)
roszczenie (N.) o zachowek Pflichtteilsanspruch (M.)
roszczenie (N.) o zaniechanie Unterlassungsanspruch (M.)
roszczenie (N.) o zwolnienie Befreiungsanspruch (M.), Freistellungsanspruch (M.)
roszczenie (N.) o zwrot Erstattungsanspruch (M.)
roszczenie (N.) petytoryjne petitorischer Anspruch (M.)
roszczenie (N.) posesoryjne possessorischer Anspruch (M.)

roszczenie (N.) prawne Rechtsanspruch (M.)
roszczenie (N.) regresowe Regressanspruch (M.), Rückgewähranspruch (M.)
roszczenie (N.) windykacyjne Eigentumsherausgabe (F.), Eigentumsherausgabeanspruch (M.)
roszczenie (N.) właściciela gruntu obciążonego dziedzicznym prawem zabudowy Heimfallsrecht (N.)
roszczenie (N.) wzajemne Gegenanspruch (M.)
roszczenie (N.) z tytułu bezpodstawnego wzbogacenia Bereicherungsanspruch (M.), Kondiktion (F.)
roszczenie (N.) z tytułu bezpodstawnego wzbogacenia dotyczące niespełnienia świadczenia Nichtleistungskondiktion (F.)
roszczenie (N.) z tytułu bezpodstawnego wzbogacenia osiągniętego Eingriffskondiktion (F.)
roszczenie (N.) z tytułu ubezpieczenia społecznego Sozialversicherungsanspruch (M.)
roszczenie (N.) zwrotne Rückgewähranspruch (M.)
roślina (F.) Pflanze (F.)
rota (F.) Romana (lat.) Rota (F.) Romana (lat.)
rotacja (F.) Rotation (F.), Turnus (M.)
rower (M.) Rad (N.)
rowerzysta (M.) Radfahrer (M.)
rowerzystka (F.) Radfahrerin (F.)
rozbicie (N.) Zerrüttung (F.)
rozbicie (N.) się statku Schiffbruch (M.)
rozbić aufspalten, zerrütten
rozbić się scheitern
rozbieżność (F.) oświadczeń woli Dissens (M.), Einigungsmangel (M.)
rozbiórka (F.) Abbruch (M.), Abriss (M.)
rozbój (M.) Raub (M.)
rozbój (M.) uliczny Straßenraub (M.)
rozbójniczy (Adj.) räuberisch
rozbójnik (M.) Straßenräuber (M.)
rozdawać verteilen
rozdział (M.) Abschnitt (M.), Kapitel (N.), Trennung (F.), Verteilung (F.)
rozdzielenie (N.) procesu Prozesstrennung (F.)
rozdzielić aufteilen, scheiden, splitten
rozdzielność (F.) majątkowa małżonków Gütertrennung (F.)
rozebrać abbrechen
rozejm (M.) Waffenstillstand (M.)
rozejście (N.) Trennung (F.)
rozejść trennen
rozjemca (M.) Schlichter (M.), Vermittler (M.)
rozjemstwo (N.) Schlichtung (F.)
rozkaz (M.) Befehl (M.)
rozkazać befehlen
rozkład (M.) Zerrüttung (F.)
rozkosz (F.) Lust (F.)
rozliczenie (N.) Abrechnung (F.), Verrechnung (F.)
rozliczyć abrechnen, verrechnen
rozlosować ausspielen
rozładować ausladen
rozładowanie (N.) Ausladung (F.)
rozłam (M.) Bruch (M.)
rozłączyć scheiden, trennen
rozłożenie (N.) Umlage (F.), Umlegung (F.)
rozłożyć auslegen, umlegen
rozmiar (M.) Grad (M.)
rozmyślanie (N.) Vorbedacht (M.)
rozmyślny (Adj.) absichtlich
rozpad (M.) Verfall (M.), Zerfall (M.), Zerrüttung (F.)
rozpadnięcie (N.) się małżeństwa Scheitern (N.) der Ehe
rozpaść verfallen (V.)
rozpaść się zerfallen (V.)
rozpatrywać verhandeln
rozpatrzyć betrachten
rozpędzić sprengen
rozpisać ausschreiben, verdingen
rozpisanie (N.) Verdingung (F.)
rozpisanie (N.) publiczne konkursu öffentliche Ausschreibung (F.)
rozpocząć eintreten
rozpoczęcie (N.) Einleitung (F.)
rozpoczynać initiieren
rozporządzać bestimmen, disponieren
rozporządzalność (F.) prez stronę swymi prawami Parteibetrieb (M.)
rozporządzanie (N.) przez nieuprawnionego Verfügung (F.) eines Nichtberechtigten
rozporządzanie (N.) sprzętem gospodarstwa domowego Hausratsverordnung (F.)
rozporządzenie (N.) Disposition (F.), Verfügung (F.), Verordnung (F.)
rozporządzenie (N.) karne Strafverfügung (F.)
rozporządzenie (N.) na wypadek śmierci Verfügung (F.) von Todes wegen

rozporządzenie (N.) o materiałach niebezpiecznych Gefahrstoffverordnung (F.)
rozporządzenie (N.) o zabudowie terenów pod zabudowę zgodnie z ich przeznaczeniem Baunutzungsverordung (F.)
rozporządzenie (N.) policyjne Polizeiverordnung (F.)
rozporządzenie (N.) specjalne Sonderverordnung (F.)
rozporządzenie (N.) testamentowe letztwillige Verfügung (F.)
rozporządzenie (N.) tymczasowe Zwischenverfügung (F.)
rozporządzenie (N.) wojskowe Militärverordnung (F.)
rozporządzenie (N.) wykonawcze Ausführungsverordnung (F.), Durchführungsverordnung (F.)
rozporządzenie (N.) z góry Vorausverfügung (F.)
rozporządzenie (N.) z konieczności Notverordnung (F.)
rozporządzenie (N.) z mocą ustawy Rechtsverordnung (F.)
rozporządzić verfügen, verordnen
rozpoznać verhandeln
rozpoznanie (N.) Erkenntnis (F.)
rozprawa (F.) Schrift (F.), Termin (M.), Verhandlung (F.)
rozprawa (F.) cywilna Zivilverhandlung (F.)
rozprawa (F.) główna Hauptverhandlung (F.)
rozprawa (F.) pojednawcza Güteverhandlung (F.)
rozprawa (F.) sądowa Gerichtsverhandlung (F.)
rozprawa (F.) ustna mündliche Verhandlung (F.)
rozproszenie (N.) Beseitigung (F.)
rozproszyć beseitigen
rozprowadzać vertreiben
rozpusta (F.) Laster (N.)
rozpuścić aussperren
rozrachunek (M.) Verrechnung (F.)
rozróżniać unterscheiden
rozróżnienie (N.) Unterscheidung (F.)
rozruch (M.) Aufruhr (M.)
rozrzutność (F.) Verschwendung (F.)
rozsadzić sprengen
rozsądek (M.) Räson (F.), Vernunft (F.)
rozsądny (Adj.) vernünftig
rozstrzygający wyrok (M.) dotyczący czynu Tatinterlokut (N.)
rozstrzygnąć entscheiden, judizieren
rozstrzygnięcie (N.) Entscheid (M.), Entscheidung (F.)
roztrwonić verschleudern, verschwenden
roztrwonienie (N.) Verschleuderung (F.)
roztrząsać verhandeln
rozum (M.) Vernunft (F.)
rozumieć meinen
rozumny (Adj.) vernünftig
rozwaga (F.) Überlegung (F.)
rozważać bedenken
rozważanie (N.) Betrachtung (F.), Betrachtungsweise (F.), Erwägung (F.)
rozważenie (N.) Betrachtung (F.), Betrachtungsweise (F.), Erwägung (F.)
rozważyć betrachten, ermessen, erwägen
rozwiązać aufheben, auflösen, lösen
rozwiązanie (N.) Aufhebung (F.), Auflösung (F.)
rozwiązujący (Adj.) resolutiv
rozwijać entfalten, entwickeln
rozwinąć ausführen, entfalten, entwickeln
rozwinięcie (N.) Entfaltung (F.)
rozwód (M.) Ehescheidung (F.), Scheidung (F.)
rozwód (M.) za zgodą obu stron Konventionalscheidung (F.)
rozwój (M.) Entfaltung (F.), Entwicklung (F.)
rozwój (M.) prawa Rechtsfortbildung (F.)
ród (M.) Geschlecht (N.) (Familie), Sippe (F.), Stamm (M.)
równe traktowanie (N.) Gleichbehandlung (F.)
równoczesny gleichzeitig, simultan
równorzędność (F.) Parität (F.)
równość (F.) Gleichheit (F.)
równość (F.) szans Chancengleichheit (F.)
równouprawnienie (N.) Gleichberechtigung (F.)
równouprawniony gleichberechtigt
równowartościowy gleichwertig
równoważność (F.) Äquivalenz (F.)
równoważność (F.) socjalna Sozialadäquanz (F.)
równoważny äquivalent, gleichwertig
równoznaczność (F.) Äquivalenz (F.)
równy (Adj.) gleich
równy urodzeniem ebenbürtig
różnica (F.) Differenz (F.), Gefälle (N.) (Geländeneigung), Unterschied (M.)

różnicować differenzieren
różnić się abweichen
różny (Adj.) abweichend
ruch (M.) Gebärde (F.), Verkehr (M.)
ruch (M.) drogowy Kraftverkehr (M.), Straßenverkehr (M.)
ruch (M.) lotniczy Luftfahrt (F.)
ruch (M.) pojazdów mechanicznych Kraftverkehr (M.)
ruchomości (F.Pl.) Mobiliar (N.)
ruchomość (F.) Mobiliar (N.), Mobilie (F.)
ruchomy (Adj.) ambulant, beweglich, mobil
rujnować zerrütten
rulon (M.) Rolle (F.)
rumowisko (N.) Schutt (M.)
rumuński (Adj.) rumänisch
ryba (F.) Fisch (M.)
rybactwo (N.) Fischerei (F.)
rybołówstwo (N.) Fischerei (F.)
rycerz (M.) Ritter (M.)
ryczałt (M.) Pauschale (F.)
ryczałtowy (Adj.) global, pauschal
rygor (M.) Disziplin (F.)
rynek (M.) Markt (M.)
rynek (M.) dewizowy Devisenmarkt (M.)
rynek (M.) kapitałowy Kapitalmarkt (M.)
rynek (M.) wewnętrzny Binnenmarkt (M.)
rysunek (M.) Zeichnung (F.)
rywal (M.) Konkurrent (M.)
rywalizować konkurrieren
ryzyko (N.) Gefahr (F.), Risiko (N.)
ryzyko (N.) dla życia Lebensrisiko (N.)
ryzyko (N.) procesowe Prozessrisiko (N.)
ryzyko (N.) spełnienia świadczenia Leistungsgefahr (F.)
ryzyko (N.) wynikające z prowadzenia działalności Betriebsrisiko (N.)
ryzyko (N.) z powodu zwłoki Gefahr (F.) im Verzug
ryzyko (N.) zapłaty Preisgefahr (F.), Vergütungsgefahr (F.)
ryzykować riskieren
rząd (M.) Bundesrat (M.), Kabinett (N.), Regierung (F.), Regiment (N.)
rząd (M.) federalny Bundeskabinett (N.), Bundesregierung (F.)
rząd (M.) krajowy Landesregierung (F.)
rząd (M.) rzeszy Reichsregierung (F.)
rządowy projekt (M.) ustawy Regierungsvorlage (F.)
rządzić herrschen, regieren
rzecz (F.) Ding (N.) (Sache), Sache (F.)
rzecz (F.) drogocenna Kostbarkeit (F.)
rzecz (F.) kosztowna Kostbarkeit (F.)
rzecz (F.) nieruchoma unbewegliche Sache (F.)
rzecz (F.) niezamienna unvertretbare Sache (F.)
rzecz (F.) publiczna öffentliche Sache (F.)
rzecz (F.) ruchoma bewegliche Sache (F.)
rzecz (F.) wartościowa Wertsache (F.)
rzecz (F.) wyrzucona przez morze na brzeg Strandgut (N.)
rzecz (F.) zamienna vertretbare Sache (F.)
rzecz (F.) zużywalna verbrauchbare Sache (F.)
rzeczniczka (F.) rządu Regierungssprecherin (F.)
rzecznik (M.) Sachwalter (M.), Sprecher (M.)
rzecznik (M.) generalny Generalanwalt (M.)
rzecznik (M.) interesu publicznego przy federalnym sądzie administracyjnym Oberbundesanwalt (M.)
rzecznik (M.) patentowy Patentanwalt (M.)
rzecznik (M.) rządu Regierungssprecher (M.)
rzeczowy (Adj.) dinglich, sachlich
rzeczoznawca (M.) Gutachter (M.), Sachverständiger (M.)
rzeczy (F.Pl.) ruchome przynależne do nieruchomości gruntowej Grundstückszubehör (N.)
rzeczywisty (Adj.) faktisch, real, tatsächlich
rzekoma obrona (F.) konieczna Putativnotwehr (F.)
rzekome niebezpieczeństwo (N.) Putativgefahr (F.)
rzekomy (Adj.) angeblich
rzemieślnik (M.) Handwerker (M.)
rzemieślnik (M.) pracujący na rzecz kogoś innego za wynagrodzeniem Lohnhandwerker (M.)
rzemiosło (N.) Handwerk (N.)
rzesza (F.) Reich (N.)
Rzesza (F.) Niemiecka Deutsches Reich (N.)
rzesza (F.) niemiecka Reich (N.) (Deutsches Reich 1871-1945)
rzetelność (F.) Fairness (F.), Redlichkeit (F.)
rzetelny (Adj.) fair, redlich
Rzym (M.) Rom
rzymski (Adj.) römisch

S

sabotaż (M.) Sabotage (F.)
sabotaż (M.) komputerowy Computersabotage (F.)
sabotować sabotieren
sadizm (M.) Sadismus (M.)
sakrament (M.) Sakrament (N.)
sakryleg (M.) Sakrileg (N.)
Saksonia (F.) Sachsen (N.)
Saksonia (F.) Dolna Niedersachsen (N.)
Saksonia-Anhalt (M.) Sachsen-Anhalt (N.)
saldo (N.) Saldo (M.)
saldo (N.) rozliczeniowe Abrechnungssaldo (M.)
saldować saldieren
sam selbst
samobójca (M.) Selbstmörder (M.)
samobójczyni (F.) Selbstmörderin (F.)
samobójstwo (N.) Freitod (M.), Selbstmord (M.), Selbsttötung (F.), Suizid (M.)
samochodowy transport (M.) towarów Güterkraftverkehr (M.)
samochód (M.) Auto (N.), Wagen (M.)
samochód (M.) najmowany Mietwagen (M.)
samochód (M.) osobowy Personenkraftwagen (N.)
samochód (M.) patrolowy Streifenwagen (M.)
samodostawa (F.) Selbstbelieferung (F.)
samodzielny (Adj.) selbständig
samodzielny (M.) Selbständiger (M.)
samolot (M.) Flugzeug (N.), Luftfahrzeug (N.)
samoobrona (F.) Selbstverteidigung (F.)
samopomoc (F.) Selbsthilfe (F.)
samorozwiązanie (N.) Lösung (F.), Selbstauflösung (F.)
samorząd (M.) Selbstverwaltung (F.)
samostanowienie (N.) Selbstbestimmung (F.)
samotnie wychowująca (F.) Alleinerziehende (F.)
samotnie wychowujący (M.) Alleinerziehender (M.)
samotny (M.) Junggeselle (M.)
samowola (F.) Eigenmacht (F.), Willkür (F.)
samowola (F.) niedozwolona verbotene Eigenmacht (F.)
samowolny (Adj.) eigenmächtig, willkürlich
samowstąpienie (N.) Selbsteintritt (M.)
samozwiązanie (N.) Selbstbindung (F.)
sankcja (F.) Sanktion (F.)
satysfakcja (F.) Genugtuung (F.), Satisfaktion (F.)
sąd (M.) Gericht (N.)
sąd (M.) administracyjny Verwaltungsgericht (N.)
sąd (M.) apelacyjny Appellationsgericht (N.)
sąd (M.) arbitrażowy Schiedsgericht (N.)
sąd (M.) cywilny Zivilgericht (N.)
sąd (M.) dla nieletnich Jugendgericht (N.)
sąd (M.) do spraw socjalnych Sozialgericht (N.)
sąd (M.) do spraw z tytułu najmu Mietgericht (N.)
sąd (M.) dotyczący działalności gospodarczych Gewerbegericht (N.)
sąd (M.) dyscyplinarny Disziplinargericht (N.)
sąd (M.) egzekucyjny Vollstreckungsgericht (N.)
sąd (M.) federalny Bundesgericht (N.)
sąd (M.) finansowy Finanzgericht (N.)
sąd (M.) gminny Gemeindegericht (N.)
sąd (M.) handlowy Handelsgericht (N.)
sąd (M.) honorowy Ehrengericht (N.)
sąd (M.) karny Strafgericht (N.)
sąd (M.) kolegialny Kollegialgericht (N.)
sąd (M.) konstytucyjny Verfassungsgericht (N.)
sąd (M.) krajowy Landgericht (N.)
sąd (M.) kupiecki Kaufmannsgericht (N.)
sąd (M.) lokalny Ortsgericht (N.)
sąd (M.) ławniczy Schöffengericht (N.)
sąd (M.) morski Seegericht (N.)
sąd (M.) najwyższy Höchstgericht (N.), Oberster Gerichtshof (M.)
sąd (M.) najwyższy rzeszy Reichsgericht (N.)
sąd (M.) niewypłacalności Insolvenzgericht (N.)
sąd (M.) okręgowy Bezirksgericht (N.)
sąd (M.) opiekuńczy Vormundschaftsgericht (N.)
sąd (M.) patentowy Patentgericht (N.)
sąd (M.) patrymonialny Patrimonialgericht (N.)
sąd (M.) pierwszej instancji Wspólnot Europejskich Gericht (N.) erster Instanz der Europäischen Gemeinschaften
sąd (M.) polubowny Schiedsgericht (N.)
sąd (M.) powiatowy Kreisgericht (N.)

sąd (M.) pozorny Scheingericht (N.)
sąd (M.) pracy Arbeitsgericht (N.)
sąd (M.) procesowy Prozessgericht (N.)
sąd (M.) przysięgłych Schwurgericht (N.)
sąd (M.) rejestrowy Registergericht (N.)
sąd (M.) rejonowy Amtsgericht (N.)
sąd (M.) rewizyjny Berufungsgericht (N.), Revisionsgericht (N.)
sąd (M.) rodzinny Familiengericht (N.)
sąd (M.) rozpatrujący rewizje nadzwyczajne Revisionsgericht (N.)
sąd (M.) rozpoznający środek prawny Rechtsmittelgericht (N.)
sąd (M.) spadkowy Nachlassgericht (N.)
sąd (M.) specjalny Sondergericht (N.)
sąd (M.) wojenny Kriegsgericht (N.)
sąd (M.) wyjątkowy Ausnahmegericht (N.)
sądowe zabezpieczenie (N.) mienia Arrest (M.)
sądownictwo (N.) Gerichtsbarkeit (F.)
sądownictwo (N.) administracyjne Verwaltungsgerichtsbarkeit (F.)
sądownictwo (N.) finansowe Finanzgerichtsbarkeit (F.)
sądownictwo (N.) nieprocesowe freiwillige Gerichtsbarkeit (F.)
sądownictwo (N.) niesporne freiwillige Gerichtsbarkeit (F.)
sądownictwo (N.) patrymonialne Patrimonialgerichtsbarkeit (F.)
sądownictwo (N.) polubowne Arbitrage (F.)
sądownictwo (N.) powszechne ordentliche Gerichtsbarkeit (F.)
sądownictwo (N.) socjalne Sozialgerichtsbarkeit (F.)
sądownictwo (N.) sporne streitige Gerichtsbarkeit (F.)
sądownictwo (N.) w sprawach cywilnych Zivilgerichtsbarkeit (F.)
sądowy (Adj.) forensisch, gerichtlich
sądowy nakaz (M.) karny Strafbefehl (M.)
sądowy wyrok (M.) śmierci oparty na błędzie Justizmord (M.)
sądzić meinen, richten
sąsiad (M.) Nachbar (M.)
scalanie (N.) Umlegung (F.)
scalanie (N.) gruntów Flurbereinigung (F.)
scedować abtreten
schemat (M.) Schema (N.)
schemat (M.) egzaminacyjny Prüfungsschema (N.)
schizma (F.) Schisma (N.)
schizofrenia (F.) Schizophrenie (F.)
schizofreniczny (Adj.) schizophren (Adj.)
schowanie (N.) Aufbewahrung (F.)
schronisko (N.) Herberge (F.)
schwytany (Adj.) gefangen
secesja (F.) Sezession (F.)
sedno (N.) Wesen (N.)
segregacja (F.) rasowa Rassentrennung (F.)
sejf (M.) Schließfach (N.)
sejm (M.) Sejm (M.) (Parlament in Polen)
sekcja (F.) Abteilung (F.), Departement (N.), Dezernat (N.), Sektion (F.)
sekcja (F.) zwłok Autopsie (F.), Leichenöffnung (F.)
sekretariat (M.) Geschäftsstelle (F.), Sekretariat (N.)
sekretariusz (M.) legacyjny Legationssekretär (M.)
sekretarka (F.) Sekretärin (F.)
sekretarz (M.) Sekretär (M.), Urkundsbeamter (M.)
sekretarz (M.) generalny Generalsekretär (M.)
sekretarz (M.) stanu Staatssekretär (M.)
seks (M.) Sex (M.)
seksualny (Adj.) geschlechtlich, sexuell
sekta (F.) Sekte (F.)
sektor (M.) Sektor (M.)
sekularyzacja (F.) Säkularisation (F.)
sekularyzować säkularisieren
sekwestr (M.) Sequestration (F.)
sekwestrować sequestrieren
semestr (M.) Semester (N.)
seminarium (N.) Seminar (N.)
senat (M.) Senat (M.)
senat (M.) cywilny Zivilsenat (M.)
senat (M.) karny Strafsenat (M.)
senat (M.) wspólny gemeinsamer Senat (M.)
senator (M.) Senator (M.)
sens (M.) Zweck (M.)
sentencja (F.) aktu oskarżenia Anklagesatz (M.)
sentencja (F.) wyroku Tenor (M.), Urteilsformel (F.), Urteilstenor (M.)
separacja (F.) Getrenntleben (N.), Trennung (F.)
separowany (Adj.) getrennt
serce (N.) Herz (N.)
sesja (F.) Session (F.), Sitzungsperiode (F.), Tagung (F.)

sesja (F.) wyjazdowa Lokaltermin (M.)
sędzia (M.) Richter (M.)
sędzia (M.) członek Beisitzer (M.)
sędzia (M.) delegowany beauftragter Richter (M.)
sędzia (M.) dla nieletnich Jugendrichter (M.)
sędzia (M.) do spraw cywilnych Zivilrichter (M.)
sędzia (M.) do spraw karnych Strafrichter (M.)
sędzia (M.) dodatkowy Hilfsrichter (M.)
sędzia (M.) Federalnego Sądu Konstytucyjnego Bundesverfassungsrichter (M.)
sędzia (M.) federalny Bundesrichter (M.)
sędzia (M.) handlowy Handelsrichter (M.)
sędzia (M.) karnista Strafrichter (M.)
sędzia (M.) niezawodowy Laienrichter (M.)
sędzia (M.) okręgowy Bezirksrichter (M.)
sędzia (M.) orzekający Spruchrichter (M.)
sędzia (M.) orzekający jednoosobowo Einzelrichter (M.)
sędzia (M.) pokoju Friedensrichter (M.), Schiedsmann (M.)
sędzia (M.) polubowny Schiedsrichter (M.)
sędzia (M.) przewodniczący vorsitzender Richter (M.)
sędzia (M.) przysięgły Geschworener (M.)
sędzia (M.) rezerwowy Hilfsrichter (M.)
sędzia (M.) sprawozdawca Berichterstatter (M.)
sędzia (M.) śledczy Ermittlungsrichter (M.), Untersuchungsrichter (M.)
sędzia (M.) ustawowy gesetzlicher Richter (M.)
sędzia (M.) wezwany ersuchter Richter (M.)
sędzia (M.) wotant Beisitzer (M.)
sędzia (M.) wyższego stopnia Oberrichter (M.)
sędzia (M.) zawodowy Berufsrichter (M.)
sędzia (M.) zwierzchni Oberrichter (M.)
sędzia-cywilista (M.) Zivilrichter (M.)
sędzina (F.) dodatkowa Hilfsrichterin (F.)
sędzina (F.) Federalnego Sądu Konstytucyjnego Bundesverfassungsrichterin (F.)
sędzina (F.) orzekająca jednoosobowo Einzelrichterin (F.)
sędzina (F.) rezerwowa Hilfsrichterin (F.)
sędzina (F.) samodzielna Einzelrichterin (F.)
sędziowie (M.Pl.) Richterschaft (F.)
sędziowske badanie (N.) podstaw aresztowania richterliche Haftprüfung (F.)
sędziowski (Adj.) richterlich
sfałszowanie (N.) Verfälschung (F.)
sfera (F.) Sphäre (F.)
sfera (F.) działania eigener Wirkungskreis (M.), Wirkungskreis (M.)
sfera (F.) intymna Intimsphäre (F.)
sfera (F.) prywatna Privatsphäre (F.)
sformułować fassen, formulieren
sformułowanie (N.) Fassung (F.), Formulierung (F.)
sieć (F.) Netz (N.)
sieć (F.) cyfrowa zintegrowanych usług ISDN ISDN (N.) (Dienste integrierendes digitales Netz)
siedzenie (N.) Sitz (M.)
siedziba (F.) Sitz (M.)
siedziba (F.) filii Zweigniederlassung (F.)
siepacz (M.) Büttel (M.)
sierota (M. bzw. F.) Waise (M. bzw. F.)
siew (M.) Saat (F.)
sięgnięcie (N.) Rückgriff (M.)
silny potent
siła (F.) Kraft (F.), Macht (F.)
siła (F.) robocza Arbeitskraft (F.)
siła (F.) wyższa höhere Gewalt (F.)
singularny (Adj.) einzeln
siostra (F.) Schwester (F.)
siostra (F.) przyrodnia Stiefschwester (F.)
siostrzenica (F.) Nichte (F.)
skakać springen
skaleczyć verletzen
skalować graduieren
skaperować kapern
skarb (M.) Schatz (M.)
skarb (M.) państwa Fiskus (F.)
skarga (F.) Beschwerde (F.), Erinnerung (F.)
skarga (F.) do Federalnego Sądu Konstytucyjnego w sporze pomiędzy organami federalnymi Organklage (F.)
skarga (F.) konstytucyjna Verfassungsbeschwerde (F.)
skarga (F.) na czynności komornika Vollstreckungsmaßnahme (F.)
skarga (F.) nie opiewająca na zwrot świadczenia Nichtleistungskondiktion (F.)
skarga (F.) o zwrot Herausgabeklage (F.)
skarga (F.) o zwrot świadczenia Leistungskondiktion (F.)
skarga (F.) posesoryjna possessorische Klage (F.)
skarga (F.) powszechna Popularklage (F.)

skarżyć belangen, beschweren (beklagen)
skasować abschaffen
skazać verurteilen
skazanie (N.) Verurteilung (F.)
skazany (M.) Sträfling (M.), Verurteilter (M.)
skierować einweisen
skierować dalej weiterverweisen
skierowanie (N.) Einweisung (F.)
sklasyfikować einstufen
sklasyfikowanie (N.) Einstufung (F.)
sklep (M.) Handlung (F.), Laden (M.)
skład (M.) Lagerhaus (N.), Magazin (N.), Satz (M.)
skład (M.) orzekający Spruchkörper (M.)
składać abgeben
składać się beitragen, bestehen
składający (M.) na przechowanie Hinterleger (M.)
składający (M.) zażalenie Beschwerdeführer (M.)
składka (F.) Beitrag (M.), Prämie (F.)
składka (F.) na ubezpieczenia społeczne Sozialversicherungsbeitrag (M.)
składka (F.) obowiązkowa Pflichtbeitrag (M.)
składka (F.) solidarnościowa Solidaritätsbeitrag (M.)
składka (F.) ubezpieczeniowa Versicherungsprämie (F.)
składować lagern
skłonić verleiten
skłonność (F.) Neigung (F.), Trieb (M.)
skłonność (F.) szkodliwa schädliche Neigung (F.)
skodyfikować kodifizieren
skojarzenie (N.) Assoziation (F.)
skok (M.) Sprung (M.)
skonfiskować einziehen, konfiszieren
skonsolidować konsolidieren
skonstruować konstruieren
skonsumować verbrauchen
skonto (N.) Skonto (N.)
skorumpować korrumpieren
skorumpowany (Adj.) korrupt
skracać kürzen
skrajny (Adj.) extrem
skreślenie (N.) Löschung (F.), Tilgung (F.)
skreślić löschen, streichen, tilgen
skrępować fesseln
skrócenie (N.) Abkürzung (F.)
skrócić abkürzen
skrót (M.) Abkürzung (F.)
skrót (M.) podpisu Paraphe (F.)
skrucha (F.) Reue (F.)
skrycie heimlich
skryć verbergen
skrypt (M.) Skript (N.)
skryptum (N.) Skriptum (N.)
skrytka (F.) bankowa Schließfach (N.)
skrytobójca (M.) Meuchelmörder (M.)
skrytobójstwo (N.) Meuchelmord (M.)
skryty (Adj.) verborgen
skrzywdzić beeinträchtigen
skrzyżowanie (N.) Kreuzung (F.)
skupiający (Adj.) kumulativ
skuteczność (F.) Effizienz (F.), Wirksamkeit (F.)
skuteczność (F.) wobec osób trzecich Drittwirkung (F.)
skuteczny (Adj.) effektiv, wirksam
skutek (M.) Auswirkung (F.), Erfolg (M.), Ergebnis (N.), Folge (F.), Wirkung (F.)
skutek (M.) dewolutywny Devolutiveffekt (M.)
skutek (M.) prawny Rechtsfolge (F.)
skutek (M.) uboczny Nebenfolge (F.)
skutek (M.) zawarcia małżeństwa Ehewirkung (F.)
skutek (M.) zawieszający aufschiebende Wirkung (F.), Suspensiveffekt (M.)
skutkowy (Adj.) erfolgsqualifiziert
słoma (F.) Stroh (N.)
słońce (N.) Sonne (F.)
słownie verbal, wörtlich
słowny (Adj.) verbal
słowo (N.) Wort (N.)
słowo (N.) honoru Ehrenwort (N.)
słowo (N.) wstępne Vorspruch (M.)
słuch (M.) Gehör (N.)
słuchać folgen, gehorchen, hören
sługa (M.) Diener (M.), Dienstbote (M.)
słuszność (F.) Billigkeit (F.)
służący dobru powszechnemu gemeinnützig
służba (F.) Dienst (M.)
służba (F.) egzekucyjna Vollzugsdienst (M.)
służba (F.) państwowa Staatsdienst (M.)
służba (F.) publiczna öffentlicher Dienst (M.)
służba (F.) tajna Geheimdienst (M.)
służba (F.) wojskowa Kriegsdienst (M.), Wehrdienst (M.)
służba (F.) wykonawcza Vollzugsdienst (M.)
służba (F.) zagraniczna auswärtiger Dienst (M.)

służba (F.) zastępcza Ersatzdienst (M.), Zivildienst (M.)
służbowy (Adj.) dienstlich, geschäftlich, geschäftsmäßig
służebność (F.) Dienstbarkeit (F.), Servitut (F.)
służebność (F.) budowa Baulast (F.)
służebność (F.) gruntowa Grunddienstbarkeit (F.)
służebność (F.) legalna Legalservitut (F.)
służebność (F.) mieszkalna Wohnrecht (N.)
służebność (F.) osobista mieszkania Wohnrecht (N.), Wohnungsrecht (N.)
służebność (F.) publiczna öffentliche Dienstbarkeit (F.)
służebność (F.) publicznoprawna budowy i utrzymania dróg Straßenbaulast (F.)
służebność (F.) ustawowa Legalservitut (F.)
służyć dienen, nützen
słyszeć hören
słyszenie (N.) Hörensagen (N.)
smak (M.) Geschmack (M.)
smarować schmieren
smog (M.) Smog (M.)
sobór (M.) Konzil (N.)
sobór (M.) watykański Vatikanisches Konzil (N.)
socjalista (M.) Sozialist (M.)
socjalistyczny (Adj.) sozialistisch
socjalizm (M.) Sozialismus (M.)
socjalne budownictwo (N.) mieszkaniowe sozialer Wohnungsbau (M.)
socjalne prawo (N.) administracyjne Sozialverwaltungsrecht (N.)
socjalny (Adj.) sozial
socjologia (F.) Soziologie (F.)
socjologia (F.) prawa Rechtssoziologie (F.)
sodomia (F.) Sodomie (F.)
soft law (N.) (engl.) soft law (N.) (engl.)
software (N.) (engl.) Software (F.) (engl.)
sojusz (M.) Allianz (F.), Bund (M.), Bündnis (N.)
solidarność (F.) Solidarität (F.)
solidarność (F.) wierzycieli Gesamtgläubigerschaft (F.)
solidarny (Adj.) gesamt, gesamtschuldnerisch, solidarisch
solidność (F.) Bonität (F.)
solidny (Adj.) redlich
sp. z o. o. i wspólnicy – spółka (F.) komandytowa GmbH & Co. KG (F.)
spadać fallen
spadek (M.) Abnahme (F.), Einbruch (M.), Erbe (N.), Erbschaft (F.), Gefälle (N.) (Geländeneigung), Nachlass (M.), Neigung (F.), Verlassenschaft (F.)
spadek (M.) końcowy Schlusserbe (M.)
spadek (M.) następczy Nacherbschaft (F.)
spadek (M.) wcześniejszy Vorerbschaft (F.)
spadkobierca (M.) Erbe (M.), Universalerbe (M.)
spadkobierca (M.) następczy Nacherbe (M.)
spadkobierca (M.) podstawiony Ersatzerbe (M.)
spadkobierca (M.) pozorny Scheinerbe (M.)
spadkobierca (M.) prawny Intestaterbe (M.)
spadkobierca (M.) ustawowy Intestaterbe (M.)
spadkobierca (M.) wcześniejszy Vorerbe (M.)
spadkobierczyni (F.) Erbin (F.)
spadkobranie (N.) dalsze Nacherbfolge (F.)
spadkodawca (M.) Erblasser (M.)
spadkodawca (M.) testamentowy Testator (M.)
spadkodawczyni (F.) Erblasserin (F.)
spaść na sąsiednią nieruchomość überfallen
specjalista (M.) Spezialist (M.)
specjalne pełnomocnictwo (N.) handlowe Spezialhandlungsvollmacht (F.)
specjalność (F.) Fach (N.), Spezialität (F.)
specjalny (Adj.) Sonder-, Spezial-
specjalny element (M.) winy spezielles Schuldmerkmal (N.)
specyfikacja (F.) Spezifikation (F.)
spedycja (F.) Spedition (F.)
spedytor (M.) Spediteur (M.)
spekulacja (F.) Spekulation (F.)
spekulant (M.) Spekulant (M.)
spekulować spekulieren
spełniać nachkommen
spełniający przesłanki wpisu eintragungsfähig
spełnić erfüllen, verrichten
spełnić świadczenie leisten
spełnienie (N.) Erfüllung (F.), Verrichtung (F.)
spełnienie (N.) świadczenia Leistung (F.)
spełnienie (N.) wymagań koniecznych do przyjęcia na studia wyższe Hochschulreife (F.)
spełznąć na niczym scheitern
spieniężenie (N.) rzeczy zastawionej Pfandverwertung (F.)

spierać (się) streiten
spiętrzenie (N.) Stau (M.)
spis (M.) Liste (F.), Verzeichnis (N.)
spis (M.) dłużników Schuldnerverzeichnis (N.)
spis (M.) miejscowości Ortsverzeichnis (N.)
spisać abfassen, aufzeichnen (mitschreiben)
spisać protokół awarii morskiej verklaren
spisanie (N.) protokołu awarii morskiej Verklarung (F.)
spisek (M.) Komplott (N.), Verschwörung (F.)
spiskować konspirieren, verschwören
spiskowiec (M.) Verschwörer (M.)
splitting (N.) (engl.) Splitting (N.) (engl.)
splitting (M.) rent (engl.) Rentensplitting (N.)
spłacać abzahlen, amortisieren, tilgen
spłacalny (Adj.) ablösbar
spłacanie (N.) Ablösung (F.) (Tilgung)
spłacanie (N.) długów Schuldentilgung (F.)
spłacenie (N.) Ablösung (F.) (Tilgung), Tilgung (F.)
spłacenie (N.) długów Schuldentilgung (F.)
spłacić ablösen (tilgen), abzahlen, auszahlen, zurückzahlen
spłata (F.) Abgeltung (F.), Abzahlung (F.), Amortisation (F.), Auszahlung (F.), Rückzahlung (F.), Tilgung (F.)
spłata (F.) długów Schuldentilgung (F.)
spoczywać ruhen
spokój (M.) Ruhe (F.)
spokój (M.) publiczny Landfriede (M.)
spokrewniony (Adj.) blutsverwandt, verwandt
spolegliwość (F.) Zuverlässigkeit (F.)
spolegliwy (Adj.) zuverlässig
społeczeństwo (N.) Gesellschaft (F.)
społeczna inicjatywa (F.) ustawodawcza Volksbegehren (N.)
społeczne zobowiązanie (N.) Sozialbindung (F.)
społeczność (F.) Gemeinwesen (N.), Gesellschaft (F.)
społeczny (Adj.) gesellschaftlich, sozial
sponsor (M.) Sponsor (M.) (engl.)
sponsoring (M.) (engl.) Sponsoring (N.) (engl.)
sporny (Adj.) streitig, strittig, umstritten
sport (M.) Sport (M.)
spory (M.Pl.) prawne wynikające z postępowania wywłaszczającego Baulandsachen (F.Pl.)
sporządzenie (N.) Abfassung (F.), Ausfertigung (F.)
sporządzenie (N.) dokumentu Beurkundung (F.)
sporządzenie (N.) fałszywego dokumentu Falschbeurkundung (F.)
sporządzić abfassen, anlegen (einsetzen), ausfertigen, verfassen
sporządzić projekt entwerfen
sporządzić testament testieren
sporządzić urzędowo beurkunden
sposobność (F.) Anlass (M.), Gelegenheit (F.)
sposób (M.) Art (F.) (Gattung)
sposób (M.) rozpatrywania Betrachtungsweise (F.)
spostrzegać bemerken, merken
spostrzeżenie (N.) Bemerkung (F.)
spotwarzać diffamieren
spotwarzenie (N.) Verächtlichmachung (F.)
spotwarzyć verächtlichmachen, verleumden
spowinowacony (Adj.) verschwägert
spowodować verursachen
spowodowanie (N.) Verursachung (F.)
spożycie (N.) Genuss (M.), Konsum (M.), Verbrauch (M.)
spożywanie (N.) Genuss (M.)
spółdzielczy genossenschaftlich
spółdzielnia (F.) Genossenschaft (F.)
spółdzielnia (F.) łowiecka Jagdgenossenschaft (F.)
spółdzielnia (F.) spożywców Konsumgenossenschaft (F.)
spółdzielnia (F.) zarejestrowana eingetragene Genossenschaft (F.)
spółka (F.) Gesellschaft (F.)
spółka (F.) akcyjna Aktiengesellschaft (F.)
spółka (F.) amatorska Partenreederei (F.)
spółka (F.) handlowa Handelsgesellschaft (F.)
spółka (F.) holdingowa Beteiligungsgesellschaft (F.), Dachgesellschaft (F.), Holdinggesellschaft (F.)
spółka (F.) inwestująca Investmentgesellschaft (F.), Kapitalanlagegesellschaft (F.)
spółka (F.) kapitałowa Kapitalgesellschaft (F.)
spółka (F.) kapitałowa bezosobowa Keinmanngesellschaft (F.)
spółka (F.) kapitałowa jednoosobowa Einmanngesellschaft (F.)
spółka (F.) komandytowa Kommanditgesellschaft (F.)

spółka (F.) masowa z nieoznaczoną liczbą członków Publikumsgesellschaft (F.)
spółka (F.) okolicznościowa Gelegenheitsgesellschaft (F.)
spółka (F.) osobowa Personalgesellschaft (F.)
spółka (F.) osobowa istniejąca bez umomy faktische Gesellschaft (F.)
spółka (F.) osobowa istniejąca w oparciu o nieważną umowę faktische Gesellschaft (F.)
spółka (F.) powiernicza Treuhandgesellschaft (F.)
spółka (F.) prawa cywilnego Gesellschaft (F.) des bürgerlichen Rechts
spółka (F.) przedsiębiorców Unternehmergesellschaft (F.)
spółka (F.) realizacji praw autorskich Verwertungsgesellschaft (F.)
spółka (F.) rodzinna Familiengesellschaft (F.)
spółka (F.) wewnętrzna Innengesellschaft (F.)
spółka (F.) własnościowa Eigengesellschaft (F.)
spółka (F.) wodna Wasserverband (M.)
spółka (F.) wolnych zawodów Sozietät (F.)
spółka (F.) z ograniczoną odpowiedzialnością Gesellschaft (F.) mit beschränkter Haftung, GmbH (F.) (Gesellschaft mit beschränkter Haftung)
spółka (F.) założycielska Gründungsgesellschaft (F.), Vorgesellschaft (F.)
spółka (F.) zewnętrzna Außengesellschaft (F.)
spółka-córka (F.) Tochtergesellschaft (F.)
spółka-matka (F.) Muttergesellschaft (F.)
spółkowanie (N.) Geschlechtsverkehr (M.)
spór (M.) Streit (M.), Streitigkeit (F.)
spór (M.) konstytucyjny Verfassungsstreitigkeit (F.)
spór (M.) między organami Organstreit (M.)
spór (M.) o pozycję wierzyciela Prätendentenstreit (M.)
spór (M.) o właściwość Kompetenzkonflikt (M.)
spór (M.) prawny Rechtsstreitigkeit (F.), Sache (F.)
spór (M.) prawny w sprawach handlowych Handelssache (F.)
spór (M.) prawny wynikający z postępowania wywłaszczającego Baulandsache (F.)
spór (M.) z zakresu prawa publicznego öffentlichrechtliche Streitigkeit (F.)
sprawa (F.) Angelegenheit (F.), Geschäft (N.), Sache (F.)
sprawa (F.) dotycząca statusu dzieci Kindschaftssache (F.)
sprawa (F.) federalna Bundesangelegenheit (F.)
sprawa (F.) karna o znikonym niebezpieczeństwie społecznym Bagatelldelikt (N.)
sprawa (F.) karna w toku Strafsache (F.)
sprawa (F.) kryminalna Kriminalsache (F.)
sprawa (F.) małżeńska Ehesache (F.)
sprawa (F.) opiekuńcza Vormundschaftssache (F.)
sprawa (F.) podatkowa Steuersache (F.)
sprawa (F.) rodzinna Familiensache (F.)
sprawa (F.) spadkowa Nachlasssache (F.)
sprawa (F.) stowarzyszenia Vereinssache (F.)
sprawa (F.) wakacji Feriensache (F.)
sprawa (F.) z zakresu prawa cywilnego Zivilsache (F.)
sprawa (F.) zagraniczna auswärtige Angelegenheit (F.)
sprawa (F.) zlecona Auftragsangelegenheit (F.), Auftragsgeschäft (N.)
sprawca (M.) Einheitstäter (M.), Stifter (M.), Täter (M.), Übeltäter (M.), Verursacher (M.)
sprawca (M.) czynu karalnego Straftäter (M.)
sprawca (M.) główny Haupttäter (M.)
sprawca (M.) okolicznościowy Gelegenheitstäter (M.)
sprawca (M.) pośredni mittelbarer Täter (M.)
sprawca (M.) szkody Schädiger (M.)
sprawca (M.) uboczny Nebentäter (M.)
sprawca (M.) z przekonania Überzeugungstäter (M.)
sprawca (M.) zza biurka Schreibtischtäter (M.)
sprawdzać überprüfen
sprawdzanie (N.) czyjejś tożsamości Legitimierung (F.)
sprawdzenie (N.) Revision (F.)
sprawdzić bewähren
sprawiać bewirken
sprawić machen
sprawiedliwość (F.) Gerechtigkeit (F.)
sprawiedliwość (F.) przypadku Fallgerechtigkeit (F.)
sprawiedliwy (Adj.) gerecht
sprawny (Adj.) technicznie fahrtüchtig
sprawować funkcję fungieren
sprawowanie (N.) Ausübung (F.), Verrichtung (F.)

sprawozdanie (N.) Bericht (M.), Rechenschaft (F.)
sprawozdanie (N.) roczne Jahresbericht (M.)
sprawozdanie (N.) z działalności Geschäftsbericht (M.), Rechenschaftsbericht (N.)
sprawozdawca (M.) Berichterstatter (M.)
sprawozdawczość (F.) finansowa Rechnungslegung (F.)
sprawstwo (N.) Täterschaft (F.)
sprawstwo (N.) wieloosobowe Mehrtäterschaft (F.)
sprawunek (M.) Einkauf (M.)
sprawy (F.Pl.) zagraniczne auswärtige Angelegenheiten (F.Pl.)
sprezentować verschenken
sprostować aufklären, berichtigen
sprostowanie (N.) Berichtigung (F.), Delkredere (N.)
sprostowanie (N.) wpisu w księdze wieczystej Grundbuchberichtigung (F.)
sprostowanie (N.) wyliczenia wartości Wertberichtigung (F.)
sprowadzać beziehen
sprowadzający (M.) niebezpieczeństwo Störer (M.)
sprowadzający (M.) niebezpieczeństwo poprzez działanie Handlungsstörer (M.)
sprowadzający (M.) niebezpieczeństwo ze względu na stan rzeczy Zustandsstörer (M.)
sprowadzenie (N.) Bezug (M.)
sprzeciw (M.) Einspruch (M.), Einwand (M.)
sprzeciw (M.) dyplomatyczny Demarche (F.)
sprzeciw (M.) osoby trzeciej Drittwiderspruch (M.)
sprzeciwiać einwenden
sprzeczne (Adj.) z prawem europejskim europarechtswidrig
sprzeczne z prawem umawianie (N.) się Kollusion (F.)
sprzeczność (F.) Gegensatz (M.), Inkompatibilität (F.), Unvereinbarkeit (F.), Widerspruch (M.)
sprzeczność (F.) z dobrymi obyczajami Sittenwidrigkeit (F.)
sprzeczność (F.) z konstytucją Verfassungswidrigkeit (F.)
sprzeczność (F.) z prawem Rechtswidrigkeit (F.)
sprzeczność (F.) z prawem europejskim Europarechtswidrigkeit (F.)
sprzeczność (F.) z ustawą Gesetzwidrigkeit (F.)
sprzeczny (Adj.) inkompatibel, unvereinbar, widersprüchlich
sprzeczny z dobrymi obyczajami sittenwidrig
sprzeczny z konstytucją verfassungswidrig
sprzeczny z prawem rechtswidrig
sprzeczny z przepisem vorschriftswidrig
sprzeczny z ustawą gesetzwidrig
sprzedać umsetzen, veräußern, verkaufen
sprzedać za bezcen verschleudern
sprzedający (M.) Verkäufer (M.)
sprzedajność (F.) Bestechlichkeit (F.)
sprzedajny (Adj.) bestechlich, korrupt
sprzedawanie (N.) za bezcen Verschleuderung (F.)
sprzedawca (M.) Verkäufer (M.)
sprzedawczyni (F.) Verkäuferin (F.)
sprzedaż (F.) Absatz (M.) (Verkauf), Veräußerung (F.), Verkauf (M.), Vertrieb (M.)
sprzedaż (F.) aukcyjna Subhastation (F.)
sprzedaż (F.) konsumencka Verbrauchsgüterkauf (M.)
sprzedaż (F.) rzeczy zastawionej Pfandverkauf (M.)
sprzedaż (F.) w przypadku zwłoki wierzyciela w odbiorze świadczenia Selbsthilfeverkauf (M.)
sprzedaż (F.) wysyłkowa Versendungskauf (M.)
sprzedaż (F.) z wolnej ręki freihändiger Verkauf (M.)
sprzeniewierzenie (N.) Unterschlagung (F.), Veruntreuung (F.)
sprzeniewierzyć unterschlagen (V.), veruntreuen
sprzęt (M.) Gerät (N.)
sprzęt (M.) domowy Hausrat (M.)
sprzyjająca okazja (F.) Opportunität (F.)
sprzyjający günstig
sprzymierzać się koalieren
sprzysiąc verschwören
sprzysiężenie (N.) Verschwörung (F.)
spuścizna (F.) Nachlass (M.)
spychać drängen
stabilizacja (F.) Konsolidation (F.)
stabilność (F.) Stabilität (F.)
stabilny (Adj.) stabil
stacja (F.) Station (F.)
stacjonować stationieren

stać stehen
stado (N.) Herde (F.)
stałe miejsce (N.) zamieszkania Domizil (N.)
stałość (F.) Bestand (M.)
stały (Adj.) fest, fix, ständig
stan (M.) Beschaffenheit (F.), Bestand (M.), Kondition (F.), Stand (M.), Status (M.), Verfassung (F.), Zustand (M.)
stan (M.) cywilny Familienstand (M.), Personenstand (M.)
stan (M.) faktyczny Sachverhalt (M.), Tatbestand (M.)
stan (M.) federalny Bundesstaat (M.)
stan (M.) konieczności państwowej Staatsnotstand (M.)
stan (M.) konta Kontostand (M.)
stan (M.) prawny Rechtslage (F.), Rechtszustand (M.)
stan (M.) równości urodzeniem Ebenbürtigkeit (F.)
stan (M.) spoczynku Ruhestand (M.)
stan (M.) sprawy wynikający z akt Aktenlage (F.)
stan (M.) szlachecki Adelsstand (M.)
stan (M.) wyjątkowy Ausnahmezustand (M.), Notstand (M.)
stan (M.) wyższej konieczności Notstand (M.)
stan (M.) wyższej konieczności dotyczący zmuszania Nötigungsnotstand (M.)
stan (M.) wyższej konieczności legislacyjnej Gesetzgebungsnotstand (M.)
stan (M.) wyższej konieczności ponad prawem übergesetzlicher Notstand (M.)
stan (M.) wyższej koniecznósci usprawiedliwiający popełnienie czynu entschuldigender Notstand (M.)
stan (M.) zawieszenia Schwebezustand (M.)
standard (M.) Standard (M.)
stanowić sumę belaufen
stanowisko (N.) Stand (M.), Standort (M.), Standpunkt (M.), Stelle (F.), Stellung (F.)
stanowisko (N.) oparte na zaufaniu Vertrauensstellung (F.)
stanowisko (N.) planowe Planstelle (F.)
stanu wolnego ledig
Stany (M.Pl.) Zjednoczone Ameryki Vereinigte Staaten von Amerika (M.Pl.)
starać bewerben
starać się zawczasu vorsorgen
starający (M.) Bewerber (M.)
staranność (F.) Sorgfalt (F.)
staranny (Adj.) sorgfältig
starczać hinreichen
starosta (M.) Landrat (M.)
starosta (M.) okręgowy Bezirkshauptmann (M.) (Bezirkshauptmann in Österreich)
starostwo (N.) Landratsamt (N.)
statek (M.) Schiff (N.)
status (M.) (lat.) status (M.) quo (lat.)
status (M.) Status (M.)
status (M.) dzieci Kindschaft (F.)
status (M.) osobowy Personalstatut (N.)
statut (M.) Satzung (F.), Statut (N.)
statut (M.) główny Hauptsatzung (F.)
statut (M.) gminny Gemeindesatzung (F.)
statut (M.) okupacyjny Besatzungsstatut (N.)
statut (M.) studencki Studienordnung (F.)
statut (M.) umowy Vertragsstatut (N.)
statyczny (Adj.) statistisch
statystyka (F.) Statistik (F.)
statystyka (F.) kryminalna Kriminalstatistik (F.)
stawiać stellen
stawić się erscheinen
stawienie (N.) się Erscheinen (N.)
stawiennictwo (N.) Erscheinen (N.)
stawka (F.) Satz (M.)
stawka (F.) dla pracowników federalnych Bundesangestelltentarif (M.)
stawka (F.) dzienna Tagessatz (M.)
stawka (F.) podatkowa Steuersatz (M.)
stawka (F.) podatku gruntowego i podatku od działalności gospodarczej Hebesatz (M.)
stawka (F.) podstawowa Regelsatz (M.)
stawka (F.) za opiekę Pflegesatz (M.)
stawka (F.) zakładowa Werkstarif (M.)
staż (M.) pracy Dienstzeit (F.)
staż (M.) służbowy Dienstzeit (F.)
stażysta (M.) Anwärter (M.)
stempel (M.) Stempel (M.)
stemplować stempeln
sterować lenken, steuern
sterowanie (N.) ogólne Gesamtsteuerung (F.)
sterylizacja (F.) Sterilisation (F.)
sterylny (Adj.) steril (keimfrei)
sterylować sterilisieren
sto hundert
stoisko (N.) Stand (M.)
stolica (F.) Hauptstadt (F.)
Stolica (F.) Apostolska Heiliger Stuhl (M.)

stomatolog (M.) Zahnarzt (M.)
stopa (F.) Fuß (M.), Quote (F.), Rate (F.)
stopa (F.) dyskontowa Diskontsatz (M.)
stopa (F.) procentowa Zinssatz (M.)
stopień (M.) Grad (M.), Note (F.), Rang (M.), Stufe (F.)
stopień (M.) akademicki Hochschulgrad (M.)
stopień (M.) doktora Doktorgrad (M.)
stopień (M.) doktorski Doktorgrad (M.)
stopień (M.) opieki Pflegestufe (F.)
stopień (M.) służbowy Dienstgrad (M.)
stopniowy (Adj.) gradual
stopniowy rozwój (M.) wypadków Geschehen (N.)
storno (N.) Storno (N.)
stornować stornieren
stosować richten
stosować dumping Dumping betreiben
stosować karę cielesną züchtigen
stosować się do czegoś nachkommen
stosowanie (N.) Anwendung (F.)
stosowanie (N.) prawa Rechtsanwendung (F.)
stosowny angemessen, gelegen, richtig
stosunek (M.) Beziehung (F.), Rate (F.), Relation (F.), Verhältnis (N.), Verkehr (M.)
stosunek (M.) do użytkowania Benutzungsverhältnis (N.)
stosunek (M.) dotacji Zuwendungsverhältnis (N.)
stosunek (M.) dotyczący stanu spoczynku Ruhestandsverhältnis (N.)
stosunek (M.) dyplomatyczny diplomatische Beziehung (F.)
stosunek (M.) dzierżawny Pachtverhältnis (N.)
stosunek (M.) grzecznościowy Gefälligkeitsverhältnis (N.)
stosunek (M.) lojalności Treueverhältnis (N.)
stosunek (M.) między obywatelem a państwem Gewaltverhältnis (N.)
stosunek (M.) między rodzicami a dziećmi Eltern-Kind-Verhältnis (N.)
stosunek (M.) między właścicielem a posiadaczem bezpośrednim Besitzmittellungsverhältnis (N.)
stosunek (M.) najmu Mietverhältnis (N.)
stosunek (M.) obowiązkowy Pflichtenverhältnis (N.)
stosunek (M.) pierwszeństwa praw rzeczowych Rangverhältnis (N.)
stosunek (M.) płciowy Beischlaf (M.), Beiwohnung (F.)
stosunek (M.) pokrycia Deckungsverhältnis (N.)
stosunek (M.) powiernictwa Treuhandverhältnis (N.)
stosunek (M.) powinnościowy Pflichtenverhältnis (N.)
stosunek (M.) pracy Arbeitsverhältnis (N.), Dienstverhältnis (N.)
stosunek (M.) prawny Rechtsverhältnis (N.)
stosunek (M.) prawny świadczeń zwrotnych powstających w wyniku odstąpienia od umowy Rückgewährschuldverhältnis (N.)
stosunek (M.) prawny wynikający z regulaminu zakładowego Betriebsverhältnis (N.)
stosunek (M.) procentowy kobiet Frauenquote (F.)
stosunek (M.) służbowy Dienstverhältnis (N.)
stosunek (M.) służbowy urzędnika Beamtenverhältnis (N.)
stosunek (M.) umowny Vertragsverhältnis (N.)
stosunek (M.) w zysku w zamian za jakieś świadczenie partiarisches Verhältnis (N.)
stosunek (M.) wewnętrzny Innenverhältnis (N.)
stosunek (M.) władczy Gewaltverhältnis (N.)
stosunek (M.) zależności Abhängigkeitsverhältnis (N.)
stosunek (M.) zewnętrzny Außenverhältnis (N.)
stosunek (M.) zobowiązaniowy Obligation (F.), Schuldverhältnis (N.)
stosunek (M.) zobowiązaniowy dotyczący czynności prawnej rechtsgeschäftliches Schuldverhältnis (N.)
stosunek (M.) zobowiązaniowy świadczeń powtarzających się Wiederkehrschuldverhältnis (N.)
stosunki (M.Pl.) gospodarcze z zagranicą Außenwirtschaft (F.)
stosunki (M.Pl.) handlowe Handelsverkehr (M.)
stosunkowy (Adj.) verhältnismäßig
stowarzyszenie (N.) Körperschaft (F.), Korporation (F.), Verein (M.)
stowarzyszenie (N.) bez osobowości prawnej nichtrechtsfähiger Verein (M.)
stowarzyszenie (N.) nie posiadające zdolności prawnej nichtrechtsfähiger Verein (M.)
stowarzyszenie (N.) nie prowadzące działalności gospodarczej Idealverein (M.)

stowarzyszenie (N.) posiadające osobowość prawną rechtsfähiger Verein (M.)
stowarzyszenie (N.) przed zarejestrowaniem Vorverein (M.)
stowarzyszenie (N.) zarejestrowane e. V. (M.) (eingetragener Verein), eingetragener Verein (M.) (e. V.)
stracać hinrichten
stracenie (N.) Hinrichtung (F.)
strach (M.) Furcht (F.)
stracić hinrichten, nachlassen, verlieren
stracić przez zasiedzenie versitzen
strajk (M.) Ausstand (M.), Streik (M.)
strajk (M.) częściowy Teilstreik (M.)
strajk (M.) generalny Generalstreik (M.)
strajk (M.) pełny Vollstreik (M.)
strajk (M.) powszechny Generalstreik (M.)
strajk (M.) zorganizowany organisierter Streik (M.)
strajkować streiken
strajkująca (F.) Streikerin (F.)
strajkujący (M.) Streiker (M.)
straszyć schrecken
strata (F.) Einbuße (F.), Nachteil (M.), Verlust (M.)
straż (F.) Wache (F.)
strażnik (M.) Wächter (M.), Wärter (M.)
strażnik (M.) sądowy Justizwachtmeister (M.)
strefa (F.) Region (F.), Zone (F.)
strefa (F.) działalności Tätigkeitsbereich (M.)
strefa (F.) okupacyjna Besatzungszone (F.)
strefa (F.) wschodnia Ostzone (F.)
stręczenie (N.) do nierządu Kuppelei (F.)
stręczyciel (M.) Kuppler (M.), Zuhälter (M.)
stręczycielka (F.) Kupplerin (F.)
stręczycielstwo (N.) Kuppelei (F.), Zuhälterei (F.)
strofować schelten
strona (F.) Partei (F.), Seite (F.)
strona (F.) czynna Aktivum (N.)
strona (F.) debetowa Debet (N.)
strona (F.) przeciwna Gegenseite (F.)
strona (F.) układu zbiorowego Tarifpartner (M.)
strona (F.) zawierająca umowy vertragsschließende Partei (F.)
stronnictwo (N.) Partei (F.)
stronniczość (F.) Befangenheit (F.), Parteilichkeit (F.)
stronniczy befangen, parteiisch, parteilich, voreingenommen
stróż (M.) Hüter (M.)
stróż (M.) nocny Nachtwächter (M.)
struktura (F.) Gefüge (N.), Struktur (F.)
struktura (F.) działu dla otworzenie przedsiębiorstwa Abteilungsgliederung (F.) als Unternehmensneugründung
stryj (M.) Onkel (M.)
strzał (M.) Schuss (M.)
strzec hüten, überwachen
strzelać schießen
strzelec (M.) Schütze (M.)
studenci (M.Pl.) Studentenschaft (F.)
student (M.) Student (M.)
studenteria (F.) Studentenschaft (F.)
studentka (F.) Studentin (F.)
studia (N.Pl.) Studium (N.)
studiować studieren
stwierdzenie (N.) Bestätigung (F.), Ermittlung (F.), Feststellung (F.)
stwierdzenie (N.) nabycia spadku Erbschein (M.)
stwierdzenie (N.) wyboru Wahlfeststellung (F.)
stwierdzić bestätigen, ermitteln, feststellen
stworzenie (N.) Schaffung (F.), Schöpfung (F.)
styczność (F.) Umgang (M.)
stypendium (N.) Stipendium (N.)
subastacja (F.) Subhastation (F.)
subiektywna niemożność (F.) subjektive Unmöglichkeit (F.)
subiektywne znamię (N.) czynu przestępczego subjektives Tatbestandsmerkmal (N.)
subiektywne znamiona (N.Pl.) czynu przestępczego subjektiver Tatbestand (M.)
subiektywny subjektiv
subiektywny element (M.) bezprawny subjektives Unrechtselement (N.)
subiektywny element (M.) usprawiedliwiający subjektives Rechtfertigungselement (N.)
subkomitet (M.) Unterausschuss (M.)
subordynacja (F.) Subordination (F.), Unterordnung (F.)
subrogacja (F.) Surrogation (F.)
subskrybować zeichnen
subskrypcja (F.) Subskription (F.)
substancja (F.) Stoff (M.)
substytucja (F.) Substitution (F.)
substytucja (F.) pełnomocnictwa Untervollmacht (F.)
substytut (M.) Substitut (N.)

subsumcja (F.) Subsumtion (F.)
subsumować subsumieren
subsydia (F.) Subsidie (F.)
subsydiarność (F.) Subsidiarität (F.)
subsydiarny (Adj.) subsidiär
subwencja (F.) Subvention (F.), Zuschuss
subwencja (F.) specjalna Gratifikation (F.)
subwencjonować subventionieren
sufragan (M.) Suffragan (M.)
sufrageta (F.) Suffragette (F.)
sugestywny (Adj.) suggestiv
sujet (M.) Sujet (N.) (franz.)
suka (F.) Hündin (F.)
sukces (M.) Erfolg (M.)
sukcesja (F.) Rechtsnachfolge (F.), Sukzession (F.)
sukcesja (F.) państw Staatennachfolge (F.)
sukcesja (F.) singularna Einzelrechtsnachfolge (F.)
sukcesja (F.) uniwersalna Gesamtrechtsnachfolge (F.), Universalsukzession (F.)
sukcesywny (Adj.) sukzessiv
suma (F.) Betrag (M.), Summe (F.)
suma (F.) do której zarząd spółki akcyjnej może podwyższyć kapitał podstawowy genehmigtes Kapital (N.)
suma (F.) nominalna Nennbetrag (M.)
suma (F.) pieniędzy Geldbetrag (M.)
suma (F.) ubezpieczenia Versicherungssumme (F.)
suma (F.) wolna od opodatkowania Steuerfreibetrag (M.)
sumaryczny (Adj.) summarisch
sumienie (N.) Gewissen (N.)
superintendent (M.) Superintendent (M.)
suplement (M.) Nachtrag (M.)
surogat (M.) Ersatz (M.), Substitut (N.), Surrogat (N.)
surowość (F.) Härte (F.), Strenge (F.)
surowy (Adj.) streng
sutanna (F.) Talar (M.)
suweren (M.) Souverän (M.)
suwerenność (F.) Hoheit (F.), Souveränität (F.)
suwerenność (F.) dochodów Ertragshoheit (F.)
suwerenność (F.) ludu Volkssouveränität (F.)
suwerenność (F.) narodu Volkssouveränität (F.)
suwerenność (F.) terytorialna Gebietshoheit (F.)
suwerenny (Adj.) hoheitlich, souverän
zwierzchność
sużereność (F.) Suzeranität (F.)
swatać kuppeln
swoboda (F.) nauczania Lehrfreiheit (F.)
swoboda (F.) osiedlania się Niederlassungsfreiheit (F.)
swoboda (F.) przepływu pracowników Arbeitnehmerfreizügigkeit (F.)
swoboda (F.) testowania Testierfreiheit (F.)
swobodne przekonanie (N.) sędziowskie freie richterliche Überzeugung (F.)
swój eigen
swpisać niederschreiben
sygnał (M.) Zeichen (N.)
sygnatura (F.) akt Aktenzeichen (N.)
sygnatura Signatur (F.)
sygnować signieren
sylogizm (M.) Syllogismus (M.)
symbol (M.) Symbol (N.)
symbol (M.) narodowy Nationalsymbol (N.)
symbol (M.) państwa Staatssymbol (N.)
symbol (M.) prawa Rechtssymbol (N.)
sympatia (F.) Neigung (F.)
symptom (M.) Anzeichen (N.), Zeichen (N.)
symultaniczny (Adj.) simultan
syn (M.) Sohn (M.)
synalagma (F.) Synallagma (N.)
synalagma (F.) funkcjonalna funktionelles Synallagma (N.)
synalagmatyczny synallagmatisch
syndyk (M.) Masseverwalter (M.), Syndikus (M.)
syndyk (M.) masy upadłościowej Konkursverwalter (M.)
syndyk (M.) niewypłacalnego Insolvenzverwalter (M.)
syndykat (M.) Syndikat (N.)
synekura (F.) Pfründe (F.)
synod (M.) Synode (F.)
synowa (F.) Schwiegertochter (F.)
system (M.) System (N.)
system (M.) dwuizbowy Zweikammersystem (N.)
system (M.) gospodarczy Wirtschaftsverfassung (F.)
system (M.) gradualny Gradualsystem (N.)
system (M.) informacji Informationssystem (N.)
system (M.) informacji personalnych Personalinformationssystem (N.)
system (M.) jednoizbowy Einkammersystem (N.)

system (M.) koncesjonowany Konzessionssystem (N.)
system (M.) kredytowy Kreditwesen (N.)
system (M.) małżeńskiego prawa majątkowego Güterstand (M.)
system (M.) monetarny Währung (F.)
system (M.) opracowany przez grupę ekspertów Expertensystem (N.)
system (M.) podziału dochodu z podatków między wierzycieli publicznych Steuerverbund (M.)
system (M.) prawa Rechtssystem (N.)
system (M.) sterowania rynkiem Marktordnung (F.)
system (M.) uposażeń Besoldungsordnung (F.)
system (M.) wartości Wertsystem (N.)
systematyczny (Adj.) systematisch
systematyka (F.) Systematik (F.)
sytuacja (F.) Lager (N.)
sytuacja (F.) prawna Rechtslage (F.)
sytuacja (F.) przymusowa Zwangslage (F.)
szacować schätzen, taxieren
szacowanie (N.) Schätzung (F.)
szacunek (M.) Achtung (F.), Schätzung (F.)
szafot (M.) Schafott (N.)
szaleństwo (N.) Wahn (M.)
szał (M.) mordowania i niszczenia Amoklauf (M.)
szanować schonen
szansa (F.) Chance (F.)
szantażować erpressen
szantażujący (Adj.) erpresserisch
szantażysta (M.) Erpresser (M.)
szarpać raufen
szary człowiek (M.) Durchschnittsmensch (M.)
szczególna ofiara (F.) Sonderopfer (N.)
szczególne następstwo (N.) prawne Sonderrechtsnachfolge (F.)
szczególne powiązanie (N.) Sonderverbindung (F.)
szczególny (Adj.) besondere, speziell
szczególny porządek (M.) dziedziczenia Sondererbfolge (F.)
szczególny rodzaj (M.) Spezies (F.)
szczególny stosunek (M.) władczy besonderes Gewaltverhältnis (N.), Sonderrechtsverhältnis (N.)
szczepić impfen
szczepienie (N.) Impfung (F.)
szczerość (F.) Redlichkeit (F.)
szczery (Adj.) arglos, echt
szczęście (N.) Glück (N.)
szczuć hetzen
szczwany (Adj.) listig
szczyt (M.) Inbegriff (M.)
szef (M.) Kommandeur (M.)
szefostwo (N.) Patenschaft (F.)
szeryf (M.) Sheriff (M.)
szkalować verunglimpfen
szkoda (F.) Nachteil (M.), Schaden (M.)
szkoda (F.) bespośrednia unmittelbarer Schaden (M.)
szkoda (F.) majątkowa Vermögensschaden (N.)
szkoda (F.) materialna materieller Schaden (M.)
szkoda (F.) na zdrowiu osoby Personenschaden (M.)
szkoda (F.) niemajątkowa Nichtvermögensschaden (M.)
szkoda (F.) niematerialna immaterieller Schaden (M.)
szkoda (F.) pośrednia Folgeschaden (M.), mittelbarer Schaden (M.)
szkoda (F.) powstała jako następstwo wady Mangelschaden (M.)
szkoda (F.) powstała u osoby trzeciej na skutek szkody u bezpośredniego poszkodowanego Drittschaden (M.)
szkoda (F.) powstała w związku ze szczepieniem obowiązkowym Impfschaden (M.)
szkoda (F.) powstała wskutek niewykonania Nichterfüllungsschaden (M.)
szkoda (F.) rzeczowa Sachschaden (M.)
szkoda (F.) spowodana gradobiciem Hagelschaden (M.)
szkoda (F.) spowodowana zaufaniem do istnienia umowy Vertrauensschaden (N.)
szkoda (F.) w środowisku naturalnym Umweltschaden (M.)
szkoda (F.) wyrządzona przez zwierzynę Wildschaden (M.)
szkodliwość (F.) dla społeczeństwa Sozialschädlichkeit (F.)
szkodliwy (Adj.) schädlich
szkodliwy dla społeczeństwa sozialschädlich
szkodzący (Adj.) ogółowi gemeinschädlich
szkodzenie (N.) Schädigung (F.)
szkodzenie (N.) kredytowe Kreditschädigung (F.)

szkodzenie (N.) zdrowiu Gesundheitsschädigung (F.)
szkodzić beeinträchtigen, beschädigen, schaden, schädigen
szkolenie (N.) Schulung (F.)
szkoła (F.) Schule (F.)
szkoła (F.) łączna Gesamtschule (F.)
szkoła (F.) powszechna Volksschule (F.)
szkoła (F.) prawa Rechtsschule (F.)
szkoła (F.) prywatna Privatschule (F.)
szkoła (F.) wspólna Gemeinschaftsschule (F.)
szkoła (F.) wyznaniowa Bekenntnisschule (F.)
szkoła (F.) wyższa Hochschule (F.)
szkoła (F.) zawodowa Berufsschule (F.)
szlaban (M.) Schlagbaum (M.)
szlachetny (Adj.) edel
szlachta (F.) Adel (M.)
Szlezwik-Holsztyn (M.) Schleswig-Holstein (N.)
szmuglować verschieben
szok (M.) Schock (M.)
szosa (F.) Landstraße (F.)
szpicel (M.) Spitzel (M.)
szpieg (M.) Agent (M.), Spion (M.)
szpiegostwo (N.) Spionage (F.)
szpiegować spionieren
szpital (M.) Hospital (N.), Krankenhaus (N.), Spital (N.)
sztab (M.) Stab (M.)
sztandar (M.) Fahne (F.)
sztuczka (F.) List (F.)
sztuczne zawyżanie (N.) ceny Preistreiberei (F.)
sztuczny (Adj.) künstlich
sztuka (F.) Kunst (F.), Stück (N.)
szubienica (F.) Galgen (M.)
szukać fahnden, suchen
szukanie (N.) Suche (F.)
szurfować schürfen
szwadron (M.) Hundertschaft (F.)
szwagier (M.) Schwager (M.)
szwagierka (F.) Schwägerin (F.)
Szwajcaria (F.) Schweiz (F.)
szwajcarski (Adj.) schweizerisch
Szwecja (F.) Schweden (N.)
szwedzki (Adj.) schwedisch
szybko schnell
szybkość (F.) Geschwindigkeit (F.)
szyderstwo (N.) Hohn (M.)
szykana (F.) Schikane (F.)
szykanować schikanieren
szykanujący (Adj.) schikanös
szykować rüsten
szykowanie się (N.) do realizacji stanu faktycznego Ansetzen (N.) zur Tatbestandsverwirklichung
szyling (M.) Schilling (M.)
szyszka (F.) Zapfen (M.)

ś

ściągać beitreiben
ściąganie (N.) Beitreibung (F.), Einzug (M.), Erhebung (F.)
ściąganie (N.) gotówki Inkasso (N.)
ściągnąć eintreiben, einziehen
ściągnięcie (N.) Eintreibung (F.), Einziehung (F.)
ściek (M.) Abwasser (N.)
ścieki (M.Pl.) Abwasser (N.)
ścieżka (F.) rowerowa Radweg (M.)
ścięcie (N.) Enthauptung (F.)
ścigać fahnden, verfolgen
ściganie (N.) Fahndung (F.), Verfolgung (F.)
ściganie (N.) karne Strafverfolgung (F.)
ściganie (N.) natychmiastowe sofortige Verfolgung (F.)
ściganie (N.) sieciowe przestępców przy pomocy danych komputerowych Rasterfahndung (F.)
ścinać enthaupten, köpfen
ścisły (Adj.) streng
ściśle osobisty höchstpersönlich
ściśle poufny (Adj.) geheim
ślad (M.) Spur (F.)
śledczy (M.) Ermittler (M.)
śledzić verfolgen
śledztwo (N.) Ermittlung (F.), Voruntersuchung (F.)
ślepy (Adj.) na prawo rechtsblind
ślizgać się gleiten
ślub (M.) Gelübde (N.), Trauung (F.), Vermählung (F.)
ślubny (Adj.) ehelich
ślubowanie (N.) Gelöbnis (N.), Gelübde (N.)
śmieci (M.Pl.) Müll (M.)
śmieć (M.) Müll (M.)
śmierć (F.) mózgu Hirntod (M.)
śmierć (F.) pozorna Scheintod (M.)
śmierć (F.) spadkodawcy Erbfall (M.)
śmierć (M.) Tod (M.)

śmierć (M.) cywilna bürgerlicher Tod (M.)
śmiertelny (Adj.) tödlich
średni durchschnittlich
środek (M.) Maßnahme (F.), Maßregel (F.), Mitte (F.), Mittel (N.)
środek (M.) dowodowy Beweismittel (N.)
środek (M.) dyscyplinarny Disziplinarmaßnahme (F.)
środek (M.) komunikacji Verkehrsmittel (N.)
środek (M.) komunikacji na odległość Fernkommunikationsmittel (N.)
środek (M.) komunikacyjny Kommunikationsmittel (N.)
środek (M.) leczniczy Arzneimittel (N.)
środek (M.) niebezpieczny dla ogółu gemeingefährliches Mittel (N.)
środek (M.) ochronny Schutzmaßnahme (F.)
środek (M.) odurzający Betäubungsmittel (N.)
środek (M.) odwetowy Repressalie (F.)
środek (M.) ostrożności Vorsichtsmaßnahme (F.)
środek (M.) płatniczy Zahlungsmittel (N.)
środek (M.) pomocniczy Behelf (M.), Hilfsmittel (N.)
środek (M.) porządkowy Beugemittel (N.), Ordnungsmittel
środek (M.) powodujący poronienie Abtreibungsmittel (N.)
środek (M.) prawny Rechtsmittel (N.)
środek (M.) przymusowy Zwangsmaßnahme (F.), Zwangsmittel (N.)
środek (M.) przymusu Beugemittel (N.), Zwangsmittel (N.)
środek (M.) spożywczy Lebensmittel (N.)
środek (M.) tymczasowy Behelf (M.)
środek (M.) wojskowy Wehrmittel (N.)
środek (M.) wychowawczy Erziehungsmaßregel (F.)
środek (M.) zabezpieczający Sicherungsmaßnahme (F.)
środek (M.) zapobiegania Verhütungsmittel (N.)
środek (M.) zapobiegawczy Verhütungsmittel (N.)
środek (M.) zaskarżenia Rechtsbehelf (M.)
środek (M.) znieczulający Betäubungsmittel (N.)
środki (M.Pl.) porządkowe Beugemittel (N.Pl.)
środki (M.Pl.) przymusu Beugemittel (N.Pl.)
środki (Pl.) pieniężne Geldmittel (N.)
środki (Pl.) służące tworzeniu miejsc pracy Arbeitsbeschaffungsmaßnahmen (Pl.),
środki (Pl.) utrzymania na czas separacji Trennungsunterhalt (M.)
środkowy (Adj.) mittlere
środowisko (N.) Milieu (N.), Umwelt (F.)
środowisko (N.) naturalne Umwelt (F.)
świadczenia dłużnego aliud (N.) (lat.)
świadczenia (Pl.) pomocy społecznej Sozialhilfeleistung (F.)
świadczenie (N.) Leistung (F.)
świadczenie (N.) częściowe Teilleistung (F.)
świadczenie (N.) podzielne teilbare Leistung (F.)
świadczenie (N.) socjalne Sozialleistung (F.)
świadczenie (N.) spełnione błędnie zamiast
świadczenie (N.) usług Dienstleistung (F.)
świadczenie (N.) wcześniejsze Vorleistung (F.)
świadczenie (N.) wzajemme Gegenleistung (F.)
świadectwo (N.) Attest (N.), Bescheinigung (F.), Zertifikat (N.), Zeugnis (N.)
świadectwo (N.) niekaralności Führungszeugnis (N.), Leumundszeugnis (N.)
świadectwo (N.) pracy Arbeitszeugnis (N.)
świadectwo (N.) szczepienia Impfschein (M.)
świadectwo (N.) tymczasowe Interimsschein (M.)
świadectwo (N.) ubezpieczenia uprawniające do opieki lekarskiej Krankenschein (M.)
świadectwo (N.) udziałowe Anteilsschein (M.)
świadectwo (N.) udziałowe na okaziciela Inhaberanteilsschein (M.)
świadectwo (N.) umożliwiające zakup Kaufschein (M.)
świadectwo (N.) urodzenia Geburtsurkunde (F.)
świadek (M.) Zeuge (M.)
świadek (M.) główny Hauptzeuge (M.)
świadek (M.) koronny Kronzeuge (M.)
świadek (M.) naoczny Augenzeuge (M.)
świadek (M.) oskarżenia Belastungszeuge (M.)
świadek (M.) ślubu Trauzeuge (M.)
świadome nadmierne pobieranie (N.) podatków albo opłat dla osiągnięcia korzyści majątkowej Abgabenüberhebung (F.)
świadomość (F.) Bewusstsein (N.)

świadomość (F.) bezprawności Unrechtsbewusstsein (N.)
świadomość (F.) narodowa Nationalbewusstsein (N.)
świadomy (Adj.) bewusst, wissentlich
świat (M.) Welt (F.)
światowa Organizacja (F.) Własności Intelektualnej Weltorganisation (F.) für geistiges Eigentum (WIPO), WIPO (F.) (Weltorganisation für geistiges Eigentum)
światowa poczta (F.) Weltpost (F.)
światowe dziedzictwo (N.) Weltkultur (F.)
święcenie (N.) Weihe (F.) (Weihevorgang)
świętować feiern
święty (Adj.) heilig

t

tabela (F.) Tabelle (F.)
tabu (N.) Tabu (N.)
tajemnica (F.) Geheimnis (N.)
tajemnica (F.) bankowa Bankgeheimnis (N.)
tajemnica (F.) handlowa Geschäftsgeheimnis (N.)
tajemnica (F.) korespondencji Briefgeheimnis (N.)
tajemnica (F.) korespondencyjna Korrespondenzgeheimnis (N.)
tajemnica (F.) państwowa Staatsgeheimnis (N.)
tajemnica (F.) pocztowa Postgeheimnis (N.)
tajemnica (F.) podatkowa Steuergeheimnis (N.)
tajemnica (F.) przedsiębiorstwa Geschäftsgeheimnis (N.)
tajemnica (F.) rozmów telefonicznych Fernmeldegeheimnis (N.)
tajemnica (F.) służbowa Dienstgeheimnis (N.)
tajemnica (F.) wyborcza Wahlgeheimnis (N.)
tajemnica (F.) zawodowa Berufsgeheimnis (N.)
tajna policja (F.) Geheimpolizei (F.)
tajny (Adj.) geheim, verborgen
tajny związek (M.) Geheimbund (M.)
taki beschaffen (Adj.)
taksa (F.) Taxe (F.)
taksować taxieren
taksówka (F.) Taxi (N.)
taktyka (F.) Taktik (F.)
taktyka (F.) procesowa Prozesstaktik (F.)
taljon (M.) Talion (F.)
talon (M.) Bon (M.), Talon (M.)
tama (F.) Deich (M.), Wehr (F.)
tani (Adj.) billig
tania jatka (F.) Freibank (F.)
tantiema (F.) Tantieme (F.)
tara (F.) Tara (F.)
targać raufen
targi (M.Pl.) Messe (F.)
targować się feilschen
taryfa (F.) Satz (M.), Tarif (M.)
taryfa (F.) opłat Tarif (M.)
taryfa (F.) zbiorowa Manteltarif (M.)
taryfa (F.) związkowa Verbandstarif (M.)
taryfowe warunki (M.Pl.) płac Tarif (M.)
taryfowy (Adj.) tariflich
techniczny (Adj.) technisch
technika (F.) Technik (F.)
tego rodzaju beschaffen (Adj.)
tekst (M.) Text (M.)
tekst (M.) drukowany Druckschrift (F.)
tekst (M.) ekranowy Bildschirmtext
telefaks (M.) Telefax (N.)
telefon (M.) Fernsprecher (M.), Telefon (N.)
telefonować telefonieren
telegram (M.) Telegramm (N.)
telekomunikacja (F.) Fernmelden (N.), Fernmeldewesen (N.), Telekommunikation (F.)
teleologia (F.) Teleologie (F.)
teleologiczny (Adj.) teleologisch
teleshopping (M.) (engl.) Teleshopping (N.)
telewizja (F.) Fernsehen (N.)
temat (M.) Thema (N.)
tendencja (F.) Tendenz (F.)
tendencja (F.) wewnętrzna Innentendenz (F.)
teokracja (F.) Theokratie (F.)
teologia (F.) Theologie (F.)
teologiczny (Adj.) theologisch
teoria (F.) Lehre (F.), Theorie (F.)
teoria (F.) adekwatności Adäquanztheorie (F.)
teoria (F.) alimentacji Alimentationstheorie (F.)
teoria (F.) dotycząca dwóch stopni Zweistufentheorie (F.)
teoria (F.) dwóch samoistnych państw Zweistaatentheorie (F.)
teoria (F.) ekwiwalencji Äquivalenztheorie (F.)
teoria (F.) o odszkodowaniu Aufopferungstheorie (F.)

teoria (F.) oświadczenia Erklärungstheorie (F.)
teoria (F.) prawna Rechtstheorie (F.)
teoria (F.) sfer Sphärentheorie (F.)
teoria (F.) trójpodziału elementów Drei-Elemente-Lehre (F.)
teoria (F.) woli Willenstheorie (F.)
terapia (F.) Behandlung (F.), Therapie (F.)
teren (M.) ochronny Schutzgebiet (N.)
teren (M.) pod budowę Bauplatz (M.)
teren (M.) pod zabudowę Bauland (N.)
teren (M.) wschodni Ostgebiet (N.)
teren (M.) zamknięty Sperrgebiet (N.)
terenowa osoba (F.) prawna prawa publicznego Gebietskörperschaft (F.)
terenowy (Adj.) örtlich
termin (M.) Frist (F.), Laufzeit (F.), Termin (M.), Zeit (F.)
termin (M.) do wdania się w spór Einlassungsfrist (F.)
termin (M.) do wniesienia sprzeciwu Widerspruchsfrist (F.)
termin (M.) do wniesienia środka zaskarżenia Rechtsmittelfrist (F.)
termin (M.) do złożenia pozwu Klagefrist (F.)
termin (M.) dodatkowy Nachfrist (F.)
termin (M.) dostawy Lieferzeit (F.)
termin (M.) główny Haupttermin (M.)
termin (M.) gwarancji Garantiefrist (F.)
termin (M.) końcowy Stichtag (M.)
termin (M.) ogłoszenia Verkündungstermin (M.)
termin (M.) początkowy Stichtag (M.)
termin (M.) posiedzenia sądowego Gerichtstermin (M.)
termin (M.) późniejszy Nachfrist (F.)
termin (M.) prekluzyjny Ausschlussfrist (F.), Notfrist (F.)
termin (M.) przedawnienia Verjährungsfrist (F.)
termin (M.) roczny Jahresfrist (F.)
termin (M.) spełnienia świadczenia Leistungszeit (F.)
termin (M.) udzielony z łaski Gnadenfrist (F.)
termin (M.) wypowiedzenia Kündigungsfrist (F.)
termin (M.) zawity Ausschlussfrist (F.), Notfrist (F.)
terminologia (F.) Terminologie (F.)
terror (M.) Terror (M.)
terrorizm (M.) Terrorismus (M.)
terrorysta (M.) Terrorist (M.)
terytorialny territorial
terytorium (N.) Gebiet (N.), Territorium (N.)
terytorium (N.) okupowane Besatzungsgebiet (N.)
terytorium (N.) państwowe Staatsgebiet (N.)
terytorium (N.) pozostające pod określonym zwierzchnictwem Hoheitsgebiet (N.)
terytorium (N.) suwerenne Hoheitsgebiet (N.)
test (M.) Probe (F.), Test (M.)
testament (M.) Testament (N.)
testament (M.) berliński Berliner Testament (N.)
testament (M.) dla osoby upośledzonej Behindertentestament (N.)
testament (M.) holografniczy holographisches Testament (N.)
testament (M.) negatywny Negativtestament (N.)
testament (M.) oparty na wzajemności reziprokes Testament (N.)
testament (M.) przekazany notariuszowi öffentliches Testament (N.)
testament (M.) sporządzony notarialnie öffentliches Testament (N.)
testament (M.) szczególny Nottestament (N.)
testament (M.) własnoręczny holographisches Testament (N.)
testament (M.) wspólny gemeinschaftliches Testament (N.)
testament (M.) wzajemnie zależny korrespektives Testament (N.)
testament (M.) wzajemny gegenseitiges Testament (N.), wechselbezügliches Testament (N.)
testamentowa kolejność (F.) dziedziczenia gewillkürte Erbfolge (F.)
testamentowy letztwillig, testamentarisch
testat (M.) Testator (M.)
teściowa (F.) Schwiegermutter (F.)
teściowie (Pl.) Schwiegereltern (Pl.)
teść (M.) Schwiegervater (M.)
teza (F.) Leitsatz (M.), These (F.)
teza (F.) dowodowa Beweisthema (N.)
tkanina (F.) Stoff (M.)
tkwić stecken
tłocznia (F.) Presse (F.)
tłuc prügeln
tłum (M.) Menge (F.)
tłumacz (M.) Dolmetscher (M.)
tłumaczyć dolmetschen

tłumienie (N.) Unterdrückung (F.)
toga (F.) Robe (F.), Talar (M.)
tok (M.) instancji Instanzenweg (M.), Instanzenzug (M.), Rechtszug (M.)
tolerancja (F.) Toleranz (F.)
tolerancyjny (Adj.) tolerant
tolerować dulden, tolerieren
tolerowanie (N.) Duldung (F.)
tor (M.) Bahn (F.)
torba (F.) Tasche (F.)
tortura (F.) Folter (F.), Tortur (F.)
torturować foltern
towar (M.) Ware (F.)
towarzyski (Adj.) gesellschaftlich
towarzystwo (N.) Gesellschaft (F.)
towarzystwo (N.) do spraw muzycznych przedstawień i mechanicznego rozpowszechniania GEMA (F.) (Gesellschaft für musikalische Aufführungsrechte und mechanische Vervielfältigungsrechte)
towarzystwo (N.) ubezpieczeniowe Versicherungsgesellschaft (F.)
towarzystwo (N.) ubezpieczeń Versicherungsverein (M.)
towarzystwo (N.) żeglugowe Reederei (F.)
towarzysz (M.) Genosse (M.)
towarzysz (M.) partyjny Parteigenosse (M.)
towarzyszka (F.) Genossin (F.)
tożsamość (F.) Identität (F.)
tradycja (F.) Herkommen (N.), Tradition (F.)
tradycyjny (Adj.) hergebracht
Traktat (M.) lizboński Vertrag (M.) von Lissabon
Traktat (M.) Nicejski Nizzaer Vertrag (M.)
traktat (M.) pokojowy Friedensvertrag (M.)
traktować umgehen
traktowanie (N.) Behandlung (F.)
tramwaj (M.) Straßenbahn (F.)
transakcja (F.) Geschäft (N.), Transaktion (F.)
transakcja (F.) całkowita Blankogeschäft (N.)
transakcja (F.) depozytowa Depotgeschäft (N.)
transakcja (F.) gwarancyjna Garantiegeschäft (N.)
transakcja (F.) handlowa Handel (M.), Handelsgeschäft (N.)
transakcja (F.) in blanco Blankogeschäft (N.)
transakcja (F.) konsumencka Verbrauchergeschäft (N.)
transakcja (F.) konsumpcyjna Verbrauchergeschäft (N.)
transakcja (F.) kredytowa Kreditgeschäft (N.)
transakcja (F.) lombardowa Lombard (M.)
transakcja (F.) na miejscu Platzgeschäft (N.)
transakcja (F.) na różnicę kursu Differenzgeschäft (N.)
transakcja (F.) o bezwzględnie wiążącym terminie Fixgeschäft (N.)
transakcja (F.) odręczna Handgeschäft (N.)
transakcja (F.) pożyczki Darlehensgeschäft (N.)
transakcja (F.) pracownika znającego zamierzenia firmy Insiderhandel (M.)
transakcja (F.) przedstawicielska Vertretergeschäft (N.)
transakcja (F.) przycznowa Kausalgeschäft (N.)
transakcja (F.) ratalna Teilzahlungsgeschäft (N.)
transakcja (F.) sprzedaży ratalnej Ratengeschäft (N.)
transakcja (F.) swap Swap-Geschäft (N.)
transakcja (F.) terminowa Termingeschäft (N.)
transakcja (F.) w drzwiach wejściowych Haustürgeschäft (N.)
transakcja (F.) z obejściem prawa Umgehungsgeschäft (N.)
transakcja (F.) zabezpieczająca Sicherungsgeschäft (N.)
transakcja (F.) zastępcza Ersatzgeschäft (N.)
transfer (M.) Transfer (M.)
transferować transferieren
transformacja (F.) Transformation (F.), Wandel (M.)
transmitować übertragen (V.)
transparencja (F.) Transparenz (F.)
transplantacja (F.) Transplantation (F.)
transplantować transplantieren
transport (M.) Beförderung (F.), Transport (M.), Verkehr (M.)
transport (M.) daleki towarów Güterfernverkehr (M.)
transportować befördern, transportieren
tranzyt (M.) Durchgang (M.), Transit (M.)
trasant (M.) Trassant (M.)
trasat (M.) Adressat (M.) (Angebotsempfänger), Bezogener (M.), Trassat (M.)
trata (F.) Tratte (F.)
treść (F.) Gehalt (M.), Inhalt (M.)
treść (F.) spełnienia świadczenia Leistungsinhalt (M.)

tron (M.) Thron (M.)
trop (M.) Spur (F.)
troska (F.) Sorge (F.)
troska (F.) rodzicielska elterliche Sorge (F.)
troszczyć sorgen
trójkąt (M.) Dreieck (N.)
trójpodziałowa uprawa (F.) pól Dreifelderwirtschaft (F.)
trójstronny stosunek (M.) Dreiecksverhältnis (N.)
trucizna (F.) Gift (N.)
truck-system (M.) Trucksystem (N.)
trudna sytuacja (F.) Notlage (F.)
trudność (F.) Widerstand (M.)
trudny (Adj.) schwierig
trujący (Adj.) giftig
trup (M.) Leiche (F.), Leichnam (M.)
trust (M.) Trust (M.)
trwać währen
trwająca wspólnota (F.) majątkowa fortgesetzte Gütergemeinschaft (F.)
trwający (Adj.) fortgesetzt
trwałość (F.) Bestand (M.), Bestandskraft (F.)
trwały (Adj.) bestandskräftig
trwanie (N.) Bestehen (N.), Dauer (F.)
trwonienie (N.) Verschwendung (F.)
trybunał (M.) Gerichtshof (M.), Tribunal (N.)
trybunał (M.) administracyjny Verwaltungsgerichtshof (M.)
Trybunał (M.) Europejski Europäischer Gerichtshof (M.)
Trybunał (M.) Federalny Bundesgerichtshof (M.)
trybunał (M.) konstytucyjny Staatsgerichtshof (M.)
trybunał (M.) polubowny Schiedsgerichtshof (M.)
Trybunał (M.) Sprawiedliwości Unii Europejskiej Gerichtshof (M.) der Europäischen Union
trybut (M.) Tribut (M.)
trychotomia (F.) Trichotomie (F.)
trzebić kastrieren
trzeci dritte
trzoda (F.) Herde (F.)
trzon (M.) Stamm (M.)
trzy drei
trzydzieści dreißig
trzymać halten
trzymać w tajemnicy geheimhalten
trzymanie (N.) Festhalten (N.)
trzynastka (F.) Weihnachtsgeld (N.)
tułaczy (Adj.) heimatlos
tum (M.) Dom (M.)
Turcja (F.) Türkei (F.)
turecki (Adj.) türkisch
Turyngia (F.) Thüringen (N.)
tutor (M.) Tutor (M.)
twardy hart
twarz (F.) Gesicht (N.)
twierdza (F.) Festung (F.)
twierdzenie (N.) Behauptung (F.)
twierdzić behaupten, berühmen
tworzenie (N.) Bildung (F.), Gestaltung (F.)
tworzenie (N.) majątku Vermögensbildung (F.)
tworzenie (N.) miejsc pracy Arbeitsbeschaffung (F.)
tworzenie (N.) organów z członków osoby prawnej Selbstorganschaft (F.)
tworzenie (N.) prawa przez sądy Rechtsschöpfung (F.)
tworzyć koalicję koalieren
tworzywo (N.) Stoff (M.)
twór (M.) Schöpfung (F.)
twórca (M.) Urheber (M.), Urheberpersönlichkeit (F.)
tydzień (M.) Woche (F.)
tygodniowy (Adj.) wöchentlich
tymczasowa ochrona (F.) prawna vorläufiger Rechtsschutz (M.)
tymczasowa wykonalność (F.) vorläufige Vollstreckbarkeit (F.)
tymczasowe aresztowanie (N.) vorläufige Festnahme (F.)
tymczasowe rozporządzenie (N.) einstweilige Verfügung (F.)
tymczasowe umorzenie (N.) postępowania vorläufige Einstellung (F.)
tymczasowe zarządzenie (N.) einstweilige Anordnung (F.)
tymczasowy (Adj.) einstweilig, vorläufig
tymczasowy stan (M.) spoczynku einstweiliger Ruhestand (M.)
typ (M.) Typ (M.)
typowy (Adj.) typisch
tyran (M.) Tyrann (M.)
tyrania (F.) Despotie (F.)
tytoń (M.) Tabak (M.)
tytularny nominell
tytuł (M.) Titel (M.), Würde (F.)
tytuł (M.) akademicki akademischer Grad (M.)

tytuł (M.) egzekucyjny Vollstreckungstitel (M.)
tytuł (M.) posiadania Besitztitel (M.)
tytuł (M.) prawny Rechtstitel (M.)
tytuł (M.) własności Eigentumstitel (M.) (Eigentumstitel im angloamerikanischen Recht)
tytuł (M.) wykonawczy Titel (M.)

u

u którego dokonano zajęcia Pfandschuldner (M.)
ubezpieczenie (N.) Assekuranz (F.), Versicherung (F.)
ubezpieczenie (N.) bezpośrednie Direktversicherung (F.)
ubezpieczenie (N.) dobrowolne freiwillige Versicherung (F.)
ubezpieczenie (N.) dotakowe Nachversicherung (F.)
ubezpieczenie (N.) kasko Kaskoversicherung (F.)
ubezpieczenie (N.) komunikacji samochodowej Kraftfahrtversicherung (F.)
ubezpieczenie (N.) morskie Seeversicherung (F.)
ubezpieczenie (N.) na wypadek bezrobocia Arbeitslosenversicherung (F.)
ubezpieczenie (N.) na wypadek choroby Krankenversicherung (F.)
ubezpieczenie (N.) na wypadek wymagania opieki Pflegeversicherung (F.)
ubezpieczenie (N.) na życie Lebensversicherung (F.)
ubezpieczenie (N.) obowiązkowe Pflichtversicherung (F.)
ubezpieczenie (N.) od gradobicia Hagelversicherung (F.)
ubezpieczenie (N.) od kosztów związanych z ochroną interesów prawnych Rechtsschutzversicherung (F.)
ubezpieczenie (N.) od obowiązku ponoszenia odpowiedzialności cywilnej Haftpflichtversicherung (F.)
ubezpieczenie (N.) od ognia Feuerversicherung (F.)
ubezpieczenie (N.) od szkody Schadensversicherung (F.)
ubezpieczenie (N.) od szkód ze względu na nieprzewidziane i nagłe uszkodzenie maszyny Maschinenversicherung (F.)
ubezpieczenie (N.) od wypadku Unfallversicherung (F.)
ubezpieczenie (N.) od złej pogody w podróży Reiseversicherung (F.)
ubezpieczenie (N.) osób Personenversicherung (F.)
ubezpieczenie (N.) pojazdów samochodowych Kraftfahrzeugversicherung (F.)
ubezpieczenie (N.) poniżej wartości Unterversicherung (F.)
ubezpieczenie (N.) późniejsze Nachversicherung (F.)
ubezpieczenie (N.) prywatne Privatversicherung (F.)
ubezpieczenie (N.) przedmiotów gospodarstwa domowego Hausratversicherung (F.)
ubezpieczenie (N.) rentowe Rentenversicherung (F.)
ubezpieczenie (N.) rzeczy Sachversicherung (F.)
ubezpieczenie (N.) społeczne Sozialversicherung (F.)
ubezpieczenie (N.) społeczne pracowników Angestelltenversicherung (F.)
ubezpieczony (Adj.) versichert
ubezpieczony (M.) Versicherungsnehmer (M.)
ubezpieczyciel (M.) Versicherer (M.), Versicherungsträger (M.)
ubezpieczyć versichern
ubezwłasnowolenie (N.) Entmündigung (F.)
ubezwłasnowolnić entmündigen
ubiegać bewerben, trachten
ubiegający (M.) Bewerber (M.)
ubieganie (N.) się Bewerbung (F.)
ubliżenie (N.) Affront (M.)
uboczny (Adj.) Neben-
ubogi (Adj.) arm
ubytek (M.) Verlust (M.)
ucho (N.) Ohr (N.)
uchwalenie (N.) Beschlussfassung (F.)
uchwalić beschließen, verabschieden
uchwała (F.) Beschluss (M.), Entschließung (F.)
uchwała (F.) rządu Kabinettsbeschluss (M.)
uchwała (F.) walnego zgromadzenia Hauptversammlungsbeschluss (M.)
uchwała (F.) większości Mehrheitsbeschluss (M.)
uchwała (F.) wspólników Gesellschafterbeschluss

uchwycenie (N.) Erfassung (F.)
uchwycić erfassen
uchybić verstoßen
uchybienie (N.) Versäumung (F.), Verstoß (M.)
uchybienie (N.) instytucji małżeństwa Eheverfehlung (F.)
uchybienie (N.) obowiązkom służbowym Dienstvergehen (N.)
uchybienie (N.) terminu Verfristung
uchylać entziehen
uchylać się od zapłacenia podatków hinterziehen
uchylenie (N.) Abrogation (F.), Aufhebung (F.)
uchylić abdingen, abrogieren, aufheben, außer Kraft setzen
uciążliwy (Adj.) lästig
uciec ausbrechen
ucieczka (F.) Ausbruch (M.), Flucht (F.)
ucieczka (F.) kierowcy Fahrerflucht (F.)
ucieczka (F.) kierowcy po wypadku Verkehrsunfallflucht (F.)
ucieczka (F.) przed podatkami Steuerflucht (F.)
ucieczka (F.) ze służby zastępczej Dienstflucht (F.)
uciekać fliehen
uciekinier (M.) Flüchtling (M.)
uczciwość (F.) Fairness (F.), Redlichkeit (F.)
uczciwy (Adj.) fair, redlich
uczennica (F.) Schülerin (F.)
uczeń (M.) Schüler (M.)
uczeń (M.) zawodu Lehrling (M.)
uczestnictwo (N.) Beteiligung (F.), Teilnahme (F.)
uczestniczka (F.) Verfahrensbeteiligte (F.)
uczestniczyć beteiligen
uczestnik (M.) Beteiligter (M.), Teilnehmer (M.), Verfahrensbeteiligter (M.)
uczestnik (M.) wypadku Unfallbeteiligter (M.)
uczęszczać besuchen
ucztować zechen
uczyć lehren
uczyć się lernen
uczynić vermachen
uczynienie (N.) obcym celowi przeznaczenia Zweckentfremdung (F.)
udaremnić vereiteln, verhindern
udaremnienie (N.) Vereitelung, Verhinderung (F.)
udaremnienie (N.) dojścia Zugangsvereitelung (F.)
udaremnienie (N.) egzekucji Vollstreckungsvereitelung (F.)
udaremnienie (N.) ścigania karnego Strafvereitelung (F.)
udawać heucheln, vorspiegeln, vortäuschen
udawanie (N.) Vorspiegelung (F.), Vortäuschung (F.)
uderzać anschlagen
uderzenie (N.) Schlag (M.)
uderzyć schlagen
udostępnienie (N.) Erschließung (F.)
udowodnić belegen (V.), beweisen, nachweisen, überführen
uduszenie (N.) przez podwiązanie Strangulierung (F.)
udział (M.) Anteil (M.), Beteiligung (F.), Einlage (F.), Quote (F.), Teilhaberschaft (F.)
udział (M.) mniejszościowy Minderheitsbeteiligung (F.)
udział (M.) pośredni Unterbeteiligung (F.)
udział (M.) pracodawcy w składkach na ubezpieczenie społeczne Arbeitgeberanteil (M.)
udział (M.) spadkowy Erbteil (M.)
udział (M.) w kapitale Kapitalanteil (M.)
udział (M.) w przedsiębiorstwie Geschäftsanteil (M.)
udział (M.) w zyskach Tantieme (F.)
udział (M.) w zysku Gewinnanteil (M.)
udział (M.) własny ubezpieczonego Selbstbehalt (M.)
udziałowiec (M.) Anteilseigner (M.), Teilhaber (M.)
udziałowy (Adj.) partiarisch
udzielenie (N.) Erteilung (F.)
udzielenie (N.) korzyści Vorteilsgewährung (F.)
udzielenie (N.) pełnomocnictwa Bevollmächtigung (F.)
udzielenie (N.) pomocy Hilfeleisten (N.), Hilfeleistung (F.)
udzielenie (N.) porady Raterteilung (F.)
udzielenie (N.) rad Raterteilung (F.)
udzielenie (N.) urlopu Beurlaubung (F.)
udzielić erteilen, gewähren, zuwenden
udzielić amnestii amnestieren
udzielić licencji lizensieren
udzielić pełnomocnictwa bevollmächtigen
udzielić rady beraten (V.)

udzielić urlopu beurlauben
UE (F.) (Unia Europejska) EU (F.) (Europäische Union)
ufać trauen
ufny (Adj.) arglos
ufundować stiften
ugiąć beugen
uginać beugen
ugoda (F.) Pakt (M.), Übereinkommen (N.), Übereinkunft (F.), Vergleich (M.)
ugoda (F.) procesowa Prozessvergleich (M.)
ugoda (F.) przymusowa Zwangsvergleich (M.)
ugodowe porozumienie (N.) przy sprzecznych interesach Akkord (M.)
ugodowy (Adj.) gütlich
ugrupowanie (N.) Fachschaft (F.)
ujawnić offenbaren
ujawnienie (N.) Offenbarung (F.)
ująć erfassen, fassen
ujednolicenie (N.) Vereinheitlichung (F.)
ujednolicenie (N.) prawa Rechtsvereinheitlichung (F.)
ujednolić vereinheitlichen
ujemna przesłanka (F.) procesowa Prozesshindernis (N.)
ujęcie (N.) Erfassung (F.), Fassung (F.)
ujmować greifen, mindern
ukarać bestrafen, sanktionieren, strafen, züchtigen
ukaranie (N.) Ahndung (F.), Bestrafung (F.)
ukazać się erscheinen
ukazanie (N.) się Erscheinen (N.)
układ (M.) Abkommen (N.), Abrede (F.), Gestaltung (F.), Pakt (M.), System (N.), Übereinkommen (N.), Übereinkunft (F.), Vergleich (M.), Vertrag (M.)
Układ (M.) Ogólny o Handlu usługami świadczonymi Allgemeines Übereinkommen (N.) über den Handel mit Dienstleistungen (GATS)
układ (M.) wartości Wertsystem (N.)
układ (M.) zbiorowy o pracy przedsiębiorstw Unternehmenstarifvertrag (M.)
układ (M.) zbiorowy pracy Tarifvertrag (M.)
układ (M.) zbiorowy zawarty ze związkiem pracodowców Verbandstarifvertrag (M.)
układ zbiorowy pracy pracowników federalnych Bundesangestelltentarifvertrag (M.) (BAT)
ukłucie (N.) Stich
ukończenie (N.) Beendigung (F.), Vollendung (F.)
ukończyć absolvieren, fertigstellen
ukoronowanie (N.) Krönung (F.)
ukraść entwenden, stehlen
ukrycie (N.) Vorenthaltung (F.)
ukryć unterdrücken, verbergen, verschleiern, vorenthalten (V.)
ukryty (Adj.) verborgen
ukrywać hehlen, verbergen, verdecken
ukrywanie (N.) Unterdrückung (F.), Verbergen (N.), Verschleierung (F.)
uległy (Adj.) gefügig, nachgiebig
ulepszenie (N.) Verbesserung (F.)
ulepszyć verbessern
ulga (F.) Begünstigung (F.)
ulga (F.) podatkowa Steuervergünstigung (F.)
ulica (F.) Straße (F.), Strich (M.)
ulica (F.) handlowa zamknięta dla ruchu drogowego Fußgängerzone (F.)
ulica (F.) ślepa Sackgasse (F.)
ulicznica (F.) Hure (F.)
ulokować anlegen (einsetzen), unterbringen
ulokowanie (N.) Unterbringung (F.)
ulotka (F.) Flugblatt (N.), Flugschrift (F.), Merkblatt (N.)
ultimatum (N.) Ultimatum (N.)
ultra-vires-teoria (F.) ultra-vires-Lehre (F.)
ulżenie (N.) Entlastung (F.)
ulżyć entlasten
ułaskawić begnadigen
ułaskawienie (N.) Begnadigung (F.)
ułatwiać erleichtern
ułatwienie (N.) Erleichterung (F.)
ułatwienie (N.) dowodu Beweiserleichterung (F.)
ułomność (F.) Gebrechlichkeit (F.)
ułożyć einigen
ułożyć się übereinkommen
umawiać absprechen
umiarkowany angemessen
umiejętność (F.) Fähigkeit (F.), Können (N.)
umiejscowić platzieren
umiejscowienie (N.) Platzierung (F.)
umieszczenie (N.) Einräumung (N.), Unterbringung (F.)
umieścić anlegen (einsetzen), unterbringen
umocnienie (N.) Konsolidation (F.)
umocowanie (N.) Bevollmächtigung (F.), Vollmacht (F.)

umocowanie (N.) do reprezentowania Vertretungsmacht (F.)
umorzenie (N.) Amortisation (F.), Tilgung (F.)
umorzyć amortisieren, tilgen
umotywować begründen
umowa (F.) Abkommen (N.), Kontrakt (M.), pactum (N.) (lat.), Pakt (M.), Übereinkommen (N.), Übereinkunft (F.), Vereinbarung (F.), Vertrag (M.)
umowa (F.) administracyjna Verwaltungsvertrag (M.)
umowa (F.) brukselska Brüsseler Vertrag (M.)
umowa (F.) clearingowa Clearing (N.)
umowa (F.) cywilnoprawna o określoną pracę Dienstvertrag (M.)
umowa (F.) czarterowa Chartervertrag (M.)
umowa (F.) dostawy sukcesywnej Sukzessivlieferungsvertrag (M.)
umowa (F.) dotycząca arbitrażu Schiedsvertrag (M.)
Umowa (F.) dotycząca Niemcy Deutschlandvertrag (M.)
umowa (F.) dotycząca pośrednictwa w sprawach kredytu Kreditvermittlungsvertrag (M.)
umowa (F.) dotycząca surogatu garażu Garagenersatzvertrag (M.)
umowa (F.) dzierżawna Pachtvertrag (M.)
umowa (F.) dzierżawy Pachtvertrag (M.)
umowa (F.) ekstradycji Auslieferungsvertrag (M.)
umowa (F.) faktyczna faktischer Vertrag (M.)
umowa (F.) franszyzy Franchisevertrag (M.)
umowa (F.) gospodarcza Wirtschaftsvertrag (M.)
umowa (F.) gry Spielvertrag (M.)
umowa (F.) gwarancyjna Garantievertrag (M.)
umowa (F.) handlowa Handelsabkommen (N.), Handelsvertrag (M.)
umowa (F.) hazardowa Glücksvertrag (M.)
umowa (F.) konsensualna Konsensualvertrag (M.)
umowa (F.) kościelna Kirchenvertrag (M.)
umowa (F.) kredytowa Kreditvertrag (M.)
umowa (F.) krępująca Knebelungsvertrag (M.)
umowa (F.) kupna sprzedaży Kaufvertrag (M.)
umowa (F.) leasingu Leasingvertrag (M.)
Umowa (F.) Lizabońska Lissaboner Vertrag (M.)
umowa (F.) majątkowa między małżonkami Ehevertrag (M.)
umowa (F.) maklerska Maklervertrag (M.)
umowa (F.) mieszana gemischter Vertrag (M.)
umowa (F.) między krajami Staatsvertrag (M.)
umowa (F.) między urzędem a przedstawicielem pracowników urzędu Dienstvereinbarung (F.)
umowa (F.) monachijska Münchener Abkommen (N.)
umowa (F.) na korzyść osoby trzeciej Vertrag (M.) zugunsten Dritter
umowa (F.) na koszty osoby trzeciej Vertrag (M.) zu Lasten Dritter
umowa (F.) najmu Mietvertrag (M.)
umowa (F.) najmu z opcją na kupno Mietkauf (M.)
Umowa (F.) Niemiecka Deutschlandvertrag (M.)
umowa (F.) o cesję Abtretungsvertrag (M.)
umowa (F.) o dostarczenie pracownika Dienstverschaffungsvertrag (M.)
umowa (F.) o dostawę dzieła wykonanego Werklieferungsvertrag (M.)
umowa (F.) o dzieło Werkvertrag (M.)
umowa (F.) o leczeniu Behandlungsvertrag (M.)
umowa (F.) o losowaniu Ausspielvertrag (M.)
umowa (F.) o połączeniu typów Typenverschmelzungsvertrag (M.)
umowa (F.) o pracę Arbeitsvertrag (M.), Dienstvertrag (M.)
umowa (F.) o przejściu Überleitungsvertrag (M.)
umowa (F.) o rodzaju wykonywanej pracy Vertrag (M.) über die Arbeitsweise
umowa (F.) o spadek Erbvertrag (M.)
umowa (F.) o sprzedaż po oznaczonej cenie Trödelvertrag (M.)
umowa (F.) o władaniu Herrschaftsvertrag (M.)
umowa (F.) o właściwości sądu Gerichtsstandsvereinbarung (F.)
umowa (F.) o załatwienie sprawy Geschäftsbesorgungsvertrag (M.)
umowa (F.) oszczędnościowo-budowlana Bausparvertrag (M.)

umowa (F.) państwowa Staatsvertrag (M.)
umowa (F.) poczdamska Potsdamer Abkommen (N.)
umowa (F.) podnajmu Untermietvertrag (M.)
umowa (F.) podróży Reisevertrag (M.)
umowa (F.) podstawowa Grundvertrag (M.)
umowa (F.) pożyczki Darlehensvertrag (M.)
umowa (F.) przechowania Verwahrungsvertrag (M.)
umowa (F.) przedwstępna Vorvertrag (M.)
umowa (F.) przewozu Frachtvertrag (M.)
umowa (F.) publicznoprawna öffentlich-rechtlicher Vertrag (M.)
umowa (F.) realna Realkontrakt (M.), Realvertrag (M.)
umowa (F.) rozwiązująca Aufhebungsvertrag (M.)
umowa (F.) sieci Netzvertrag (M.)
umowa (F.) składu Lagergeschäft (N.), Lagervertrag (M.)
umowa (F.) spółki Gesellschaftsvertrag (M.)
umowa (F.) towarzyska Freundschaftsvertrag (M.)
umowa (F.) transportu Beförderungsvertrag (M.)
umowa (F.) ubezpieczeniowa Versicherungsvertrag (M.)
umowa (F.) ustanawiająca zabezpieczenie Sicherungsvertrag (M.)
umowa (F.) uznania zobowiązania Schuldanerkenntnis (F.)
umowa (F.) wersalska Versailler Vertrag (M.)
umowa (F.) władcza Herrschaftsvertrag (M.)
umowa (F.) wschodnia Ostvertrag (M.)
umowa (F.) wydawnicza Verlagsvertrag (M.)
umowa (F.) wzajemna gegenseitiger Vertrag (M.)
umowa (F.) wzorcowa Mustervertrag (M.)
umowa (F.) założycielska Gründungsvertrag (M.)
umowa (F.) zawarta na formularzu Formularvertrag (N.)
umowa (F.) zbiorowa Kollektivvertrag (M.), Tarifvertrag (M.)
umowa (F.) zbytu na odległość Fernabsatzvertrag (M.)
umowa (F.) zdominowania Beherrschungsvertrag (M.)
umowa (F.) ze skutkiem ochronnym dla osób trzecich Vertrag (M.) mit Schutzwirkung für Dritte
umowa (F.) zjednoczeniowa Einigungsvertrag (M.)
umowa (F.) żyrantalna Girovertrag (M.)
umowa (M.) o pracę na staku Heuervertrag (M.)
umowna właściwość (F.) sądu Wahlgerichtsstand (M.)
umowne uznanie (N.) nieistnienia długu negatives Schuldanerkenntnis (N.)
umowny (Adj.) vertraglich
umowy (F.Pl) muszą być dotrzymywane pacta (N.Pl.) sunt servanda (lat.)
umówić verabreden
umówić się kontrahieren, vereinbaren
umówić się z kimś abreden
umówienie (N.) Abrede (F.), Absprache (F.)
umówienie (N.) się Verabredung (F.)
umówienie (N.) się co do zapłaty ratalnej Teilzahlungsabrede (F.)
umrzeć sterben, versterben
umysłowy (Adj.) geistig
umysłowy pracownik (M.) adwokata Rechtsanwaltsfachangestellter (M.)
umyślny (Adj.) absichtlich, vorsätzlich
unia (F.) Union (F.)
unia (F.) celna Zollunion (F.)
Unia (F.) Europejska (UE) Europäische Union (F.) (EU)
unia (F.) gospodarcza Wirtschaftsunion (F.)
unia (F.) personalna Personalunion (F.)
unia (F.) realna Realunion (F.)
unia (F.) walutowa Währungsunion (F.)
Unia (F.) Zachodnioeuropejska Westeuropäische Union (N.) (WEU), WEU (F.) (Westeuropäische Union)
uniemożliwić vereiteln
uniemożliwienie (N.) Vereitelung
unieważnić annullieren, aufheben
unieważnienie (N.) Annullierung (F.), Aufhebung (F.), Kraftloserklärung (F.), Nichtigerklärung (F.)
unieważnienie (N.) małżeństwa Eheaufhebung (F.)
unieważnienie (N.) umowy Wandlung (F.)
uniewinnić freisprechen
uniewinnienie (N.) Freisprechung (F.), Freispruch (M.)
unikać meiden, vermeiden
unikanie (N.) Vermeidung (F.)
uniknąć ausweichen, vermeiden
uniknięcie (N.) Vermeidung (F.)

uniwersalność (F.) Universalität (F.)
uniwersalny (Adj.) gesamt, universal
uniwersalny spadkobierca (M.) Universalerbe (M.)
uniwersytet (M.) Universität (F.)
uniwersytet (M.) ludowy Volkshochschule (F.)
unormować normieren
unosić heben
unosić się schweben
upadłościowy czyn (M.) karalny Konkursstraftat (F.)
upadłość (F.) Konkurs (M.)
upadłość (F.) masy spadkowej Nachlasskonkurs (M.)
upaństwowić verstaatlichen
upaństwowienie (N.) Vergesellschaftung (F.), Verstaatlichung (F.)
upełnomocnić akkreditieren, bevollmächtigen, ermächtigen
upijać betrinken
upłynąć ablaufen
upływ (M.) Ablauf (M.)
upływ (M.) czasu Zeitablauf (M.)
upominać abmahnen, ermahnen, mahnen
upomnieć verwarnen
upomnienie (N.) Abmahnung (F.), Erinnerung (F.), Ermahnung (F.), Mahnbescheid (M.), Mahnung (F.), Verwarnung (F.), Verweis (M.)
uporządkować anordnen, einstufen, ordnen, richten
uporządkowanie (N.) Anordnung (F.), Einstufung (F.)
uporządkowanie (N.) przepisów prawnych Rechtsbereinigung (F.)
uposażenie (N.) Apanage (F.), Besoldung (F.), Gehalt (M.)
uposażenie (N.) podstawowe Grundgehalt (N.)
uposażenie (N.) służbowe Dienstbezug (M.)
upośledzenie (N.) Behinderung (F.)
upośledzony (Adj.) behindert
upośledzony (M.) Behinderter (M.)
upoważnić autorisieren, berechtigen, bevollmächtigen, ermächtigen
upoważnienie (N.) Befugnis (F.), Berechtigung (F.), Ermächtigung (F.)
upoważnienie (N.) do nauczania Lehrbefugnis (N.)
upoważnienie (N.) do rozporządzenia Verfügungsermächtigung (F.)
upoważnienie (N.) do ściągania Einziehungsermächtigung (M.)
upoważnienie (N.) do wykonywania Ausübungsermächtigung (F.)
upoważniony (M.) Berechtigter (M.)
upoważniony befugt, berechtigt
upozorowanie (N.) Vortäuschung (F.)
upozorowanie (N.) przestępstwa Vortäuschen (N.) einer Straftat
upraszczać vereinfachen
uprawadzenie (N.) kobiety Frauenraub (M.)
uprawdopobnienie (N.) Glaubhaftmachung (F.)
uprawiać treiben
uprawiać poplecznictwo begünstigen
uprawnić (Adj.) berechtigen
uprawnić befähigen
uprawnienie (N.) Anrecht (N.), Befugnis (F.), Berechtigung (F.)
uprawnienie (N.) do głosowania Wahlberechtigung (F.)
uprawnienie (N.) do rozporządzenia Verfügungsbefugnis (F.)
uprawnienie (N.) do wykonywania zawodu sędziego Richteramtsbefähigung (F.)
uprawnienie (N.) do wypełnienia Ausfüllungsbefugnis (F.)
uprawnienie (N.) o charakterze zwierzchnym Hoheitsbefugnis (F.)
uprawnienie (N.) przemienne Ersetzungsbefugnis (F.), facultas (F.) alternativa (lat.)
uprawnienie (N.) zwierzchnie Hoheitsbefugnis (F.)
uprawnienie (N.) żony do działania w imieniu własnym i męża Schlüsselgewalt (F.)
uprawniona (F.) z tytułu prawa pierwokupu Vorkaufsberechtigter (M.)
uprawniony (Adj.) befugt
uprawniony (M.) Berechtigter (M.), Vorkaufsberechtigter (M.)
uprawniony (M.) do głosowania wahlberechtigt
uprawniony (M.) do zachowku Noterbe (M.), Pflichtteilsberechtigter (M.)
uprawniony berechtigt
uprawniony do głosowania stimmberechtigt
uprawniony do subskrybowania zeichnungsberechtigt
uprawniony do wychowywania erziehungsberechtigt
uproszczenie (N.) Vereinfachung (F.)

uprowadzenie (N.) Entführung (F.)
uprowadzenie (N.) człowieka w celu wymuszenia erpresserischer Menschenraub (M.), Menschenraub (M.)
uprowadzenie (N.) dziecka Kindesentziehung (F.), Kindesraub (M.)
uprowadzenie (N.) za granicę Verschleppung (F.)
uprowadzić entführen
uprzednio karany (Adj.) vorbestraft
uprzedzać z góry antizipieren
uprzedzenie (N.) Vorurteil (N.)
uprzedzony (Adj.) befangen, voreingenommen
uprzejmość (F.) Gefälligkeit (F.)
uprzywilejować bevorrechtigen, privilegieren
uprzywilejowanie (N.) Begünstigung (F.), Bevorrechtigung (F.)
uprzywilejowany (Adj.) bevorrechtigt, privilegiert
uprzywilejowany (M.) Begünstigter (M.)
uprzywilejowujący (Adj.) begünstigend
uratować bergen
uraz (M.) Verletzung (F.)
uraz (M.) na zdrowiu Gesundheitsverletzung (F.)
urazić verletzen
urągać schimpfen
urbanistyka (F.) Städtebau (M.)
uregulować abwickeln, ausgleichen, begleichen, regeln, richten
uregulowanie (N.) Abwicklung (F.), Begleichung (F.), Regulation (F.)
urlop (M.) Hafturlaub (M.), Urlaub (M.)
urlop (M.) macierzyński Mutterschaftsurlaub (M.)
urlop (M.) w związku z zostaniem ojcem Vaterschaftsurlaub (M.)
urlop (M.) wychowawczy Erziehungsurlaub (N.)
urna (F.) Urne (F.)
urna (F.) wyborcza Wahlurne (F.)
uroczyste przyrzeczenie (N.) Gelöbnis (N.)
urodzenie (N.) Geburt (F.)
urojona obrona (F.) konieczna Putativnotwehr (F.)
urojony stan (M.) wyższej konieczności Putativnotstand (M.)
urząd (M.) Amt (N.), Behörde (F.), Dienststelle (F.), Stelle (F.)
urząd (M.) administracyjny Verwaltungsbehörde (F.)
urząd (M.) administracyjny w strukturze wymiaru sprawiedliwości Justizbehörde (F.)
urząd (M.) celny Zollbehörde (F.)
urząd (M.) cywilny Standesamt (N.)
urząd (M.) do spraw budownictwa Bauordnungsamt (N.)
urząd (M.) do spraw cudzoziemców Ausländerbehörde (F.)
urząd (M.) do spraw młodzieży Jugendamt (N.)
urząd (M.) do spraw porządku i bezpieczeństwa publicznego Ordnungsbehörde (F.)
urząd (M.) dworski Hofamt (N.)
urząd (M.) egzekucyjny Vollzugsbehörde (F.)
urząd (M.) federalny Bundesamt (N.), Bundesbehörde (F.)
urząd (M.) federalny służby zdrowia Bundesgesundheitsamt (F.)
urząd (M.) finansowy Finanzamt (N.)
urząd (M.) gimnny Gemeindebehörde (F.)
urząd (M.) honorowy Ehrenamt (N.)
urząd (M.) kanclerski Kanzleramt (N.)
urząd (M.) kartelowy Kartellamt (N.), Kartellbehörde (F.)
urząd (M.) katastralny Katasteramt (N.)
urząd (M.) kolegialny Kollegialbehörde (F.)
urząd (M.) krajowy Landesbehörde (F.)
urząd (M.) ksiąg wieczystych Grundbuchamt (N.)
urząd (M.) kwestora Quästur (F.)
urząd (M.) opieki społecznej Sozialamt (N.)
urząd (M.) patentowy Patentamt (N.)
urząd (M.) pocztowy Postamt (N.)
urząd (M.) podatkowy Steuerbehörde (F.)
urząd (M.) polubowny Schiedsstelle (F.)
urząd (M.) porządkowy Ordnungsamt (N.)
urząd (M.) pośrednictwa pracy Arbeitsamt (N.)
urząd (M.) powiatowy Landratsamt (N.)
urząd (M.) pracy Agentur (F.) für Arbeit, Arbeitsamt (N.), Arbeitsverwaltung (F.)
urząd (M.) prezydialny Präsidialamt (N.)
urząd (M.) publiczny öffentliches Amt
urząd (M.) rozjemczy Schiedsstelle (F.)
urząd (M.) sędziego Richteramt (N.)
urząd (M.) skarbowy Schatzamt (N.)
urząd (M.) sprawujący nadzór nad prowadzeniem działalności gospodarczej Gewerbeaufsichtsamt (N.)

urząd (M.) stanu cywilnego Standesamt (N.)
urząd (M.) uprawniony do wnoszenia sprzeciwu Widerspruchsbehörde (F.)
urząd (M.) zajmujący się budową dróg Straßenbaubehörde (F.)
urząd (M.) zajmujący się ruchem drogowym Straßenverkehrsbehörde (F.)
urząd (M.) zajmujący się służebnością publicznoprawną budowy i utrzymania dróg Straßenbaulastträger (M.)
urząd (M.) zatrudnienia Arbeitsamt (N.)
urząd (M.) zdrowia Gesundheitsamt (N.)
urządzenie (N.) Anlage (F.) (Einrichtung), Gerät (N.)
urządzenie (N.) alarmowe Alarmanlage (F.)
urządzenie (N.) fabryczne Betriebsanlage (F.)
urządzić einrichten
urzeczywistnić verwirklichen
urzeczywistnienie (N.) Verwirklichung (F.)
urzędnicza służba (F.) przygotowawcza Vorbereitungsdienst (M.)
urzędniczka (F.) Beamtin (F.)
urzędnik (M.) Amtmann (M.), Beamter (M.), Berufsbeamter (M.)
urzędnik (M.) dochodzeniowy Ermittler (M.)
urzędnik (M.) egzekucyjny Vollzugsbeamter (M.)
urzędnik (M.) federalny Bundesbeamter (M.)
urzędnik (M.) gminny Gemeindebeamter (M.)
urzędnik (M.) honorowy Ehrenbeamter (M.)
urzędnik (M.) komunalny z wyboru Beigeordneter (M.)
urzędnik (M.) penitencjarny Strafvollzugsbeamter (M.), Vollzugsbeamter (M.)
urzędnik (M.) pomocniczy Hilfsbeamter (M.)
urzędnik (M.) prowadzący egzekucję Vollstreckungsbeamter (M.)
urzędnik (M.) sądowy Gerichtsdiener (M.)
urzędnik (M.) sekretariatu Urkundsbeamter (M.)
urzędnik (M.) stanu cywilnego Standesbeamter (M.)
urzędnik (M.) wydający nakaz zapłaty Urkundsbeamter (M.)
urzędnik (M.) wymiaru sprawiedliwości bez uprawień sędziowskich Rechtspfleger (M.)
urzędnik (M.) z wyboru Wahlbeamter (M.)
urzędnik (M.) zakładu karnego Strafvollzugsbeamter (M.)
urzędować amtieren
urzędowe poświadczenie (N.) Legalisation (F.), Legalisierung (F.)
urzędowe poświadczenie iż nie ma zastreżeń co do zamierzonej czynności prawnej Negativattest (M.)
urzędowo poświadczyć legalisieren
urzędowy (Adj.) amtlich, behördlich, geschäftsmäßig, offiziell
urzędowy katalog (M.) grzywien Bußgeldkatalog (M.)
urzędowy znak (M.) wartościowy amtliches Wertzeichen (N.)
usiłować versuchen
usiłowanie (N.) Versuch (M.)
usiłowanie (N.) kwalifikowane qualifizierter Versuch (M.)
usiłowanie (N.) morderstwa Mordversuch (M.)
usiłowanie (N.) nieudolne untauglicher Versuch (M.)
usiłowanie (N.) zakończone beendeter Versuch (M.)
usłuchać befolgen, folgen, gehorchen
usługa (F.) Leistung (F.)
usługa (F.) adwokacka Rechtsanwaltsdienstleistung (F.)
usługi (Pl.) fiansowe Finanzdienstleistung (F.)
usługiwać bedienen
usłużny (Adj.) gefällig
usłyszeć vernehmen
usnąć annehmen
uspołeczniać vergesellschaften
uspołecznić sozialisieren, vergesellschaften
uspołecznienie (N.) Vergesellschaftung (F.)
usposobienie (N.) Art (F.) (Gattung)
usprawiedliwiać rechtfertigen
usprawiedliwiający (Adj.) entschuldigend
usprawiedliwić entschuldigen
usprawiedliwienie (N.) Entschuldigung (F.), Rechtfertigung (F.)
usta (N.Pl.) Mund (M.)
ustać erlöschen
ustalać festsetzen, statuieren
ustalać limit limitieren
ustalenie (N.) Absprache (F.), Bestimmung (F.), Ermittlung (F.), Festsetzung (F.), Feststellung (F.)
ustalenie (N.) czasu Zeitbestimmung (F.)
ustalenie (N.) faktyczne Tatsachenfeststellung (F.)
ustalenie (N.) kosztów Kostenfestsetzung (F.)

ustalenie (N.) planu zabudowy Planfeststellung (F.)
ustalenie (N.) publicznego charakteru rzeczy Widmung (F.)
ustalenie (N.) terminu Zeitbestimmung (F.)
ustalenie (N.) zsyku Gewinnermittlung (F.)
ustalić bestimmen, ermitteln, festsetzen, feststellen, verabreden
ustanie (N.) Erlöschen (N.), Wegfall (M.)
ustanowić bestellen, einsetzen, ernennen, festsetzen
ustanowienie (N.) Bestellung (F.), Einsetzung (F.), Festsetzung (F.)
ustanowienie (N.) spadkobiercy Erbeinsetzung (F.)
ustanowienie (N.) zastawu Verpfändung (F.)
ustawa (F.) Gesetz (N.)
ustawa (F.) administracji policyjnej Polizeiverwaltungsgesetz (N.)
ustawa (F.) budowlana Bauordnung (F.)
ustawa (F.) budżetowa Haushaltsgesetz (N.)
ustawa (F.) czasowa Zeitgesetz (N.)
ustawa (F.) czekowa Scheckgesetz (N.)
ustawa (F.) dopuszczająca sprzeciw Einspruchsgesetz (N.)
ustawa (F.) dotycząca domu opieki Heimgesetz (N.)
ustawa (F.) dotycząca kontroli broni wojennej Kriegswaffenkontrollgesetz (N.)
ustawa (F.) dotycząca kosztów Kostenordnung (F.)
ustawa (F.) dotycząca podatków od nabycia nieruchomości Grunderwerbsteuergesetz (N.)
ustawa (F.) dotycząca powiatów Kreisordnung (F.)
ustawa (F.) dotycząca reformy prawa o znakach towarowych Markenrechtsreformgesetz (N.)
ustawa (F.) dotycząca ruchu drogowego Kraftverkehrsordnung (F.)
ustawa (F.) dotycząca sądu administracyjnego Verwaltungsgerichtsgesetz (N.)
ustawa (F.) dotycząca transformacji Transformationsgesetz (N.)
ustawa (F.) dotycząca wstępnego podatku płaconego izolowanie od odsetek ma Zinsabschlaggesetz (N.)
ustawa (F.) federalna Bundesgesetz (N.)
ustawa (F.) federalna dotycząca lasów Bundeswaldgesetz (N.)
ustawa (F.) federalna o ochronie danych osobowych Bundesdatenschutzgesetz (N.)
ustawa (F.) handlowa Handelsgesetz (N.)
ustawa (F.) karna Strafgesetz (N.)
ustawa (F.) krajowa Landesgesetz (N.)
ustawa (F.) materialna materielles Gesetz (N.)
ustawa (F.) niewypłacalności Insolvenzordnung (F.)
ustawa (F.) o administracji wymiaru sprawiedliwości Justizverwaltungsgesetz (N.)
ustawa (F.) o akcjach Aktiengesetz (N.)
ustawa (F.) o bezpieczeństwie (N.) pracy Arbeitssicherheitsgesetz (N.)
ustawa (F.) o bezpieczeństwie narzędzi Gerätesicherheitsgesetz (N.)
ustawa (F.) o chemikaliach Chemikaliengesetz (N.)
ustawa (F.) o czasie Zeitgesetz (N.)
ustawa (F.) o czasie pracy Arbeitszeitrechtsgesetz (N.)
ustawa (F.) o dalszym wypłacaniu wynagrodzenia Entgeltfortzahlungsgesetz (N.)
ustawa (F.) o depozytach Depotgesetz (N.)
ustawa (F.) o egzekucji administracyjnej Verwaltungsvollstreckungsgesetz (N.)
ustawa (F.) o giełdach Börsengesetz (N.)
ustawa (F.) o gminach Gemeindeordnung (F.)
ustawa (F.) o gospodarce wodnej Wasserhaushaltsgesetz (N.)
ustawa (F.) o gospodarstwach rolnych Höfegesetz (N.)
ustawa (F.) o informacjach dotyczących środowiska naturalnego Umweltinformationsgesetz (N.)
ustawa (F.) o kominiarzach Schornsteinfegergesetz (N.)
ustawa (F.) o kontroli broni Waffenkontrollgesetz (N.)
ustawa (F.) o kosztach opałowych Heizkostenverordnung (F.)
ustawa (F.) o kredytach konsumpcyjnych Verbraucherkreditgesetz (N.)
ustawa (F.) o księgach wieczystych Grundbuchordnung (F.)
ustawa (F.) o lekach Arzneimittelgesetz (N.)
ustawa (F.) o małżeństwie Ehegesetz (N.)
ustawa (F.) o mediacji Mediationsgesetz (N.)
ustawa (F.) o obowiązku ponoszenia odpowiedzialności cywilnej Haftpflichtgesetz (N.)

ustawa (F.) o ochronie konsumenta Verbraucherschutzgesetz (N.)
ustawa (F.) o ochronie przed zakażeniami Infektionsschutzgesetz (N.)
ustawa (F.) o odpowiedzialności cywilnej na szkody powstałe w związku z wpływem na środowisko naturalne Umwelthaftungsgesetz (N.)
ustawa (F.) o odpowiedzialnści za produkt Produkthaftungsgesetz (N.)
ustawa (F.) o odstąpieniu od umowy kupna dokonanej w drzwiach wejściowych Haustürgeschäftwiderrufsgesetz (N.)
ustawa (F.) o podatkach od energii elektrycznej Stromsteuergesetz (N.)
ustawa (F.) o podatkach przy zmianie formy przedsiębiorstwa Umwandlungssteuergesetz (N.)
ustawa (F.) o podatku dochodowym Einkommensteuergesetz (N.)
ustawa (F.) o pokojowym wykorzystaniu energi jądrowej Atomgesetz (N.)
ustawa (F.) o policji Polizeiordnung (F.)
ustawa (F.) o postępowaniu sądowym Prozessordnung (F.)
ustawa (F.) o powiatach Kreisordnung (F.)
ustawa (F.) o prawie wyborczym Wahlrechtsgesetz (N.)
ustawa (F.) o prowadzeniu działalności gospodarczej Gewerbeordnung (F.)
ustawa (F.) o rencie zakładowej Betriebsrentengesetz (N.)
ustawa (F.) o ruchu drogowym Straßenverkehrsgesetz (N.)
ustawa (F.) o rzemiośle Handwerksordnung (F.)
ustawa (F.) o sądzie dla nieletnich Jugendgerichtsgesetz (N.)
ustawa (F.) o sędziach Richtergesetz (N.)
ustawa (F.) o stanach wyjątkowych Notstandsgesetz (N.)
ustawa (F.) o ściąganiu kosztów wymiaru sprawiedliwości Justizbeitreibungsordnung (F.)
ustawa (F.) o środkach odurzających Betäubungsmittelgesetz (N.)
ustawa (F.) o tworzeniu majątku Vermögensbildungsgesetz (N.)
ustawa (F.) o układzie Vergleichsordnung (F.)
ustawa (F.) o umowie taryfowej Tarifvertragsgesetz (N.)
ustawa (F.) o urzędnikach Beamtengesetz (N.)
ustawa (F.) o ustroju przedsiębiorstw Betriebsverfassungsgesetz (N.)
ustawa (F.) o ustroju sądów Gerichtsverfassungsgesetz (N.)
ustawa (F.) o ustroju sądów administracyjnych i postępowaniu przed nimi Verwaltungsgerichtsordnung (F.)
ustawa (F.) o wekslach Wechselgesetz (N.)
ustawa (F.) o wyborach federalnych Bundeswahlgesetz (N.)
ustawa (F.) o zabezpieczeniu przeznaczenia mieszkań socjalnych Wohnungsbindungsgesetz (N.)
ustawa (F.) o zapobieganiu prania pieniędzy Geldwäschegesetz (N.)
ustawa (F.) o zaskarżaniu Anfechtungsgesetz (N.)
ustawa (F.) o zgromadzeniach Versammlungsgesetz (N.)
ustawa (F.) ogólna allgemeines Gesetz (N.)
ustawa (F.) patentowa Patentgesetz (N.)
ustawa (F.) periodyczna Zeitgesetz (N.)
ustawa (F.) ramowa Rahmengesetz (N.)
ustawa (F.) ramowa o urzędnikach Beamtenrechtsrahmengesetz (N.)
ustawa (F.) ratyfikacyjna Transformationsgesetz (N.)
ustawa (F.) regulująca porządkiem domu Hausgesetz (N.)
ustawa (F.) rzeszy Reichsgesetz (N.)
ustawa (F.) uboczna Nebengesetz (N.)
ustawa (F.) upoważniająca Ermächtigungsgesetz (N.)
ustawa (F.) wprowadzająca Einführungsgesetz (N.)
ustawa (F.) wyborcza Wahlgesetz
ustawa (F.) wykonawcza Ausführungsgesetz (N.)
ustawa (F.) wymagająca zgody Zustimmungsgesetz (N.)
ustawa (F.) zakazująca Verbotsgesetz (N.)
ustawa (F.) zasadnicza Grundgesetz (N.)
ustawa (M.) drogowa Straßenverkehrsordnung (F.)
ustawić aufstellen
ustawienie (N.) Aufstellung (F.)
ustawodawca (M.) Gesetzgeber (M.)
ustawodawczy (Adj.) gesetzgebend
ustawodawstwo (N.) Gesetzgebung (F.)

ustawodawstwo (N.) dotyczące stanu wyjątkowego Notstandsgesetzgebung
ustawodawstwo (N.) federalne Bundesgesetzgebung (F.)
ustawodawstwo (N.) karne Strafgesetzgebung (F.)
ustawodawstwo (N.) krajowe Landesgesetzgebung (F.)
ustawodawstwo (N.) ramowe Rahmengesetzgebung (F.)
ustawodawstwo (N.) socjalne Sozialgesetzgebung (F.)
ustawodawstwo (N.) wyłączne ausschließliche Gesetzgebung (F.)
ustawowa kolejność (F.) powołania do spadku gesetzliche Erbfolge (F.)
ustawowe domniemanie (N.) gesetzliche Vermutung (F.)
ustawowe prawo (N.) do spadku gesetzliches Erbrecht (N.)
ustawowe prawo (N.) zastawu gesetzliches Grundpfandrecht (N.), gesetzliches Pfandrecht (N.)
ustawowy gesetzlich
ustawowy przedstawiciel (M.) zarządzający spółką Geschäftsführer (M.)
ustawowy stosunek (M.) zobowiązaniowy gesetzliches Schuldverhältnis (N.)
ustawowy system (M.) małżeńskiego prawa majątkowego gesetzlicher Güterstand (M.)
ustawowy środek (M.) płatniczy gesetzliches Zahlungsmittel (N.)
ustąpić abdanken, abtreten, zurücktreten
ustąpienie (N.) Rücktritt (M.)
ustęp (M.) Absatz (M.) (Teil eines Gesetzes bzw. eines Paragraphen)
ustępliwy (Adj.) nachgiebig
ustępstwo (N.) Konzession (F.)
ustność (F.) Mündlichkeit (F.)
ustny (Adj.) mündlich
ustrój (M.) Verfassung (F.)
ustrój (M.) gmin Gemeindeverfassung (F.)
ustrój (M.) komunalny Kommunalverfassung (F.)
ustrój (M.) magistratu Magistratsverfassung (F.)
ustrój (M.) powiatowy Kreisverfassung (F.)
ustrój (M.) przedsiębiorstwa Betriebsverfassung (F.)
ustrój (M.) sądów Gerichtsverfassung (F.)
ustrój (M.) zarządu miejskiego Magistratsverfassung (F.)
usunąć abstellen, ausschießen, ausschließen, bereinigen, beseitigen, entfernen, räumen, tilgen, verweisen
usunięcie (N.) Beseitigung (F.), Entfernung (F.), Tilgung (F.), Verweisung (F.)
usunięcie (N.) odpadów Abfallbeseitigung (F.)
usuwać entfernen, entsorgen
usuwanie (N.) Bereinigung (F.), Entsorgung (F.)
usuwanie (N.) odpadów Abfallentsorgung (F.)
uszczerbek (M.) Nachteil (M.)
uszczerbek (M.) na życiu osoby Personenschaden (M.)
uszczuplenie (N.) Verminderung (F.)
uszkadzać lädieren
uszkodzenie (N.) Beschädigung (F.)
uszkodzenie (N.) ciała Körperverletzung (F.)
uszkodzenie (N.) ciała z użyciem przemocy gewaltsame Körperverletzung (F.)
uszkodzenie (N.) rzeczy Sachbeschädigung (F.)
uszkodzić beschädigen, verstümmeln
uświadomić aufklären
uświadomienie (N.) Aufklärung (F.)
utarg (M.) Erlös (M.)
utargować einnehmen, erlösen
utarta zasada (F.) hergebrachter Grundsatz (M.)
utarty (Adj.) hergebracht, herkömmlich
utracić verlieren, verwirken
utracony (Adj.) entgangen
utracony zysk (M.) entgangener Gewinn (M.)
utrata (F.) Verfall (M.), Verlust (M.), Verwirkung (F.)
utrata (F.) bezpodstawnego wzbogacenia Wegfall (M.) der ungerechtfertigten Bereicherung (F.)
utrata (F.) praw honorowych Verruf (M.)
utrata (F.) prawa Rechtsverlust (M.)
utrata (F.) uszczerbek (M.) Einbuße (F.)
utrata (F.) użytkowania Nutzungsausfall (M.)
utrata (F.) wbrew woli Abhandenkommen (N.)
utrata (F.) własności Eigentumsverlust (M.)
utrata (F.) zarobku Verdienstausfall (M.)
utrudniać behindern
utrudnianie (N.) Behinderung (F.)
utrudnianie (N.) wyborów przy użyciu siły Wahlbehinderung (F.)
utrwalić konsolidieren

utrzymać behaupten, erhalten (V.)
utrzymać się auskommen
utrzymanie (N.) Unterhalt (M.)
utrzymywać behaupten, unterhalten (unterstützen), verkehren
utrzymywać w dobrym stanie instandhalten
utrzymywanie (N.) w stanie sprawności Instandhaltung (F.)
utworzenie (N.) Bildung (F.)
utworzyć einrichten
utylitarizm (M.) Utilitarismus (M.)
utylizacja (F.) ciał zwierząt Tierkörperbeseitigung (F.)
uwaga (F.) Acht (F.) (Vorsicht), Achtung (F.), Beachtung (F.), Bemerkung (F.)
uwaga (F.) marginesowa Nebenbemerkung (F.)
uwaga (F.) uboczna Nebenbemerkung (F.)
uwalniać entlassen (V.)
uważać betrachten, halten, meinen
uwiarygodnienie (N.) Glaubhaftmachung (F.)
uwiedzenie (N.) Verführung (F.)
uwierzytelnić akkreditieren, beglaubigen, legalisieren
uwierzytelnienie (N.) Beglaubigung (F.), Legalisation (F.), Legalisierung (F.)
uwieść verführen
uwięzić inhaftieren
uwięzienie (N.) Inhaftierung (F.)
uwięziony (Adj.) gefangen
uwiklać verstricken
uwikłanie (N.) Verstrickung (F.)
uwłaczać verunglimpfen
uwłaczanie (N.) Herabsetzung (F.)
uwłaszczenie (N.) chłopów Bauernbefreiung (F.)
uwolnić befreien, erlassen, erlösen
uwolnienie (N.) Befreiung (F.), Erlass (M.), Freigabe (F.), Freilassung (F.)
uwolnienie (N.) więźniów Gefangenenbefreiung (F.)
uwzględniać berücksichtigen
uwzględnić abhelfen, beachten
uwzględnienie (N.) Abhilfe (F.), Beachtung (F.)
uzależniać przekazanie papieru wartościowego od zgody emitenta vinkulieren
uzależnienie (N.) Abhängigkeit (F.)
uzależniony (Adj.) süchtig
uzasadniać begründen
uzasadniający odpowiedzialność haftungsbegründend
uzasadnienie (N.) Begründung (F.)
uzasadnienie (N.) kasacji Revisionsbegründung (F.)
uzasadnienie (N.) orzeczenia Entscheidungsgrund (M.)
uzasadnienie (N.) pomocnicze Hilfsbegründung (F.)
uzasadnienie (N.) powództwa Klagebegründung (F.)
uzasadnienie (N.) środka zaskarżenia Rechtsmittelbegründung (F.)
uzasadnienie (N.) wyroku Urteilsbegründung (F.), Urteilsgrund (M.)
uzasadniony (Adj.) begründet, gerechtfertigt
uzasadniony interes (M.) w wykonaniu umowy Erfüllungsinteresse (N.)
uzbroić erschließen
uzbrojenie (N.) Erschließung (F.)
uzdolnienie (N.) Befähigung (F.), Veranlagung (F.)
uzdolniony (Adj.) begabt
uzdrawiać sanieren
uzdrowienie (N.) Heilung (F.), Sanierung (F.)
uzgadniać absprechen
uzgodnić abmachen, einigen, kontrahieren, übereinkommen, verabreden, vereinbaren
uzgodnienie (N.) Absprache (F.), Abstimmung (F.), Übereinkommen (N.), Übereinkunft (F.), Verabredung (F.), Vereinbarung (F.)
uzgodnienie (N.) bernskie Berner Übereinkunft (F.)
uzgodnienie (N.) o honorarium Honorarvereinbarung (F.)
uznać anerkennen, bekennen, erkennen, erklären (darlegen)
uznać za przepadłe kaduzieren
uznać za słuszne billigen
uznanie (N.) Anerkenntnis (N.), Billigung (F.), Ermessen (N.), Würdigung (F.)
uznanie (N.) dziecka za pochodzące z małżenstwa Ehelichkeitserklärung (F.)
uznanie (N.) dziecka za pochodzące z małżeństwa Ehelicherklärung (F.)
uznanie (N.) jednogłośne Akklamation (F.)
uznanie (N.) nieważności Nichtigerklärung (F.)
uznanie (N.) ojcostwa Vaterschaftsanerkenntnis (N.)
uznanie (N.) państwa Anerkennung (F.) (Anerkennung im Völkerrecht)
uznanie (N.) powództwa Anerkenntnis (N.)

uznanie (N.) winnym Schuldspruch (M.)
uznanie (N.) za przepadłe Kaduzierung (F.)
uznanie (N.) za zmarłego Todeserklärung (F.)
uznawać anerkennen
uzupełniająca wykładnia (F.) umowy ergänzende Vertragsauslegung (F.)
uzupełniający (Adj.) ergänzend, nachträglich
uzupełnić ergänzen
uzupełnienie (N.) Anhang (M.), Ergänzung (F.), Nachtrag (M.), Zusatz (M.)
uzurpacja (F.) Usurpation (F.)
uzurpować usurpieren
uzysk (M.) Erlös (M.), Nutzen (M.)
uzyskać erlangen (V.), erlösen
uzyskanie (N.) Beschaffung (F.)
użycie (N.) Anwendung (F.), Benutzung (F.), Einsetzung (F.), Gebrauch (M.), Verwendung (F.)
użyczenie (N.) Leihe (F.), Verleihung (F.)
użyczyć leihen, verleihen
użyć aufwenden, gebrauchen, verwenden
użyteczność (F.) Nutzen (M.)
użyteczność (F.) publiczna Gemeinnützigkeit (F.)
użyteczny (Adj.) nützlich
użyteczny publicznie gemeinnützig
użytek (M.) Gebrauch (M.)
użytkować nützen
użytkowanie (N.) Nießbrauch (M.), Nutznießung (F.), Nutzung (F.)
użytkowanie (N.) szczególne Sondernutzung (F.)
użytkownik (M.) Anwender (M.), Benutzer (M.), Nießbrauchsberechtigter (M.)
używać benutzen, gebrauchen
używanie (N.) Benutzung (F.), Führung (F.), Gebrauch (M.)
używka (F.) Genussmittel (N.)

v

votum (N.) separatum (lat.) Sondervotum (N.)

w

w ciągu binnen
w dobrej wierze gutgläubig
w gotowiźnie Geldentschädigung (F.)
w granicach państwa innerstaatlich
w praktyce de facto (lat.)
w ramach działalności gospodarczej gewerblich, gewerbsmäßig
w ramach związku zawodowego gewerkschaftlich
w razie wątpliwości im Zweifel (M.)
w sposób formułkowy Formularvertrag (N.)
w terminie binnen
w trakcie ucieczki flüchtig
w złej wierze bösgläubig
wachta (F.) Wache (F.)
wada (F.) Fehler (M.), Mangel (M.)
wada (F.) budowlana Baumangel (M.)
wada (F.) fizyczna rzeczy Sachmangel (M.)
wada (F.) główna Hauptmangel (M.)
wada (F.) oczywista offenkundiger Mangel (M.)
wada (F.) organizacyjna Organisationsmangel (M.)
wada (F.) oświadczenia woli Willensmangel (M.)
wada (F.) podróży Reisemangel (M.)
wada (F.) prawna Rechtsmangel (M.)
wada (F.) produkcyjna Fabrikationsfehler (M.)
wada (F.) ukryta verborgener Mangel (M.)
wada (F.) widoczna offenkundiger Mangel (M.)
wadliwość (F.) Fehlerhaftigkeit (F.), Mangelhaftigkeit (F.)
wadliwy (Adj.) fehlerhaft, mangelhaft
wadliwy tytuł (M.) mangelhafter Titel (M.)
waga (F.) Wichtigkeit (F.)
waga (F.) ciężar (M.) Gewicht (N.)
wagon (M.) Wagen (M.)
wahać się zögern
wakacje (F.Pl.) Ferien (F.Pl.)
wakacje (F.Pl.) sądowe Gerichtsferien (Pl.)
wakans (M.) Vakanz (F.)
wakat (M.) Vakanz (F.)
walczyć kämpfen
walka (F.) Kampf (M.)
walka (F.) klasowa Klassenkampf (M.)
walka (F.) pomiędzy pracownikami i pracodawcami Arbeitskampf (M.)
walne zgromadzenie (N.) Generalversammlung (F.), Hauptversammlung (F.)
walory (M.Pl.) Effekten (M.Pl.)
waluta (F.) Valuta (F.), Währung (F.)
waluta (F.) europejska ECU ECU (M.) (European Currency Unit), European Currency Unit (N.) (ECU)

wał (M.) Deich (M.)
wałek (M.) Rolle (F.)
wałkoń (M.) Tagedieb (M.)
wariat (M.) Irrer (M.)
wariograf (M.) Lügendetektor (M.)
warstwa (F.) Schicht (F.)
warsztat (M.) Betrieb (M.)
warta (F.) Wache (F.)
wartościować werten
wartościowanie (N.) Werturteil (N.)
wartościowy (Adj.) wertvoll
wartość (F.) Wert (M.)
wartość (F.) dla zbieracza Affektionswert (M.), Liebhaberwert (M.)
wartość (F.) długu Wertschuld (F.)
wartość (F.) dodatkowa Mehrwert (M.)
wartość (F.) firmy Firmenwert (M.)
wartość (F.) księgowa Buchwert (M.)
wartość (F.) niematerialna firmy Geschäftswert (M.)
wartość (F.) nominalna Nennwert (M.), Nominalwert (M.), pari
wartość (F.) pieniądza Geldwert (M.)
wartość (F.) podatkowa dobra gospodarczego jako podstawa wymiaru różnych podatków Einheitswert (M.)
wartość (F.) podatkowa jednostki podatkowej jako podstawa wymiaru różnych podatków Einheitswert (M.)
wartość (F.) przedmiotu działalności adwokackiej Gegenstandswert (M.)
wartość (F.) przedmiotu sporu Streitwert (M.)
wartość (F.) rynkowa Verkehrswert (M.)
wartość (F.) wspólna Gemeinschaftswert (M.)
wartownik (M.) Wächter (M.)
warunek (M.) Bedingung (F.), Kondition (F.)
warunek (M.) dostawy Lieferbedingung (F.)
warunek (M.) handlowy Geschäftsbedingung (F.)
warunek (M.) kupującego Abruf (M.)
warunek (M.) obiektywny karalności objektive Bedingung (F.) der Strafbarkeit
warunek (M.) prawny Rechtsbedingung (F.)
warunek (M.) rozwiązujący auflösende Bedingung (F.), Resolutivbedingung (F.)
warunek (M.) ubezpieczenia Versicherungsbedingung (F.)
warunek (M.) wstępny Vorbedingung (F.)
warunek (M.) zawieszający aufschiebende Bedingung (F.), Suspensivbedingung (F.)
warunkować bedingen
warunkowe zawieszenie (N.) kary Strafaussetzung (F.)
warunkowy (Adj.) bedingt
wasal (M.) Vasall (M.)
wataha (F.) Rotte (F.) (Gruppe von Menschen)
Watykan (M.) Kirchenstaat (M.), Vatikan (M.)
ważność (F.) Belang (M.), Geltung (F.), Gültigkeit (F.), Relevanz (F.)
ważny (Adj.) geltend, gültig, relevant, wesentlich, wichtig
wątpliwość (F.) Bedenken (N.), Zweifel (M.)
wątpliwość (F.) na rzecz oskarżonego in dubio pro reo (lat.)
wątpliwy (Adj.) zweifelhaft
wchodzenie (N.) Betreten (N.)
wchodzić w zmowę kolludieren
wcielać annektieren, einverleiben
wcielenie (N.) Annexion (F.), Einverleibung (F.)
wcześniejsza emerytura (F.) Vorruhestand (M.)
wczuć versetzen
wdać einlassen
wdanie (N.) się Einlassung (F.)
wdowa (F.) Witwe (F.)
wdowiec (M.) Witwer (M.)
wdrożenie (N.) Einleitung (F.)
według prawa ścisłego nach strengem Recht
wejście (N.) Eintritt (M.)
wejście (N.) w życie Inkrafttreten (N.)
wejść betreten (V.), eintreten, versetzen
weksel (M.) Wechsel (M.)
weksel (M.) a vista Sichtwechsel (M.)
weksel (M.) ciągniony Tratte (F.)
weksel (M.) in blanco Blankowechsel (M.)
weksel (M.) płatny w określonym czasie po okazaniu Nachsichtwechsel (M.)
weksel (M.) płatny za okazaniem Sichtwechsel (M.)
weksel (M.) sola Solawechsel (M.)
wendeta (F.) Blutrache (F.)
werbalny (Adj.) verbal
werbować anwerben
werbowanie (N.) Anwerbung (F.)
werdykt (M.) Verdikt (N.)
wersja (F.) Fassung (F.)
wesele (N.) Hochzeit (F.)
weto (N.) Veto (N.)
wewnątrz kraju Inland (N.)

wewnątrz Wspólnoty Europejskiej innergemeinschaftlich
wewnątrzkrajowy inländisch
wewnątrzpaństwowy (Adj.) innerstaatlich
wewnątrzwspólnotowy (Adj.) innergemeinschaftlich
wewnętrzny (Adj.) innen, innere
wewnętrzny przepis (M.) administracyjny Verwaltungsverordnung (F.), Verwaltungsvorschrift (F.)
wezwać auffordern, aufrufen, laden (herbestellen), vorladen
wezwanie (N.) Anrufung (F.), Aufforderung (F.), Aufruf (M.), Ladung (F.) (Herbestellung), Vorladung (F.)
wezwanie (N.) edyktalne Ediktalzitation (F.)
węgierski (Adj.) ungarisch (Adj.)
Węgry (Pl.) Ungarn (N.)
wgląd (M.) Ansicht (F.), Einsicht (F.)
wglądnąć einsehen (Einsicht nehmen)
wiadomość (F.) Botschaft (F.) (Mitteilung), Kenntnis (F.), Kunde (F.), Mitteilung (F.), Nachricht (F.)
wiara (F.) Glaube (M.)
wiarołomny treubrüchig
wiarołomstwo (N.) Treubruch (M.)
wiarygodność (F.) Glaubwürdigkeit (F.)
wiarygodny (Adj.) glaubhaft, glaubwürdig
wiązać binden
wiązka (F.) Strang (M.)
wiążące przyrzeczenie (N.) pokrycia szkody Deckungszusage (F.)
wiążący (Adj.) bindend, verbindlich
wicekanclerz (M.) Vizekanzler (M.)
wicekról (M.) Vizekönig (M.)
wicekrólowa (F.) Vizekönigin (F.)
wiceprezydent (M.) Vizepräsident (M.)
wideo (N.) Video (N.)
wideokonferencja (F.) Videokonferenz (F.)
widoczność (F.) Sicht (F.)
widoczny (Adj.) offenbar
widok (M.) Sicht (F.)
wiedza (F.) Erkenntnis (F.), Kenntnis (F.), Kunde (F.), Wissen (N.)
wiedzieć wissen
wiedźma (F.) Hexe (F.)
wiek (M.) Alter (N.), Lebensalter (N.)
wiek (M.) zdolności do działalności handlowej Handelsmündigkeit (F.)
wiek (M.) zdolności do pracy Arbeitsmündigkeit (F.)
wiek (M.) zdolności do zawarcia małżeństwa Ehemündigkeit (F.)
wiek (M.) zdolności do złożenia przyrzeczenia Eidesmündigkeit (F.)
wiek (M.) zdolności prawnej podstawowej Grundrechtsmündigkeit (F.)
wiek (M.) życia Lebensalter (N.)
Wielka Brytania (F.) Großbritannien (N.)
wielkej wagi wichtig
wielki (Adj.) groß, hoch
wielki senat (M.) großer Senat (M.)
wielkoniemiecki großdeutsch
wielkość (F.) Größe (F.)
wielostopniowy (Adj.) mehrstufig
wielożeństwo (N.) Vielweiberei (F.)
wierność (F.) Treue (F.)
wierność (F.) federalna Bundestreue (F.)
wierny (Adj.) treu
wierutny (Adj.) notorisch
wierzchni (Adj.) obere
wierzyciel (M.) Gläubiger (M.)
wierzyciel (M.) egzekucyjny Vollstreckungsgläubiger (M.)
wierzyciel (M.) masy Massegläubiger (M.)
wierzyciel (M.) niewypłacalnego Insolvenzgläubiger (M.)
wierzyciel (M.) otrzymujący zastaw Pfandgläubiger (M.), Pfandnehmer (M.)
wierzyciel (M.) solidarny Gesamtgläubiger (M.)
wierzyciel (M.) spadku Nachlassgläubiger (M.)
wierzyciel (M.) upadłego Konkursgläubiger (M.)
wierzyć glauben
wierzytelność (F.) Forderung (F.)
wierzytelność (F.) główna Hauptforderung (F.)
wierzytelność (F.) pieniężna Geldforderung (F.)
wierzytelność (F.) podlegająca zgłoszeniu do masy upadłościowej Konkursforderung (F.)
wierzytelność (F.) wobec niewypłacalnego dłużnika Insolvenzforderung (F.)
wierzytelność (F.) wzajemna Gegenforderung (F.)
wierzytelność F.) wchodząca do spadku Nachlassforderung (F.)
wieść (F.) Kunde (F.)
więcej mehr
większościowe prawo (N.) wyborcze Mehrheitswahlrecht (N.)

większość (F.) Majorität (F.), Mehrheit (F.)
większość (F.) bezwzględna absolute Mehrheit (F.)
większość (F.) głosów Stimmenmehrheit (F.)
większość (F.) kwalifikowana qualifizierte Mehrheit (F.)
większość (F.) udziałów Mehrheitsbeteiligung (F.)
większość (F.) względna relative Mehrheit (F.)
więzienie (N.) Gefängnis (N.), Kerker (M.)
więzienie (N.) za długi Schuldhaft (F.)
więzień (M.) Gefangener (M.), Insasse (M.), Strafgefangener (M.)
więzy (M.Pl.) Kette (F.)
więź (F.) Bindung (F.)
wiktymologia (F.) Viktimologie (F.)
wina (F.) Schuld (F.)
wina (F.) czynna Aktivschuld (F.)
wina (F.) przy zawarciu umowy culpa (F.) in contrahendo (lat.)
wina (F.) w wyborze culpa (F.) in eligendo (lat.)
windykacja (F.) Vindikation (F.)
windykować vindizieren
winkulować vinkulieren
winkulowanie Vinkulierung (F.)
winny (Adj.) schuldig
winogrodnik (M.) Winzer (M.)
winowajca (M.) Delinquent (M.), Schuldiger (M.)
wisieć hängen
wiwisekcja (F.) Vivisektion (F.)
wiza (F.) Sichtvermerk (M.), Visum (N.)
wizja (F.) Augenschein (M.)
wizja (F.) lokalna Lokaltermin (M.)
wjazd (M.) Einreise (F.)
wjechać einreisen
wkład (M.) Beitrag (M.), Einlage (F.)
wkład (M.) bankowy Bankeinlage (F.)
wkład (M.) bankowy złożony na przynajmniej jeden miesiąc Festgeld (N.)
wkład (M.) gotówkowy Bareinlage (N.)
wkład (M.) oszczędnościowy Spareinlage (F.)
wkład (M.) rzeczowy Sacheinlage (F.)
wkład (M.) terminowy Termineinlage (F.)
wkład (M.) udziałowca Stammeinlage (F.)
wkraczanie (N.) Betreten (N.), Eingriff (M.)
wkradać erschleichen
wkroczenie (N.) Einschreiten (N.), Vorgehen (N.)
wkroczyć einschreiten, vorgehen
wliczyć einschließen
władać herrschen
władający kundig
władanie (N.) Herrschaft (F.), Innehabung (F.)
władca (M.) Gewalthaber (M.), Herr (M.), Herrscher (M.)
władca (M.) kraju Landesherr (M.)
władca (M.) terytorialny Landesherr (M.)
władczy hoheitlich
władza (F.) Gewalt (F.), Herrschaft (F.), Macht (F.)
władza (F.) nad czynem Tatherrschaft (F.)
władza (F.) nadająca konstytucję verfassunggebende Gewalt (F.)
władza (F.) okupacyjna Besatzungsgewalt (F.)
władza (F.) państwowa Staatsgewalt (F.)
władza (F.) podatkowa Steuerbehörde (F.)
władza (F.) porządkowa Ordnungsbehörde (F.)
władza (F.) sądownicza Judikative (F.)
władza (F.) suwerenna Hoheitsgewalt (F.)
władza (F.) szkolna Schulgewalt (F.)
władza (F.) ustawodawcza gesetzgebende Gewalt (F.)
władza (F.) wykonawcza Exekutive (F.)
władztwo (N.) Gewalt (F.), Herrschaft (F.)
władztwo (N.) majątkowe Gutsherrschaft (F.)
władztwo (N.) nad rzeczą Sachherrschaft (F.)
władztwo (N.) osobowe Personalhoheit (F.)
władztwo (N.) państwowe nad rzeczą w przypadku jej zajęcia Verstrickung (F.)
władztwo (N.) rodzicielskie elterliche Gewalt (F.)
włamać się einbrechen
włamanie (N.) Einbruch (M.)
włamywacz (M.) Einbrecher (M.)
włamywać się einbrechen
własna potrzeba (F.) Eigenbedarf (M.)
własne kierownictwo (N.) spółki Eigengeschäftsführung (F.)
własnoręczny (Adj.) eigenhändig, holographisch
własność (F.) Eigentum (N.)
własność (F.) części budynku Teileigentum (N.)
własność (F.) intelektualna geistiges Eigentum (N.)
własność (F.) kolektywna Kollektiveigentum (N.)
własność (F.) kopalni Bergwerkseigentum (N.)

własność (F.) mieszkania Wohnungseigentum (N.)
własność (F.) ogólnospołeczna Gemeineigentum (N.)
własność (F.) pochodna Untereigentum (N.)
własność (F.) podległa Untereigentum (N.)
własność (F.) powiernicza Treuhandeigentum (N.)
własność (F.) prywatna Privateigentum (N.)
własność (F.) zabezpieczająca Sicherungseigentum (N.)
własność (F.) zależna Untereigentum (N.)
własność (F.) zbiorowa Kollektiveigentum (N.)
własność (F.) zwierzchnia Obereigentum (N.)
własny eigen, eigenhändig
własny dom (M.) jednorodzinny Eigenheim (N.)
własny kapitał (M.) eigenes Kapital
właściciel (M.) Anlieger (M.), Eigentümer (M.), Inhaber (M.)
właściciel (M.) jednoosobowej firmy handlowej Einzelkaufmann (M.)
właściciel (M.) majątku Gutsherr (M.)
właściciel (M.) mieszkania Wohnungseigentümer (M.)
właściciel (M.) nieruchomości Grundeigentümer (M.)
właściciel (M.) restauracji Gastwirt (M.)
właścicielka (F.) Eigentümerin (F.)
właścicielka (F.) mieszkania Wohnungseigentümerin (F.)
właściwość (F.) Besonderheit (F.), Eigenschaft (F.), Kompetenz (F.), Zuständigkeit (F.)
właściwość (F.) miejscowa örtliche Zuständigkeit (F.)
właściwość (F.) miejscowa sądu Gerichtsstand (M.)
właściwość (F.) międzynarodowa internationale Zuständigkeit (F.)
właściwość (F.) ogólna związana z domniemaniem kompetencij Allzuständigkeit (F.)
właściwość (F.) rzeczowa sachliche Zuständigkeit (F.)
właściwość (F.) wyłączna ausschließliche Zuständigkeit (F.)
właściwy (Adj.) einschlägig
właściwy kompetent, richtig, zuständig
włączenie (N.) do gimny Eingemeindung (F.)
włącznie einschließlich, inklusiv
włączony (Adj.) inbegriffen
włączyć einschließen, schalten
włączyć do gminy eingemeinden
Włochy (Pl.) Italien (N.)
włoski (Adj.) italienisch
włożyć einlegen
włóczęga (M.) Landstreicher (M.)
wmówić einreden
wniesienie (N.) Einbringung (F.), Einreichung (F.), Erhebung (F.)
wniesienie (N.) dodatkowego oskarżenia na rozprawie Nachtragsanklage (F.)
wniesienie (N.) oskarżenia Anklageerhebung (F.)
wnieść einbringen, einlegen, einreichen, erheben
wnikanie (N.) Eindringen (N.)
wniosek (M.) Antrag (M.), Schluss (M.)
wniosek (M.) dowodowy Beweisantrag (M.), Beweisantritt (M.)
wniosek (M.) dowodowy o przesłuchanie Ausforschungsbeweisantrag (M.)
wniosek (M.) główny Hauptantrag (M.)
wniosek (M.) końcowy Schlussantrag (M.)
wniosek (M.) o niewypłacalność Insolvenzantrag (M.)
wniosek (M.) o ogłoszenie upadłości Konkursantrag (M.)
wniosek (M.) o udzielenie pomocy prawnej Rechtshilfeersuchen (N.)
wniosek (M.) o wotum zaufania Vertrauensfrage (F.)
wniosek (M.) o wydanie nakazu upominawczego Mahnantrag (M.)
wniosek (M.) o wyłączenie sędziego Ablehnungsantrag (M.)
wniosek (M.) o zapłatę Mahnauftrag (N.)
wniosek (M.) pokrzywdzonego o ściganie sprawcy przestępstwa Strafantrag (M.)
wniosek (M.) pomocniczy Hilfsantrag (M.)
wniosek (M.) posiłkowy Hilfsantrag (M.)
wniosek (M.) prokuratora Strafantrag (M.)
wniosek (M.) przeciwny Gegenantrag (M.)
wniosek (M.) przez analogię Analogieschluss (M.)
wniosek (M.) strony Parteiantrag (M.)
wniosek (M.) z powództwa Klageantrag (M.)
wnioskodawca (M.) Antragsteller (M.)
wnioskodawczyni (F.) Antragstellerin (F.)
wnioskować z czegoś schließen
wnioskowanie (N.) Beantragung (F.)

wnioskowanie (N.) a contrario Umkehrschluss (M.)
wnioskowanie (N.) z przeciwieństwa Umkehrschluss (M.)
wnosić erheben
wnosić w mowie plädieren
wnuczka (F.) Enkelin (F.)
wnuk (M.) Enkel (M.) (1), Kindeskind (N.)
woda (F.) Wasser (N.)
woda (F.) przybrzeżna Küstengewässer (N.)
woda (F.) terytorialna Hoheitsgewässer (N.), Küstengewässer (N.)
wody (F.Pl.) Gewässer (N.)
wojna (F.) Krieg (M.)
wojna (F.) chłopska Bauernkrieg (M.)
wojna (F.) słuszna gerechter Krieg (M.)
wojna (F.) zaczepna Angriffskrieg (M.)
wojsko (N.) Militär (N.)
wojsko (N.) lądowe Heer (N.)
wojskowa obrona (F.) terytorialna Landwehr (F.)
wojskowy (Adj.) militärisch
wojskowy sąd (M.) polowy Standgericht (N.)
wola (F.) Wille (M.), Wollen (N.)
wola (F.) dokonania czynności prawnej Geschäftswille (M.), Handlungswille (M.)
wola (F.) jednolitości Einheitlichkeitswille (M.)
wola (F.) skutku prawnego Rechtsfolgewille (M.)
wola (F.) więzi prawnej Rechtsbindungswille (M.)
wola (F.) złożenia oświadczenia Erklärungswille (M.)
wolna konkurencja (F.) Leistungswettbewerb (M.)
wolnościowy (Adj.) freiheitlich
wolność (F.) Freiheit (F.)
wolność (F.) budowlana Baufreiheit (F.)
wolność (F.) do przemawiania Redefreiheit (F.)
wolność (F.) działania Handlungsfreiheit (F.)
wolność (F.) informacji Informationsfreiheit (F.)
wolność (F.) koalicyjna Koalitionsfreiheit (F.)
wolność (F.) myśli Gedankenfreiheit (F.)
wolność (F.) nauczania Lehrfreiheit (F.)
wolność (F.) nauki Wissenschaftsfreiheit (F.)
wolność (F.) obrotu kapitałowego Kapitalverkehrsfreiheit (F.)
wolność (F.) osiedlania się Niederlassungsfreiheit (F.)
wolność (F.) poglądów Meinungsfreiheit (F.)
wolność (F.) prasy Pressefreiheit (F.)
wolność (F.) prowadzenia działalności gospodarczej Gewerbefreiheit (F.)
wolność (F.) przekonań Gedankenfreiheit (F.)
wolność (F.) przenoszenia się Freizügigkeit (F.)
wolność (F.) radiofonii i telewizji Rundfunkfreiheit (F.)
wolność (F.) stowarzyszania się Vereinsfreiheit (F.)
wolność (F.) sumienia Gewissensfreiheit (F.)
wolność (F.) swobodnego przesiedlania się Freizügigkeit (F.)
wolność (F.) świadczenia usług Dienstleistungsfreiheit (F.)
wolność (F.) treści Inhaltsfreiheit (F.)
wolność (F.) umów Vertragsfreiheit (F.)
wolność (F.) w ruchu towarowym Warenverkehrsfreiheit (F.)
wolność (F.) w sztuce Kunstfreiheit (F.)
wolność (F.) wyboru zawodu Berufsfreiheit (F.)
wolność (F.) wyznania Bekenntnisfreiheit (F.), Glaubensfreiheit (F.), Religionsfreiheit (F.)
wolność (F.) założenia Gründungsfreiheit (F.)
wolność (F.) zawarcia umowy Abschlussfreiheit (F.)
wolność (F.) zgromadzeń Versammlungsfreiheit (F.)
wolność (F.) zrzeszania się Vereinigungsfreiheit (F.)
wolny (Adj.) frei, freizügig, offen, vakant
wolny demokratyczny podstawowy porządek (M.) freiheitlich-demokratische Grundordnung (F.)
wolny handel (M.) Freihandel (M.)
wolny od cła zollfrei
wolny od opłat gebührenfrei
wolny od opłat za przewóz frachtfrei
wolny od podatku steuerfrei
wolny od ustawy gesetzesfrei
wolny od wad mangelfrei
wolny rynek (M.) Freiverkehr (M.)
wolny słuchacz (M.) Hospitant (M.)
wolny zawód (M.) freier Beruf (M.)
wolny znak (M.) Freizeichen (N.)
wolontariusz (M.) Volontär (M.)
wołać rufen
wotum (N.) Votum (N.)
wotum (N.) nieufności Misstrauensvotum (N.)

wotum (N.) zaufania Vertrauensvotum (N.)
woźny (M.) Hausmeister (M.)
wódz (M.) Führer (M.)
wpis (M.) Eintrag (M.), Eintragung (F.)
wpis (M.) do księgi wieczystej Grundbucheintragung (F.)
wpis (M.) w księgę Bucheintragung (F.)
wpisany (Adj.) eingetragen
wplątać verstricken
wplątanie (N.) się Verstrickung (F.)
wpłacić einlegen, einzahlen
wpłata (F.) Einzahlung (F.)
wpłynąć eingehen
wpływ (M.) Einnahme (F.), Einwirkung (F.)
wpływ (M.) z prowadzenia działalności Betriebseinnahme (F.)
wpływać beeinflussen, einwirken
wpływy (M.Pl.) Einnahmen (F.Pl.)
wprawiać w ruch bewegen
wprost direkt
wprowadzać einführen, eingeben, einleiten
wprowadzać w błąd irreführen, vortäuschen
wprowadzanie (N.) w błąd Vortäuschung (F.)
wprowadzenie (N.) Bezug (M.), Einführung (F.), Einleitung (F.), Einsetzung (F.)
wprowadzenie (N.) do obrotu Inverkehrbringen (N.)
wprowadzenie (N.) energii elektrycznej do sieci Stromeinspeisung (F.)
wprowadzenie (N.) w błąd Täuschung (F.)
wprowadzenie (N.) w posiadanie Besitzeinweisung (F.)
wprowadzenie (N.) w życie Inkraftsetzen (N.)
wprowadzić beziehen, einweisen
wprowadzić do obiegu in verkehrbringen
wprowadzić poprawki ändern
wprowadzić się einziehen
wprowadzić w błąd täuschen
wpuścić einlassen
wrak (M.) Wrack (N.)
wrażenie (N.) Anschein (M.)
wrogi (Adj.) feindlich
wróg (M.) Feind (M.)
wróg (M.) konstytucji Verfassungsfeind (M.)
wróżba (F.) Fehde (F.)
wschód (M.) Osten (M.)
wskazać verweisen
wskazanie (N.) Hinweis (M.), Indikation (F.)
wskazanie (N.) poprzednika Urheberbenennung (F.)
wskazanie (N.) społeczne soziale Indikation (F.)
wskazówka (F.) Anhaltspunkt (N.), Anweisung (F.), Hinweis (M.), Indikation (F.), Maßregel (F.), Weisung (F.)
wskazywać indizieren
wskaźnik (M.) Index (M.)
wspierać fördern
wspieranie (N.) budownictwa miast Städtebauförderung (F.)
wspieranie (N.) urbanistyki Städtebauförderung (F.)
wspomnienie (N.) Erinnerung (F.)
wspólna deklaracja (F.) intencji Absichtserklärung (F.)
wspólna karta (F.) księgi wieczystej Personalfolium (N.)
wspólne opodatkowanie (N.) Splitting (N.) (engl.)
wspólne pożycie (N.) Lebensgemeinschaft (F.)
wspólnik (M.) Gesellschafter (M.), Komplize (M.), Teilhaber (M.)
wspólnik (M.) komandytowy Kommanditist (M.)
wspólnik (M.) spółki osobowej Mitunternehmer (M.)
wspólność (F.) Gemeinschaft (F.)
wspólność (F.) administracyjna Verwaltungsgemeinschaft (F.)
wspólność (F.) dorobku Errungenschaftsgemeinschaft (F.)
wspólność (F.) majątkowa Gütergemeinschaft (F.)
wspólność (F.) majątkowa w częściach ułamkowych Bruchteilsgemeinschaft (F.)
wspólność (F.) spadkowa Erbengemeinschaft (F.), Miterbengemeinschaft (F.)
wspólnota (F.) Gemeinschaft (F.), Gemeinwesen (N.), Kommune (F.), Körperschaft (F.)
wspólnota (F.) domowa Hausgemeinschaft (F.)
wspólnota (F.) dorobku majątkowego małżonków Zugewinngemeinschaft (F.)
Wspólnota (F.) Europejska EG (F.) (Europäische Gemeinschaft), Europäische Gemeinschaft (F.) (EG)
wspólnota (F.) łączna Gesamthand (F.), Gesamthandsgemeinschaft (F.)
wspólnota (F.) małżeńska eheliche Lebensgemeinschaft (F.)
wspólnota (F.) ruchomości Fahrnisgemeinschaft (F.)
wspólnota (F.) wyznaniowa Freikirche (F.)

wspólnota (F.) życiowa Lebensgemeinschaft (F.)
wspólnotowy wzór (M.) zdobniczy Gemeinschaftsgeschmacksmuster (N.)
Wspólnoty (F.Pl.) Europejskie Europäische Gemeinschaften (F.Pl.)
wspólny (Adj.) gemeinsam, gemeinschaftlich
wspólny rynek (M.) gemeinsamer Markt (M.)
współdecydowanie (N.) Mitbestimmung (F.)
współdłużnik (M.) Mitschuldner (M.)
współdziałanie (N.) Mitwirken (N.)
współmierność (F.) Verhältnismäßigkeit (F.)
współmierny (Adj.) verhältnismäßig
współodpowiedzialność (F.) Mithaftung (N.)
współodpowiedzialność (F.) za dług Teilschuldnerschaft (F.)
współporęczenie (N.) Mitbürgschaft (F.)
współporęczyciel (M.) Mitbürge (M.)
współposiadacz (M.) Mitbesitzer (M.)
współposiadanie (N.) Mitbesitz (M.)
współpraca (F.) Mitarbeit (F.), Zusammenarbeit
współpracować kooperieren, zusammenarbeiten
współpracownik (M.) Mitarbeiter (M.)
współspadkobierca (M.) Miterbe (M.)
współsprawca (M.) Mittäter (M.)
współsprawstwo (N.) Mittäterschaft (F.)
współuczestnictwo (N.) procesowe Streitgenossenschaft (F.)
współuczestnik (M.) procesowy Streitgenosse (M.)
współuczestnik (M.) sporu Streitgenosse (M.)
współudział (M.) Teilhaberschaft (F.)
współukarany (Adj.) mitbestraft
współwierzyciel (M.) Gesamtgläubiger (M.)
współwierzycielstwo (N.) Teilgläubigerschaft (F.)
współwierzytelność (F.) Gesamtgläubigerschaft (F.), Teilgläubigerschaft (F.)
współwina (F.) Mitschuld (F.), Mitverschulden (N.)
współwłasność (F.) Gemeinschaft (F.), Miteigentum (N.)
współwłasność (F.) łączna Gesamthandseigentum (N.)
współwłasność (F.) w częściach ułamkowych Bruchteilseigentum (N.)
współwłaściciel (M.) Miteigentümer (M.)
współwłaściciel (M.) gospodarczej wspólnoty Mitunternehmer (M.)
współzależność (F.) Zusammenhang (M.)
współzapis (M.) testamentowy Mitvermächtnis (N.)
wstawiać się za czymś plädieren
wstawić einsetzen, einstellen, eintreten, verwenden
wstawienie (N.) się Verwendung (F.)
wstawiennictwo (N.) Befürwortung (F.), Fürsprache (F.)
wstąpić beitreten, eintreten
wstąpienie (N.) Beitritt (M.), Eintritt (M.)
wsteczny (Adj.) reaktionär
wstępny (Adj.) vorab
wstrzymać einstellen, enthalten (V.), hemmen, sistieren
wstrzymanie (N.) Absperrung, Einstellung (F.), Enthaltung (F.), Hemmung (F.), Sistierung (F.)
wstrzymanie (N.) płatności Zahlungseinstellung (F.)
wstrzymanie (N.) się od głosu Stimmenthaltung (F.)
wstrzymanie (N.) zmian budowlanych Veränderungssperre (F.)
wstyd (M.) Schande (F.)
wszcząć eröffnen
wszczęcie (N.) Einleitung (F.), Eröffnung (F.)
wszystek gesamt
wtargnąć eindringen
wtargnięcie (N.) Eindringen (N.)
wtrącać einmischen
wtrącanie (N.) Einmischung (F.)
wtrącić się eingreifen
wuj (M.) Onkel (M.)
wulgarny vulgär
wwozić einführen
wybaczenie (N.) Entschuldigung (F.), Verzeihung (F.)
wybaczyć entschuldigen, verzeihen
wybadać ausforschen
wybadanie (N.) Ausforschung (F.)
wybierać vorziehen, wählen
wybieralność (F.) Wählbarkeit (F.)
wybieralny wählbar
wybitny polityk (M.) Staatsmann (M.)
wyborca (M.) Wahlberechtigter (M.), Wähler (M.)
wybór (M.) Auswahl (F.), Wahl (F.)
wybór (M.) bezpośredni Direktwahl (F.), unmittelbare Wahl (F.)
wybór (M.) blokowy Blockwahl (F.)

wybór (M.) dodatkowy Nachwahl (F.)
wybór (M.) europejski Europawahl (F.)
wybór (M.) grupowy Gruppenwahl (F.)
wybór (M.) komunalny Kommunalwahl (F.)
wybór (M.) końcowy Stichwahl (F.)
wybór (M.) powszechny allgemeine Wahl (F.)
wybór (M.) prawa Rechtswahl (F.)
wybór (M.) proporcjalny Verhältniswahl (F.)
wybór (M.) przez głosowanie na listy kandydatów Listenwahl (F.)
wybór (M.) równy gleiche Wahl (F.)
wybór (M.) socjalny Sozialauswahl
wybór (M.) tajny geheime Wahl (F.)
wybór (M.) uzupełniający Nachwahl (F.)
wybór (M.) większościowy Mehrheitswahl (F.)
wybór (M.) wstępny Vorwahl (F.)
wybór (M.) zawodu Berufswahl (F.)
wybrać auswählen
wybryk (M.) Exzess (M.), Unfug (M.)
wybrzeże (N.) Küste (F.), Ufer (N.)
wybuch (M.) Ausbruch (M.), Explosion (F.)
wybuchać explodieren
wybuchnąć ausbrechen
wyburzenie (N.) Abriss (M.)
wycena (F.) Bewertung (F.)
wyceniać schätzen
wycenić bewerten
wychodzić za mąż heiraten
wychodźca (M.) Emigrant (M.)
wychodźstwo (N.) Auswanderung (F.)
wychowanek (M.) Insasse (M.), Mündel (N.), Pflegekind (N.), Pflegesohn (M.)
wychowanie (N.) Erziehung (F.)
wychowanie (N.) dzieci Kindererziehung (F.)
wychowanka (F.) Pflegetochter (F.)
wychowawczy środek (M.) dyscyplinujący Zuchtmittel (N.)
wychowywać erziehen
wyciąg (M.) Auszug (M.)
wyciąg (M.) z konta Kontoauszug (M.)
wyciąg (M.) z ksiąg wieczystych Grundbuchauszug (M.)
wyciągać wnioski konkludieren
wycieńczenie (N.) Erschöpfung (F.)
wycofać abziehen, zurückziehen
wycofać się zurücktreten
wycofanie (N.) Abzug (M.), Rücknahme (F.)
wyczerpać erschöpfen
wyczerpanie (N.) Erschöpfung (F.)
wyczerpanie (N.) drogi prawnej Rechtswirkung (F.)
wydać ausliefern, entweren, erlassen, herausgeben, überantworten, verlegen (V.)
wydać wyrok erkennen, urteilen
wydajność (F.) Leistung (F.)
wydalać weisen
wydalenie (N.) Abschiebung (F.), Ausweisung (F.), Entfernung (F.)
wydalić abschieben, ausweisen
wydanie (N.) Auflage (F.), Ausgabe (F.), Auslieferung (F.), Edition (F.), Erteilung (F.), Freigabe (F.), Herausgabe (F.), Übergabe (F.)
wydanie (N.) rzeczy wynikające z prawa własności Eigentumsherausgabe (F.)
wydanie (N.) specjalne Sonderausgabe (F.)
wydany na wniosek innych organów mitwirkungsbedürftig
wydarzenie (N.) Ereignis (N.)
wydatek (M.) Aufwand (M.), Aufwendung (F.), Ausgabe (F.), Auslage (F.), Spese (F.), Unkosten (F.Pl.)
wydatek (M.) nadzwczajny Sonderausgabe (F.)
wydatek (M.) związany z prowadzeniem działalności zawodowej i gospodarczej Betriebsausgabe (F.)
wydatki (M.Pl.) Spesen (F.Pl.), Unkosten (F.Pl.)
wydatkować aufwenden
wydawać abliefern, ausgeben, ausliefern, liefern
wydawać opinię attestieren
wydawać się erscheinen
wydawanie (N.) Ausgabe (F.)
wydawca (M.) Herausgeber (M.), Verleger (M.)
wydawczyni (F.) Herausgeberin (F.)
wydawnictwo (N.) Verlag (M.)
wydobycie (N.) Förderung (F.)
wydobywać fördern
wydolność (F.) Effizienz (F.)
wydruk (M.) Ausdruck (M.)
wydrukować ausdrücken, drucken
wydział (M.) Dezernat (N.), Fakultät (F.)
wydział (M.) sądu do spraw żeglugi lądowej Schifffahrtsgericht (N.)
wydział (M.) zdrowia Gesundheitsamt (N.)
wydziedziczenie (N.) Enterbung (F.)
wydziedziczyć enterben
wydzielenie (N.) Aussonderung (F.)
wydzielić aussondern

wydzielona izba (F.) sądu detachierte Kammer (F.)
wydzielony (Adj.) detachiert, kreisfrei
wydzierżawiający Verpächter (M.)
wydzierżawić verpachten
wydzierżawienie (N.) Verpachtung (F.)
wyekspediować abfertigen
wyemigrować auswandern
wygasnąć erlöschen
wygaśnięcie (N.) Erlöschen (N.)
wygląd (M.) Beschaffenheit (F.)
wygłosić mowę obrończą plädieren
wygłosić mowę oskarżycielską plädieren
wygnać vertreiben
wygnanie (N.) Exil (N.), Verbannung (F.), Vertreibung (F.)
wygnaniec (M.) Heimatvertriebener (M.), Vertriebener (M.)
wygrać obsiegen, siegen
wygrana (F.) Gewinn (M.)
wyjaśniać klären
wyjaśnić aufklären, bereinigen, erklären (darlegen), erläutern, intervenieren
wyjaśnienie (N.) Aufklärung (F.), Einlassung (F.), Erklärung (F.), Erläuterung (F.), Klärung (F.), Offenlegung (F.)
wyjawić offenbaren
wyjawienie (N.) Offenbarung (F.)
wyjawienie (N.) majątku Offenbarungseid (M.)
wyjawnić offenlegen
wyjawnienie (N.) Aufdeckung (F.), Offenlegung (F.)
wyjątek (M.) Ausnahme (F.)
wyjednać verschaffen
wyjęty spod prawa vogelfrei
wyjmować ausnehmen
wyjście (N.) Freigang (M.)
wyjść erscheinen
wykaz (M.) Liste (F.), Nachweis (M.), Verzeichnis (N.)
wykaz (M.) majątku Vermögensverzeichnis (N.)
wykaz (M.) służebności budowy Baulastenverzeichnis (N.)
wykazać belegen (V.), darlegen, nachweisen
wykazanie (N.) Nachweis (M.)
wykazywać ausweisen
wykazywać tendencję tendieren
wyklęcie (N.) Bann (M.) (Kirchenbann)
wykluczać ausnehmen, ausschießen
wykluczenie (N.) Ausschließung (F.)
wykluczenie (N.) układu zbiorowego Tarifausschluss (M.)
wykluczyć ausschließen
wykład (M.) Vorlesung (F.)
wykładać auslegen, lehren
wykładnia (F.) Auslegung (F.)
wykładnia (F.) konstytucji Verfassungsauslegung (F.)
wykładnia (F.) umowy Vertragsauslegung (F.)
wykładnia (F.) zgodna z konstytucją verfassungskonforme Auslegung (F.)
wykładowca (M.) Lehrbeauftragter (M.)
wykonać ausführen, besorgen, erfüllen, erledigen, fertigstellen, verrichten, vollstrecken
wykonać zobowiązanie leisten
wykonalność (F.) Vollstreckbarkeit (F.)
wykonalny (Adj.) vollstreckbar
wykonalny nakaz (M.) zapłaty Vollstreckungsbescheid (M.)
wykonanie (N.) Ausführung (F.) (Ausführung eines Gesetzes), Besorgung (F.), Durchführung (F.), Erfüllung (F.), Fertigstellung (F.), Verrichtung (F.), Vollstreckung (F.), Vollziehung (F.), Vollzug (M.), Vornahme (F.)
wykonanie (N.) kary Strafvollstreckung (F.), Strafvollzug (M.)
wykonanie (N.) łączne Gesamtvollstreckung (F.)
wykonanie (N.) natychmiastowe sofortiger Vollzug (M.)
wykonanie (N.) określonej pracy przez osobę trzecią spoza służby Dienstverschaffung (F.)
wykonanie (N.) testamentu Testamentvollstreckung (F.)
wykonanie (N.) umowy Erfüllungsgeschäft (N.)
wykonanie (N.) wyroku Urteilsvollstreckung (F.)
wykonanie (N.) zastępcze Ersatzvornahme (F.)
wykonanie (N.) zobowiązania Leistung (F.)
wykonawca (M.) Vollstrecker (M.)
wykonawca (M.) testamentu Testamentsvollstrecker (M.)
wykonujący (M.) zamówienie Unternehmer (M.)
wykonujący wolny zawód freiberuflich

wykonywać ausüben, durchführen, vollziehen
wykonywać sekcję zwłok obduzieren
wykonywalny (Adj.) ausgeübt
wykonywanie (N.) Ausübung (F.)
wykonywanie (N.) prawa Rechtsausführung (F.), Rechtsausübung (F.)
wykonywanie (N.) zawodu Berufsausübung (F.)
wykorzystać nützen, verwerten
wykorzystanie (N.) Verwertung (F.)
wykorzystanie (N.) cudzego dowodu osobistego dla własnych celów Ausweismissbrauch (M.)
wykorzystanie (N.) dowodu Beweisverwertung (F.)
wykorzystywanie (N.) seksualne sexueller Missbrauch (M.)
wykres (M.) Zeichnung (F.)
wykreślenie (N.) Löschung (F.)
wykreślić löschen, streichen
wykroczenie (N.) Ordnungswidrigkeit (F.), Übertretung (F.), Verwaltungsunrecht (N.)
wykroczenie (N.) przedsiębiorstwa Unternehmensdelikt (N.)
wykroczenie (N.) w ruchu drogowym Verkehrsordnungswidrigkeit (F.)
wykroczyć übertreten, vergehen (sich vergehen)
wykrycie (N.) Aufdeckung (F.)
wykryć aufdecken
wykrywacz (M.) kłamstwa Lügendetektor (M.)
wykrywać ermitteln
wykształcenie (N.) Ausbildung (F.), Bildung (F.)
wykształcenie (N.) zawodu Berufsbildung (F.)
wykształcić ausbilden
wykupić ablösen (tilgen)
wyleczenie (N.) Heilung (F.)
wyleczyć heilen
wylegitymować ausweisen
wylosować auslosen
wylosowanie (N.) Auslosung (F.)
wyładować ausladen, löschen
wyładowanie (N.) Ausladung (F.), Löschung (F.)
wyładunek (M.) Ausladung (F.)
wyłaniać się erwachsen (V.)
wyłączać ausschießen
wyłączenie (N.) Ablehnung (F.), Ausschließung (F.), Ausschluss (M.), Aussonderung (F.)
wyłączenie (N.) karalności Strafausschließung (F.)
wyłączenie (N.) odpowiedzialności cywilnej Haftungsausschluss (M.)
wyłączna spadkobiorczyni (F.) Alleinerbin (F.)
wyłączne prawo (N.) państwa do uzyskiwania dochodów ze sprzedaży określonych towarów Finanzmonopol (N.)
wyłącznie notariusz (M.) Nurnotar (M.)
wyłączny (Adj.) ausschließlich, exklusiv
wyłączny spadkobiorca (M.) Alleinerbe (M.)
wyłączyć abdingen, ausschließen, aussondern
wyłożenie (N.) Vorlage (F.)
wyłożyć auslegen, vorlegen
wyłudzenie (N.) Erschleichen (N.)
wyłudzenie (N.) działania automatu Automatenmissbrauch (M.)
wyłuszczać darlegen
wyłuszczenie (N.) wykazanie (N.) Darlegung (F.)
wymagać anfordern, beanspruchen, bedingen, erfordern, zumuten
wymagający dojścia do adresata empfangsbedürftig
wymagająyc (Adj.) zachowania odpowiedniej formy formbedürftig
wymagalność (F.) Fälligkeit (F.)
wymagalność (F.) wierzytelności zabezpieczonej zastawem Pfandreife (F.)
wymagalny (Adj.) fällig
wymaganie (N.) Anforderung (F.), Erforderlichkeit (F.)
wymaganie (N.) zachowania odpowiedniej formy Formbedürftigkeit (F.)
wymagany (Adj.) erforderlich
wymagany (Adj.) dla ruchu verkehrserforderlich
wymeldować abmelden
wymeldowanie (N.) Abmeldung (F.),
wymiana (F.) Austausch (M.), Ersatz (M.), Tausch (M.), Umtausch (M.), Wechsel (M.)
wymiana (F.) pism Schriftsatzwechsel (M.)
wymiar (M.) Bemessung (F.), Maß (N.), Veranlagung (F.), Zumessung (F.)
wymiar (M.) kary Strafmaß (N.), Strafzumessung (F.)
wymiar (M.) podatku Steuerbescheid (M.)
wymiar (M.) składki Beitragsbemessung (F.)
wymiar (M.) sprawiedliwości Gerichts-

barkeit (F.), Justiz (F.), Justizgewährung (F.), Rechtspflege (F.)
wymieniać konvertieren, nennen
wymienialność (F.) Konvertibilität (F.)
wymienić austauschen, ersetzen
wymienny (Adj.) konvertibel
wymierzenie (N.) Verhängung (F.), Vermessung (F.), Zumessung (F.)
wymierzyć festsetzen, verhängen, vermessen (V.), zumessen
wymierzyć podatki veranlagen
wymieszanie (N.) Vermengung (F.), Vermischung (F.)
wymijać überholen
wyminąć ausweichen, überholen
wymowa (F.) Aussprache (F.)
wymóg (M.) Erfordernis (N.)
wymóg (M.) dojścia do adresata Empfangsbedürftigkeit (F.)
wymóg (M.) dopuszczenia Zulassungsvoraussetzung (F.)
wymóg (M.) konkretyzacji upoważnienia ustawowego Bestimmtheitserfordernis (F.)
wymówienie (N.) Kündigung (F.)
wymusić erzwingen
wymuszać aufdrängen, erpressen
wymuszający (Adj.) erpresserisch
wymuszalność (F.) Erzwingbarkeit (F.)
wymuszenie (N.) Erpressung (F.), Erzwingung (F.)
wymuszenie (N.) haraczu Schutzgelderpressung (F.)
wymuszenie (N.) rozbójnicze räuberische Erpressung (F.)
wymuszenie (N.) zeznań Aussageerpressung (F.)
wymuszony (Adj.) erzwingbar
wynagrodzający (Adj.) remuneratorisch
wynagrodzenie (N.) Entgelt (N.), Erstattung (F.), Lohn (M.), Vergütung (F.)
wynagrodzenie (N.) adwokata Rechtsanwaltsvergütung (F.)
wynagrodzenie (N.) akcji ratowniczej Bergelohn (M.)
wynagrodzenie (N.) strat Schadloshaltung (F.)
wynagrodzenie (N.) w naturze Deputat (N.), Naturallohn (M.)
wynagrodzenie (N.) za dzień pracy Tagelohn (M.)
wynagrodzenie (N.) za pracę Arbeitsentgelt (N.), Arbeitslohn (M.)
wynagrodzić entgelten, entschädigen, ersetzen, erstatten, vergüten
wynająć mieten, vermieten
wynajęcie (N.) Vermietung (F.)
wynajmować verdingen
wynajmowanie (N.) Verdingung (F.)
wynajmujący (M.) Vermieter (M.)
wynalazca (M.) Erfinder (M.)
wynalazek (M.) Erfindung (F.)
wynalazek (M.) pracowniczy Arbeitnehmererfindung (F.)
wynalazek (M.) służbowy Diensterfindung (F.)
wynaleźć erfinden
wynik (M.) Erfolg (M.), Ergebnis (N.)
wynik (M.) głosowania Votum (N.)
wynikać folgen
wyniknąć anfallen
wynosić belaufen
wyobcować entfremden
wyobcowanie (N.) Entfremdung (F.)
wyodrębnienie (N.) Absonderung (F.)
wypadać ausfallen
wypadek (M.) Fall (M.), Unfall (M.)
wypadek (M.) drogowy Verkehrsunfall (M.)
wypadek (M.) przewidziany w umowie ubezpieczenia Versicherungsfall (M.)
wypadek (M.) przy pracy Arbeitsunfall (M.)
wypadek (M.) w drodze do pracy Wegeunfall (M.)
wypełniać nachkommen
wypełniający odpowiedzialność haftungsausfüllend
wypełnić ausfüllen
wypędzenie (N.) Vertreibung (F.)
wypędzić verstoßen, vertreiben
wypierać się leugnen
wypłacalność (F.) Bonität (F.), Liquidität (F.), Solvenz (F.), Zahlungsfähigkeit (F.)
wypłacalny (Adj.) zahlungsfähig
wypłacalny liquide, solvent
wypłacenie (N.) zaliczki Vorschussleistung (F.)
wypłacić auszahlen
wypłacić odszkodowanie entschädigen
wypłata (F.) Auszahlung (F.)
wyposażenie (N.) Ausstattung (F.), Einrichtung (F.), Material (N.)
wyposażony (Adj.) eingerichtet
wyposażyć ausstatten
wypowiedzenie (N.) Kündigung (F.)

wypowiedzenie (N.) nadzwyczajne außerordentliche Kündigung (F.)
wypowiedzenie (N.) wojny Kriegserklärung (F.)
wypowiedzenie (N.) zmieniające Änderungskündigung (F.)
wypowiedzenie (N.) zwykłe ordentliche Kündigung (F.)
wypowiedzieć äußern, kündigen
wypowiedź (F.) Aussage (F.), Äußerung (F.)
wypożyczenie (N.) Ausleihe (F.), Verleihung (F.)
wypożyczyć ausleihen, verleihen
wyprawa (F.) Aussteuer (F.)
wyprowadzać ableiten
wyprowadzać saldo saldieren
wyprowadzenie (N.) Ableitung, Auszug (M.)
wyprowadzić herleiten
wyprowadzić się räumen
wyprzedaż (F.) Ausverkauf (M.)
wyprzedaż (F.) posezonowa Schlussverkauf (M.)
wyprzedaż (F.) w związku z koniecznością opróżnienia Räumungsverkauf (M.)
wyprzedzać vorgehen
wypuszczać emittieren
wypuszczać na wolność freilassen
wypuszczenie (N.) w obieg Emission (F.)
wypuścić ausgeben
wypytywać befragen
wyrabiać machen
wyrazić äußern
wyrazić zgodę auflassen (über den Eigentumsübergang an einem Grundstück einig werden), einwilligen
wyraźny ausdrücklich
wyrażać würdigen
wyrażać się ausdrücken
wyrażający zgodę einverstanden
wyrażenie (N.) Ausdruck (M.), Äußerung (F.)
wyrok (M.) Erkenntnis (F.), Urteil (N.), Verdikt (N.)
wyrok (M.) całkowity Vollurteil (N.)
wyrok (M.) co do części Teilurteil (N.)
wyrok (M.) co do zasady roszczenia Grundurteil (N.)
wyrok (M.) dotyczący spełnienia świadczenia Leistungsurteil (N.)
wyrok (M.) dotyczący wykładni i obowiązywania prawa wspólnoty europejskiej Vorabentscheidung (F.)
wyrok (M.) karny Straferkenntnis (F.), Strafurteil (N.)
wyrok (M.) konstytutywny Gestaltungsurteil (N.)
wyrok (M.) końcowy Endurteil (N.), Schlussurteil (N.)
wyrok (M.) merytoryczny Sachurteil (N.)
wyrok (M.) nieistniejący Nichturteil (N.)
wyrok (M.) odrzucający powództwo Prozessurteil (N.)
wyrok (M.) oparty na uznaniu powództwa Anerkenntnisurteil (N.)
wyrok (M.) pozorny Scheinurteil (N.)
wyrok (M.) rozstrzygający Beiurteil (N.), Zwischenurteil (N.)
wyrok (M.) sądu administracyjnego nakazujący organowi rozstrzygnięcie sprawy Bescheidungsurteil (N.)
wyrok (M.) śmierci Todesurteil (N.)
wyrok (M.) uniewinniający Freispruch (M.)
wyrok (M.) ustalający istnienie albo nieistnienie stosunku prawnego Feststellungsurteil (N.)
wyrok (M.) uzupełniający Ergänzungsurteil (N.)
wyrok (M.) w oparciu o zrzeczenie się roszczenia przez powoda Verzichtsurteil (N.)
wyrok (M.) w sprawie cywilnej Zivilurteil (N.)
wyrok (M.) wstępny Vorabentscheidung (F.)
wyrok (M.) z zastrzeżeniem Vorbehaltsurteil (N.)
wyrok (M.) zaoczny Versäumnisurteil (N.)
wyrokować erkennen, richten
wyrozumiałość (F.) Einsicht (F.)
wyrób (M.) Erzeugnis (N.), Produkt (N.)
wyrób (M.) znanej marki Markenware (F.)
wyrówanie (N.) z tytułu utraty przyszłego prawa do zaopatrzenia Versorgungsausgleich (M.)
wyrównać ausgleichen, begleichen, kompensieren, nachzahlen, vergüten
wyrównanie (N.) Ausgleich (M.), Begleichung (F.), Kompensation (F.), Vergütung (F.)
wyrównanie (N.) finansowe Finanzausgleich (M.)
wyrównanie (N.) przyrostu majątku małżonków Zugewinnausgleich (M.)
wyrównanie (N.) szkody Restitution (F.)
wyrównanie (N.) utraconej korzyści Vorteilsausgleich (M.)

wyrównanie (N.) winy Kulpakompensation (F.)
wyrównanie (N.) za życia spadkobiercy Erbausgleich (M.)
wyróżnienie (N.) Distinktion (F.)
wyrwać raufen
wyrzec się verstoßen
wyrzucenie (N.) na brzeg Strandung (F.)
wyrzucony przedmiot (M.) na brzeg Strandgut (N.)
wysadzić sprengen
wysiedleniec (M.) Aussiedler (M.), Heimatvertriebener (M.), Vertriebener (M.)
wysłać absenden, schicken, versenden
wysłać statkiem verschiffen
wysłannik (M.) Deputierter (M.)
wysłuchać anhören
wysłuchanie (N.) Anhörung (F.), Gehör (N.)
wysłuchanie (N.) przed sądem rechtliches Gehör (N.)
wysługa (F.) lat Dienstalter (N.)
wysługa (F.) lat liczona do uposażenia Besoldungsdienstalter (N.)
wysoki (Adj.) hoch
wysokoniemiecki hochdeutsch
wysokość (F.) Höhe (F.)
wystarać beschaffen (V.), besorgen, verschaffen
wystaranie (N.) Beschaffung (F.)
wystaranie (N.) się Verschaffen (N.), Verschaffung (F.)
wystarczać ausreichen, genügen
wystarczający (Adj.) ausreichend, hinreichend
wystawa (F.) Auslage (F.), Ausstellung (F.)
wystawca (M.) Aussteller (M.)
wystawca (M.) weksla trasowanego Trassant (M.)
wystawiać na sprzedaż feilbieten
wystawić ausstellen
wystawienie (N.) Ausfertigung (F.), Ausstellung (F.)
wystąpić vorgehen
wystąpienie (N.) Austritt (M.), Vorgehen (N.)
wystąpienie (N.) dyplomatyczne Demarche (F.)
występ (M.) Überbau (M.)
występek (M.) Vergehen (N.)
występek (M.) urzędniczy Amtsvergehen (N.)
występować austreten, einsetzen
wystrzał (M.) Schuss (M.)
wysunąć aufstellen
wysunięcie (N.) Aufstellung (F.)
wysyłać versenden
wysyłać frachtem verfrachten
wysyłająca (F.) Absenderin (F.)
wysyłający (M.) Absender (M.), Versender (M.)
wysyłka (F.) Versand (M.), Versendung (F.)
wysypisko (N.) śmieci Deponie (F.)
wyszkolić ausbilden
wyszynk (M.) Schank (M.)
wyśledzenie (N.) Ausforschung (F.)
wyśledzić ausforschen
wyświetlić aufklären
wytknąć verweisen
wytknięcie (N.) Rüge (F.)
wytłumaczyć erklären (darlegen)
wytoczenie (N.) powództwa Klageerhebung (F.)
wytropić aufspüren
wytrych (M.) Dietrich (M.), Nachschlüssel (M.)
wytrzymać ertragen
wytwarzać erzeugen, herstellen
wytwarzanie (N.) Herstellung (F.)
wytwórca (M.) Hersteller (M.)
wytyczna (F.) Richtlinie (F.), Weisung (F.)
wytyczne (N.) Maßregel (F.)
wytyczne (N.) dotyczące podatków Steuerrichtlinie (F.)
wytyczne (Pl.) Leitsatz (M.)
wytyczne (Pl.) dotyczące ochrony konsumenta Verbraucherschutzrichtlinie (F.)
wytyczne (Pl.) dotyczące zamówień publicznych Vergaberichtlinie (F.)
wyuczenie (N.) zawodu Berufsbildung (F.)
wyważenie (N.) interesów Interessenabwägung (F.)
wywędrować auswandern
wywiad (M.) Geheimdienst (M.)
Wywiadowcza Służba (F.) Federalna Bundesnachrichtendienst (M.)
wywiedzenie (N.) Ableitung
wywierać ausüben
wywieść herleiten
wywieźć verschleppen
wywłaszczenie (N.) Enteignung (F.)
wywłaszczenie (N.) administracyjne Administrativenteignung (F.)
wywłaszczenie (N.) przez ustawę Legalenteignung (F.)
wywłaszczyć enteignen
wywnioskować entnehmen

wywodzić ausführen
wywodzić się abstammen, stammen
wywołać aufrufen
wywołanie (N.) Aufgebot (N.), Aufruf (M.), Erregung (F.), Verursachung (F.)
wywołanie (N.) publicznego zgorszenia Erregung (F.) öffentlichen Ärgernisses
wywozić ausführen
wywód (M.) Vortrag (M.)
wywód (M.) merytoryczny Sachvortrag (M.)
wywóz (M.) Ausfuhr (F.)
wywóz (M.) śmieci Müllabfuhr (F.), Müllentsorgung (F.)
wywracać umkehren
wywrotowy (Adj.) subversiv
wywrzeć wpływ beeinflussen
wyzbycie (N.) się włansności przez porzucenie Dereliktion (F.)
wyzbycie (N.) się własności Eigentumsaufgabe (F.)
wyznaczać beiordnen
wyznaczenie (N.) Aussetzung (F.), Beiordnung (F.), Bestimmung (F.), Festsetzung (F.)
wyznaczenie (N.) terminu Befristung (F.), Fristsetzung (F.)
wyznaczyć anberaumen, ansetzen, aussetzen, bestellen, bestimmen, einsetzen, nominieren, vorschreiben
wyznaczyć termin befristen, terminieren
wyznać bekennen, zumessen
wyznanie (N.) Bekenntnis (N.), Glaube (M.), Konfession (F.), Religion (F.)
wyzwać aufrufen
wyzwolenie (N.) Freisprechung (F.)
wyższa dyrekcja (F.) finansowa Oberfinanzdirektion (F.)
wyższa szkoła (F.) zawodowa Fachhochschule (F.)
wyższe (Adj.) höhere
wyższy sąd (M.) administracyjny Oberverwaltungsgericht (N.)
wyższy sąd (M.) krajowy Oberlandesgericht (N.)
Wyższy Sąd (M.) Krajowy dla miasta Berlin Kammergericht (N.) (in Berlin)
wyższy urząd (M.) federalny Bundesoberbehörde (F.)
wzajemnie (Adj.) wechselseitig
wzajemnie zależny (Adj.) korrespektiv
wzajemność (F.) Gegenseitigkeit (F.), Reziprozität (F.)
wzajemny (Adj.) gegenseitig, wechselbezüglich
wzbogacenie (N.) Bereicherung (F.)
wzbogacić bereichern
wzbraniać weigern
wzbranianie (N.) Weigerung (F.)
wzbroniony (Adj.) verboten
wzbudzać erregen
wzgląd (M.) Beachtung (F.), Beziehung (F.), Gunst (F.), Nachsicht (F.), Rücksicht (F.)
wzgląd (M.) do akt Akteneinsicht (F.)
wzgląd (M.) społeczny soziale Indikation (F.)
względny (Adj.) bedingt, relativ, verhältnismäßig
wziąć entnehmen, verlegen (V.)
wzięcie (N.) Entnahme (F.)
wzięcie (N.) do niewoli Gefangennahme (F.)
wzięcie (N.) pod rozwagę Erwägung (F.)
wzięcie (N.) pod rozwagę dóbr Güterabwägung (F.)
wzięcie (N.) pod wyważenie dóbr Güterabwägung (F.)
wzięcie (N.) udziału Teilnahme (F.)
wzięcie (N.) w posiadanie Besitznahme (F.)
wzięcie (N.) zakładników Geiselnahme (F.)
wzmianka (F.) Bemerkung (F.)
wzmocnić konsolidieren
wzniecanie (N.) Induktion (F.)
wznosić heben
wznowić wiederaufnehmen
wznowienie (N.) Wiederaufnahme (F.)
wzorcować eichen (V.)
wzorzec (M.) Standard (M.)
wzór (M.) Muster (N.)
wzór (M.) użytkowy Gebrauchsmuster (N.)
wzór (M.) zdobniczy Geschmacksmuster (N.)
wzrastać anwachsen, steigen
wzrost (M.) Anstieg (M.)
wzrost (M.) Steigerung (F.)
wzruszalność (F.) Anfechtbarkeit (F.)
wzruszalny (Adj.) anfechtbar
wzruszyć anfechten

z

z mocą wsteczną ex tunc (lat.)
z mocy prawa ex lege (lat.), ipso iure (lat.)
z mocy ustawy ex lege (lat.)
z urzędu von Amts wegen
z użyciem przemocy gewaltsam

za gegen
za darmo umsonst
za frajer umsonst
za wynagrodzeniem entgeltlich
zaakceptować akzeptieren
zaangażować anstellen, verpflichten
zaangażowanie (N.) Anstellung (F.)
zaaresztować verhaften
zaatakować angreifen
zabezbieczenie (N.) ruchomości Mobiliarsicherheit (F.)
zabezpieczenie (N.) Absicherung, Deckung (F.), Sicherstellung (F.), Sicherung (F.), Versorgung (F.)
zabezpieczenie (N.) kredytu Kreditsicherung (F.)
zabezpieczenie (N.) na wypadek starości Altersversorgung (F.)
zabezpieczenie (N.) ruchu Verkehrssicherung (F.)
zabezpieczenie (N.) wartości pieniądza Geldwertsicherung (F.)
zabezpieczenie (N.) warunków bytowych Daseinsvorsorge (F.)
zabezpieczyć absichern, konsolidieren, sichern, sicherstellen
zabić töten, umbringen
zabijać töten
zabijaka (M.) Schläger (M.)
zablokować blockieren, sperren
zablokowanie (N.) Sperrung (F.)
zabójca (M.) Killer (M.), Totschläger (M.)
zabójstwo (N.) Tötung (F.), Tötungsdelikt (N.)
zabójstwo (N.) umyślne Totschlag (M.)
zabór (M.) Wegnahme (F.)
zabrać wegnehmen, zurücknehmen, zuwenden
zabraknąć fehlen
zabranie (N.) Wegnahme (F.)
zabronić untersagen, verbieten
zabroniony (Adj.) verboten
zabudowa (F.) Bebauung (F.)
zabudować bebauen
zabudowanie (N.) Bebauung (F.)
zaburzenie (N.) świadomości Bewusstseinsstörung (F.)
zabytek (M.) Denkmal (N.)
zachęcić anregen
zachęta (F.) Anregung (F.)
zachodnioeuropejski (Adj.) westeuropäisch
zachować einhalten, erhalten (V.), verhalten (V.)
zachowanie (N.) Einhaltung (F.), Gebaren (N.), Verhalten (N.)
zachowanie (N.) się Führung (F.)
zachowek (M.) Pflichtteil (M.)
zachowywanie (N.) Aufbewahrung (F.)
zachód (M.) Westen (M.)
zaciągnięcie (N.) Eingehung (F.)
zacierać ślady verdunkeln
zacieranie (N.) śladów Verdunkelung (F.)
zaczepić angreifen
zadanie (N.) Aufgabe (F.), Geschäft (N.)
zadanie (N.) domowe Hausarbeit (F.)
zadanie (N.) obowiązkowe Pflichtaufgabe (F.)
zadanie (N.) wspólne Gemeinschaftsaufgabe (F.)
zadanie (N.) wyrównawcze Ausgleichsaufgabe (F.)
zadatek (M.) Anzahlung (F.), Draufgabe (F.), Vorschuss (M.)
zadatkować anzahlen
zadecydować beschließen, bestimmen, entscheiden, entschließen (sich entschließen)
zadeklarować angeben, deklarieren
zadeklarowanie (N.) Deklaration (F.)
zademonstrowanie (N.) Demonstration (F.)
zadłużenie (N.) Verschuldung (F.)
zadłużyć verschulden
zadośćuczynienie (N.) pieniężne za ból Schmerzensgeld (N.)
zadośćuczynienie (N.) w pieniądzu Geldentschädigung (F.)
zadowolenie (N.) Genugtuung (F.)
zaginać abhandenkommen
zaginięcie (N.) Verschollenheit (F.)
zaginiony (Adj.) verschollen
zagospodarowanie (N.) przestrzenne Raumordnung (F.)
zagospodarowanie (N.) terenu Flächennutzung (F.)
zagrać spielen
zagranica (F.) Ausland (N.)
zagraniczny (Adj.) ausländisch, auswärtig
zagrażać gefährden
zagrażający młodzieży jugendgefährdend
zagroda (F.) Hof (M.)
zagrozić bedrohen
zagrozić komuś czymś androhen
zagrożenie (N.) Androhung (F.), Bedrohung (F.), Gefährdung (F.)
zagrożenie (N.) ruchu Verkehrsgefährdung (F.)

zagrożenie (N.) zdrowia Gesundheitsgefährdung (F.)
zagrożony (Adj.) gefährdet
zagrożony (Adj.) karą strafbedroht
zagubiony (Adj.) verloren
zagwarantować zusichern
zainteresowanie (N.) ze względu na hobby Affektionsinteresse (N.)
zainwestowanie (N.) kapitału Investment (N.)
zajazd (M.) Gasthaus (N.), Gasthof (M.), Herberge (F.)
zająć beschlagnahmen, besetzen, pfänden
zajęcia Lehrveranstalung (F.)
zajęcie (N.) Beschlag (M.), Beschlagnahme (F.), Besetzung (F.), Pfändung (F.)
zajęcie (N.) pensji Gehaltspfändung (F.)
zajęcie (N.) płacy Lohnpfändung (F.)
zajęcie (N.) poprzednie Vorpfändung (F.)
zajęcie (N.) uboczne Nebentätigkeit (F.)
zajęcie (N.) wierzytelności Forderungspfändung (F.)
zajęcie (N.) zamienne Austauschpfändung (F.)
zajęty (Adj.) beschäftigt, gepfändet
zajmować befassen, beschäftigen, innehaben
zajmować się betreiben, betreuen
zajmować się handlem handeln
zajmowanie (N.) Betreuung (F.), Innehabung (F.)
zajmowanie się (N.) Befassung (F.), Betreiben (N.)
zajmowanie (N.) się handlem Handeln (N.)
zajście (N.) Vorfall (M.)
zajść w ciążę empfangen (V.)
zakaz (M.) Untersagung (F.), Verbot (N.)
zakaz (M.) analogii Analogieverbot (N.)
zakaz (M.) cesji Abtretungsverbot (N.)
zakaz (M.) dalszego prowadzenia działalności gospodarczej Gewerbeuntersagung (F.)
zakaz (M.) dyskryminowania Diskriminierungsverbot (N.)
zakaz (M.) ekstradycji Auslieferungsverbot (N.)
zakaz (M.) konkurencji Wettbewerbsverbot (N.)
zakaz (M.) kontaktów Kontaktsperre (F.)
zakaz (M.) nabycia Erwerbsverbot (N.)
zakaz (M.) palenia Rauchverbot (N.)
zakaz (M.) podsłuchiwania Abhörverbot (N.)
zakaz (M.) prowadzenia pojazdów mechanicznych Fahrverbot (N.)
zakaz (M.) przeprowadzenia dowodu Beweiserhebungsverbot (N.)
zakaz (M.) represyjny repressives Verbot (N.)
zakaz (M.) rozporządzania Verfügungsverbot (N.)
zakaz (M.) samowoli Willkürverbot (N.)
zakaz (M.) stosowania działań władczych ponad potrzebę Übermaßverbot (N.)
zakaz (M.) szykan Schikaneverbot (N.)
zakaz (M.) ustawowy gesetzliches Verbot (N.)
zakaz (M.) wstecznej mocy prawa Rückwirkungsverbot (N.)
zakaz (M.) wstępu Hausverbot (N.)
zakaz (M.) wydalenia Abschiebungsverbot (N.)
zakaz (M.) wykonywania zawodu Berufsverbot (N.)
zakaz (M.) wykorzystania dowodów niedopuszuczalnych Beweisverwertungsverbot (N.)
zakaz (M.) wykorzystywania Verwertungsverbot (N.)
zakaz (M.) z zastrzeżeniem możliwości zezwolenia Erlaubnisvorbehalt (M.)
zakaz (M.) zapobiegawczy präventives Verbot (N.)
zakaz (M.) zawarcia małżeństwa Ehehindernis (N.), Eheverbot (N.)
zakaz (M.) zbycia Veräußerungsverbot (N.)
zakaz (M.) zgromadzeń Versammlungsverbot (N.)
zakazać untersagen, verbieten
zakazany (Adj.) verboten
zakład (M.) Anstalt (F.), Betrieb (M.), Wette (F.)
zakład (M.) dla obłąkanych Irrenanstalt (F.)
zakład (M.) energetyczny Energieversorgungsunternehmen (N.)
zakład (M.) federalny Bundesanstalt (F.)
zakład (M.) federalny pracy Bundesanstalt (F.) für Arbeit
zakład (M.) gminny Gemeindebetrieb (M.)
zakład (M.) karny Gefängnis (N.), Justizvollzugsanstalt (F.), Strafanstalt (F.), Strafvollzugsanstalt (F.), Vollzugsanstalt (F.)
zakład (M.) karny dla nieletnich Jugendstrafanstalt (F.)
zakład (M.) kierujący się w swojej działalności bezpośrednio i w przynajmniej przeważającej mierze idealistycznymi celami Tendenzbetrieb (M.)

zakład (M.) kontroli technicznej Technischer Überwachungsverein (M.) (TÜV), TÜV (M.) (Technischer Überwachungsverein)
zakład (M.) leczniczy Heilanstalt (F.)
zakład (M.) odwykowy Entziehungsanstalt (F.)
zakład (M.) pod zarządem państwowym Regiebetrieb (M.)
zakład (M.) pracy Arbeitsstätte (F.)
zakład (M.) prawa publicznego Anstalt (F.) des öffentlichen Rechts
zakład (M.) produkcyjny Werk (N.)
zakład (M.) przemysłowy Gewerbebetrieb (M.)
zakład (M.) przemysłowy wyposażony eingerichteter Gewerbebetrieb (M.)
zakład (M.) samoistny Eigenbetrieb (M.)
zakładać anlegen, einrichten, gründen, stiften, voraussetzen
zakładać się wetten
zakładać z góry vorwegnehmen
zakładanie (N.) Gründung (F.)
zakładnik (M.) Geisel (F.)
zakładowa komisja (F.) rozjemcza Einigungsstelle (F.)
zakładowy układ (M.) zbiorowy pracy Werktarifvertrag (M.)
zakłócać stören
zakłócający (M.) porządek Störer (M.)
zakłócający porządek (M.) Handlungsstörer (M.)
zakłócanie (N.) Belästigung (F.)
zakłócanie (N.) spokoju Ruhestörung (F.)
zakłócenie (N.) Störung (F.)
zakłócenie (N.) małżeństwa Ehestörung (F.)
zakłócenie (N.) spełnienia świadczenia Leistungsstörung (F.)
zakon (M.) Orden (M.)
zakonnica (F.) Nonne (F.)
zakończenie (N.) Abschluss (M.), Beendigung (F.), Beendung (F.), Beilegung (F.), Schließung (F.), Vollendung (F.)
zakończony (Adj.) abgeschlossen, beendet
zakończyć beenden, beendigen, beilegen, beschließen, erledigen, schließen, vollenden
zakredytowanie (N.) Gutschrift (F.)
zakres (M.) Bereich (M.)
zakres (M.) działalności gospodarczej Gewerbsmäßigkeit (F.)
zakres (M.) działania eigener Wirkungskreis (M.), Wirkungskreis (M.)
zakres (M.) obowiązywania Geltungsbereich (M.)
zakres (M.) ochrony Schutzbereich (M.)
zakres (M.) specjalności Fachbereich (M.)
zakres (M.) swobodnej oceny Beurteilungsspielraum (M.)
zaksięgować buchen, eintragen
zaksięgowanie (N.) Einstellung (F.)
zakup (M.) Einkauf (M.)
zakup (M.) detaliczny Stückkauf (M.)
zakupić einkaufen
zakupywać einkaufen
zakwalifikować qualifizieren
zakwaterowanie (N.) Beherbergung (F.)
zakwestionować abstreiten, beanstanden
zalecić verordnen
zalegalizować legalisieren
zależeć abhängen
zależność (F.) Abhängigkeit (F.), Hörigkeit (F.), Junktim (N.)
zależny (Adj.) abhängig, mittelbar
zaliczenie (N.) Bestehen (N.), Nachnahme (F.), Zurechenbarkeit (F.)
zaliczenie (N.) na dział spadku Kollation (F.)
zaliczka (F.) Abschlagszahlung (F.), Anzahlung (F.), Vorschuss (M.)
zaliczka (F.) na koszty procesu Prozesskostenvorschuss (M.)
zaliczka (F.) na koszty sądowe Gerichtskostenvorschuss (M.)
zaliczka (F.) na utrzymanie Unterhaltsvorschuss (M.)
zaliczyć aufrechnen, verrechnen
załadować einladen, verladen
załadowanie (N.) Einladung (F.), Verladung (F.)
załadowanie (N.) na statek Verschiffung (F.)
załagodzić ausgleichen, vermitteln
załamanie (N.) Einbruch (M.)
załatwianie (N.) Verrichtung (F.)
załatwić abmachen, abwickeln, beseitigen, besorgen, bewilligen, erledigen
załatwienie (N.) Abmachung (F.), Abwicklung (F.), Beilegung (F.), Beseitigung (F.), Besorgung (F.), Erledigung (F.)
załatwienie (N.) spraw Geschäftsbesorgung (F.)
załączenie (N.) Beilegung (F.)
załącznik (M.) Annex (M.), Einlage (F.)
załączyć beifügen, beilegen
załoga (F.) Belegschaft (F.), Besatzung (F.)

założenie (N.) Gründung (F.)
założony (Adj.) eingerichtet
założyciel (M.) Gründer (M.), Stifter (M.)
założyć einrichten, gründen, stiften
założyć się wetten
zamach (M.) Angriff (M.), Anschlag (M.), Attentat (N.)
zamachowiec (M.) Attentäter (M.)
zamaskować vermummen
zamawiać abonnieren
zamek (M.) Schloss (N.)
zameldować anmelden, melden
zameldowanie (N.) Anmeldung (F.)
zamiana (F.) Tausch (M.)
zamiana (F.) kary Strafumwandlung (F.)
zamianować nominieren
zamiar (M.) Absicht (F.), dolus (M.) (lat.), Vorsatz (M.)
zamiar (M.) bezpośredni direkter Vorsatz (M.), dolus (M.) directus (lat.)
zamiar (M.) ewentualny bedingter Vorsatz (M.), dolus (M.) eventualis (lat.), Eventualvorsatz (M.), indirekter Vorsatz (M.)
zamiar (M.) jednolity Gesamtvorsatz (M.)
zamiar (M.) ogólny dolus (M.) generalis (lat.)
zamiar (M.) przywłaszczenia Zueigungsabsicht (F.)
zamiar (M.) wystarania się o korzyści Vorteilsverschaffungsabsicht (F.)
zamiar (M.) wzbogacenia Bereicherungsabsicht (F.)
zamiast zapłaty an Zahlungs Statt
zamienić tauschen, umwandeln
zamienne działanie (N.) vertretbare Handlung (F.)
zamienny (Adj.) fungibel, vertretbar
zamierzać beabsichtigen, vornehmen
zamierzona prowokacja (F.) w celu spowodowania ataku na siebie Absichtsprovokation (F.)
zamieszanie (N.) Konfusion (F.)
zamieszkały (Adj.) wohnhaft
zamieszkiwać wohnen
zamiłowanie (N.) do określonej rzeczy Liebhaberei (F.)
zamknąć abschließen, absperren, aufheben, auflassen (eine Anlage schließen), einschließen, einstellen, schließen, sperren, verschließen
zamknięcie (N.) Abschluss (M.), Absperrung, Einschließung (F.), Einsperren (N.), Schließung (F.), Sperrung (F.), Verschluss (M.)
zamknięcie (N.) rachunkowe Rechnungsabschluss (M.)
zamknięcie (N.) sklepów Ladenschluss (M.)
zamknięty (Adj.) abgeschlossen
zamordować podstępnie meucheln
zamówić bestellen, buchen, ordern
zamówienie (N.) Auftrag (M.), Bestellung (F.)
zamroczenie (N.) Rausch (M.)
zamykać einschließen, einsperren
zamysł (M.) Vorsatz (M.)
zaniebanie (N.) Versäumnis (N.), Versäumung (F.)
zaniechać aufgeben, unterlassen (V.)
zaniechanie (N.) Unterlassen (N.), Unterlassung (F.)
zanieczyszczenie (N.) środowiska Umweltverschmutzung (F.)
zaniedbać vernachlässigen, versäumen
zaniedbanie (N.) Vernachlässigung (F.), Verwahrlosung (F.)
zaniedbywać vernachlässigen
zanotować verzeichnen, vormerken
zaoczny (Adj.) kontumazial
zaoferować anbieten, bieten, feilbieten
zaokrąglać arrondieren
zaopatrywanie (N.) Versorgung (F.)
zaopatrzenie (N.) Altersversorgung (F.), Versorgung (F.)
zaopatrzenie (N.) w energię Energieversorgung (F.)
zaopatrzyć versorgen
zaordynować verordnen
zaostrzenie (N.) Verschärfung (F.)
zaostrzenie (N.) kary Strafschärfung (F.)
zaostrzyć verschärfen
zapadać fallen
zapakować verpacken
zapas (M.) Bestand (M.), Vorrat (M.)
zapatrywać versorgen
zapatrywanie (N.) Ansicht (F.), Meinung (F.)
zapełnić ausfüllen
zapewniać versichern
zapewnić sichern, zusichern
zapewnienie (N.) Behauptung (F.), Sicherstellung (F.), Sicherung (F.), Versicherung (F.)
zapewnienie (N.) korzyści Vorteilsverschaffung (F.)
zapewnienie (N.) w miejsce przysięgi Versicherung (F.) an Eides Statt
zapewnienie (N.) z mocą przyrzeczenia eidesstattliche Versicherung (F.)

zapewnienie (N.) złożone w miejsce przysięgi Affidavit (N.)
zapieczętować versiegeln
zapieczętowanie (N.) Versiegelung (F.)
zapis (M.) Aufzeichnung (F.)
zapis (M.) księgowy Bucheintragung (F.)
zapis (M.) naddziałowy Vorausvermächtnis (N.)
zapis (M.) testamentowy Legat (N.) (Vermächtnis), Vermächtnis (N.)
zapis (M.) testamentowy na rzecz zapisobiorcy podstawionego Ersatzvermächtnis (N.)
zapis (M.) testamentowy naddziałowy Prälegat (N.)
zapis (M.) testamentowy przedmiotu nie należącego do spadku Verschaffungsvermächtnis (N.)
zapis (M.) testamentowy rzeczy określonej co do rodzaju Gattungsvermächtnis (N.)
zapis (M.) testamentowy wyborczy Wahlvermächtnis (N.)
zapis (M.) windykacyjny Vindikationslegat (N.)
zapis (M.) wydobywczy Vindikationslegat (N.)
zapis (M.) z prawem wyboru Wahlvermächtnis (N.)
zapisać aufzeichnen (mitschreiben), eintragen, erkennen, niederschreiben, vermachen, verrechnen, verzeichnen, vormerken
zapisanie (N.) Aufzeichnung (F.)
zapisanie (N.) na rachunek Gutschrift (F.)
zapisek (M.) Vermerk (M.)
zapisek (M.) w aktach Aktenvermerk (M.)
zapisobiorca (M.) Vermächtnisnehmer (M.)
zapłacenie (N.) Begleichung (F.)
zapłacić auszahlen, bezahlen, entgelten
zapłacić cło verzollen
zapłata (F.) Bezahlung (F.), Entgelt (N.), Zahlung (F.)
zapłata (F.) dodatkowa Nachzahlung (F.)
zapłata (F.) gotówką Barzahlung (F.)
zapłata (F.) późniejsza Nachzahlung (F.)
zapłata (F.) ratalna Teilzahlung (F.)
zapłata (F.) z góry Vorauszahlung (F.), Vorkasse (F.)
zapłodnienie (N.) Empfängnis (F.)
zapobiec verhüten
zapobiegać vorbeugen
zapobiegający (Adj.) vorbeugend
zapobieganie (N.) Prävention (F.), Verhütung (F.), Vorbeugung (F.)
zapobieganie (N.) ciąży Empfängnisverhütung (F.)
zapobieganie (N.) wypadkom Unfallverhütung (F.)
zapobiegawczy präventiv, vorbeugend
zapobieżenie (N.) skutkom Erfolgsabwendung (F.)
zapoczątkować einschlagen
zapomoga (F.) Beihilfe (F.) (Unterstützungsleistung), Zuschuss
zapomoga (F.) dla bezrobotnych Arbeitslosenhilfe (F.)
zapora (F.) Schranke (F.)
zapora (F.) prawna podstawowa Grundrechtsschranke (F.)
zapotrzebowanie (N.) Bedarf (M.)
zapotrzebowanie (N.) normalne Regelbedarf (M.)
zapowiedzieć ankündigen
zapowiedź (F.) Ankündigung (F.), Aufgebot (N.)
zapoznać się einsehen (Einsicht nehmen)
zapoznanie (N.) Einsicht (F.)
zapoznanie (N.) się Kenntnisnahme (F.)
zapraszać einladen
zaprezentować vorführen
zaprezentowanie (N.) Vorführung (F.)
zaprojektować entwerfen
zaproszenie (N.) Einladung (F.)
zaprotestować protestieren
zaprzeczać bestreiten, leugnen
zaprzeczenie (N.) Abrede (F.), Dementi (N.)
zaprzeczyć abstreiten, dementieren
zaprzysiąc beeiden, beeidigen, vereidigen
zaprzysięgły (Adj.) vereidigt (Adj.)
zaprzysiężenie (N.) Beeidigung (F.), Beeidung (F.), Vereidigung (F.)
zapuszczenie (N.) Verwahrlosung (F.)
zapytać anfragen
zapytanie (N.) Anfrage (F.), Befragung (N.), Frage (F.)
zapytanie (N.) wstępne Voranfrage (F.)
zapytywać anfragen
zarabiać verdienen
zaradzić abhelfen
zaraz sofort
zaraza (F.) Seuche (F.)
zarejestrować eintragen
zarejstrowany (Adj.) eingeschrieben, eingetragen
zarezerwować belegen (V.), buchen

zaręczenie (N.) Versicherung (F.)
zaręczyć się verloben
zaręczyny (Pl.) Verlöbnis (N.), Verlobung (F.)
zarobek (M.) Einkommen (N.), Erlös (M.), Gehalt (M.), Lohn (M.), Verdienst (M.)
zarobek (M.) uboczny Nebenverdienst (M.)
zarodek (M.) Embryo (M.)
zarys (M.) Entwurf (M.)
zarząd (M.) Geschäftsführung (F.), Verwaltung (F.), Vorstand (M.)
zarząd (M.) komisaryczny Notvorstand (M.)
zarząd (M.) państwowy Regie (F.)
zarząd (M.) przymusowy Notvorstand (M.), Zwangsverwaltung (F.)
zarząd (M.) rejonu Bezirksregierung (F.)
zarząd (M.) spadku Nachlassverwaltung (F.)
zarząd (M.) stowarzyszenia Vereinsvorstand (M.)
zarządca (M.) Amtswalter (M.), Verwalter (M.)
zarządca (M.) masy upadłościowej Masseverwalter (M.)
zarządca (M.) przymusowy Zwangsverwalter (M.)
zarządca (M.) spadku Nachlassverwalter (M.)
zarządca (M.) urzędowy Sequester (M.)
zarządzać führen, managen, verwalten, verwesen (verwalten)
zarządzający (M.) spadkiem Erbschaftsverwalter (M.)
zarządzanie (N.) Führung (F.), Leitung (F.)
zarządzanie (N.) budową dróg Straßenbauverwaltung (F.)
zarządzenie (N.) Anordnung (F.), Bestimmung (F.), Erlass (M.), Maßnahme (F.), Verfügung (F.), Verhängung (F.), Verwaltung (F.)
zarządzenie (N.) egzekucyjne Vollstreckungsanordnung (F.)
zarządzenie (N.) o księgach wieczystych Grundbuchverfügung (F.)
zarządzenie (N.) podziału Teilungsanordnung (F.)
zarządzenie (N.) policyjne Polizeiverfügung (F.)
zarządzenie (N.) powtórne wiederholte Verfügung (F.)
zarządzenie (N.) sądowe gerichtliche Verfügung (F.)
zarządzenie (N.) w stanie wyjątkowym Notverordnung (F.)
zarządzić anordnen, verfügen, verhängen, verordnen
zarzucać einwenden, rügen, vorwerfen
zarzut (M.) Bezichtigung (F.), Einrede (F.), Einwand (M.), Einwendung (F.), exceptio (F.) (lat.), Gegenvorstellung (F.), Remonstration (F.), Rüge (F.), Verweisung (F.), Vorwurf (M.)
zarzut (M.) dylatoryjny dilatorische Einrede (F.)
zarzut (M.) istnienia wad Mängelrüge (F.)
zarzut (M.) peremptoryjny peremptorische Einrede (F.)
zarzut (M.) prawny rechtliche Einwendung (F.)
zarzut (M.) zastosowania podstępu exceptio (F.) doli (lat.)
zasada (F.) Grundsatz (M.), Prinzip (N.), Regel (F.)
zasada (F.) absorpcji Absorptionsprinzip (N.)
zasada (F.) abstrakcji Abstraktionsprinzip (N.)
zasada (F.) asperacji Asperationsprinzip (N.)
zasada (F.) budżetowania Haushaltsgrundsatz (M.)
zasada (F.) demokracji Demokratieprinzip (N.)
zasada (F.) dochodzenia z urzędu Amtsermittlungsgrundsatz (M.)
zasada (F.) dowodowa Beweisregel (F.)
zasada (F.) dyspozycyjności Dispositionsmaxime (F.), Verfügungsgrundsatz (M.)
zasada (F.) ewentualna Eventualmaxime (F.)
zasada (F.) inkwizycyjności Inquisitionsmaxime (F.)
zasada (F.) jawności Publizitätsprinzip (N.)
zasada (F.) konstytucyjna Verfassungsgrundsatz (M.), Verfassungsprinzip (N.)
zasada (F.) kontynuacji właściwości sądu po zawiłości sporu perpetuatio (F.) fori (lat.)
zasada (F.) kumulacji Kumulationsprinzip (N.)
zasada (F.) legalizmu Legalitätsprinzip (N.)
zasada (F.) monarchiczna monarchisches Prinzip (N.)
zasada (F.) największego uprzywilejowania Günstigkeitsprinzip (N.)
zasada (F.) niewychodzenia poza żądanie strony ne bis in idem (lat.)
zasada (F.) o położeniu Belegenheitsgrundsatz (M.)

zasada (F.) obowiązująca w określonych kręgach Verkehrssitte (F.)
zasada (F.) oportunizmu Opportunitätsprinzip (N.)
zasada (F.) państwa prawa Rechtsstaatsprinzip (N.)
zasada (F.) państwa socjalnego Sozialstaatsprinzip (N.)
zasada (F.) personalizmu Personalitätsprinzip (N.)
zasada (F.) prawna Rechtsgrundsatz (M.), Rechtsprinzip (N.)
zasada (F.) priorytetowa Prioritätsprinzip (N.)
zasada (F.) procesowa Verfahrensgrundsatz (M.)
zasada (F.) przedstawicielstwa Repräsentationsprinzip (N.)
zasada (F.) reprezentatywności Repräsentationsprinzip (N.)
zasada (F.) rozkładu Zerrüttungsprinzip (N.)
zasada (F.) rozporządzalności Dispositionsmaxime (F.), Verfügungsgrundsatz (M.), Verhandlungsgrundsatz (M.)
zasada (F.) rozporządzalności przez strony materiałem dowodowym Beibringungsgrundsatz (M.)
zasada (F.) równego traktowania Gleichbehandlungsgrundsatz (M.)
zasada (F.) równości Gleichheitsgrundsatz (M.)
zasada (F.) równości wobec prawa Gleichheitsgrundsatz (M.)
zasada (F.) równoważnośći Äquivalenzprinzip (N.)
zasada (F.) ścigania z urzędu Offizialmaxime (F.)
zasada (F.) śledcza Untersuchungsgrundsatz (M.)
zasada (F.) terytorialności Territorialitätsprinzip (N.)
zasada (F.) ustności Mündlichkeitsgrundsatz (M.)
zasada (F.) winy Verschuldensprinzip (N.)
zasada (F.) zaufania Vertrauensgrundsatz (M.)
zasadniczy (Adj.) primär, prinzipiell
zasadność (F.) Begründetheit (F.), Schlüssigkeit (F.)
zasadny (Adj.) schlüssig
zasady (Pl.) udzielania i zawierania umów o roboty budowlane VOB (F.) (Verdingungsordnung für Bauleistungen
zasądzenie (N.) Verurteilung (F.)
zasądzić verurteilen
zasiąść beisitzen
zasiedzenie (N.) Ersitzung (F.), Versitzung (F.)
zasiedzenie (N.) w wyniku wpisania jako właściciela do księgi wieczystej mimo braku faktycznego prawa Buchersitzung (F.)
zasiedzieć ersitzen
zasięg (M.) Bereich (M.)
zasięgnąć einziehen
zasiłek (M.) Zuschuss
zasiłek (M.) chorobowy Krankengeld (N.)
zasiłek (M.) dla bezrobotnych Arbeitslosengeld (N.)
zasiłek (M.) na czynsz mieszkaniowy Wohngeld (N.)
zasiłek (M.) na dzieci Kindergeld (N.)
zasiłek (M.) opiekuńczy Pflegegeld (N.)
zasiłek (M.) pogrzebowy Sterbegeld (N.)
zasiłek (M.) wychowawczy Erziehungsgeld (N.)
zaskarżalność (F.) Anfechtbarkeit (F.)
zaskarżalny (Adj.) anfechtbar, revisibel
zaskarżenie (N.) Anfechtung (F.)
zaskarżenie (N.) czynności dłużnika dokonanych na niekorzyść wierzycieli Gläubigeranfechtung (F.)
zaskarżenie (N.) niewypłacalności dłużnika po otwarciu postępowania Insolvenzeröffnung (F.)
zaskarżyć anfechten, einklagen, verklagen
zasłaniać zuhalten
zasłanianie (N.) Verschleierung (F.)
zasługa (F.) Verdienst (N.)
zasługiwać verdienen
zasługujący na kredyt kreditwürdig
zasłużyć verdienen
zasoby (Pl.) na rachunku bankowym Bankguthaben (N.)
zasób (M.) Bestand (M.), Vorrat (M.)
zaspokoić abfinden, befriedigen
zaspokojenie (N.) Befriedigung (F.)
zastanawiać się bedenken
zastaw (M.) Pfand (N.), Verpfändung (F.)
zastaw (M.) antychretyczny Antichrese (F.), Nutzungspfand (N.)
zastaw (M.) gruntowy Grundpfand (N.)
zastaw (M.) lombardowy Pfandleihe (F.)
zastaw (M.) ręczny Faustpfand (N.)

zastaw (M.) wynajemcy Vermieterpfand (N.)
zastaw (M.) z przepadkiem Verfallspfand (N.)
zastawca (M.) Verpfänder (M.)
zastawić verpfänden, versetzen
zastawnik (M.) zawodowy Pfandleiher (M.)
zastawny list (M.) hipoteczny Hypothekenpfandbrief (M.)
zastąpić ersetzen, substituieren, vertreten (V.)
zastąpienie (N.) Ersetzung (F.)
zastępca (M.) Stellvertreter (M.), Substitut (N.), Vertreter (M.)
zastępca (M.) burmistrza Beigeordneter (M.)
zastępcza kara (F.) pozbawienia wolności Ersatzfreiheitsstrafe (F.)
zastępcze roszczenie (N.) do spadku Erbersatzanspruch (M.)
zastępczy areszt (M.) w celu przymuszenia Ersatzzwangshaft (F.)
zastępstwo (N.) Ersatz (M.), Stellvertretung (F.), Vertretung (F.)
zastępująca korzyść (F.) stellvertretendes commodum (N.)
zastępujący (Adj.) stellvertretend
zastosować anwenden, verwerten
zastosować lokaut aussperren
zastosowanie (N.) Anwendung (F.), Verwendung (F.), Verwertung (F.)
zastój (M.) Stillstand (M.)
zastrzec vorbehalten (V.)
zastrzegać vorbehalten (Adj.)
zastrzelić umlegen
zastrzeżenie (N.) Bedenken (N.), Kondition (F.), Vorbehalt (M.), Vormerkung (F.)
zastrzeżenie (N.) koncernowe Konzernvorbehalt (M.)
zastrzeżenie (N.) konstytucji Verfassungsvorbehalt (M.)
zastrzeżenie (N.) kontokurenta Kontokorrentvorbehalt (M.)
zastrzeżenie (N.) miejsca Rangvorbehalt (M.)
zastrzeżenie (N.) możliwości ograniczenia podstawowych praw obywateli wyłącznie w drodze ustawy Gesetzesvorbehalt (M.)
zastrzeżenie (N.) o zgodzie na przejście prawa własności na nieruchomości Auflassungsvormerkung (F.)
zastrzeżenie (N.) o zwolnienie Befreiungsvorbehalt (F.)
zastrzeżenie (N.) potajemne Mentalreservation (F.)
zastrzeżenie (N.) skreślenia Löschungsvormerkung (F.)
zastrzeżenie (N.) tajne geheimer Vorbehalt (M.)
zastrzeżenie (N.) uprawnienia do odwołania Widerrufsvorbehalt (M.)
zastrzeżenie (N.) własności rzeczy sprzedanej Eigentumsvorbehalt (M.)
zaszczytne stanowisko (N.) Würde (F.)
zaszkodzić schaden, schädigen
zaświadczać attestieren
zaświadczenie (N.) Attest (N.), Schein (M.), Zertifikat (N.)
zaświadczyć bezeugen
zataić unterdrücken, verbergen, verschleiern, verschweigen
zatajanie (N.) Verschweigen (N.)
zatajenie (N.) Unterdrücken (N.) (Unterdrücken einer Urkunde), Verschweigung (F.)
zatajenie (N.) dokumentu Urkundenunterdrückung (F.)
zatarcie (N.) Löschung (F.), Tilgung (F.)
zatarcie (N.) skazania Straftilgung (F.)
zator (M.) Stau (M.)
zatrucie (N.) Vergiftung (F.)
zatruć vergiften
zatrudniać beschäftigen
zatrudnić anstellen, befassen, einstellen
zatrudnienie (N.) Anstellung (F.), Arbeit (F.), Beschäftigung (F.), Einstellung (F.)
zatrudnienie (N.) marynarza Heuer (F.)
zatrudnienie (N.) w niepełnym wymiarze czasu pracy Kurzarbeit (F.)
zatrudniony angestellt, beschäftigt
zatrzymać festnehmen, vorenthalten (V.), zurückbehalten
zatrzymać się stocken
zatrzymanie (N.) Einbehaltung (N.), Festnahme (F.), Halten (N.), Retention (F.), Vorenthaltung (F.), Zurückbehaltung (F.)
zatwierdzenie (N.) Bestätigung (F.), Genehmigung (F.), Sanktion (F.)
zatwierdzić sanktionieren
zaufać vertrauen
zaufanie (N.) Vertrauen (N.)
zauważać bemerken
zauważenie (N.) Wahrnehmung (F.)
zawarcie (N.) Eingehung (F.), Schließung (F.), Trauung (F.)
zawarcie (N.) małżeństwa Eheschließung (F.), Heirat (F.), Trauung (F.), Vermählung (F.)

zawarcie (N.) umowy Vertragsschluss (M.)
zawartość (F.) Gehalt (M.), Inhalt (M.)
zawartość (F.) alkoholu we krwi Blutalkohol (M.)
zawezwać auffordern
zawężający (Adj.) restriktiv
zawiadamiać berichten
zawiadomić anzeigen, melden
zawiadomienie (N.) Anzeige (F.), Erstattung (F.), Notifikation (F.)
zawiadomienie (N.) pisemne Avis (M.)
zawiesić ruhen, sistieren, suspendieren
zawiesić w czynnościach beurlauben
zawieszający (Adj.) suspensiv
zawieszenie (N.) Aussetzung (F.), Hemmung (F.), Sistierung (F.), Suspension (F.)
zawieszenie (N.) broni Waffenstillstand (M.)
zawieszenie (N.) karalności Strafaufhebung (F.)
zawieszenie (N.) postępowania Ruhen (N.) des Verfahrens
zawieszenie (N.) w czynnościach Beurlaubung (F.)
zawieszony (Adj.) schwebend
zawiłość (F.) języka prawniczego Anwaltschinesisch (N.)
zawinić verschulden
zawinienie (N.) Verschulden (N.)
zawiniony (Adj.) schuldhaft
zawisać schweben
zawisłość (F.) sporu Anhängigkeit (F.), Rechtshängigkeit (F.)
zawisły (Adj.) anhängig, schwebend
zawładnięcie (N.) Besitzergreifung (F.)
zawłaszczenie (N.) Aneignung (F.)
zawłaszczyć aneignen
zawodny (Adj.) unzuverlässig
zawodowo gewerbsmäßig
zawodowy (Adj.) beruflich, geschäftlich
zawód (M.) Beruf (M.)
zawód (M.) prawniczy Juristerei (F.)
zawór (M.) Zapfen (M.)
zawracać umkehren
zawrzeć abschließen, schließen, trauen
zawrzeć małżeństwo trauen, vermählen
zawrzeć ślub trauen
zazdrosny (Adj.) eifersüchtig
zazdrość (F.) Eifersucht (F.)
zaznajomienie (N.) się Kenntnisnahme (F.)
zazwyczaj gewöhnlich
zażalenie (N.) Beschwerde (F.), Einspruch (M.), Rekurs (M.)
zażalenie (N.) do przełożonego na czynności urzędnika Dienstaufsichtsbeschwerde (F.)
zażalenie (N.) na aresztowanie Haftbeschwerde (N.)
zażalenie (N.) natychmiastowe sofortige Beschwerde (F.)
zażalenie (N.) z powodu naruszenia prawa przez sąd w sprawach o wykroczenia Rechtsbeschwerde (F.)
zażalenie (N.) z powodu niedopuszczenia środka odwoławczego Nichtzulassungsbeschwerde (F.)
zażalenie (N.) zarzucające nieważność Nichtigkeitsbeschwerde (F.)
zażądać anfordern
zażegnać ausgleichen
ząb (M.) Zahn (M.)
zbadanie (N.) Einsicht (F.)
zbankrutowany (Adj.) bankrott
zbezczeszczenie (N.) Schändung (F.)
zbieg (F.) przepisów ustawy Gesetzeskonkurrenz (F.)
zbieg (F.) przestępstw Realkonkurrenz (F.), Tatmehrheit (F.)
zbieg (F.) roszczeń Anspruchskonkurrenz (F.)
zbieg (F.) zajęć Anschlusspfändung (F.)
zbieg (M.) Flüchtling (M.)
zbiegły (Adj.) fahnenflüchtig, flüchtig
zbiegowisko (N.) Auflauf (M.), Zusammenrottung (F.)
zbierać lesen, sammeln, zusammenrotten
zbiorowa szkoła (F.) wyższa Gesamthochschule (F.)
zbiór (M.) Sammlung (F.)
zbiór (M.) danych Datei (F.)
zbiór (M.) orzeczeń sądów Entscheidungssammlung (F.)
zbiór (M.) przepisów Vorschriftensammlung (F.)
zbiór (M.) przypadków Fallsammlung (F.)
zbiór (M.) rzeczy Sachgesamtheit (F.), Sachinbegriff (M.)
zbiór (M.) ustaw Gesetzessammlung (F.)
zbiórka (F.) Sammlung (F.)
zbliżający się (Adj.) unmittelbar bevorstehend
zboczenie (N.) działania aberratio (F.) ictus (lat.)
zboczony pervers

zbój (M.) Bandit (M.)
zbrodnia (F.) Missetat (F.), Verbrechen (N.)
zbrodnia (F.) ciężka Kapitalverbrechen (N.)
zbrodnia (F.) dokonana przeciwko majestatowi Majestätsverbrechen (N.)
zbrodnia (F.) wojenna Kriegsverbrechen (N.)
zbrodnia (N.) nienawiści Hassverbrechen (N.)
zbroić rüsten
zbroja (F.) Rüstung (F.)
zbrojenie (N.) Rüstung (F.)
zbuntować się meutern, rebellieren
zbycie (N.) Veräußerung (F.)
zbyć absetzen, umsetzen, veräußern
zbyt (M.) Absatz (M.) (Verkauf), Vertrieb (M.)
zbyt długi (Adj.) überlang
zbywalność (F.) Begebbarkeit (F.)
zbywca (M.) Veräußerer (M.)
zdać bestehen
zdanie (N.) Ansicht (F.), Bestehen (N.), Meinung (F.), Satz (M.), Urteil (N.)
zdanie (N.) rachunku Rechenschaft (F.)
zdanie (N.) sprawy Rechenschaft (F.)
zdarzenie (N.) Ereignis (N.), Vorfall (M.)
zdarzenie (N.) losowe Zufall (M.)
zdarzenie (N.) nieuchronne unabwendbares Ereignis (N.)
zdarzyć ereignen (sich ereignen)
zdarzyć się geschehen
zdatność (F.) Eignung (F.)
zdatny (Adj.) fähig
zdążać verfolgen
zdecydowanie (N.) Bestimmtheit (F.)
zdecydowany przez prawo justiziabel
zdegradować degradieren
zdeponowanie (N.) Hinterlegung (F.)
zderzenie (N.) Kollision (F.)
zdewaluować abwerten
zdjąć z urzędu degradieren
zdjęcie (N.) Foto (M.)
zdobycie (N.) Beschaffung (F.)
zdobycz (F.) Beute (F.), Errungenschaft (F.)
zdobyć sich verschaffen
zdobywać erringen
zdolność (F.) Fähigkeit (F.), Kapazität (F.), Können (N.)
zdolność (F.) do czynności prawnych Geschäftsfähigkeit (F.)
zdolność (F.) do działań wywołujących skutki prawne Handlungsfähigkeit (F.)
zdolność (F.) do dziedziczenia Erbfähigkeit (F.)
zdolność (F.) do odpowiedzialności cywilnoprawnej Deliktsfähigkeit (F.)
zdolność (F.) do odpowiedzialności karnej Strafmündigkeit (F.)
zdolność (F.) do podjęcia uchwały Beschlussfähigkeit (F.)
zdolność (F.) do przyjęcia oświadczenia woli Empfangsbedürftigkeit (F.)
zdolność (F.) do zawarcia małżeństwa Ehefähigkeit (F.)
zdolność (F.) do zawierania układów zbiorowych płacy Tariffähigkeit (F.)
zdolność (F.) kierowania swoim postępowaniem Steuerungsfähigkeit (F.)
zdolność (F.) kredytowa Kreditwürdigkeit (F.)
zdolność (F.) patentowa Patentfähigkeit (F.)
zdolność (F.) płatnicza Zahlungsfähigkeit (F.)
zdolność (F.) postulacyjna postulationsfähig, Postulationsfähigkeit (F.), Verhandlungsfähigkeit (F.)
zdolność (F.) prawna Rechtsfähigkeit (F.)
zdolność (F.) prawna częściowa Teilrechtsfähigkeit (F.)
zdolność (F.) prawna podstawowa Grundrechtsfähigkeit (F.)
zdolność (F.) procesowa Parteifähigkeit (F.), Prozessfähigkeit (F.)
zdolność (F.) psychiczna i fizyczna do brania udziału w rozprawie Verhandlungsfähigkeit (F.)
zdolność (F.) sterowania Steuerungsfähigkeit (F.)
zdolność (F.) testowania Testierfähigkeit (F.)
zdolność (F.) zrozumienia Einsichtsfähigkeit (F.)
zdolny (Adj.) fähig
zdolny do czynności prawnych geschäftsfähig
zdolny do działań wywołujących skutki prawne handlungsfähig
zdolny do dziedziczenia erbfähig
zdolny do odpowiedzialności cywilnoprawnej deliktsfähig
zdolny do patentu patentfähig
zdolny do pobrania kredytu kreditfähig
zdolny do podjęcia uchwały beschlussfähig
zdolny do prowadzenia negocjacji verhandlungsfähig
zdolny do prowadzenia pojazdu fahrtüchtig
zdolny do zawarcia małżeństwa ehefähig

zdolny do zawierania układów zbiorowych tariffähig
zdolny do zrozumienia einsichtsfähig
zdolny prawnie (Adj.) rechtsfähig
zdominowanie (N.) Beherrschung (F.)
zdrada (F.) Verrat (M.)
zdrada (F.) kraju Landesverrat (M.)
zdrada (F.) małżeńska Ehebruch (M.)
zdrada (F.) stanu Hochverrat (M.)
zdrada (F.) strony przez pełnomocnika Parteiverrat (M.), Prävarikation (F.)
zdrada (F.) tajemnicy Geheimnisverrat (M.)
zdradliwy (Adj.) tückisch, verräterisch
zdradzić verraten (V.)
zdradziecki (Adj.) heimtückisch, landesverräterisch, tückisch, verräterisch
zdradzieckość (F.) Heimtücke (F.)
zdrajca (M.) Verräter (M.)
zdrajca (M.) kraju Landesverräter (M.)
zdrajca (M.) stanu Hochverräter (M.)
zdrajczyni (F.) Verräterin (F.)
zdrowie (N.) Gesundheit (F.)
zdrowy (Adj.) gesund
zdyskredytować herabsetzen
zdyskredytowanie (N.) Herabsetzung (F.)
zdziałać leisten
ze świadomością wissentlich
ze złą wolą böswillig
zebra (F.) Zebra (N.)
zebrać versammeln
zebranie (N.) Erhebung (F.), Versammlung (F.)
zebranie (N.) członków Mitgliederversammlung (F.)
zebranie (N.) personelu Personalversammlung (F.)
zebranie (N.) załogi przedsiębiorstwa Betriebsversammlung (F.)
zemsta (F.) Rache (F.)
zerwać abbrechen, auflösen, brechen
zerwanie (N.) Abbruch (M.), Bruch (M.)
zerwanie (N.) pieczęci Siegelbruch (M.)
zerwanie (N.) umowy Vertragsbruch (M.)
zesłanie (N.) Acht (F.), Verbannung (F.)
zespolenie (N.) Verbund (M.)
zespolić vereinigen
zespolony (Adj.) vereinigt
zespołowy (Adj.) kollektiv
zespół (M.) Kollektiv (N.)
zespół (M.) nadużycia znamion czynu przestępczego Missbrauchstatbestand (M.)
zespół (M.) sędziowski Jury (F.)
zespół (M.) znamion czynu przestępczego Straftatbestand (M.), Tatbestand (M.)
zespół (M.) znamion czynu przestępczego co do nadużycia zaufania Treubruchstatbestand (M.)
zestaw (M.) Satz (M.)
zestawić aufstellen
zestawienie (N.) Aufstellung (F.), System (N.)
zewnątrz außen
zeznać aussagen
zeznanie (N.) Aussage (F.)
zeznanie (N.) podatkowe Steuererklärung (F.)
zeznanie (N.) świadka Zeugenaussage (F.)
zezwalać lizenzieren
zezwolenie (N.) Bewilligung (F.), Billigung (F.), Einwilligung (F.), Erlaubnis (F.), Genehmigung (F.), Gestattung (F.), Lizenz (F.), Zulassung (F.), Zustimmung (F.)
zezwolenie (N.) administracyjne o charakterze wyjątkowym Dispens (M.)
zezwolenie (N.) generalne Generaleinwilligung (F.)
zezwolenie (N.) na budowę Baugenehmigung (F.)
zezwolenie (N.) na noszenie broni Waffenschein (M.)
zezwolenie (N.) na obrót nieruchomościami gruntowymi Bodenverkehrsgenehmigung (F.)
zezwolenie (N.) na pobyt Aufenthaltsgenehmigung (F.)
zezwolenie (N.) na pobyt bez określonego celu Aufenthaltserlaubnis (F.)
zezwolenie (N.) na pracę Arbeitsbewilligung (F.)
zezwolenie (N.) na typ Typengenehmigung (F.)
zezwolenie (N.) na wykreślenie Löschungsbewilligung (F.)
zezwolenie (N.) na wywóz Ausfuhrerlaubnis (F.)
zezwolenie (N.) na złożenie zeznań Aussagegenehmigung (F.)
zezwolenie (N.) przypuszczalne mutmaßliche Einwilligung (F.)
zezwolić billigen, einwilligen, erlauben, genehmigen, gestatten, zustimmen
zfałszowanie (N.) paszportu Passfälschung (N.)
zgadzać stimmen

zgiąć beugen
zginać beugen
zglobalizować globaliseren
zgłosić anmelden, melden
zgłosić abandon abandonnieren
zgłoszenie (N.) Anmeldung (F.), Meldung (F.)
zgłoszenie (N.) cesji Abtretungsanzeige (F.)
zgłoszenie (N.) do urzędowego protokołu Insinuation (F.)
zgłoszenie (N.) wady Mangelanzeige (F.)
zgoda (F.) Einigung (F.), Einverständnis (N.), Einwilligung (F.), Konsens (M.), Zustimmung (F.)
zgoda (F.) między zbywcą a nabywcą Auflassung (F.)
zgoda (F.) państwa Agrément (N.)
zgoda (F.) udzielona przez państwo na przedstawiciela obcego państwa Exequatur (N.)
zgodnie einvernehmlich
zgodność (F.) Vereinbarkeit (F.)
zgodność (F.) ustawy Gesetzeseinheit (F.)
zgodność (F.) z konstytucją Verfassungsmäßigkeit (F.)
zgodność (F.) z prawem Rechtmäßigkeit (F.)
zgodność (F.) z ustawą Gesetzmäßigkeit (F.)
zgodny (Adj.) adäquat, einig, konform
zgodny z konstytucją verfassungsgemäß, verfassungskonform, verfassungsmäßig
zgodny z prawem legal, legitim, rechtmäßig
zgodny z prawem autorskim urheberrechtlich
zgodny z prawem europejskim europarechtsgemäß
zgodny z prawem wydawnictwa verlagsrechtlich
zgodny z przepisami ordnungsgemäß
zgodny z przepisem vorschriftsmäßig
zgodny z tradycją kupiecką geschäftsmäßig
zgodny z ustawą gesetzmäßig
zgodny ze statutem satzungsgemäß
zgodzić einigen
zgodzić się eingehen, einwilligen, zustimmen
zgon (M.) Tod (M.)
zgromadzenie (N.) Versammlung (F.)
zgromadzenie (N.) federalne Bundesversammlung (F.)
zgromadzenie (N.) narodowe Nationalversammlung (F.), Volksversammlung (F.)
zgromadzenie (N.) obywatelów Bürgerversammlung (F.)
zgromadzenie (N.) plenarne Plenarversammlung (F.)
Zgromadzenie (N.) Unii Europejskiej Versammlung (F.) der Europäischen Union
zgromadzenie (N.) wierzycieli Gläubigerversammlung (F.)
zgromadzenie (N.) wspólników Gesellschafterversammlung (F.)
zgromadzić versammeln, zusammenrotten
zgwałcenie (N.) Notzucht (F.), Vergewaltigung (F.)
zgwałcić vergewaltigen
ziemia (F.) Boden (M.), Grund (M.), Land (N.)
ziemia (F.) Saary Saarland (N.)
zięć (M.) Schwiegersohn (M.)
ziszczenie (N.) Eintritt (M.)
zjazd (M.) Kongress (M.)
zjednać gewinnen, verschaffen
zjednoczenie (N.) Einigung (F.), Konsolidation (F.), Vereinigung (F.)
zjednoczony (Adj.) vereinigt, vereint
zjednoczyć konsolidieren, vereinigen
zlecenie (N.) Auftrag (M.), Beauftragung (F.), Order (F.)
zlecenie (N.) ciągłe Dauerauftrag (M.)
zlecenie (N.) kredytowe Kreditauftrag (M.)
zlecenie (N.) przelewu Überweisungsauftrag (M.)
zleceniobiorca (M.) Auftragnehmer (M.), Beauftragter (M.)
zleceniodawca (M.) Auftraggeber (M.)
zlecić auftragen, beauftragen, ordern
zlecony beauftragt
zlikwidować liquidieren, schließen
zlikwidowanie (N.) Schließung (F.)
zła usługa (F.) Schlechtleistung (F.)
zła wiara (F.) böser Glaube (M.), Bösgläubigkeit (F.)
złagodzenie (N.) Milderung (F.)
złagodzenie (N.) kary Strafmilderung (F.)
złagodzić mildern
złamać brechen
złamanie (N.) Bruch (M.)
złamanie (N.) obowiązku wierności Treuepflichtverletzung (F.)
złamanie (N.) prawa Rechtsbruch (F.)
złamanie (N.) zaufania Vertrauensbruch (M.)
złączenie (N.) Zusammenschluss (M.)
złączenie (N.) się Fusion (F.)

złączyć verbinden, verschmelzen
złe świadczenie (N.) Schlechterfüllung (F.)
złe wykonanie (N.) Schlechterfüllung (F.)
zło (N.) Übel
złodziej (M.) Dieb (M.)
złodziej (M.) kieszonkowy Taschendieb (M.)
złodziej (M.) sklepowy Ladendieb (M.)
złośliwie mutwillig
złoto (N.) Gold (N.)
złoty (Adj.) golden
złożenie (N.) Erstattung (F.), Niederlegung (F.)
złożenie (N.) fałszywego zeznania w celu uchronienia siebie lub osoby bliskiej Aussagenotstand (M.)
złożenie (N.) na przechowanie Hinterlegung (F.)
złożenie (N.) sprawozdania Rechenschaftslegung (F.)
złożenie (N.) zabezpieczenia Sicherheitsleistung (F.)
złożyć einlegen, einreichen, erklären (darlegen), erstatten
złożyć doniesienie anzeigen
złożyć na przechowanie hinterlegen
złożyć wniosek beantragen
zły (Adj.) schlecht, übel
zmarły (Adj.) tot, verstorben
zmarnować verschleudern, verschwenden
zmarnowanie (N.) Verschleuderung (F.)
zmiana (F.) Änderung (F.), Ersatz (M.), Schicht (F.), Veränderung (F.), Wandel (M.), Wechsel (M.)
zmiana (F.) danych Datenveränderung (F.)
zmiana (F.) kolejności miejsca Rangänderung (F.)
zmiana (F.) konstytucji Verfassungsänderung (F.)
zmiana (F.) nazwiska Namensänderung (F.)
zmiana (F.) nazwy Namensänderung (F.)
zmiana (F.) orzeczenia na gorsze reformatio (F.) in peius (lat.)
zmiana (F.) powództwa Klageänderung (F.)
zmiana (F.) prawnego punktu widzenia Änderung (F.) des rechtlichen Gesichtspunktes
zmiana (F.) strony Parteiänderung (F.), Parteiwechsel (M.)
zmiana (F.) ustawy Gesetzesänderung (F.)
zmiana (F.) użytkowania Nutzungsänderung (F.)
zmiana (F.) w odstępie czasu Turnus (M.)
zmiana (F.) znaczenia Umdeutung (F.)
zmieniać wandeln
zmienić abändern, ändern, verändern
zmienić znaczenie umdeuten
zmienność (F.) Flexibilität (F.)
zmierzać verfolgen
zmierzyć messen
zmieszać vermengen, vermischen
zmieszanie (N.) Vermengung (F.), Vermischung (F.)
zmniejszać mindern, vermindern
zmniejszający się (Adj.) degressiv
zmniejszenie (N.) Beschränkung (F.), Minderung (F.), Verminderung (F.)
zmniejszona poczytalność (F.) verminderte Schuldfähigkeit (F.)
zmniejszony vermindert
zmniejszyć beschränken, mildern, mindern, vermindern
zmonopolizować monopolisieren
zmowa (F.) Kollusion (F.), Komplott (N.)
zmusić zwingen
zmuszać nötigen, zwingen
zmuszanie (N.) Erpressung (F.), Nötigung (F.)
zmylić täuschen
znaczek (M.) Marke (F.)
znaczek (M.) pocztowy Briefmarke (F.)
znaczenie (N.) Ansehen (N.), Bedeutung (F.), Belang (M.), Gewicht (N.), Wichtigkeit (F.)
znaczny (Adj.) erheblich, relevant
znaczyć bedeuten
znać kennen, wissen
znający (Adj.) kundig
znający się na rzeczy sachverständig
znajdować finden
znajdujący się w aktach aktenkundig
znajomość (F.) Kenntnis (F.), Können (N.), Wissen (N.)
znajomość (F.) rzeczy Sachkunde (F.)
znak (M.) Anzeichen (N.), Marke (F.), Zeichen (N.)
znak (M.) drogowy Verkehrszeichen (N.)
znak (M.) graniczny Grenzstein (M.)
znak (M.) suwerenny Hoheitszeichen (N.)
znak (M.) świadczenia usług Dienstleistungsmarke (F.)
znak (M.) towarowy Warenzeichen (N.)
znak (M.) wartościowy Wertzeichen (N.)
znak (M.) władczy Hoheitszeichen (N.)
znalazca (M.) Finder (M.)
znalezienie (N.) Fund (M.)
znalezienie (N.) skarbu Schatzfund (M.)

znalezisko (N.) Fund (M.)
znaleźć finden
znaleźne (N.) Finderlohn (M.)
znamię (N.) Merkmal (N.)
znamię (N.) czynu przestępczego Tatbestandsmerkmal (N.)
znamię (N.) stanu faktycznego Tatbestandsmerkmal (N.)
znany (Adj.) bekannt (Adj.)
znawca (M.) Fachmann (M.)
znęcać się misshandeln
znęcanie (N.) cielesne körperliche Misshandlung (F.)
znęcanie (N.) się Misshandlung (F.)
znieczulenie (N.) Betäubung (F.)
znieczulić betäuben
zniekształcenie (N.) Verstümmelung (F.)
zniekształcić verstümmeln
zniesienie (N.) Abrogation (F.), Abschaffung (F.), Aufhebung (F.)
zniesławiać diffamieren
zniesławiający (Adj.) diffamierend
zniesławić herabsetzen, verächtlichmachen
zniesławienie (N.) Rufmord (M.), üble Nachrede (F.), Verächtlichmachung (F.)
znieść abrogieren, abschaffen, aufheben, ertragen
zniewaga (F.) Beleidigung (F.), Injurie (F.)
zniewaga (F.) czynna Realinjurie (F.)
zniewaga (F.) kolektywna Kollektivbeleidigung (F.)
zniewaga (F.) majestatu Majestätsbeleidigung (F.)
zniewaga (F.) słowna Verbalinjurie (F.)
zniewaga (F.) zbiorowa Kollektivbeleidigung (F.)
znieważać verunglimpfen
znieważenie (N.) Beschimpfung (F.)
znieważenie (N.) formalne Formalbeleidigung (F.)
znieważyć beleidigen, beschimpfen
zniszczenie (N.) Zerstörung (F.)
zniszczenie (N.) zdrowia Gesundheitszerstörung (F.)
zniszczyć zerstören
zniżenie (N.) Herabsetzung (F.)
zniżka (F.) Ablass (M.), Baisse (F.), Ermäßigung (F.)
zniżyć ermäßigen, herabsetzen
znormalizowane zasady (F.Pl.) zlecania i wykonawstwa robót budowlanych Verdingungsordnung (F.) für Bauleistungen (VOB)
znormalizowane zasady (F.Pl.) zlecania i wykonawstwa usług Verdingungsordnung (F.) für Leistungen (VOL)
znosić aufheben, dulden
znoszenie (N.) Duldung (F.)
zobowiązać verpflichten
zobowiązanie (N.) Obligo (N.), Schuld (F.), Verbindlichkeit (F.), Verpflichtung (F.)
zobowiązanie (N.) ciągłe Dauerschuldverhältnis (N.)
zobowiązanie (N.) do postarania się o coś Beschaffungsschuld (F.)
zobowiązanie (N.) niezupełne Naturalobligation (F.)
zobowiązanie (N.) przemienne Alternativobligation (F.), Wahlschuld (F.)
zobowiązanie (N.) rodzajowe Gattungsschuld (F.), Genusschuld (F.)
zobowiązanie (N.) spadkowe Nachlassverbindlichkeit (F.)
zobowiązany (Adj.) do ubezpieczenia versicherungspflichtig
zobowiązany (M.) Verpflichteter (M.)
zobowiązany do zameldowania meldepflichtig
zobowiązany do zgłoszenia meldepflichtig
zostawić überlassen (V.)
zostawić komuć swobodę freistellen (befreien)
zostawić w spadku vererben
zranić verletzen, verwunden
zrealizować abwickeln, ausführen, durchführen, umsetzen
zrealizowanie (N.) Durchführung (F.)
zrealizowanie (N.) celu Zweckerreichung (F.)
zredagować abfassen, verfassen
zrekompensować abfinden, entschädigen, ersetzen
zrewidować durchsuchen, untersuchen
zrezygnować aufopfern, trennen, verzichten
zrezygnowanie (N.) Aufopferung (F.)
zręczność (F.) Kunst (F.)
zrobić machen
zrobienie (N.) Erstattung (F.)
zrozumieć erfassen
zrozumienie (N.) Einsicht (F.)
zrównanie (N.) Ausgleich (M.)
zrównoważyć ausgleichen
zróżnicowanie (N.) Differenzierung (F.)
zrywać lösen

zrzec się verzichten
zrzeczenie (F.) się spadku Erbverzicht (M.)
zrzeczenie (N.) się Verzicht (M.)
zrzeszenie (N.) Körperschaft (F.)
zrzeszenie (N.) studenckie Studentenschaft (F.)
zrzęda (M.) Querulant (M.)
zrzędzenie (N.) Querulanz (F.)
zrzędzić querulieren
zrzut (M.) odpadów do oceanu Verklappung (F.)
zstępny (M.) Abkömmling (M.), Deszendent (M.)
zsyłać verbannen
zuchwale mutwillig
zużycie (N.) Abnutzung (F.), Verbrauch (M.), Verwendung (F.)
zużyć abnutzen, verbrauchen, verwenden
zużytkować verwerten
zużytkowanie (N.) Verwertung (F.)
zużywalny (Adj.) verbrauchbar
zwada (F.) Händel (M.Pl.)
zwalniać entlassen (V.)
zwalniające (Adj.) privativ
zwalniające przejęcie (N.) długu privative Schuldübernahme (F.)
zwerbować abwerben
zwerbowanie (N.) dla siebie Abwerbung (F.)
związać fesseln
związanie (N.) Bindung (F.), Gebundenheit (F.), Verbund (M.)
związanie (N.) cen Preisbindung (F.)
związanie (N.) czynszu za najem Mietpreisbindung (F.)
związanie (N.) opłat za najem Mietpreisbindung (F.)
związanie (N.) prawami własności Eigentumsbindung (F.)
związanie (N.) sądu przepisanymi ustawą procesową dowodami Strengbeweis (M.)
związanie (N.) układem zbiorowym Tarifgebundenheit (F.)
związany (Adj.) gebunden, imperativ
związany (Adj.) układem zbiorowym tarifgebunden
związek (M.) Beziehung (F.), Bund (M.), Verband (M.), Verbandskörperschaft (F.), Verbindung (F.), Vereinigung (F.), Verhältnis (N.), Zusammenhang (M.)
związek (M.) ciągłości Fortsetzungszusammenhang (M.)
związek (M.) dla realizacji określonego celu Zweckverband (M.)
związek (M.) federalny Bundesverband (M.)
związek (M.) główny Dachverband (M.)
związek (M.) gmin Gemeindeverband (M.)
związek (M.) małżeński Ehe (F.)
związek (M.) merytoryczny Sachzusammenhang (M.)
związek (M.) organizacyjny spółek Organschaft (F.)
związek (M.) organizacyjny spółek osoby trzeciej Drittorganschaft (F.)
związek (M.) osób Personenvereinigung (F.)
związek (M.) osób ktore wspólnie posiadają i korzystają z nieruchomości rolniczych i leśnych Realgemeinde (F.)
związek (M.) partnerski Lebenspartnerschaft (F.)
związek (M.) pokrewieństwa Parentelsystem (N.)
związek (M.) powiatów kraju związkowego Landschaftsverband (M.)
związek (M.) pracodawców Arbeitgeberverband (M.)
związek (M.) przestępczy kriminelle Vereinigung (F.)
związek (M.) przyczynowy Kausalzusammenhang (M.)
Związek (M.) Radziecki Sowjetunion (F.)
związek (M.) rzeczowy Sachzusammenhang (M.)
związek (M.) upominający Abmahnverein (M.)
związek (M.) upoważniony do odpisu Abschreibungsgesellschaft (F.)
związek (M.) zawodowy Berufsverband (M.), Gewerkschaft (F.)
związkowiec (M.) Gewerkschaftler (M.)
zwiedzać besuchen
zwierzchni (Adj.) hoheitlich
zwierzchnictwo (N.) Hoheit (F.), Souveränität (F.)
zwierzchnictwo (N.) osobowe Personalhoheit (F.)
zwierzchnictwo (N.) w zakresie kultury Kulturhoheit (F.)
zwierzchnik (M.) Dienstvorgesetzter (M.)
zwierzchność (F.) Obrigkeit (F.)
zwierzę (N.) Tier (N.)
zwierzę (N.) domowe Haustier (N.)
zwierzyna (F.) Wild (N.)

zwiększenie (N.) Erhöhung (F.)
zwiększyć anwachsen
zwięzły (Adj.) kurz
zwlekać zögern
zwlekanie (N.) Verzögerung (F.)
zwłoka (F.) Säumnis (F.), Verzug (M.), Zögern (N.)
zwłoka (F.) dłużnika Schuldnerverzug (M.)
zwłoka (F.) w odbiorze Annahmeverzug (M.)
zwłoka (F.) w płatności Zahlungsverzug (M.)
zwłoka (F.) w spełnieniu świadczenia Leistungsverzug (M.)
zwłoka (F.) wierzyciela Gläubigerverzug (M.)
zwłoki (Pl.) Leiche (F.), Leichnam (M.)
zwodzenie (N.) Täuschung (F.)
zwolenie (N.) posłów od odpowiedzialności karnej za głosowanie i wypowiedzi w parlamencie Indemnität (F.)
zwolnić befreien, dispensieren, erlassen, freistellen (befreien)
zwolnienie (N.) Befreiung (F.), Entlassung (F.), Entlastung (F.), Erlass (M.), Freilassung (F.), Freistellung (F.)
zwolnienie (N.) grupowe Gruppenfreistellung (F.)
zwolnienie (N.) od kosztów procesowych Prozesskostenhilfe (F.)
zwolnienie (N.) od podatku Steuerbefreiung (F.), Steuererlass (M.)
zwołać einberufen
zwoływać einberufen
zwój (M.) Rolle (F.)
zwracać rückerstatten
zwracać się ersuchen
zwrot (M.) Entschädigung (F.), Erstattung (F.), Herausgabe (F.), Rückerstattung (F.), Rückgewähr (F.), Vergütung (F.)
zwrot (M.) nakładów Aufwendungserstattung (F.), Rembours (M.)
zwrot (M.) wydatków Aufwandsentschädigung (F.)
zwrócenie (N.) się Ersuchen (N.)
zwrócenie (N.) się o pomoc prawną do organu administracji Amtshilfeersuchen (N.)
zwrócenie (N.) uwagi Verweisung (F.)
zwrócić ersetzen, erstatten, rückerstatten, vergüten, zurückgeben, zuwenden
zwrócić uwagę beachten
zwycięstwo (N.) Sieg (M.)
zwyciężyć schlagen
zwyczaj (M.) Brauch (M.), Gepflogenheit (F.), Gewohnheit (F.), Herkommen (N.), Observanz (F.), Sitte (F.), Übung (F.), Usance (F.)
zwyczaj (M.) handlowy Handelsbrauch (M.)
zwyczaj (M.) sądowy Gerichtsgebrauch (M.)
zwyczajny (Adj.) gewöhnlich, ordentlich, ordinär
zwyczajowy hergebracht
zwykłe uzasadnione potrzeby (F.Pl.) Regelbedarf (M.)
zwykły (Adj.) gewöhnlich
zwymyślać beschimpfen
zwymyślanie (N.) Beschimpfung (F.)
zwyżka (F.) kursów na giełdzie Hausse (F.)
zysk (M.) Ertrag (M.), Gewinn (M.), Nutzen (M.), Verdienst (M.)
zysk (M.) netto Reingewinn (M.)
zysk (M.) z kapitału Kapitalertrag (M.), Rendite (F.)

ź

źle (Adv.) schlecht
źle traktować misshandeln
źle traktowanie (N.) Misshandlung (F.)
źle zrozumieć missverstehen
źródło (N.) Quelle (F.)
źródło (N.) prawa Rechtsquelle (F.)

ż

żalić beschweren (beklagen)
żałować reuen
żart (M.) Scherz (M.)
żartować scherzen
żądać beanspruchen, begehren, fordern
żądać dostarczenia abrufen
żądać zwrotu rückfordern, zurückfordern
żądanie (N.) Anforderung (F.), Beanspruchung (F.), Begehren (N.), Forderung (F.)
żądanie (N.) z powództwa Klagebegehren (N.)
żądanie (N.) zwrotu Rückforderung (F.)
żądny (Adj.) zysku habgierig
żądza (F.) Gier (F.)
żebractwo (N.) Bettelei (F.)
żebrać betteln
żebrak (M.) Bettler (M.)
żegluga (F.) Schifffahrt (F.)

żegluga (F.) śródlądowa Binnenschifffahrt (F.)
żelazo (N.) Eisen (N.)
żenić się heiraten
żołd (M.) Besoldung (F.), Sold (M.)
żołdak (M.) Söldner (M.)
żołnierz (M.) Soldat (M.)
żona (F.) Ehefrau (F.)
życie (N.) Leben (N.)
życzliwość (F.) Gunst (F.)
żyć leben
żyd (M.) Jude (M.)
żyrant (M.) Bürge (M.), Indossant (M.)
żyro (N.) Giro (N.), Indossament (N.)